ABC du BAC

Excellence

Ambition PRÉPA

Physique Chimie

Term

Enseignement de spécialité

Nicolas Coppens

Sylvain Dardenne

Stéphane Despax

Olivier Doerler

Frédéric Jourdin

Pierre Nass

Vincent Villar

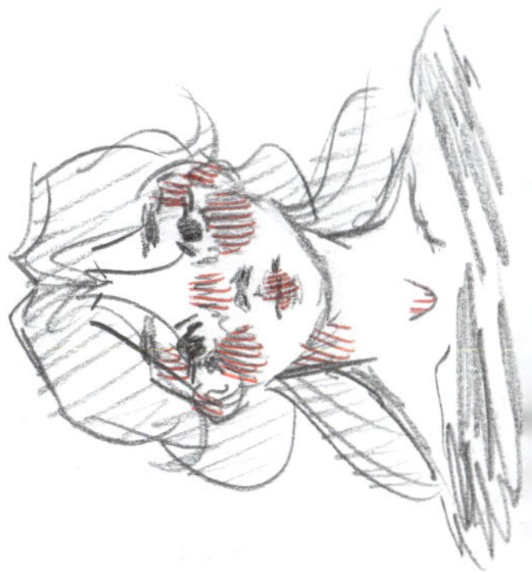

Nathan

COMMENT FAIRE ? C'EST FACILE !

1. Téléchargez l'application gratuite **Nathan live** disponible dans tous les stores sur votre smartphone ou votre tablette (Appstore, GooglePlay, Windows Store).
2. Ouvrez l'application. Flashez les pages de vos manuels où ce logo apparaît en plaçant votre appareil au-dessus de la page.
3. Consultez les ressources.

(!) L'application nécessite une connexion Internet

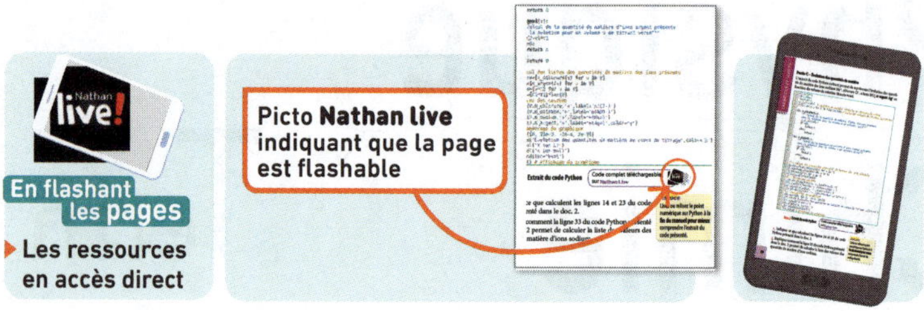

Direction éditoriale : Raphaëlle Mourey
Coordination éditoriale : Julie Langlais, Marion Gautier, Marie-Pierre Lowys
Édition : Benjamin Peylet
Conception graphique intérieur : Élise Launay, Géraldine Chazel
Couverture : Hugues Vollant, Marc Henry
Illustrations : Facompo, Coredoc
Iconographe : Angèle Domenech
Compositeur : Facompo
Fabrication : Kévin Magar

ISBN : 978-2-09-157596-4

Mode d'emploi

Un ouvrage efficace pour réviser et aller plus loin

COURS

- Des rappels de cours **clairs et structurés**, pour mémoriser l'essentiel des connaissances à savoir.
- Des encadrés et des annotations en marge pour **vous aider à comprendre** certains points difficiles.

EXERCICES ET SUJETS

- **Nombreux et variés,** les exercices proposés couvrent l'ensemble des thèmes abordés dans le chapitre.
- Des **points de méthode** et des **conseils de résolution** enrichissent les énoncés.
- Différentes rubriques permettent un **entraînement progressif** :
  - QCM et questions courtes, pour une auto-évaluation simple des connaissances ;
  - Exercices d'entraînement ;
  - Exercices de type bac (épreuve écrite, ECE, Grand Oral) ;
  - Pour aller plus loin ;
  - Ambition prépa (pour certains chapitres).
- Le **minutage** est donné pour chaque exercice, ainsi que le **niveau de difficulté** :
  - pas d'étoile : exercice de base ;
  - ★ : exercice de réflexion et de synthèse ;
  - ★★ : exercice présentant quelques difficultés ;
  - ★★★ : exercice de type bac faisant appel à des notions diversifiées.

CORRIGÉS

- Les corrigés sont entièrement rédigés, **très détaillés**, et présentent toutes les étapes du raisonnement et des calculs.
- Ils sont accompagnés de **commentaires**, de **remarques**, de **conseils**, de **compléments**… pour être « au top » en physique-chimie.

COURS

EXERCICES ET SUJETS

CORRIGÉS

AMBITION PRÉPA

COURS

EXERCICES ET SUJETS

CORRIGÉS

AMBITION PRÉPA

AMBITION PRÉPA

- 100 pages pour **anticiper la prépa scientifique** (MPSI, PCSI, PTSI, MPII, BCPST ou TSI).
- Les pages *Ambition prépa* sont insérées au fil des chapitres de Terminale.
- Chaque cahier *Ambition prépa* est structuré en trois parties :
  - **la rubrique *Prépa attitude*** ou comment travailler en Terminale en **se mettant en condition pour la prépa** ;
  - **des prolongements du cours** de Terminale S pour commencer à s'initier aux notions étudiées en prépa ;
  - **des exercices** sur ces notions avec des corrigés **adaptés** et **commentés**.

En fin d'ouvrage :

➜ Un chapitre complet sur la **mesure et les incertitudes** vous permet de travailler ces notions difficiles en se basant sur des **exercices corrigés progressifs et contextualisés**.

➜ Des **points mathématiques** (sur la résolution d'une équation différentielle par exemple) et **des points numériques exhaustifs et complets** (sur le langage de programmation Python, sur les microcontrôleurs, etc.) vous permettent de consolider vos connaissances mathématiques et numériques.

➜ Un **Cahier spécial Bac** permet d'acquérir les bonnes méthodes de travail et de comprendre les attendus des différentes épreuves (épreuve écrite, ECE, Grand Oral) en présentant **des sujets corrigés de chacune des épreuves du Bac**.

Des compléments sur Nathan Live : tous les programmes Python et Arduino, tests et sujets Bac supplémentaires…

SOMMAIRE

PARTIE 2 – MOUVEMENT ET INTERACTIONS

PARTIE 3 – L'ÉNERGIE : CONVERSIONS ET TRANSFERTS

PARTIE 4 – ONDES ET SIGNAUX

Le nouveau Bac

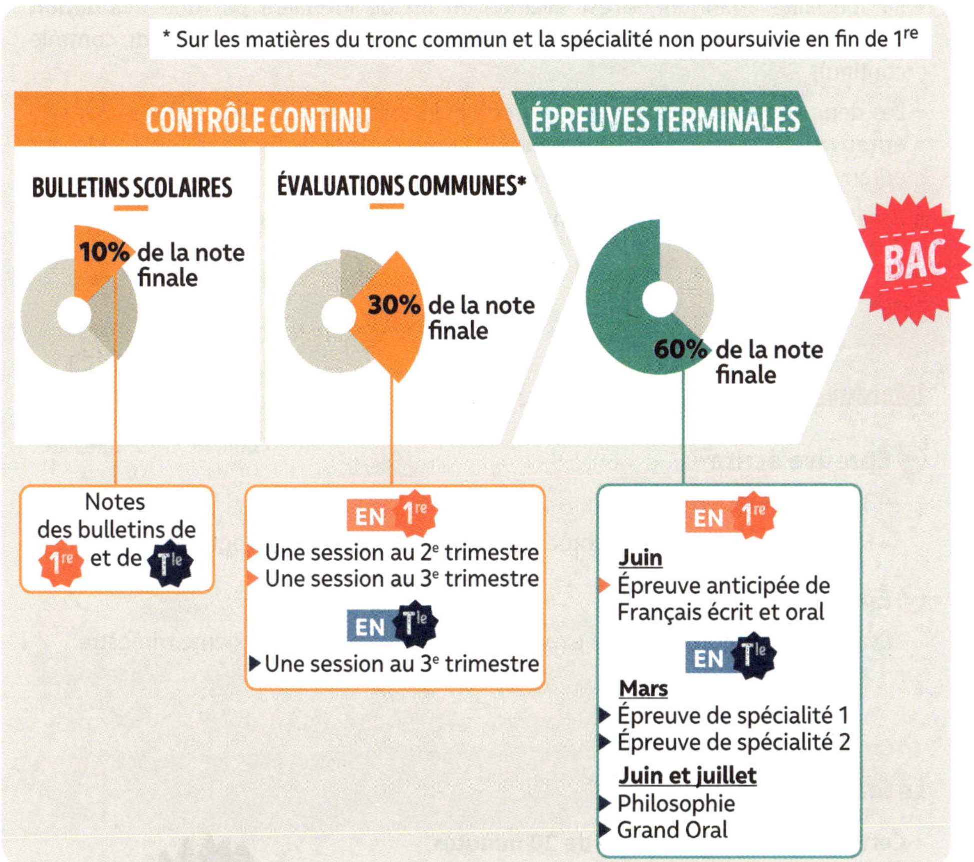

- **Deux sessions d'évaluations communes du contrôle continu** sont mises en place **en Première** pour les enseignements communs. Elles se déroulent aux **deuxième et troisième trimestres**, et leurs dates sont fixées par les lycées.
- Une **troisième session** d'évaluations communes du contrôle continu est mise en place durant le **troisième trimestre de Terminale**.

* Toutes ces informations correspondent aux instructions officielles de mars 2021.

3 spécialités en Première, 2 spécialités en Terminale

- À la fin de l'année de Première, les élèves **sélectionnent parmi les trois spécialités** choisies en début d'année **celle qu'ils ne poursuivront pas** en Terminale.
- La spécialité abandonnée est évaluée en fin de Première par une **évaluation commune de contrôle continu** (30 % de la note finale pour l'ensemble du contrôle continu).
- Les deux spécialités conservées en Terminale sont quant à elles évaluées par une **épreuve finale** en fin de Terminale (60 % de la note finale pour l'ensemble des épreuves finales). Cette épreuve se déroulera en mars.
- Par ailleurs, toutes les notes des **bulletins scolaires** de l'année comptent pour 10 % de la note finale.

L'épreuve finale pour la spécialité PC en Terminale

Coeff. 16

2e trimestre

Épreuve écrite

- 3 exercices indépendants.
- S'appuie de manière équilibrée sur différents thèmes des programmes.

Épreuve pratique

Évaluation des compétences expérimentales au cours du deuxième trimestre.

Le Grand Oral

- **Cette épreuve, d'une durée de 20 minutes,** se réalise devant un jury et porte sur les deux spécialités suivies en Terminale.
- **Elle se déroule en trois temps :** présentation orale d'une question portant sur un (ou les deux) enseignement(s) de spécialité, puis discussion avec le jury concernant l'exposé présenté et le programme des deux spécialités. S'ensuit enfin un échange à propos du projet d'orientation.

Les grands moments de l'année de Terminale

CALENDRIER DU BAC | **CALENDRIER PARCOURSUP**

Novembre

Parcoursup : Recherche des informations sur Parcoursup

Janvier

Parcoursup : Inscription sur Parcoursup

Février

Parcoursup : Constitution du dossier complet, saisie et confirmation de vos vœux

Mars

Bac : Deux épreuves écrites de spécialité

Avril

3e trimestre
dates au choix de votre lycée

Bac : Évaluations communes

Mai

Parcoursup : Réponses aux propositions des établissements.

Juin

Bac : Épreuve écrite de Philosophie et Grand Oral

Juillet

Parcoursup : Éventuellement, phase complémentaire

Septembre

* Informations mises à jour en mars 2021

Ambition prépa

Comment anticiper la prépa scientifique ?

DE QUOI S'AGIT-IL ?

- Pour être efficace dès la rentrée en prépa, vous devez adopter la *prépa attitude* pendant votre année de Terminale.
- Ce livre vous aidera à **acquérir des réflexes** pour la prépa et à vous **préparer au mieux**, pourvu que vous fournissiez les **trois efforts suivants** :
  - valoriser votre temps pendant les cours ;
  - valoriser votre travail à la maison ;
  - apprendre à utiliser efficacement ce livre.

Valorisez votre temps pendant les cours

→ **Améliorez votre prise de notes.**

• Si vous êtes perdu, si vous avez pris trop de retard, « arrêtez de courir » car vous n'entendez plus le cours. Il faut sauter des lignes sur votre feuille et **noter ce que le professeur est en train de dire**.

• Ne perdez jamais de vue que vous êtes capable de refaire les calculs, ayez confiance en vous. Dans le discours du professeur, ce qu'il faut surtout retenir, ce sont **les petites phrases qui expliquent les liaisons et qui la plupart du temps ne sont pas écrites au tableau**. Celles que vous retrouvez dans les livres ne correspondent pas tout à fait à votre cours.

→ **N'hésitez pas à poser des questions** à votre professeur. Cependant, si vous n'avez pas travaillé votre cours, vos questions ne vous aideront pas et vous ne ferez pas illusion.

Valorisez votre travail à la maison

→ **Revoyez votre cours le soir même** : les définitions sont à apprendre le plus vite possible après le cours.

→ **Relisez bien les exemples**, les exercices les plus courts (ils sont traités pour comprendre les notions, les définitions, vous devez savoir les appliquer). N'hésitez pas **à refaire certains de ces exemples**, notamment si vous avez eu quelques difficultés à les traiter ou à les comprendre pendant le cours.

→ **Si vous rencontrez des difficultés** en révisant certaines notions, en traitant un exercice, en retravaillant un exercice déjà abordé en cours, notez **le plus précisément possible** votre question et posez-la ensuite dès que possible. Vous pourrez plus généralement réaliser une « feuille de questions » en notant les points peu clairs.

→ **Travailler en groupe est souvent un plus**, à condition de travailler véritablement ensemble. Commencez par exemple par une phase de travail individuel avant d'aborder la correction en groupe, ou d'échanger sur la manière dont chacun a abordé la question (ou commencez par analyser à plusieurs les questions et le sujet, définissez une stratégie, puis essayez individuellement de l'appliquer avant une mise en commun). Il est également possible de travailler le cours de cette manière, à condition **de se montrer efficace pour ne pas perdre trop de temps.**

Apprenez à utiliser efficacement ce livre

→ **Le résumé de cours** permet d'apprendre le cours, mais aussi de réviser.

→ **Les exercices** sont classés par niveau de difficulté :

• **Les questions courtes** vous aident à déterminer si le cours est bien su ; si vous n'arrivez pas à y répondre rapidement, c'est que votre cours n'est pas assez mémorisé. Effectuez toujours ce travail, sans utiliser le cours, pour prendre conscience des notions non connues (vous êtes obligé d'aller chercher l'information).

• **Ne soyez pas effrayé par les exercices qui ont le plus d'étoiles.** Dans une question, reformulez si nécessaire la conclusion.
L'affirmation « je ne sais pas comment démarrer » est souvent le signe d'une mauvaise lecture de la conclusion « que me demande-t-on ? » Si vous êtes bloqué, allez chercher le début du corrigé de la question, puis essayez de continuer tout seul.

→ **La partie Ambition prépa** se divise en :

• **des prolongements du cours**, pour vous aider à apprendre seul de nouvelles notions. Attention cependant, si certaines de ces notions sont assez éloignées des thématiques abordées dans le cours de Terminale, d'autres, nombreuses, sont de véritables prolongements : il est indispensable d'avoir une maîtrise fine du cours classique de Terminale pour les appréhender ;

• **des exercices utilisant ces nouvelles notions.** Certains sont des extraits de concours modifiés, transposés à un niveau de maîtrise cohérent, mais ils exigent tout de même un raisonnement mathématique solide et rigoureux.

Le chapitre 2, premier chapitre du livre comportant une section « Ambition Prépa », est un exemple de véritable prolongement du cours « traditionnel » de Terminale, avec de nouvelles notations plus mathématiques et de nouvelles notions.

Revoyez bien au préalable les pages du cours « classique », et assurez-vous de savoir faire les exercices avant de passer à la partie Ambition Prépa.

Si vous rencontrez des difficultés, **revenez si nécessaire au cours de Terminale et prenez le temps** de bien comprendre les notions exposées.

CHAPITRE 1

Transformations acide-base et pH

Capacités exigibles du chapitre disponibles sur **Nathan Live**

1 pH de solutions aqueuses

- Le caractère acide d'une solution aqueuse est lié à la **concentration d'ions oxonium H_3O^+** dans cette solution : plus cette concentration est grande, plus la solution est acide.
- Toute solution aqueuse contient des ions oxonium H_3O^+ mais leur concentration peut varier de plusieurs ordres de grandeur. Pour représenter toutes ces valeurs sur un même axe, on utilise une **grandeur logarithmique décimale** sans unité, le pH. Dans une solution aqueuse diluée :

$$\mathbf{pH = -log\left(\frac{[H_3O^+]}{c^\circ}\right)}$$ avec $c^\circ = 1\ mol{\cdot}L^{-1}$ (valeur exacte), la **concentration standard.**

Vocabulaire

La notion de pH a été introduite par Soërensen (1939-1868). C'est l'abréviation de **p**otentiel **H**ydrogène.

- La concentration des ions oxonium H_3O^+ (en $mol{\cdot}L^{-1}$) peut être déduite du pH : $\mathbf{[H_3O^+] = c^\circ \times 10^{-pH}}$.
- La concentration des ions oxonium H_3O^+ et le pH sont des grandeurs qui varient en sens inverse.

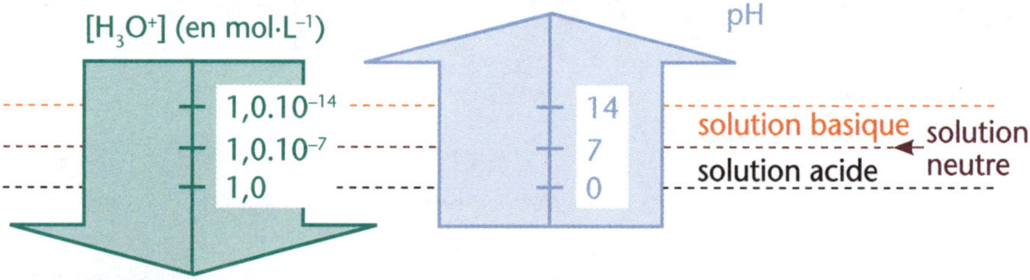

À savoir

À 25 °C, une solution acide contient des ions oxonium H_3O^+ à une concentration supérieure à $10^{-7}\ mol{\cdot}L^{-1}$ et une solution basique ou neutre contient des ions H_3O^+ à une concentration inférieure ou égale à $10^{-7}\ mol{\cdot}L^{-1}$.

2 Acides et bases de Brönsted

- Un **acide** est une espèce chimique capable de **fournir un ion hydrogène H^+**. L'espèce engendrée est une base.
- Une **base** est une espèce chimique capable de **capter un ion hydrogène H^+**. L'espèce engendrée est un acide.
- Deux espèces conjuguées forment un **couple acide-base** auquel est associé une demi-équation acide-base.

- Par exemple, l'acide éthanoïque CH_3CO_2H (un acide carboxylique), est un **acide de Brönsted**, il est capable de fournir un ion hydrogène H^+ pour former l'ion éthanoate $CH_3CO_2^-$, selon la demi-équation :

$$CH_3CO_2H_{(aq)} = CH_3CO^-_{2\,(aq)} + H^+.$$

> **Vie quotidienne**
> L'acide éthanoïque est présent dans le vinaigre.

- De même, l'ammoniac NH_3 (une amine), est une **base de Brönsted**, elle est capable de capter un ion hydrogène H^+ pour former l'ion ammonium NH_4^+, selon la demi-équation : $NH_{3\,(aq)} + H^+ = NH^+_{4\,(aq)}$.
- Ainsi, de façon générale, les **formules semi-développées** et les **schémas de Lewis** des couples acide-base peuvent être représentés de la façon suivante.

> **Piège à éviter**
> Ne confondez pas l'ammoniac, qui sert à la fabrication d'engrais, et l'ammoniaque, NH_4OH, qui entre dans la composition de nombreux produits ménagers.

Acide	Base	Acide	Base
Acide carboxylique $R - CO_2H$ 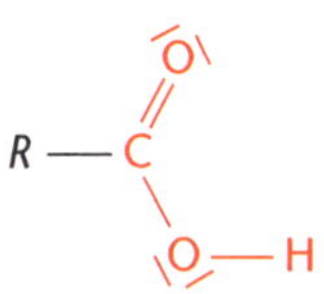	Ion carboxylate $R - CO_2^-$ 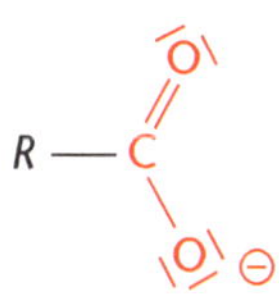	Ion ammonium $R' - NH_3^+$ 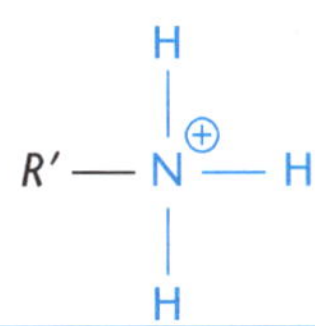	Amine $R' - NH_2$ 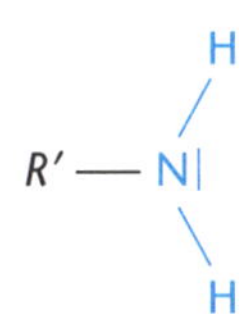

- Une espèce **amphotère** est **à la fois la base d'un premier couple acide-base** et **l'acide d'un deuxième couple acide-base.**

> **Rappel**
> Un schéma de Lewis fait apparaître tous les doublets d'électrons de valence (liants et non liants) des atomes.

Exemple

L'eau est une espèce amphotère.
La demi-équation du couple ion oxonium/eau s'écrit $H_3O^+_{(aq)} = H_2O_{(l)} + H^+$.
La demi-équation du couple eau/ion hydroxyde s'écrit $H_2O_{(l)} = HO^-_{(aq)} + H^+$.

- Une **réaction acide-base** correspond à un **transfert d'ion hydrogène H^+** entre l'acide d'un premier couple acide-base et la base d'un deuxième couple.
- Par exemple, l'acide nitrique HNO_3 est un acide. Sa réaction avec l'eau est totale et elle s'écrit :

$$HNO_{3\,(aq)} = NO^-_{3\,(aq)} + H^+$$
$$H_2O_{(l)} + H^+ = H_3O^+_{(aq)}$$
$$\overline{HNO_{3\,(aq)} + H_2O_{(l)} \rightarrow NO^-_{3\,(aq)} + H_3O^+_{(aq)}}$$

> **Remarque**
> L'ion hydrogène H^+ n'existe pas en solution aqueuse : il est directement transféré de l'acide à la base.

QCM et questions courtes

1 Vrai ou faux ?

Corrigé p. 24

1. Un acide de Brönsted est une espèce chimique capable de capter un ion hydrogène.
☐ Vrai ☐ Faux

2. La représentation $CH_3–NH_2$ correspond au schéma de Lewis de cette amine.
☐ Vrai ☐ Faux

3. La réaction entre l'acide benzoïque et l'ion hydrogénocarbonate, représentée par $C_6H_5–CO_2H_{(aq)} + HCO^-_{3\,(aq)} \rightarrow C_6H_5–CO^-_{2\,(aq)} + H_2CO^-_{3\,(aq)}$, est une réaction acide-base.
☐ Vrai ☐ Faux

2 Faites votre choix !

Corrigé p. 24

1. HCO_2H est : **a)** ☐ un alcool **b)** ☐ un acide carboxylique **c)** ☐ une amine

2. Le pH d'une solution aqueuse de concentration en ion oxonium $[H_3O^+] = 1{,}0 \times 10^{-9}$ mol·L^{-1} est égal à : **a)** ☐ 5,0 **b)** ☐ 7,0 **c)** ☐ 9,0

3. La concentration en ion oxonium $[H_3O^+]$ d'une solution aqueuse de pH = 5,0 est égale à : **a)** ☐ $1{,}0 \times 10^{-5}$ mol·L^{-1} **b)** ☐ $5{,}0 \times 10^{-5}$ mol·L^{-1} **c)** ☐ $1{,}0 \times 10^{5}$ mol·L^{-1}

Exercices d'entraînement

3 Espèce amphotère

★ 5 min Corrigé p. 24

Expliquer pourquoi l'ion hydrogénocarbonate HCO_3^- est une espèce amphotère.

Données : Couples acide-base de l'acide carbonique : H_2CO_3/HCO_3^- et HCO_3^-/CO_3^{2-}.

Remarque
Une solution contenant beaucoup d'acide carbonique forme du dioxyde de carbone $CO_{2\,(g)}$ et de l'eau $H_2O_{(l)}$.

4 Schémas de Lewis

★ 10 min Corrigé p. 24

Représenter les schémas de Lewis de :

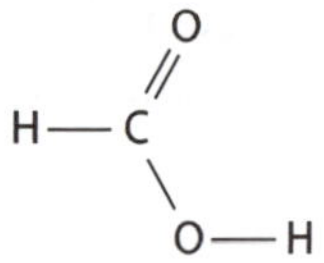

1. l'acide méthanoïque, de formule développée représentée ci-contre.

2. l'ion méthanoate, base conjuguée de l'acide méthanoïque.

3. l'ammoniac, de formule brute NH_3.

4. l'ion ammonium, de formule brute NH_4^+.

Exercices de type bac

PRÉPARER L'ÉPREUVE ÉCRITE

5 Ajout de soude

★★ 20 min ➔ Corrigé p. 25

Une masse m = 0,40 g de soude est introduite dans un volume V = 600 mL d'une solution d'acide chlorhydrique de pH = 1,5.

Données : masses molaires atomiques (en g·mol^{-1}) : M_H = 1,0 ; M_O = 16,0 ; M_{Na} = 23,0.

1. Écrire l'équation de réaction correspondant à la transformation totale acide-base qui a lieu lors de l'ajout de la soude dans la solution d'acide chlorhydrique.

2. Calculer le pH final de la solution.

Astuce

La soude est aussi appelée hydroxyde de sodium, de formule brute NaOH. En présence d'eau, la soude se dissout pour former l'ion hydroxyde et l'ion sodium : $NaOH_{(s)} \rightarrow Na^+_{(aq)} + HO^-_{(aq)}$.

➔ Méthode pour réussir

Calculez la masse molaire de la soude pour déterminer sa quantité de matière initiale.
Utilisez ensuite un tableau d'avancement afin de trouver la concentration en quantité de matière finale en ions oxonium nécessaire pour calculer le pH final de la solution.

6 Indicateur coloré de pH

★★ 20 min ➔ Corrigé p. 26

On dispose d'une solution d'indicateur coloré, le vert de bromocrésol, préparée à partir de la forme acide de l'indicateur, notée HInd. La concentration en quantité de matière de vert de bromocrésol apportée est égale à C_0 = 2,90·10^{-4} mol·L^{-1}.

On mesure le pH de la solution : 4,2.

1. Quelle est la concentration en quantité de matière en ions oxonium de cette solution ?

2. Déterminer le taux d'avancement final de la réaction de l'acide HInd avec l'eau.

3. La transformation entre l'indicateur coloré et l'eau est-elle totale ou non totale ? Justifier la réponse.

Vocabulaire

Un indicateur coloré de pH est constitué d'un couple acide-base HInd/Ind$^-$ dont les couleurs de l'acide et de la base conjuguée sont différentes.
Par exemple, la forme acide du vert de bromocrésol est jaune tandis que sa forme basique est bleue.

À savoir

Le taux d'avancement final de la réaction de l'acide HInd avec l'eau est égal à : $\tau = \frac{x_f}{x_{max}}$

avec x_f l'avancement final de la réaction et x_{max} l'avancement de la réaction si la réaction était totale.

7 Alcalinisation chez les chiens

★★ 20 min Corrigé p. 27

Le pH normal de l'urine des chiens est légèrement acide. […]

Bien que les chiens y soient selon toute apparence moins prédisposés que les chats, l'alcalinisation urinaire peut entraîner la cristallisation des sels dans l'urine, qui elle-même entraîne la formation de calculs dans le système urinaire (lithiase urinaire). […] Cela peut également conduire à des modifications de la flore bactérienne, et donc des chances accrues de contracter des infections urinaires.

Les tendances à l'alcalinisation, la lithiase urinaire et les infections urinaires peuvent être combattues avec des acidifiants urinaires, comme les asperges, les pois, le riz brun, l'avoine, les lentilles, les fèves, le maïs, les choux de Bruxelles, […] les céréales (hormis le millet), et le gluten de blé (utilisé dans les recettes de granulés). […]

Les vitamines ont également des vertus bénéfiques, [comme] la vitamine C (acide ascorbique) [qui est aussi] un acidifiant urinaire. On peut piler des cachets ou utiliser de l'acide ascorbique en poudre. La BSAVA (British Small Animal Veterinary Association) recommande un dosage de 50-80 mg/kg toutes les 24 heures pour les chats et les chiens. Le tampon du pH néglige leur efficacité, c'est pourquoi de la vitamine C non tamponnée devrait être utilisée. Si d'autres acidifiants urinaires sont aussi utilisés, alors les doses peuvent être diminuées.

D'après Andrew Knight, L'Alimentation végétarienne pour chiens.
(*http://www.vegepets.info/translations/francais/pages_fr/vegetarian_canine_diets_fr.htm*)

1. Quels sont les acidifiants urinaires cités dans le texte ?

2. Pourquoi est-il quelquefois utile de donner des acidifiants à un chien ?

3. Pourquoi faut-il donner à un chien ayant une urine trop basique de la vitamine C non tamponnée ?

4. La consommation d'eau en grande quantité peut-elle diminuer l'alcalinisation de l'urine d'un chien ? Justifier la réponse.

Aide
L'alcalinisation est le fait de rendre basique une solution.

À savoir
Une solution tampon est une solution dont le pH varie peu lorsqu'on y ajoute une petite quantité d'acide, de base ou lorsqu'on la dilue de façon modérée.

PRÉPARER L'ECE

8 Dilution

★★ 10 min Corrigé p. 27

Compétence expérimentale évaluée : Analyser-Raisonner

Pour tester la relation entre le pH et la concentration en quantité de matière d'ions oxonium apportés, il est possible de mesurer le pH de solutions d'acide chlorhydrique (H_3O^+, Cl^-) obtenues par dilutions successives d'un facteur 10.

Astuce
N'oubliez pas d'indiquer le nom de la verrerie utilisée pour réaliser cette dilution.

Proposer un protocole expérimental permettant de diluer une solution d'un facteur 10.

PRÉPARER LE GRAND ORAL

9 Question en chimie

★★★ 40 min Corrigé p. 28

Proposer une question mettant en lumière un des grands enjeux du programme de Terminale en chimie et proposer des pistes pour y répondre lors du Grand Oral.

Rappel
Deux questions portant sur les enseignements de spécialité doivent être préparées pour le Grand Oral (voir le cahier spécial bac à la fin du manuel).

Pour aller plus loin

10 Acide oxalique

★★★ 15 min Corrigé p. 30

L'acide oxalique, de formule brute $C_2H_2O_4$, est un diacide. Il est notamment utilisé depuis le XVIIIe siècle pour éliminer les taches de rouille, de vernis et d'encres

Vocabulaire
Le terme *oxalis*, d'origine grecque, signifie oseille.

Encore appelé sel d'oseille, on trouve une de ses formes conjuguées à l'état naturel sous forme d'oxalate de potassium ou de calcium dans les racines de nombreuses plantes telles que l'oseille, la rhubarbe, la betterave et les plantes de la famille des *oxalis*.

1. Représenter les schémas de Lewis de l'acide oxalique, de l'ion hydrogénoxalate et de l'ion oxalate. Justifier les réponses.

2. Quelle est la propriété chimique particulière de l'ion hydrogénoxalate ?

CORRIGÉS

QCM et questions courtes

1 Vrai ou faux ?

1. **Faux** → Un acide de Brönsted est une espèce chimique capable de **fournir** (de céder) un ion hydrogène.

2. **Faux** → La représentation CH_3–NH_2 correspond à la **formule semi-développée** de cette amine car les **doublets** d'électrons de valence **non liants** ne sont **pas représentés**.

> **Nomenclature**
> Cette amine s'appelle une méthanamine car sa chaîne carbonée contient un seul carbone C.

3. **Vrai** → La transformation entre l'acide benzoïque et l'ion hydrogénocarbonate est une **réaction acide-base** car il y a un **transfert d'ion hydrogène** $\mathbf{H^+}$ entre l'acide benzoïque et l'ion hydrogénocarbonate.

2 Faites votre choix !

1. b. La molécule HCO_2H est un **acide carboxylique**. Son nom est l'acide méthanoïque.

2. c. Comme $\mathbf{pH = -log\left(\frac{[H_3O^+]}{c°}\right)}$ avec $c° = 1$ mol·L^{-1} (valeur exacte), le pH d'une solution aqueuse de concentration en ion oxonium $[H_3O^+] = 1{,}0 \times 10^{-9}$ mol·L^{-1} est égal à **9,0**.

3. a. Comme $\mathbf{[H_3O^+] = c° \times 10^{-pH}}$, avec $c° = 1$ mol·L^{-1} (valeur exacte), la concentration en ion oxonium $[H_3O^+]$ d'une solution aqueuse de pH = 5,0 est égale à $\mathbf{1{,}0 \times 10^{-5}}$ **mol·L^{-1}**.

Exercices d'entraînement

3 Espèce amphotère

L'ion hydrogénocarbonate HCO_3^- est une espèce amphotère car c'est **à la fois la base** du couple H_2CO_3/HCO_3^- **et l'acide** du couple HCO_3^-/CO_3^{2-}.

4 Schémas de Lewis

1. Les schémas de Lewis sont représentés dans le tableau suivant.

acide méthanoïque	ion méthanoate	ammoniac	ion ammonium
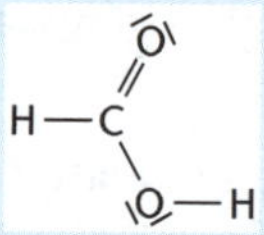	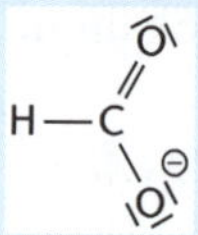	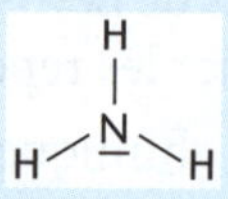	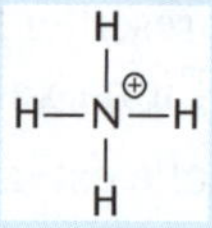

➔ Bien comprendre l'utilité du schéma de Lewis

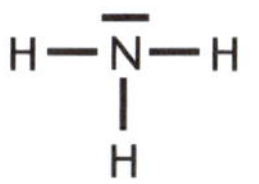

Ammoniac NH_3

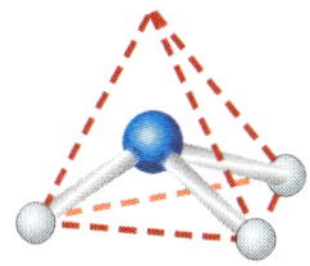

La géométrie d'une entité peut être interprétée à partir de son schéma de Lewis. Pour une entité constituée entre autres d'un atome A, cette géométrie dépend du nombre d'atomes directement liés à A et du nombre de doublets non-liants entourant l'atome A. Par exemple, le schéma de Lewis de l'ammoniac permet d'expliquer la géométrie pyramidale à base triangulaire de cette molécule.

5 Ajout de soude

1. **Une solution d'acide chlorhydrique** a pour formule **(H_3O^+, Cl^-)** : elle contient des ions oxonium H_3O^+ et des ions chlorure Cl^-. L'ion **chlorure** est un **ion spectateur** tandis **que l'ion oxonium H_3O^+** est **l'acide du couple ion oxonium/eau** dont la demi-équation s'écrit :

$$H_3O^+_{(aq)} = H_2O_{(l)} + H^+.$$

La soude est un solide ionique de **formule brute NaOH**. Elle se dissout en solution aqueuse pour former l'ion hydroxyde et l'ion sodium :

$$NaOH_{(s)} \rightarrow Na^+_{(aq)} + HO^-_{(aq)}.$$

L'ion sodium est un ion spectateur tandis que **l'ion hydroxyde est une base**. Il peut capter un ion hydrogène H^+ pour former de l'eau :

$$HO^-_{(aq)} + H^+ = H_2O_{(l)}.$$

Ainsi l'équation de réaction correspondant à la transformation totale acide-base qui a lieu lors de l'ajout de la soude dans la solution d'acide chlorhydrique s'écrit :

$$HO^-_{(aq)} + H_3O^+_{(aq)} \rightarrow 2\,H_2O_{(l)}.$$

➔ Bien comprendre

D'après l'équation de la réaction, une mole d'ion hydroxyde réagit avec une mole d'ion oxonium pour former deux moles d'eau.

2. La quantité de matière n_1 de soude introduite d'une solution d'acide chlorhydrique est égale à $\boldsymbol{n_1 = \frac{m}{M}}$ avec m la masse de soude et M sa masse molaire.

D'après l'énoncé : m = 0,40 g.

CORRIGÉS

De plus, comme la formule brute de l'oxalate de sodium est NaOH, $M = M_{Na} + M_O + M_H = 23,0 + 16,0 + 1,0 = 40,0$ g·mol^{-1}.

Ainsi, $\boldsymbol{n_1 = \frac{0,40}{40,0} = 1,0 \times 10^{-2}}$ **mol.**

La quantité de matière initiale n_2 des ions oxonium dans la solution d'acide chlorhydrique de volume V = 600 mL et de pH = 1,0 est telle que : $\boldsymbol{n_2 = c° \times 10^{-pH} \times V}$.

> **Gagnez des points !**
> N'oubliez pas de convertir le volume en litre (L) : 1 mL = 1×10^{-3} L.

D'où : $n_2 = 1 \times 10^{-1,5} \times 600 \times 10^{-3} =$ $\boldsymbol{1,9 \times 10^{-2}}$ **mol.**

L'établissement du tableau d'avancement suivant permet de déterminer la quantité de matière finale n_f des ions oxonium dans la solution.

		$HO^-_{(aq)}$ +	$H_3O^+_{(aq)}$ →	$2\,H_2O_{(l)}$
Quantité de matière (en mol)	état initial	$n_1 = 1,0 \times 10^{-2}$	$n_2 = 1,9 \times 10^{-2}$	En excès
	état final	$n_1 - x_f = 0$	$n_f = n_2 - x_f = 9 \times 10^{-3}$	En excès

Ainsi, la concentration en quantité de matière finale en ion oxonium est égale à : $[H_3O^+] = \frac{n_f}{V}$ et **le pH final de la solution vaut** :

$$\mathbf{pH = -log\left(\frac{[H_3O^+]}{c°}\right) = -\,log\left(\frac{n_f}{c° \times V}\right)}.$$

A.N. : **pH** $= -\log \dfrac{9 \times 10^{-3}}{1 \times 600 \times 10^{-3}} =$ **1,8.**

Exercices de type bac

PRÉPARER L'ÉPREUVE ÉCRITE

6 Indicateur coloré de pH

1. On trouve que la concentration en quantité de matière en ions oxonium de cette solution est égale à :

$$[H_3O^+] = c° \times 10^{-pH} = 1 \times 10^{-4,2} = \mathbf{6,3 \times 10^{-5}\ mol{\cdot}L^{-1}}.$$

2. Le taux d'avancement final de la réaction de l'acide HInd avec l'eau s'écrit :

$$\tau = \frac{x_f}{x_{max}}.$$

Si la réaction était totale, HInd serait totalement consommé : $x_{max} = C_0 \times V$.
Dans l'état final :

$$x_f = [H_3O^+] \times V.$$

Piège à éviter
Il ne faut pas confondre x_f l'avancement « réel » à l'état final avec x_{max} l'avancement si la réaction était totale.

$$\text{D'où } \tau = \frac{[H_3O^+] \times V}{C_0 \times V} = \frac{[H_3O]}{C_0}$$

$$\tau = \frac{1 \times 10^{-4,2}}{2,90 \times 10^{-4}} = 2,1 \times 10^{-1} = \mathbf{21\%}.$$

Application numérique

Dans un calcul, il est plus précis d'utiliser les données de l'énoncé (ici la valeur du pH) plutôt que les résultats intermédiaires (comme la valeur de la concentration en oxonium calculée dans la question **1.**).

3. D'après la réponse à la question précédente, $\boldsymbol{\tau < 100\ \%}$, la transformation est **non totale** : toutes les molécules de la forme acide de l'indicateur coloré ne sont donc pas dissociées lors de la réaction avec l'eau.

7 Alcalinisation chez les chiens

1. Les acidifiants urinaires cités dans le texte sont **les asperges, les pois, le riz brun, l'avoine, les lentilles, les fèves, le maïs, les choux de Bruxelles, les céréales (hormis le millet), le gluten de blé et la vitamine C.**

2. Si les urines d'un chien sont basiques, des sels peuvent cristalliser dans l'urine, ce qui forme des calculs dans le système urinaire et augmente les chances de contracter des infections urinaires. Pour éviter cela, il est quelquefois utile de donner des acidifiants à un chien car **les acidifiants vont réagir avec les espèces basiques et avec l'eau et rendre l'urine neutre ou acide**, ce qui est meilleur pour la santé du chien.

PRÉPARER L'ECE

8 Dilution

Un protocole expérimental permettant de diluer une solution d'acide chlorhydrique d'un facteur 10 peut être le suivant :

Vocabulaire
La solution à diluer est appelée solution-mère et la solution diluée est appelée solution-fille.

- Prélever 10,0 mL de la solution à diluer avec une **pipette jaugée de 10,0 mL.**
- Verser ces 10,0 mL de solution dans une **fiole jaugée de 100,0 mL.**
- Ajouter un peu d'eau distillée dans la fiole jaugée.

- Agiter la fiole jaugée pour homogénéiser la solution.
- Ajouter de l'eau distillée dans la fiole jaugée jusqu'au **trait de jauge**.
- Agiter à nouveau la fiole jaugée pour **homogénéiser la solution.**

La solution diluée d'un facteur 10 est prête !

À savoir

Les quantités de matière des ions H_3O^+ et Cl^- dans les solutions mère et fille d'acide chlorhydrique sont identiques : $n = C_{\text{mère}} \times V_{\text{mère}} = C_{\text{fille}} \times V_{\text{fille}}$ avec $C_{\text{mère}}$, C_{fille} les concentrations en quantité des solutions mère et fille et $V_{\text{mère}}$, V_{fille} leurs volumes.

Ainsi : $V_{\text{mère}} = C_{\text{fille}} \times \dfrac{V_{\text{fille}}}{C_{\text{mère}}}$.

Pour une dilution d'un facteur 10, $\dfrac{C_{\text{fille}}}{C_{\text{mère}}} = \dfrac{1}{10}$; d'où : $V_{\text{mère}} = \dfrac{V_{\text{fille}}}{10}$.

PRÉPARER LE GRAND ORAL

9 Question en chimie

Une question portant sur la chimie pourrait être : **Comment lutter contre les pluies acides ?** En effet, une pluie acide désigne des précipitations anormalement acides, à cause notamment de la pollution atmosphérique, ce qui permet de mettre en lumière un des grands enjeux du programme de Terminale : **le développement durable.**

Remarque

L'expression « pluie acide » et sa définition datent de 1872, à l'initiative du chimiste écossais spécialiste de la pollution atmosphérique Robert Angus Smith.

Pour mieux comprendre ce phénomène, il faut savoir que les pluies acides sont dues au fait qu'une partie des gaz présents dans l'air se dissolvent dans les gouttes de pluie. Le dioxyde de carbone par exemple est transformé en acide carbonique, et sa présence dans les eaux de pluie est naturelle. Ce phénomène explique la légère acidité de la pluie par rapport à l'eau, ce qui n'est pas gênant pour l'environnement.

Cependant, si les **concentrations de polluants dans l'air augmentent**, **l'acidité de l'eau de pluie fait de même**, ce qui est très néfaste. La **flore** est généralement **la plus impactée** puisque la plus exposée : les pluies acides tuent de nombreuses espèces, en rendent d'autres stériles et affaiblissent les dernières. Elles favorisent

Gagnez des points !

Choisissez cette question sur les pluies acides pour le Grand Oral surtout si vous avez les SVT comme deuxième enseignement de spécialité. Vous pourrez ainsi exploiter les connaissances de vos deux spécialités pour répondre à cette question.

ainsi l'apparition de maladies chez les survivantes ou les rendent fragiles aux attaques d'insectes et de champignons. Quant aux sols, appauvris et décapés, ils produisent moins et moins bien, perturbant l'agriculture, l'horticulture et le développement végétal en général.

Les pluies acides **polluent également** les eaux dans lesquelles elles retombent, en particulier **les lacs et les rivières**. Elles les rendent toxiques, **déséquilibrant tout l'écosystème** alentour, des poissons qui y vivent, aux arbres qui les bordent en passant par les animaux qui y boivent. Certains lacs ont vu disparaître toutes les espèces aquatiques qui les peuplaient.

La **faune** subit à la fois l'acidification des eaux, l'appauvrissement des sols et l'affaiblissement de la flore. Si les espèces aquatiques sont directement impactées, les autres peuvent faire face à une **diminution de leurs ressources alimentaires** en qualité ou en quantité, ainsi qu'à une **transformation de leur habitat** ou de leur écosystème.

Les **bâtiments** sont également dégradés par les pluies acides, qui provoquent l'**érosion du calcaire** et la **corrosion des métaux**.

> **Remarque**
> De nombreux monuments célèbres, du Taj Mahal en Inde au Colisée en Italie, subissent les effets de l'acidité atmosphérique.

Ces conséquences néfastes des pluies acides se sont accrues au cours du 20e siècle à cause de l'augmentation de l'émission du dioxyde de soufre et de l'oxyde d'azote. Générés principalement par la combustion d'énergies comme le fioul (en usine ou dans une voiture), ces deux gaz se transforment en effet respectivement **en acide sulfurique** et **en acide nitrique** au contact de l'eau de pluie.

L'Europe a donc pris les mesures nécessaires pour **réduire ses émissions de dioxyde de soufre** notamment avec, par exemple, la fermeture des mines de charbon en France, ce qui a permis d'améliorer la situation dans ce continent.

La **Chine** en revanche, dont la **première ressource d'énergie est le charbon**, participe activement à l'acidification de l'air et des pluies sur son territoire, mais aussi en Corée et au Japon, et pourrait voir **ses sols** incapables d'absorber ce surplus d'acidité **à compter de 2020**. Les pluies acides sont donc toujours graves et fréquentes dans les régions industrialisées d'Asie.

> **Source des informations**
> Les explications données dans cette correction sont tirées de l'article *Qu'est-ce qu'une pluie acide ? Définition et dangers* du site Internet *Geo.fr*, qui propose également plusieurs autres articles très intéressants sur les pluies acides.

Pour aller plus loin

10 Acide oxalique

1. Le **schémas de Lewis de l'acide oxalique** est représenté dans le tableau ci-dessous. En effet, comme l'acide oxalique est un diacide de formule brute $C_2H_2O_4$, il est constitué de deux groupes carboxyles COOH.

Les **schémas de Lewis de l'ion hydrogénoxalate et de l'ion oxalate** sont également représentés dans le tableau.

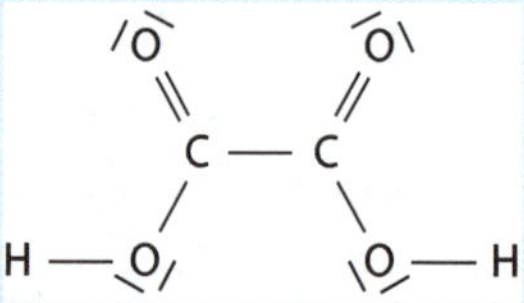	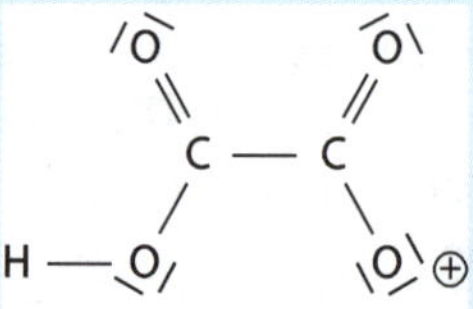	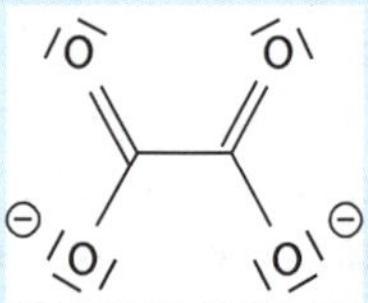
acide oxalique	**ion hydrogénate**	**ion oxalate**

L'ion hydrogénoxalate est la base conjuguée de l'acide oxalique et la demi-équation du couple acide oxalique/ion hydrogénoxalate s'écrit :

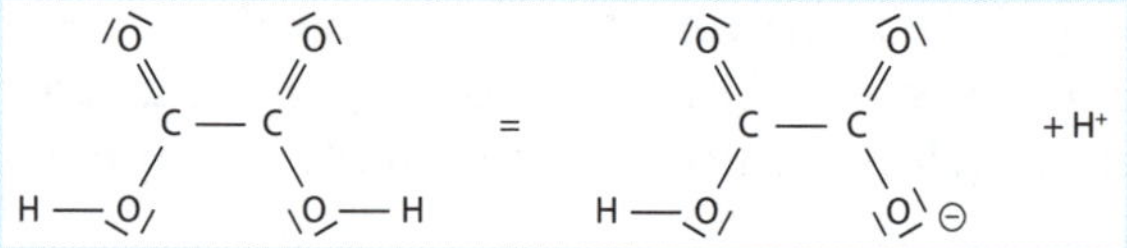

> **Rappel**
> Les symboles utilisés dans un schéma de Lewis sont les suivants.
> — Doublet liant
> – Doublet non liant
> ⊕ ou ⊖ Charge formelle
> ▭ Lacune électronique

De même, l'ion oxalate est la base conjuguée de l'ion hydrogénoxalate et la demi-équation du couple ion hydrogénoxalate/ion oxalate s'écrit :

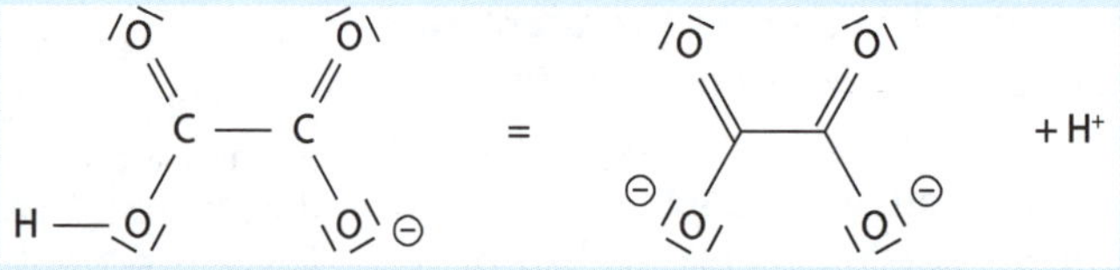

2. L'ion hydrogénoxalate est **à la fois la base** du couple acide oxalique/ion hydrogénoxalate **et l'acide** du couple ion hydrogénoxalate/ion oxalate : c'est une **espèce amphotère**.

CHAPITRE 2

Dosages et autres méthodes d'analyse d'un système chimique

Capacités exigibles du chapitre disponibles sur **Nathan Live**

COURS

1 Identification d'un système chimique

1 Spectroscopie infrarouge (IR)

• La spectroscopie infrarouge (IR), déjà étudiée en Première, permet d'identifier un système chimique car les **bandes d'absorption** présentes dans un spectre IR sont **caractéristiques des liaisons** et des **groupes fonctionnels** présents dans une molécule.

À savoir

Une transmittance de 100 % signifie qu'il n'y a pas d'absorption. Les bandes d'absorption d'un spectre IR sont donc orientées vers le bas.

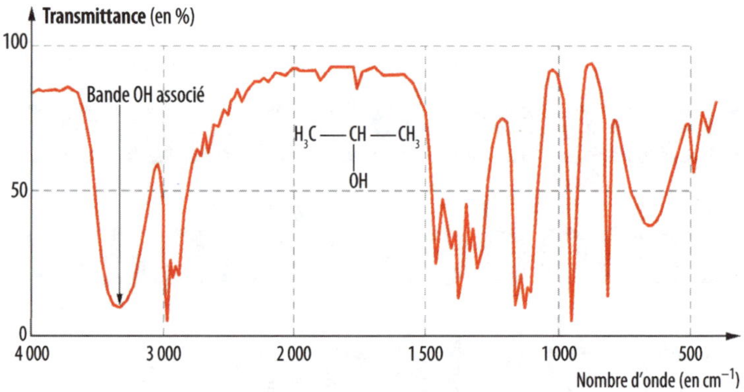

Doc. 1 Spectre IR du propan-2-ol

2 Spectroscopie UV-visible

• La spectroscopie UV-visible, elle aussi déjà étudiée en Première, permet d'identifier un système chimique car les **bandes d'absorption** présentes dans un spectre UV-visible sont **caractéristiques des molécules**.

• La mesure de l'**absorbance *A*** peut également permettre de déterminer la **concentration d'une espèce chimique absorbante** donnée, pour une longueur d'onde donnée.

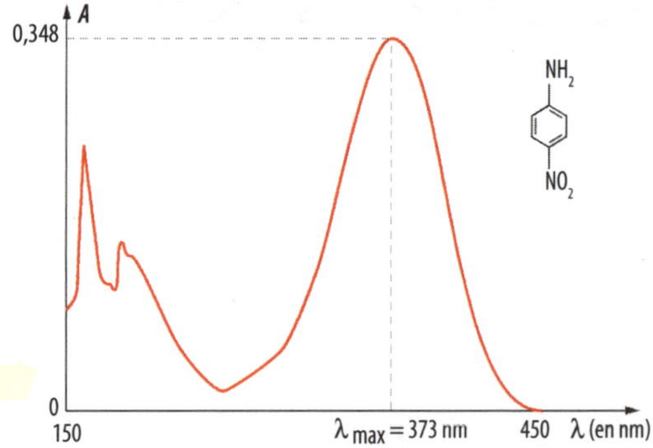

Doc. 2 Spectre UV-visible de la 4-nitroaniline

Vocabulaire

UV est l'abréviation de « ultraviolets ».

Remarque

Une espèce chimique absorbante est responsable de la couleur d'une solution lorsqu'elle absorbe suffisamment de rayonnements dans le domaine du visible, c'est-à-dire des rayonnements dont la longueur d'onde se situe entre 400 nanomètres (nm) et 750 nm.

COURS

2 Caractérisation d'un système chimique

- Une solution aqueuse peut être caractérisée par :

– sa **masse volumique** ρ, en $kg{\cdot}m^{-3}$, en $kg{\cdot}L^{-1}$ ou en $g{\cdot}L^{-1}$ par exemple ;

– sa **densité** $d = \frac{\rho}{\rho_{eau}}$, avec d sans unité, ρ et ρ_{eau} dans la même unité (par exemple, $\rho_{eau} = 1{,}00\ kg{\cdot}L^{-1}$) ;

– sa **concentration en quantité de matière de soluté apporté** C, en $mol{\cdot}L^{-1}$;

– sa **concentration en masse de soluté apporté** $C_m = C \times M$, avec C_m en $g{\cdot}L^{-1}$ et M la masse molaire du soluté apporté en $g{\cdot}mol^{-1}$;

– son **titre massique en soluté apporté** $w = \frac{m_{soluté}}{m_{solution}}$, avec w sans unité, $m_{soluté}$ et $m_{solution}$ les masses de soluté et de solution dans la même unité.

Rappel

Une solution est un mélange homogène (constitué d'une seule phase) résultant de la dissolution d'un ou de plusieurs solutés (espèces chimiques dissoutes) dans un solvant. Si la solution est aqueuse, le solvant est l'eau.

Piège à éviter

Ne confondez pas la concentration en quantité de matière de soluté apporté C avec la concentration en quantité de matière de ce même soluté X effectivement en solution [X] car ces deux valeurs peuvent quelquefois être différentes.

- Un gaz peut quant à lui être caractérisé notamment par sa quantité de matière, grâce à **l'équation d'état du gaz parfait** présentée dans le chapitre 13 de ce manuel.

3 Dosages par étalonnage

1 Définition

• **Doser par étalonnage** une espèce chimique dans une solution aqueuse consiste à **déterminer la concentration** en soluté apporté de cette espèce chimique en **mesurant une grandeur physique** de cette solution et en **la comparant avec une courbe d'étalonnage**.

• La courbe d'étalonnage est une courbe donnant les valeurs d'une grandeur physique en fonction de la concentration de la solution étudiée.

2 Dosage par étalonnage d'une espèce chimique absorbante

• Si l'espèce chimique à doser absorbe des rayonnements, on peut utiliser la **spectrophotométrie** en mesurant **l'absorbance de la solution**.

Rappel
La spectrophotométrie a déjà été étudiée en Première.

• D'après **la loi de Beer-Lambert**, à la longueur d'onde λ, l'absorbance (sans unité) d'une solution contenant une espèce chimique absorbante X est égale à :

$$A = \varepsilon_\lambda \cdot l \cdot [X]$$

avec ε_λ le coefficient d'absorption molaire de l'espèce chimique absorbante (en $L \cdot mol^{-1} \cdot cm^{-1}$), l la longueur de la solution traversée par la lumière (en cm) et [X] la concentration en quantité de matière de l'espèce absorbant de la solution (en $mol \cdot L^{-1}$).

→ À savoir
La mesure d'absorbance d'une solution s'effectue avec un spectrophotomètre à la longueur d'onde d'absorption maximale. Cette longueur d'onde d'absorption maximale correspond à la couleur complémentaire de la couleur de la solution.

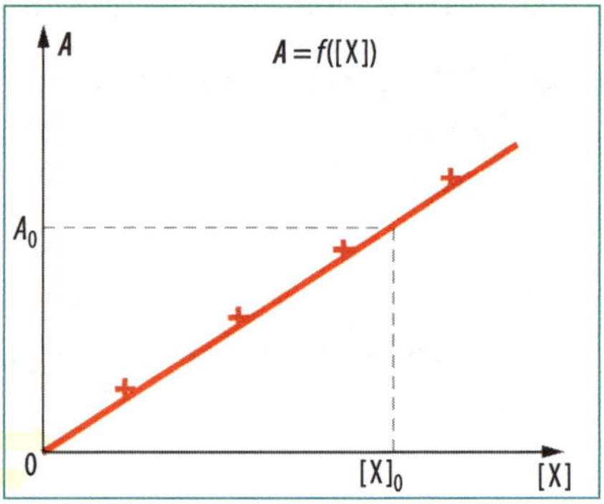

Doc. 3 Dosage par étalonnage d'une espèce chimique absorbante

• Si les solutions sont diluées, la courbe d'étalonnage $A = f([X])$ est une droite passant par l'origine.

• En mesurant l'absorbance A_0 d'une solution contenant une espèce absorbante de concentration inconnue $[X]_0$, on détermine la concentration inconnue $[X]_0$ sur la courbe d'étalonnage.

3 Dosage par étalonnage d'une espèce chimique ionique

- Si l'espèce chimique à doser est une espèce ionique, elle conduit le courant électrique et on peut utiliser la **conductimétrie** en mesurant la **conductance** ou la **conductivité de la solution**.

À savoir

Les espèces chimiques qui conduisent le courant électrique dans une solution sont les **ions**.
La conductance *G* d'une solution, en siemens (S), est l'inverse de la résistance électrique *R* de cette solution, en ohm (Ω). La conductivité σ d'une solution, en siemens par mètre ($S{\cdot}m^{-1}$), est la grandeur physique qui représente la capacité de la solution à conduire le courant électrique : plus la conductivité d'une solution est grande, plus le courant électrique circule facilement dans cette solution.

- D'après la **loi de Kohlrausch**, la conductivité σ d'une solution diluée ionique (en $S{\cdot}m^{-1}$) est égale à $\sigma = \sum_{i=1}^{n} \lambda_i [X_i]$ avec X_i (i de 1 à *n*) les *n* **ions** présents dans cette solution, λ_i les conductivités molaires ioniques (en $S{\cdot}m^2{\cdot}mol^{-1}$) et $[X_i]$ les concentrations en quantité de matière des ions présents dans la solution (en $mol{\cdot}m^{-3}$).

Piège à éviter

Dans la loi de Kohlrausch, les concentrations sont exprimées en $mol{\cdot}m^{-3}$.
Il faut penser à convertir :
$1\ mol{\cdot}L^{-1} = 1 \times 10^3\ mol{\cdot}m^{-3}$.

Remarque

Les conductivités molaires ioniques des ions oxonium $H_3O^+_{(aq)}$ et hydroxyde $HO^-_{(aq)}$ sont supérieures à celles de tous les autres ions.

Ions	λ (en $S{\cdot}m^2{\cdot}mol^{-1}$)
H_3O^+	$35{,}0 \times 10^{-3}$
HO^-	$19{,}9 \times 10^{-3}$
Cl^-	$7{,}63 \times 10^{-3}$
Na^+	$5{,}01 \times 10^{-3}$

Doc. 4 Conductivités molaires ioniques de quelques ions

- Si les solutions sont diluées, la courbe d'étalonnage σ = *f*([X]) peut être une droite passant par l'origine.
- En mesurant la conductivité σ_0 d'une solution contenant une espèce ionique de concentration inconnue $[X]_0$, on détermine la concentration inconnue $[X]_0$ sur la courbe d'étalonnage.

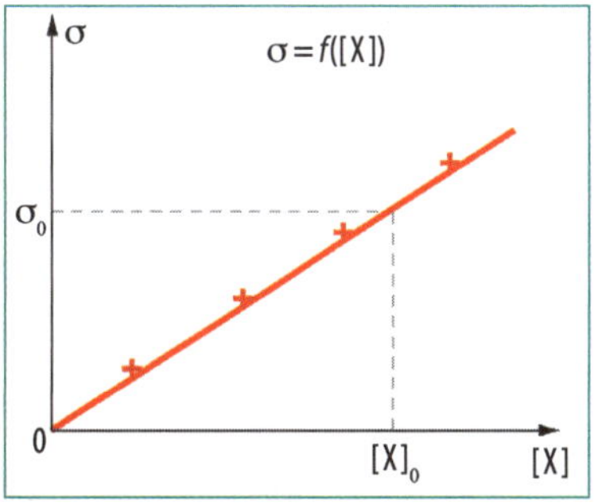

Doc. 5 Dosage par étalonnage d'une espèce chimique ionique

4 Dosages par titrage

1 Définition

- **Doser par titrage** une espèce chimique A dans une solution aqueuse consiste à **déterminer la concentration** en soluté apporté de cette espèce chimique **en la faisant réagir** avec une quantité connue d'une espèce chimique B.
- La réaction support de titrage entre les espèces titrée et titrante est **unique, rapide et totale** :

$$a\,\mathrm{A} + b\,\mathrm{B} \rightarrow c\,\mathrm{C} + d\,\mathrm{D}.$$

Vocabulaire

L'espèce chimique A, de concentration inconnue, est appelée l'espèce titrée et l'espèce chimique B est appelée l'espèce titrante.

2 Équivalence

- **À l'équivalence**, les réactifs titré et titrant ont été introduits **dans les proportions stœchiométriques** : ils sont tous les deux **entièrement consommés.**

Autre définition de l'équivalence

À l'équivalence, il y a changement de réactif limitant (le réactif limitant est le réactif titrant avant l'équivalence et le réactif titré après l'équivalence).

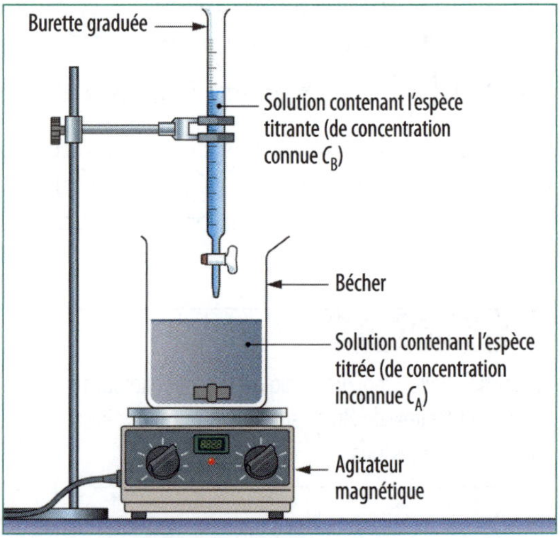

Doc. 6 Schéma d'un dispositif expérimental de titrage

- En calculant l'avancement à l'équivalence x_E, on trouve la relation entre la quantité de matière du réactif titrant versé à l'équivalence $n_{B,E}$ et la quantité de matière du réactif titré initialement introduite $n_{A,i}$: $\dfrac{n_{A,i}}{a} = \dfrac{n_{B,E}}{b}$.
- La concentration en soluté apporté du réactif titré C_A est alors égale à :

$$C_A = \frac{a}{b} \times \frac{n_{B,E}}{V_A} = \frac{a}{b} \times \frac{C_B \cdot V_{B,E}}{V_A}$$

avec $V_{B,E}$ le volume de la solution titrante versé à l'équivalence (en L ou en mL) et V_A le volume de la solution titrée (en L ou en mL).

Remarque

Contrairement au dosage par étalonnage, le dosage par titrage est une mesure destructive, c'est-à-dire que l'espèce titrée est consommée, « détruite », à la fin du titrage.

3 Titrage conductimétrique

- Lorsque la conductivité σ de la solution titrée varie lors de l'ajout de la solution titrante, on peut effectuer un titrage conductimétrique en mesurant la conductivité de la solution titrée au fur et à mesure des ajouts de la solution titrante.
- On peut déterminer le volume équivalent $V_{B,E}$ grâce à **l'intersection de deux droites de pentes différentes de la courbe $\sigma = f(V_B)$** obtenue.

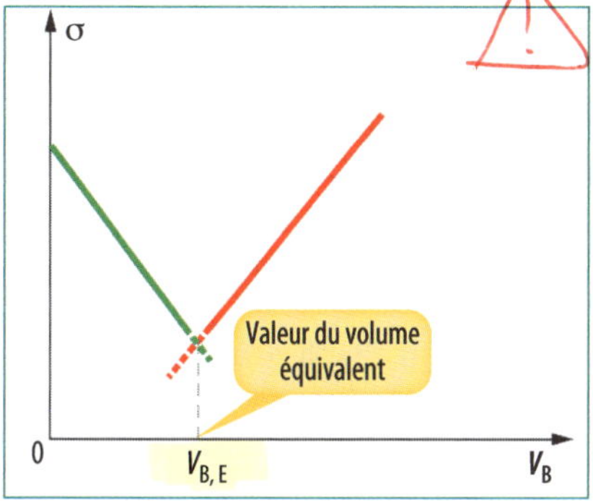

Doc. 7 $\sigma = f(V_B)$

- Par exemple, dans le cas du dosage d'un agent digestif, la bétaïne® contenant de l'acide chlorhydrique ($H_3O^+ + Cl^-$), par une solution titrante d'hydroxyde de sodium ($Na^+ + HO^-$), l'équation de la réaction support de titrage s'écrit $H_3O^+_{(aq)} + HO^-_{(aq)} \rightarrow 2\ H_2O_{(l)}$. On observe alors :

– **une diminution de la conductivité avant l'équivalence** car, lors de chaque ajout de la solution titrante ($Na^+ + HO^-$), **des ions oxonium H_3O^+ sont remplacés par des ions sodium Na^+** dans la solution titrée (et $\lambda(Na^+) < \lambda(H_3O^+)$). En effet, lors de leur ajout dans la solution titrée, les ions hydroxyde HO^- disparaissent immédiatement en réagissant avec les ions oxonium H_3O^+ présents dans la solution. Seuls les ions spectateurs sodium Na^+ sont donc réellement ajoutés dans le mélange et ils remplacent les ions H_3O^+ qui disparaissent ;

Bien comprendre

- Avant l'équivalence, les ions hydroxyde HO^- sont les réactifs limitants. Ils réagissent donc avec les ions oxonium H_3O^+.
- Après l'équivalence, les ions hydroxyde HO^- versés sont en excès : ils ne réagissent plus et ils restent dans la solution titrée.

– **une augmentation de la conductivité après l'équivalence** car, lors de chaque ajout de la solution titrante ($Na^+ + HO^-$), **les concentrations des ions HO^- et des ions Na^+ augmentent dans le mélange réactionnel**.

À savoir

Toutes les espèces ioniques participent à la conductivité de la solution et notamment les ions spectateurs (ici les ions sodium Na^+ et les ions chlorure Cl^-) qui n'apparaissent pas dans l'équation de la réaction support de titrage.

4 Titrage pH-métrique

- Lorsque le pH de la solution titrée varie lors de l'ajout de la solution titrante, on peut effectuer un titrage pH-métrique en mesurant le pH de la solution titrée au fur et à mesure des ajouts de la solution titrante.
- **À partir de la courbe pH = $f(V_B)$** obtenue, on peut déterminer le volume équivalent $V_{B,E}$ correspondant au **saut de pH** suivant deux méthodes différentes.
- Par exemple, pour le dosage par titrage pH-métrique de la bétaïne®, contenant de l'acide chlorhydrique ($H_3O^+ + Cl^-$), par une solution titrante d'hydroxyde de sodium ($Na^+ + HO^-$) :

– la **méthode des tangentes parallèles** donne le point équivalent E :

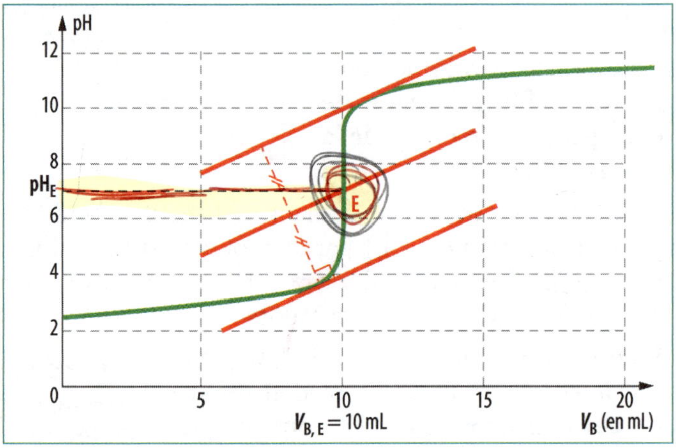

– le tracé de la courbe dérivée $\frac{dpH}{dV_B}$ donne le volume équivalent $V_{B,E}$:

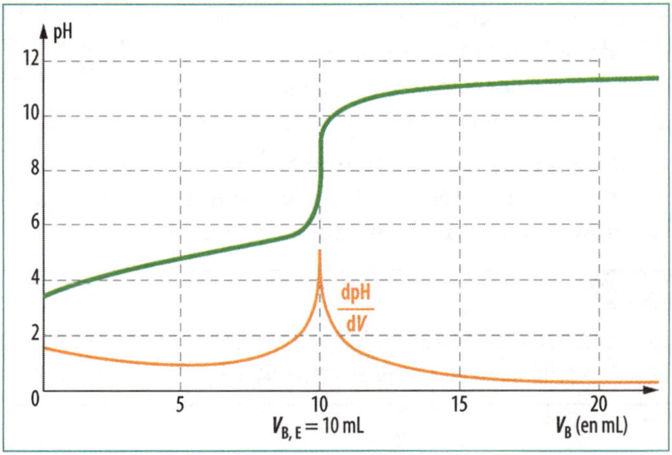

5 Titrage colorimétrique

- Si le réactif titré ou titrant est coloré, la couleur de la solution titrée varie lors de l'ajout de la solution titrante. **L'équivalence est repérée par le changement de couleur** de la solution titrée.

- Si les réactifs titré et titrant sont incolores, on peut utiliser un **indicateur de fin de réaction** qui donne une couleur différente à la solution titrée avant et après l'équivalence.

- Par exemple, les **indicateurs colorés acido-basiques** ont une couleur différente suivant la valeur du pH. En mettant quelques gouttes d'un indicateur coloré acido-basique, dont **la zone de virage comprend le pH à l'équivalence pH_E**, on peut déterminer l'équivalence d'un titrage.

Indicateur coloré acido-basique	Couleur de la forme acide	Zone de virage	Couleur de la forme basique
Hélianthine	rouge	2,4-4,4 (orange)	jaune
Bleu de bromophénol	jaune	3,0-4,6 (vert)	bleu
Bleu de bromothymol	jaune	6,0-7,6 (vert)	bleu
Phénolphtaléine	incolore	8,2-9,9 (rose)	rouge

Doc. 8 Exemples d'indicateurs colorés acido-basiques

- Ainsi, on peut utiliser le bleu de bromothymol pour le dosage par titrage colorimétrique de la bétaïne® par une solution titrante d'hydroxyde de sodium ($Na^+ + HO^-$) car le pH à l'équivalence de ce titrage (égal à 7,0) est compris dans la zone de virage de cet indicateur coloré.

Détermination du pH_E

On trouve la valeur du pH à l'équivalence grâce à la méthode des tangentes parallèles du titrage pH-métrique de la page précédente.

Remarque

Il existe d'autres types d'indicateurs de fin de réaction, comme par exemple le noir ériochrome T, qui est bleu, et qui peut former un ion complexe rouge avec le calcium, avec le magnésium ou avec d'autres ions métalliques.

QCM et questions courtes

1 Dosage par étalonnage ou par titrage ?

Corrigé p. 49

1. Pour mesurer la concentration des ions hydrogénocarbonate dans une eau minérale, on fait réagir ces ions avec une solution d'acide chlorhydrique en présence d'un indicateur coloré acido-basique adapté. Le changement de couleur de la solution permet de repérer l'équivalence du dosage et de calculer la concentration désirée. Cette mesure correspond à :

a) ☐ un dosage par étalonnage.

b) ☑ un dosage par titrage.

2. Un élève souhaite mesurer la concentration d'une espèce chimique dans une solution avant d'utiliser cette même solution pour d'autres expériences. La mesure de cette concentration doit s'effectuer avec :

a) ☑ un dosage par étalonnage.

b) ☐ un dosage par titrage.

2 Conduction du courant électrique dans une solution

Corrigé p. 49

Dans une solution aqueuse, le passage du courant électrique est dû :

a) ☐ au déplacement des molécules d'eau.

b) ☑ au déplacement des ions présents dans la solution.

c) ☐ au déplacement des électrons présents dans la solution.

d) ☐ à la présence de particules métalliques dans la solution.

Exercices d'entraînement

3 Acide chlorhydrique

★ 10 min Corrigé p. 49

La conductivité d'une solution d'acide chlorhydrique ($H_3O^+ + Cl^-$) vaut $\sigma = 1{,}37$ mS·cm^{-1}.

Calculer la concentration en quantité de matière C, en mol·L^{-1}, de cette solution.

Données : $\lambda_{H_3O^+} = 35{,}0 \times 10^{-3}$ S·m^2·mol^{-1} ; $\lambda_{Cl^-} = 7{,}63 \times 10^{-3}$ S·m^2·mol^{-1}.

Astuce

Dans la loi de Kohlrausch, la conductivité est exprimée en S·m^{-1} et les concentrations sont exprimées en mol·m^{-3}.

4 Eau de Dakin

★★ 15 min ➔ Corrigé p. 49

L'eau de Dakin, de couleur rose pâle, est un antiseptique local contenant deux oxydants : les ions permanganate MnO_4^- et les ions hypochlorite ClO^-.

Trois spectres UV-visible effectués dans un même spectrophotomètre sont présentés ci-dessous :

- spectre de l'eau de Dakin ;
- spectre d'une solution ① de permanganate de potassium de concentration en quantité de matière $[MnO_4^-] = 1{,}5 \times 10^{-4}$ mol·L^{-1} ;
- spectre d'une solution ② d'hypochlorite de sodium de concentration en quantité de matière $[ClO^-] = 1{,}5 \times 10^{-2}$ mol·L^{-1}.

Remarque
Les ions potassium et les ions sodium présents dans les solutions de permanganate de potassium et d'hypochlorite de sodium ne sont pas responsables de la couleur de ces solutions.

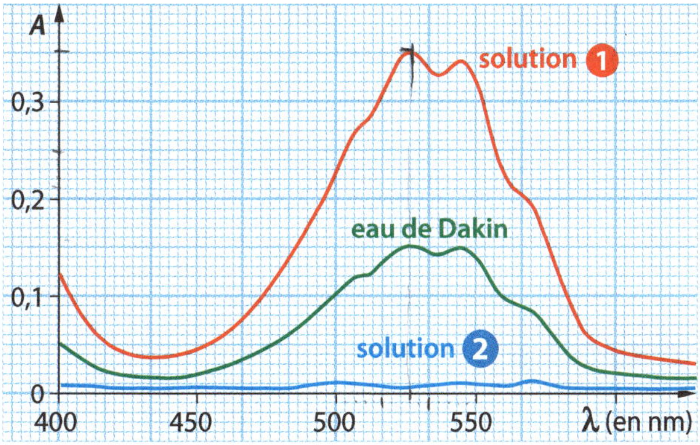

1. Indiquer le nom des ions responsables de la couleur rose pâle de l'eau de Dakin. Justifier la réponse.

2. Estimer la valeur de la concentration en quantité de matière des ions permanganate dans l'eau de Dakin.

5 Dosage par étalonnage spectrophotométrique

★★ 15 min ➔ Corrigé p. 50

Le but de l'exercice est d'illustrer le dosage d'une solution S_1 contenant des ions cuivre (II) $Cu^{2+}_{(aq)}$, ce type de solution étant parfois utilisée en hydrométallurgie.

Pour cela, on prépare un ensemble de solutions de sulfate de cuivre $(Cu^{2+} + SO_4^{2-})$ de concentrations différentes. La teinte bleue de ces solutions est due à la présence des ions $Cu^{2+}{}_{(aq)}$. On mesure l'absorbance des solutions préparées. Les points expérimentaux sont présentés sur le graphique ci-dessous.

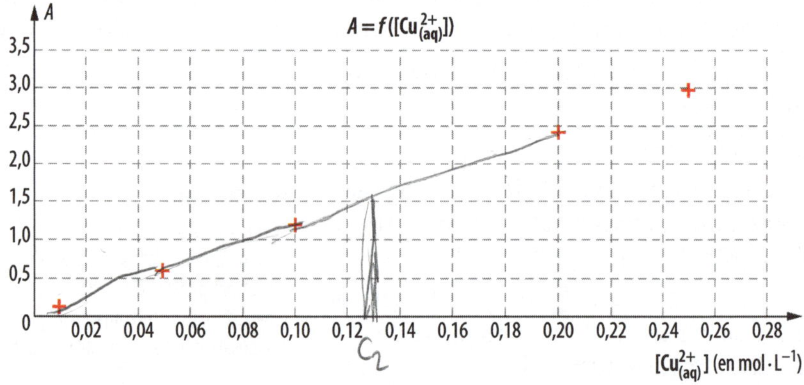

On prélève ensuite V_1 = 25,0 mL de la solution S_1 que l'on introduit dans une fiole jaugée de volume V_2 = 50,0 mL dont on complète le niveau avec de l'eau distillée. Après homogénéisation, l'absorbance de cette solution S_2 est mesurée : on trouve A = 1,5.

Déterminer la concentration en quantité de matière des ions $Cu^{2+}{}_{(aq)}$ de la solution S_1.

Piège à éviter

Graphiquement, on détermine la concentration en quantité de matière de la solution S_2.

Exercices de type bac

PRÉPARER L'ÉPREUVE ÉCRITE

6 De la vitamine C dans de la rose

★★ 35 min Corrigé p. 51

Extrait du baccalauréat

Le fruit de la rose ou de l'églantier est nommé cynorhodon. Il est très utilisé en phytothérapie pour prévenir la fatigue et renforcer les défenses immunitaires. Il contient des tanins, les vitamines A et B et il est aussi très riche en vitamine C, ou acide ascorbique. On trouve en pharmacie de l'extrait de cynorhodon sous forme de gélules.

La formule de l'acide ascorbique est :

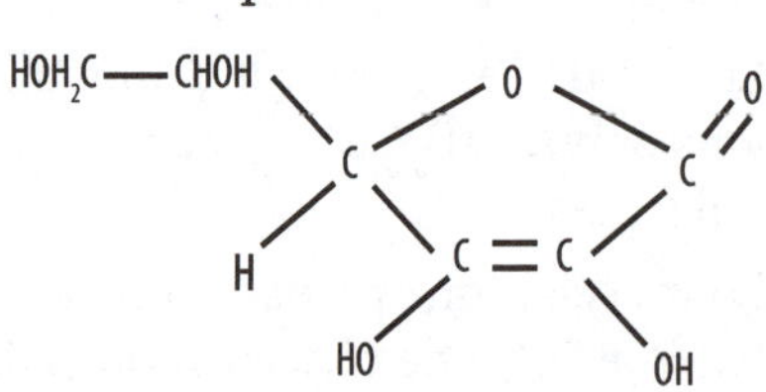

Dans la suite de l'exercice, on notera l'acide ascorbique sous la forme AH, acide du couple AH/A⁻. On désire comparer l'apport en vitamine C d'une gélule de cynorhodon, produit naturel, avec celui d'un comprimé de type Laroscorbine 500®, produit de synthèse.

Pour cela, on détermine par titrage la quantité de matière d'acide ascorbique présente dans une gélule.

Protocole expérimental suivi :

On dissout dans l'eau le contenu d'une gélule de cynorhodon dans une fiole jaugée de 100,0 mL.

Puis, on réalise le titrage pH-métrique du contenu de la fiole à l'aide d'une solution aqueuse d'hydroxyde de sodium de concentration en quantité de matière $C_b = 0{,}10$ mol·L^{-1}.

Rappel
Une solution aqueuse d'hydroxyde de sodium contient des ions hydroxyde HO^- et des ions sodium Na^+. Cette solution est aussi appelée de la soude.

Données : masses molaires atomiques (en g·mol^{-1}) : $M_H = 1{,}0$; $M_C = 12{,}0$; $M_O = 16{,}0$.

1. Calculer la masse molaire moléculaire de l'acide ascorbique notée M_{AH}.

2. Écrire l'équation de la réaction support du titrage.

3. Définir par une phrase l'équivalence acido-basique.

4. Donner la relation entre les quantités de matière des réactifs introduits à l'équivalence.

Le suivi du titrage permet le tracé de la courbe ci-contre.

Évolution du pH en fonction du volume V_b de solution d'hydroxyde de sodium ajouté

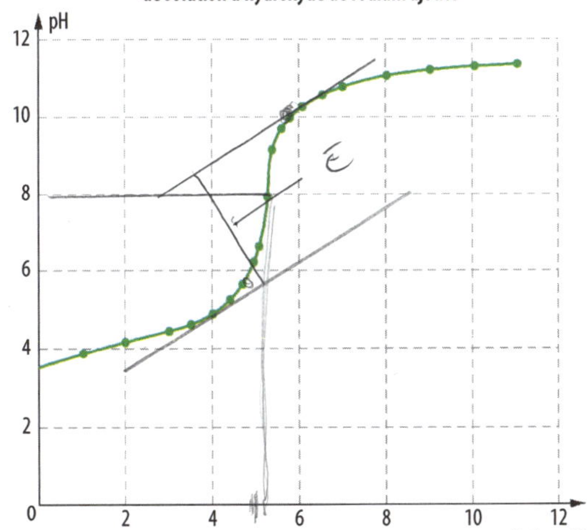

5. En précisant la méthode employée, déterminer les coordonnées du point d'équivalence de ce titrage.

6. En déduire la quantité de matière en acide ascorbique n_{AH} contenue dans une gélule de cynorhodon.

7. En déduire la masse m_{AH} d'acide ascorbique présente dans une gélule.

8. Un comprimé de Laroscorbine 500® contient 500 mg d'acide ascorbique. Quel est, entre la gélule de cynorhodon et le comprimé de Laroscorbine, le composant le plus riche en vitamine C ?

7 Ions chlorure dans l'eau de mer

★★★ 45 min ➔ Corrigé p. 51

Extrait du baccalauréat

L'Artémia est le nom scientifique d'un petit crustacé qui possède la particularité de pouvoir vivre dans des milieux très salés tels que certains lacs et marais salants. Pour se développer, les Artémia ont besoin de vivre dans un milieu marin dont la concentration en masse moyenne en ions chlorure Cl^- est supérieure à 30 $g.L^{-1}$. Dans ces conditions, leur développement n'est pas compromis car les prédateurs aquatiques ne supportent pas des conditions salines aussi élevées.

Avant d'implanter un élevage d'Artémia dans des marais salants du Sud de la France, on se propose de déterminer la concentration en ions chlorure d'un prélèvement d'eau d'un marais de la zone choisie. Cette eau contient exclusivement des ions sodium et des ions chlorure.

La méthode utilisée permet de doser les ions chlorure par précipitation avec les ions argent Ag^+.

La réaction de précipitation $Ag^+_{(aq)} + Cl^-_{(aq)} \rightarrow AgCl_{(s)}$ peut être considérée comme totale. Le chlorure d'argent formé est un solide blanc.

L'équivalence du dosage sera déterminée de deux manières : en utilisant un indicateur coloré et en mesurant la conductivité lors du dosage.

Partie A – Dosage colorimétrique

L'indicateur coloré de fin de réaction est préparé en dissolvant quelques grains de dichlorofluorescéine dans un mélange eau-éthanol (méthode de Fajans). La solution obtenue a une couleur jaune. La présence d'ions sodium Na^+, chlorure Cl^- ou nitrate NO_3^- ne modifie pas la couleur de la dichlorofluorescéine. En revanche, en présence d'ions Ag^+, la solution de dichlorofluorescéine prend une couleur rose-rouge.

1. Principe du dosage

On veut doser un volume V_1 d'une solution S_1 d'ions chlorure par une solution S_2 de nitrate d'argent de concentration C_2.

Expliquer brièvement comment déterminer l'équivalence.

Astuce
Rappelez la définition de l'équivalence pour répondre à cette question.

2. Exploitation du dosage

En septembre 2003, après un été caniculaire, on a prélevé un échantillon d'eau dans un marais salant de la zone prévue pour implanter l'élevage d'Artémia. On dilue 10 fois cette eau pour obtenir la solution S_1 à doser.

On réalise le dosage d'un volume V_1 = 10,0 mL de solution S_1 par une solution S_2 de nitrate d'argent de concentration $C_2 = 1{,}00 \times 10^{-1}$ mol·L^{-1}. Le volume de nitrate d'argent versé à l'équivalence est V_E = 15,2 mL.

a) Déterminer la concentration en quantité de matière des ions chlorure dans l'eau du marais.

b) Cette eau est-elle favorable au développement des Artémia ?

Donnée : masse molaire atomique du chlore : M(Cl) = 35,5 g·mol^{-1}.

Piège à éviter
Ne confondez pas la concentration des ions chlorure dans la solution S_1 avec la concentration dans l'eau du marais.

Partie B – Dosage conductimétrique

On a reporté ci-dessous l'évolution de la conductivité σ au cours du dosage en fonction du volume V de nitrate d'argent versé.

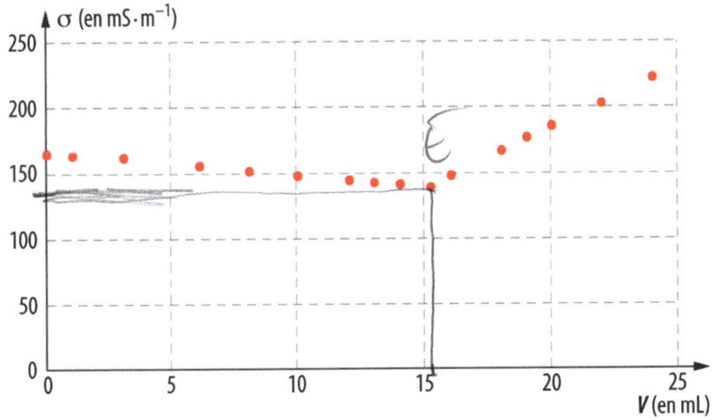

Doc. 1 Suivi par conductimétrie du dosage des ions chlorure

Données : conductivités molaires ioniques à 25 °C (en S·m^2·mol^{-1}) : $\lambda(Cl^-) = 7{,}63 \times 10^{-3}$; $\lambda(Ag^+) = 6{,}19 \times 10^{-3}$; $\lambda(NO_3^-) = 7{,}14 \times 10^{-3}$;

$\lambda(Na^+) = 5{,}01 \times 10^{-3}$.

1. Déterminer graphiquement le point d'équivalence E du dosage.

2. Justifier, sans calcul, la diminution de la conductivité avant l'équivalence et son augmentation après l'équivalence.

Partie C – Évolution des quantités de matière

L'extrait de code Python suivant permet de représenter l'évolution des quantités de matière des ions sodium Na^+, chlorure Cl^-, nitrate NO_3^- et argent Ag^+ en fonction du volume de solution titrante versé.

```
5  C1=1.52e-1
6  C2=1.00e-1
7  V1=10.0e-3
8  n1_init=C1*V1  # quantité de matière initiale de chlorure de sodium
9  V=[(i/2)*1e-3 for i in range(0,51)] # liste des volumes de titrant introduits
10 
11 def n_chlorure(v):
12     """ calcul de la quantité de matière d'ions chlorure présents
13     dans la solution pour un volume v de titrant versé"""
14     n=n1_init-C2*v
15     if n>0:
16         return n
17     else:
18         return 0
19 
20 def n_argent(v):
21     """ calcul de la quantité de matière d'ions argent présents
22     dans la solution pour un volume v de titrant versé"""
23     n=v*C2-V1*C1
24     if n>0:
25         return n
26     else:
27         return 0
28 
29 #--- calcul des listes des quantités de matière des ions présents
30 N_chlorure=[n_chlorure(v) for v in V]
31 N_argent=[n_argent(v) for v in V]
32 N_nitrate=[v*C2 for v in V]
33 N_sodium=[C1*V1]*len(V)
34 #--- tracés des courbes
35 plt.plot(V,N_chlorure,'+',label='n(Cl-)')
36 plt.plot(V,N_nitrate,'+',label='n(NO3-)')
37 plt.plot(V,N_sodium,'+',label='n(Na+)')
38 plt.plot(V,N_argent,'+',label='n(Ag+)',color='y')
39 #--- paramétrage du graphique
40 plt.axis([0, 25e-3, -1e-4, 2e-3])
41 plt.title('Évolution des quantités de matière au cours du titrage',color='b')
42 plt.xlabel('V (en L)')
43 plt.ylabel('n (en mol)')
44 plt.legend(loc='best')
45 plt.show() # affichage du graphique
```

Doc.2 Extrait du code Python

Code complet téléchargeable sur **Nathan Live**

1. Indiquer ce que calculent les lignes 14 et 23 du code Python présenté dans le doc. 2.

2. Expliquer comment la ligne 33 du code Python présenté dans le doc. 2 permet de calculer la liste des valeurs des quantités de matière d'ions sodium.

Astuce

Lisez ou relisez le point numérique sur Python à la fin du manuel pour mieux comprendre l'extrait du code présenté.

PRÉPARER L'ECE

8 Solution d'acide chlorhydrique pour un TP ★★ 15 min Corrigé p. 55

Compétences expérimentales évaluées : Analyser-raisonner, Réaliser.

Une solution aqueuse d'acide chlorhydrique (H^+, Cl^-) a un titre massique $w = 10$ % et une densité $d = 1{,}048$.

À partir de cette solution-mère, proposer un protocole expérimental permettant de préparer une solution d'acide chlorhydrique de concentration en quantité de matière de soluté apporté $C = 1{,}0$ mol·L^{-1}.

Données : masses molaires atomiques (en g·mol^{-1}) : $M_H = 1{,}0$; $M_{Cl} = 35{,}5$.

Sécurité
N'oubliez pas d'indiquer les consignes de sécurité à suivre pour réaliser cette solution !

PRÉPARER LE GRAND ORAL

9 Présentation orale sans note ★★ 15 min Corrigé p. 56

Lire la correction de l'exercice 8 précédent et la présenter ensuite à l'oral, sans note, en cinq minutes maximum.

Bien préparer le baccalauréat

Lors du Grand Oral du baccalauréat, vous devez réaliser une présentation orale de cinq minutes devant un jury, sans note.
Entrainez-vous à cet exercice dès que possible durant l'année de Terminale.

Pour aller plus loin

10 Dosage par titrage indirect

★★★ 30 min Corrigé p. 57

Pour doser une solution S_1, parfois utilisée en hydrométallurgie, contenant des ions cuivre (II) $Cu^{2+}_{(aq)}$, on peut effectuer un dosage par étalonnage comme dans l'exercice 5. On peut aussi utiliser un dosage par titrage indirect qui met en jeu deux réactions successives.

On prélève d'abord un volume $V_1 = 20{,}0$ mL de la solution S_1 que l'on place dans un erlenmeyer, et on ajoute une solution d'iodure de potassium ($K^+ + I^-$) de telle sorte que les ions iodure $I^-_{(aq)}$ soient en excès par rapport aux ions cuivre (II) $Cu^{2+}_{(aq)}$.

La réaction chimique mise en jeu est modélisée par l'équation **(1)** :

$$2\,Cu^{2+}_{(aq)} + 4\,I^-_{(aq)} \rightarrow 2\,CuI_{(s)} + I_{2\,(aq)}$$

On titre ensuite le diode formé $I_{2\,(aq)}$ par une solution de thiosulfate de sodium ($2\,Na^+ + S_2O_3^{2-}$), l'erlenmeyer étant placé sous une burette graduée contenant une solution de thiosulfate de sodium de concentration en soluté apporté : $C = 0{,}40\ mol{\cdot}L^{-1}$.

L'équivalence est alors repérée grâce à la décoloration d'empois d'amidon ajouté et le volume de solution de thiosulfate de sodium ajouté est $V_E = 12{,}4$ mL.

La réaction chimique mise en jeu lors de ce titrage est modélisée par l'équation **(2)** :

$$I_{2(aq)} + 2\,S_2O_3^{2-}{}_{(aq)} \rightarrow S_4O_6^{2-}{}_{(aq)} + 2\,I^-_{(aq)}.$$

Déterminer la concentration C_1 de la solution S_1 en ion cuivre (II).

Astuce
On pourra éventuellement s'aider au brouillon de plusieurs tableaux d'avancement pour trouver C_1.

CORRIGÉS

QCM et questions courtes

1 Dosage par étalonnage ou par titrage ?

1. b) La mesure de la concentration des ions hydrogénocarbonates dans une eau minérale est un **dosage par titrage** étant donné qu'il y a une réaction entre les réactifs titrant et titré.

2. a) La mesure de la concentration d'une espèce chimique doit s'effectuer avec un **dosage par étalonnage** si l'on souhaite que celui-ci soit **non destructif**.

2 Conduction du courant électrique dans une solution

b) Dans une solution aqueuse, le passage du courant électrique est dû au **déplacement des ions** présents dans la solution.

Piège à éviter

Il n'y a pas d'électrons libres dans une solution aqueuse. C'est dans les fils électriques métalliques que le passage du courant électrique est dû aux électrons.

Exercices d'entraînement

3 Acide chlorhydrique

D'après la loi de Kohlrausch, la conductivité de la solution d'acide chlorhydrique ($H_3O^+ + Cl^-$) est égale à :

$$\sigma = \lambda_{H_3O^+} . [H_3O^+] + \lambda_{Cl^-} . [Cl^-]$$

$$\sigma = \lambda_{H_3O^+} . C + \lambda_{Cl^-} . C = (\lambda_{H_3O^+} + \lambda_{Cl^-}) . C.$$

Ainsi, la concentration C de cette solution d'acide chlorhydrique vaut :

$$C = \frac{\sigma}{\lambda_{H_3O^+} + \lambda_{Cl^-}} = \frac{1{,}37 \times 10^{-1}}{35{,}0 \times 10^{-3} + 7{,}63 \times 10^{-3}}$$

$C = 3{,}21\ mol{\cdot}m^{-3} = \mathbf{3{,}21 \times 10^{-3}\ mol{\cdot}L^{-1}}$.

Unités

$1\ mS{\cdot}cm^{-1} = 10^{-1}\ S{\cdot}m^{-1}$;

$1\ mol{\cdot}m^{-3} = 10^{-3}\ mol{\cdot}L^{-1}$.

→ Chiffres significatifs

Toutes les données sont exprimées avec trois chiffres significatifs. La concentration calculée est donc elle aussi donnée avec trois chiffres significatifs.

4 Eau de Dakin

1. Comme l'absorbance A de la solution d'hypochlorite de sodium est quasiment nulle dans le domaine du visible, cette solution est incolore.

Cela n'est pas le cas de la solution de permanganate de potassium. Étant donné qu'il est indiqué que les ions potassium ne sont pas responsables de la couleur de la solution, ce sont donc **les ions permanganate qui sont responsables** de la couleur de la solution de permanganate de potassium, ainsi que **de la couleur de l'eau de Dakin**.

> **À savoir**
> Les longueurs d'onde des rayonnements dans le domaine du visible sont comprises entre 400 nanomètres (nm) et 750 nm.

2. À la longueur d'onde d'absorbance maximale λ_{max} = 525 nm :

- l'absorbance de la solution ❶ de permanganate de potassium de concentration en quantité de matière $[MnO_4^-]_1 = 1,5 \times 10^{-4}$ mol·L^{-1} vaut $\boldsymbol{A_1 = 0,35}$;
- l'absorbance de l'eau de Dakin vaut $\boldsymbol{A_{Dakin} = 0,15}$.

Or, la mesure de l'absorbance A peut permettre de déterminer la concentration d'une espèce chimique colorée donnée, pour une longueur d'onde donnée, car **l'absorbance est proportionnelle à la concentration en quantité de matière de l'espèce chimique absorbante**, c'est-à-dire ici responsable de la couleur de la solution.

Ainsi, la concentration en quantité de matière $[MnO_4^-]_{Dakin}$ des ions permanganate dans l'eau de Dakin est égale à :

$$[MnO_4^-]_{Dakin} = \frac{[MnO_4^-]_1 \times A_{Dakin}}{A_1}.$$

$$A.N. : [MnO_4^-]_{Dakin} = \frac{1,5 \times 10^{-4} \times 0,15}{0,35} = 6,4 \times 10^{-5} \text{ mol·L}^{-1}.$$

5 Dosage par étalonnage spectrophotométrique

Après avoir tracé la droite d'étalonnage sur le graphique, on trouve que pour une absorbance A = 1,5, la concentration C_2 en ions cuivre (II) Cu^{2+} de la solution S_2 est égale à C_2 = 0,125 mol·L^{-1}.

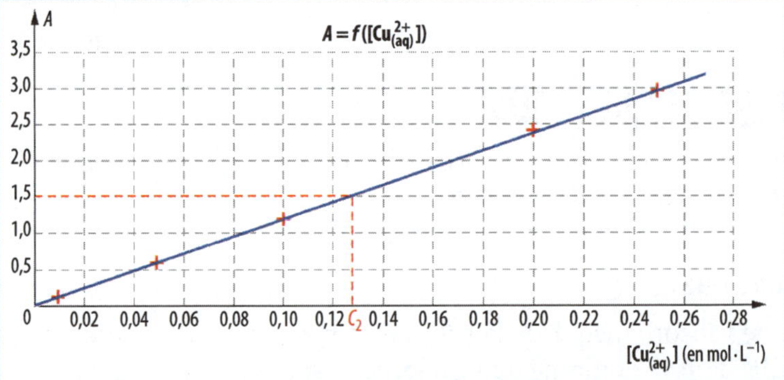

Or, la solution S_2 a été obtenue par dilution de la solution S_1.

La quantité de matière d'ions cuivre (II) étant conservée durant une dilution, on trouve que $C_1 \cdot V_1 = C_2 \cdot V_2 \Leftrightarrow C_1 = \frac{C_2 \cdot V_2}{V_1} = \frac{0,125 \times 50,0}{25,0}$ $= 2,50 \times 10^{-1}$ mol·L^{-1}.

La concentration de la solution S_1 en ions cuivre (II) est donc égale à **2,50 × 10^{-1} mol·L^{-1}**.

Exercices de type bac

PRÉPARER L'ÉPREUVE ÉCRITE

6 De la vitamine C dans de la rose

1. La masse molaire moléculaire de l'acide ascorbique est égale à :

$$M_{AH} = M_{C_6H_8O_6} = 6 \times 12,0 + 8 \times 1,0 + 6 \times 16,0 = \mathbf{176,0\ g{\cdot}mol^{-1}}.$$

Chiffres significatifs

Le résultat est exprimé avec quatre chiffres significatifs alors que certaines données n'en ont que deux. En effet, lors d'une addition, on tient plutôt compte du nombre de chiffres après la virgule.

2. L'équation de la réaction de support du titrage s'écrit :

$$\mathbf{AH_{(aq)} + HO^-_{(aq)} \rightarrow A^-_{(aq)} + H_2O_{(l)}}.$$

3. À l'équivalence, les réactifs titrant et titré ont été **entièrement consommés.**

4. À l'équivalence, la relation entre les quantités de matière des réactifs introduits à l'équivalence s'écrit :

$$\boldsymbol{n_{AH} = n_E(HO^-)}.$$

Rappel

Une réaction support de titrage est rapide, unique et totale.

5. Avec la **méthode des tangentes** (voir la page suivante), on détermine les coordonnées du point d'équivalence E : $\boldsymbol{V_{bE} = 5,2}$ **mL ;** $\boldsymbol{pH_E = 7,9}$.

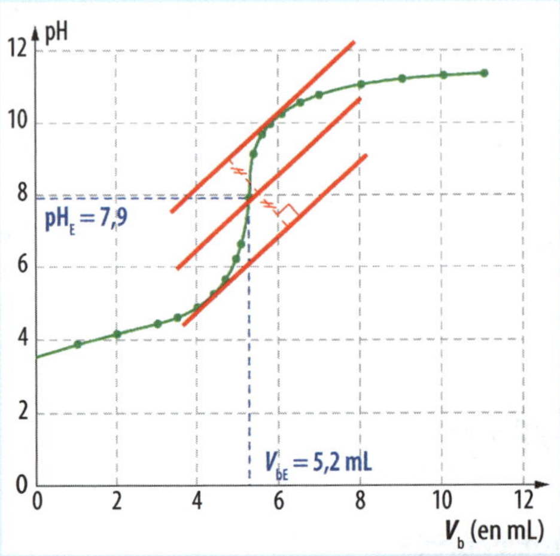

6. La quantité de matière d'acide ascorbique n_{AH} contenue dans une gélule de cynorhodon est égale à :

$$\boldsymbol{n_{AH} = n_E(HO^-) = C_b \cdot V_{bE}} = 0,10 \times 5,2 \times 10^{-3}$$

$$\boldsymbol{n_{AH} = 5,2 \times 10^{-4} \text{ mol.}}$$

7. La masse m_{AH} d'acide ascorbique présente dans une gélule de cynorhodon vaut :

$$m_{AH} = n_{AH} \cdot M_{AH} = 5,2 \times 10^{-4} \times 176,0 = 0,092 \text{ g} = \mathbf{92 \text{ mg.}}$$

8. Un comprimé de Laroscorbine 500® contient 500 mg de vitamine C. Il est donc **plus riche en vitamine C** que la gélule de cynorhodon qui n'en contient que 92 mg.

7 Ions chlorure dans l'eau de mer

Partie A – Dosage colorimétrique

1. Principe du dosage

Avant l'équivalence, les ions argent titrants constituent le réactif limitant : ils sont entièrement consommés et la solution est jaune.

À l'équivalence, les réactifs titrant et titré sont entièrement consommés (la solution titrée est toujours jaune).

Après l'équivalence, il y a changement de réactif limitant : les ions argent versés sont en excès et la solution est rose-rouge.

On peut donc déterminer l'équivalence lorsque la couleur de la solution titrée **passe du jaune au rose-rouge.**

2. Exploitation du dosage

a) À l'équivalence, les réactifs titrant et titré sont entièrement consommés. Ainsi, d'après l'équation de la réaction support de titrage : $n_i(Cl^-) = n_E(Ag^+)$.

D'où $C_1 \cdot V_1 = C_2 \cdot V_E \Leftrightarrow C_1 = \dfrac{C_2 \cdot V_E}{V_1}$ avec C_1 la concentration apportée en ions chlorure de la solution S_1.

L'eau du marais est dix fois plus concentrée que la solution S_1.

Sa concentration C_0 est donc égale à :

$$C_0 = 10 \times C_1 = 10 \times \frac{C_2 \cdot V_E}{V_1}$$

$$= 10 \times \frac{1{,}00 \times 10^{-1} \times 15{,}2}{10{,}0} = \mathbf{1{,}52\ mol \cdot L^{-1}}.$$

Remarque

Pour déterminer la concentration C_0, il est possible d'utiliser indifféremment dans le calcul précédent les valeurs des deux volumes V_E et V_1 en mL ou en L. Il faut en revanche utiliser la même unité pour ces deux volumes.

b) La concentration en masse C_{m0} en ions chlorure de l'eau du marais vaut :

$$C_{m0} = C_0 \cdot M_{Cl}$$

$$= 1{,}52 \times 35{,}5$$

$$= \mathbf{54{,}0\ g \cdot L^{-1}}.$$

D'après l'énoncé, les Artémia peuvent se développer si $\mathbf{C_{m0} > 30\ g \cdot L^{-1}}$: ce marais est donc **favorable** à leur développement.

Partie B – Dosage conductimétrique

1. On trace deux droites pour relier les différents points du graphique. **Ces deux droites se coupent** en un point dont l'abscisse indique le volume équivalent.

On retrouve $\mathbf{V_E = 15{,}2\ mL}$.

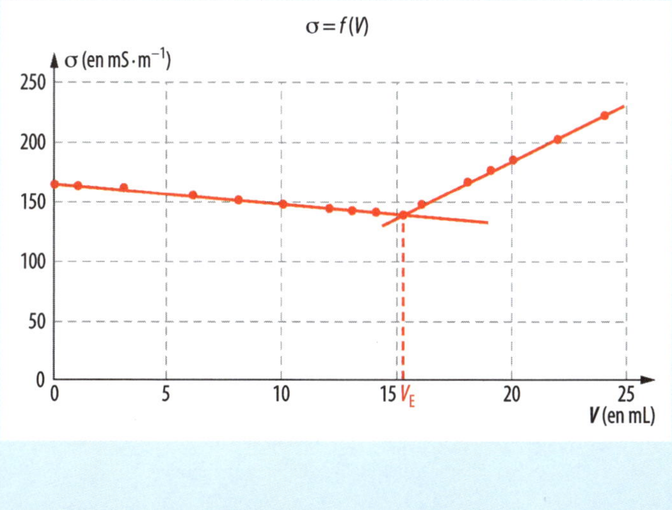

2. Avant l'équivalence, lors de chaque ajout de la solution titrante de nitrate d'argent ($Ag^+ + NO_3^-$) :

– la concentration des ions chlorure diminue car les ions Cl^- titrés réagissent avec les ions argent Ag^+ versés ;

– la concentration des ions nitrate $NO^-_{3(aq)}$ augmente car ce sont des ions spectateurs versés dans le mélange réactionnel.

Ainsi, on peut dire qu'avant l'équivalence, **les ions chlorure Cl^- sont remplacés par des ions nitrate NO_3^-** dans la solution titrée. Or, d'après les données de l'énoncé, **$\lambda(NO_3^-) < \lambda(Cl^-)$: la conductivité du mélange réactionnel diminue** donc.

Après l'équivalence, lors de chaque ajout de la solution titrante de nitrate d'argent ($Ag^+ + NO_3^-$), **les concentrations des ions argent et des ions nitrate augmentent** car les ions Ag^+ sont en excès et les ions NO_3^- sont spectateurs. **La conductivité du mélange réactionnel augmente** donc.

Remarque

Dans ces explications, on n'a pas tenu compte de la dilution du mélange réactionnel due à l'ajout de la solution titrante dans la solution titrée.

Partie C – Évolution des quantités de matière

1. La **ligne 14** calcule, pour une valeur v de solution titrante introduite, la **quantité de matière d'ions chlorure** présents dans la solution.

La **ligne 23** calcule, pour une valeur v de solution titrante introduite, la **quantité de matière d'ions argent** présents dans la solution.

Remarque

Si ces calculs aboutissent à une valeur négative, ce qui n'a pas de sens chimiquement, le test de la ligne suivante renvoie la valeur 0.

2. La **quantité de matière en ions sodium** (qui sont des **ions spectateurs**) est **constante** au cours du titrage. La liste de ces quantités de matière est donc composée de **len(V) (nombre de valeurs calculées) fois la même valeur ($C_1 \times V_1$)**.

Pour aller plus loin

Téléchargez le programme Python complet sur **Nathan Live** et exécutez-le pour mieux comprendre la correction proposée.

Ainsi, l'exécution de ce programme Python donne la représentation suivante de l'évolution des quantités de matière des ions au cours du titrage.

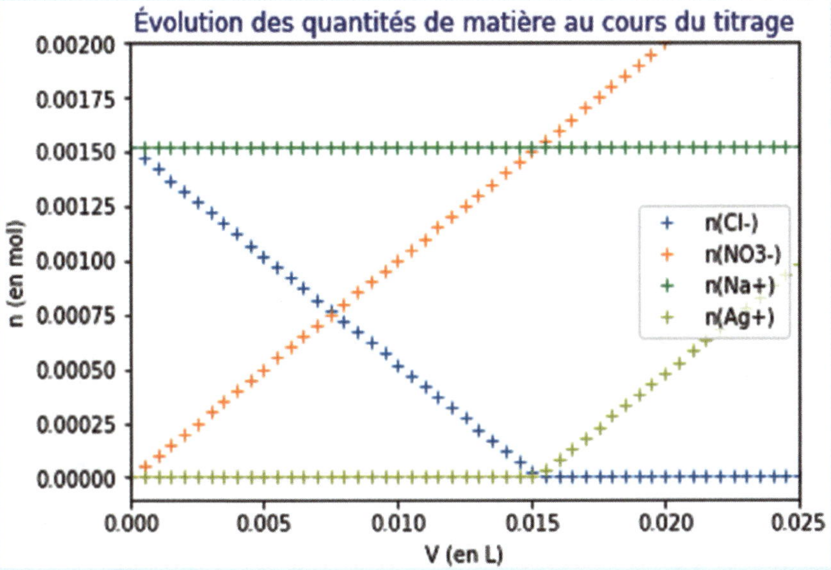

PRÉPARER L'ECE

8 Solution d'acide chlorhydrique pour un TP

La concentration en masse C_m de la solution-mère d'acide chlorhydrique, de titre massique w = 10 % et de densité d = 1,048 est égale à :

$$C_m = w \times d \times \rho_{eau}.$$

Gagnez des points !
Ne confondez pas le titre massique avec la concentration en masse, appelée quelquefois concentration massique.

De plus, la concentration $C_{mère}$ en quantité de matière d'acide chlorhydrique de cette solution-mère est égale à : $\mathbf{C_{mère} = \dfrac{C_m}{M}}$, avec M la masse molaire de l'acide chlorhydrique : $M = M_H + M_{Cl} = 1,0 + 35,5 = 36,5$ g·mol^{-1}.

Ainsi : $\mathbf{C_{mère} = \dfrac{w \times d \times \rho_{eau}}{M}}$

A.N. : $\mathbf{C_{mère} = \dfrac{0,10 \times 1,048 \times 1,00 \times 10^3}{36,5} = 2,9\ mol{\cdot}L^{-1}}$

→ Bien comprendre l'application numérique effectuée

Comme la masse molaire est donnée en g·mol^{-1}, la masse volumique de l'eau doit être exprimée en g·L^{-1} ($\rho_{eau} = 1,00 \times 10^3$ g·L^{-1}) pour obtenir une valeur de concentration en quantité de matière en mol·L^{-1}.

Ainsi, un protocole expérimental permettant de préparer, à partir de cette solution-mère, un volume $V = 100{,}0$ mL d'une solution d'acide chlorhydrique de concentration en quantité de matière de soluté apporté $C = 1{,}0$ mol·L^{-1}, peut être le suivant :

- Prélever un volume $V_{\text{mère}} = C \times \frac{V}{C_{\text{mère}}} = 1{,}0 \times \frac{100{,}0}{2{,}9} = 34$ mL de la solution à diluer avec une **pipette graduée**.
- Verser ces 34 mL de solution dans une **fiole jaugée de 100,0 mL.**
- Ajouter un peu d'eau distillée dans la fiole jaugée.
- Agiter la fiole jaugée pour homogénéiser la solution.
- Ajouter de l'eau distillée dans la fiole jaugée jusqu'au **trait de jauge**.
- Agiter à nouveau la fiole jaugée pour **homogénéiser la solution**.

Consignes de sécurité

La solution-mère d'acide chlorhydrique a une concentration en quantité de matière de soluté apporté supérieure à 1 mol·L^{-1}. En plus du port des lunettes et de la blouse, il est donc indispensable de mettre des gants pour préparer la solution.

La solution d'acide chlorhydrique de concentration en quantité de matière de soluté apporté $C = 1{,}0$ mol·L^{-1} est prête !

PRÉPARER LE GRAND ORAL

9 Présentation orale sans note

La présentation orale de la correction de l'exercice 8 doit être réalisée en en **expliquant les calculs** et en **employant un vocabulaire scientifique adapté**. Par exemple, il ne faut pas oublier de donner les unités lors de la présentation des résultats des calculs et la verrerie utilisée (pipette graduée, fiole jaugée) doit être correctement nommée.

Astuce

Faites des pauses lors de la présentation orale. Elles vous permettent de reprendre votre respiration, de marquer le début ou la fin d'une sous-partie et d'attirer l'attention sur ce que vous allez dire ensuite.

→ Bien préparer le Grand Oral

Entraînez-vous si possible devant un miroir : cela permet de vérifier si vous ne bougez pas trop les jambes, si vous souriez souvent, si votre regard ne se promène pas partout, si vous utilisez utilement vos mains…
Cependant, sachez que parler devant un miroir n'est pas naturel, vous serez meilleur(e) devant un vrai jury !

CORRIGÉS

Pour aller plus loin

10 Dosage par titrage indirect

Les ions iodure $I^-_{(aq)}$ sont en excès par rapport aux ions cuivre $Cu^{2+}_{(aq)}$. Tous les ions cuivre (II) sont donc consommés lors de la réaction quasi totale **(1)** et on trouve, d'après l'équation **(1)**, que $n_i(Cu^{2+}) = 2\, n_{f1}(I_2)$.

Méthode

Il s'agit d'un dosage par titrage indirect : on ne titre pas directement les ions cuivre (II) Cu^{2+} mais le diiode formé lors de la réaction (1).

De plus, d'après l'équation **(2)** de la réaction support du titrage, les quantités de matière des réactifs titrant et titré sont liées par la relation à l'équivalence :

$$n_{f1}(I_2) = \frac{n_E(S_2O_3^{2-})}{2}.$$

Ainsi $\boldsymbol{n_i(Cu^{2+}) = 2\, n_{f1}(I_2) = 2 \times \frac{n_E(S_2O_3^{2-})}{2} = n_E(S_2O_3^{2-})}$.

Comme, d'après les données de l'énoncé :

$$n_i(Cu^{2+}) = C_1 \cdot V_1 \quad \text{et} \quad n_E(S_2O_3^{2-}) = C \cdot V_E,$$

on trouve que $C_1 \cdot V_1 = C \cdot V_E$.

La concentration en quantité de matière C_1 de la solution S_1 en ion cuivre (II) est donc égale à :

$$C_1 = \frac{C \cdot V_E}{V_1} = \frac{0{,}40 \times 12{,}4}{20{,}0} = \mathbf{2{,}5 \times 10^{-1}\ mol{\cdot}L^{-1}}.$$

Remarque

On retrouve bien le même résultat que dans l'exercice 5.

La Prépa attitude

• En spectroscopie UV-visible et IR, on pourra donner une définition mathématique de l'absorbance et de la transmittance, en fonction des intensités lumineuses incidente et émergente.

• Les réactions de titrage étant totales, la constante d'équilibre de ces réactions doit être précisée. Afin de pouvoir exploiter les titrages par précipitation, il convient également d'étudier ces équilibres particuliers et de définir le produit de solubilité.

Prolongements aux cours de Terminale

1 Spectroscopie UV-visible et IR

Dans les spectroscopies UV-visible et IR, on considère un rayonnement de longueur d'onde donnée, d'**intensité** I_0, qui traverse un échantillon de longueur L. Le rayonnement **émergeant est caractérisé par son intensité** I. Ces spectroscopies mettent en jeu deux types de grandeurs complémentaires, **sans dimension** :

– **l'absorbance** A, définie par : $A = \log\left(\frac{I_0}{I}\right)$;

– **la transmittance** T, définie par $T = \frac{I_0}{I}$.

On en déduit que $A = \log\left(\frac{1}{T}\right) = -\log(T)$.

2 Réaction de titrage et constante d'équilibre

Pour qu'une réaction chimique puisse servir de support à un titrage, nous savons qu'elle doit être rapide, unique (on dit aussi spécifique) et quasi-totale.

On estimera dans la plupart des cas que, à une température T donnée, la réaction pourra être considérée **comme totale (on dit aussi « quantitative ») si** $K > 10^4$ (*cf.* chapitre 6).

3 Les titrages indirects

On dit de manière générale qu'un **titrage est direct** s'il repose sur **une seule transformation chimique**.

Dans certains cas, ce n'est pas possible (ou tout au moins délicat) de titrer directement une espèce. On procède alors à un **titrage indirect** ; ces titrages reposent en général sur **deux transformations chimiques** :

– dans la première transformation, un réactif est utilisé dans un large excès par rapport au réactif titré ;

– durant la seconde transformation, suivant les cas : on dose un des produits de la première réaction ou on dose l'excès du réactif de la première réaction.

On utilise ensuite les deux équations chimiques pour, grâce à la mesure du volume équivalent (durant la seconde réaction), déterminer la quantité de matière initiale ou la concentration initiale du réactif titré.

Exemple : titrage du glucose libre (noté RCOH) dans un jus de fruit.

– Dans la première réaction (totale), on utilise un excès de diiode en milieu basique, selon :

$$I_{2(aq)} + 3\,HO^-_{(aq)} + RCOH_{(aq)} \rightarrow RCOO^-_{(aq)} + 2\,H_2O + 2\,I^-_{(aq)}$$

– Dans la seconde réaction (totale), on titre l'excès de diiode non consommé par la première réaction :

$$I_{2(aq)} + 2\,S_2O^{2-}_{3(aq)} \rightarrow S_4O^{2-}_{6(aq)} + 2\,I^-_{(aq)}$$

On commence en général par exploiter la dernière transformation en écrivant les conditions stœchiométriques obtenues à l'équivalence (si nécessaire à l'aide d'un tableau d'avancement) :

$$\frac{n(I_2)_{Restant}}{1} = \frac{n(S_2O_3^{2-})_E}{2}.$$

On exploite ensuite la première transformation : RCOH est limitant et d'après l'équation chimique, $n(RCOH)_i = n(I_2)_{Réagissant}$.

Or $n(I_2)_{Réagissant} = n(I_2)_i - n(I_2)_{Restant}$, soit :

$$n(RCOH)_i = n(I_2)_i - \frac{n(S_2O_3^{2-})_E}{2} = C_0(I_2)\cdot V_0 - \frac{C(S_2O_3^{2-})\cdot V_E}{2}.$$

4 Équilibres de précipitation et dosages par précipitation

Lorsqu'un précipité se forme dans une solution, le **système chimique est hétérogène** (phase solide : précipité ; phase liquide : solvant et espèces dissoutes).

On dit que la solution est **saturée** si les espèces en solution sont en contact avec un solide.

Les réactions de **précipitation** et de **dissolution** sont les **transformations inverses** d'un même équilibre chimique.

AMBITION PRÉPA

Le précipité est un solide ionique de formule B_xA_y tel que :

$$B_xA_{y(s)} \leftrightarrows x\,B^+_{(aq)} + y\,A^-_{(aq)}.$$

Exemple : $Ag_3PO_{4(s)} \leftrightarrows 3\,Ag^+_{(aq)} + PO^{3-}_{4(aq)}$.

On définit le **produit de solubilité K_S** (parfois noté P) comme la **constante d'équilibre** de la réaction de **dissolution** du précipité.

Remarque
La réaction directe est la réaction de dissolution du précipité de phosphate d'argent ; la réaction inverse est la réaction de précipitation.

En utilisant la définition des constantes d'équilibre et en introduisant la notion d'activité a d'une espèce chimique :

$$K_S = \prod_{i=1}^{N} a(A_i)^{\nu_i}_{éq} = a(A^-)^{+y}_{éq} \cdot a(B^+)^{+x}_{éq} \cdot a(B_xA_{y(s)})^{-1}_{éq}.$$

Pour les solides, par exemple le solide $B_xA_{y(s)}$, l'activité est égale à 1. De plus, pour les solutions diluées, l'activité d'une espèce chimique aqueuse peut être définie comme le quotient de la concentration de cette espèce par la concentration standart $c°$. Ainsi :

$$\boldsymbol{K_S = \frac{[A^-]^{+y}_{éq} \cdot [B^+]^{+x}_{éq}}{(c°)^{x+y}}}.$$

En appliquant les critères d'évolution d'un équilibre (*cf.* chapitre 5) à cet équilibre particulier, on peut déterminer les **conditions de précipitation** :

– si $Q_{R,I} < K_S$: le système évolue spontanément dans le sens direct, mais **le précipité n'existe pas, la solution n'est pas saturée** ;

– si $Q_{R,I} > K_S$: le système évolue spontanément dans le sens inverse, donc **dans le sens de formation du précipité**, la solution est saturée ;

– si $Q_{R,I} = K_S$: **le système est à l'équilibre, la solution est saturée.**

Si la réaction est rapide et totale, elle peut être utilisée dans un **titrage par précipitation** dont le suivi peut être réalisé par conductimétrie, colorimétrie…

EXERCICES

➲ Corrigés p. 63

1 Spectroscopie IR

On réalise le spectre IR de la molécule d'ibuprofène (page suivante).

a) Déterminer les transmittances et les nombres d'onde des deux principales bandes d'absorption.

b) Rappeler les définitions de l'absorbance et de la transmittance.

c) Déduire des questions **a)** et **b)** les absorbances des deux bandes analysées dans la question **a)**.

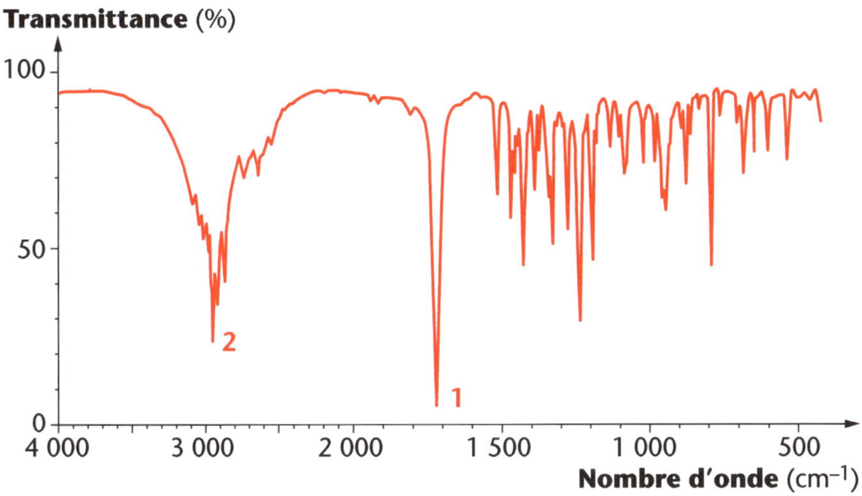

2 Titrage indirect

Le degré alcoolique d'un vin est le pourcentage volumique d'alcool mesuré à une température de 20 °C.

On a ainsi préparé, par distillation d'un vin, 100,0 mL d'une solution S_1 qui contient donc l'éthanol présent dans les $V_{\text{Vin}} = 10$ mL de vin prélevé.

Dans un erlenmeyer, on mélange $V_0 = 10{,}0$ mL de solution S_1, $V_1 = 20{,}0$ mL d'une solution de dichromate de potassium ($2\,K^+_{(aq)} + Cr_2O_7^{2-}{}_{(aq)}$) de concentration $C_1 = 1{,}00 \cdot 10^{-1}$ mol · L^{-1} et environ 10 mL d'acide sulfurique concentré. On supposera les ions dichromate en excès.

On bouche l'erlenmeyer et on laisse réagir pendant environ 30 min. On obtient alors une solution verdâtre appelée S_2.

L'équation de la réaction (supposée totale) entre l'ion dichromate et l'éthanol est :

$$2\,Cr_2O_7^{2-}{}_{(aq)} + 16\,H_3O^+ + 3\,CH_3\text{–}CH_2OH_{(aq)} \rightarrow 4\,Cr^{3+}{}_{(aq)} + 27\,H_2O + 3\,CH_3\text{–}COOH_{(aq)}$$

On dose alors les ions dichromate en excès avec une solution de sel de Mohr de concentration $C_2 = 5{,}00 \cdot 10^{-1}$ mol · L^{-1}. Le volume de solution de sel de Mohr nécessaire pour atteindre l'équivalence (repérée à l'aide d'un indicateur de fin de réaction) est $V_2 = 7{,}6$ mL.

L'équation de la réaction (supposée totale) entre les ions fer (II) de la solution de sel de Mohr et les ions dichromate est :

$$Cr_2O_7^{2-}{}_{(aq)} + 14\,H_3O^+ + 6\,Fe^{2+}{}_{(aq)} \rightarrow 2\,Cr^{3+}{}_{(aq)} + 21\,H_2O + 6\,Fe^{3+}{}_{(aq)}.$$

AMBITION PRÉPA

a) Justifier la couleur de la solution S_2.

b) Déterminer la relation entre la quantité n_0 d'éthanol oxydé et la quantité $n(Cr_2O_7^{2-})_{restant}$ d'ions dichromate restant après cette oxydation.

c) En déduire l'expression littérale, puis la valeur de n_0.

d) Déterminer le degré alcoolique du vin étudié.

Données :

- Masse volumique de l'éthanol : $\mu = 0{,}78 \text{ g} \cdot \text{mL}^{-1}$.
- Masse molaire de l'éthanol : $M = 46 \text{ g} \cdot \text{mol}^{-1}$.
- Les seules espèces colorées sont : ion dichromate (orange) ; ion chrome Cr^{3+} (vert) ; ion fer (III) Fe^{3+} (rouille) ; ion fer (II) Fe^{2+} (verdâtre).

3 **Prise d'un béton** (d'après un sujet de concours Mines Pont 2016)

Le ciment est modélisé par la seule espèce $[Ca_3SiO_5]_{(s)}$. La réaction à l'origine de la « prise » est volontairement simplifiée sous la forme suivante :

$$2\,[Ca_3SiO_5]_{(s)} + 6\,H_2O_{(liq)} \leftrightarrows [Ca_3Si_2O_7, 3\,H_2O]_{(s)} + 3\,Ca(OH)_{2(s)} \quad \textbf{(1)}.$$

On mélange rapidement $m_1 = 228$ g de ciment et $m_2 = 90$ g d'eau liquide dans un calorimètre et on place un dispositif de mesure de la température. On mesure une élévation de la température de $\Delta\theta = 15$ °C.

Basicité d'un béton

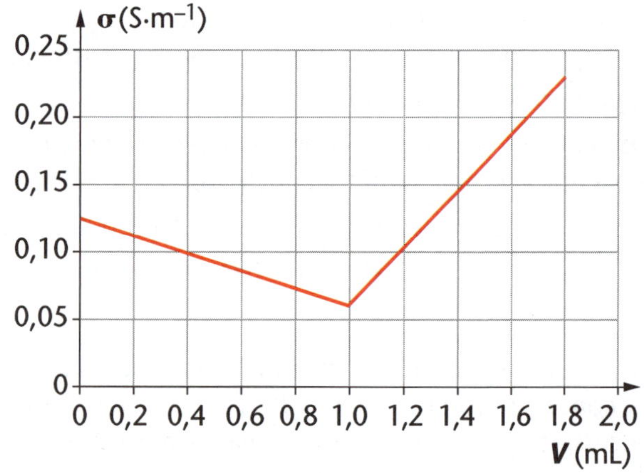

L'hydroxyde de calcium $Ca(OH)_{2(s)}$ confère à l'eau qui se trouve dans les pores du béton (solution interstitielle) un caractère fortement basique. On étudie une solution aqueuse recueillie à la surface du béton après la prise, modélisée par une solution contenant des ions $Ca^{2+}_{(aq)}$ et $HO^-_{(aq)}$ (compte tenu de la solubilité de l'hydroxyde de calcium). Le volume prélevé est égal à $V_0 = 100{,}0$ mL, il est titré par une solution d'acide chlorhydrique concentré (H_3O^+, $Cl^-_{(aq)}$) de concentration $c = 0{,}50 \text{ mol} \cdot \text{L}^{-1}$. Le titrage est suivi par conductimétrie : mesure de la conductivité de la solution titrée en fonction du volume V de titrant ajouté. Le résultat expérimental est présenté ci-dessus.

a) En supposant la réaction **(1)** totale, indiquer quel est le réactif limitant et calculer les quantités de matière en chacune des espèces présentes en fin d'évolution.

b) Écrire la réaction de titrage et indiquer la valeur de sa constante d'équilibre à 298 K. Cette réaction rapide remplit-elle les critères pour être utilisée dans un titrage ? Pourquoi ?

c) Quel est le pH de la solution prélevée à la surface du béton ?

d) En considérant que la solution recueillie à la surface du béton est une solution saturée, retrouver la valeur du pH déterminée précédemment à l'aide du produit de solubilité correspondant.

e) Justifier qualitativement (sans calcul), mais de façon détaillée, l'allure de la courbe conductimétrique obtenue.

f) Dessiner l'allure de la courbe qui aurait été obtenue à l'occasion d'un suivi pH-métrique, et préciser la valeur du pH au point équivalent.

Données :

- Masses molaires atomiques : Ca, 40 $g \cdot mol^{-1}$; Si, 28 $g \cdot mol^{-1}$; H, 1,0 $g \cdot mol^{-1}$; O, 16,0 $g \cdot mol^{-1}$.
- Produit de solubilité : $K_s(Ca(OH)_2) = 5{,}0 \cdot 10^{-6}$.
- Conductivités ioniques molaires λ^0 (en $mS \cdot m^2 \cdot mol^{-1}$) : H_3O^+, 35,0 ; $Cl^-_{(aq)}$, 7,6 ; $HO^-_{(aq)}$, 19,8.

CORRIGÉS

1 **a)** Pour la bande 1 : $\boldsymbol{\sigma_1 \approx 1\,700\ cm^{-1}}$ **et** $\boldsymbol{T_1 \approx 5{,}0\ \% = 0{,}050}$.
Pour la bande 2 : $\boldsymbol{\sigma_2 \approx 3\,000\ cm^{-1}}$ **et** $\boldsymbol{T_2 \approx 22\ \% = 0{,}22}$.

b) Par définition, $\boldsymbol{A = \log\left(\frac{I_0}{I}\right)}$, $\boldsymbol{T = \frac{I}{I_0}}$.

c) On déduit de la question **b)** :

$$A = \log\left(\frac{1}{T}\right) = \mathbf{-\log(}T\mathbf{)}.$$

A. N. : $A_1 = -\log(0{,}050) = \mathbf{1{,}3}$.
$A_2 = -\log(0{,}22) = \mathbf{0{,}66}$.

Piège à éviter
On n'analyse pas les bandes d'absorption pour $\sigma < 1\,500\ cm^{-1}$.

À vérifier
On avait $T_1 < T_2$, on trouve bien $A_1 > A_2$.

2 **a)** La coloration verdâtre de la solution S_2 s'explique par la formation des ions $Cr^{3+}_{(aq)}$ (d'après les données).

b) D'après l'énoncé, l'éthanol constitue le réactif limitant. D'après l'équation de la première réaction, on a :

$$\frac{n(Cr_2O_7^{2-})_{\text{Réagissant}}}{2} = \frac{n_0}{3} \text{ donc } n(Cr_2O_7^{2-})_{\text{Réagissant}} = \frac{2n_0}{3} \text{ et par suite,}$$

$$n(Cr_2O_7^{2-})_{\text{Restant}} = n(Cr_2O_7^{2-})_{\text{initial}} - n(Cr_2O_7^{2-})_{\text{Réagissant}}$$

$$\mathbf{n(Cr_2O_7^{2-})_{Restant} = C_1V_1 - \frac{2n_0}{3}.}$$

Remarque
Il est également possible de s'aider d'un tableau d'avancement.

c) Il faut utiliser la seconde équation chimique, à l'équivalence du titrage (conditions stœchiométriques entre les ions dichromate et les ions fer (II)). Les ions dichromate titrés ici sont bien évidemment les ions dichromate restant après la première réaction : $\frac{n(Cr_2O_7^{2-})_{\text{Restant}}}{1} = \frac{n(Fe^{2+})_E}{6}$ et donc $n(Cr_2O_7^{2-})_{\text{Restant}} = \frac{C_2V_2}{6}$.

On avait obtenu dans la question **b)** : $n(Cr_2O_7^{2-})_{\text{Restant}} = C_1V_1 - \frac{2n_0}{3}$.

D'où $\frac{C_2V_2}{6} = C_1V_1 - \frac{2n_0}{3}$ soit $\frac{2n_0}{3} = C_1V_1 - \frac{C_2V_2}{6}$ et $\mathbf{n_0 = \frac{3}{2}C_1V_1 - \frac{C_2V_2}{4}}$.

A. N. : $n_0 = \frac{3}{2} \times 1{,}0 \cdot 10^{-1} \times 20{,}0 \cdot 10^{-3} - \frac{5{,}0 \cdot 10^{-1} \times 7{,}6 \cdot 10^{-3}}{4}$

soit $\mathbf{n_0 = 2{,}1 \cdot 10^{-3}}$ **mol** d'éthanol.

d) La quantité de matière n_0 est la quantité de matière d'éthanol présente dans le volume $V_0 = 10$ mL, soit dans 1/10 de la solution S_1. On doit donc la multiplier par 10 pour obtenir la quantité de matière d'éthanol dans S_1 et donc dans $V_{\text{Vin}} = 10$ mL : $n_{\text{Éthanol dans Vvin}} = 10n_0$.
Le degré alcoolique du vin est le pourcentage en volume d'éthanol, soit :

$$d° = \frac{V_{\text{Éthanol}}}{V_{\text{Vin}}} \times 100 = \frac{\frac{m_{\text{Éthanol}}}{\mu}}{V_{\text{Vin}}} \times 100 = \frac{\frac{n_{\text{Éthanol dans Vvin}}M}{\mu}}{V_{\text{Vin}}} \times 100$$

$$d° = \frac{\frac{10n_0M}{\mu}}{V_{\text{Vin}}} \times 100 = \mathbf{\frac{10n_0M}{\mu \cdot V_{Vin}} \times 100.}$$

Remarque
La masse volumique est en g · mL^{-1}, donc V_{Vin} est en mL.

A. N. : $d = \frac{10 \times 2{,}1 \cdot 10^{-3} \times 46}{0{,}78 \cdot 10} \times 100 = \mathbf{12°}$.

3 **a)** Calcul des quantités de matière initiales des réactifs :

$$\mathbf{n_i(Ca_3SiO_5) = \frac{m_i(Ca_3SiO_5)}{M(Ca_3SiO_5)}}.$$

A. N. : $n_i(Ca_3SiO_5) = \dfrac{228}{3 \times 40 + 28 + 5 \times 16} = \mathbf{1{,}0\ mol.}$

$$\boldsymbol{n_i(H_2O) = \dfrac{m_i(H_2O)}{M(H_2O)}}.$$

A. N. : $n_i(H_2O) = \dfrac{90}{18{,}0} = \mathbf{5{,}0\ mol.}$

Remarque

Dans le sujet de ce concours, les masses molaires atomiques de l'hydrogène et de l'oxygène n'étaient pas données.

On réalise ensuite un tableau d'avancement simplifié (ou « bilan d'avancement ») :

$\mathbf{2\ [Ca_3SiO_5]_{(s)}}$	$\mathbf{+\ 6\ H_2O_{(liq)}}$	$\mathbf{\leftrightarrows [Ca_3Si_2O_7, 3\ H_2O]_{(s)}}$	$\mathbf{+\ 3\ Ca(OH)_{2(s)}}$
1,0	5,0	0	0
1,0 – 2ξ	5,0 – 6ξ	ξ	3ξ

Les proportions stœchiométriques sont de trois fois plus d'eau que de ciment (en quantités de matière), alors que l'on dispose dans l'état initial de cinq fois plus d'eau que de ciment, le ciment est donc le réactif limitant et :

$n_F(Ca_3SiO_5) = 1{,}0 - 2\xi_{Max} = 0$ soit $\xi_{Max} = 0{,}50$ mol et par suite :

$n_F(H_2O) = 5{,}0 - 6\xi_{Max} = 2{,}0$ mol

$n_F([Ca_3Si_2O_7, 3H_2O]) = \xi_{Max} = 0{,}50$ mol

$n_F(Ca(OH)_2) = 3\xi_{Max} = 1{,}5$ mol.

b) $HO^-_{(aq)} + H_3O^+ \leftrightarrows 2\ H_2O$

La constante d'équilibre de cette réaction est : $K = \dfrac{(c°)^2}{[H_3O^+]_{éq} \cdot [HO^-]_{éq}} = \dfrac{1}{K_e}$.

$\boldsymbol{K = 10^{14}}$ à 25 °C (298 K). Cette constante d'équilibre est très grande devant 10^4, donc la réaction est quantitative. Étant de plus rapide et considérée comme unique, on pourra bien l'utiliser pour titrer les ions hydroxyde.

c) À l'équivalence du titrage, $n_i(HO^-) = n_E(H_3O^+)$ d'après l'équation chimique du titrage (réactifs dans les conditions stœchiométriques).

$C_B \cdot V_B = c \cdot V_E$ et $C_B = \dfrac{cV_E}{V_B}$.

A. N. : $C_B = [HO^-] = \dfrac{0{,}50 \times 1{,}0}{100{,}0} = 5{,}0 \cdot 10^{-3}\ mol \cdot L^{-1}$.

Soit $pH = -\log \dfrac{[H_3O^+]}{c°}$, $\boldsymbol{pH = -\log \dfrac{K_e \times c°}{[HO^-]}}$.

A. N. : $pH = -\log \dfrac{10^{-14}}{5{,}0 \cdot 10^{-3}} = 11{,}7 = \mathbf{12}$ (avec deux chiffres significatifs).

d) L'équilibre correspondant à la solution saturée est :

$Ca(OH)_{2(s)} \leftrightarrows Ca^{2+}_{(aq)} + 2\ HO^-_{(aq)}$ soit $K_S = \dfrac{[HO^-]^2_{éq} \cdot [Ca^{2+}]_{éq}}{(c°)^3}$.

AMBITION PRÉPA

La solution étant saturée, si on note s sa solubilité, on aura :

$[HO^-]_{éq} = 2s$ et $[Ca^+]_{éq} = s$ soit $K_S = \dfrac{4s^3}{(c°)^3}$ et $s = c° \times \sqrt[3]{\dfrac{K_S}{4}}$.

On en déduit $[HO^-]_{éq} = 2s = 2\sqrt[3]{\dfrac{K_S}{4}}$ or $pH = -\log \dfrac{K_e \times c°}{[HO^-]}$ d'où :

$$\mathbf{pH = -\log\left(K_e \times \frac{1}{2} \times \sqrt[3]{\frac{4}{K_S}}\right)}.$$

A. N. : $pH = -\log\left(10^{-14} \times \dfrac{1}{2} \times \sqrt[3]{\dfrac{4}{5{,}0 \times 10^{-6}}}\right) = 12{,}3 = \mathbf{12}.$

Compte tenu de notre précision, on retrouve une valeur comparable à celle déterminée dans la question précédente.

e) Les ions présents dans la solution sont principalement : $Ca^{2+}_{(aq)}$, $HO^-_{(aq)}$, H_3O^+, $Cl^-_{(aq)}$.

Avant l'équivalence du titrage, le réactif titrant H_3O^+ est limitant. La réaction avec les ions hydroxyde diminue la concentration des ions hydroxyde. L'augmentation du volume diminue la concentration des ions spectateurs $Ca^{2+}_{(aq)}$ et la concentration des ions chlorure $Cl^-_{(aq)}$ augmente, mais $\lambda^0[Cl^-_{(aq)}] < \lambda^0[HO^-_{(aq)}]$, donc la conductivité de la solution diminue.

Après l'équivalence du titrage, le réactif limitant est l'ion hydroxyde $HO^-_{(aq)}$. L'ajout de réactif titrant provoque une forte augmentation de la concentration en ions H_3O^+ qui ne réagissent plus. La conductivité de la solution augmente donc l'équivalence passée.

f) Le titrage réalisé est le titrage de la base HO^- par l'acide H_3O^+.

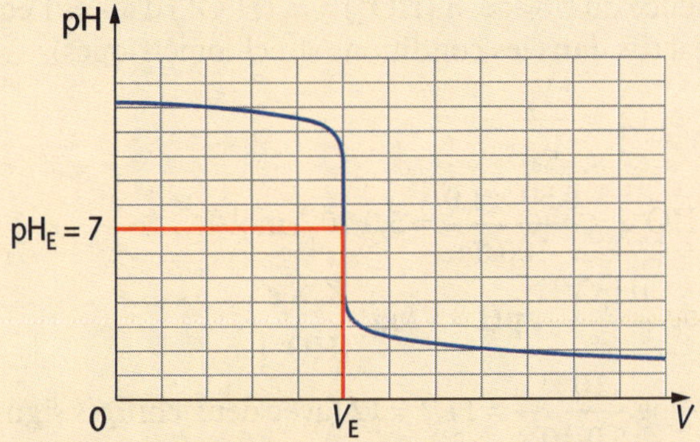

Lorsque l'on se trouve à l'équivalence, les ions hydroxyde et oxonium sont neutralisés et on obtient donc une solution neutre de pH = 7,0.

AMBITION PRÉPA

CHAPITRE 3

Suivi temporel d'un système chimique

Capacités exigibles du chapitre disponibles sur **Nathan Live**

1 Suivi temporel d'une transformation chimique

1 Transformations chimiques lentes et rapides

• Certaines transformations chimiques, comme par exemple la transformation entre l'acide chlorhydrique et la soude, sont **instantanées** : on dit que ces transformations sont **rapides**.

Vocabulaire
L'avancement *x* d'une réaction est la quantité de matière formée d'un produit dont le coefficient stœchiométrique est égal à 1.

• D'autres transformations chimiques, comme par exemple la formation de la rouille, sont **lentes**. On peut alors suivre l'évolution de l'avancement *x* de la réaction au cours du temps.

2 Méthodes de suivi temporel d'une transformation chimique

• Selon la transformation chimique (lente ou rapide), le suivi temporel doit être réalisé avec les **outils adaptés**. Les mesures « **humaines** » de durée d'une transformation chimique ne permettent pas de suivre des **transformations rapides** car le temps de réaction d'un être humain est très grand par rapport à la durée de la transformation.

Vocabulaire
Un capteur est un dispositif permettant de suivre l'évolution d'une grandeur observable (concentration d'une espèce en solution, pression d'un gaz…) en transformant la mesure physique en un signal de type électrique enregistrable. Il permet l'automatisation de la mesure.

• Les mesures « **humaines** » sont adaptées pour des **transformations lentes** et les mesures à l'aide de **capteurs** sont adaptées pour des **transformations lentes ou rapides**.

• Par exemple, une solution de vert de malachite, utilisée pour traiter les infections fongiques et bactériennes dans le poisson, subit en milieu basique une **décoloration rapide**. La spectrophotométrie UV-visible permet de suivre cette décoloration en **enregistrant l'évolution de l'absorbance** de la solution à la longueur d'onde d'absorbance maximale du composé **en fonction du temps**.

Rappels
D'après la loi de Beer-Lambert, l'absorbance *A* est proportionnelle à la concentration du vert de malachite dans la solution. De plus, la mesure est effectuée à la longueur d'onde d'absorbance maximale du vert de malachite pour avoir une meilleure sensibilité.

2 Facteurs cinétiques

1 Paramètres influençant l'évolution temporelle d'une transformation

• Plusieurs paramètres, comme la température du mélange réactionnel, la concentration des réactifs ou le solvant utilisé, peuvent influencer l'évolution

temporelle d'une transformation chimique lente. Par exemple, on atteint très souvent **plus rapidement l'état final** d'une transformation :
- en **chauffant le mélange réactionnel** ;
- en **augmentant la concentration des réactifs** ;
- en **choisissant un solvant adapté**.

Piège à éviter

Lorsque l'on fait varier un facteur cinétique, la durée de la transformation change mais l'avancement final x_f ne varie pas.

Définition

Un solvant est un liquide qui a la propriété de dissoudre et de diluer d'autres substances sans les modifier chimiquement et sans lui-même se modifier. L'eau est le solvant le plus courant.

2 Présence d'un catalyseur

- Un **catalyseur** est une espèce chimique qui **accélère une transformation sans intervenir dans le bilan de la transformation**.
- Un catalyseur **ne disparaît pas** en fin de transformation, il peut être **introduit en petite quantité** par rapport à la quantité de réactifs à transformer.

À savoir

Un catalyseur n'accélère une transformation que si celle-ci a lieu spontanément. Il ne rend pas possible une transformation non spontanée.

- Il existe différents types de catalyse :

– la catalyse est **homogène** si les réactifs et le catalyseur sont dans le **même état physique** (dissous dans un solvant, liquide, gazeux ou solide) ;

– la catalyse est **hétérogène** si les réactifs et le catalyseur sont dans des **états physiques différents** ;

– la catalyse est **enzymatique** si elle est réalisée par une **enzyme** (qui est une protéine élaborée par les systèmes vivants).

- En milieu biologique ou dans le domaine industriel, la catalyse permet d'accélérer une transformation et donc de **diminuer l'énergie consommée** et d'**abaisser les coûts de production**. Elle permet aussi de **sélectionner une transformation** lorsque plusieurs transformations sont susceptibles d'avoir lieu parallèlement car un catalyseur peut accélérer préférentiellement l'une d'elles.

Remarque

La catalyse joue un rôle essentiel dans la « chimie verte », respectueuse de l'environnement. En effet, les catalyseurs permettent grâce à leur sélectivité de diminuer les réactions parasites.

3 Modélisation macroscopique

1 Caractéristiques de la cinétique d'une transformation chimique

- Une **transformation chimique est modélisée par une équation de réaction** reliant les coefficients stœchiométriques (α_1, α_2, β_1, β_2…) des réactifs (R_1, R_2…) et des produits (P_1, P_2…) d'une transformation chimique.

Par exemple : $\alpha_1 R_1 + \alpha_2 R_2 \rightarrow \beta_1 P_1 + \beta_2 P_2$.

Vocabulaire
L'échelle macroscopique correspond à des tailles de systèmes visibles à l'œil nu.

- La **cinétique** de cette réaction est modélisée en utilisant des **grandeurs caractéristiques** comme :

– la **vitesse volumique d'apparition d'un produit**, qui est définie par la **dérivée de la concentration du produit** considéré par rapport au temps :

$$v_{app} = \frac{d[P]}{dt}.$$

Notation
$\frac{d}{dt}$ est une notation qui signifie : dérivée par rapport au temps.

– la **vitesse volumique de disparition d'un réactif**, qui est définie par **l'opposé** de la **dérivée de la concentration en quantité de matière du réactif** considéré par rapport au temps :

$$v_{disp} = -\frac{d[R]}{dt}$$

Remarque
Le signe négatif dans l'expression de la vitesse volumique de disparition est nécessaire pour rendre cette grandeur positive. En effet, la dérivée de la concentration en quantité de matière du réactif par rapport au temps est une grandeur négative étant donné que le réactif est consommé au cours de la transformation.

- La vitesse volumique de disparition d'un réactif est égale à l'opposé du coefficient directeur de la tangente à la courbe représentant l'évolution de la concentration en quantité de matière du réactif en fonction du temps.

- Le **temps de demi-réaction** $t_{1/2}$ est la **durée** au bout de laquelle l'avancement x d'une réaction atteint **la moitié de sa valeur finale** :

$$x(t_{1/2}) = \frac{x_f}{2}.$$

$[R] = f(t)$

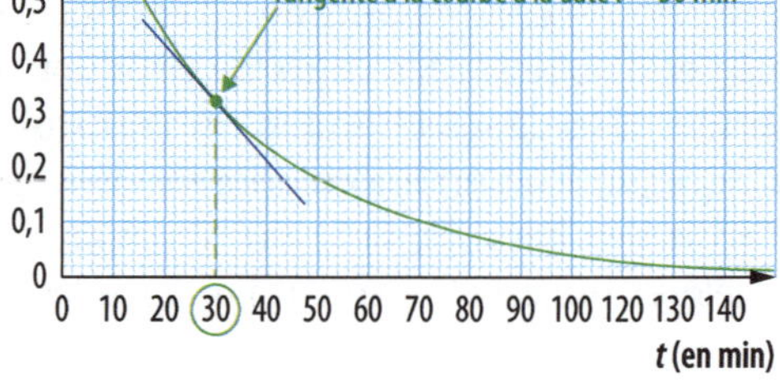

• La valeur du temps de demi-réaction $t_{1/2}$ est déterminée graphiquement :

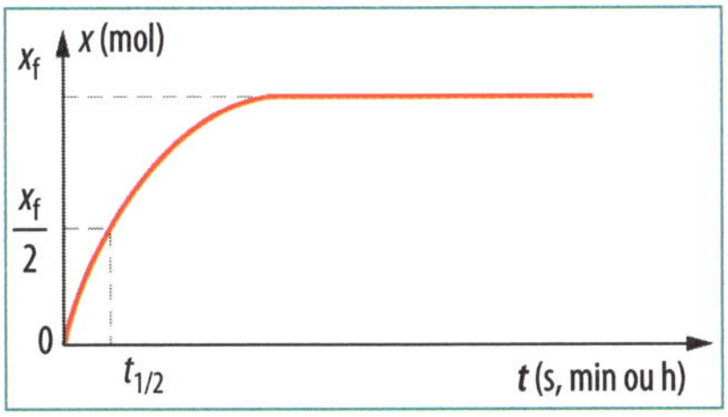

Piège à éviter

Dans le cas d'une réaction équilibrée (voir chapitre 5), il ne faut pas confondre x_f, l'avancement final de la réaction, et x_{max}, l'avancement maximal de la réaction si celle-ci était totale.

À savoir

Dans le cas d'une transformation totale (appelée également quasi-totale), le temps de demi-réaction correspond à la durée nécessaire pour consommer la moitié du réactif limitant R initialement présent dans le système.

2 Loi de vitesse d'ordre 1

• **L'ordre** d'une loi de vitesse correspond à un **modèle macroscopique particulier** qui est traduit notamment par une expression mathématique reliant les **grandeurs caractéristiques** avec la **durée de la réaction**.

Remarque

Les ordres les plus souvent rencontrés pour modéliser les réactions chimiques sont 0, 1 et 2.

• Pour une transformation chimique modélisée par une équation de réaction du type : $R \rightarrow P_1 + P_2 + \ldots$ (avec R un réactif et P_1, P_2… les produits de la réaction), la **loi de vitesse est d'ordre 1** si la vitesse volumique de disparition d'un réactif ou la vitesse volumique d'apparition d'un produit peut s'écrire sous la forme suivante :

$$\boldsymbol{v(t) = k \times [R](t)}$$

avec $v(t)$ la vitesse en $mol{\cdot}L^{-1}{\cdot}s^{-1}$, k la constante de vitesse de la réaction en s^{-1} et $[R](t)$ la concentration du réactif en $mol{\cdot}L^{-1}$ à une date t.

Remarque

La vitesse volumique de disparition et la concentration du réactif sont des grandeurs dépendantes du temps. En revanche, la constante de vitesse est une constante caractéristique de la réaction étudiée. Plus cette grandeur est élevée, plus la vitesse est grande, même pour des faibles concentrations de réactifs.

• Cette relation traduit l'influence de la concentration du réactif sur sa vitesse volumique de disparition comme évoqué précédemment dans l'étude des facteurs cinétique d'une réaction.

• Pour **une loi de vitesse d'ordre 1**, la vitesse volumique de disparition du réactif $v(t) = -\frac{d[R](t)}{dt}$ s'écrit : $v(t) = k \times [R](t)$. En égalisant ces deux expressions, on obtient une équation différentielle linéaire du premier ordre à coefficient constant sans second membre :

$$\frac{d[R](t)}{dt} + k \times [R](t) = 0$$

- La résolution de cette équation permet de montrer que l'évolution de la concentration du réactif $[R](t)$ en fonction du temps t suit une **loi exponentielle** et dépend de la **concentration initiale du réactif** $[R]_0$ et de la **constante de vitesse** k :

$$[R](t) = [R]_0 \times \exp(-k \times t).$$

- Le **temps de demi-réaction** ($t_{1/2}$) peut s'exprimer en utilisant la **relation exponentielle** précédente. Il suffit de remplacer la concentration en quantité de matière du réactif à la date $t_{1/2}$ par la concentration en quantité de matière initiale $[R]_0$ divisée par 2 et on obtient : $t_{1/2} = \dfrac{\ln 2}{k}$.

Remarque
Pour une réaction suivant une cinétique d'ordre 1, le temps de demi-réaction est indépendant de la concentration initiale en réactif.

4 Modélisation microscopique

À savoir
La modélisation microscopique d'une transformation chimique est exigible uniquement pour le Grand Oral. Ce n'est exigible ni pour l'épreuve écrite, ni pour l'ECE du baccalauréat.

1 Mécanisme réactionnel

- Le **mécanisme réactionnel est le modèle microscopique** décrivant les différentes étapes, nommés **actes élémentaires**, d'une transformation chimique.
- Dans un **acte élémentaire**, **deux ou trois molécules se rencontrent** lors d'un **choc**. Le résultat est la formation d'un ou plusieurs produits.
- Le **mouvement des doublets d'électrons** se produisant lors de chaque acte élémentaire est modélisé par **des flèches courbes**.
- Certains actes élémentaires d'un mécanisme réactionnel peuvent former des **produits très réactifs avec des énergies élevées** donc peu stables. Ces composés sont appelés **intermédiaires réactionnels** (IR) et ils réagissent **rapidement** lors d'un autre acte élémentaire pour former les produits (P_1 et P_2) d'une réaction.

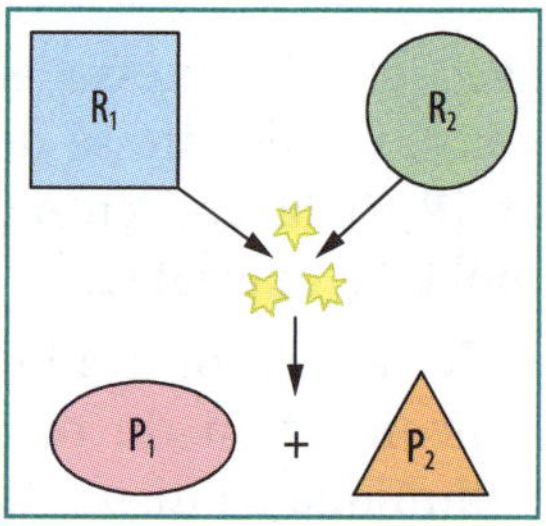

Doc. 1 Acte élémentaire schématisé

$$R_1 + R_2 \rightarrow IR \rightarrow P_1 + P_2$$

- **L'équation bilan de la réaction** correspond à la somme de tous les actes élémentaires du mécanisme réactionnel, c'est la **modélisation microscopique de la transformation chimique**.

2 Influence des facteurs cinétiques

- Au niveau microscopique, la présence d'un **catalyseur modifie le mécanisme réactionnel** en mettant en jeu des actes élémentaires différents. De nouveaux intermédiaires réactionnels peuvent apparaître.

- **L'équation bilan de la réaction n'est pas modifiée** par la présence d'un catalyseur, seul le mécanisme réactionnel est différent.

> **Rappel**
> Un catalyseur augmente la vitesse de la réaction sans modifier l'état final du système.

- La vitesse volumique de disparition d'un réactif ou la vitesse volumique d'apparition d'un produit est d'autant plus grande que la fréquence des chocs entre les molécules au cours des actes élémentaires est élevée. Or :

– plus la **concentration des réactifs est élevée**, plus ils ont une **forte probabilité de se rencontrer** ;

– plus la **température du système est élevée**, plus les entités microscopiques sont en mouvement (agitation thermique) et ont une **forte probabilité de se rencontrer**.

> **Définition**
> L'agitation thermique correspond au mouvement spatial aléatoire des molécules dans un système chimique.

QCM et questions courtes

1 Vrai ou Faux

➔ Corrigé p. 82

1. Le suivi temporel d'une transformation chimique lente peut être réalisé avec un capteur. ☐ Vrai ☐ Faux

2. Un catalyseur est toujours solide. ☐ Vrai ☐ Faux

2 Question à réponse courte : la trempe

➔ Corrigé p. 82

Pour stopper ou ralentir une transformation chimique, on effectue une trempe, c'est-à-dire que l'on ajoute au mélange réactionnel un grand volume d'eau froide.

Pourquoi ce geste expérimental permet-il de ralentir ou de stopper une réaction chimique ?

Exercices d'entraînement

3 Transformation de l'urée

★ 10 min ➔ Corrigé p. 82

La réaction d'hydrolyse de l'urée est effectuée dans les mêmes conditions en présence d'un catalyseur inorganique puis en présence d'une enzyme : l'uréase.

L'évolution de la concentration c de l'urée au cours du temps est représentée sur le graphique ci-contre.

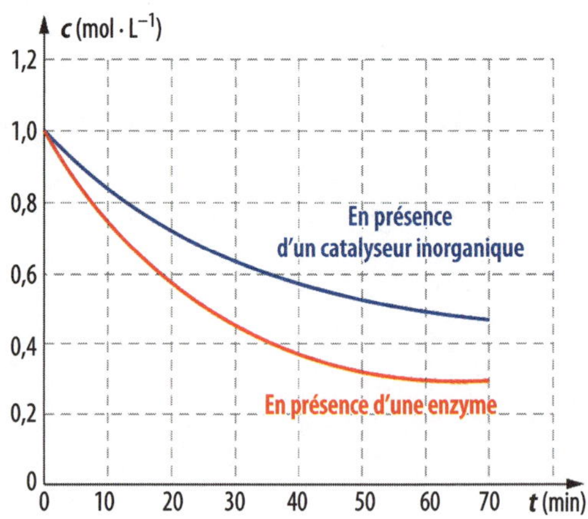

1. Quel est le catalyseur le plus efficace ?

2. Comparer les états finaux des deux réactions.

4 Décomposition du peroxodisulfate

★ 10 min ➔ Corrigé p. 83

Les ions peroxodisulfate $S_2O_8^{2-}$ sont instables en solution aqueuse car ils oxydent l'eau en dioxygène en formant des ions sulfate SO_4^{2-}.

Après avoir étudié la décomposition du peroxodisulfate au cours du temps, un programme Python permet de tracer l'évolution temporelle des concentrations des ions peroxodisulfate et sulfate.

> **À savoir**
> La vitesse de disparition $v(t)$ d'un réactif R, en $mol \cdot L^{-1} \cdot s^{-1}$, suivant une loi de vitesse d'ordre 1, est égale à : $v(t) = k \times [R](t)$ avec k la constante de vitesse de la réaction en s^{-1} et $[R](t)$ la concentration du réactif en $mol \cdot L^{-1}$ à une date t.

```
1  # coding: utf-8
2  import numpy as np
3  from math import exp
4  import matplotlib.pyplot as plt
5
6  #--------------- Décomposition du peroxodisulfate ---------
7  t=[0,3,5,8,10,15,20,25,30,40,50,60,75] # dates en min
8  P=[0,0.38,0.58,0.82,0.96,1.20,1.38,1.50,1.56,1.64,1.66,1.68,
9     1.70] # concentration du produit SO4 2-
10 R=[0.85,0.66,0.56,0.44,0.37,0.25,0.16,0.1,0.07,0.03,0.02,
11    0.01,0.0]# concentration du réactif S2O8 2-
12
13 plt.subplot(2, 1, 1)
14 plt.plot(t,P,label=('sulfate'))
15 plt.plot(t,R,label=('peroxodisulfate'))
16 plt.title("évolution des concentrations")
17 plt.gca().legend(fontsize = 8, loc = 'center right')
18 plt.xlabel("t (en min)")
19 plt.ylabel("C (en mmol.L-1)")
20 plt.show()
```

Doc. 1 Code du programme Python

Code complet téléchargeable sur **Nathan Live**

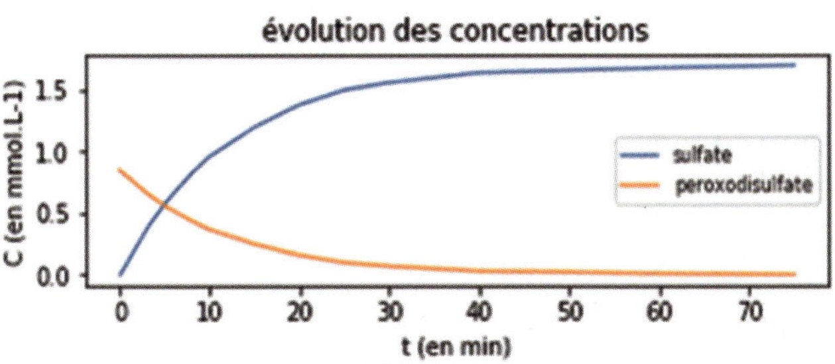

Doc. 2 Graphe affiché lors de l'exécution du programme Python

Indiquer les numéros des lignes du code Python présenté dans le **doc. 1** permettant d'afficher le titre et les noms des axes du graphe (**doc. 2**).

5 Vitesse volumique de disparition

★★ 10 min Corrigé p. 83

Un programme Python permet de tracer l'évolution temporelle de la vitesse volumique de disparition d'ordre 1 d'un réactif mesurée expérimentalement. Sur cette courbe, sont ajoutées trois tracés de vitesses volumiques de disparition pour trois valeurs *k* différentes de constante de vitesse.

```python
t=[0,20,40,60,80,100,120,140,160,180,200,220,240,260,280,300,320,340,360,380,400]
R=[1.0,0.85,0.73,0.62,0.53,0.45,0.38,0.33,0.28,0.24,0.2,0.17,0.15,0.12,0.11,0.09,
   0.08,0.07,0.06,0.05,0.04]
V=[0.008, 0.0068, 0.00584, 0.00496, 0.00424, 0.0036, 0.00304, 0.00264, 0.00224,
0.00192, 0.0016, 0.00136, 0.0012, 0.00096, 0.00088, 0.00072, 0.00064, 0.00056,
0.00048, 0.0004, 0.00032]

Vk=[[],[],[]]
k=[0.012,0.004,0.008]

for i in range(len(t)) :
    for j in range(3):
        Vk[j].append(k[j]*R[i])

plt.plot(t,V,'x',color='red',label=('mesures expérimentales'))
plt.gca().legend(fontsize = 8, loc = 'center right')
plt.plot(t,Vk[0],'blue')
plt.plot(t,Vk[1],'black')
plt.plot(t,Vk[2],'green')
plt.xlabel("t (en min)")
plt.ylabel("v (en mol.L-1.min-1)")
plt.title("vitesse volumique de disparition d'un réactif")
plt.show()
```

Doc. 1 Code Python

Code complet téléchargeable sur **Nathan Live**

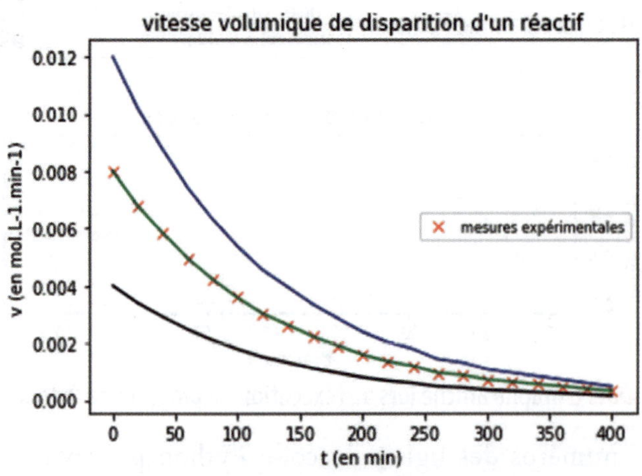

Doc. 2 Évolutions temporelles de vitesses volumiques

1. Indiquer à quoi correspond la courbe bleue dans le **doc. 2**.

2. En analysant le code Python du **doc. 1** et le résultat de son exécution (**doc. 2**), retrouver la valeur k de la constante de vitesse de la réaction qui correspond aux résultats expérimentaux.

Évitez les erreurs !
N'oubliez pas que k a une unité.

Exercices de type bac

PRÉPARER L'ÉPREUVE ÉCRITE

6 Importance de l'eau oxygénée

★★★ 45 min ➔ Corrigé p. 83

Extrait du baccalauréat

Synthétisée pour la première fois en 1818 par le baron Louis Jacques Thénard, l'eau oxygénée ou peroxyde d'hydrogène H_2O_2 est d'une très grande utilité et d'une grande importance économique. Elle est utilisée pour le blanchiment de la pâte à papier et des textiles naturels ou synthétiques, le désencrage des vieux papiers et le traitement des eaux usées. C'est également un antiseptique pharmaceutique et un agent de stérilisation en industrie alimentaire.

La solution aqueuse d'eau oxygénée se décompose lentement en dioxygène $O_{2(g)}$ et en eau selon la réaction d'équation :

$$2\,H_2O_{2\,(aq)} \rightarrow O_{2\,(g)} + 2\,H_2O_{(l)}.$$

On veut effectuer le suivi cinétique de cette réaction, supposée totale, à la température de 25,0 °C. La décomposition de l'eau oxygénée étant très lente, celle-ci doit être catalysée par les ions fer III (Fe^{3+}).

À l'instant de date $t = 0$, on mélange :

- $V = 24$ mL de solution aqueuse d'eau oxygénée de concentration molaire en soluté apporté $c = 2{,}5$ mol·L^{-1} ;
- 6,0 mL de solution aqueuse de chlorure de fer III ($Fe^{3+}_{(aq)} + 3\,Cl^-_{(aq)}$) ;
- de l'eau distillée jusqu'à obtenir une solution de volume total $V_T = 1{,}0$ L.

Un dispositif permet de recueillir et de mesurer le volume de dioxygène V_{O_2} dégagé à la pression atmosphérique $P = 1{,}013 \times 10^5$ Pa.

Le volume total de la solution $V_T = 1{,}0$ L est supposé rester constant au cours de l'expérience.

Les résultats sont consignés dans le tableau suivant :

t (en min)	0	5	10	15	20	25	30	35	40	60
V_{O_2} (en mL)	0	160	270	360	440	500	540	590	610	680

On admet que, dans les conditions de l'expérience, le dioxygène peut être considéré comme un gaz parfait.

On rappelle l'équation d'état du gaz parfait : $PV = nRT$ avec :

- P la pression du gaz en Pa ;
- V le volume du gaz en m^3 ;
- n la quantité de matière de gaz en mol ;
- R la constante des gaz parfaits ; sa valeur est égale à 8,31 $J{\cdot}mol^{-1}{\cdot}K^{-1}$;
- T la température absolue exprimée en kelvin (K) ; T est reliée à θ, température exprimée en degré Celsius (°C) par la relation $T = 273{,}15 + \theta$.

1. Avancement de la réaction

a) Compléter le tableau d'avancement de la réaction ci-dessous.

		$2\,H_2O_{2\,(aq)}$	→ $O_{2\,(g)}$ +	$2\,H_2O_{(l)}$
État	**Avancement x**	**Quantités de matière en mol**		
État initial	0			Excès
En cours de transformation	x		x	Excès
État final	x_f			Excès

b) Calculer la valeur de l'avancement final x_f de la réaction.

c) Établir l'expression de l'avancement $x(t)$ de la réaction en fonction du volume de dioxygène $V_{O_2}(t)$ formé.

Piège à éviter
Soyez attentif aux unités utilisées dans un calcul utilisant l'équation d'état du gaz parfait.

2. Analyse des résultats expérimentaux

a) Tracer le graphe représentant l'évolution de la concentration en quantité de matière d'eau oxygénée en fonction du temps.

b) Commenter l'évolution de la vitesse volumique de disparition de l'eau oxygénée au cours du temps en comparant les valeurs de cette vitesse aux dates $t_1 = 5$ minutes et $t_2 = 25$ minutes.

c) Vérifier que la cinétique de la décomposition de l'eau oxygénée suit une loi de vitesse d'ordre 1 et que $[H_2O_2](t) = [H_2O_2]_0 \times \exp(-k \times t)$, avec k la constante de vitesse de la réaction.

Astuce
Tracez le graphe représentant l'évolution de $\ln[H_2O_2]$ en fonction du temps pour vérifier que la vitesse volumique de disparition de l'eau oxygénée suit une loi de vitesse d'ordre 1.

d) Déterminer la valeur de la constante de vitesse de la réaction.

e) Définir le temps de demi-réaction puis calculer sa valeur.

PRÉPARER L'ECE

7 Étude cinétique d'une synthèse organique

★ 10 min ➔ Corrigé p. 86

Compétence expérimentale évaluée : valider

On veut suivre dans le temps la transformation chimique (quasi-totale et lente) entre l'éthanoate d'éthyle et l'ion hydroxyde :

$C_4H_8O_{2\,(aq)}$	+	$HO^-_{(aq)}$	→	$C_2H_3O^-_{2\,(aq)}$	+	$C_2H_6O_{(aq)}$
éthanoate d'éthyle		ion hydroxyde		ion éthanoate		éthanol

Il est possible d'effectuer le suivi temporel de cette transformation chimique en mesurant la conductivité de cette réaction au cours du temps ou en prélevant un échantillon du mélange réactionnel toutes les cinq minutes afin de l'analyser par chromatographie sur couche mince (CCM).

Indiquer, en justifiant la réponse, la méthode de suivi temporel la plus précise.

PRÉPARER LE GRAND ORAL

8 Interactions avec le jury

★★ 10 min ➔ Corrigé p. 86

Lors du Grand Oral, le jury interagit avec le candidat en lui posant des questions, en lien ou non avec la question présentée.

Pour s'entrainer à cela, répondre directement à l'oral, en une minute maximum, aux deux questions suivantes :

> **À savoir**
> Pour plus d'informations sur le Grand Oral, lisez le cahier spécial BAC à la fin du manuel.

- Quelles sont les propriétés importantes que doit posséder un catalyseur solide ?
- Que signifie le terme de « choc efficace » entre les réactifs lors d'un acte élémentaire d'une réaction ?

Pour aller plus loin

9 Un nouveau catalyseur enzymatique pour produire du biodiesel

★★★ 30 min Corrigé p. 86

La production d'**agrocarburants** offre une alternative aux **carburants d'origine fossile**. Les biodiesels, par exemple, sont des produits transformés à base d'huiles de plantes oléagineuses comme le colza, la palme, le tournesol ou le soja. Ils résultent d'une réaction chimique, catalysée en milieu acide ou préférentiellement en milieu basique, entre de l'huile végétale (90 %) et de l'alcool (10 %). Cette réaction, dite de transestérification, convertit le mélange en ester méthylique (principal constituant du biodiesel) et en glycérol.

Une réaction de **saponification** parasite (transformation de l'ester méthylique en sel de l'acide correspondant) limite ainsi le **rendement réactionnel** en ester méthylique.

Pour améliorer le taux de conversion, il était donc nécessaire de développer d'autres catalyseurs. Pour ce type de réaction, certains catalyseurs enzymatiques comme ceux appartenant à la famille des lipases (hydrolases triglycériques) sont particulièrement efficaces et sélectifs. Cependant, leur coût élevé et leur faible stabilité conformationnelle limitent leur utilisation industrielle… à moins de parvenir à les confiner, de manière irréversible, dans des matrices poreuses, permettant une bonne accessibilité et un transport de masse accru. C'est ce qu'est parvenu à faire l'équipe du professeur Rénal Backov (Université Bordeaux 1) au Centre de Recherches Paul Pascal (CRPP) du CNRS, en collaboration avec des chercheurs de l'équipe du docteur Hervé Deleuze à l'Institut des Sciences Moléculaires de Bordeaux (CNRS/Université Bordeaux 1/Institut Polytechnique de Bordeaux) et du professeur Clément Sanchez au laboratoire de chimie de la matière condensée de Paris (CNRS/UPMC/ENSCP/Collège de France).

D'après www.2.cnrs.fr/presse/communique/2205.htm

1. Définir les mots en gras dans le texte : agrocarburants, carburants d'origine fossile, saponification, rendement réactionnel.

2. Rédiger un court argumentaire détaillé expliquant pourquoi les hydrolases triglycériques sont des catalyseurs efficaces pour produire du biodiesel.

10 Réaction du permanganate de potassium avec l'éthanol

★★★ 30 min Corrigé p. 87

Le permanganate de potassium est un oxydant industriel utilisé comme agent de blanchiment de différentes matières. Il possède des caractéristiques optiques remarquables et se présente sous la forme d'un solide violet, très soluble dans l'eau. Le spectre UV-visible de ce composé en solution aqueuse à $5{,}0 \times 10^{-4}$ mol·L^{-1} est présenté ci-contre.

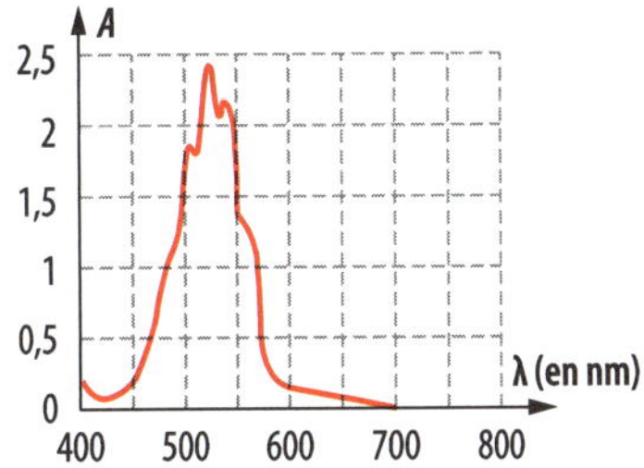

Le permanganate de potassium permet notamment d'oxyder l'éthanol en acide éthanoïque selon l'équation de réaction suivante :

$$4\,MnO^-_{4\,(aq)} + 12\,H^+_{(aq)} + 5\,CH_3CH_2OH_{(aq)} \rightarrow 4\,Mn^{2+}_{(aq)} + 5\,CH_3COOH_{(aq)} + 11\,H_2O_{(l)}$$

On considère une expérience dans laquelle les proportions de réactifs introduits dans le système sont :

- V_1 = 5 mL d'éthanol CH_3CH_2OH (de masse volumique ρ_1 = 0,79 g·mL^{-1}) ;
- V_2 = 10 mL d'acide sulfurique ($2\,H^+ + SO_4^{2-}$) de concentration C_2 = 1 mol·L^{-1} ;
- V_3 = 5 mL d'une solution de permanganate de potassium ($K^+ + MnO_4^-$) de concentration $C_3 = 2{,}0 \times 10^{-3}$ mol·L^{-1}.

Astuce
Ne confondez pas la masse volumique et la concentration en masse même si ces deux grandeurs ont la même unité.

Données : masses molaires atomiques : M_H = 1 g·mol^{-1} ; M_C = 12 g·mol^{-1} ; M_O = 16 g·mol^{-1}.

1. Justifier pourquoi l'équation de la réaction ne peut pas être assimilée à un acte élémentaire.

2. Proposer une méthode expérimentale permettant de suivre l'évolution temporelle de cette réaction.

3. Établir quel réactif est limitant dans les conditions expérimentales proposées.

4. Justifier les affirmations suivantes :

a) Augmenter la concentration initiale du permanganate de potassium permet d'accélérer la réaction.

b) Ajouter un volume un peu plus important d'éthanol ne permet pas d'accélérer la réaction.

c) Les concentrations des réactifs en excès peuvent être considérées comme constantes au cours du temps lors de la transformation chimique.

5. Expliquer pourquoi il est possible de proposer une écriture de la vitesse volumique de disparition du permanganate en considérant qu'elle suit une loi de vitesse d'ordre 1 : $v = k_{app} \times [MnO_4^-]$.

6. Déterminer la valeur du temps de demi-réaction, sachant que k_{app} = 0,2 min^{-1}·L^2·mol^{-2}.

Remarque
Le coefficient de proportionnalité k_{app} dépend de la constante de vitesse k mais également des valeurs des concentrations des réactifs en excès.

CORRIGÉS

QCM et questions courtes

1 Vrai ou faux ?

1. **Vrai** → Un capteur de suivi temporel permet de **suivre à la fois des transformations chimiques lentes et rapides.**

2. **Faux** → Certains catalyseurs sont solides mais d'autres catalyseurs sont **aqueux** par exemple.

Astuce

Le suivi temporel d'une transformation chimique lente peut être réalisé avec un capteur mais aussi avec une mesure « humaine ».

2 Question à réponse courte : la trempe

Pour stopper ou ralentir une transformation chimique, on effectue une trempe, c'est-à-dire que l'on ajoute au mélange réactionnel un grand volume d'eau froide. En effectuant ce geste, on **diminue la concentration des réactifs ainsi que la température du mélange réactionnel, qui sont deux facteurs cinétiques.**

Exercices d'entraînement

3 Transformation de l'urée

1. Le catalyseur le plus efficace est le **catalyseur enzymatique** car **la concentration de l'urée**, qui est un réactif, **diminue plus rapidement en présence de l'uréase** qu'en présence du catalyseur inorganique. La réaction est donc plus rapide en présence de l'enzyme.

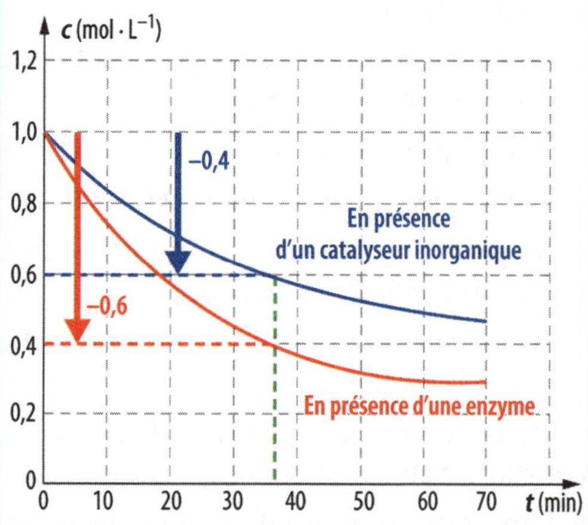

Par exemple, après 37 minutes de réaction, la concentration de l'urée a diminué de 0,6 mol·L^{-1} en présence de l'enzyme et uniquement de 0,4 mol·L^{-1} en présence du catalyseur inorganique.

2. L'état final est atteint plus rapidement avec le catalyseur le plus efficace (l'uréase) mais **les états finaux des deux réactions** en présence d'un catalyseur

Piège à éviter

Sur le graphique ci-dessus, la réaction en présence du catalyseur inorganique n'est encore pas terminée après 70 minutes car cette réaction est très lente.

enzymatique ou inorganique **sont identiques** car un catalyseur permet d'accélérer une réaction mais il ne modifie pas son état final.

4 Décomposition du peroxodisulfate

La **ligne 15** `plt.title("évolution des concentrations")` permet d'afficher le titre d'un graphe lors de l'exécution du programme Python tandis que les **lignes 18** `plt.xlabel("t (en min)")` **et 19** `plt.ylabel("C (en mmol.L-1)")` permettent de préciser les noms des axes de ce graphe.

> **Pour aller plus loin**
> Téléchargez le programme Python complet sur **Nathan Live** et exécutez-le pour mieux comprendre la correction proposée.

5 Vitesse volumique de disparition

1. La courbe bleue dans le **doc. 2** correspond à l'évolution temporelle d'une vitesse volumique de réaction calculée avec une **constante de vitesse $k_1 = 0{,}012\ \text{min}^{-1}$**.

2. Sur le **doc. 2**, **la courbe verte se confond avec les points expérimentaux**, on en déduit que la constante de vitesse utilisée pour ce tracé est la constante de vitesse de la transformation étudiée. Or, la ligne 24 du code Python indique que cette courbe correspond à celle tracée avec la troisième valeur de la liste *k*, soit $\boldsymbol{k_3 = 0{,}08\ \text{min}^{-1}}$.

> **Gagnez des points !**
> Le tracé des courbes est effectué avec l'unité « $\text{mmol}\cdot\text{L}^{-1}\cdot\text{min}^{-1}$ » pour les vitesses et « min » pour les dates, la valeur de *k* obtenue est donc exprimée en min^{-1}.

> **Pour aller plus loin**
> Téléchargez le programme Python complet sur **Nathan Live** et exécutez-le pour mieux comprendre la correction proposée.

Exercices de type bac

PRÉPARER L'ÉPREUVE ÉCRITE

6 Importance de l'eau oxygénée

1. a)

		$2\,H_2O_{2(aq)}$ →	$O_{2(g)}$ +	$2\,H_2O_{(l)}$
État	**Avancement *x***	**Quantités de matière (en mol)**		
État initial	0	cV	0	Excès
En cours de transformation	x	$cV - 2x$	x	Excès
État final	x_f	$cV - 2x_f$	x_f	Excès

b) La réaction étant totale, l'avancement final est atteint quand l'eau oxygénée est entièrement consommée :

$$cV - 2x_f = 0, \text{ d'où } x_f = \frac{c\,V}{2} \quad \text{et} \quad x_f = \frac{2{,}5 \times 24 \times 10^{-3}}{2} = \mathbf{3{,}0 \times 10^{-2}\ mol.}$$

c) D'après l'équation d'état du gaz parfait : $n_{O_2}(t) = \dfrac{P\,V_{O_2}(t)}{R\,T}$.

De plus, d'après le tableau d'avancement du **a)** : $x(t) = n_{O_2}(t)$.

Ainsi $x(t) = \dfrac{\boldsymbol{P\,V_{O_2}(t)}}{\boldsymbol{R\,T}}$.

Astuce
L'unité légale d'un volume est le m³. Pensez donc à convertir le volume du gaz dioxygène en m³.

d) D'après le tableau donné dans l'énoncé, à la date $t = 30$ min :

$V_{O_2}(t = 30) = 540\ \text{mL} = 540 \times 10^{-6}\ \text{m}^3$.

Ainsi $\boldsymbol{x(t = 30) = 2{,}21 \times 10^{-2}}$ **mol = 22,1 mmol.**

Rappel
L'avancement est égal à la quantité de matière d'un produit formé dont le coefficient stœchiométrique est égal à 1 (ici le dioxygène).

2. a) D'après le tableau d'avancement précédent, la concentration en quantité de matière d'eau oxygénée dépend de la valeur de l'avancement $x(t)$ selon :

$$[H_2O_2](t) = [H_2O_2]_0 - 2\frac{x(t)}{V}.$$

On obtient donc les valeurs expérimentales suivantes.

$x(t)/V$ (en mmol.L⁻¹)	0	6,5	11,03	14,71	17,98	20,43	22,06	24,11	24,93	27,79
$[H_2O_2]$ (en mmol.L⁻¹)	60	47	38	31	24	19	16	12	10	4

Le graphe associé se trouve dans la réponse à la question suivante.

b) D'après la représentation graphique ci-dessous, le coefficient directeur de la tangente à la courbe à la date $t_1 = 5$ minutes est plus important que celui à la date $t_2 = 25$ minutes. Ainsi, **la vitesse volumique de disparition du réactif diminue au cours du temps.**

À savoir
La concentration du réactif est un facteur cinétique. Si sa concentration diminue, la vitesse de disparition associée diminue également.

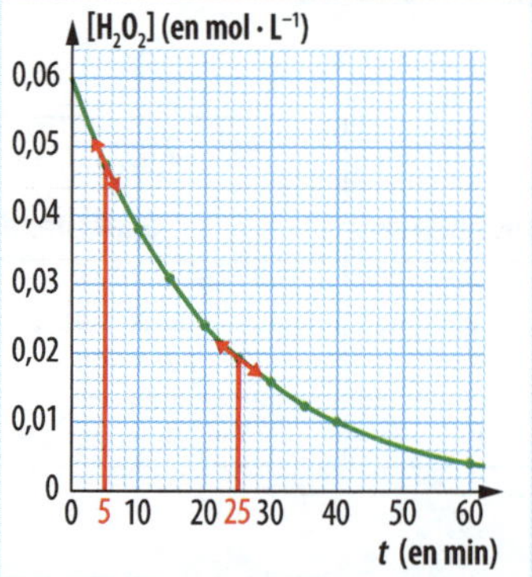

c) D'après les relations mathématiques décrivant les réactions de cinétique d'ordre 1, l'évolution de la concentration du réactif en fonction du temps suit une loi exponentielle : $[H_2O_2](t) = [H_2O_2]_0 \times \exp(-k \times t)$.

Pour vérifier si cette relation est applicable à la transformation étudiée, il faut tracer le graphe représentant l'évolution de $\ln[H_2O_2]$ en fonction du temps.

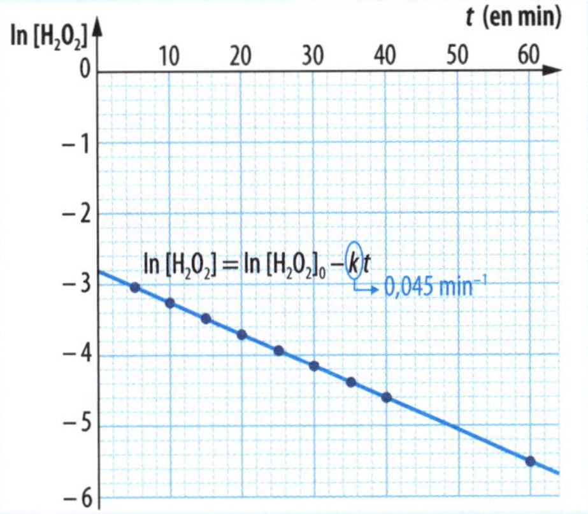

La représentation graphique obtenue peut être modélisée par une droite, la cinétique de la réaction suit donc bien une loi de vitesse d'ordre 1 de forme :

$$\ln[H_2O_2](t) = \ln[H_2O_2]_0 - k \times t.$$

d) D'après la question précédente et le tracé du graphe représentant l'évolution de $\ln([H_2O_2])$ en fonction du temps, la modélisation des points expérimentaux par une droite donne une équation dont le coefficient directeur correspond à la constante de vitesse de la réaction : $k = 0{,}045\ \text{min}^{-1}$.

e) Le temps de demi-réaction est la date à laquelle la moitié de l'eau oxygénée s'est décomposée.

Pour une concentration correspondant à la moitié de la concentration initiale en eau oxygénée, on détermine donc la valeur du temps de demi-réaction en utilisant l'équation de la modélisation linéaire de la question précédente, soit :

$$t_{1/2} = \frac{\ln[H_2O_2]_0 - \ln[H_2O_2]_{(t_{1/2})}}{k} \text{ avec } [H_2O_2]_{(t_{1/2})} = \frac{[H_2O_2]_0}{2}.$$

Ainsi : $$t_{1/2} = \frac{\ln[H_2O_2]_0 - \ln\frac{[H_2O_2]_0}{2}}{k} = \frac{\ln\left(\frac{2 \times [H_2O_2]_0}{[H_2O_2]_0}\right)}{k}$$

D'où : $$t_{1/2} = \frac{\ln 2}{k} = 15 \text{ min.}$$

Astuce mathématique

$\ln a - \ln b = \ln \frac{a}{b}$

CORRIGÉS

PRÉPARER L'ECE

7 Étude cinétique d'une synthèse organique

La méthode de suivi temporelle par CCM est **peu précise,** car elle permet uniquement de **connaître la durée de la réaction à 5 minutes près** environ sans avoir d'informations quantitatives sur les états intermédiaires.

En revanche, un **suivi conductimétrique serait beaucoup plus précis,** car la mesure de la conductivité au cours du temps permettrait de connaître précisément les concentrations des ions $HO^-_{(aq)}$ et $C_2H_3O^-_{2(aq)}$ au cours du temps et donc de quantifier les états intermédiaire et final.

PRÉPARER LE GRAND ORAL

8 Interactions avec le jury

La réponse à l'oral à la question « Quelles sont les propriétés importantes que doit posséder un catalyseur solide ? » doit comporter les mots clés suivants : **grande surface spécifique** ; **réutilisable** ; peu ou **pas toxique** ; **peu coûteux**...

La réponse à l'oral portant sur les chocs efficaces doit expliquer quant à elle que c'est un **choc entre deux réactifs** qui entraîne la transformation au niveau microscopique et que l'**énergie mise en jeu** doit être **suffisante** pour que le choc soit efficace.

Pour aller plus loin

9 Un nouveau catalyseur enzymatique pour produire du biodiesel

1. Les carburants sont des espèces chimiques qui produisent des réactions chimiques permettant de faire fonctionner des moteurs de voiture par exemple. **Les carburants d'origine fossile proviennent le plus souvent du pétrole**, qui résulte de la transformation de matières organiques mortes mélangées à divers minéraux à de grandes profondeurs. Cette réaction nécessite plus d'un million d'années. Ainsi, les carburants d'origine fossile sont en quantité limitée sur Terre car leur matière première n'est **pas renouvelable** à l'échelle de temps humaine. Ce n'est pas le cas **des agrocarburants, qui proviennent de plantes** cultivées par les agriculteurs et qui sont donc une matière première **renouvelable**.

> **Remarque**
> Les agrocarburants peuvent aussi être appelés biocarburants.

La **saponification** est une **hydrolyse basique d'un ester**. C'est une réaction totale. Si l'ester hydrolysé est un corps gras comme un triglycéride, l'un des produits de la saponification est un savon.

Le rendement réactionnel est le **pourcentage de produit réellement obtenu lors d'une réaction par rapport à la quantité théorique** qui aurait pu être obtenue si la réaction était totale.

2. D'après le document de l'énoncé, les hydrolases triglycériques sont des **catalyseurs plus sélectifs** que ceux utilisés précédemment. Ils permettent d'**accélérer** quasiment **uniquement la réaction de synthèse de l'ester méthylique** (principal constituant du biodiesel), tout **en limitant les réactions parasites** comme la réaction de saponification de l'ester méthylique par exemple.

Ainsi, on obtient une quantité de matière finale d'ester méthylique plus importante (le rendement réactionnel est plus grand) lorsque l'on utilise les hydrolases triglycérides comme catalyseurs.

10 Réaction du permanganate de potassium avec l'éthanol

1. Pour que cette équation de réaction soit considérée comme un acte élémentaire, il faudrait que **l'ensemble des entités moléculaires mises en jeu se rencontrent lors d'un seul choc**. Or, il est très peu probable que 21 molécules puissent réaliser cette action, l'équation proposée ici n'est donc **pas un acte élémentaire** mais le **bilan de plusieurs étapes** du mécanisme réactionnel.

2. La **spectrophotométrie UV-visible** permet de suivre l'évolution de l'absorbance d'une espèce en solution en fonction du temps. Cette méthode est adaptée à cette expérience car **un des réactifs a des propriétés d'absorption dans le visible** (permanganate de potassium). Le suivi est fait à la longueur d'onde d'absorption maximale du réactif (525 nm) afin d'avoir une meilleure sensibilité lors de la mesure.

> **Rappel**
> La spectroscopie UV-visible a déjà été étudiée dans le chapitre 2.

3. Pour établir quel réactif est limitant dans les conditions expérimentales proposées, il faut calculer les quantités de matière initiales des réactifs dans le système :

• pour l'éthanol : $n_{CH_3CH_2OH} = \dfrac{\rho_1 \times V_1}{6\,M_H + 2\,M_C + M_O}$

$$n_{CH_3CH_2OH} = \frac{0{,}79 \times 5}{6 \times 1 + 2 \times 12 + 16} = \mathbf{9 \times 10^{-2}\ mol}\,;$$

• pour l'hydronium (appelé également ion hydrogène) :
$n_{H^+} = 2 \times C_2 \times V_2 = 2 \times 1 \times (10 \times 10^{-3}) = \mathbf{2 \times 10^{-2}}$ **mol** ;

• pour le permanganate : $n_{MnO_4^-} = C_3 \times V_3$
$n_{MnO_4^-} = (2{,}0 \times 10^{-3}) \times (5 \times 10^{-3}) = \mathbf{1 \times 10^{-5}}$ **mol.**

L'éthanol et l'hydronium sont en large excès par rapport au permanganate. **Le permanganate est donc le réactif limitant.**

Astuce

Comme la formule de l'acide sulfurique est $(2\,H^+ + SO_4^{2-})$, la concentration en quantité de matière C de l'ion hydronium est égale à : $C = 2 \times C_2$, avec C_2 la concentration en quantité de matière de l'acide sulfurique.

4. a) Augmenter la concentration initiale du permanganate de potassium permet d'accélérer la réaction. En effet, le permanganate étant le réactif limitant, c'est lui qui régit principalement la cinétique de la réaction. La concentration des réactifs est un facteur cinétique, l'augmentation de cette dernière entraîne donc une accélération de la réaction.

b) Ajouter un volume un peu plus important d'éthanol ne permet pas d'accélérer la réaction. En effet, l'éthanol est en large excès dans les conditions expérimentales données. En ajouter un peu davantage n'influence donc pas la cinétique globale de la réaction.

c) Les concentrations des réactifs en excès peuvent être considérées comme constantes au cours du temps lors de la transformation chimique. En effet, comme l'éthanol et l'hydronium sont en large excès dans le système, la consommation de ces espèces au cours du temps dépend de la concentration du réactif limitant. Leur variation relative sera donc très faible et leurs concentrations pourront être considérées comme constantes lors de la transformation chimique.

5. Les **concentrations des réactifs en excès** sont **considérés comme constantes**, on peut donc considérer qu'il n'y a qu'**un seul réactif qui influe sur la cinétique de la réaction**, ce qui permet d'écrire : $v = k_{app} \times [MnO_4^-]$, avec k_{app} une constante dépendant de la constante de vitesse de la réaction et des concentrations des réactifs en excès.

6. Comme la loi de vitesse est d'ordre 1, $[MnO_4^-](t) = [MnO_4^-]_0 \times \exp(-k_{app} \times t)$ et le temps de demi-réaction est égal à :

$$t_{1/2} = \frac{\ln 2}{k_{app}} = \frac{\ln 2}{0{,}2} = 3 \text{ min.}$$

Rappel mathématique

N'hésitez pas à relire la démonstration mathématique permettant de retrouver la relation $t_{1/2} = \frac{\ln 2}{k_{app}}$ qui se trouve dans la correction de l'exercice 6 de ce chapitre.

La Prépa attitude

- Au-delà de la loi de vitesse d'ordre 1 abordée au lycée, il est utile de définir la vitesse d'une réaction, en lien avec les variations de l'avancement de la réaction, mais aussi sous la forme de vitesse de formation des produits et de disparition des réactifs.
- Dans certains cas, il sera possible d'écrire plus simplement cette vitesse, en utilisant les ordres partiels des différentes substances.
- La loi empirique d'Arrhénius permet d'expliciter les variations de la vitesse de la réaction avec la température du milieu.

Prolongements aux cours de Terminale

1 Définition de la vitesse de réaction

Notations : dans l'enseignement supérieur, l'avancement est souvent noté ξ (xi) et les nombres stœchiométriques ν (nu). On utilise aussi les nombres stœchiométriques algébrisés : **$\nu_i > 0$ pour un produit d'une réaction et $\nu_i < 0$ pour un réactif.**

Exemple : $2\ HI + H_2O_2 \rightarrow I_2 + 2\ H_2O$

Les nombres stœchiométriques algébrisés sont $\nu_{HI} = -2$, $\nu_{H_2O_2} = -1$, $\nu_{I_2} = 1$ et $\nu_{H_2O} = 2$.

On définit alors la vitesse volumique de réaction $\boldsymbol{v = \frac{1}{V}\frac{d\xi}{dt} = \frac{1}{\nu_i}\frac{d[A_i]}{dt}}$ avec V le volume total supposé constant, ν_i le nombre stœchiométrique algébrisé pour l'espèce A_i et ξ l'avancement de la réaction.

Exemple :

Dans la réaction ci-dessus :

$$v = \frac{1}{V}\frac{d\xi}{dt} = -\frac{1}{2}\frac{d[HI]}{dt} = -\frac{d[H_2O_2]}{dt} = \frac{d[I_2]}{dt} = \frac{1}{2}\frac{d[H_2O]}{dt} > 0$$

La vitesse volumique de formation du produit A_i est : $\boldsymbol{v_i^F = \frac{d[A_i]}{dt}}$; elle est bien positive, car la concentration de l'espèce A_i augmente.

La vitesse volumique de disparition du réactif A_i est : $\boldsymbol{v_i^D = -\frac{d[A_i]}{dt}}$; elle est également positive, car $[A_i]$ diminue au cours du temps.

❷ Ordres partiels et ordre global

Il existe une relation entre la vitesse de la réaction et la concentration des réactifs : la vitesse de réaction augmente avec cette concentration.

Parfois, la vitesse de réaction pourra s'écrire :

$$\boldsymbol{v = k \cdot [A_1]^{\alpha_1} \cdot [A_2]^{\alpha_2} \cdot [A_3]^{\alpha_3} \ldots = k \cdot \prod_i [A_i]^{\alpha_i}}$$

où A_i indiquent les réactifs, l'opérateur $\prod$ représentant les produits des différents termes $[A_i]^{\alpha_i}$ avec k, la constante de vitesse de réaction. On dit alors que la réaction admet un ordre (ce n'est pas toujours le cas).

Les coefficients α_i sont les ordres partiels par rapport aux espèces A_i, ils sont entiers ou fractionnaires. **L'ordre global de la réaction est la somme de ses ordres partiels**, l'unité de k dépend de cet ordre global.

Les ordres partiels sont déterminés expérimentalement.

La constante k dépend de la température suivant la **loi d'Arrhénius** :

$$\boldsymbol{k = A \cdot e^{-\frac{E_A}{RT}}}$$

avec A une constante de même dimension que k, E_A l'énergie d'activation molaire (en $J \cdot mol^{-1}$) et R la constante des gaz parfaits.

❸ Réactions d'ordre 0 et 1

On considère une équation du type « $\nu_1 A_1$ = produits de la réaction ». **Dans ce cas, si la réaction admet un ordre, l'ordre global de la réaction est égal à l'ordre partiel pour A_1 : α_1.**

Remarque
Les réactions chimiques n'admettent pas toutes un ordre.

• Si $\alpha_1 = 0$ (ordre zéro), $v = k \cdot [A_1]^0 = k = \text{cte}$ or $v = \frac{1}{\nu_1}\frac{d[A_1]}{dt}$ soit $\frac{d[A_1]}{dt} = v \cdot \nu_1 = k \cdot \nu_1$ et, par passage à la primitive :

$$\boldsymbol{\left[A_1\right] = \nu_1 \cdot k \cdot t + [A_0].}$$

• Si $\alpha_1 = 1$ (ordre 1), $v = k \cdot [A_1]^1$ or $v = \frac{1}{\nu_1}\frac{d[A_1]}{dt}$ soit $\frac{d[A_1]}{dt} = v \cdot \nu_1 = k \cdot [A_1]^1 \cdot \nu_1$ et, par passage à la primitive :

$$\boldsymbol{\ln\left[A_1\right] = \nu_1 \cdot k \cdot t + \ln[A_0].}$$

AMBITION PRÉPA

EXERCICES

➲ Corrigés p. 92

1 Vitesses de formation et de disparition

On considère l'équation chimique : $CH_3Cl + HO^- \rightarrow CH_3OH + Cl^-$.

a) Définir la vitesse volumique de cette réaction.

b) Donner les valeurs des coefficients stœchiométriques algébrisés associés à chacune des espèces chimiques mises en jeu.

c) Quelle relation peut-on écrire entre la vitesse de disparition du chlorométhane CH_3Cl, la vitesse de disparition de l'ion hydroxyde et les vitesses de formation du méthanol et de l'ion chlorure ?

2 Dismutation de l'eau oxygénée

On étudie la décomposition d'une solution d'eau oxygénée suivant l'équation chimique : $H_2O_2 \rightarrow H_2O + \frac{1}{2} O_2$. La concentration molaire initiale de la solution est $[H_2O_2]_0 = 0{,}50$ mol · L^{-1}. Un suivi expérimental de cette transformation permet d'obtenir les résultats suivants :

t (en h)	0,50	1,0	1,5	2,0	2,5	3,0	3,5
$[H_2O_2]$ (en mol · L^{-1})	0,39	0,30	0,24	0,18	0,14	0,11	0,087

a) Montrer que l'on peut déduire des résultats expérimentaux que la réaction est d'ordre 1.

b) Déduire de la question précédente la constante de vitesse *k* de cette réaction.

Astuce
On pourra utiliser la représentation graphique de $\ln[H_2O_2]$ en fonction du temps.

c) Montrer que le temps de demi-réaction $t_{1/2}$ est donné par la relation : $t_{1/2} = \frac{\ln 2}{k}$. En déduire la valeur du temps de demi-réaction.

d) On réalise à nouveau le suivi de cette dismutation, à partir de la même solution initiale, mais à une température deux fois plus grande que dans l'expérience précédente. Quelle serait la nouvelle valeur du temps de demi-réaction ?

3 Dissociation photocatalysée par l'acétylène sur Titan (d'après un sujet de concours Centrale-Supelec MP)

Dans l'atmosphère de Titan, autour de 250 km d'altitude, les photons sont principalement absorbés par l'acétylène C_2H_2. Il se produit alors une réaction conduisant à la décomposition du méthane : $CH_4 = {}^0CH_3 + {}^0H$ où ${}^0CH_3$ et ${}^0H$ sont des radicaux. Cette réaction chimique se décompose en réalité en deux actes élémentaires :

- $C_2H_2 \rightarrow {}^0C_2H + {}^0H$ de constante de réaction $k_0 = 3{,}2 \times 10^{-11}\ s^{-1}$;
- ${}^0C_2H + CH_4 \rightarrow C_2H_2 + {}^0CH_3$ de constante de vitesse $k = 1{,}7 \times 10^6 \times e^{-250/T}$ où la température T est exprimée en kelvins.

a) Calculer l'énergie d'activation E_a de la seconde étape du mécanisme.

b) On admettra dans la suite que la vitesse de disparition du méthane $v^D_{CH_4}$ ne dépend que de k_0 et de $[C_2H_2]$: $v^D_{CH_4} = k_0 \cdot [C_2H_2]$.

On part d'une atmosphère principalement composée de diazote (pression totale $P_t = 0{,}5$ mbar ; température $T = 175$ K). L'atmosphère contient les fractions molaires $x_{C_2H_2} = 2 \times 10^{-6}$ d'acétylène et $x^0_{CH_4} = 0{,}03$ de méthane.

Calculer le temps t_1 en années qu'il faut pour observer la disparition du méthane.

Données :

- $\left[C_2H_2\right] = x_{C_2H_2} \cdot \frac{P_t}{RT}$ et de même $\left[CH_4\right]_0 = x^0_{CH_4} \cdot \frac{P_t}{RT}$.
- $R = 8{,}314\ J \cdot mol^{-1} \cdot K^{-1}$, la constante des gaz parfaits.

CORRIGÉS

1 **a)** La vitesse volumique de cette réaction est définie par : $\boldsymbol{v = \frac{1}{V}\frac{d\xi}{dt}}$ avec V le volume total de solution supposé constant et ξ l'avancement de la réaction.

b) Les coefficients stœchiométriques algébrisés sont :

– pour les réactifs : $\nu_{HO^-} = \nu_{CH_3Cl} = \mathbf{-1}$;

– pour les produits : $\nu_{Cl^-} = \nu_{CH_3OH} = \mathbf{+1}$.

c) Les vitesses de formation des deux produits sont égales :

$$v^F_{CH_3OH} = v^F_{Cl^-} = \frac{d[CH_3OH]}{dt} = \frac{d[Cl^-]}{dt}$$

À savoir

Si deux produits ont le même coefficient stœchiométrique, ils ont la même vitesse de formation.

Les vitesses de disparition des deux réactifs sont égales :

$$v^D_{HO^-} = v^D_{CH_3Cl} = -\frac{d\left[HO^-\right]}{dt} = -\frac{d\left[CH_3Cl\right]}{dt}$$

$$\boldsymbol{v = \frac{d[CH_3OH]}{dt} = \frac{d[Cl^-]}{dt} = -\frac{d\left[HO^-\right]}{dt} = -\frac{d\left[CH_3Cl\right]}{dt}}$$

2 **a)** Si la réaction est d'ordre 1, par définition :

$$v = k \cdot [H_2O_2]^1 = -\frac{d[H_2O_2]}{dt} \text{ soit } \frac{d[H_2O_2]}{dt} = -k[H_2O_2] \text{ et donc } \frac{d[H_2O_2]}{[H_2O_2]} = -kdt,$$

d'où $\int_{[H_2O_2]_0}^{[H_2O_2]} \frac{d[H_2O_2]}{[H_2O_2]} = -k\int_{t=0}^{t} dt$.

La primitive de $\frac{dx}{x}$ (pour $x > 0$) est le logarithme népérien $\ln(x)$:

$$\left[\ln[H_2O_2]\right]_{[H_2O_2]_0}^{[H_2O_2]} = -kt$$

$\ln\left[H_2O_2\right] - \ln\left[H_2O_2\right]_0 = -kt$ et donc $\ln\left[H_2O_2\right] = -kt + \ln\left[H_2O_2\right]_0$.

On calcule ainsi $\ln[H_2O_2]$ à chaque date t et on représente $\ln[H_2O_2](t)$.

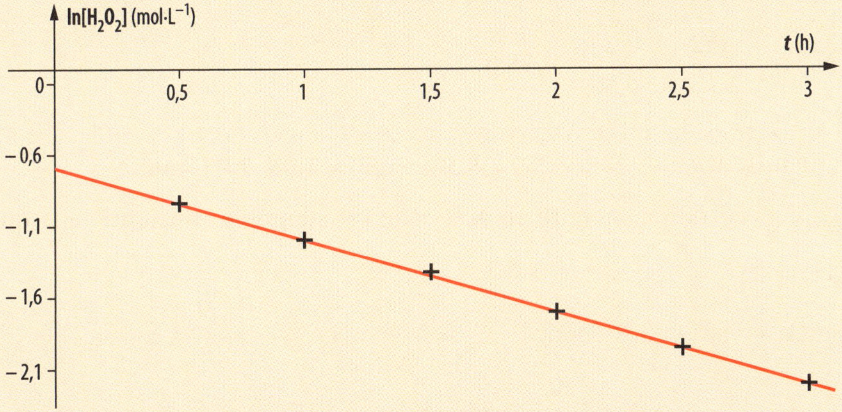

La courbe obtenue est caractéristique d'une fonction affine du type :
$\ln[H_2O_2] = at + b$ avec a et b deux constantes.
Par identification, on obtient bien une relation du type :

$$\ln\left[H_2O_2\right] = -kt + \ln\left[H_2O_2\right]_0$$

puisque k et $[H_2O_2]_0$ sont constantes. **La réaction est donc d'ordre 1** (ordre global, mais aussi ordre partiel pour H_2O_2).

b) L'identification des coefficients a et $-k$ permet d'obtenir k en mesurant le coefficient directeur de la droite obtenue. On trouve : $\boldsymbol{k = -a = 0{,}50\ h^{-1}}$.

c) Par définition, à $t_{1/2}$, l'avancement atteint la moitié de l'avancement maximal et donc, ici : $\left[H_2O_2\right]_{t_{1/2}} = \frac{\left[H_2O_2\right]_0}{2}$.

AMBITION PRÉPA

Pour la réaction d'ordre 1 : $\ln[H_2O_2] = -kt + \ln[H_2O_2]_0$,

soit $\ln[H_2O_2]_{t_{1/2}} = -kt_{1/2} + \ln[H_2O_2]_0$ d'où $\ln\frac{[H_2O_2]_0}{2} = -kt_{1/2} + \ln[H_2O_2]_0$.

$kt_{1/2} = \ln[H_2O_2]_0 - \ln\frac{[H_2O_2]_0}{2} = \ln\frac{[H_2O_2]_0}{\frac{[H_2O_2]_0}{2}} = \ln 2$ et ainsi $\boldsymbol{t_{1/2} = \frac{\ln 2}{k}}$.

A. N. : $t_{1/2} = \frac{\ln 2}{0{,}50} = \mathbf{1{,}4\,h}$.

d) D'après la loi d'Arrhénius, $k = A\mathrm{e}^{-\frac{E_A}{RT}} = 0{,}5\ \mathrm{h}^{-1}$ pour le premier suivi réalisé. Pour une température $T' = 2T$, on aura :

$k' = A\mathrm{e}^{-\frac{E_A}{RT'}} = A\mathrm{e}^{-\frac{E_A}{2RT}} = k^{\frac{1}{2}} = \sqrt{k}$ et par suite $\boldsymbol{t'_{1/2} = \frac{\ln 2}{\sqrt{k}}}$.

A. N. : $t'_{1/2} = \frac{\ln 2}{\sqrt{k}} = \frac{\ln 2}{\sqrt{0{,}50}} = \mathbf{0{,}98\,h}$.

3 a) D'après la loi d'Arrhénius, $k = A\mathrm{e}^{-\frac{E_A}{RT}}$ or $k = 1{,}7 \times 10^6 \times \mathrm{e}^{-250/T}$. Par identification, $E_A = \mathrm{R} \times 250 = 8{,}314 \times 250 = \mathbf{2{,}08 \cdot 10^3\ J \cdot mol^{-1}}$.

b) La concentration molaire en acétylène est supposée constante telle que : $[C_2H_2] = x_{C_2H_2}\frac{P_t}{RT}$.

D'après la relation de l'énoncé : $v^{D}_{CH_4} = k_0 \cdot [C_2H_2] = -\frac{d[CH_4]}{dt}$, soit :

$$\frac{d[CH_4]}{dt} = -k_0 \cdot x_{C_2H_2} \cdot \frac{P_t}{RT}.$$

Les termes de droite étant des constantes, par passage à la primitive :

$$[CH_4] = -k_0 \cdot x_{C_2H_2} \cdot \frac{P_t}{RT} \cdot t + [CH_4]_0 = -k_0 \cdot x_{C_2H_2} \cdot \frac{P_t}{RT} \cdot t + x^0_{CH_4} \cdot \frac{P_t}{RT}$$

Si le méthane disparaît pour une date t_1, alors à cette date $[CH_4] = 0$ d'où :

$$0 = \frac{P_t}{RT}(x^0_{CH_4} - k_0 \cdot x_{C_2H_2} \cdot t_1)$$

donc $x^0_{CH_4} - k_0 \cdot x_{C_2H_2} \cdot t_1 = 0$ et finalement : $\boldsymbol{t_1 = \frac{x^0_{CH_4}}{k_0 x_{C_2H_2}}}$.

A.N. : $t_1 = \frac{0{,}03}{3{,}2 \cdot 10^{-11} \times 2 \cdot 10^{-6}} = 4{,}7 \cdot 10^{14}\ \mathrm{s} \approx 1{,}5 \cdot 10^7$ années, soit **environ 15 millions d'années.**

CHAPITRE 4

Transformations nucléaires

Capacités exigibles du chapitre disponibles sur **Nathan Live**

Ce chapitre est uniquement exigible pour le Grand Oral.

Aucune des capacités de ce chapitre n'est exigible pour l'épreuve écrite et pour l'ECE du baccalauréat.

1 Stabilité et instabilité des noyaux

① Diagramme (*N*, *Z*)

• L'ensemble des noyaux connus sont classés dans un diagramme (*N*, *Z*).

Vocabulaire
Le diagramme (*N*, *Z*) est aussi nommé diagramme de Segré.

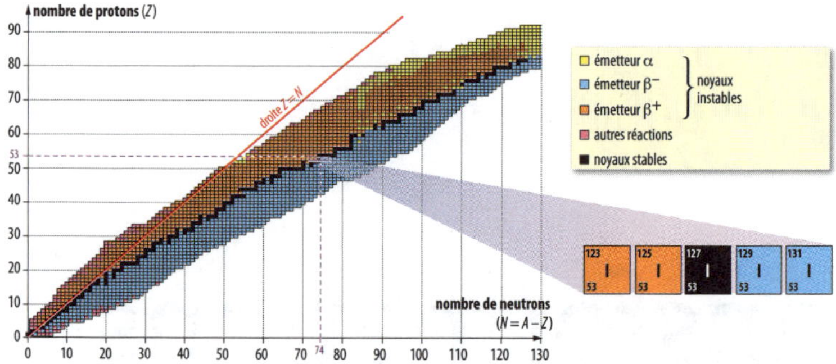

Doc. 1 Diagramme (*N*, *Z*)

• Deux **noyaux isotopes** ont le même nombre *Z* de protons mais des nombres *N* de neutrons différents.

Représentation symbolique	$^{235}_{92}U$	$^{238}_{92}U$
A	235	238
Z	92	
N = *A* – *Z*	143	146

Exemple : les isotopes de l'uranium

À savoir
En physique nucléaire, la notation $^{A}_{Z}X$ du noyau est souvent abrégée sous la forme ^{A}X, la connaissance de l'élément donnant l'information sur son numéro atomique.

• Le diagramme (*N*, *Z*) possède plusieurs zones, dont une centrale (en noir) appelée **vallée de stabilité**, et qui correspond aux **noyaux stables**. La plupart des noyaux **sont instables** et sont à l'origine de différents types de radioactivités : **α, β et γ.**

• Un noyau radioactif est un **noyau instable** et réciproquement.

② Équation de désintégration nucléaire

• Lors d'une réaction nucléaire, il y a **conservation de la charge électrique et du nombre de nucléons** : $^{A_1}_{Z_1}X_1 + ^{A_2}_{Z_2}X_2 \rightarrow ^{A_3}_{Z_3}Y_1 + ^{A_4}_{Z_4}Y_2$

$$\begin{cases} A_1 + A_2 = A_3 + A_4, \text{ conservation du nombre de nucléons} \\ Z_1 + Z_2 = Z_3 + Z_4, \text{ conservation de la charge électrique} \end{cases}$$

Histoire des sciences

Les lois de conservation appliquées pour équilibrer une équation d'une réaction nucléaire sont parfois nommées « lois de Soddy », en hommage au physicien et chimiste britannique Frederick Soddy (1877-1956), lauréat du prix Nobel de chimie en 1921.

3 Les différents types de radioactivité

- La **radioactivité** correspond à la **désintégration spontanée** d'un **noyau instable** en un **autre noyau**, avec **émission d'une particule**.
- La radioactivité **naturelle** concerne les noyaux **instables** qui existent **dans la nature**, la **radioactivité artificielle** concerne les noyaux **instables** créés **en laboratoire**.
- Le neutrino et l'antineutrino sont des particules élémentaires notées respectivement ${}^{0}_{0}\nu_e$ et ${}^{0}_{0}\overline{\nu}_e$.

Remarque

Neutrino et antineutrino ne possèdent pas de charge électrique et leur masse est très faible.

Radioactivité α	Radioactivité β^-	Radioactivité β^+
Émission d'un noyau d'hélium, particule α : ${}^{4}_{2}He$	Émission d'un électron ${}^{0}_{-1}e$	Émission d'un positon ${}^{0}_{1}e$
	Émission d'un antineutrino ${}^{0}_{0}\overline{\nu}_e$	Émission d'un neutrino ${}^{0}_{0}\nu_e$
${}^{A}_{Z}X \rightarrow {}^{A-4}_{Z-2}Y_1 + {}^{4}_{2}He$	${}^{A}_{Z}X \rightarrow {}^{A}_{Z+1}Y_1 + {}^{0}_{-1}e + {}^{0}_{0}\overline{\nu}_e$	${}^{A}_{Z}X \rightarrow {}^{A}_{Z-1}Y_1 + {}^{0}_{1}e + {}^{0}_{0}\nu_e$
Exemple : polonium 210 ${}^{210}_{84}Po \rightarrow {}^{206}_{82}Pb + {}^{4}_{2}He$	Exemple : cobalt 60 ${}^{60}_{27}Co \rightarrow {}^{60}_{28}Ni + {}^{0}_{-1}e + {}^{0}_{0}\overline{\nu}_e$	Exemple : phosphore 30 ${}^{30}_{15}P \rightarrow {}^{30}_{14}Si + {}^{0}_{1}e + {}^{0}_{0}\nu_e$

- À la suite de ces désintégrations, le noyau formé est le plus souvent dans un **état excité** noté Y_1^* : il devient **stable en libérant l'excédent d'énergie** qu'il possède sous forme d'un **rayonnement électromagnétique** de fréquence très élevée appelé **rayonnement γ**.

À savoir

Le positon ${}^{0}_{1}e$ est l'antiparticule de l'électron. Il possède la même masse que l'électron et une charge électrique opposée.

2 Loi de décroissance radioactive

1 Évolution temporelle d'une population de noyaux radioactifs

- La **désintégration** d'un noyau radioactif **isolé** est un phénomène **aléatoire**.
- Si un **échantillon** contient un **grand nombre** N de noyaux radioactifs identiques à une date t, il est possible de réaliser une **étude statistique** et d'en déduire **l'évolution temporelle** de la population de noyaux radioactifs.

- La **probabilité $p(t)$** à la date t petite pour qu'un **nombre donné de noyaux se désintègrent pendant une durée Δt petite** est égale au **quotient du nombre de noyaux se désintégrant par le nombre total de noyaux** :

$$\boldsymbol{p(t) = \frac{N(t) - N(t+\Delta t)}{N(t)} = -\frac{\Delta N}{N(t)}}$$

- La **probabilité de désintégration d'un noyau par unité de temps est constante au cours du temps**. Cette constante λ est nommée constante radioactive du noyau considéré :

$\lambda = \frac{p(t)}{\Delta t}$, avec $p(t)$ la probabilité de désintégration d'un noyau, Δt la durée considérée en seconde (s) et λ la constante radioactive (en s^{-1}).

→ À savoir

La probabilité de désintégration d'un noyau $\boldsymbol{p(t) = \lambda \times \Delta t}$, est proportionnelle à la durée considérée, avec λ la constante de proportionnalité.

- En égalisant les deux expressions de probabilité, la relation devient :

$p(t) = -\frac{\Delta N}{N(t)} = \lambda \times \Delta t$ soit $\frac{\Delta N}{\Delta t} = -\lambda \times N(t)$.

Comme $\frac{\Delta N}{\Delta t}$ ne dépend pas de la durée Δt, on peut prendre une durée de comptage Δt très faible : $\lim_{\Delta t \to 0}\left(\frac{\Delta N}{\Delta t}\right) = \frac{\mathrm{d}N}{\mathrm{d}t}$ et donc :

$$\boldsymbol{\frac{\mathrm{d}N}{\mathrm{d}t} = -\lambda \times N(t).}$$

- Cette **équation différentielle linéaire du premier ordre à coefficients constants** caractérise l'évolution temporelle de la population de noyaux radioactifs de l'échantillon.

→ Point Maths

Une équation différentielle est une équation qui lie une fonction avec ses dérivées. Cette équation différentielle, dite linéaire du premier ordre à coefficient k constant, est du premier ordre car la seule dérivée mise en jeu est la dérivée première de la fonction.

Elle est du type : $f' = k \cdot f$ avec f vérifiant la condition (initiale) $f(0) = f_0$.

Ses solutions sont de la forme : $f(x) = f_0 \cdot e^{kx}$.

2 Loi de décroissance radioactive

- **La solution de l'équation différentielle d'évolution** de la population de noyaux radioactifs de l'échantillon est : $\boldsymbol{N(t) = N_0\, e^{-\lambda t}}$ avec $N_0 = N(0)$, le nombre de noyaux de l'échantillon à la date $t = 0$.

Cette relation s'appelle **la loi de décroissance radioactive** de la population de l'échantillon.

- On appelle **activité *A* d'un échantillon radioactif** la grandeur :

$\boldsymbol{A(t) = -\dfrac{dN}{dt}}$ avec N le nombre de noyaux, t le temps en seconde (s) et $A(t)$ l'activité en becquerel (Bq).

$A(t)$ représente le **nombre moyen de désintégrations** par unité de temps.

Remarque

Une activité d'un becquerel (Bq) correspond à une désintégration par seconde.

- D'après la loi de décroissance radioactive :

$$A(t) = -\frac{dN}{dt} = -\frac{d}{dt}(N_0 e^{-t}) = -(-\lambda)N_0\, e^{-\lambda t} = \lambda N_0 e^{-\lambda t}$$
$$= \lambda N(t).$$

Astuce

L'activité est proportionnelle au nombre de noyaux radioactifs dans l'échantillon : $A = A_0\, e^{-\lambda t}$ avec $A_0 = \lambda N_0$.

3 Temps de demi-vie

- Le **temps de demi-vie** $t_{1/2}$ est la **durée** nécessaire pour que la **population de noyaux radioactifs soit divisée par deux**. Ainsi, l'activité d'un échantillon est divisée par deux pendant une demi-vie.

- La **demi-vie dépend uniquement de λ** : dans la loi de décroissance radioactive, $\boldsymbol{N(t_{1/2}) = \dfrac{N_0}{2}}$ et :

$$\frac{N_0}{2} = N_0 e^{-\lambda t_{1/2}}$$

$$\frac{1}{2} = e^{-\lambda t_{1/2}} \text{ soit } \ln\left(\frac{1}{2}\right) = \ln(e^{-\lambda t_{1/2}})$$

$$-\ln(2) = -\lambda t_{1/2}.$$

Ainsi : $\boldsymbol{t_{1/2} = \dfrac{\ln(2)}{\lambda}}$ avec $t_{1/2}$ le temps de demi-vie en seconde (s) et λ la constante radioactive (en s^{-1}).

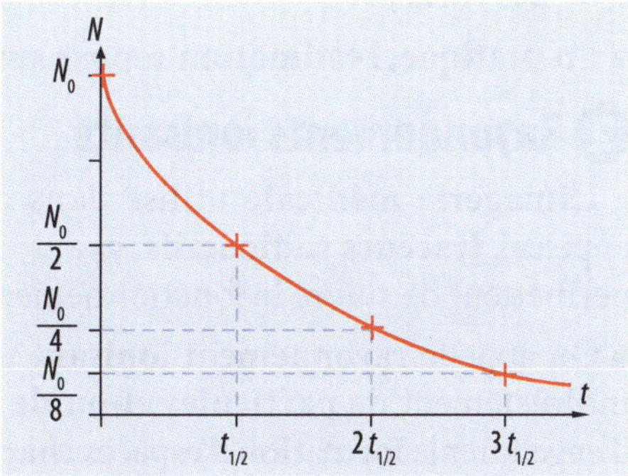

Doc. 2 **Décroissance exponentielle du nombre de noyaux d'un échantillon radioactif**

Piège à éviter

Lorsqu'on calcule la constante radioactive à partir de la demi-vie, la demi-vie doit être exprimée en seconde si on souhaite obtenir directement la constante radioactive en s^{-1}. Si la demi-vie est exprimée en années (souvent notées « an »), on obtient λ en an^{-1}.

3 Applications

1 Datations

- Dans les différentes méthodes de datation, l'échantillon analysé contient un isotope radioactif dont la **demi-vie est adaptée à l'estimation de son ancienneté**.
- La radioactivité de ces noyaux est une **radioactivité du type naturelle** : les noyaux radioactifs sont présents naturellement dans l'échantillon daté.
- Le raisonnement peut être conduit avec le **nombre de noyaux ou avec l'activité** (grandeurs proportionnelles).
- Le nombre de noyaux radioactifs N_1 **restant à la date** t_1 vérifie la **loi de décroissance radioactive** :

$$N(t_1) = N_1 = N_0 e^{-\lambda t_1} \text{ soit } \frac{N(t_1)}{N_0} = e^{-\lambda t_1}.$$

L'âge t_1 estimé de l'échantillon est : $\boldsymbol{t_1 = -\frac{1}{\lambda}\ln\left(\frac{N_1}{N_0}\right)}$ ou, avec l'activité, $\boldsymbol{t_1 = -\frac{1}{\lambda}\ln\left(\frac{A_1}{A_0}\right)}$.

- **En pratique, l'estimation repose sur la capacité à évaluer N_0 ou A_0.**

2 Rayonnements ionisants

- **L'imagerie médicale** utilise dans certains cas des **espèces radioactives**, appelées **traceurs radioactifs**, ayant des temps de demi-vie assez faibles, qui permettent de suivre le fonctionnement des cellules et organes étudiés.
- On appelle **rayonnement ionisant** une émission constituée directement ou indirectement de **particules et/ou de photons de haute énergie** susceptibles d'engendrer la **formation d'espèces chargées** (ions) par interaction avec la matière.
- Pour se protéger des effets néfastes des rayonnements ionisants, il est par exemple possible :
  – **d'augmenter la distance** séparant les usagers des **sources radioactives** (si on double la distance, l'énergie reçue par les usagers est divisée par quatre) ;
  – d'utiliser **des écrans, des enceintes confinées ou des vêtements protecteurs** (la protection **dépend alors du type de rayonnement, de l'épaisseur de la protection** et du **matériau** constituant cette protection).

QCM et questions courtes

1 Vrai ou Faux ?

Corrigé p. 106

1. Des noyaux isotopes sont des noyaux qui possèdent le même nombre de neutrons, mais des nombres de protons différents. ☐ Vrai ☐ Faux

2. La probabilité $p(t)$ pour qu'un noyau donné se désintègre pendant une durée Δt est égale à $\lambda \times \Delta t$. ☐ Vrai ☐ Faux

2 Faites votre choix !

Corrigé p. 106

1. Dans le diagramme (N, Z), la « zone centrale » correspond aux noyaux :

a) ☐ instables **b)** ☐ stables **c)** ☐ radioactifs **d)** ☐ isotopes

2. L'équation de réaction ${}^{137}_{55}\text{Cs} \rightarrow {}^{137}_{56}\text{Ba} + {}^{0}_{-1}\text{e} + {}^{0}_{0}\overline{\nu}_e$ est associée à une réaction de désintégration du type :

a) ☐ α **b)** ☐ β^+ **c)** ☐ β^- **d)** ☐ γ

Exercices d'entraînement

3 Équation de désintégration β⁺

10 min Corrigé p. 106

Le sodium solide réagit vivement avec l'eau.

Données :

- équation associée à la réaction entre le sodium métallique et l'eau :
$2\ Na_{(s)} + 2\ H_2O_{(l)} \rightarrow 2\ Na^+_{(aq)} + 2\ HO^-_{(aq)} + H_{2\,(g)}$;
- numéro atomique de l'atome de sodium : $Z = 11$.

1. La réaction entre le sodium métallique et l'eau est-elle une réaction nucléaire ? Justifier.

2. Écrire en justifiant l'équation de désintégration β^+ du sodium 21.

> **Astuce**
> Étudiez l'équation associée à cette réaction et présente dans les données.

4 Protection contre les rayonnements ionisants

10 min ➔ Corrigé p. 107

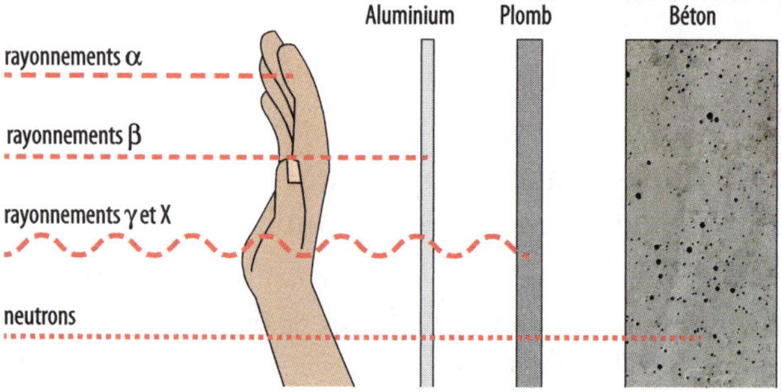

1. Analyser et interpréter l'illustration ci-dessus.

2. En déduire deux facteurs d'influence relatifs à l'utilisation d'écrans pour se protéger des rayons ionisants.

5 Évolution temporelle d'une population

★ 20 min ➔ Corrigé p. 107

Une source radioactive est constituée de noyaux de césium 137.

1. Montrer que le nombre de noyaux N de cet échantillon vérifie :

$$\frac{\mathrm{d}N}{\mathrm{d}t} = -\lambda N(t).$$

2. Présenter l'équation écrite en question **1.** sous sa forme mathématique usuelle et en déduire l'expression de la fonction $N(t)$.

6 Isotopes naturels du potassium

★ 20 min ➔ Corrigé p. 108

La méthode de datation « au potassium–argon » permet de dater certaines roches.

Le potassium (Z = 19) possède 3 isotopes naturels dont les proportions en quantités sont : ^{39}K (93,2581 %), ^{40}K (0,001167 %) et ^{41}K (6,7302 %). Seul le potassium 40 (^{40}K) est radioactif.

88 % des noyaux de potassium 40 se désintègrent en ^{40}Ca (calcium 40) : $^{40}_{19}\text{K} \rightarrow {}^{40}_{20}\text{Ca} + {}^{0}_{-1}\text{e} + {}^{0}_{0}\bar{\nu}_e$.

La constante radioactive est $\lambda = 4{,}962 \times 10^{-10}$ année^{-1}, ce qui donne une période radioactive $T = 1{,}40$ Gannées (milliards d'années).

12 % des noyaux de potassium 40 se désintègrent en ^{40}Ar (argon) par capture d'une partie des électrons ainsi produits (capture électronique) :

$$^{40}_{19}\text{K} + {}^{0}_{-1}\text{e} \rightarrow {}^{40}_{18}\text{Ar}.$$

La constante radioactive est $\lambda = 0{,}581 \times 10^{-10}$ année^{-1}, ce qui donne une période radioactive $T = 11{,}9$ Gannées (milliards d'années).

D'après ENS Lyon via la plateforme access

Doc. 1 Les isotopes du potassium

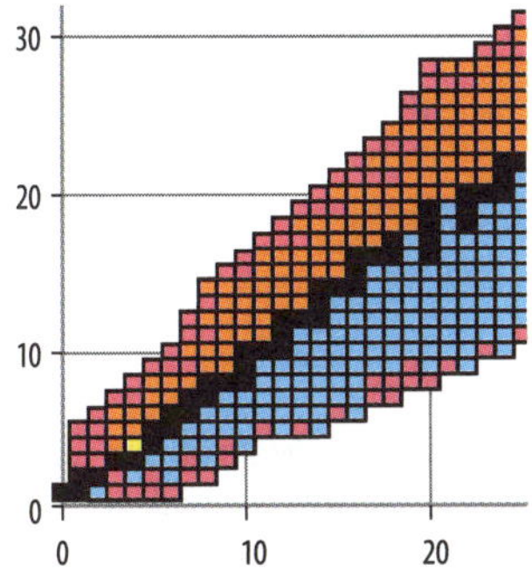

Doc. 2 **Extrait du diagramme (*N*, *Z*)**

> **À savoir**
> Dans le diagramme (*N*, *Z*), *Z* est en ordonnée et *N* en abscisse.

Donnée : relation entre demi-vie et constante radioactive : $t_{1/2} = \dfrac{\ln(2)}{\lambda}$.

1. Expliquer en quoi l'équation de désintégration du potassium 40 en calcium 40 permet d'identifier une radioactivité du type β^-.

2. Calculer les deux valeurs des demi-vies du potassium 40 suivant sa voie de désintégration.

3. Comparer les deux demi-vies calculées dans la question précédente aux deux « périodes » données dans le document 1. Conclure sur la signification de l'expression « période radioactive ».

4. Identifier les trois isotopes naturels du potassium sur le document 2 et reproduire les trois cases correspondantes avec les couleurs adaptées.

5. Il existe un grand nombre d'autres isotopes du potassium. Expliquer pourquoi le document 1 ne les mentionne pas.

> **À savoir**
> Pour deux noyaux isotopes, *Z* a la même valeur et les nombres de neutrons *N* diffèrent.

7 Âge d'un outil en bois

★★ 30 min ➔ Corrigé p. 108

Au cours d'une fouille archéologique, un morceau de bois probablement issu d'un outil est mis en évidence. Afin de corroborer l'estimation de l'âge de l'outil obtenue par comparaison avec d'autres objets appartenant à la même strate, les chercheurs utilisent la méthode de datation au carbone 14. Ils prélèvent ainsi un échantillon d'un gramme de cet outil. Après une préparation non explicitée ici, un détecteur relève 5,5 désintégrations par minute pour cet échantillon.

Une même masse de bois possédait une activité de 13,6 désintégrations par minute à l'époque de la fabrication de l'outil.

Donnée : pour le carbone 14, $t_{1/2}$ = 5 730 ans.

Évaluer l'âge probable de cet outil.

Exercice de type bac

PRÉPARER LE GRAND ORAL

Remarque
Il n'y a pas d'exercices de type bac pour préparer l'épreuve écrite et l'ECE du baccalauréat car les capacités travaillées dans ce chapitre sont exigibles uniquement pour le Grand Oral.

8 Enquête sur un homicide

★★★ 1 h Corrigé p. 109

Les travaux de la future station balnéaire ont révélé un site d'une richesse inattendue qui suscite l'enthousiasme des plus grands spécialistes mondiaux de la paléoanthropologie. C'est en préparant les fondations du parc aquatique qu'a été exhumé, le 27 septembre dernier, le premier fragment fossile : un crâne pratiquement complet apparenté au genre HOMO, de l'espèce SAPIENS NEANDERTHAL. On l'a « baptisé » du nom d'ANDER. Les autorités ont suspendu les projets d'aménagement pour permettre l'étude de ce site. Depuis lors les équipes de fouille sont allées de surprise en surprise. On a exhumé le squelette d'ANDER mais aussi celui d'un autre fossile inattendu, SAPIAND : un HOMO de l'espèce SAPIENS SAPIENS.

On sait que ces deux espèces d'hominidés ont cohabité en Europe entre – 60 000 ans et – 30 000 ans mais la découverte de ces deux individus, dans un tel état de conservation, est exceptionnelle. De plus les deux fossiles sont séparés d'à peine deux mètres de distance, mais il est possible que des glissements de terrain (ou les travaux d'aménagement) les aient par hasard rapprochés. Les spécialistes s'interrogent : ces deux individus se sont-ils réellement rencontrés ?

Et la question prend la dimension d'une enquête policière puisque ANDER présente manifestement les signes crâniens d'une mort violente !

Communiqué d'une agence de presse

Doc. 1 Une découverte exceptionnelle

Nature des échantillons sélectionnés	$\dfrac{N_t(^{14}C)}{N_0(^{14}C)}$
Ossements ANDER	$1{,}64 \times 10^{-2}$
Ossements SAPIAND	$1{,}87 \times 10^{-2}$

avec $N_t(^{14}C)$ le nombre de noyaux de carbone 14 au moment de l'analyse et $N_0(^{14}C)$ le nombre de noyaux de carbone 14 au moment de la mort de l'individu.

Doc. 2 Analyse des ossements d'ANDER et de SAPIAND

Donnée : temps de demi-vie du carbone 14 : 5 570 ans.

Étape 1 : S'approprier le sujet à l'écrit

1. Écrire l'équation de la désintégration β^- du carbone 14.

2. Tracer sommairement l'allure de la courbe traduisant l'évolution du nombre de noyaux radioactifs en fonction du temps.

Aide
Procédez de $t_{1/2}$ en $t_{1/2}$ en appliquant la définition de la demi-vie.

3. Donner l'équation de la fonction permettant de modéliser la courbe tracée dans la question 2. Vous préciserez le nom, la valeur et l'unité de chaque constante intervenant dans cette expression.

Étape 2 : Répondre en argumentant à l'oral à la question posée par le journaliste :

SAPIAND a-t-il pu assassiner ANDER ?

> **Astuce**
> Enregistrez-vous pour pouvoir repérer vos erreurs et progresser.

Pour aller plus loin

9 Activité d'une source de césium

★★★ 20 min ➲ Corrigé p. 110

Le césium 137 n'existe pas à l'état naturel sur Terre. Il est principalement produit pas les réactions de fission de l'uranium dans les réacteurs des centrales nucléaires, mais certaines applications (principalement des irradiations) industrielles, médicales, ou d'étude en laboratoire, reposent sur l'usage de sources radioactives de cet isotope.

Une source de césium possède une activité $1{,}00 \times 10^{14}$ Bq à la date $t = 0$.

Donnée : activité moyenne d'un être humain : $A_h = 1{,}0 \times 10^4$ Bq.

Exprimer puis calculer la durée Δt nécessaire pour que l'activité de la source de césium 137 soit du même ordre de grandeur que celle d'un être humain. Commenter ce résultat.

CORRIGÉS

QCM et questions courtes

1 Vrai ou Faux ?

1. Faux → Des noyaux isotopes sont des noyaux qui possèdent **le même nombre de protons, mais des nombres de neutrons différents.**

2. Vrai → La probabilité de désintégration **est proportionnelle à la durée considérée**, avec λ la constante radioactive comme constante de proportionnalité.

2 Faites votre choix !

1. a) Dans le diagramme (*N*, *Z*), la « **zone centrale** » correspond aux **noyaux stables**. Cette zone constitue la « vallée de stabilité ».

2. c) L'équation de réaction $^{137}_{55}Cs \rightarrow ^{137}_{56}Ba + ^{0}_{-1}e + ^{0}_{0}\overline{\nu}_e$ est associée à une réaction **de désintégration du type β^-**. Dans ce type de radioactivité, **un électron $^{0}_{-1}e$** et un antineutrino sont émis en plus du noyau formé.

Exercices d'entraînement

3 Équation de désintégration β^+

1. Dans l'équation
$2\,Na_{(s)} + 2\,H_2O_{(l)} \rightarrow 2\,Na^+_{(aq)} + 2\,HO^-_{(aq)} + H_{2\,(g)}$, il y a **conservation des éléments chimiques (donc des noyaux)**, c'est une équation chimique associée à une réaction chimique. **Ce n'est donc pas une réaction nucléaire.**

> **Piège à éviter**
> Ne confondez pas transformation chimique et nucléaire.
> Dans une transformation nucléaire, il y a modifications des noyaux atomiques donc les éléments chimiques ne se conservent pas.

2. La désintégration β^+ du sodium 21 provoque **l'émission d'un positon $^{0}_{1}e$ et d'un neutrino $^{0}_{0}\nu$ en plus du noyau** formé : $^{21}_{11}Na \rightarrow ^{A}_{Z}Y_1 + ^{0}_{1}e + ^{0}_{0}$.

D'après les lois de conservation du nombre de nucléons et de la charge électrique : $\begin{cases} 21 = A + 0 + 0 \\ 11 = Z + 1 + 0 \end{cases}$ soit $\begin{cases} A = 21 \\ Z = 11 - 1 = 10 \end{cases}$.

Par identification (d'après le tableau périodique des éléments présenté dans les annexes de ce manuel), le noyau formé est un noyau de néon $^{21}_{10}Ne$, soit : $^{21}_{11}\mathbf{Na} \rightarrow ^{21}_{10}\mathbf{Ne} + ^{0}_{1}e + ^{0}_{0}$.

4 Protection contre les rayonnements ionisants

1. L'illustration présente trois types **de rayonnements ionisants et des écrans permettant de les arrêter**. Le rayonnement alpha présenté est stoppé par une main, le rayonnement bêta par une plaque en aluminium, les rayonnements X et γ par une plaque de plomb plus épaisse et enfin les neutrons par un mur épais en béton.

> **Remarque**
>
> En toute rigueur, les effets des écrans sont ici cumulatifs : les rayonnements gamma sont par exemple stoppés par la traversée de la main, de l'aluminium et du plomb. On pourra cependant considérer dans une première approche le matériau permettant d'arrêter leurs propagations comme celui qui « les arrête ».

2. La nature du matériau constituant l'écran et l'épaisseur de cet écran sont deux facteurs d'influence relatifs à l'utilisation d'écrans pour se protéger des rayons ionisants.

5 Évolution temporelle d'une population

1. La probabilité $p(t)$ à la date t pour qu'un nombre donné de noyaux se désintègre pendant une durée Δt est égale au quotient du nombre de noyaux se désintégrant par le nombre total de noyaux :

$$p(t) = \frac{N(t) - N(t + \Delta t)}{N(t)} = -\frac{\Delta N}{N(t)}.$$

La probabilité de désintégration d'un noyau par unité de temps est constante au cours du temps. Cette constante λ est nommée constante radioactive du noyau considéré :

$\lambda = \frac{p(t)}{\Delta t}$ soit $\boldsymbol{p(t) = \lambda \times \Delta t}$.

Ainsi $p(t) = -\frac{\Delta N}{N(t)} = \lambda \times \Delta t$, soit $\frac{\Delta N}{\Delta t} = \lambda \times N(t)$.

$\frac{\Delta N}{\Delta t}$ ne dépend pas de la durée Δt donc on peut prendre Δt très faible.

Pour une durée de comptage Δt très faible, $\lim\limits_{\Delta t \to 0}\left(\frac{\Delta N}{\Delta t}\right) = \frac{\mathrm{d}N}{\mathrm{d}t}$ et donc :

$$\frac{\mathrm{d}N}{\mathrm{d}t} = -\lambda \times N(t).$$

Cette équation caractérise l'évolution temporelle de la population de noyaux radioactifs de l'échantillon.

2. L'équation obtenue peut s'écrire : $\frac{\mathrm{d}N}{\mathrm{d}t} = \lambda \times N(t)$.

Elle est de la forme $\boldsymbol{f' + kf = 0}$.

Il s'agit d'une **équation différentielle linéaire du premier ordre à coefficient constant.**

L'expression de $N(t)$ est donc $\boldsymbol{N(t) = N_0 e^{-\lambda t}}$ avec $N_0 = N(0)$.

6 Isotopes naturels du potassium

1. Dans l'équation de désintégration du potassium 40 en calcium 40 ${}^{40}_{19}\text{K} \rightarrow {}^{40}_{20}\text{Ca} + {}^{0}_{-1}\text{e} + {}^{0}_{0}\overline{\nu}_e$ un électron et un antineutrino sont émis en plus du noyau formé, la radioactivité est bien du type β^-.

2. Pour la première voie de désintégration, la constante radioactive est $\lambda = 4{,}962 \times 10^{-10}$ année^{-1}, soit :

$$t_{1/2} = \frac{\ln 2}{\lambda} = \frac{\ln 2}{4{,}962 \times 10^{-10}} = 1{,}397 \times 10^{9} \text{ ans.}$$

Pour la seconde voie, la constante radioactive est $\lambda = 0{,}581 \times 10^{-10}$ an^{-1}, soit :

$$t_{1/2} = \frac{\ln 2}{\lambda} = \frac{\ln 2}{0{,}581 \times 10^{-10}} = 1{,}19 \times 10^{10} \text{ ans.}$$

> **Remarque**
> Si λ est en année^{-1}, $\frac{1}{\lambda}$ est en année.

3. Les deux temps de demi-vie calculés dans la question précédente **sont égaux aux deux « périodes »** données dans le document 1. **La « période radioactive » semble donc représenter la demi-vie.**

4. Pour le potassium 39 : $Z = 19$ et
$\boldsymbol{N = A - Z = 39 - 19 = 20}$.

Pour le potassium 40 : $Z = 19$ et
$\boldsymbol{N = A - Z = 40 - 19 = 21}$.

Pour le potassium 41 : $Z = 19$ et
$\boldsymbol{N = A - Z = 41 - 19 = 22}$. D'où, **par identification sur le doc. 2** : ${}^{39}_{19}\text{K}$, ${}^{39}_{19}\text{K}$, ${}^{41}_{19}\text{K}$.

5. Les autres isotopes du potassium ne sont **pas des isotopes naturels mais artificiels.**

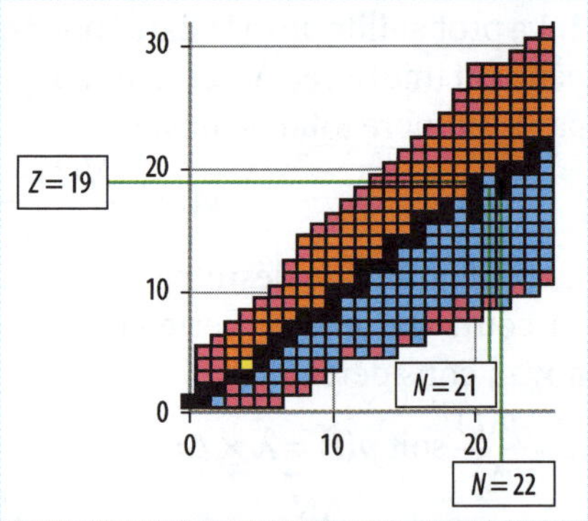

Doc. 2 Extrait du diagramme (*N*, *Z*)

7 Âge d'un outil en bois

À la date $t = 0$ correspondant au prélèvement du morceau de bois :

$A_0 = 13{,}6$ désintégrations par minute.

De nos jours, $A(\text{actuelle}) = 5{,}5$ désintégrations par minute.

> **Remarque**
> $A(\text{actuelle}) < A_0$ car l'activité décroit au cours du temps.

D'après la loi de décroissance radioactive : $A(\text{actuelle}) = A_0 \times e^{-\lambda t}$.

Soit $\dfrac{A(\text{actuelle})}{A_0} = e^{-\lambda t}$ et par suite $\ln\left(\dfrac{A(\text{actuelle})}{A_0}\right) = -\lambda \times t$.

D'où : $t = -\dfrac{1}{\lambda} \times \ln\left(\dfrac{A(\text{actuelle})}{A_0}\right) = -\dfrac{t_{1/2}}{\ln 2} \times \ln\left(\dfrac{A(\text{actuelle})}{A_0}\right)$.

$$A.N.: t = -\frac{5\,730}{\ln 2} \times \ln\left(\frac{5,5}{13,6}\right)$$

$$t = 7,5 \times 10^3 \text{ années.}$$

L'âge probable de cet outil est d'environ **7 500 années.**

Astuce

Si vous inversez les deux activités, l'âge trouvé pour l'outil est négatif. Il suffit alors de remonter au début de l'analyse et d'intervertir les deux activités.

CORRIGÉS

Exercice de type bac

PRÉPARER LE GRAND ORAL

8 Enquête sur un homicide

Étape 1 : S'approprier le sujet à l'écrit

1. L'équation de la désintégration β^- du carbone 14 est :

$^{14}_{6}C \rightarrow ^{14}_{7}N + ^{0}_{-1}e + ^{0}_{0}\overline{\nu}_e$ car ce type de désintégration forme un électron $^{0}_{-1}e$, un antineutrino $^{0}_{0}\overline{\nu}_e$ en plus du noyau d'azote 14 déterminé en appliquant les lois de conservation de la charge électrique et du nombre de nucléons.

2. L'allure de la courbe est obtenue en considérant que pour chaque intervalle de temps de durée $t_{1/2}$, la population de noyaux radioactifs est divisée par deux.

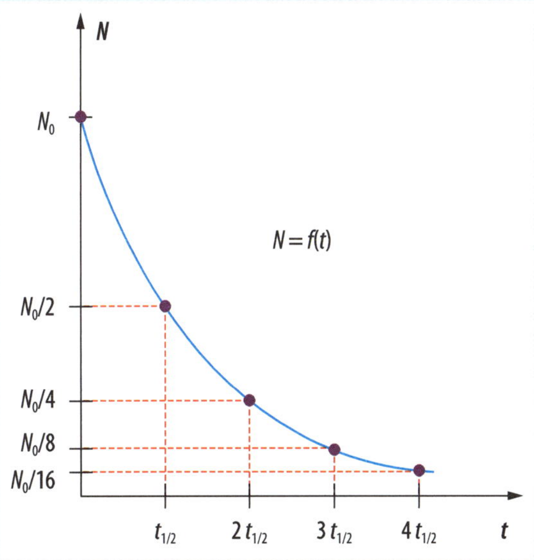

3. L'équation de la fonction permettant de modéliser la courbe tracée dans la question 2 correspond à **la loi de décroissance radioactive :**

$N(t) = N_0 \times e^{-\lambda \times t}$ avec N_0 le nombre de noyaux radioactifs à la date $t = 0$ ($N_0 = N(0)$), λ la constante radioactive des noyaux considérés (en s^{-1}) et t le temps (en s).

Étape 2 : Répondre en argumentant à l'oral

D'après **la loi de décroissance radioactive :**

$$\frac{N_t(^{14}C)}{N_0(^{14}C)} = e^{-\lambda \times t} = e^{-\frac{\ln 2}{t_{1/2}} \times t}, \text{ soit } -\frac{\ln 2}{t_{1/2}} \times t = \ln\left(\frac{N_t(^{14}C)}{N_0(^{14}C)}\right).$$

D'où : $\boldsymbol{t = -\frac{t_{1/2}}{\ln 2} \ln\left(\frac{N_t(^{14}C)}{N_0(^{14}C)}\right)}$.

Pour ANDER : $\boldsymbol{t = -\frac{5\,570}{\ln 2} \ln(1{,}64 \times 10^{-2}) = 3{,}33 \times 10^4}$ **années.**

Pour SAPIAND : $\boldsymbol{t = -\frac{5\,570}{\ln 2} \ln(1{,}87 \times 10^{-2}) = 3{,}20 \times 10^4}$ **années.**

Il y a plus de 1 000 ans d'écart entre les deux squelettes, SAPIAND n'a pas pu assassiner ANDER.

> **Gagnez des points !**
> Pour la présentation orale, visualisez l'enregistrement réalisé en vérifiant notamment votre posture, la rigueur du vocabulaire utilisé, les éventuelles répétitions à bannir…

Pour aller plus loin

9 Activité d'une source de césium

D'après la loi de décroissance radioactive :

$\boldsymbol{A = A_0 e^{-\lambda t}}$ soit $\frac{A}{A_0} = e^{-\lambda t}$.

Ainsi : $\ln\left(\frac{A}{A_0}\right) = -\lambda t$ et $t = -\frac{1}{\lambda}.\ln\left(\frac{A}{A_0}\right) = -\frac{t_{1/2}}{\ln(2)}.\ln\left(\frac{A}{A_0}\right)$.

A.N. : $t = -\frac{30{,}1 \times 365 \times 24 \times 3\,600 \text{ s}}{\ln(2)}.\ln\left(\frac{1{,}0 \times 10^4 \text{ Bq}}{1{,}00 \times 10^{14} \text{ Bq}}\right) = \boldsymbol{3{,}2 \times 10^{10}\ \text{s}}$.

$\boldsymbol{t = \frac{3{,}2 \times 10^{10}}{365 \times 24 \times 3\,600} = 1{,}0 \times 10^3}$ **ans**, soit environ 1 000 ans. Ce déchet issu d'une centrale nucléaire est radioactif pendant une longue durée.

CORRIGÉS

CHAPITRE 5

Équilibres chimiques et taux d'avancement

Capacités exigibles du chapitre disponibles sur **Nathan Live**

1 Caractérisation d'un système chimique

- Une **transformation chimique** est modélisée par une réaction dont l'équation est ajustée par les nombres stœchiométriques.
- **L'avancement x d'une réaction chimique** est la **quantité de matière, en mole, d'un produit formé dont le coefficient stœchiométrique est égal à 1**. Un tableau d'avancement permet de décrire la composition du système chimique à l'instant initial et à l'instant final.

Exemple : réduction de diiode par oxydoréduction

On mélange un volume $V_1 = 5{,}0$ mL de diiode de concentration en quantité de matière $C_1 = 0{,}20$ mol·L^{-1} avec un volume $V_2 = 40{,}0$ mL de thiosulfate de sodium de concentration en quantité de matière $C_2 = 0{,}10$ mol·L^{-1}, on observe une décoloration.

Le tableau d'avancement relatif à cette réaction chimique est :

Équation de la réaction		$I_{2(aq)} + 2\,S_2O_3^{2-}{}_{(aq)} \rightarrow 2\,I^-{}_{(aq)} + S_4O_6^{2-}{}_{(aq)}$			
État	**Avancement**	**Quantité de matière (en mmol)**			
initial	x	1,0	4,0	0	0
final	$x_f = 1{,}0$ mmol	$1{,}0 - x_f = 0$	$4{,}0 - 2x_f = 2{,}0$	$2x_f = 2{,}0$	$x_f = 1{,}0$

- Lorsque la **transformation est totale**, l'avancement final est égal à **l'avancement maximal** qui est imposé par le réactif limitant. **Si tous les réactifs sont limitants** et qu'il n'en reste donc plus à l'état final, le mélange est dit **stœchiométrique.**
- Lorsque l'avancement final est inférieur à l'avancement maximal, la transformation est dite **non totale**.
- Le **taux d'avancement final** noté τ est une grandeur **sans unité** qui permet de **caractériser l'état final d'un système** chimique. Il est défini par le quotient suivant :

$$\tau = \frac{x_{\text{final}}}{x_{\text{maximal}}} = \frac{x_f}{x_{\max}} :$$

– si **$\tau = 1$, la réaction est totale** ;
– **si $\tau < 1$, la réaction est non totale**, elle aboutit à un état d'équilibre.

Attention !
N'oubliez pas d'indiquer l'état des espèces chimiques lors de l'écriture de l'équation de la réaction.

Notation
Une transformation totale peut également être qualifiée de quasi totale. Dans l'équation la modélisant, une flèche (⟶) sépare les réactifs des produits. Dans ce cas, $x_f = x_{max}$.
Une transformation non totale peut aussi être appelée transformation équilibrée, ou limitée. Dans l'équation la modélisant, une double flèche (⇆) sépare les réactifs et les produits.

Remarque
Le taux d'avancement peut aussi s'exprimer en pourcentage.

- La réalisation d'une expérience permet de déterminer le sens d'évolution d'une transformation chimique. Théoriquement, il est aussi possible de connaître **le sens d'évolution spontané** d'un système chimique à partir de deux informations :

– les conditions initiales de l'expérience ;
– la valeur de la constante d'équilibre du système chimique, définie dans le paragraphe 3 de ce chapitre.

2 Quotient de réaction

- Soit un système chimique homogène aqueux évoluant selon la réaction chimique équilibrée suivante :

$$a\,A_{(aq)} + b\,B_{(aq)} \leftrightarrows c\,D_{(aq)} + d\,D_{(aq)} \text{ avec :}$$

– A, B les réactifs et C, D les produits de la réaction ;
– a, b, c et d les coefficients stœchiométriques associés aux réactifs et aux produits de cette réaction.

On appelle **quotient de réaction Q_r** l'expression suivante **sans dimension** :

$$Q_r = \frac{\left(\frac{A}{c°}\right)^a \left(\frac{B}{c°}\right)^b}{\left(\frac{C}{c°}\right)^c \left(\frac{D}{c°}\right)^d}$$

avec $c°= 1\ \text{mol·L}^{-1}$ (valeur exacte), la concentration standard.

Dans le cas où une espèce chimique est un solide ou le solvant, on ne la fera pas apparaitre dans le quotient de réaction.

- Le quotient de réaction **dépend** de :

– **la réaction étudiée** (et des coefficients stœchiométriques) ;
– **la température** ;
– **l'avancement** du système chimique.

- Le quotient de réaction est une **grandeur instantanée** qui caractérise un système chimique à un instant donné.

Remarque
L'étude est limitée en Terminale aux espèces chimiques liquides, solides ou dissoutes.

COURS

3 Constante d'équilibre

1 L'équilibre chimique

- L'état d'équilibre chimique correspond à l'échelle microscopique à un état d'équilibre dynamique du système chimique. Cet état d'équilibre est modélisé par deux réactions opposées (modélisées par la double flèche entre les réactifs et les produits) qui conduisent à des vitesses de disparition et d'apparition égales à l'état final.

Exemple

Lorsqu'on mélange de l'acide éthanoïque avec de l'eau, la réaction qui modélise cette réaction s'écrit :

$$CH_3COOH_{(aq)} + H_2O_{(l)} \leftrightarrows CH_3COO^-_{(aq)} + H_3O^+_{(aq)}.$$

À l'équilibre, **la vitesse de déprotonation de l'acide** (réaction directe) est égale à la **vitesse de protonation** de l'ion carboxylate (réaction indirecte).

2 La constante d'équilibre

- La constante d'équilibre est égale à la **valeur du quotient de réaction lorsque le système a atteint l'état d'équilibre** : $Q_{r,\,éq} = K(T)$.
- La constante d'équilibre **ne dépend pas de l'état initial** du système chimique mais la **composition du système chimique** à l'équilibre dépendra de **l'état initial.**

À noter

Sans précision spécifique, les valeurs des constantes indiquées sont données pour une température $T = 298$ K, soit $\theta = 25$ °C.

- La constante d'équilibre dépend **uniquement de la température.**
- Selon la valeur de $K(T)$, on distingue les réactions :

– **quasi totales** (appelées aussi quelquefois totales) avec $\boldsymbol{K(T) >> 1}$. Par exemple, la réaction entre les ions oxonium et les ions hydroxyde est quasi totale :

$$H_3O^+_{(aq)} + HO^-_{(aq)} \rightarrow 2\ H_2O_{(l)} \text{ avec } K(T) = 1{,}0 \times 10^{14}.$$

– **équilibrées, ou limitées,** qui se traduisent par un état d'équilibre dont la constante d'équilibre $\boldsymbol{K(T)}$ **est faible**. Par exemple, la réaction entre l'acide éthanoïque et les ions fluorure est équilibrée :

$$CH_3COOH_{(aq)} + F^-_{(aq)} \leftrightarrows CH_3COO^-_{(aq)} + HF_{(aq)} \text{ avec } K(T) = 0{,}025.$$

3 Critère d'évolution spontanée

- Une réaction chimique est spontanée si elle se produit sans qu'il y ait une intervention extérieure.
- Au cours du temps, la valeur du quotient de réaction Q_r tend vers la constante d'équilibre.
- Il peut alors se produire 3 situations :

– $\boldsymbol{Q_r = K(T)}$: le système chimique est à l'**équilibre** : le système n'évolue plus ;
– $\boldsymbol{Q_r > K(T)}$: le système chimique **va évoluer spontanément de sorte que le quotient de réaction diminue** : la transformation va donc évoluer dans le **sens indirect** de l'équation de la réaction. Les produits de la réaction sont consommés et les réactifs sont formés ;
– $\boldsymbol{Q_r < K(T)}$: le système chimique **va évoluer spontanément de sorte que le quotient de réaction augmente** : la transformation chimique va donc évoluer dans **le sens direct** de l'équation de la réaction. Les réactifs de la réaction sont consommés et les produits sont formés.

QCM et questions courtes

1 Vrai ou faux ?

➔ Corrigé p. 121

1. Lorsque l'état d'équilibre d'un système chimique est atteint, il n'y a plus de transformation chimique. ☐ Vrai ☐ Faux

2. La constante d'équilibre d'un système chimique dépend de l'avancement de la réaction étudiée. ☐ Vrai ☐ Faux

3. Le taux d'avancement final d'une réaction chimique ne dépend pas des conditions initiales. ☐ Vrai ☐ Faux

2 Faites votre choix !

➔ Corrigé p. 121

1. On mélange des volumes égaux $V = 50{,}0$ mL d'une solution d'acide éthanoïque avec une solution de fluorure de potassium. Ces deux solutions ont la même concentration en quantité de matière $C = 0{,}100$ mol·L^{-1}. La réaction chimique associée à cette transformation chimique est :

$$CH_3COOH_{(aq)} + F^-_{(aq)} \leftrightarrows CH_3COO^-_{(aq)} + HF_{(aq)}.$$

L'expression du quotient de réaction est :

a) ☐ $\dfrac{\left(\dfrac{[HF]}{c°}\right)\times\left(\dfrac{[CH_3COOH]}{c°}\right)}{\left(\dfrac{[F^-]}{c°}\right)\times\left(\dfrac{[CH_3COO^-]}{c°}\right)}$

b) ☐ $\dfrac{[F^-]\times[CH_3COOH]}{[HF]\times[CH_3COO^-]}$

c) ☐ $\dfrac{\left(\dfrac{[HF]}{c°}\right)\times\left(\dfrac{[CH_3COO^-]}{c°}\right)}{\left(\dfrac{[F^-]}{c°}\right)\times\left(\dfrac{[CH_3COOH]}{c°}\right)}$

2. Pour prouver que certaines réactions sont exothermiques, un élève mélange de la poudre de zinc avec 100 mL d'une solution molaire de sulfate de cuivre. Il ressent très vite que la température augmente au niveau du bécher.

> **Rappel**
> Une réaction exothermique est une réaction chimique qui libère de l'énergie.

Le système chimique :

a) ☐ est initialement à l'équilibre.

b) ☐ évolue vers l'état d'équilibre.

Exercices d'entrainement

3 L'eau de dichlore

★ 10 min ➔ Corrigé p. 121

Dans le cadre d'une démarche expérimentale, un laborantin prépare un litre d'une solution de dichlore de concentration en quantité de matière $C = 1{,}00\ \text{mmol·L}^{-1}$. Il se rend compte que cette solution n'est pas stable après plusieurs jours. Il trouve dans la littérature scientifique la réaction de dismutation suivante :

$$Cl_{2(aq)} + 2\ H_2O_{(l)} \leftrightarrows HClO_{(aq)} + Cl^-_{(aq)} + H_3O^+_{(aq)}.$$

La constante d'équilibre associée à cette réaction est $K(T) = 3{,}2 \times 10^{-5}$.

1. Exprimer le quotient de cette réaction.

2. Comparer le quotient de réaction à l'état initial par rapport à la constante d'équilibre. Cette réaction pourrait-elle expliquer l'observation faite par le laborantin ?

Sécurité

Le dichlore dissous dans l'eau peut facilement passer à l'état gazeux. Ce dernier est extrêmement toxique et irritant.

4 Acide ascorbique

★ 15 min ➔ Corrigé p. 122

L'acide ascorbique, de formule chimique $C_6H_8O_6$, appelé aussi vitamine C dans la vie quotidienne, est une espèce chimique présente naturellement dans de très nombreux fruits et légumes. On dissout un comprimé de 500 mg dans 100 mL d'eau distillée. La concentration en quantité de matière d'ions oxonium à l'état final est $[H_3O^+] = 1{,}5\ \text{mmol·L}^{-1}$.

Donnée : masse molaire de l'acide ascorbique : $M = 176{,}0\ \text{g·mol}^{-1}$.

1. Écrire l'équation de la réaction qui modélise la transformation entre l'acide ascorbique et l'eau.

2. Calculer la concentration initiale en quantité de matière d'acide ascorbique.

3. Réaliser un tableau d'avancement pour déterminer les concentrations en quantité de matière des espèces chimiques à l'équilibre.

4. Exprimer puis calculer la constante d'équilibre relative à cette réaction chimique.

5. Exprimer puis calculer le taux d'avancement final de cette réaction chimique. Commenter le résultat obtenu.

> **À savoir**
> L'acide ascorbique possède à la fois des propriétés acide et oxydante. Ne vous trompez pas de modèle à utiliser suivant les exercices !

Exercices de type bac

PRÉPARER L'ÉPREUVE ÉCRITE

5 Réduction du diiode

★★ 20 min ➔ Corrigé p. 123

On souhaite étudier la transformation modélisée par la réaction d'équation suivante :

$$I_{2(aq)} + 2\,S_2O^{2-}_{3\,((aq)} \leftrightarrows 2\,I^-_{(aq)} + S_4O^{2-}_{6\,(aq)}.$$

Pour cela, on réalise le mélange d'un volume V_1 = 10 mL d'une solution de diiode de concentration en quantité de matière $C_1 = 1{,}0 \times 10^{-3}$ mol·L^{-1} avec un volume V_2 = 90 mL d'une solution de thiosulfate de sodium de concentration en quantité de matière $C_2 = 2{,}0 \times 10^{-3}$ mol.

1. Calculer la concentration en quantité de matière initiale de diiode et des ions thiosulfate de sodium.

2. Exprimer le quotient de cette réaction chimique.

3. Calculer le quotient de réaction initial.

4. Sachant que la constante d'équilibre de cette réaction vaut $K(T) = 4{,}0 \times 10^{17}$, indiquer le sens d'évolution de cette réaction.

5. Comment peut-on s'apercevoir que tout le diiode a été consommé lors de cette transformation ?

6. Indiquer un réactif qui permet de prouver la présence de diiode dans la solution.

PRÉPARER L'ECE

6 L'acide lactique

★★ 30 min ➔ Corrigé p. 123

Compétences expérimentales évaluées : s'approprier, analyser-raisonner, réaliser, valider

Une élève achète de l'acide lactique dans le commerce pour réaliser une crème de soin. Le flacon indique que l'acide lactique de formule brute $C_3H_6O_3$ peut réagir avec l'eau en formant l'ion lactate de formule chimique $C_3H_5O_3^-$ selon la réaction chimique suivante :

> **Remarque**
> Le dosage de l'acide lactique dans le lait permet de qualifier le niveau de fraicheur d'un lait (degré Dornic).

$$C_3H_6O_{3(aq)} + H_2O_{(l)} \leftrightarrows C_3H_5O^-_{3(aq)} + H_3O^+_{(aq)}.$$

Elle veut vérifier que la constante d'équilibre associée à cette réaction est une constante indépendante des conditions initiales et analyser comment évolue le taux d'avancement final.

Pour cela, elle réalise des solutions d'acide lactique aux concentrations indiquées dans le tableau ci-dessous et elle mesure le pH de la solution obtenue.

Solution	$[C_3H_6O_3]_0$ en $mol \cdot L^{-1}$	pH	$[H_3O^+]$	$[C_3H_5O_3^-]$	$[C_3H_6O_3]$	$K(T)$	τ
1	$1{,}0 \times 10^{-1}$	2,4					
2	$1{,}0 \times 10^{-2}$	2,9					
3	$1{,}0 \times 10^{-3}$	3,5					

1. Rappeler la définition du pH. Indiquer comment évolue le pH de la solution lorsque la concentration de l'acide lactique diminue.

2. Exprimer le quotient de réaction associé à la réaction chimique.

3. Quel lien existe-t-il entre la concentration des ions lactate et celle des ions oxonium ?

4. Définir le taux d'avancement final. Compléter le tableau ci-dessus.

5. Quelle conclusion pouvez-vous formuler en analysant les résultats obtenus ?

Préparer le Grand Oral

7 Question sur les équilibres

★★ 20 min ➔ Corrigé p. 125

Deux questions portant sur les enseignements de spécialité doivent être préparées pour le Grand Oral. Proposer au moins une question mettant en lumière un des grands enjeux du programme de Terminale sur les équilibres chimiques.

Pour aller plus loin

8 La bouteille bleue

★★★ 40 min Corrigé p. 125

Voici le protocole expérimental de la réalisation d'une « bouteille bleue » :

- Dans un erlenmeyer de 500 mL, on mélange dans 100 mL d'eau distillée :
  - 10 g d'hydroxyde de potassium (KOH) de masse molaire $M_{KOH} = 56,1\ g{\cdot}mol^{-1}$;
  - 3,0 g de glucose de glucose ($C_6H_{12}O_6$) de masse molaire $M_g = 180\ g{\cdot}mol^{-1}$;
  - 0,50 mL de bleu de méthylène de concentration en quantité de matière $C = 0,100\ mol{\cdot}L^{-1}$.
- Agiter vivement l'erlenmeyer jusqu'à ce que la solution devienne bleue.
- Laisser reposer la solution. Elle redevient doucement incolore.
- Agiter à nouveau la solution, elle redevient bleue !

Le bleu de méthylène existe sous deux formes BM^+ et BHM dont seule la forme BM^+ est colorée. On pourra représenter le glucose par la formule chimique brute R–CHO. L'objectif de cet exercice est de déterminer si le phénomène qui se produit lors de cette expérience est une réaction dite « réversible ».

Données : couples oxydant-réducteur : $BM^+_{(aq)}/BHM_{(aq)}$; $O_{2(aq)}/H_2O_{(aq)}$; $RCO_2H_{(aq)}/RCHO_{(aq)}$.

1. Préciser si le glucose est un oxydant ou un réducteur. Justifier la réponse.

2. Donner l'équation de la réaction qui se produit entre la forme colorée du bleu de méthylène et le glucose.

3. Exprimer le quotient de réaction $Q_{r,1}$ relatif à cette réaction.

4. Calculer la valeur du quotient de réaction à l'état initial.

5. Sachant que la forme colorée du bleu de méthylène est le réactif limitant, indiquer le sens d'évolution de cette réaction chimique. Comparer $Q_{r,1}$ à la constante d'équilibre.

6. Lorsqu'on agite l'erlenmeyer, le bleu de méthylène se reforme.

Est-il possible que la réaction précédente change de sens ? Justifier la réponse.

7. Proposer une nouvelle équation de réaction qui modélise cette seconde réaction. Donner le nouveau quotient de réaction $Q_{r,2}$.

8. Après plusieurs agitations, la coloration bleue ne se produit plus. Quelle(s) espèce(s) chimique(s) faut-il introduire à nouveau dans le milieu réactionnel ?

QCM et questions courtes

1 Vrai ou faux ?

1. Faux → **Les concentrations** des espèces chimiques **ne changent plus** mais lorsque le système chimique est à l'équilibre, **la vitesse de réaction dans le sens direct est égal à la vitesse de réaction dans le sens indirect**. Les espèces chimiques réagissent bien encore entre elles au l'échelle microscopique.

2. Faux → La **constante d'équilibre** d'un système chimique **dépend uniquement de la température.**

3. Faux → Le taux d'avancement final d'une réaction chimique est défini par $\tau = \frac{x_{\text{final}}}{x_{\text{maximal}}}$. L'avancement final et l'avancement maximal dépendent des conditions initiales. **Le taux d'avancement dépend donc bien des conditions initiales.**

> **Astuce**
> Pensez à faire un tableau d'avancement lorsqu'il faut calculer le taux d'avancement final pour éviter les erreurs.

2 Faites votre choix ?

1. c) $Q_r = \frac{[HF]\times[CH_3COO^-]}{[F^-]\times[CH_3COOH]}$ car il n'est plus nécessaire de faire figurer $c°$ dans l'expression finale. En effet $Q_r = \frac{\frac{[HF]}{c°}\times\frac{[CH_3COO^-]}{c°}}{\frac{[F^-]}{c°}\times\frac{[CH_3COOH]}{c°}} = \frac{[HF]\times[CH_3COO^-]}{[F^-]\times[CH_3COOH]}$.

2. b) On observe un échauffement du système chimique et la formation d'une coloration rougeâtre (formation du métal cuivre). Le **système est donc bien initialement hors équilibre et il évolue vers sa constante d'équilibre**.

3 L'eau de chlore

1. Le quotient de la réaction s'écrit :

$$Q_r = \frac{\left(\frac{[HClO]}{c°}\right)\times\left(\frac{[Cl^-]}{c°}\right)\times\left(\frac{[H_3O^+]}{c°}\right)}{\frac{[Cl_2]}{c°}}.$$

2. À l'état initial, **les produits de la réaction ne se sont pas encore formés**. Le quotient initial de la réaction est donc nul : $Q_r < K(T)$. La réaction va donc se **déplacer faiblement dans le sens direct**. Le dichlore pourra donc se dissocier faiblement. L'hypothèse du laborantin est envisageable. Il faudra toutefois se renseigner sur la cinétique de cette transformation chimique pour compléter l'hypothèse du laborantin.

CORRIGÉS

4 Acide ascorbique

1. L'équation de la réaction qui modélise cette transformation chimique est :

$$C_6H_8O_{6\,(aq)} + H_2O_{(l)} \leftrightarrows C_6H_7O^-_{6\,(aq)} + H_3O^+_{(aq)}.$$

2. La concentration initiale en quantité de matière d'acide ascorbique dissous est :

$$C = \frac{m_{acide}}{M_{acide} \times V_{solution}} = \frac{500 \times 10^{-3}}{176 \times 100 \times 10^{-3}} = \mathbf{2{,}84 \times 10^{-2}\ mol{\cdot}L^{-1}}.$$

3. Le tableau d'avancement permettant de déterminer les concentrations en quantité de matière des espèces chimiques à l'équilibre est le suivant.

Équation de réaction		$C_6H_8O_{6\,(aq)}$	+ $H_2O_{(l)}$ ⇆	$C_6H_7O^-_{6\,(aq)}$	+ $H_3O^+_{(aq)}$
État	**Avancement**	**Quantité de matière (en mmol)**			
initial	0	2,84	excès	0	0
final	$x_f = 0{,}15$ mmol	2,69	excès	0,15	0,15

4. La constante d'équilibre relative à l'équation de la réaction est égale à, en utilisant les valeurs des concentrations en quantité de matière des différentes espèces chimiques à l'état final :

$$K(T) = \frac{\left(\frac{[C_6H_7O_6^-]}{c°}\right)\left(\frac{[H_3O^+]}{c°}\right)}{\left(\frac{[C_6H_8O_{6(aq)}]}{c°}\right)} = \frac{[H_3O^2]}{[C_6H_8O_{6(aq)}] \times c°} = \frac{(1{,}5 \times 10^{-3})^2}{2{,}69 \times 10^{-2} \times 1} = \mathbf{8{,}4 \times 10^{-5}}.$$

5. Le taux d'avancement est égal à :

$$\tau = \frac{x_{final}}{x_{maximal}} = \frac{0{,}15}{2{,}84} = 5{,}3 \times 10^{-2}.$$

Cela signifie que seulement 5 molécules d'acide ascorbique sur 100 se sont dissociées !

Gagnez des points !

N'oubliez pas de diviser les quantités de matière des différentes espèces chimiques par le volume de la solution ($V = 0{,}100$ L) car le calcul de la constante d'équilibre est réalisé à partir des valeurs des concentrations en quantité de matière.

Exercices de type bac

PRÉPARER L'ÉPREUVE ÉCRITE

5 Réduction du diiode

1. Les concentrations initiales en quantité de matière initiale de diiode et des ions thiosulfate de sodium valent respectivement :

$$[I_2] = \frac{C_1 \times V_1}{V_1 + V_2} = \frac{1{,}0 \times 10^{-3} \times 10 \times 10^{-3}}{10 \times 10^{-3} + 90 \times 10^{-3}} = \mathbf{1{,}0 \times 10^{-4}\ mol{\cdot}L^{-1}}$$

$$[S_2O_3^{2-}] = \frac{C_2 \times V_2}{V_1 + V_2} = \frac{2{,}0 \times 10^{-3} \times 90 \times 10^{-3}}{10 \times 10^{-3} + 90 \times 10^{-3}} = \mathbf{1{,}8 \times 10^{-3}\ mol{\cdot}L^{-1}}.$$

2. Le quotient de réaction relatif à cette réaction chimique s'écrit :

$$Q_r = \frac{\left(\frac{[S_4O_6^{2-}]}{c°}\right) \times \left(\frac{[I^-]}{c°}\right)^2}{\left(\frac{[S_2O_3^{2-}]}{c°}\right)^2 \times \left(\frac{[I_2]}{c°}\right)} = \frac{[S_4O_6^{2-}] \times [I^-]^2}{[S_2O_3^{2-}]^2 \times [I_2]}.$$

3. Le quotient de réaction à l'état initial vaut $\mathbf{Q_r = 0}$ car les produits de la réaction ne se sont pas encore formés.

4. $Q_r \ll K(T)$, la réaction va donc évoluer très fortement dans **le sens direct.**

5. Le diiode est la seule espèce chimique colorée dans cette transformation chimique. Il se produit donc une **décoloration de la solution**.

6. Pour révéler la présence de diiode dans un solution, il est possible d'utiliser de **l'empois d'amidon** ou du **thiodène**.

> **Remarque**
> La valeur de $K(T)$ très élevée permet de considérer que la réaction est quasi-totale, c'est pourquoi l'équation de cette réaction a été notée avec une seule flèche (⟶) au début du cours de ce chapitre.

PRÉPARER L'ECE

6 L'acide lactique

1. Le pH d'une solution est lié à la concentration des ions oxonium selon la relation suivante : $\mathbf{pH = -\log\left(\frac{[H_3O^+]}{c°}\right)}$ **avec $c° = 1$ mol·L⁻¹.**

CORRIGÉS

Lorsque la concentration de l'acide lactique diminue, **le pH de la solution augmente**. Ce résultat était prévisible puisque la quantité d'ion oxonium apportée est plus faible.

2. Le quotient de la réaction est :

$$Q_r = \frac{\left(\frac{[C_3H_5O_3^-]}{c°}\right)\left(\frac{[H_3O^+]}{c°}\right)}{\left(\frac{[C_3H_6O_{3(aq)}]}{c°}\right)} = \frac{[C_3H_5O_3^-] \times [H_3O^+]}{[C_3H_6O_{3(aq)}] \times c°}.$$

Rappel
L'eau est le solvant de cette réaction, elle ne figure donc pas dans le quotient de réaction.

3. D'après l'équation de la réaction, à l'état d'équilibre :

$$n\,(C_3H_5O_3^-) = n\,(H_3O^+) \text{ donc } \mathbf{[C_3H_5O_3^-] = [H_3O^+]}.$$

4. Le taux d'avancement final est défini par le quotient : $\tau = \frac{x_{final}}{x_{maximal}}$ où

- x_{final} représente l'avancement à l'état d'équilibre ;
- $x_{maximal}$ représente l'avancement final dans le cas d'une réaction totale.

Pour compléter le tableau suivant, avec des concentrations en mmol·L^{-1}, on utilise les relations suivantes :

$$[H_3O^+] = c° \times 10^{-pH} \text{ et } [C_5H_6O_6] = [C_3H_6O_3]_0 - [C_5H_6O_5^-].$$

Solution	$[H_3O^+]$	$[C_5H_6O_5^-]$	$[C_5H_6O_6]$	K(T)	τ
1	3,7	3,7	96	$1{,}4 \times 10^{-4}$	0,037
2	1,2	1,2	8,8	$1{,}5 \times 10^{-4}$	0,12
3	0,32	0,32	0,68	$1{,}5 \times 10^{-4}$	0,32

5. Aux incertitudes expérimentales près, la **constante d'équilibre est bien constante** et ne dépend pas de la concentration initiale de l'acide. Le **taux d'avancement** quant à lui dépend bien des conditions initiales. On peut affirmer qu'il augmente lorsque l'acide est plus dilué.

PRÉPARER LE GRAND ORAL

7 Question sur les équilibres

Une question mettant en lumière un des grands enjeux du programme de Terminale sur les équilibres pourrait être : **Pourquoi est-il important de connaître la constante d'une réaction chimique ?**

Cette question générale pourrait alors amener à répondre à différents questionnements, par exemple :

– Comment prédire le sens d'évolution d'un système chimique ?

– Est-il suffisant de connaître la constante d'équilibre d'une réaction chimique pour être certain que la réaction aura lieu ?

Gagnez des points
Faites le lien entre cette question et le développement durable en choisissant des exemples évoquant cette thématique.

8 La bouteille bleue

1. Le glucose est un **réducteur** puisqu'il est associé à un acide carboxylique, qui est un oxydant d'après le couple d'oxydo-réduction cité dans les données de l'énoncé.

2. Les demi-équations de la réaction qui se produisent entre la forme colorée du bleu de méthylène et le glucose sont :

$$BM^+_{(aq)} + H^+_{(aq)} + 2e^- = BHM_{(aq)}$$

$$RCO_2H_{(aq)} + 2\,H^+_{(aq)} + 2e^- = RCHO_{(aq)} + H_2O_{(l)}$$

Soit $\mathbf{RCHO_{(aq)} + BM^+_{(aq)} + H_2O_{(l)} \leftrightarrows RCO_2H_{(aq)} + BHM_{(aq)} + H^+_{(aq)}}$

3. Le quotient de réaction de cette réaction chimique s'écrit :

$$Q_{r,1} = \frac{\left(\frac{[RCO_2H]}{c°}\right) \times \left(\frac{[BHM]}{c°}\right) \times \left(\frac{[H_3O^+]}{c°}\right)}{\left(\frac{[RCHO]}{c°}\right) \times \left(\frac{[BM^+]}{c°}\right)} = \frac{[RCO_2H] \times [BHM] \times [H_3O^+]}{[RCHO] \times [BM^+] \times c°}.$$

4. À l'état initial, les produits de la réaction ne sont pas encore formés, donc $Q_{r,1} = 0$.

5. Une décoloration est observée, la **réaction dans le sens direct** est donc observée : la **constante d'équilibre** est donc **supérieure à $Q_{r,1}$**.

6. Lorsque le système chimique est à **l'état d'équilibre**, les concentrations des espèces chimiques n'évoluent plus. **La réaction inverse n'est pas possible.** Il se produit donc **une nouvelle réaction.**

Remarque

L'ajout d'hydroxyde de potassium permet de basifier le milieu, l'équation de la réaction s'écrit donc plus rigoureusement :

$$RCHO_{(aq)} + BM^+_{(aq)} + 2\,HO^-_{(aq)} \leftrightharpoons RCO_{2\,(aq)}^- + BHM_{(aq)}.$$

Le quotient de réaction devient :

$$Q_{r,1} = \frac{[RCO_2^-] \times [BHM] \times c^{\circ 2}}{[RCHO] \times [BM^+] \times [HO^-]^2}.$$

Le raisonnement resterait identique : $Q_{r,1} = 0$, la réaction est dans le sens direct car $K(T) > Q_{r,1}$.

7. Le dioxygène présent dans l'erlenmeyer, au-dessus de la phase aqueuse, est partiellement dissout dans la solution et peut oxyder la forme réduite BHM du bleu de méthylène selon l'équation de réaction :

$$O_{2(aq)} + 2\,BMH_{(aq)} + 2\,H^+_{(aq)} \leftrightharpoons 2\,BM^+_{(aq)} + 2\,H_2O_{(l)}.$$

L'expression du quotient de réaction s'écrit : $Q_{r,2} = \dfrac{[BM^+]^2 \times c^{\circ 3}}{[BMH]^2 \times [O_2] \times [H_3O]^2}$.

8. Le bleu de méthylène est régénéré à chaque cycle tandis que **le glucose et le dioxygène dissous sont consommés.** Une nouvelle agitation permet de dissoudre le dioxygène encore présent au-dessus de la phase liquide. Cela sera possible jusqu'à ce que l'un des réactifs vient à manquer.

Remarque

En milieu basique :

$O_{2(g)} + 2\,BMH_{(aq)} \rightleftarrows 2\,BM^+_{(aq)} + 2\,HO^-_{(aq)}$, avec

$$Q_{r'_2} = Q_{r,2} = \frac{[BM^+]^2 \times [HO^-]^2}{[BMH]^2 \times [O_2] \times c^{\circ}}.$$

Pour commencer un nouveau cycle d'expérience, il faudra donc **introduire de nouveau du glucose et du dioxygène** dans l'erlenmeyer (en débouchant l'erlenmeyer pour l'introduction du dioxygène).

Vocabulaire

Le bleu de méthylène peut être considéré comme un catalyseur de l'oxydation du glucose par le dioxygène.

CHAPITRE 6

Équilibre d'une réaction acide-base

Capacités exigibles du chapitre disponibles sur **Nathan Live**

Nathan live!

1 Réactions acide-base

Une **réaction acide-base** correspond à un **transfert d'ion hydrogène H^+** entre l'acide d'un premier couple acido-basique et la base d'un deuxième couple.

À savoir

Les transformations acide-base, modélisées par des réactions acide-base, ainsi que la notion de pH ont déjà été étudiées dans le chapitre 1 de ce manuel.

1 Réactions quasi totales

● Si l'acide ou la base a quasiment **disparu à l'état final d'une réaction entre cet acide ou cette base et l'eau**, on dit que cette réaction est **quasi totale**. Cet acide ou cette base est alors qualifié d'**acide fort** ou de **base forte**.

● Par exemple, l'acide nitrique HNO_3 est un acide fort. Sa réaction avec l'eau est quasi totale et elle s'écrit :

$$HNO_{3(aq)} = NO^-_{3(aq)} + H^+$$
$$H_2O_{(l)} + H^+ = H_3O^+_{(aq)}$$
$$\overline{HNO_{3(aq)} + H_2O_{(l)} \rightarrow NO^-_{3(aq)} + H_3O^+_{(aq)}}$$

Notation

L'utilisation du symbole « → » dans une équation signifie que la réaction est quasi totale.

Une solution aqueuse d'acide nitrique s'écrit donc $(H_3O^+_{(aq)}, NO^-_{3(aq)})$ ou (H_3O^+, NO_3^-).

● Le pH d'une solution d'**acide fort** de concentration en soluté apporté C est égal à $\mathbf{pH = -log\left(\frac{[H_3O^+]}{c°}\right) = -log\left(\frac{C}{c°}\right)}$, avec $c° = 1$ mol·L^{-1} (valeur exacte), la **concentration standard**, car, étant donné qu'un acide fort est entièrement dissocié dans une solution aqueuse :

$$[H_3O^+]_{final} = [HNO_3]_{initial} = C.$$

● La réaction d'un acide fort avec une base forte dans l'eau est quasi totale. Cette réaction est **exothermique** : elle transfère de l'énergie à l'environnement extérieur.

→ Sécurité

Si le mélange réactionnel contient une grande quantité de matière d'acide et de base forts, l'énergie dégagée par la réaction peut être importante et il peut y avoir des risques de brûlures !

2 Réactions équilibrées

- Si l'acide ou la base est **encore présent à l'état final d'une réaction entre cet acide ou cette base et l'eau**, on dit que cette réaction est équilibrée. Cet acide ou cette base est alors appelé **acide faible** ou **base faible**.
- Par exemple, l'acide éthanoïque CH_3COOH est un acide faible. Sa réaction avec l'eau est équilibrée et elle s'écrit :

$$CH_3COOH_{(aq)} = CH_3COO^-{}_{(aq)} + H^+$$
$$H_2O_{(l)} + H^+ = H_3O^+{}_{(aq)}$$
$$\overline{CH_3COOH_{(aq)} + H_2O_{(l)} \leftrightarrows CH_3COO^-{}_{(aq)} + H_3O^+{}_{(aq)}}$$

Notation
L'utilisation du symbole « $\leftrightarrows$ » dans une équation signifie que la réaction est équilibrée.

- Le pH d'une solution d'**acide faible** de concentration en soluté apporté C est donc **inférieur à** $-\log\left(\frac{C}{c°}\right)$ car un acide faible n'est pas entièrement dissocié dans une solution aqueuse : $[H_3O^+]_{final} < C$.

Remarque
S'il y a peu ou pas de produits formés à l'état final d'une réaction, la réaction est peu ou pas avancée. On peut alors utiliser le symbole « $\leftarrow$ » dans l'écriture de l'équation de la réaction mais on utilise le plus souvent le même symbole que pour une réaction équilibrée : « $\leftrightarrows$ ».

2 État d'équilibre d'un système chimique

1 Constante d'acidité

- À l'état final d'une réaction équilibrée, les réactifs et les produits sont encore présents dans le mélange réactionnel et leurs quantités de matière n'évoluent plus au cours du temps : on est à l'**état d'équilibre du système chimique**.
- Dans le cas d'une réaction équilibrée entre un acide faible HA et l'eau : $HA_{(aq)} + H_2O_{(l)} \rightleftarrows A^-{}_{(aq)} + H_3O^+{}_{(aq)}$, l'état d'équilibre est caractérisé par la **constante d'acidité K_a** du couple HA/A^- correspondant. À l'état d'équilibre, les concentrations (en $mol{\cdot}L^{-1}$) des espèces acide HA et basique A^- n'évoluent plus ; elles vérifient la relation :

Vocabulaire
L'état final d'une réaction équilibrée est équivalent à son état d'équilibre. Pour caractériser cet état, on peut utiliser indifféremment la notation « f » ou « éq ».

$$K_a = \frac{[H_3O^+]_{éq} \cdot [A^-]_{éq}}{[HA]_{éq} \cdot c°}$$ avec $c° = 1\ mol{\cdot}L^{-1}$ (valeur exacte), la concentration standard.

- Un couple acide-base peut être défini par sa constante d'acidité K_a ou par son pK_a : $\boldsymbol{pK_a = -\log K_a}$.

À savoir

La constante d'acidité K_a et le pK_a d'un couple acide-base dépendent uniquement de la température. Ils ne dépendent pas de l'état initial du système chimique.

2 Produit ionique de l'eau

- L'eau est à la fois une base faible et un acide faible. Elle peut réagir avec elle-même suivant la réaction, équilibrée, d'**autoprotolyse de l'eau** :

$$2\,H_2O_{(l)} \rightleftarrows H_3O^+{}_{(aq)} + HO^-{}_{(aq)}.$$

- La constante d'équilibre de cette réaction d'autoprotolyse est appelée le **produit ionique de l'eau K_e**.

Piège à éviter

Seules les espèces chimiques aqueuses interviennent dans les formules des constantes d'équilibre. L'eau, qui est un solvant, liquide, n'y figure pas.

À 25 °C, $\boldsymbol{K_e = \dfrac{[H_3O^+]\cdot[HO^{-1}]}{c^{\circ 2}} = 1{,}0 \times 10^{-14}}$ avec $c° = 1$ mol·L^{-1} (valeur exacte), la concentration standard.

On peut aussi définir le pK_e : $pK_e = -\log K_e = 14$.

À savoir

Avec le produit ionique de l'eau K_e, on peut déterminer le pH d'une solution aqueuse d'une base forte de concentration en soluté apporté C : $\text{pH} = -\log [H_3O^+]_{éq} = -\log \dfrac{K_e}{[HO^-]_{éq}} = -\log \dfrac{K_e}{C}$.

3 Comparaison des acides et des bases en solution aqueuse

- À 25 °C, le pK_a d'un couple acide faible/base faible est compris entre 0 et 14.
- Pour des solutions aqueuses d'acide de même concentration apportée, plus le pK_a est faible (et donc plus le K_a est grand), plus l'acide est dissocié et plus le pH de la solution est faible.
- Pour des solutions aqueuses de bases de même concentration apportée, plus le pK_a est élevé (et donc plus le K_a est faible), plus la base est dissociée et plus le pH de la solution est grand.

Remarque

À 25 °C, le pK_a d'un couple acide fort/base faible est inférieur à 0 et le pK_a d'un couple acide faible/base forte est supérieur à 14.

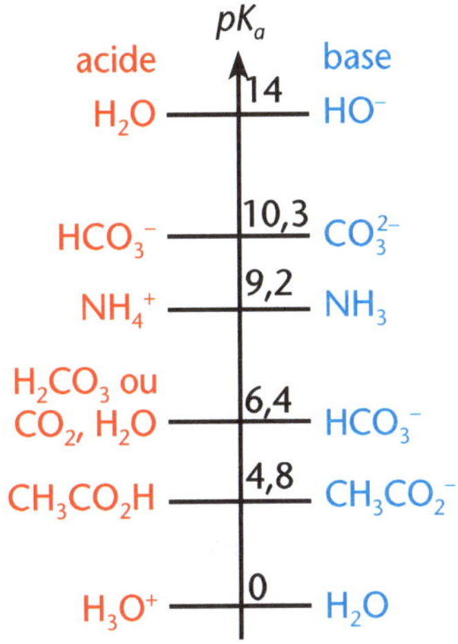

pK_a de couples acide-base à 25 °C

4 Prédominance de l'acide ou de sa base conjuguée

1 Relation entre pH et pK_a

- En solution aqueuse, les concentrations à l'équilibre de l'acide et de la base conjuguée du couple HA/A⁻ vérifient la relation :

$$K_a = \frac{[H_3O^+]_{éq} \cdot [A^-]_{éq}}{[HA]_{éq} \cdot c°}.$$

Ainsi $[H_3O^+]_{éq} = K_a \cdot \frac{[HA]_{éq}}{[A^-]_{éq}}$.

$$-\log \frac{([H_3O^+]_{éq})}{c°} = -\log K_a - \log\left(\frac{[HA]_{éq}}{[A^-]_{éq}}\right).$$

$$\mathbf{pH} = \boldsymbol{pK_a} + \mathbf{log}\left(\frac{[A^-]_{éq}}{[HA]_{éq}}\right).$$

Astuce mathématique

$$\log\left(\frac{[A^-]_{éq}}{[HA]_{éq}}\right) = -\log\left(\frac{[HA]_{éq}}{[A^-]_{éq}}\right)$$

COURS

❷ Domaines de prédominance

- La relation précédente permet de définir trois domaines différents :

– **si pH = pK_a**, $\log\left(\frac{[A^-]_{éq}}{[HA]_{éq}}\right) = 0 \Leftrightarrow [A^-]_{éq} = [HA]_{éq}$, l'acide et sa base conjuguée ont **même concentration** en solution ;

– **si pH < pK_a**, $\log\left(\frac{[A-]_{éq}}{[HA]_{éq}}\right) < 0 \Leftrightarrow [A^-]_{éq} < [HA]_{éq}$, l'espèce acide **HA prédomine** ;

– **si pH > pK_a**, $\log\left(\frac{[A^-]_{éq}}{[HA]_{éq}}\right) > 0 \Leftrightarrow [A^-]_{éq} > [HA]_{éq}$, l'espèce basique **$A^-$ prédomine**.

- Le **diagramme de prédominance** s'écrit alors :

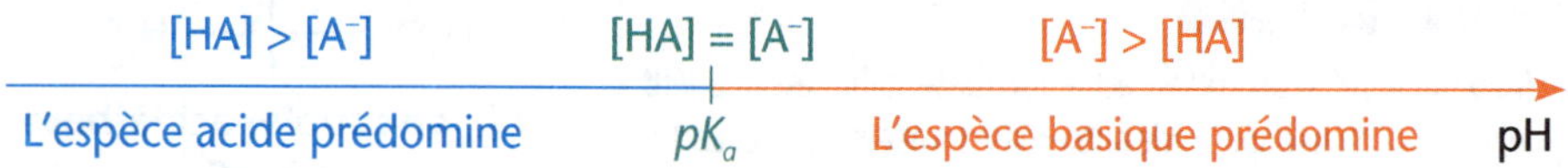

❸ Exemples

- L'acide éthanoïque CH_3COOH est un **acide carboxylique**. C'est un acide faible. Le pK_a de son couple acide éthanoïque/ion éthanoate est égal à 4,8.

- L'ammoniac NH_3 est une base faible. Le pK_a de son couple ion ammonium/ammoniac est égal à 9,3.

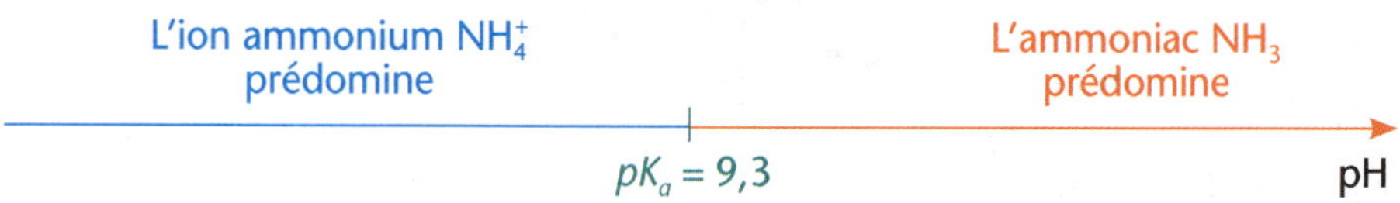

- L'alanine $CH_3\,CH(NH_3^+)\,COO^-$ est un **acide α-aminé.** Il possède une fonction acide $-NH_3^+$ et une fonction basique $-COO^-$. Il est caractérisé par deux couples acide-base différents :
  → $CH_3\,CH(NH_3^+)\,COOH/CH_3\,CH(NH_3^+)\,COO^-$ de $pK_{a1} = 2{,}3$;
  → $CH_3\,CH(NH_3^+)\,COO^-/CH_3\,CH(NH_2)\,COO^-$ de $pK_{a2} = 9{,}9$.

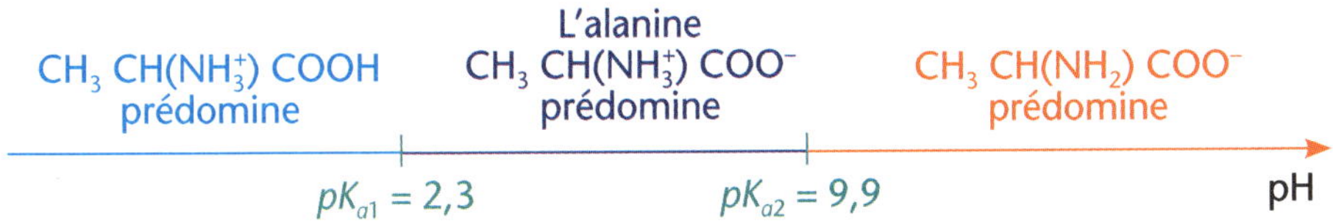

5 Cas particulier des indicateurs colorés

- Un indicateur coloré de pH est un couple acide-base noté HIn/ In^- dont les **formes acide et basique ont des couleurs différentes**.

> **Remarque**
> Les indicateurs colorés sont utilisés dans les dosages par titrage colorimétriques étudiés dans le chapitre 2.

- La **zone de virage** d'un indicateur coloré est **l'intervalle de pH, contenant la valeur du pK_a du couple HIn/In^-**, pour lequel la couleur de la solution passe de la couleur donnée par la forme acide à la couleur donnée par la forme basique.

6 Solutions tampons

- Pour contrôler le pH, des **solutions tampons** sont présentes, notamment dans les milieux biologiques. Ce sont des solutions dont **le pH varie très peu lorsqu'on y ajoute une petite quantité d'acide fort, de base forte, ou lorsqu'on les dilue de façon modérée.**
- Par exemple, dans le plasma sanguin, ce sont plusieurs couples acide-base ayant des concentrations voisines pour l'acide et sa base conjuguée qui exercent un effet tampon.

> **Remarque**
> Ce sont les couples $CO_2, H_2O/HCO_3^-$ de pK_a 6,3 à 37 °C et $H_2PO_4^-/HPO_4^{2-}$ de pK_a 7,2 à 37 °C ainsi que d'autres couples faisant intervenir notamment l'hémoglobine qui contrôlent le pH sanguin.

QCM et questions courtes

1 Vrai ou faux ?

➔ Corrigé p. 142

1. Plus le pK_a d'un couple acide-base est grand, plus l'acide de ce couple réagit fortement avec l'eau. ☐ Vrai ☐ Faux

2. L'ion éthanoate est la base conjuguée du couple acide éthanoïque/ion éthanoate dont le pK_a est égal à 4,8. L'ion éthanoate prédomine devant l'acide éthanoïque dans une solution aqueuse dont le pH est égal à 6.

☐ Vrai ☐ Faux

2 Faites votre choix !

➔ Corrigé p. 142

En solution aqueuse, l'ammoniac NH_3 est une base faible de concentration en soluté apporté égale à $1,0 \times 10^{-3}$ mol·L^{-1}.

1. L'équation de sa réaction avec l'eau s'écrit :

a) ☐ $NH_{3\,(aq)} + H_2O_{(l)} \rightleftarrows NH_4{}^+{}_{(aq)} + HO^-{}_{(aq)}$

b) ☐ $NH_{3\,(aq)} + H_2O_{(l)} \rightarrow NH_4{}^+{}_{(aq)} + HO^-{}_{(aq)}$

c) ☐ $NH_{3\,(aq)} + H_2O_{(l)} \rightleftarrows NH_2{}^-{}_{(aq)} + H_3O^+{}_{(aq)}$

d) ☐ $NH_{3\,(aq)} + H_2O_{(l)} \rightarrow NH_2{}^-{}_{(aq)} + H_3O^+{}_{(aq)}$

2. La valeur du pH de cette solution est :

a) ☐ inférieure à 3 ;

b) ☐ égale à 3 ;

c) ☐ entre 3 et 7 ;

d) ☐ entre 7 et 11 ;

e) ☐ égale à 11 ;

f) ☐ supérieure à 11.

Exercices d'entraînement

3 Taux d'avancement

★ 15 min ➔ Corrigé p. 143

Une quantité de matière n = 0,10 mol d'acide éthanoïque, de pK_a = 4,76, est versé dans un volume V = 1,00 L d'eau.

Un programme Python, dont le code est présenté ci-dessous, permet de déterminer le taux d'avancement final de la transformation entre l'acide éthanoïque et l'eau.

Gagnez des points !

Il n'est pas nécessaire de comprendre l'ensemble du code Python pour répondre aux questions ci-contre. Contentez-vous de répondre le plus simplement possible aux questions posées pour finir l'exercice dans le temps imparti.

1. Le résultat affiché par le programme Python, dont le code est présenté ci-dessous, est : **taux d'avancement : 1.31 %.**

```
1  import numpy as np
2  from math import log10
3
4  pKa=4.76
5  n=1.00e-1
6  V=1.00
7
8  def avancement_final(pKa,n,V):
9      coefficients = [1,V*10**(-pKa),-10**(-pKa)*(n/V)*V**2]
10     solutions=np.roots(coefficients)
11     if solutions[0]>0:
12         return solutions[0]
13     else:
14         return solutions[1]
15
16 xmax=n
17 taux=avancement_final(pKa,n,V)/xmax
18 print("taux d'avancement : ",round(taux*100,2) ,'%')
```

Code Python Code complet téléchargeable sur **Nathan Live**

Justifier que l'acide éthanoïque est un acide faible.

2. Justifier le signe négatif devant la variable « pKa », noté à deux reprises à la ligne 9 du code ci-dessus.

3. Proposer une simplification du code dans l'écriture de la ligne 9.

4. Indiquer l'instruction Python qui permet d'afficher un taux d'avancement avec deux chiffres après la virgule.

4 Mélange acide faible-base faible

★ 15 min Corrigé p. 144

On mélange dans un même erlenmeyer une solution aqueuse d'acide fluoroéthanoïque et une solution aqueuse de triméthylamine. Le pH du mélange réalisé vaut 6,1.

Données : pK_a (acide fluoroéthanoïque/ion fluoroéthanoate) = 2,6 ;

pK_a (ion triméthylammonium / triméthylamine) = 9,9.

1. Quelles sont les espèces chimiques présentes dans le mélange ?

2. À l'aide de diagrammes de prédominance, déterminer si c'est la forme acide ou basique des différentes espèces chimiques qui prédomine.

Astuce
N'oubliez pas qu'une solution aqueuse contient beaucoup d'eau.

3. La réaction acide-base ayant eu lieu a entraîné une élévation de température. Que faudrait-il faire pour augmenter encore davantage la température ?

Exercices de type bac

PRÉPARER L'ÉPREUVE ÉCRITE

5 Maintien de la valeur du pH du sang

★★ 30 min Corrigé p. 145

Extrait du baccalauréat

Le sang est constitué d'un liquide plasmatique (contenant entre autres les globules et les plaquettes), qui peut être assimilé à une solution aqueuse ionique dont le pH (d'une valeur voisine de 7,4) est quasiment constant et ne peut subir que de très faibles fluctuations. Dans le cas contraire, de fortes fluctuations nuiraient gravement à la santé.

Le maintien de la valeur du pH se fait par deux processus :

– le premier met en œuvre un ensemble d'espèces chimiques régulatrices dont notamment le couple acide-base $CO_2, H_2O/HCO_3^-$ (couple dioxyde de carbone dissous/ion hydrogénocarbonate) grâce à la réaction équilibrée :

$$CO_2, H_2O_{(aq)} + H_2O_{(l)} \rightleftarrows HCO^-_{3(aq)} + H_3O^+{}_{(aq)} \quad \text{(réaction 1)} ;$$

– le deuxième processus physico-chimique est la respiration.

À une température de 37 °C, on donne :

- pH d'un sang artériel « normal » : 7,4 ;

- pK_a $(CO_2, H_2O/HCO_3^-)$ = 6,1.

1. Donner l'expression de la constante d'acidité K_{a1} associée au couple régulateur (réaction 1).

En déduire la relation entre le pH et le pK_{a1} du couple $CO_2, H_2O/HCO_3^-$.

2. Calculer alors la valeur du quotient $\frac{[HCO_3^-]}{CO_2, H_2O}$ dans le sang artériel normal.

Aide au calcul
$10^{1,3} = 20$.

3. Lors d'un effort physique, la concentration en dioxyde de carbone dissous dans le sang, au voisinage du muscle, augmente.

Comment devrait varier le pH du sang ?

4. Pour éviter cette variation du pH du sang, l'hémoglobine contenue dans ce dernier et la respiration interviennent pour éliminer l'excès de dioxyde de carbone. En effet, le transport des gaz dissous dans le sang peut être modélisé par l'équilibre :

$$HbO_{2\,(aq)} + CO_{2\,(aq)} \rightleftarrows HbCO_{2\,(aq)} + O_{2\,(aq)} \qquad \text{(réaction 2)}$$

où HbO_2 représente l'hémoglobine du sang oxygénée.

Au voisinage du muscle, lorsque la concentration en dioxyde de carbone CO_2 dissous dans le sang augmente, l'hémoglobine se charge en dioxyde de carbone : il y a formation de $HbCO_2$. Puis, au voisinage du poumon, la quantité de dioxygène O_2 dissous augmente. La réaction 2 a donc lieu dans le sens inverse. Expliquer comment la respiration permet de maintenir constante la valeur du pH sanguin.

→ Comment résoudre cette question ?

Commencez par décrire le « cycle » de l'hémoglobine entre le muscle et le poumon.

PRÉPARER L'ECE

6 Détermination expérimentale du pK_a d'un indicateur coloré

★★★ 35 min ➲ Corrigé p. 146

Compétences expérimentales évaluées : Réaliser, Valider.

Le bleu de bromophénol est un indicateur coloré dont la forme acide, notée HIn, est jaune et dont la forme basique, notée In^-, est bleue. Le protocole suivi pour déterminer expérimentalement son pK_a est donné ci-après.

On réalise plusieurs solutions contenant du bleu de bromophénol ayant des pH différents et on mesure par spectrophotométrie l'absorbance A de chaque solution.

À la longueur d'onde λ utilisée par le spectrophotomètre, seule la forme basique In^- absorbe. En sachant que l'absorbance A d'une solution est liée à la concentration effective [X] en espèce absorbante par $A = k.[X]$ où k est une constante, un élève trouve les valeurs des concentrations de HIn et In^- en fonction du pH qu'il note sur le diagramme de distribution ci-dessous.

Remarque
Relisez le chapitre 2 pour avoir plus d'informations sur la spectrophotométrie. Ces connaissances ne sont toutefois pas nécessaires pour résoudre cet exercice.

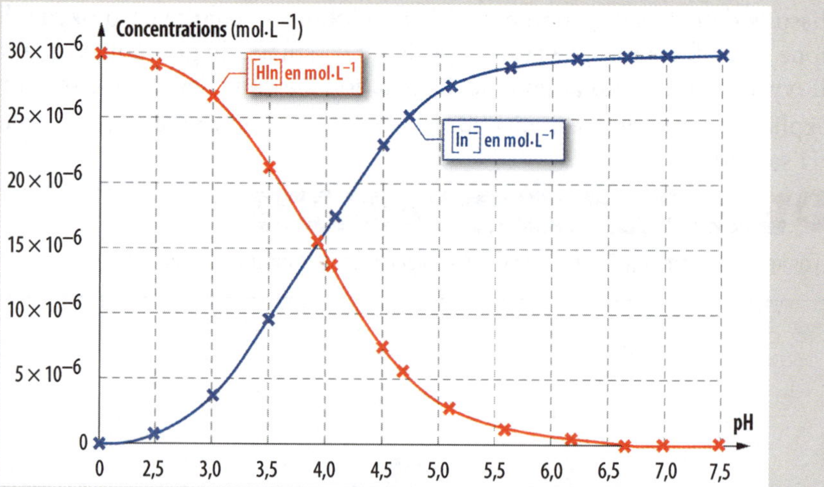

1. Quelle est la valeur du pK_a du bleu de bromophénol ? Justifier la réponse.

2. D'autres élèves réalisent la même expérience et trouvent des valeurs de pK_a différentes pour le même indicateur coloré. D'où peuvent provenir ces différences de résultats ?

3. L'exécution d'un programme Python, dont le code est présenté dans le **doc. 1**, permet de tracer le diagramme de distribution, présenté dans le **doc. 2**, des formes acide et basique du couple HIn/In^- du bleu de bromophénol.

```python
# coding: utf-8
import matplotlib.pyplot as plt
import numpy as np

def forme_acide(pH,pKa):
    return 100*(10**(-pH))/((10**(-pH))+10**(-pKa))

def forme_basique(pH,pKa):
    return 100*(10**(-pKa))/((10**(-pH))+10**(-pKa))

pKa=3.9

pH=np.linspace(0,14,50)
plt.xlabel('pH',position=(1,1))
plt.ylabel('pourcentages')
plt.title('Diagramme de distribution pour le couple  HIn/In- ')
plt.plot(pH,forme_acide(pH,pKa),'+-',color='r',label='forme acide HIn')
plt.plot(pH,forme_basique(pH,pKa),'+-',color='b',label='forme basique In-')
plt.annotate('forme acide \nprédominante', (0.2, 70),color='r')
plt.axvspan(0, 2.9, facecolor='r', alpha=0.1)
plt.annotate('forme basique \nprédominante', (pKa+1.2, 70),color='b')
plt.axvspan(4.9, 14, facecolor='b', alpha=0.1)
plt.plot([3.9,3.9],[0,50],linestyle='-.',color='g')
plt.annotate('pKa='+str(pKa),xy=(pKa/14, 0.05), xycoords='figure fraction',color='g')
plt.show()
```

Doc. 1 **Code Python**

Code complet téléchargeable sur **Nathan Live**

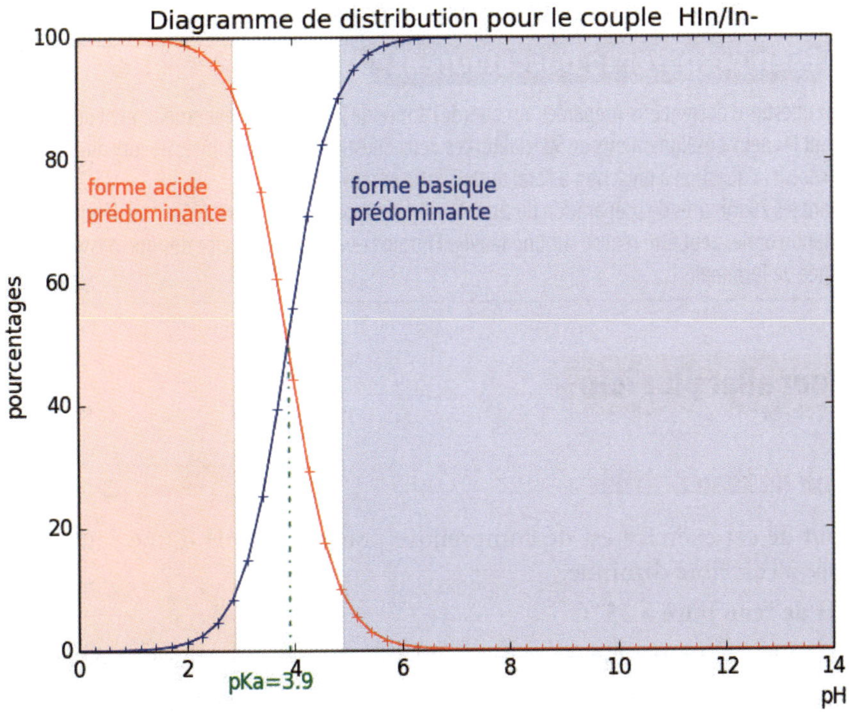

Doc. 2 **Diagramme de distribution du bleu de bromophénol tracé par le programme Python**

Le bleu de bromothymol (BBT) est un indicateur coloré de $pK_a = 7{,}1$.

Indiquer les lignes du code Python présenté dans le **doc. 1** à modifier pour que l'exécution du programme trace cette fois-ci le diagramme de distribution du BBT.

Astuce
Lisez ou relisez le point numérique sur Python à la fin du manuel pour bien comprendre le code présenté dans cet exercice.

4. Expliquer comment modifier les lignes de code indiquées dans la question précédente pour que le programme Python affiche le diagramme de distribution d'un indicateur coloré en saisissant uniquement à la ligne 11 la valeur du pK_a de cet indicateur.

Préparer le Grand Oral

7 Support visuel

★★★ 20 min ➔ Corrigé p. 148

Préparer sur une feuille un support permettant d'accompagner une présentation orale répondant à la question :

Comment le pH est-il contrôlé dans le corps humain ?

➔ Bien préparer le baccalauréat

Deux questions doivent être préparées au cours de l'année de Terminale (et éventuellement de Première) durant les deux enseignements de Spécialité. Ces deux questions sont transmises au jury du Grand Oral, qui choisit la question à présenter à l'oral durant cette épreuve.
Durant les 20 minutes de préparation du Grand Oral, un support, à remettre au jury au début de la présentation orale, peut être réalisé sur une feuille. Entrainez-vous à cet exercice dès que possible durant l'année de Terminale !

Pour aller plus loin

8 pH de l'eau distillée

★★★ 40 min ➔ Corrigé p. 149

Le but de cet exercice est de comprendre pourquoi le pH d'une eau distillée laissée à l'air libre diminue.

1. pH de l'eau pure à 25 °C

Dans toute solution aqueuse se produit la réaction d'autoprotolyse de l'eau.

a) Écrire l'équation de cette réaction et exprimer la constante d'équilibre K_e associée à l'équation précédente. Quel nom donne-t-on à cette constante K_e ?

b) À 25 °C, des mesures de conductivité électrique montrent que pour de l'eau pure : $[H_3O^+]_{éq}$, = $[HO^-]_{éq} = 1{,}0 \times 10^{-7}$ mol·L^{-1}.

Retrouver la valeur de K_e et la valeur du pH de l'eau pure à 25 °C.

2. Eau distillée laissée à l'air libre dans un laboratoire

De l'eau fraîchement distillée et laissée quelque temps à l'air libre dans un bécher, à 25 °C, voit son pH diminuer progressivement puis se stabiliser à la valeur de 5,7. La dissolution lente et progressive dans l'eau distillée du dioxyde de carbone présent dans l'air permet d'expliquer cette diminution du pH. Un équilibre s'établit entre le dioxyde de carbone présent dans l'air et celui qui est dissous dans l'eau distillée (noté CO_2, H_2O).

> **Remarque**
> C'est pour cette raison que très peu d'eaux minérales et du robinet ont un pH neutre égal à 7. La plupart des eaux potables ont un pH inférieur à 7.

Dans la suite de l'exercice, on ne tiendra pas compte de la réaction entre les ions hydrogénocarbonate $HCO^-_{3(aq)}$ et l'eau.

Le couple dioxyde de carbone dissous/ion hydrogénocarbonate est :

$$CO_2, H_2O/HCO^-_{3(aq)} \text{ de } pK_a \text{ égal à } 6{,}4.$$

Déterminer la valeur de la concentration initiale du dioxyde de carbone dissous C pour de l'eau distillée de pH = 5,7.

3. Influence de la composition atmosphérique

Dans un mélange gazeux, comme l'air, chacun des gaz qui le constitue contribue à la pression du mélange proportionnellement à sa quantité de matière. C'est la pression partielle du gaz considéré.

L'atmosphère terrestre possède actuellement un pourcentage moyen en quantité de CO_2 de 0,038 %. De plus, la concentration d'un gaz dissous dans l'eau est proportionnelle à sa pression partielle quand l'équilibre du système chimique est atteint. Dans le cas du dioxyde de carbone, on a :

$$[CO_2, H_2O]_{éq} = k.p_{CO_2} \qquad \text{avec } k = 3{,}4 \times 10^{-7} \text{ mol·L}^{-1}\text{·Pa}^{-1}.$$

Pour une pression atmosphérique de $1{,}013 \times 10^5$ Pa, indiquer si l'air du laboratoire où a eu lieu la préparation de l'eau distillée possède un pourcentage en dioxyde de carbone plus petit ou plus grand que 0,038 %.

CORRIGÉS

QCM et questions courtes

1 Vrai ou faux ?

1. Faux → Plus le pK_a d'un couple acide-base est grand, plus l'acide de ce couple est faible et **moins il réagit fortement avec l'eau.**

2. Vrai → L'ion éthanoate est la base conjuguée du couple acide éthanoïque/ion éthanoate dont le pK_a est égal à 4,8.

L'ion éthanoate prédomine dans une solution aqueuse le contenant avec l'acide éthanoïque si **le pH de cette solution est supérieur au pK_a** du couple.

C'est bien le cas ici : 6 > 4,8.

2 Faites votre choix !

En solution aqueuse, l'ammoniac NH_3 est une base faible de concentration en soluté apporté égale à $1{,}0 \times 10^{-3}$ mol·L^{-1}.

1. a) L'équation de sa réaction avec l'eau s'écrit :

$$NH_{3(aq)} + H_2O_{(l)} \rightleftarrows NH_4{}^+{}_{(aq)} + HO^-{}_{(aq)}.$$

En effet, **l'ammoniac NH_3 est une base** susceptible de capter un ion hydrogène H^+ et **l'eau H_2O** est ici **un acide** capable de céder un ion hydrogène H^+. De plus, comme l'ammoniac est une base faible, la réaction de l'ammoniac avec l'eau est équilibrée.

Rappel
L'utilisation du symbole « $\rightleftarrows$ » dans une équation signifie que la réaction est équilibrée.

2. d) Si l'ammoniac était une base forte, la réaction précédente serait totale et $[HO^-]_{max} = 1{,}0 \times 10^{-3}$ mol·L^{-1}.

$$\text{Ainsi } pH_{max} = -\log \frac{([H_3O^+]_{max})}{c°} = -\log\left(\frac{K_e \times c°}{[HO^-]_{max}}\right).$$

$$\mathbf{pH_{max}} = \boldsymbol{pK_e} + \mathbf{\log \frac{([HO^-]_{max})}{c°}} = 14 - 3{,}0 = \mathbf{11.}$$

Or, comme l'ammoniac est une base faible, la réaction avec l'eau est équilibrée et $[HO^-]_f < [HO^-]_{max}$.

Ainsi, $\mathbf{pH_f < pH_{max}}$.

De plus, comme il y a production d'ions hydroxyde HO^-, la solution est basique, ce qui signifie que le pH de la solution est **supérieur à 7**.

La valeur du pH de cette solution se situe donc **entre 7 et 11**.

CORRIGÉS

Exercices d'entraînement

3 Taux d'avancement

1. Le taux d'avancement de la réaction de l'acide éthanoïque avec l'eau est inférieur à 100 %, la réaction avec l'eau n'est pas totale, **l'acide éthanoïque est donc un acide faible.**

2. L'écriture « 10**(–pKa) » en langage de programmation Python signifie « 10^{-pKa} ». Or $\mathbf{10^{-pKa} = K_a}$, ce qui a du sens en chimie alors que 10^{pKa} ne correspond à rien de connu, c'est pourquoi le signe négatif est indispensable dans l'expression notée à la ligne 9 du code Python.

Vocabulaire

Un acide est fort si le taux d'avancement $\tau = \dfrac{x_f}{x_{max}}$ de sa réaction avec l'eau est égal à 100 % (x_f est l'avancement final de la réaction et x_{max} est l'avancement final de la réaction si la réaction était totale).

Un acide est faible si le taux d'avancement de sa réaction avec l'eau est inférieur à 100 %.

Bien comprendre le code Python

L'équation de la réaction entre l'acide éthanoïque, noté HA, et l'eau peut s'écrire :

$HA_{(aq)} + H_2O_{(l)} \longrightarrow A^-{}_{(aq)} + H_3O^+{}_{(aq)}$.

À l'état final, avec x_f l'avancement final de la réaction, n la quantité de matière d'acide éthanoïque apporté et V le volume de la solution :

$[HA] = \dfrac{n - x_f}{V}$ et $[A^-] = [H_3O^+] = \dfrac{x_f}{V}$.

Ainsi, on trouve que : $K_a = K_a = \dfrac{x_f^2}{(n - x_f)\cdot V \cdot c°}$ avec $c° = 1\ mol{\cdot}L^{-1}$, la concentration standard.

D'où : $x_f^2 + (K_a V c°)\, x_f - n K_a V c° = 0$.

La ligne 9 du code Python donne ainsi les différents coefficients du polynôme du second degré précédent.

3. La ligne 9 du code Python est :

coefficients = [1, V*10**(–Ka),–10**(–Ka)*(n/V)*V**2]

Comme $\dfrac{n}{V} \times V^2 = n \times V$, elle peut donc être simplifiée de la façon suivante :

coefficients = [1, V*10(–Ka),–10**(–Ka)*n*V]**

4. L'instruction Python permettant d'afficher un taux d'avancement avec deux chiffres après la virgule est, à la ligne 18 : **round(taux*100,2)**.

Pour aller plus loin

Téléchargez le programme complet sur **Nathan Live** et exécutez-le pour mieux comprendre la correction proposée.

4 Mélange acide faible-base faible

1. Les espèces chimiques présentes dans le mélange sont **l'eau**, **l'acide fluoroéthanoïque**, **l'ion fluoroéthanoate** (qui est le produit de la réaction équilibrée entre l'acide fluoroéthanoïque et l'eau), **la triméthylamine**, **l'ion triméthylammonium** (qui est le produit de la réaction équilibrée entre la triéthylamine et l'eau), **l'ion oxonium** et **l'ion hydroxyde** (qui résultent de la réaction d'autoprotolyse de l'eau).

> **Astuce**
> Dans une solution aqueuse, il ne faut pas oublier que l'eau est l'espèce majoritaire et qu'elle se dissocie (faiblement) en ion oxonium H_3O^+ et en ion hydroxyde HO^-.

2. D'après le diagramme de prédominance du couple acide fluoroéthanoïque/ion fluoroéthanoate, l'**ion fluoroéthanoate prédomine.**

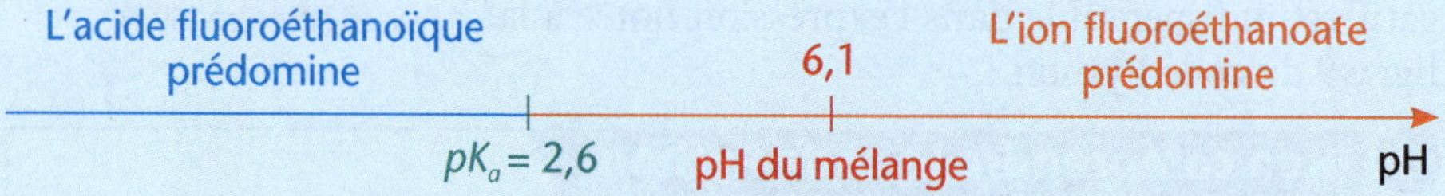

D'après le diagramme de prédominance du couple ion triméthylammonium/triméthylamine, **l'ion triméthylammonium prédomine.**

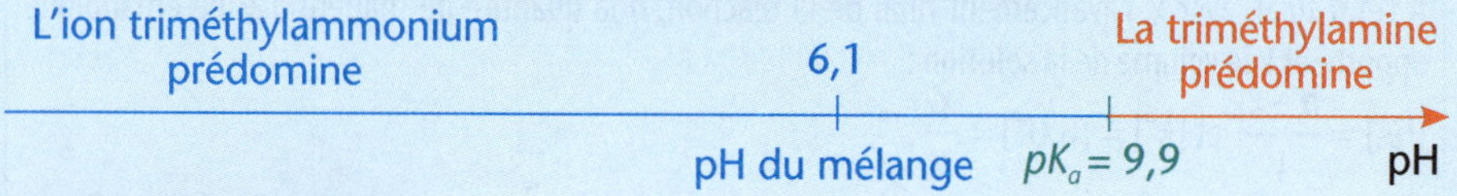

> **Remarque**
> Dans les couples acide-base de l'eau (H_3O^+/H_2O et H_2O/HO^-), c'est l'eau qui prédomine car le mélange est aqueux, c'est-à-dire que l'eau est un solvant présent en très grande quantité.

3. Pour augmenter encore davantage la température, il faut mélanger des solutions aqueuses **plus concentrées** d'acide fluoroéthanoïque et de triméthylamine.

Exercices de type bac

PRÉPARER L'ÉPREUVE ÉCRITE

5 Maintien de la valeur du pH du sang

1. L'expression de la constante d'acidité K_{a1} associée au couple régulateur (réaction 1) s'écrit :

$$K_{a1} = \frac{[HCO_3^-]_{éq} \cdot [H_3O^+]_{éq}}{[CO_2, H_2O]_{éq} \cdot c^\circ}.$$

> **À savoir**
> L'eau liquide ne figure pas dans la formule de la constante d'acidité K_{a1} (seules les espèces aqueuses y figurent).

On trouve alors que :

$$pK_{a1} = -\log K_{a1} = -\log \frac{[HCO_3^-]_{éq} \cdot [H_3O^+]_{éq}}{[CO_2, H_2O]_{éq} \cdot c^\circ}$$

$$pK_{a1} = -\log \frac{[HCO_3^-]_{éq}}{[CO_2, H_2O]_{éq}} - \log \frac{[H_3O^+]_{éq}}{c^\circ}$$

$$pK_{a1} = -\log \frac{[HCO_3^-]_{éq}}{[CO_2, H_2O]_{éq}} + \text{pH}.$$

Ainsi $\mathbf{pH} = \boldsymbol{pK_{a1}} + \mathbf{log} \dfrac{[HCO_3^-]_{éq}}{[CO_2, H_2O]_{éq}}$.

2. D'après l'expression précédente : $\log \dfrac{[HCO_3^-]_{éq}}{[CO_2, H_2O]_{éq}} = \text{pH} - pK_{a1}$.

Ainsi, la valeur du quotient $\dfrac{[HCO_3^-]_{éq}}{[CO_2, H_2O]_{éq}}$ dans le sang artériel normal est égale à :

$$\frac{[HCO_3^-]_{éq}}{[CO_2, H_2O]_{éq}} = 10^{\text{pH}-pKa1} = 10^{7,4-6,1} = 10^{1,3} = \mathbf{20}.$$

3. Lors d'un effort physique, comme la concentration en dioxyde de carbone dissous dans le sang $[CO_2, H_2O]$ augmente, le quotient $\dfrac{[HCO_3^-]_{éq}}{[CO_2, H_2O]_{éq}}$ diminue.

Or, d'après la question **1.**, $\text{pH} = pK_{a1} + \log \dfrac{[HCO_3^-]_{éq}}{[CO_2, H_2O]_{éq}}$.

Ainsi, **le pH du sang diminue.**

4. Lors d'un effort physique, la réaction 2 a lieu dans le sens direct : l'hémoglobine oxygénée HbO_2 réagit avec le dioxyde de carbone au niveau du muscle et empêche une augmentation du dioxyde de carbone dissous dans le sang. Il n'y a ainsi **pas de baisse du pH.**

La respiration apporte ensuite du dioxygène O_2 dans le sang au voisinage du poumon. **La réaction 2 a alors lieu en sens inverse**, ce qui permet à l'hémoglobine de se « régénérer » en libérant le dioxyde de carbone CO_2.

Enfin, l'hémoglobine du sang oxygénée HbO_2 est acheminée par le sang vers les muscles où la réaction 2 avec le dioxyde de carbone se produit à nouveau dans le sens direct, ce qui permet d'éviter une diminution du pH sanguin en cas d'effort physique, etc.

PRÉPARER L'ECE

6 Détermination expérimentale du pK_a d'un indicateur coloré

1. On peut montrer que $\text{pH} = pK_a + \log \frac{[\text{In}^-]}{[\text{HIn}]}$.

Ainsi, $\mathbf{pH = pK_a}$ **si** $\mathbf{[In^-] = [HIn]}$.

> **Remarque**
> La démonstration de cette relation se trouve dans le cours.

Or, d'après les graphiques expérimentaux réalisés par un élève, $[\text{In}^-] = [\text{HIn}]$ si pH = 3,9.

D'après les résultats de cet élève, le pK_a du bleu de bromophénol est donc égal à **3,9**.

2. D'autres élèves ont trouvé des valeurs de pK_a différentes.

Ces différences de résultats peuvent être dues par exemple à :
– **une préparation peu précise des différentes solutions** de pH différents ;
– **des mesures d'absorbance réalisées avec le spectrophotomètre peu précises** ;
– **une erreur de calcul** de certains élèves pour trouver les valeurs des concentrations de HIn et In^- à partir des absorbances mesurées ;
– **une erreur d'interprétation du graphique** par certains élèves des concentrations de HIn et In^- en fonction du pH permettant de déterminer le pK_a du bleu de bromophénol.

> **Remarque**
>
> Les deux dernières explications données sont des erreurs qu'il est possible d'éviter.
>
> En revanche, même s'il est possible de limiter les imprécisions dues à la préparation des solutions et à la mesure de l'absorbance des solutions, il est impossible d'éliminer totalement ces deux premières causes d'incertitudes expérimentales.

3. Les lignes du code à modifier pour que l'exécution du programme trace le diagramme de distribution du BBT sont **les lignes 11, 20, 22 et 23** :

- **ligne 11** : pKa = 7.1

(la nouvelle valeur du pK_a est saisie) ;

- **ligne 20** : plt. axvspan(0,6.1, facecolor = 'r', alpha = 0.1)

(la valeur « $pK_a - 1 = 6{,}1$ » remplace la précédente valeur « 2,9 ») ;

- **ligne 22** : plt. axvspan(8.1, 14, facecolor = 'b', alpha = 0.1)

(la valeur « $pK_a + 1 = 8{,}1$ » remplace la précédente valeur « 4,9 ») ;

- **ligne 23** : plt. plot([7.1,7.1],[0,50], linestyle = '-.', color = 'g')

(la valeur « $pK_a = 7{,}1$ » remplace la précédente valeur « 3,9 »).

Bien comprendre

Si pH $= pK_a - 1$, la concentration de l'acide est dix fois plus importante que la concentration de sa base conjuguée.

Si pH $= pK_a + 1$, la concentration de la base est dix fois plus importante que la concentration de son acide conjugué.

4. Plutôt que de devoir saisir à chaque fois que l'on souhaite étudier un nouvel indicateur coloré des valeurs numériques particulières, il est plus astucieux d'utiliser la variable **pKa**. Ainsi, les lignes 20, 22 et 23 deviennent :

- **ligne 20** : plt. axvspan(0, pKa–1, facecolor = 'r', alpha = 0.1)
- **ligne 22** : plt. axvspan(pKa+1, 14, facecolor = 'b', alpha = 0.1)
- **ligne 23** : plt. plot([pKa, pKa],[0,50], linestyle = '-.', color = 'g')

Pour aller plus loin

Téléchargez le programme complet sur **Nathan Live** et exécutez-le pour mieux comprendre la correction proposée.

PRÉPARER LE GRAND ORAL

7 Support visuel

Pour répondre lors du Grand Oral à la question « Comment le pH est-il contrôlé dans le corps humain ? », il est possible de se baser sur **l'exemple de l'alanine**, qui est **un acide α-aminé jouant notamment un rôle dans la production des lymphocytes (globules blancs)**. En effet, la forme $CH_3\,CH(NH_3^+)\,COO^-$ de l'alanine doit prédominer devant ses formes acide et basique conjuguées pour permettre une bonne production de lymphocytes.

> **Gagnez des points !**
> Cette question est très intéressante pour le Grand Oral, notamment si vous avez choisi comme deuxième Spécialité les SVT. En effet, la réponse à cette question demande des connaissances à la fois en Physique-Chimie et en SVT.

Pour cela, le pH de son milieu biologique doit se situer entre 2,3 et 9,9, ce qui permet de comprendre pourquoi le contrôle du pH est essentiel. Le pH du sang humain, par exemple, doit être maintenu grâce à des **solutions tampons** dans une plage très étroite autour de 7,4.

Un support permettant d'accompagner la présentation orale répondant à cette question peut alors contenir les éléments suivants :

• un rappel du contexte, en une ligne, expliquant **l'intérêt de la question posée** ;

• un **diagramme de prédominance** de l'alanine permettant d'expliquant plus facilement à l'oral pourquoi le pH du milieu biologique doit se situer entre 2,3 et 9,9 ;

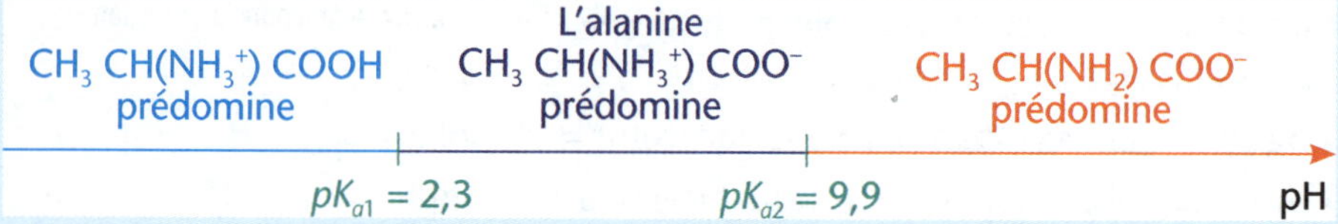

• un **schéma de la ou des expériences réalisées** au cours de l'année de Terminale (et/ou de Première) permettant de **modéliser le phénomène étudié** dans le cadre de cette question, ici l'étude des solutions tampons par exemple.

> **Fautes d'orthographe interdites !**
> Évitez les fautes d'orthographe dans le support remis au jury, elles feront mauvais effet, tout particulièrement sur les termes liés à la physique-chimie.
> N'utilisez pas non plus de mots dont vous n'êtes pas certain du sens et relisez-vous.

Pour aller plus loin

8 pH de l'eau distillée

1. pH de l'eau pure à 25 °C

a) L'équation de l'autoprotolyse de l'eau s'écrit :

$$2\,H_2O_{(l)} \rightleftarrows H_3O^+_{(aq)} + HO^-_{(aq)}.$$

La constante d'équilibre associée à cette équation, appelée le **produit ionique de l'eau**, est égale à $K_e = \dfrac{[H_3O^+]_{éq} \cdot [HO^-]_{éq}}{c^{\circ 2}}$.

b) D'après les données de l'énoncé, $K_e = 1{,}0 \times 10^{-7} \times 1{,}0 \times 10^{-7} = \mathbf{1{,}0 \times 10^{-14}}$.

Le pH de l'eau pure est alors égal à :

$$\mathbf{pH} = -\log\left(\frac{[H_3O^+]_{éq}}{c^\circ}\right) = -\log\,(1{,}0 \times 10^{-7}) = \mathbf{7{,}0}.$$

2. Eau distillée laissée à l'air libre dans un laboratoire

La réaction équilibrée entre le dioxyde de carbone dissous et l'eau est la suivante : $CO_2, H_2O_{(aq)} + H_2O_{(l)} \rightleftarrows HCO_3^-{}_{(aq)} + H_3O^+_{(aq)}$.

Sa constante d'équilibre vaut $K_a = \dfrac{[H_3O^+]_{éq} \cdot [HCO_3^-]_{éq}}{[CO_2, H_2O]_{éq} \cdot c^\circ}$.

De plus, avec un tableau d'évolution, on peut montrer que :

$$[HCO_3^-]_{éq} = [H_3O^+]_{éq} = c^\circ \times 10^{-pH}.$$

D'où $K_a = \dfrac{c^\circ \times 10^{-pH} \times 10^{-pH}}{[CO_2, H_2O]_{éq}} = \dfrac{c^\circ \times 10^{-2\,pH}}{[CO_2, H_2O]_{éq}}$.

> **Rappel**
> $K_a = 10^{-pKa}$.

Ainsi : $[CO_2,H_2O]_{éq} = \dfrac{c^\circ \times 10^{-2\,pH}}{K_a} = \dfrac{c^\circ \times 10^{-2\,pH}}{10^{-pKa}} = c^\circ \times 10^{(pK_a - 2\,pH)}$.

Comme le pH d'une eau distillée laissée à l'air libre vaut 5,7, on trouve que la valeur de la concentration à l'équilibre du dioxyde de carbone dissous est égale à :

$$\mathbf{[CO_2, H_2O]_{éq}} = 1 \times 10^{(6{,}4 - 2 \times 5{,}7)} = 1 \times 10^{-5{,}0} = \mathbf{1{,}0 \times 10^{-5}\ mol{\cdot}L^{-1}}.$$

Ensuite, à partir d'un tableau d'avancement, on peut montrer que :

$[CO_2,H_2O]_{éq} = \dfrac{C \cdot V - x_{éq}}{V} = C - [H_3O^+]_{éq} = C - 10^{-pH}$.

D'où $C = [CO_2,H_2O]_{éq} + 10^{-pH}$.

$C = 1{,}0 \times 10^{-5} + 10^{-5{,}7} = \mathbf{1{,}2 \times 10^{-5}\ mol{\cdot}L^{-1}}$.

> **Notation**
> La valeur de la concentration initiale du dioxyde de carbone dissous est notée C.

CORRIGÉS

Ainsi, la valeur de la concentration initiale du dioxyde de carbone dissous vaut $1,2 \times 10^{-5}$ mol·L^{-1} pour de l'eau distillée de pH = 5,7.

3. Influence de la composition atmosphérique

La valeur moyenne de la concentration du dioxyde de carbone dissous dans une solution aqueuse est égale à :

$$[CO_2,H_2O]_{éq} = k.\ p_{CO_2} = 3,4 \times 10^{-7} \times \frac{0,038}{100} \times 1,013 \cdot 10^5 = \mathbf{1,3 \times 10^{-5}\ mol \cdot L^{-1}}.$$

Chiffres significatifs

Les données sont exprimées avec deux chiffres significatifs : le résultat doit donc être lui aussi exprimé avec deux chiffres significatifs.

Dans la question **2.**, on a trouvé que la concentration du dioxyde de carbone dissous dans l'eau distillée laissée au laboratoire valait :

$$[CO_2, H_2O]_{éq} = 1,0 \times 10^{-5}\ mol \cdot L^{-1}.$$

Cette concentration est plus faible en dioxyde de carbone dissous que celle obtenue avec de l'air à 0,038 % de CO_2.

Étant donné que la concentration en dioxyde de carbone dissous est proportionnelle au pourcentage en dioxyde de carbone, on en conclut que **l'air du laboratoire possède un pourcentage en dioxyde de carbone inférieur à 0,038 %.**

Piège à éviter

Ne confondez pas la valeur de la concentration à l'équilibre et la valeur de la concentration initiale.

La Prépa attitude

- Les réactions mettant en jeu des acides faibles et des bases faibles sont parfois très limitées. L'étude de ces états d'équilibre acido-basique nécessite la définition d'outils adaptés : l'activité et les quotients de réaction.
- La comparaison du quotient de réaction à la constante d'équilibre permet de prévoir l'évolution spontanée d'un système hors équilibre.

Prolongements aux cours de Terminale

1 Activité d'une espèce chimique

On note $\boldsymbol{a}(\mathbf{A}_i)$ **l'activité de l'espèce** $\mathbf{A}_i$, grandeur sans dimension telle que :

- si l'espèce A_i est solide ou un liquide pur, $\boldsymbol{a}(\mathbf{A}_i) = \mathbf{1}$;
- si l'espèce est le **solvant**, $\boldsymbol{a}(\mathbf{A}_i) = \mathbf{1}$;
- pour une solution diluée en soluté A_i : $a(A_i) = \dfrac{[A_i]}{c^0}$ avec $c^0 = 1\ \text{mol} \cdot \text{L}^{-1}$;

l'activité a alors pour valeur numérique la concentration molaire de l'espèce exprimée en $\mathbf{mol \cdot L^{-1}}$.

2 État d'équilibre d'un système chimique

La réaction de dissolution d'un acide faible ou d'une base faible dans l'eau n'est pas totale, c'est un exemple d'**équilibre chimique**. On symbolise cet équilibre dans l'équation chimique par les symboles « = » ou « ⇆ ».

L'état d'équilibre chimique est obtenu lorsque les **concentrations des différentes espèces** sont **constantes (échelle macroscopique)**. **L'équilibre est dynamique**, car à l'échelle microscopique, les chocs entre entités continuent, mais conduisent globalement à l'équilibre : la vitesse de la réaction directe (de gauche à droite) est alors égale à la vitesse de la réaction inverse (de droite à gauche).

- Pour étudier l'évolution spontanée d'une réaction limitée, on définit :

– le **taux d'avancement final** $\tau_F = \dfrac{\xi_F}{\xi_{Max}}$; pour une réaction totale ou quasi-totale, τ_F est proche de 1 ou égal à 1 ; pour une réaction très limitée, $\tau_F << 1$;

– le **quotient de réaction Q_R**, qui est une grandeur sans dimension :

$$\mathbf{Q_R = a(A_1)^{\nu_1} \cdot a(A_2)^{\nu_2} \cdot a(A_3)^{\nu_3} \ldots = \prod_{i=1}^{N} a(A_i)^{\nu_i}}.$$

Exemple : $CH_3COOH_{(aq)} + H_2O \leftrightarrows CH_3COO^-_{(aq)} + H_3O^+$.

$$Q_R = \prod_{i=1}^{N} a(A_i)^{\nu_i} = a(CH_3COO^-)^{+1} \cdot a(H_3O^+)^{+1} \cdot a(CH_3COOH)^{-1}$$ car l'eau est le solvant, donc son activité est égale à 1.

$$Q_R = \frac{[CH_3COO^-] \cdot [H_3O^+]}{[CH_3COOH] \cdot c^0}$$

Q_R varie dans le temps ; en l'absence d'indice supplémentaire, Q_R représente le quotient de réaction à la date t. On notera par exemple $Q_{R,\,i}$ le quotient de réaction initial.

> **Remarque**
> Q_R est bien sans dimension, c'est l'expression en fonction des activités qui permet de le constater.

• Lorsque le système a terminé son évolution et atteint l'état d'équilibre, le quotient de réaction devient constant :

$$\mathbf{Q_{R,F} = Q_{R,éq} = K},$$

avec K la constante de cet équilibre qui ne dépend que de l'équilibre et de la température.

Exemple : $CH_3COOH_{(aq)} + H_2O \leftrightarrows CH_3COO^-_{(aq)} + H_3O^+$.

$$K = Q_{R,éq} = \frac{[CH_3COO^-]_{éq} \cdot [H_3O^+]_{éq}}{[CH_3COOH]_{éq} \cdot c^0} = K_A$$

3 Rappels sur les critères d'évolution spontanée d'un équilibre chimique

Pour déterminer le sens spontané d'évolution d'un système, on calcule la valeur du quotient de réaction dans l'état initial et on la compare à la constante d'équilibre. Trois cas peuvent se présenter :

• **si $Q_{R,i} < K$: le système évolue spontanément dans le sens direct** jusqu'à ce que $Q_{R,i} = K$;

• **si $Q_{R,i} > K$: le système évolue spontanément dans le sens inverse** jusqu'à ce que $Q_{R,i} = K$;

• **si $Q_{R,i} = K$: le système est à l'équilibre et n'évolue plus** (macroscopiquement).

EXERCICES

➲ Corrigés p. 154

1 Mélange de deux solutions

On prépare une solution A en mélangeant $V_1 = 10{,}0$ mL d'une solution de fluorure d'hydrogène HF de concentration molaire $C_1 = 0{,}10 \text{ mol} \cdot \text{L}^{-1}$ avec $V_2 = 40{,}0$ mL d'une solution de fluorure de sodium $Na^+_{(aq)} + F^-_{(aq)}$ de concentration molaire $C_2 = 0{,}20 \text{ mol} \cdot \text{L}^{-1}$.

On prépare une solution B en mélangeant $V_3 = 25{,}0$ mL d'une solution d'acide méthanoïque de concentration molaire $C_3 = 0{,}20 \text{ mol} \cdot \text{L}^{-1}$ avec $V_4 = 25{,}0$ mL d'une solution de méthanoate de sodium de concentration molaire $C_4 = 0{,}10 \text{ mol} \cdot \text{L}^{-1}$.

La mesure du pH de ces solutions conduit à $pH_A = 4{,}1$ et $pH_B = 3{,}5$.

1) Montrer que, pour chacune des solutions A et B, tout se passe comme si les entités acido-basiques introduites dans les diverses solutions ayant servi à préparer ces mélanges n'avaient pas réagi avec l'eau. On pourra s'intéresser dans chaque solution à l'évolution des rapports $\frac{[\text{Base}]}{[\text{Acide}]}$ avant et après mélange.

2) On mélange les solutions A et B.

a) Écrire l'équation de la réaction acido-basique qui se produit lors du mélange.

b) Définir, puis exprimer la constante d'équilibre de cette réaction en fonction des données. Calculer la valeur de cette constante.

c) Déterminer dans quel sens le système évoluera après le mélange de A et de B.

d) Calculer l'avancement final et le taux d'avancement final de la réaction lors de cette transformation.

Données :

- Couple acide/base fluorure d'hydrogène/ion fluorure : $HF_{(aq)}/F^-_{(aq)}$, $pK_{a1} = 3{,}2$ dans les conditions des expériences.
- Couple acide/base acide méthanoïque/ion méthanoate : $pK_{a2} = 3{,}8$ dans les conditions des expériences.

2 Sens d'évolution d'une transformation d'oxydoréduction

On prépare une solution S_1 à partir d'iodure de potassium et de diiode telle que : $[I_{2(aq)}] = 1{,}0 \cdot 10^{-3} \text{ mol} \cdot \text{L}^{-1}$ et $[I^-_{(aq)}] = 1{,}0 \cdot 10^{-1} \text{ mol} \cdot \text{L}^{-1}$.

On prépare une solution S_2 contenant des ions fer (II) et fer (III) à égales concentrations : $[Fe^{2+}_{(aq)}] = [Fe^{3+}_{(aq)}] = 1{,}0 \cdot 10^{-2} \text{ mol} \cdot \text{L}^{-1}$.

a) Prévoir le sens d'évolution de la transformation lors du mélange de volumes égaux de ces deux solutions sachant qu'à la réaction des ions fer (III) avec les ions iodure est associée une constante d'équilibre $K = 5{,}0 \cdot 10^4$ dans les conditions de l'expérience.

b) Qu'observe-t-on dans cette expérience ?

Données :

• Les solutions aqueuses de diiode ont une coloration jaune-brun suivant la concentration.

• Couples oxydant/réducteur : $I_{2(aq)}/I^-_{(aq)}$; $Fe^{3+}_{(aq)}/ Fe^{2+}_{(aq)}$.

CORRIGÉS

1 **1)** Dans chacune des solutions, à l'équilibre, on a :

$$pH = pK_a + \log\frac{[Base]_{éq}}{[Acide]_{éq}} \text{ soit } pH - pK_a = \log\frac{[Base]_{éq}}{[Acide]_{éq}}$$

d'où $\dfrac{[Base]_{éq}}{[Acide]_{éq}} = 10^{pH - pK_a}$.

Mélange A : $\dfrac{[F^-]_{éq}}{[HF]_{éq}} = 10^{pH_A - pK_{a1}} = 10^{4,1-3,2} = 10^{0,9} = 8,0$.

Mélange B : $\dfrac{[HCOO^-]_{éq}}{[HCOOH]_{éq}} = 10^{pH_B - pK_{a2}} = 10^{3,5-3,8} = 10^{-0,3} = 0,5$.

Dans chacune des solutions, dans l'état initial (avant réaction) :

$$\frac{[F^-]_i}{[HF]_i} = \frac{\dfrac{C_2 \cdot V_2}{V_1 + V_2}}{\dfrac{C_1 \cdot V_1}{V_1 + V_2}} = \frac{C_2 \cdot V_2}{C_1 \cdot V_1} = \frac{0,20 \times 40,0}{0,10 \times 10,0} = 8,0 \text{ pour la solution A.}$$

$$\frac{[HCOO^-]_i}{[HCOOH]_i} = \frac{\dfrac{C_4 \cdot V_4}{V_3 + V_4}}{\dfrac{C_3 \cdot V_3}{V_3 + V_4}} = \frac{C_4 \cdot V_4}{C_3 \cdot V_3} = \frac{0,10 \times 25,0}{0,20 \times 25,0} = 0,50 \text{ pour la solution B.}$$

On constate que, dans chaque solution, **les rapports de concentration $\dfrac{[Base]}{[Acide]}$ n'ont pas changé avant et après réaction, les réactions des différentes espèces avec l'eau sont donc bien négligeables.**

2) a) $HF_{(aq)} + HCOO^-_{(aq)} \leftrightarrows F^-_{(aq)} + HCOOH_{(aq)}$.

Remarque
Cet équilibre peut également être écrit dans l'autre sens, la conclusion de l'analyse sera la même, mais la constante d'équilibre changera.

b) $K = \prod_{i=1}^{N=4} a(A_i)_{éq}^{i} = a(F^-)_{éq}^{+1} \cdot a(HCOOH)_{éq}^{+1} \cdot a(HF)_{éq}^{-1} \cdot a(HCOO^-)_{éq}^{-1}$

Soit $K = \dfrac{[F^-]_{éq} \cdot [HCOOH]_{éq}}{[HF]_{éq} \cdot [HCOO^-]_{éq}}$. On multiplie et on divise ensuite par $[H_3O^+]$ pour faire apparaître les constantes d'acidité :

$$K = \frac{[F^-]_{éq} \cdot [H_3O^+]_{éq}}{[HF]_{éq}} \times \frac{[HCOOH]_{éq}}{[HCOO^-]_{éq} \cdot [H_3O^+]_{éq}} = \frac{K_{A1}}{K_{A2}} = \frac{10^{-pK_{a1}}}{10^{-pK_{a2}}}$$

$\boldsymbol{K = 10^{pK_{a2} - pK_{a1}}}$

A. N. : $K = 10^{3,8-3,2} = 10^{0,6} = \mathbf{4,0}$.

Remarque
Si on écrit l'équilibre dans l'autre sens, on a $K' = 1/K = 0,25$.

c) Pour prévoir le sens d'évolution du système, il faut calculer $Q_{R,i}$ et comparer sa valeur à celle de K :

$Q_{R,i} = \dfrac{[F^-]_i \cdot [HCOOH]_i}{[HF]_i \cdot [HCOO^-]_i} = \dfrac{8,0}{0,50}$ d'après la question **a)**, soit $Q_{R,i} = 16$.

$Q_{R,i} > K$ donc **le système évolue dans le sens inverse.**

Remarque
Si on écrit l'équilibre dans l'autre sens, on trouvera un système qui évolue dans le sens direct, ce qui est cohérent avec la conclusion précédente.

d) Si on conserve l'équilibre précédent, l'avancement final sera négatif. Écrivons donc l'équilibre dans l'autre sens, avec une constante d'équilibre $K' = 1/K$ et réalisons un tableau d'avancement pour déterminer l'avancement final de la réaction, ξ_F.

Équation	$F^-_{(aq)}$ +	$HCOOH_{(aq)}$ ⇆	$HF_{(aq)}$ +	$HCOO^-_{(aq)}$
État initial	$n_i(F^-)$	$n_i(HCOOH)$	$n_i(HF)$	$n_i(HCOO^-)$
État final	$n_i(F^-) - \xi_F$	$n_i(HCOOH) - \xi_F$	$n_i(HF) + \xi_F$	$n_i(HCOO^-) + \xi_F$

$$K' = \frac{[HF]_{éq} \cdot [HCOO^-]_{éq}}{[F^-]_{éq} \cdot [HCOOH]_{éq}} = \frac{\left(\dfrac{n_i(HF) + \xi_F}{V}\right) \cdot \left(\dfrac{n_i(HCOO^-) + \xi_F}{V}\right)}{\left(\dfrac{n_i(F^-) - \xi_F}{V}\right) \cdot \left(\dfrac{n_i(HCOOH) - \xi_F}{V}\right)} \text{ soit :}$$

$$K' = \frac{1}{4} = \frac{(n_i(HF) + \xi_F) \cdot (n_i(HCOO^-) + \xi_F)}{(n_i(F^-) - \xi_F) \cdot (n_i(HCOOH) - \xi_F)} = \frac{(C_1 \cdot V_1 + \xi_F) \cdot (C_4 \cdot V_4 + \xi_F)}{(C_2 \cdot V_2 - \xi_F) \cdot (C_3 \cdot V_3 - \xi_F)}$$

AMBITION PRÉPA

$$K' = \frac{(1{,}0 + \xi_F)\cdot(2{,}5 + \xi_F)}{(8{,}0 - \xi_F)\cdot(5{,}0 - \xi_F)}$$ si ξ_F est en mmol. On en déduit :

$$(8{,}0 - \xi_F)\cdot(5{,}0 - \xi_F) = 4 \times (1{,}0 + \xi_F)\cdot(2{,}5 + \xi_F)$$
$$40 - 8{,}0 \times \xi_F - 5{,}0 \times \xi_F + \xi_F^2 = 10 + 4 \times \xi_F + 10 \times \xi_F + 4 \times \xi_F^2$$

$3 \times \xi_F^2 + 27 \times \xi_F - 30 = 0$ soit $\xi_F^2 + 9 \times \xi_F - 10 = 0$.

Les deux solutions mathématiques sont :

$$x_1 = \frac{-b + \sqrt{b^2 - 4ac}}{2a} = \frac{-9 + \sqrt{9^2 + 4 \times 1 \times 10}}{2} = \frac{-9 + \sqrt{121}}{2} = 1{,}0$$

$x_2 = -x_1 = -1{,}0 < 0$ donc exclue.

Par suite, l'avancement final de la réaction est $\xi_F = \mathbf{1{,}0 \cdot 10^{-3}}$ **mol.**

On avait $n_i(F^-) = C_2V_2 = 8{,}0$ mmol et $n_i(HCOOH) = C_3V_3 = 5{,}0$ mmol ; d'après l'équation de la réaction, on en déduit que $\xi_{MAX} = 5{,}0 \cdot 10^{-3}$ mol.

$$\tau_F = \frac{\xi_F}{\xi_{Max}} = \frac{1{,}0\cdot 10^{-3}}{5{,}0\cdot 10^{-3}} = 0{,}20 = \mathbf{20\ \%}$$ (réaction limitée).

2 **a)** L'énoncé donnant la valeur de la constante d'équilibre de la réaction entre les ions fer (III) et les ions iodure, on choisira cette réaction comme sens direct :

$I_{2(aq)}/I^-_{(aq)}$: $2\,I^-_{(aq)} = I_{2(aq)} + 2e^-$ (× 1)

$Fe^{3+}_{(aq)}/Fe^{2+}_{(aq)}$: $Fe^{3+}_{(aq)} + e^- = Fe^{2+}_{(aq)}$ (× 2)

$$2\,Fe^{3+}_{(aq)} + 2\,I^-_{(aq)} \rightleftarrows 2\,Fe^{2+}_{(aq)} + I_{2(aq)}$$

On mélange un même volume de S_1 et de S_2, donc dans les mélanges, les concentrations molaires de chaque espèce sont divisées par deux :

$[I_{2(aq)}]_i = 5{,}0 \cdot 10^{-4}\ mol \cdot L^{-1}$ et $[I^-_{(aq)}]_i = 5{,}0 \cdot 10^{-2}\ mol \cdot L^{-1}$;

$[Fe^{2+}_{(aq)}]_i = [Fe^{3+}_{(aq)}]_i = 5{,}0 \cdot 10^{-3}\ mol \cdot L^{-1}$. On en déduit :

$$Q_{R,i} = \prod_{i=1}^{N=4} a(A_i)_i^{\nu_i} = a(Fe^{2+})_i^{+2} \cdot a(I_2)_i^{+1} \cdot a(Fe^{3+})_i^{-2} \cdot a(I^-)_i^{-2}$$

$$Q_{R,i} = \frac{[Fe^{2+}]_i^2 \cdot [I_2]_i \cdot c°}{[Fe^{3+}]_i^2 \cdot [I^-]_i^2} = \frac{[I_2]_i \cdot c°}{[I^-]_i^2}$$ car $[Fe^{2+}_{(aq)}]_i = [Fe^{3+}_{(aq)}]_i$.

$$Q_{R,i} = \frac{5{,}0 \cdot 10^{-4}}{(5{,}0 \cdot 10^{-2})^2} = 0{,}20 \ll K$$ donc **le système évoluera dans le sens direct.**

b) La réaction évoluant dans le sens direct, la concentration en diiode va augmenter et donc **la coloration brunâtre de la solution s'accentuera**.

CHAPITRE 7

Oxydoréduction, piles et électrolyseurs

Capacités exigibles du chapitre disponibles sur **Nathan Live**

COURS

1 Rappels sur l'oxydoréduction

- Une **réaction d'oxydoréduction** est une réaction au cours de laquelle des espèces chimiques **s'échangent des électrons.**
- Un **oxydant** est une espèce chimique susceptible de **capter** un ou plusieurs électrons.

Exemples d'oxydants

- Au laboratoire : le dichlore (Cl_2), l'ion permanganate (MnO_4^-).
- Dans la vie quotidienne : le dioxygène (O_2) de l'air, l'ion hypochloreux (ClO^-) présent dans l'eau de Javel ou le peroxyde d'hydrogène présent dans certains antiseptiques.

- Un **réducteur** est une espèce chimique susceptible de céder un ou plusieurs électrons.

Exemples de réducteurs

- Au laboratoire : le dihydrogène (H_2), le sodium (Na) ainsi que tous les métaux du bloc s.
- Dans la vie quotidienne : l'acide ascorbique, aussi appelé vitamine C, présent dans de nombreux aliments comme conservateur (E 300).

- Un **couple oxydant-réducteur** est un couple dont les espèces chimiques sont liées par une relation **d'échange électronique**. Il est noté sous la forme Ox/Red.

À savoir

Pour **identifier l'oxydant et le réducteur** lors de l'écriture d'une demi-équation électronique, il faut toujours **penser à l'écriture symbolique** de la demi-équation suivante :

$$\text{Ox} + n\,e^- = \text{Red}$$

Vocabulaire

Les éléments chimiques du bloc s correspondent aux éléments chimiques des deux premières colonnes du tableau périodique (voir l'annexe à la fin du manuel). Ils ont tendance à perdre des électrons pour former un ion ayant autant d'électrons que l'atome de gaz noble le plus proche en numéro atomique.

- Lors de l'écriture d'une réaction d'oxydoréduction, le nombre d'électrons cédés par le réducteur d'un couple doit correspondre au nombre d'électrons captés par l'oxydant de l'autre couple.

Exemple : réaction entre le métal sodium et l'eau

Les couples intervenants sont :

$$H^+_{(aq)} / H_{2(g)} \text{ et } Na^+_{(aq)} / Na_{(s)}.$$

Les demi-équations correspondantes sont :

$$2\,H^+_{(aq)} + 2\,e^- = H_{2(g)} \text{ et } Na^+_{(aq)} + e^- = Na_{(s)}.$$

L'équation de la réaction associée est :

$$2\,H^+_{(aq)} + 2\,Na_{(s)} \rightarrow H_{2(g)} + 2\,Na^+_{(aq)}.$$

Le nombre d'électrons libérés par le réducteur correspond au nombre d'électrons captés par l'oxydant.

2 Pile

1 Constitution et fonctionnement d'une pile

- Une **pile** est un dispositif chimique susceptible de **fournir de l'énergie** électrique à un circuit extérieur lors d'un **transfert d'électrons.**

Vocabulaire

Le terme « pile » trouve son origine dans l'empilement des disques de zinc et d'argent réalisé par Volta en 1800.

- **L'énergie chimique libérée** par une **réaction spontanée** lorsque les espèces chimiques sont en contact directement ne permet pas d'obtenir d'énergie électrique car le transfert des électrons se fait directement entre les espèces chimiques au sein de la solution.
- Pour **obtenir de l'énergie électrique**, il est nécessaire de **séparer l'oxydant et le réducteur** dans deux compartiments distincts pour induire un mouvement d'électrons par le biais des électrodes vers un circuit extérieur.

Doc. 1 Pile Volta, transformation chimique directe et pile Daniell où l'oxydant et le réducteur sont séparés.

- **Une pile résulte de l'association de deux demi-piles**. Chaque demi-pile regroupe les espèces chimiques d'un couple oxydant-réducteur ainsi qu'un électrolyte et une électrode. Dans de nombreux cas, l'électrolyte et/ou l'électrode sont formés par des espèces chimiques intervenant dans la réaction.

Vocabulaire

Un électrolyte est une substance conductrice du courant électrique.

- Les électrodes permettent d'assurer l'échange d'électrons entre les deux demi-piles. **L'anode** est l'électrode où se produit la réaction d'oxydation. La **cathode** est l'électrode où se produit la **réaction** de réduction.
- **Le pont salin ou pont ionique** permet d'assurer la circulation des ions entre les deux demi-piles lorsqu'elles sont séparées.

Exemple : fonctionnement de la pile Daniell

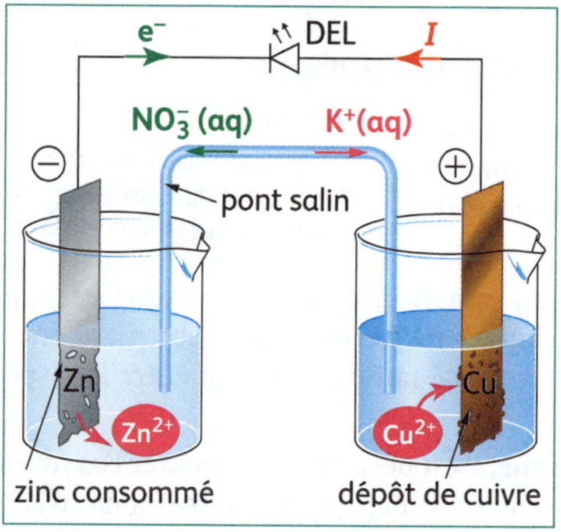

Rappel

La solution de sulfate de cuivre (II) est couramment appelée solution de sulfate de cuivre. Elle est bleue.

Le zinc est à la fois le réducteur du couple Zn^{2+}/Zn et l'anode de la pile puisqu'il s'y déroule une oxydation. Les électrons quittent cette électrode, qui constitue donc le pôle négatif de cette pile.

Les ions cuivre constituent à la fois l'électrolyte de la solution et l'oxydant pour le couple Cu^{2+}/Cu. Les électrons sont consommés au niveau de cette électrode, qui constitue donc le pôle positif de cette pile.

Lors du fonctionnement de cette pile, le métal zinc est consommé (perte de masse) alors que du cuivre s'est déposé sur l'électrode de cuivre (gain de masse). On pourra se rendre compte d'une décoloration de la solution bleue de sulfate de cuivre puisque les ions cuivre, responsables de la coloration de la solution sont peu à peu consommés.

Les électrons se déplacent dans les métaux et les ions migrent dans l'électrolyte.

2 Grandeurs caractéristiques d'une pile

• Lors du **fonctionnement d'une pile**, les réactifs sont peu à peu consommés et ses propriétés physico-chimiques évoluent selon la nature et les concentrations des espèces chimiques présentes. Pour comparer les différentes piles disponibles dans notre vie quotidienne, il existe différentes grandeurs physiques pour les discerner.

• Le tracé de la **caractéristique** d'une pile, c'est-à-dire le **tracé de la droite $U = f(I)$** permet d'établir que la tension aux bornes d'une pile s'écrit

$$U = E - r \times I\text{, avec :}$$

> **Vocabulaire**
> La **caractéristique** d'un dipôle correspond à l'évolution de la tension aux bornes du dipôle en fonction de l'intensité du courant électrique.

- ***E* la force électromotrice** (f.e.m.) de la pile, en volt (V). Cette grandeur se détermine expérimentalement en connectant un voltmètre **directement aux deux électrodes** ; elle dépend des couples oxydant-réducteur et de la concentration des espèces chimiques intervenant dans la réaction ;
- ***r* la résistance interne de la pile**, en ohm (Ω). Elle peut être déterminée expérimentalement en relevant la tension de la pile pour différentes valeurs de l'intensité du courant débité ;
- *I* l'intensité du courant électrique débité par la pile en ampère (A).

3 Capacité d'une pile

• **Lorsque la pile est usée**, l'intensité du courant électrique débité est nulle et la tension à ses bornes est nulle : l'**état d'équilibre chimique est atteint**, le réactif limitant a totalement réagi.

• La capacité d'une pile Q correspond à la **quantité de charge électrique maximale**, en coulomb (C), délivrée par une pile :

$$Q = n \times N_A \times e = n \times F\text{, avec :}$$

- n la quantité d'électrons transférée par le réactif limitant, en mole (mol) ;
- $N_A = 6{,}02 \times 10^{23}$ mol^{-1} le nombre d'Avogadro ;
- $e = 1{,}6 \times 10^{-19}$ C la charge élémentaire ;
- $F = N_A \times e = 96{,}5 \times 10^3$ C·mol^{-1} la constante de Faraday.

• De plus, comme l'intensité I, en ampère (A), du courant électrique débité par la pile correspond au débit de charges électriques traversant une section d'un fil conducteur :

$$I = \frac{Q}{\Delta t}$$ avec Δt la durée de fonctionnement, en seconde (s), de la pile.

• La capacité d'une pile, en coulomb (C), peut donc s'écrire :

$$Q = I \times \Delta t.$$

3 Électrolyseur

> **Remarque**
> Cette partie du cours est à connaître uniquement pour le Grand Oral. Elle n'est pas exigible pour l'épreuve écrite et pour l'ECE du baccalauréat.

1 Constitution et fonctionnement d'un électrolyseur

> **Vocabulaire**
> Le terme « électrolyse » s'est construit à partir du grec *électro*, désignant tout ce qui a trait de l'électricité, et *lyse*, « décomposer ».

• Une pile est un générateur électrochimique qui convertit de l'énergie chimique en énergie électrique lors d'une transformation spontanée qui libère de l'énergie. **Un électrolyseur** est quant à lui **un récepteur** dont l'objectif est de **convertir** de l'énergie électrique en énergie chimique **lors d'une transformation forcée, appelée électrolyse, en consommant de l'énergie.**

• Les électrolyses permettent essentiellement de réaliser :

– des dépôts ou des purifications de métaux (procédé à anode sacrificielle) ;

– des régénérations d'espèces chimiques pour les accumulateurs (phase de recharge) ;

– des synthèses d'espèces chimiques (soude, dichlore, dihydrogène…).

• Lors d'une électrolyse, c'est un générateur extérieur qui impose la polarité aux électrodes de l'électrolyseur. Les définitions des électrodes restent identiques à celle de la pile.

→ Exemple : électrolyse de l'eau pour fabriquer du dihydrogène

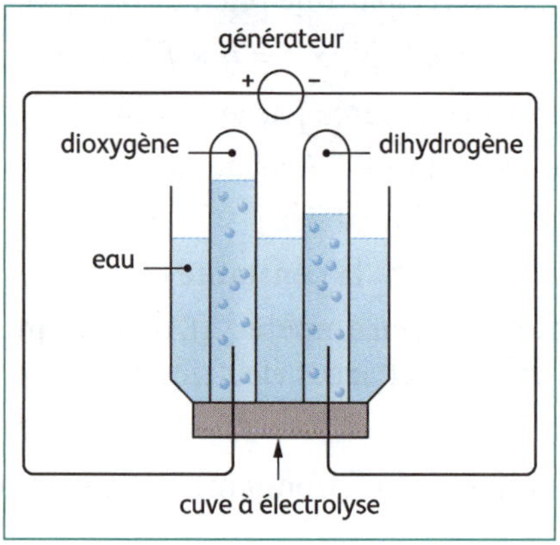

Un générateur impose le sens du courant électrique au niveau des électrodes et donc les réactions qui s'y déroulent :

– au pôle négatif, les électrons arrivent au niveau de l'électrode et sont consommés : c'est une réduction. L'électrode est une cathode :

$$2\,H^+_{(aq)} + 2\,e^- \longrightarrow H_{2(g)}\;;$$

– au pôle positif, les électrons quittent l'électrode et sont produits : c'est une réaction d'oxydation. L'électrode est une anode :

$$2\,H_2O_{(l)} \longrightarrow O_{2(g)} + 4\,H^+_{(aq)} + 4\,e^-.$$

Finalement, la réaction de synthèse est :

$$2\,H_2O_{(l)} \longrightarrow O_{2(g)} + 2\,H_{2(g)}.$$

La quantité de dihydrogène gazeux produite est le double de celle du dioxygène. Selon la loi d'Avogadro, le volume de dihydrogène formé est aussi deux fois plus grand. Ceci apparait bien dans le schéma de la page précédente.

Rappel

La loi d'Avogadro précise que des volumes égaux de gaz différents contiennent des quantités identiques dans les mêmes conditions de température et pression.

2 Caractéristique d'un électrolyseur

• Le tracé de la caractéristique d'un électrolyseur, c'est-à-dire le tracé de la droite $U = f(I)$ permet d'établir que la tension aux bornes d'un électrolyseur s'écrit $\boldsymbol{U = E' + r' \times I}$ avec :

– E' la tension minimale, en volt (V), qu'il faut appliquer pour qu'un courant électrique puisse circuler et que l'électrolyse se fasse (c'est l'ordonnée à l'origine de la droite modélisant la caractéristique de l'électrolyseur) ;

– r' la résistance interne, en ohm (Ω), de l'électrolyseur (c'est le coefficient directeur de la droite modélisant la caractéristique de l'électrolyseur).

3 Rendement d'un électrolyseur

• Comme tout convertisseur d'énergie, il peut être utile de déterminer le **rendement** d'un électrolyseur :

$$\eta = \frac{\text{Énergie}_{\text{utile}}}{\text{Énergie}_{\text{consommée}}} = \frac{\text{Énergie}_{\text{chimique}}}{\text{Énergie}_{\text{électrique}}}.$$

Le rendement peut également s'exprimer en pourcentage.

• Plus la résistance interne du dispositif est élevée, plus l'énergie est dissipée par effet Joule et moins bon est le rendement.

Vocabulaire

L'effet Joule correspond à une augmentation de la température du conducteur lorsqu'il est traversé par un courant électrique.

COURS

4 Accumulateur

> **Remarque**
> Cette partie du cours est à connaître uniquement pour le Grand Oral. Elle n'est pas exigible pour l'épreuve écrite et pour l'ECE du baccalauréat.

Dans la vie quotidienne, le mot « batterie » est utilisé à la place du mot « accumulateur ». Le mot « batterie » désigne en réalité un assemblage d'accumulateurs, couplés pour obtenir une tension plus élevée ou une plus grande réserve d'énergie.

Le mot « pile rechargeable » est quant à lui incorrect du point de vue de la chimie car une pile en chimie ne se recharge pas.

C'est en 1859 que le français Gustave Planté a réussi le premier à réaliser un système qui puisse être rechargé après décharge.

1 Constitution et fonctionnement d'un accumulateur

- Le fonctionnement des accumulateurs repose sur le fait que la réaction chimique qui se produit est **réversible** :

– lorsque l'accumulateur génère de l'énergie électrique, il joue le rôle d'une pile, la réaction chimique est spontanée (sens direct) ;

– lorsque l'accumulateur se charge, il joue le rôle d'un électrolyseur, la réaction chimique est forcée au moyen d'un générateur qui va fournir de l'énergie (sens indirect).

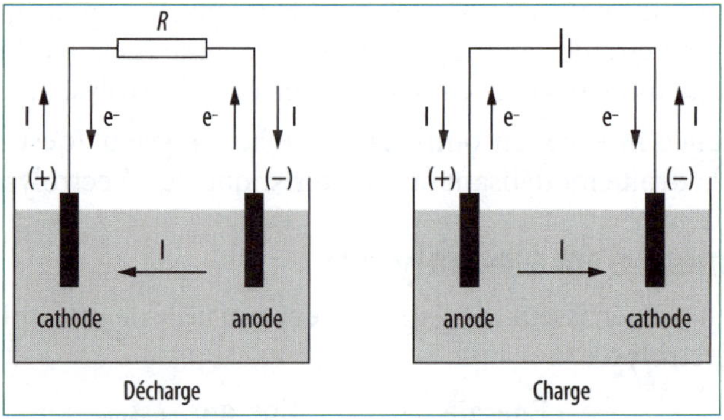

Doc. 2 Décharge/charge d'un accumulateur, sens du courant et des électrons.

- En pratique, les accumulateurs ont besoin d'un électrolyte qui assure les échanges ioniques tout en assurant la stabilité des espèces chimiques.

Exemple : batterie au plomb constituée de plusieurs accumulateurs

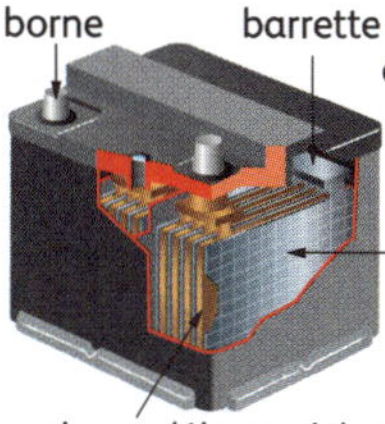

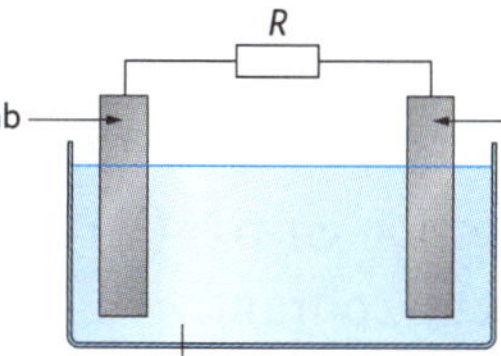

Doc. 3 Schéma en coupe de la batterie et schématisation de l'accumulateur.

L'électrode positive est constituée d'oxyde de plomb (PbO_2).

L'électrode négative est en plomb (Pb).

L'électrolyte est un mélange d'acide sulfurique et d'eau.

La décharge de la batterie est modélisée par la réaction dans le sens direct :

$$PbO_{2(s)} + Pb_{(s)} + 4\,H_3O^+_{(aq)} + 2\,SO^{2-}_{4(aq)} \longrightarrow 2\,Pb^{2+}_{(aq)} + 2\,SO^{2-}_{4(aq)} + 6\,H_2O_{(l)}$$

La charge de la batterie est modélisée par la réaction dans le sens indirect :

$$2\,Pb^{2+}_{(aq)} + 2\,SO^{2-}_{4(aq)} + 6\,H_2O_{(l)} \longrightarrow PbO_{2(s)} + Pb_{(s)} + 4\,H_3O^+_{(aq)} + 2\,SO^{2-}_{4(aq)}$$

> **À noter**
> L'acide sulfurique est un acide fort de formule brute H_2SO_4.

2 Caractéristiques d'un accumulateur

- La **capacité de stockage** *Q* d'un accumulateur, en coulomb (C), représente la **quantité de charge électrique** qu'il est possible d'obtenir lors d'une **décharge complète de l'accumulateur initialement chargé**, généralement avec un courant électrique d'intensité *I* constante, en ampère (A) :

$$Q = I \times \Delta t \text{ avec } \Delta t \text{ la durée de la décharge, en seconde (s).}$$

> **Unités**
> Lorsque la capacité est exprimée en Ah, la durée doit être exprimée en heure.

Cette capacité s'exprime en C ou en Ah (1 Ah = $3{,}6 \times 10^3$ C).

- La tension nominale U_{nominale}, en volt (V), correspond à la tension mesurée lorsque l'accumulateur est totalement chargé à vide (sans qu'il soit en fonctionnement).

> **À savoir**
> Pour augmenter la tension d'une batterie d'accumulateurs, il faut raccorder des éléments du même type en série.

- L'**énergie stockée de l'accumulateur** (exprimée en joule) représente la quantité d'énergie électrique qu'il est possible d'obtenir lors de la décharge totale de l'accumulateur initialement chargé avec un courant constant :

$$\boldsymbol{E} = \boldsymbol{Q} \times \boldsymbol{U}_{\mathbf{nominale}}, \text{ où}$$

– Q représente la capacité de stockage (en C) ;

– U_{nominale}, la tension en volt (V) lorsque l'accumulateur est totalement chargé et ne débite aucun courant.

- L'autodécharge d'une batterie correspond à une réaction électrochimique provoquant une réduction progressive de la charge de la batterie.
- La durée de vie d'une batterie correspond au nombre de cycles de charge/décharge avant que les caractéristiques ne se dégradent. Ce nombre dépend de la technologie employée.

Exemples

- Dans nos voitures actuelles, il peut y avoir deux batteries différentes :
  – les batteries pour démarrer une voiture, qui brûlent un hydrocarbure (l'essence) ;
  – les batteries qui permettent de stocker de l'énergie pour faire fonctionner un moteur électrique.
- De nouvelles technologies ont permis d'améliorer l'efficacité et la durée de vie des batteries de démarrage : ce sont les batteries *Start-Stop*. Une batterie classique permet en moyenne 30 000 démarrages pendant qu'une batterie *Start-Stop* autorise plus de 85 000 démarrages.
- Les recherches actuelles ont pour objectif d'augmenter la quantité d'électricité stockée dans les batteries et de réduire leur masse pour donner plus d'autonomie aux véhicules hybrides et électriques, tout en utilisant des matériaux propres. Vus les enjeux, les investissements pour la recherche sont colossaux.

QCM et questions courtes

1 Vrai ou Faux ?

Corrigé p. 175

1. Un oxydant est oxydé et un réducteur est réduit. ☐ Vrai ☐ Faux

2. L'intégralité de l'énergie électrique consommée par un électrolyseur est convertie en énergie chimique. ☐ Vrai ☐ Faux

3. Les deux demi-équations d'oxydoréduction d'une photosynthèse peuvent s'écrire :

$$2\,H_2O_{(l)} = O_{2(g)} + 4\,H^+_{(aq)} + 4\,e^-$$

$$CO_{2(g)} + 4\,H^+_{(aq)} + 4\,e^- = (CH_2O) + H_2O_{(l)}$$

Lors de la photosynthèse, l'eau est oxydée et le dioxyde de carbone est réduit.
☐ Vrai ☐ Faux

2 Faites votre choix !

Corrigé p. 175

1. Lorsqu'une pile débite du courant dans un circuit électrique, on dit que la réaction chimique qui a lieu dans la pile est :

a) ☐ naturelle **b)** ☐ forcée **c)** ☐ spontanée **d)** ☐ toujours réversible

2. Georges Leclanché, ingénieur français, est primé en 1867 lors de l'Exposition Universelle de Paris pour la pile chimique qui portera plus tard son nom : la pile Leclanché. Les réactifs de cette pile sont du dioxyde de manganèse et du zinc métallique. Lors du fonctionnement d'une pile Leclanché, les transformations qui ont lieu sont modélisées par les demi-équations suivantes :

> **Vocabulaire**
> Ces piles portent aussi le nom de piles salines. On les oppose souvent aux piles alcalines dont l'électrolyte est différent. Les piles salines peuvent généralement débiter un courant électrique plus important.

$$MnO_{2(s)} + H^+_{(aq)} + e^- = MnO(OH)_{(s)}$$

$$Zn_{(s)} = Zn^{2+}_{(aq)} + 2\,e^-$$

L'équation de la réaction est alors :

a) ☐ $MnO_{2(s)} + H^+_{(aq)} + Zn_{(s)} \rightarrow MnO(OH)_{(s)} + Zn^{2+}_{(aq)}$

b) ☐ $2MnO_{2(s)} + 2H^+_{(aq)} + Zn_{(s)} \rightarrow MnO(OH)_{(s)} + Zn^{2+}_{(aq)}$

c) ☐ $MnO_{2(s)} + H^+_{(aq)} + 2Zn_{(s)} \rightarrow MnO(OH)_{(s)} + 2Zn^{2+}_{(aq)}$

d) ☐ $2MnO_{2(s)} + 2H^+_{(aq)} + Zn_{(s)} \rightarrow 2MnO(OH)_{(s)} + Zn^{2+}_{(aq)}$

Exercices d'entraînement

3 Synthèse industrielle de l'eau de Javel

★ 10 min Corrigé p. 176

L'eau de Javel est un produit d'entretien courant de notre vie quotidienne qui est souvent utilisé pour désinfecter. Le principe actif de ce produit est l'ion hypochloreux $ClO^-_{(aq)}$. Cette solution est obtenue par barbotage du dichlore de formule chimique $Cl_{2(g)}$ dans une solution de soude de formule chimique $(Na^+_{(aq)}, HO^-_{(aq)})$ à 20 %.

Données : Couples oxydant-réducteur :
$Cl_{2(g)}/Cl^-_{(aq)}$ et $ClO^-_{(aq)}/Cl_{2(g)}$

Astuce
Pour déterminer dans quel sens écrire chacune des demi-équations, identifiez dans l'énoncé quels sont les réactifs et les produits de la réaction étudiée.

1. Indiquer quelle espèce chimique on doit obtenir lors de la synthèse de l'eau de Javel.

2. Établir les deux demi-équations à partir des couples oxydant-réducteur indiqués.

3. Écrire l'équation de la réaction de la préparation de l'eau de Javel.

4. Préciser les précautions toutes particulières à prendre si l'on souhaite réaliser le dosage d'une eau de Javel ?

4 Acide ascorbique

★★ 10 min Corrigé p. 177

L'acide ascorbique, appelé vitamine C dans la vie quotidienne, est une espèce chimique présente naturellement dans de très nombreux fruits et légumes. Cette espèce chimique réagit facilement avec le dioxygène de l'air et permet ainsi de préserver l'aliment de l'oxydation de ses constituants. Il est donc fréquemment utilisé dans notre vie quotidienne comme conservateur.

Données : Couples oxydant-réducteur : $C_6H_6O_{6(aq)}/C_6H_8O_{6(aq)}$ et $O_{2(g)}/H_2O_{(l)}$

À savoir
L'oxydant d'un couple réagit toujours avec le réducteur de l'autre couple.

1. Indiquer si l'acide ascorbique est un oxydant ou un réducteur d'après les informations données dans l'énoncé. En déduire la formule brute de cet acide.

2. Établir les deux demi-équations correspondant aux couples oxydant-réducteur indiqués.

3. Écrire l'équation de la réaction chimique qui modélise la réaction entre le dioxygène et l'acide ascorbique.

4. Proposer une espèce chimique du laboratoire pour doser la vitamine C d'un citron par exemple.

5 Une pile pour les dentistes du XIXe siècle ★★ 30 min ➔ Corrigé p. 177

En 1884, Louis Figuier décrit dans *Nouvelles Conquêtes de la science*, aux éditions Girard et Boitte, une pile mise en œuvre par M. Trouvé qui permet de faire fonctionner un moteur dont la vitesse et la puissance varient selon le niveau d'immersion de plaque de charbon et de zinc dans une solution de bichromate de potassium acidifiée. Les gravures proposées dans son livre sont présentées ci-dessous :

Doc. 1 Pile avec son treuil

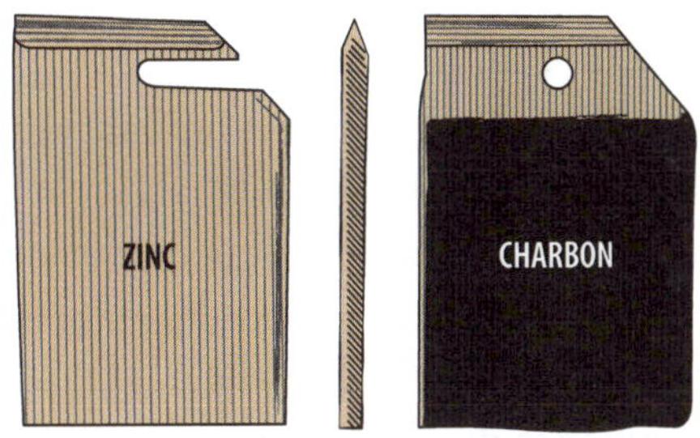

Doc. 2 Électrodes de charbon et de zinc

Louis Figuier indique : « Les éléments de cette pile sont formés d'une lame de zinc et de deux charbons… M. Trouvé a modifié la composition du liquide excitateur de la pile au bichromate de potasse en proposant de mélanger 1 kg de bichromate de potassium pulvérisé en ajoutant de l'eau et de l'acide sulfurique dans les proportions trois pour un (…) L'acide sulfurique, en élevant la température du mélange, favorise la dissolution qui doit être complète.(…) Avec ce dispositif, il est facile de faire varier la production d'électricité suivant le plus ou moins d'immersion ».

Ces piles seront utilisées pour faire fonctionnement de nombreux moteurs électriques (bateau, machine à coudre) et ceux notamment des roulettes des dentistes où le dispositif d'immersion est commandé par une pédale actionnée par le pied du dentiste pour faire varier la vitesse de rotation.

Données : Couples oxydant-réducteur :

$$Cr_2O_{7(aq)}^{2-}/Cr_{(aq)}^{3+} \; ; \; Zn_{(aq)}^{2+}/Zn_{(s)} \; ; \; H_3O_{(aq)}^{+} \,/\, H_{2(g)}$$

Pictogrammes indiqués sur la fiche toxicologique du dichromate de potassium :

À noter

Il est nécessaire de connaître la signification des pictogrammes et de bien les distinguer.

Masses molaires :

Élément chimique	Cr	K	O	S	H	Zn
Masse molaire (en $g \cdot mol^{-1}$)	52,0	39,1	16,0	32,1	1,0	65,4

1. Identifier les électrodes et l'électrolyte de la pile décrite par Louis Figuier.

2. Identifier l'oxydant et le réducteur qui réagissent ensemble lorsque cette pile débite un courant.

3. Établir les deux demi-équations puis l'équation de la réaction qui modélise le fonctionnement cette pile.

4. Indiquer la polarité et la nature de ces électrodes.

5. Pourquoi est-il nécessaire d'ajouter de l'acide sulfurique pour assurer un bon fonctionnement de cette pile ?

6. Expliquer pourquoi le niveau d'immersion des plaques permettait de faire varier la vitesse de rotation du moteur électrique.

7. Que peut-il se passer si l'utilisateur oublie de sortir les plaques du bain acidifié après son utilisation ?

8. Est-il pertinent de reproduire ce genre de pile dans nos salles de classe actuellement ?

9. Calculer la masse minimale de zinc qu'il est nécessaire de placer dans cette pile pour faire réagir la totalité de dichromate de potassium.

Exercices de type bac

PRÉPARER L'ÉPREUVE ÉCRITE

6 Anode sacrificielle d'un chauffe-eau

★★★ 40 min ➔ Corrigé p. 178

L'anode d'un chauffe-eau électrique constitue une véritable protection passive de l'appareil : elle s'oxyde à la place de la cuve du chauffe-eau et permet ainsi d'éviter des fuites d'eau dans nos maisons. La durée de vie d'un chauffe-eau dépend directement de la durée de vie de cette anode. Pour qu'une anode soit fonctionnelle, le métal qui la compose doit être plus réducteur que le métal qu'elle protège et réagir avec les espèces oxydantes présentes dans l'eau telles que les ions nitrate NO_3^- ou à moindre mesure les ions oxonium H_3O^+. La cuve est généralement en acier.

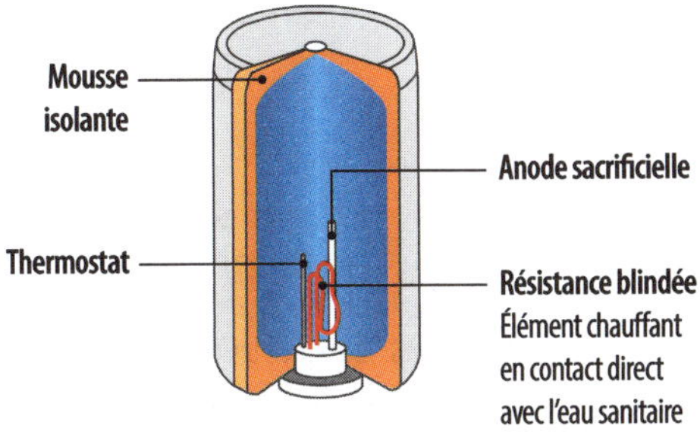

Doc. 1 **Constitution d'un chauffe-eau**

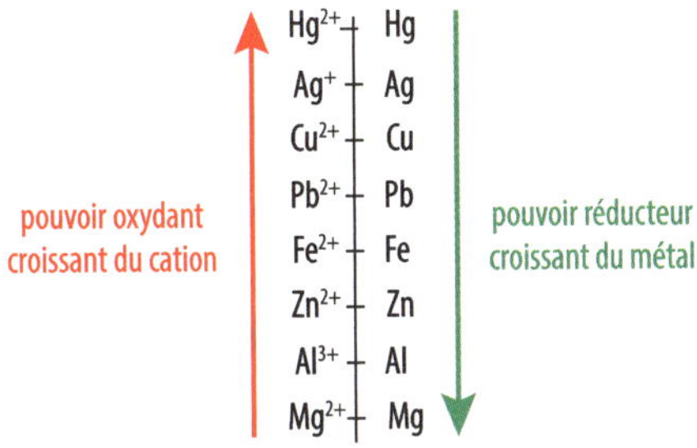

Doc. 2 **Classification des métaux**

Données : Couples oxydant-réducteur :

$$H_3O^+/H_2 \; ; \; Fe^{2+}/Fe \; ; \; Mg^{2+}/Mg \; ; \; Al^{3+}/Al \; ; \; NO_3^-/NO_2^-$$

Masse molaire du magnésium : $M_{Mg} = 24{,}3 \text{ g}\cdot\text{mol}^{-1}$

Masse volumique du magnésium : $\mu_{Mg} = 1{,}738 \text{ g}\cdot\text{cm}^{-3}$

Volume molaire à 25 °C à pression atmosphérique : $V_m = 24{,}0 \text{ L}\cdot\text{mol}^{-1}$

1. Quel est le métal majoritaire qui entre dans la composition de l'acier ?

2. Proposer l'écriture des demi-équations puis l'équation de la réaction qui se produit entre les ions oxonium H_3O^+ contenus dans l'eau et la cuve en l'absence d'anode sacrificielle.

3. Quel métal peut-on utiliser pour réaliser l'anode sacrificielle ? Lequel faut-il utiliser préférentiellement ?

4. Proposer l'écriture de la nouvelle réaction chimique qui se produit.

5. Les eaux acides réduisent la durée de vie des électrodes sacrificielles. Justifier.

6. L'hypothèse est faite que le seul oxydant présent dans l'eau est l'ion oxonium. Le dihydrogène formé lors de l'attaque des ions oxonium est un gaz explosif en présence de dioxygène. Le fabriquant indique que la durée de vie d'une anode de rayon est $r = 26$ mm et de hauteur $h = 900$ mm est de 5 ans. Calculer le volume moyen de dihydrogène formé en 1 heure. Est-ce dangereux ?

> **Information**
> Cette hypothèse est proposée pour simplifier l'étude.

PRÉPARER L'ECE

7 Étude de l'électrolyse de l'eau

★★ 20 min ➔ Corrigé p. 179

Compétences expérimentales évaluées : S'approprier, Analyser-Raisonner, Réaliser

La première électrolyse de l'eau avec un courant électrique continu a été réalisée par des britanniques après qu'Alessandro Volta publia son travail sur la pile chimique en mai 1800. Cette même transformation chimique avait déjà été réalisée auparavant par des néerlandais en utilisant un dispositif électrostatique sans qu'elle pût être véritablement comprise.

> **Remarque**
> L'électrolyse de l'eau en tant que telle n'est pas évaluée lors de l'ECE car elle est exigible uniquement pour le Grand Oral. Toutefois, les compétences expérimentales travaillées dans cet exercice doivent être acquise pour l'ECE.

Au 21e siècle, des élèves doivent quant à eux déterminer le rendement de l'électrolyse de l'eau dans la cadre d'une démarche expérimentale. Pour ce faire, ils placent une solution de sulfate de sodium dans un électrolyseur et coiffent chacune des électrodes d'un tube à dégagement. Ils appliquent un courant d'intensité constante $I = 1{,}0$ A pendant une durée $\Delta t = 20{,}0$ min. Lorsqu'ils coupent le générateur, ils mesurent un volume $V_{O_2} = 20{,}0$ mL de dioxygène.

Données :

Couples oxydant-réducteur : $H_3O^+_{(aq)}/H_{2(g)}$; $O_{2(g)}/H_2O_{(l)}$

Constante de Faraday : $F = 96{,}5 \times 10^3\ C \cdot mol^{-1}$

Volume molaire dans les conditions expérimentales : $V_m = 24\ L \cdot mol^{-1}$

1. Établir la demi-équation électronique qui se produit au niveau de l'anode.

2. Indiquer le protocole expérimental à réaliser pour identifier ce gaz.

3. Expliquer pourquoi le volume des gaz formés n'est pas identique dans les deux tubes à dégagement.

4. Établir le rendement η de cette électrolyse.

5. L'expérience a été réalisée de nombreuses fois. La moyenne des rendements est $\overline{\eta} = 0{,}19$ avec une incertitude-type $u(\overline{\eta}) = 0{,}05$. Le rendement attendu pour cette électrolyse est de $\eta_{\text{référence}} = 0{,}20$.

Comparer le rendement obtenu de l'expérience étudiée avec la valeur du rendement attendu.

PRÉPARER LE GRAND ORAL

8 Les voitures du futur

★★ 50 min ➲ Corrigé p. 180

Quelle sera la source d'énergie qui permettra de faire avancer nos voitures dans vingt ans ? Il existe plusieurs technologies qui sont mises en avant par les constructeurs actuellement : voiture gazole, voiture à pile à combustible et voiture tout électrique.

Présenter sous forme d'un tableau le principe de fonctionnement de ces trois types de voitures et dresser à l'oral un comparatif des avantages et inconvénients que représente chacune de ces technologies.

La durée de l'exposé sera de 5 min.

La « jamais contente », modèle de voiture électrique

Pour aller plus loin

9 Batterie Lithium d'une trottinette

★★★ 30 min ➲ Corrigé p. 182

Le but de cet exercice est de comprendre quelques caractéristiques du fonctionnement des accumulateurs lithium-ion (Li-ion) qui sont utilisées tant au niveau des satellites (projet Galileo) que dans nos voitures électriques ou encore dans nos téléphones portables.

Dans cet exercice, ce type d'accumulateur est utilisé en batterie pour une trottinette dont voici quelques caractéristiques :

Vitesse maximale	85 km/h
Autonomie	jusqu'à 100 km
Batterie	Li-Ion 60 V 35 Ah 2 100 Wh
Puissance maximale	5,4 kW
Temps de chargement	19 h
Masse	43 kg

Données : Nombre d'Avogadro : $N_A = 6{,}02 \times 10^{23}$ mol^{-1} ; Constante de Faraday : $F = 96{,}5 \times 10^3$ C·mol^{-1} ; Ampère-heure : 1 Ah = 3,6 kC ; 1 Wh = 3,6 kJ.

	Lithium	**Carbone**
Numéro atomique Z	3	6
Nombre de masse	7	12
Masse atomique molaire (en g·mol^{-1})	7,0	12,0

Le fonctionnement d'un accumulateur Li-Ion est basé sur l'échange réversible d'ions lithium entre ces deux électrodes. Lors du fonctionnement de la pile, le schéma ci-dessous présente les mouvements qui s'opèrent au sein de cette pile lors des cycles de charges et décharges.

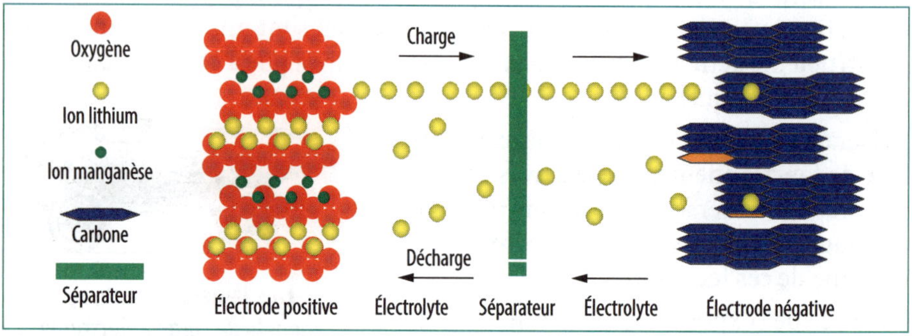

1. Le choix du lithium

a) Le lithium possède plusieurs isotopes. Rappeler la définition d'un isotope et donner la composition de l'atome de lithium dont les caractéristiques sont indiquées à la page précédente.

b) Indiquer la configuration électronique de l'atome de lithium et expliquer en quoi le lithium peut être qualifié de très bon métal réducteur. Indiquer l'ion susceptible de se former lors de son oxydation.

c) Justifier le choix du lithium par rapport à d'autres éléments chimiques du tableau périodique.

2. Les réactions chimiques

a) En exploitant le schéma de fonctionnement de la pile, choisissez les réactions qui se déroulent à chaque électrode lors de la décharge en précisant le sens de la réaction :

$$Li_{1-x}MO_2 + x\,Li^+ + x\,e^- \rightarrow LiMO_2 \qquad (1)$$

$$C_6 + xLi^+ + x\,e^- \rightarrow Li_xC_6 \qquad (2)$$

b) En déduire l'équation de la réaction qui modélise le fonctionnement de l'accumulateur lors de sa décharge.

c) Donner l'équation de la réaction qui se produit lors de la charge de l'accumulateur.

3. Étude des caractéristiques de la batterie

a) Calculer la masse minimale de lithium contenue dans cette batterie.

b) Sachant que la batterie délivre un courant d'intensité moyen $I = 2,0$ A dans un circuit extérieur sous la tension nominale indiquée, déterminer la durée maximale de fonctionnement de cette batterie dans ces conditions.

QCM et questions courtes

1 Vrai ou Faux ?

1. Faux → Un oxydant est réduit selon la demi-équation suivante :

$$Ox + n\,e^- = Red.$$

2. Faux → Le rendement n'est jamais de 1 (100 %) puisqu'une partie de **l'énergie électrique est dissipée** à cause de la résistance interne (effet Joule).

3. Vrai → L'eau est bien le réducteur du couple O_2/H_2O. Elle subit donc bien une oxydation. De la même façon, le dioxyde de carbone CO_2 est bien l'oxydant dans le couple $CO_2/(CH_2O)$. On reconnait bien la réaction qui modélise la photosynthèse habituellement :

$$6\,CO_{2(aq)} + 6\,H_2O_{(l)} \rightarrow C_6H_{12}O_{6(aq)} + 6\,O_{2(g)}.$$

2 Faites votre choix !

1. c) Lorsqu'une pile débite un courant électrique dans un circuit électrique, on dit que la réaction est spontanée.

Le terme « naturelle » ne correspond à aucune caractérisation dans le cas des réactions chimiques. On parle de réaction forcée dans le cas des réactions chimiques qui se déroulent lors des électrolyses. Les réactions chimiques qui s'établissent dans les accumulateurs doivent être réversibles pour que la recharge soit possible, mais ce n'est pas le cas pour les piles.

> **Remarque**
> Le nombre d'électrons cédés par le réducteur doit correspondre au nombre d'électrons captés par l'oxydant.

2. d) $2MnO_{2(s)} + 2H^+_{(aq)} + Zn_{(s)} \rightarrow 2MnO(OH)_{(s)} + Zn^{2+}_{(aq)}$.

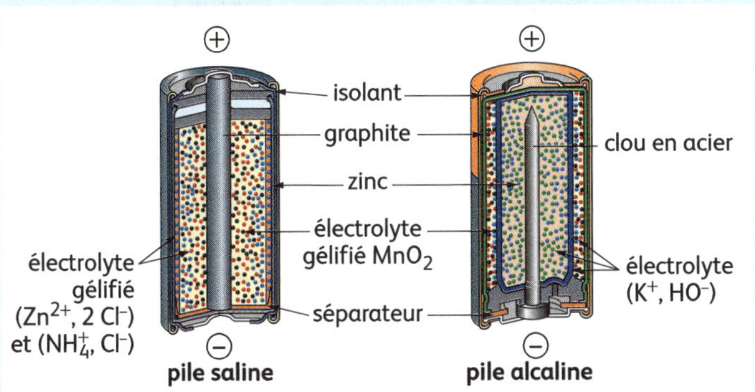

Exercices d'entraînement

3 Synthèse industrielle de l'eau de Javel

1. Le principe actif de l'eau de Javel est **l'ion hypochloreux : ClO^-**. Il doit donc être présent dans les produits de la réaction de synthèse.

2. Les demi-équations électroniques associées aux couples indiqués sont :

$$Cl_{2(g)} + 2e^- = 2Cl^-_{(aq)}$$

$$2ClO^-_{(aq)} + 4\,H^+_{(aq)} + 2e^- = Cl_{2(g)} + 2H_2O_{(l)}.$$

Vocabulaire

Cette solution porte ce nom car elle était synthétisée autrefois dans un hameau proche de Paris appelé Javel. Aujourd'hui ne reste plus de lui qu'un arrêt métro « Javel » sur son emplacement, dans le XVe arrondissement.

3. L'équation de la réaction de synthèse de l'eau de Javel s'écrit :

$$\mathbf{Cl_{2(g)} + H_2O_{(l)} \rightarrow ClO^-_{(aq)} + Cl^-_{(aq)} + 2H^+_{(aq)}}.$$

Astuce

Pensez toujours à vérifier la conservation des espèces chimiques et de la charge à la fin pour vous assurer que vous n'avez rien oublié

Remarque : on pourra rencontrer bien souvent les deux écritures suivantes pour le même couple : H^+/H_2 ou H_3O^+/H_2. On préférera toutefois la seconde dans l'équation de la réaction qui modélise la réaction chimique puisque les **ions sont toujours hydratés** dans l'eau. Cependant, pour les demi-équations, cela n'a pas d'importance. Ainsi, on peut plutôt écrire l'équation de la synthèse ainsi :

$$Cl_{2(g)} + 3H_2O_{(l)} \rightarrow ClO^-_{(aq)} + Cl^-_{(aq)} + 2H_3O^+_{(aq)}.$$

4. Le **dosage par titration** nécessite **d'ajouter une ou plusieurs espèces chimiques** dans la solution. Toutefois, l'ajout d'une solution acide peut **inverser** le sens de la réaction écrite ci-dessus et donc entrainer la formation de dichlore (de formule chimique Cl_2). **Ce gaz est toxique.**

Remarque : la synthèse a lieu en **milieu basique** pour éviter cette réaction inverse. L'équation de réaction qui modélise cette synthèse s'écrit :

$$Cl_{2(g)} + 2HO^-_{(aq)} \rightarrow ClO^-_{(aq)} + Cl^-_{(aq)} + H_2O_{(l)}.$$

Pour y parvenir, on ajoute autant d'ions hydroxyde $HO^-_{(aq)}$ de part et d'autre de l'équation de la réaction en se rappelant que :

$$H_3O^+_{(aq)} + HO^-_{(aq)} \rightarrow + 2H_2O_{(l)}.$$

4 Acide ascorbique

1. L'acide ascorbique réagit facilement avec le dioxygène. Le dioxygène est un oxydant. L'acide ascorbique est donc un **réducteur**. Le réducteur du second couple admet pour formule brute : $\mathbf{C_6H_8O_6}$.

2. Les deux demi-équations correspondantes sont :

$$C_6H_6O_{6(aq)} + 2H^+_{(aq)} + 2e^- = C_6H_8O_{6(aq)}$$

$$O_{2(g)} + 4H^+_{(aq)} + 4e^- = 2H_2O_{(l)}.$$

3. L'équation de la réaction correspondante est donc :

$$2C_6H_8O_{6(aq)} + O_{2(g)} \rightarrow 2C_6H_6O_{6(aq)} + 2H_2O_{(l)}.$$

4. Pour réaliser un dosage de l'acide ascorbique, il faut utiliser un **oxydant disponible en laboratoire**. Pour faciliter le repérage de l'équivalence, il serait pertinent de prendre une **espèce chimique colorée** dont la teinte de la forme oxydée et la teinte de la forme réduite sont différentes. Il est possible d'utiliser par exemple du diiode.

Remarques : La réaction entre le diiode et l'ascorbique **est lente**. C'est pour cette raison que l'on ajoute un **excès de diiode** et que l'on dose le diiode qui n'a pas réagi avec une solution de thiosulfate de sodium par exemple (ce genre de dosage correspond à un **dosage indirect** car on ne dose pas directement l'espèce chimique que l'on étudie).

L'acide ascorbique est aussi un **acide faible** qui pourrait être dosé en réalisant **un titrage acido-basique**.

5 Une pile pour les dentistes du XIXe siècle

1. Les électrodes sont en **zinc** et en **charbon**. L'électrolyte est une **solution de dichromate de potassium acidifiée**.

2. L'oxydant est l'**ion dichromate** ($Cr_2O_7^{2-}$). Le réducteur est le **zinc** (Zn).

3. Les demi-équations relatives aux couples intervenants dans cette pile sont :

$$Cr_2O^{2-}_{7(aq)} + 14H^+_{(aq)} + 6e^- \rightarrow 2Cr^{3+}_{(aq)} + 7H_2O_{(l)}$$

$$Zn^{2+}_{(aq)} + 2e^- \rightarrow Zn_{(s)}.$$

L'équation de la réaction qui modélise cette réaction s'écrit donc :

$$Cr_2O^{2-}_{7(aq)} + 14H_3O^+_{(aq)} + 3Zn_{(s)} \rightarrow 2Cr^{3+}_{(aq)} + 3Zn^{2+}_{(aq)} + 21H_2O_{(l)}.$$

4. Les électrons quittent l'électrode de zinc (Zn) qui est oxydée. Cette **électrode est donc une anode de signe (–)**.

Les électrons arrivent à l'électrode en charbon où l'ion dichromate est réduit. C'est **une cathode de signe** (+).

> **Remarque**
> Le charbon est un excellent conducteur électrique.

5. L'équation qui modélise la réaction chimique indique la présente d'ions oxonium au niveau des réactifs. Cela signifie que **le milieu doit être acidifié** pour que la réaction puisse avoir lieu. L'ajout de cet acide ne permet donc pas uniquement de faciliter la dissolution du dichromate de potassium comme cela est indiqué dans le texte de Louis Figuier.

6. Lorsque l'opérateur augmente l'immersion des plaques, il **augmente la surface de contact** entre l'électrolyte et l'électrode. Le courant débité sera donc **plus élevé** et permettra alors de faire tourner le moteur plus rapidement.

7. Si l'opérateur oublie les plaques dans le bain, l'acide sulfurique pourra **attaquer directement l'électrode** de zinc selon la réaction suivante :

$$Zn_{(s)} + 2\ H_3O^+_{(aq)} \rightarrow Zn^{2+}_{(aq)} + 2\ H_{2(g)} + 2\ H_2O_{(l)}.$$

8. Au regard des pictogrammes indiqués, la manipulation du dichromate de potassium est à éviter dans nos laboratoires. Ce produit est un **comburant** mais aussi un **poisson** qui est **corrosif** et **dangereux** pour la **santé** et la **nature.**

9. Il peut être pertinent de réaliser un tableau d'avancement pour réaliser ce type de calcul. Dans ce cas simple, il suffit de se référer à l'équation de la réaction en précisant qu'il faut **trois fois plus** de zinc que d'ions dichromate :

$$\text{Donc } \boldsymbol{m_{Zn} = 3 \times \frac{m_{K_2Cr_2O_7}}{M_{K_2Cr_2O_7}} \times M_{Zn}} = 3 \times \frac{1 \times 10^3}{294{,}2} \times 65{,}4 = \boldsymbol{7 \times 10^2\ g.}$$

Exercices de type bac

PRÉPARER L'ÉPREUVE ÉCRITE

6 Anode sacrificielle d'un chauffe-eau

1. Le métal majoritaire dans la composition de l'acier est le **fer.**

2. Les couples redox associés aux réactifs sont :

$$H_3O^+/H_2 \text{ et } Fe^{2+}/Fe.$$

Les demi-équations correspondantes sont :

$$\mathbf{2H_3O^+_{(aq)} + 2e^- = H_{2(g)} + 2H_2O_{(l)}}$$

$$\mathbf{Fe^{2+}_{(aq)} + 2e^- = Fe_{(s)}.}$$

L'équation de réaction qui modélise la réaction chimique est donc :

$$\mathbf{Fe_{(S)} + 2H_3O^+_{(aq)} \rightarrow Fe^{2+}_{(aq)} + 2H_{2(g)} + 2H_2O_{(l)}.}$$

3. Il faut utiliser un métal **plus réducteur que le fer** : il est possible d'utiliser le zinc, l'aluminium ou encore le magnésium. Il est toutefois préférable d'utiliser celui qui est le plus réducteur : **le magnésium.**

4. La nouvelle réaction chimique se déduit de la précédente en prenant le couple relatif au magnésium

$$2\,Mg_{(s)} + 2\,H_3O^+_{(aq)} \rightarrow 2\,Mg^{2+}_{(aq)} + 2\,H_{2(g)} + 2\,H_2O_{(l)}.$$

5. Les eaux acides ont une concentration en ion **oxonium plus grande**. La réaction est donc favorisée dans le sens direct.

6. Calcul de la masse de magnésium sur l'électrode :

$m_{Mg} = \mu_{Mg} \times V_{Mg} = \mu_{Mg} \times h \times \pi \times r^2 = \mathbf{3{,}3\ kg.}$

> **Astuce**
> Pour éviter de faire des erreurs de conversion, pensez à convertir avant le calcul chacune des dimensions.

Calcul du volume de dihydrogène formé :

$$V_{H_2} = n_{H_2} \times V_m = 2 \times \frac{m_{Mg}}{M_{Mg}} \times V_m \times 6{,}5 \times 10^3\,L$$

Volume moyen de gaz formé par heure :

$$V_{moy} = \frac{V_{H_2}}{5 \times 365{,}25 \times 24} = \mathbf{0{,}15\ L.}$$

La quantité de gaz formé est suffisamment faible pour qu'il soit dissout dans l'eau. Ce n'est donc **pas dangereux** puisqu'il n'est pas en contact d'un oxydant puissant.

PRÉPARER L'ECE

7 Étude de l'électrolyse de l'eau

1. L'équation qui modélise la réaction qui se produit à l'anode est :

$$2\,H_2O_{(l)} \rightarrow O_{2(g)} + 4\,H^+_{(aq)} + 4\,e^-.$$

2. Le **dioxygène** est caractérisable au moyen d'une **buchette incandescente** que l'on introduit dans le tube à essai. En présence de ce gaz, la combustion de la buchette se ravive.

3. L'équation modélisant la réaction de l'électrolyse de l'eau indique bien un **coefficient stœchiométrique deux fois plus grand** pour le dihydrogène que pour le dioxygène.

4. Le rendement est défini de la façon suivante :

$$\eta = \frac{\text{Énergie}_{\text{chimique}}}{\text{Énergie}_{\text{électrique}}} = \frac{Q_{\text{chimique}}}{Q_{\text{générateur}}}.$$

Pour le générateur : $Q_{\text{générateur}} = I \times \Delta t = \mathbf{1{,}2 \times 10^3\ C}$.

Pour la réaction chimique : $Q_{\text{chimique}} = n_e \times F = 4 \times \dfrac{V_{O2}}{V_m} \times F$

$$= \mathbf{3{,}2 \times 10^2\ C}.$$

Le rendement vaut donc : $\eta = 0{,}27 = \mathbf{27\ \%}$.

5. Le calcul du quotient suivant permet de critiquer la valeur obtenue :

$$\frac{|\eta - \eta_{\text{référence}}|}{u(\bar{\eta})} = \frac{|0{,}27 - 0{,}20|}{0{,}05} = 1{,}4.$$

Le résultat est inférieur à 2. La valeur obtenue est satisfaisante.

PRÉPARER LE GRAND ORAL

8 Les voitures du futur

Le tableau se trouve à la page suivante et a été élaboré à partir des mots clés suivants : « batterie lithium ion » et « comparatif des technologies des voitures ».

Sources : Thèse de Quentin Badey : Étude des mécanismes et modélisation du vieillissement des batteries lithium-ion dans le cadre d'un usage automobile : https://tel.archives-ouvertes.fr/tel-00693344

http://eco-motion.fr/content/10-electrique-vs-thermique.html

https://www.caradisiac.com/modele-toyota-mirai/

https://www.moteurnature.com/voiture_pile-a-combustible.php

Les sources proposées ci-dessous sont données à titre indicatif. Il est tout à fait possible de trouver d'autres informations sur d'autres sites internet.

Le tableau proposé à la page suivante permet de réaliser une analyse des informations essentielles sur ces trois technologies.

Technologie	Moteur thermique diesel	Moteur à pile à combustible	Moteur 100 % électrique
Principe	Combustion hydrocarbure	Les deux gaz (dihydrogène et dioxygène) libèrent de l'énergie électrique dans une pile à combustible	Energie électrique obtenue lors de la décharge d'une batterie
Énergie massique (en MJ/kg)	45	120	0,5
Rendement de conversion en énergie mécanique	0,30	0,45	0,90
Autonomie (en km)	1 000	600	400
Coût de revient pour 15 000 km /an (en €)	1 758	1 400	1 755
Coût à l'achat (batterie en location)	16 190	60 000	17 700
Avantages	technologie maitrisée	technologie maitrisée	technologie maitrisée
	faible consommation	libère uniquement de l'eau	aucune émission
	excellente autonomie	moteur électrique plus résistant	moteur électrique plus résistant
Inconvénients	libère des particules nocives et des gaz à effet de serre	coût du véhicule	coût de véhicule si achat de la batterie
	utilise une énergie fossile	difficulté de distribution	peu de bornes de recharge
		difficulté de stockage dans le véhicule	batterie lourde
		source de dihydrogène	élément chimique difficile à extraire (peu de source à lithium, coût d'extraction, aspect environnemental)
			temps de recharge
			nécessité de produire de l'électricité (ressource d'énergie renouvelable ?)

CORRIGÉS

9 Batterie au lithium d'une trottinette

1. Le choix du lithium

a) Des atomes sont **isotopes** lorsqu'ils possèdent le **même nombre de protons** mais un **nombre différent de neutrons**. Dans cet exemple le noyau comporte 3 protons et 4 neutrons. L'écriture conventionnelle est $^{4}_{3}Li$.

b) L'atome est électriquement neutre. Il dispose donc de 3 électrons dans son nuage électronique. La configuration électronique du lithium est $\mathbf{(1s)^2\ (2s)^1}$.

Cet élément chimique est susceptible de perdre un électron pour **acquérir la structure électronique de l'hélium** : il répond parfaitement à la définition d'un réducteur. Il peut donc former l'ion lithium de formule chimique $\mathbf{Li^+}$.

> **Rappel**
> C'est une connaissance exigible ; les éléments du bloc s sont des métaux réducteurs.

c) Le lithium est situé dans la première colonne du tableau périodique et dans la seconde période. Il est à ce titre un **réducteur assez faible** mais possède toutefois une **masse molaire très petite**. Ce qui le rend alors très intéressant (énergie massique élevée).

2. Les réactions chimiques

a) Lors de la **décharge**, au niveau de l'électrode positive, c'est la réaction *(1)* qui se produit dans le **sens direct** puisque les ions lithium sont captés ainsi que les électrons. De la même façon, au niveau de l'électrode négative, c'est la réaction *(2)* qui se produit dans le **sens indirect** puisque les électrons sont libérés

b) L'équation de la réaction est donc : $Li_{1-x}MnO_2 + Li_xC_6 \rightarrow LiMnO_2 + C_6$.

c) L'équation de la réaction qui modélise la **charge de la batterie** correspond à la **réaction inverse** de la précédente : $LiMnO_2 + C_6 \rightarrow Li_{1-x}MnO_2 + Li_xC_6$.

3. Étude des caractéristiques de la batterie

a) La capacité pour cette batterie est : $Q = 35 \times 3{,}6 \times 10^3 = \mathbf{1{,}3 \times 10^5\ C}$.

La masse de lithium contenue dans cette batterie est égale à : $m_{Li} = n_{Li} \times M_{Li}$.

Une des demi-équations aux électrodes peut s'écrire : $Li^+ + e^- \rightarrow Li$.

Donc $\boldsymbol{n}_{\text{Li,formé}} = \boldsymbol{n}_{\text{e}^-\text{, consommé}}$ et $Q = n_{e^-} \times F$, soit $n_{e^-} = \dfrac{Q}{F} = \dfrac{1{,}3 \times 10^5}{96{,}5 \times 10^3} = 1{,}3$ mol

$$\text{d'où } m_{Li} = n_{e-} \times M_{Li} = 1{,}3 \times 7{,}0 = \mathbf{9{,}0\ g}.$$

b) Durée de fonctionnement pour une intensité constante $I = 2{,}0$ A :

$$\Delta t = \frac{Q_{max}}{I} = \frac{35}{2{,}0} = 18 \text{ h.}$$

> **Unités**
> La durée calculée est en heure car la capacité de la batterie *Q* est en Ah et l'intensité *I* du courant électrique en A.

CHAPITRE 8

Stratégies de synthèse en chimie organique

Capacités exigibles du chapitre disponibles sur **Nathan Live**

1 Représentation spatiale des molécules

1 Formule topologique

• Dans les formules topologiques, la **chaîne carbonée principale** des molécules organiques est représentée par un simple **trait continu en « zigzag »**. Les atomes de carbone, non représentés dans les formules topologiques, sont positionnés à chaque extrémité et à chaque sommet des zigzags du trait continu.

• Les atomes d'**hydrogène ne sont pas positionnés dans cette représentation** :
– si un atome de **carbone** ne possède **qu'une seule liaison** dessinée dans cette représentation, alors par défaut il est également relié à **trois atomes d'hydrogène** pour compléter les quatre liaisons que doit posséder un atome de carbone ;
– si un atome de **carbone** ne possède **que deux liaisons** dessinées dans cette représentation, alors par défaut il est également relié à **deux atomes d'hydrogène**.

A savoir
La formule topologique est une forme plus représentative de la forme de la molécule que la formule semi-développée.

• Une formule topologique ne donne, *a priori*, **pas d'informations sur le positionnement spatial** (en 3D) des différents substituants de la chaîne carbonée principale.

Exemple : 4-aminobutan-1-ol

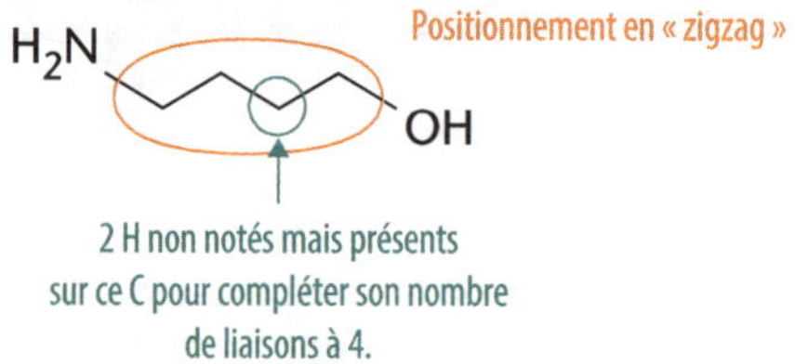

2 Représentation de Cram

• Dans la représentation de Cram, la **chaîne carbonée** d'une molécule organique est représentée en plaçant tous les atomes de carbone constituant la chaîne dans le **plan de la feuille**. Ils sont positionnés en « **zigzag** » selon l'axe de la **chaîne principale** de la molécule.

Remarque
La représentation de Cram n'est pas explicitement au programme de Terminale mais il est important de l'avoir déjà vue pour être capable de lire des documents en chimie, notamment dans le cadre de la préparation du Grand Oral.

- Les **liaisons** entre les atomes de carbone de la chaîne principale et les **substituants** (atomes d'hydrogène ou autres) n'étant pas positionnés dans le **plan de la feuille** sont représentés de deux façons différentes :

– les substituants reliés à la chaîne principale par **un triangle plein** orienté vers le carbone placé dans le plan de la feuille sont **positionnés vers l'avant**, c'est-à-dire **au-dessus du plan de la feuille** ;

– les substituants reliés à la chaîne principale par des **traits discontinus** sont **positionnés vers l'arrière**, c'est-à-dire **en-dessous du plan de la feuille**.

Exemple

Les atomes de carbone peuvent créer quatre liaisons. Dans la représentation de Cram, deux liaisons sont dans le plan de la feuille et deux liaisons sont hors de ce plan.

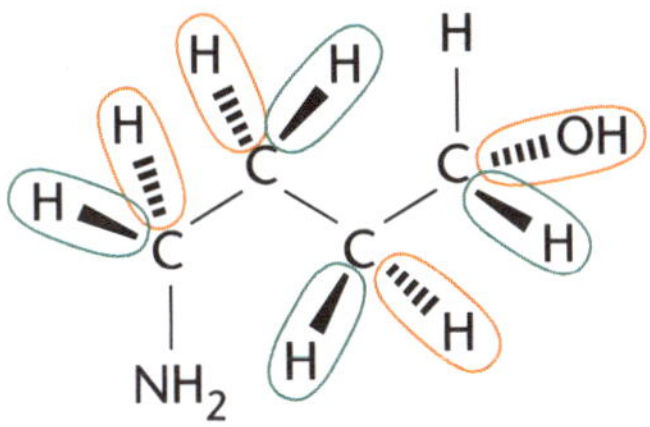

3 Isomères de constitution

Définition

Des isomères de constitution sont des molécules possédant la même formule brute mais des formules semi-développées différentes.

- Une **même formule brute** peut être associée à **plusieurs isomères**.
- Si la différence entre les molécules provient de **l'enchaînement des atomes** dans les représentations spatiales, il s'agit alors **d'isomères de constitution**. Il en existe différents types :

– **isomères de chaîne**, où la taille et/ou l'agencement de la chaîne carbonée principale est différente ;

– **isomères de position**, où les substituants de la chaîne principale ne sont pas positionnés au même endroit ;

– **isomères de fonction**, où les substituants sont différents dans leur nature (groupement fonctionnel différent).

Isomères…	… de chaîne	… de position	… de fonction
Formule brute	C_4H_{10}	C_3H_8O	$C_5H_{10}O$
Formules topologiques	 	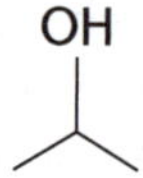 	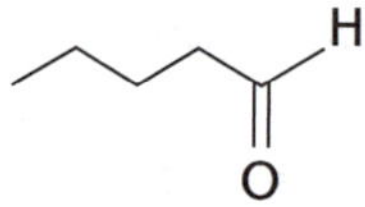 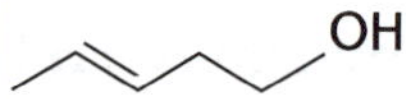

Exemples d'isomères

2 Familles fonctionnelles

1 Définitions

- Un **groupe caractéristique** est un **atome ou un groupement d'atomes** qui est relié au squelette carboné de la molécule organique considérée.
- Une famille fonctionnelle est l'ensemble des molécules possédant un groupe caractéristique en commun.

Exemple

Le groupe hydroxyle est formé d'un groupement d'atomes –OH qui est relié au squelette carboné d'une molécule organique. Toutes les molécules possédant ce groupe caractéristique font partie de la famille des alcools.

2 Règles de nomenclature

- Le nom principal d'une molécule dépend du **nombre d'atomes de carbone** présents dans la **chaîne principale**. Son **suffixe** dépend quant à lui de la **famille fonctionnelle** à laquelle appartient la molécule.
- Le nom de la molécule possède également un ou plusieurs **préfixes** si elle possède **différents groupes caractéristiques**. Ce sont les groupes les plus « petits » qui sont considérés comme des **substituants** et donc nommés en **préfixe**.

À retenir

Le ou les préfixes du nom de la molécule dépendent des groupes fonctionnels considérés comme des substituants sur la chaîne carbonée principale.

- Des numéros indiquant la position des groupes caractéristiques sur la chaîne carbonée principale de la molécule sont donnés avant les préfixes et suffixes associés.

Nombre de carbone	Nom
1	Méthane
2	Ethane
3	Propane
4	Butane
5	Pentane
6	Hexane
7	Heptane
8	Octane
9	Nonane
10	Décane

Famille	Suffixe
Alcane	ane
Alcène	ène
Alcyne	yne
Aldéhyde	al
Cétone	one
Amine	amine
Amide	amide
Acide carboxylique	acide … oïque
Ester	oate de … yle
Alcool	ol

Groupe caractéristique	Préfixe
Hydroxyle — OH	Hydroxy
Carbonyle lié à un H 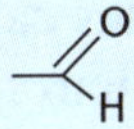	Formyl
Carbonyle 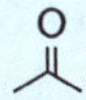	Oxo
Amine — NH_2	Amino
Amide 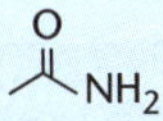	Carboxamido
Ester 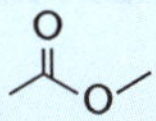	Carboathoxy
Acide carboxylique 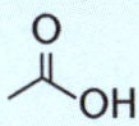	Carboxy
Halogénoalcane R — X avec R : chaîne carbonée X : halogène.	Halogéno

Exemples de nomenclature des molécules organiques

pentan – 1 – ol

- pentan → Chaîne principale de 5 atomes de carbone
- 1 → Position du groupe caractéristique sur la chaîne carbonée principale = carbone n° 1
- ol → Groupe caractéristique hydroxyle = famille des alcools

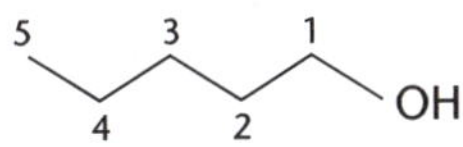

4 – hydroxybutan – 2 – one

- 4 – hydroxy → Groupe hydroxyle sur le carbone n° 4 de la chaîne carbonée principale
- butan → Chaîne principale de 4 atomes de carbone
- 2 – one → Groupe caractéristique carbonyle sur le carbone n° 2 de la chaîne carbonée principale = fonction cétone

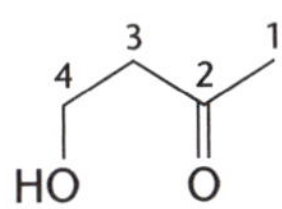

La numérotation de la chaîne carbonée principale est faite de telle façon que le groupe caractéristique principal soit positionné sur l'atome de carbone de plus petit numéro.

❸ Squelettes carbonés insaturés ou cycliques

- Les composés insaturés comportent des liaisons carbone-carbone ou carbone-hétéroatome multiples.
- Les molécules organiques peuvent contenir des **squelettes carbonés cycliques insaturés** variant de **3 à plusieurs carbones**. Les plus courants sont les composés de **5 et 6 carbones**, car la géométrie et les longueurs de liaisons carbone-carbone rendent ces structures plus **stables**.

Vocabulaire
Un hétéroatome est un atome différent du carbone et de l'hydrogène mais pouvant être présent dans les molécules organiques, par exemple l'oxygène ou l'azote.

→ Exemples courants de squelettes carbonés insaturés, cycliques

Benzène

Cyclopentadiène

❹ Polymères

- Les polymères sont des entités macromoléculaires composées d'un ensemble de **longues chaînes carbonées**.
- Les **chaînes carbonées** sont elles-mêmes constituées de la **répétition d'un motif** appelé **monomère**, qui correspond à une petite molécule organique.
- Il existe des **polymères naturels** (caoutchouc, cellulose dans les végétaux, ADN…) et des **polymères synthétiques** issus de la synthèse organique (polyéthylène, polychlorure de vinyle PVC, polystyrène…). Leurs **propriétés physico-chimiques spécifiques** leur permettent d'être utilisés dans de **nombreux domaines des sciences appliquées**. Par exemple, le PVC est utilisé partout dans le bâtiment : dans les canalisations, pour l'étanchéité, dans les fenêtres, les portes d'entrée…

Vocabulaire
L'échelle macroscopique correspond aux systèmes visibles à l'œil nu.

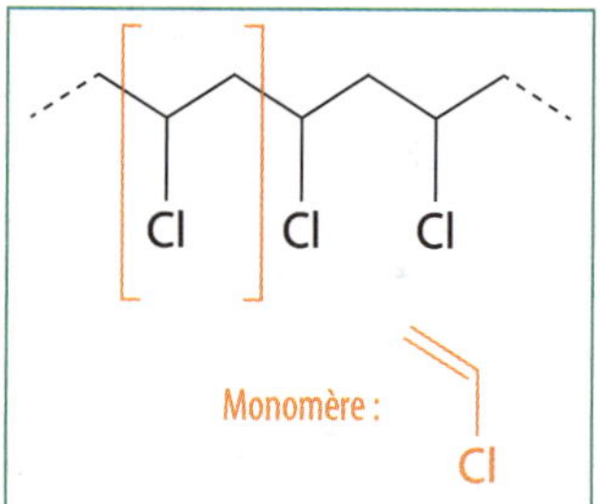

Doc. 1 Formule du PVC

3 Optimisation d'une étape de synthèse

• Une synthèse organique se déroule en plusieurs étapes :
- transformations des réactifs (étapes de **synthèse**) ;
- **séparation** et **purification** des produits ;
- **analyse** et **identification** des produits.

• Optimiser une étape de synthèse consiste à **améliorer la vitesse, le rendement et la sélectivité** de la réaction réalisée pour cette étape.

1 Augmentation de la vitesse d'une réaction

• La **vitesse d'une réaction** dépend de plusieurs paramètres expérimentaux. Pour **augmenter cette vitesse,** il faut le plus souvent :
- augmenter la **concentration** d'un ou plusieurs réactifs ;
- **chauffer et agiter** le milieu réactionnel ;
- ajouter un **catalyseur.**

2 Augmentation du rendement de la réaction

• Le **rendement de la réaction** est amélioré en introduisant un des **réactifs en excès** ou en **éliminant un des produits** du milieu réactionnel au cours de la réaction.

À savoir

La valeur de la constante d'équilibre d'un système siège d'une transformation non totale est indépendante de la composition initiale du système à une température donnée. Ainsi, en introduisant un réactif en excès à l'état initial, la composition à l'état final du système donnera une quantité de produit plus importante pour respecter la valeur du quotient réactionnel à l'état final.

3 Augmentation de la sélectivité de la réaction

Définition

La sélectivité d'une réaction est sa capacité à former majoritairement un produit par rapport à d'autres produits possibles.

• La **sélectivité** d'une réaction peut être dirigée en modifiant certains paramètres expérimentaux comme la **température ou la durée de la réaction.**

Exemple

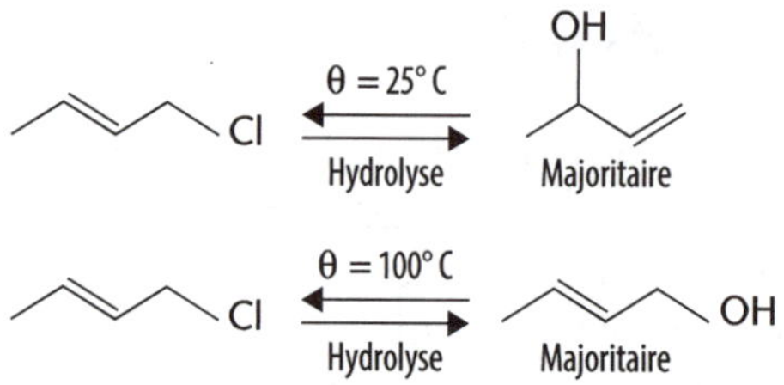

• Les étapes de **séparation et de purification** sont essentielles pour éliminer les produits « secondaires » non souhaités afin d'obtenir un **produit pur** avec un **rendement important**.

4 Stratégie de synthèse multi-étapes

1 Catégories de réaction en chimie organique

• Il existe différents **types de réaction** en chimie organique :
– les réactions **d'oxydo-réduction** où un **transfert d'électrons** a lieu entre les réactifs ;
– les réactions **acido-basiques** où un **transfert d'ion hydrogène** a lieu entre les réactifs ;
– les réactions d'**addition** où un réactif s'additionne sur un substrat pour former un produit issu de la combinaison de ces deux réactifs ;
– les réactions d'**élimination** où une partie du substrat se détache par l'action d'un réactif extérieur pour former un produit plus petit que le substrat initial ;
– les réactions de **substitution** où le réactif s'échange avec une partie du substrat pour former un produit similaire en taille que le substrat initial, mais différent en nature.

Exemples

Un substrat (S) constitue le réactif « principal » que l'on souhaite modifier par l'action d'autres réactifs (R) :

$$\mathrm{S + R} \underset{\text{Addition}}{\overset{\text{Élimination}}{\rightleftarrows}} \mathrm{S{-}R}$$

$$\mathrm{S{-}P + R} \underset{\text{Substitution}}{\rightleftarrows} \mathrm{S{-}R + P}$$

- Ces différents types de réactions ont pour objectif de **modifier le substrat** de différentes façons :
  - en modifiant les **groupes caractéristiques**, en transformant un alcool en alcène par exemple ;
  - en modifiant la **taille de la chaîne carbonée,** en réduisant, en allongeant des chaînes carbonées, en polymérisant…

2 Protection/déprotection de groupes caractéristiques

- Lors d'une synthèse multi-étapes, le substrat initial peut contenir **plusieurs groupes caractéristiques** susceptibles de réagir avec le même réactif. Pour sélectionner le groupe caractéristique à modifier, il est nécessaire de **protéger les groupes caractéristiques** à conserver.

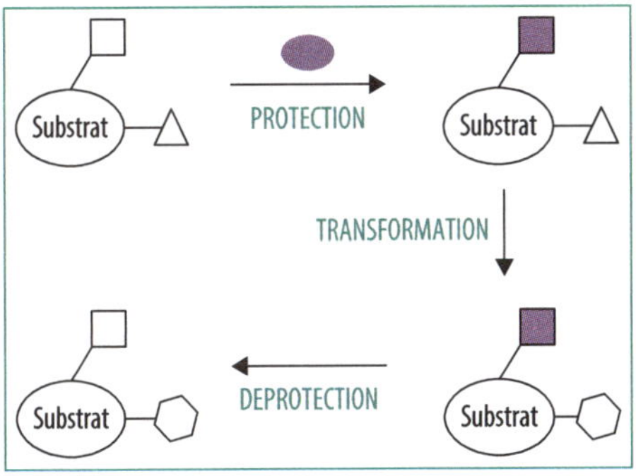

Doc. 2 Schéma modélisant une protection/déprotection

- L'étape de **protection** doit être une réaction qui est :
  - **sélective** des groupes caractéristiques à protéger ;
  - **efficace** face à l'action d'autres réactifs utilisés dans les étapes suivantes ;
  - **réversible** pour déprotéger le groupe caractéristique au moment opportun.

3 Synthèses multi-étapes écoresponsables

- La stratégie d'une synthèse multi-étapes consiste à élaborer une **séquence réactionnelle** permettant de réaliser les **modifications souhaitées** sur le substrat initial en **optimisant les différentes étapes**.

> **Remarque**
> L'élaboration d'une séquence réactionnelle est à réaliser à partir d'une banque de réactions ou d'informations fournies.

- Les synthèses multi-étapes proposées doivent être en accord avec les principes généraux de l'**écoresponsabilité** :
  - **consommation énergétique faible** ;
  - utilisation de **solvant et de réactifs peu toxiques** ;
  - **gestion prévue des déchets chimiques** engendrés par la synthèse : **traitement et valorisation**.

QCM et questions courtes

1 Questions à choix multiples

➲ Corrigé p. 199

1. Quelles familles fonctionnelles possèdent une double liaison carbone-oxygène ?

a) ☐ Cétone **b)** ☐ Amine **c)** ☐ Alcool **d)** ☐ Amide

2. Quelle molécule appartient à la famille fonctionnelle des esters ?

a) ☐
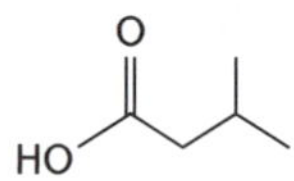

b) ☐
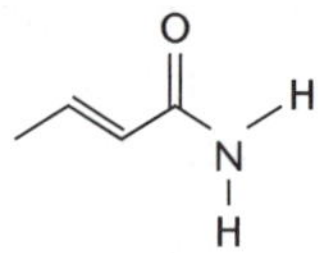

c) ☐
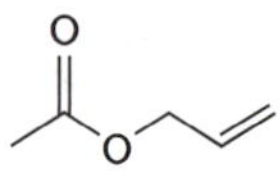

d) ☐
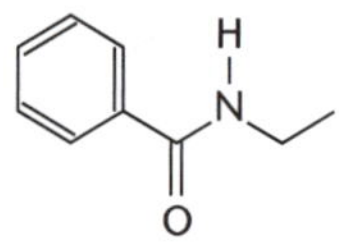

2 Question à réponse courte

➲ Corrigé p. 199

Quels sont les paramètres expérimentaux à modifier pour optimiser une étape de synthèse organique ?

Exercices d'entraînement

3 Nomenclature des molécules organiques

★ 25 min ➲ Corrigé p. 199

1. Nommer les molécules suivantes en respectant les règles de nomenclature fournies.

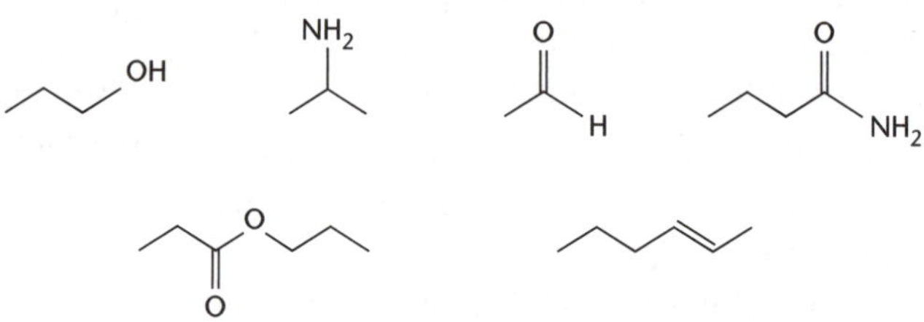

2. Dessiner les formules topologiques des molécules suivantes : iodométhane ; 2-hydroxypentanal ; acide butanoïque ; 4-aminohexan-2-one ; éthanoate de propyle ; octanamide.

4 Nature des réactions en synthèse organique

★ 10 min Corrigé p. 200

Déterminer la nature des réactions (élimination, addition ou substitution) ainsi que la modification réalisée sur le substrat dans les étapes de synthèse suivantes.

1.

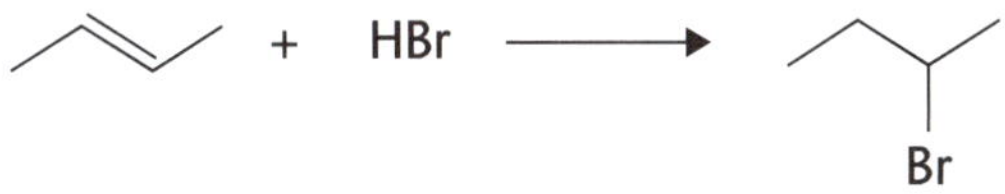

2.

3.

5 Protection de fonction

★★ 15 min Corrigé p. 201

Le phénol est une molécule composée d'un squelette carboné insaturé cyclique de 6 carbones et d'un groupe caractéristique hydroxyle lié à ce squelette. Il a pour formule brute C_6H_6O et possède des propriétés acides avec un pKa de 10.

1. Dessiner la molécule de phénol.

2. Identifier sur cette molécule le proton acide susceptible d'être capté par une base.

> **A savoir**
> Un proton acide est un ion hydrogène.

La transformation du squelette carboné insaturé cyclique est réalisée par des réactifs qui peuvent réagir avec les protons acides. Il est donc nécessaire de protéger le phénol avant de pouvoir réaliser ces transformations.

3. L'ion phénolate (base conjuguée du phénol) réagit avec l'iodométhane de la façon suivante avec un rendement égal à 80 % :

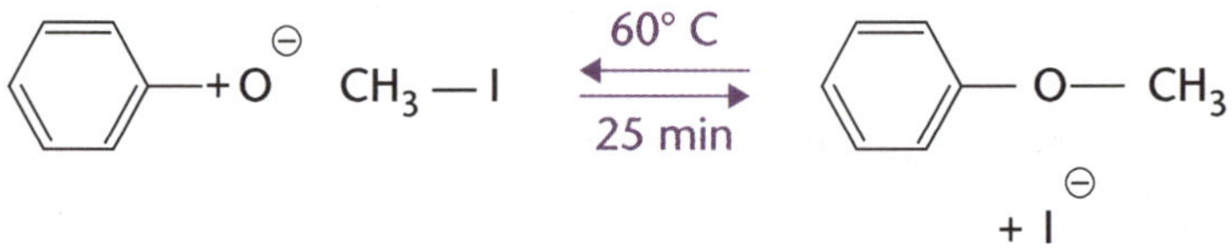

Identifier le type de cette réaction.

4. Justifier que cette réaction sert de protection des propriétés acide du phénol.

5. Commenter le rendement de cette étape de protection. Proposer une amélioration.

Exercices de type bac

PRÉPARER L'ÉPREUVE ÉCRITE

6 Synthèse multi-étapes de l'aspartame ★★★ 50 min ➔ Corrigé p. 201

Aspartame

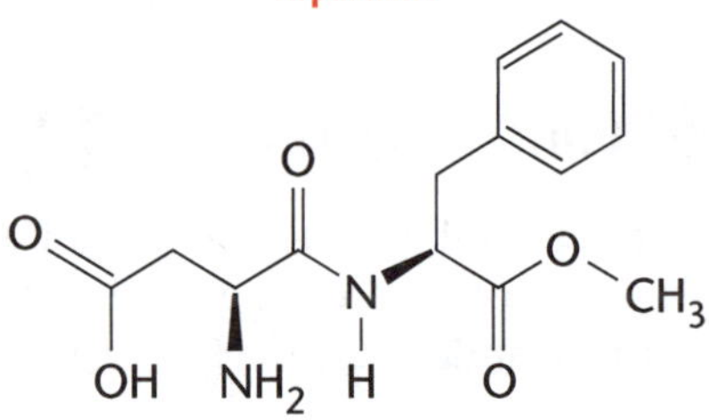

L'aspartame est un édulcorant artificiel découvert accidentellement en 1965 par James Schlatter lors de la mise en place d'une synthèse d'un tétrapeptide devant être testé comme médicament anti-ulcères.

Comme beaucoup de molécules complexes, elle comporte plusieurs groupes caractéristiques, ce qui implique une synthèse totale complexe comprenant des étapes de protection/déprotection importantes.

1. Nommer les groupes caractéristiques de la molécule d'aspartame.

Acide aspartique

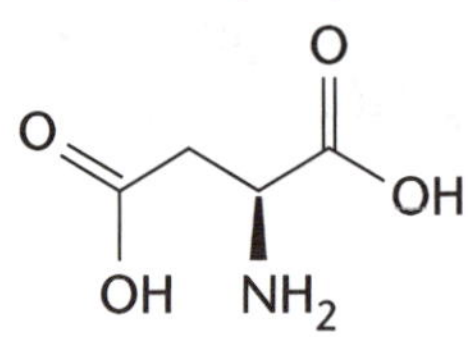

2. Un amide peut être synthétisé par réaction d'une amine sur un acide carboxylique. Proposer une amine qui par réaction avec l'acide aspartique permettrait d'obtenir l'aspartame.

3. Identifier les groupes caractéristiques à protéger sur l'acide aspartique. Justifier.

4. La séquence suivante est proposée pour les premières étapes de la synthèse.

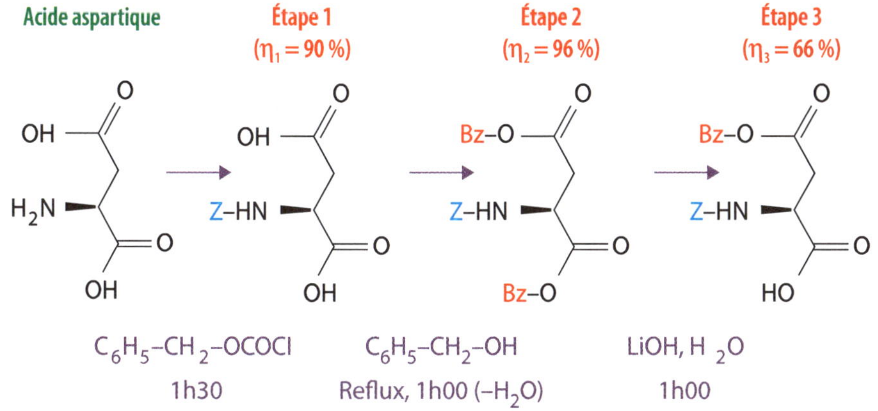

Nommer les étapes de protection et de déprotection.

5. Identifier les étapes sélectives et justifier l'étape 3 proposée.

Après réaction de l'acide aspartique protégé avec l'amine proposée précédemment, une étape de déprotection de six heures est nécessaire pour obtenir l'aspartame. Après ces six heures, le rendement de la réaction est égal à :

- 54 % sans la présence de palladium sur charbon (Pd/C) ;
- 98 % en présence de palladium sur charbon (Pd/C).

Expliquer pourquoi il faut ajouter du palladium sur charbon lors de cette étape.

6. Cette synthèse est réalisée dans un laboratoire en utilisant les proportions de réactifs initiaux suivants et en utilisant les conditions opératoires proposées précédemment (étape de déprotection finale optimisée) :

- étape 1 : masse d'acide aspartique de 0,665 g et autres réactifs en excès ;
- étapes 2 et 3 : les autres réactifs que le substrat sont introduits en excès ;
- étape 4 : l'acide aspartique protégé et l'amine sont introduits dans les proportions stœchiométriques (1:1) et forment l'aspartame protégé avec un rendement de 80 % pour une durée de réaction de 20 minutes à température ambiante ;
- étape 5 : déprotection optimisée en présence de palladium sur charbon.

Données : masses molaires atomiques : $M(C) = 12\ g \cdot mol^{-1}$; $M(O) = 16\ g \cdot mol^{-1}$; $M(N) = 14\ g \cdot mol^{-1}$; $M(H) = 1\ g \cdot mol^{-1}$.

7. Calculer la masse d'aspartame obtenue et la masse théorique si l'ensemble des étapes avaient un rendement de 100 %. Déterminer alors le rendement global de la synthèse multi-étape.

PRÉPARER L'ECE

7 Analyse d'un protocole de synthèse d'ester

★★ 15 min ➔ Corrigé p. 204

Compétences expérimentales évaluées : analyser-raisonner, valider

La synthèse de l'acétate d'isoamyle, un ester utilisé notamment pour conférer un arôme de banane aux aliments, se réalise avec une transformation, équilibrée, entre un acide carboxylique et un alcool dans du cyclohexane (solvant) en présence d'acide sulfurique concentré. L'équation de réaction de cette transformation est la suivante.

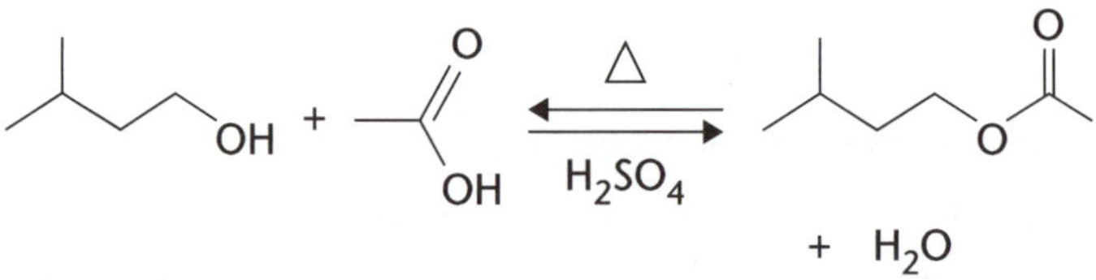

Astuce
Le triangle sur la flèche signifie que la transformation a lieu en chauffant le système.

En laboratoire, ce type de réaction peut se faire à l'aide d'un montage à Dean-Stark qui permet d'éliminer l'eau formée au cours de la réaction du milieu réactionnel.

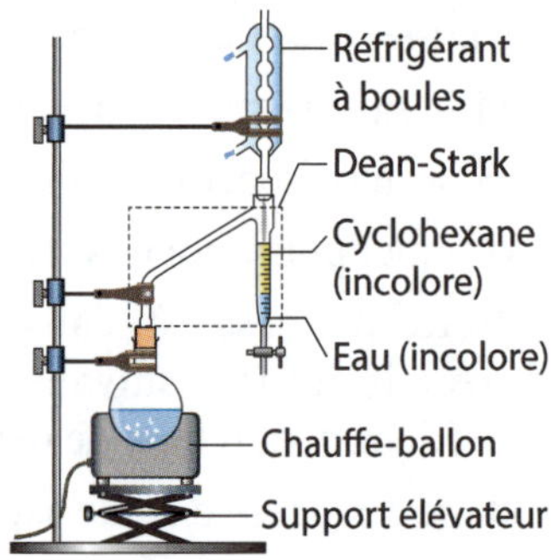

1. Justifier l'intérêt d'utiliser un montage Dean Stark.

2. Expliquer le fonctionnement du montage Dean-Stark, sachant que la densité du cyclohexane est inférieure à 1.

3. L'acide sulfurique concentré est un produit corrosif et le cyclohexane est dangereux pour la santé et pour l'environnement.

Proposer d'autres conditions expérimentales permettant d'optimiser la synthèse et de la rendre plus éco-responsable.

PRÉPARER LE GRAND ORAL

8 Question en chimie organique

★★ 15 min ➔ Corrigé p. 205

Proposer une question mettant en lumière un des grands enjeux du programme de Terminale ou de Première en chimie organique.

Rappel
Deux questions portant sur les enseignements de spécialité doivent être préparées pour le Grand Oral.

Pour aller plus loin

9 Aspect environnemental

★★★ 30 min Corrigé p. 205

Le respect de l'environnement est un sujet de premier ordre ces dernières années. Un des aspects est notamment la gestion et la revalorisation des déchets.

En quoi la chimie peut aider à résoudre les problèmes rencontrés dans ces actions ?

Un exemple flagrant est la problématique du plastique car ce matériau synthétisé par l'homme constitue une grande majorité des équipements utilisés actuellement. Malheureusement en France, seulement 20 % du plastique fabriqué est recyclé et sa revalorisation reste très insuffisante.

En analysant les documents suivants, énoncer les problèmes liés à la gestion des déchets plastiques puis expliquer en quoi les « nouveaux » plastiques constituent une solution potentielle prometteuse.

Le plastique peut aujourd'hui être obtenu à partir de cellulose, d'amidon ou encore de gaz naturel mais la majorité des plastiques sont encore fabriqués à partir de produits pétroliers.

La première étape est le craquage : le naphta, un liquide issu du raffinage du pétrole qui se condense entre 40 °C et 180 °C, constitue la matière première des plastiques. Sous l'effet d'un chauffage (800 °C) puis d'un refroidissement brutal (400 °C), les grosses molécules d'hydrocarbures qui constituent le naphta se voient fragmentées en molécules plus facilement exploitables.

Puis vient l'étape de polymérisation : les monomères obtenus après craquage contiennent entre 2 et 7 atomes de carbone chacun. Grâce à des réactions dites d'addition (chaînes monomères identiques) ou de condensation (chaîne de monomères différents), ils se lient entre eux pour former des polymères.

Enfin, la mise en forme des plastiques constitue l'étape finale : à la sortie de la raffinerie, les polymères se présentent sous forme de granulés, de liquides ou de poudres. Les différents matériaux plastiques que nous connaissons sont obtenus grâce à l'ajout d'adjuvants et d'additifs. Ils sont ensuite mis en forme par moulage, par extrusion, par injection ou encore par thermoformage.

Doc. 1 La synthèse des plastiques

Après usage et collecte, les déchets plastiques sont acheminés vers des usines de traitement pour y être prélavés et triés. Ils sont ensuite broyés en paillettes, lavés, essorés, séchés, tamisés et régénérés en granules. Il est à noter que le pouvoir calorifique du plastique équivaut à celui du charbon ou du pétrole. Ainsi, une part importante des déchets plastiques suivent actuellement une filière de valorisation énergétique.

Doc. 2 **Le recyclage des plastiques**

Il existe différents types de plastique qui ont des propriétés différentes :

• les thermoplastiques, recyclables, que l'on peut faire fondre et réutiliser à nouveau après solidification. Ils possèdent des propriétés de résistance mécanique faible ;

• les thermodurcissables qui, une fois devenus solides, ne peuvent plus redevenir liquides et doivent subir le recyclage complexe décrit dans le document 2. Ils possèdent des propriétés de résistance mécanique importantes et sont notamment utilisés pour la construction des pièces dans l'industrie automobile (pare-chocs….) ;

• les vitrimères, des plastiques récemment découverts qui ont les propriétés mécaniques des thermodurcissables et sont recyclés par chauffage à plus basse température que pour les thermoplastiques. De plus, ces matériaux sont dits biosourcés car synthétisés à partir des ressources de la biomasse (matière organique végétale, animale, bactérienne ou fongique présente sur naturellement sur Terre) et non du pétrole.

Doc. 3 **Les grands types de plastique**

QCM et questions courtes

1 Questions à choix multiples

1. a) et **d) Les cétones et les amides** possèdent des **doubles liaisons carbone-oxygène**. Les amines et les alcools ne possèdent que des liaisons simples.

2. c) Le **groupe caractéristique ester** est encadré sur la molécule correcte ci-contre (les autres molécules présentées n'appartiennent pas à la famille fonctionnelle des esters).

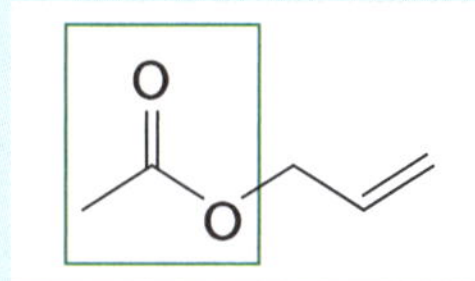

2 Question à réponse courte

L'optimisation d'une étape de synthèse peut se faire en augmentant :

• le **rendement** de la réaction par ajout d'un réactif en excès et/ou élimination d'un produit ;

• la **vitesse** de la réaction par augmentation de la concentration des réactifs, ajout d'un catalyseur et/ou augmentation de la température de réaction ;

• la **sélectivité** de la réaction en proposant une séquence réactionnelle plus adaptée pour les étapes de protection/déprotection et de transformation des groupes caractéristiques de la molécule.

Exercices d'entraînement

3 Nomenclature des molécules organiques

1. Les noms des molécules sont les suivants :

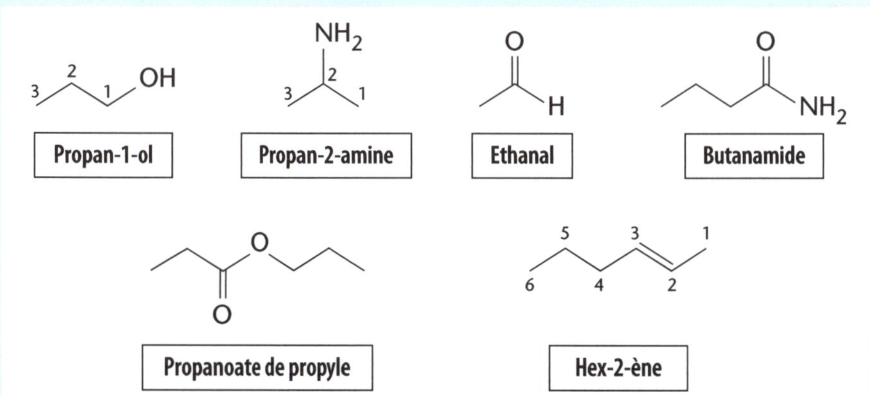

> **Piège à éviter**
>
> Accordez une attention particulière à la numérotation des atomes de carbone de la chaîne principale. Le numéro donné doit toujours être le plus petit possible. Le carbone 1 sera donc d'un côté ou de l'autre de la chaîne principale selon cette convention.

> **Remarque**
>
> Certaines nomenclatures dites systématiques ne correspondent pas au nom « courant » de la molécule. Par exemple, la propan-2-amine sera souvent nommée l'isopropylamine par les chimistes.

3. Les formules topologiques des molécules sont les suivantes :

Iodométhane	2-hydroxypentanal	Acide butanoïque
	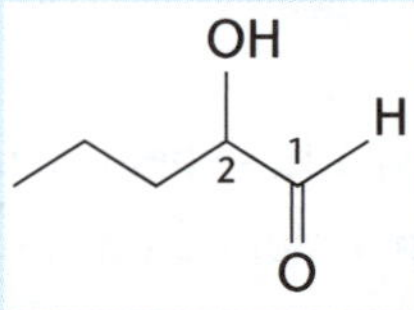	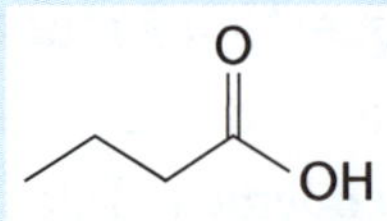
4-aminohexan-2-one	**Éthanoate de propyle**	**Octanamide**
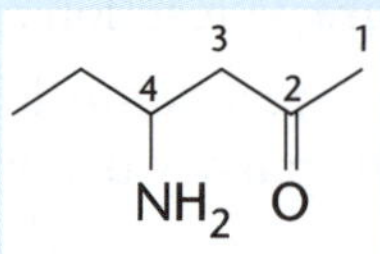	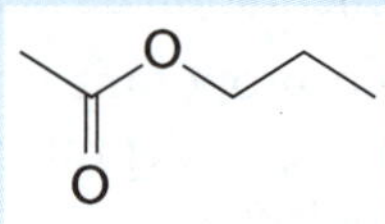	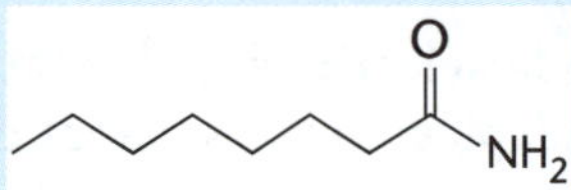

4 Nature des réactions en synthèse organique

1.

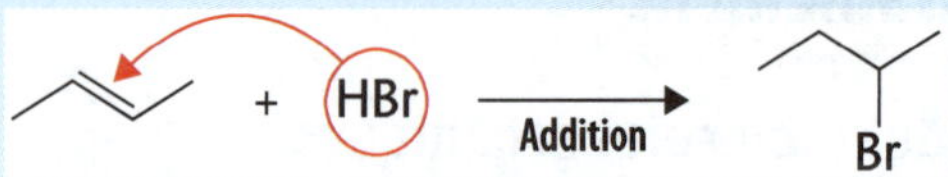

La molécule de HBr s'additionne sur l'alcène de départ qui est le substrat de la réaction.

2.

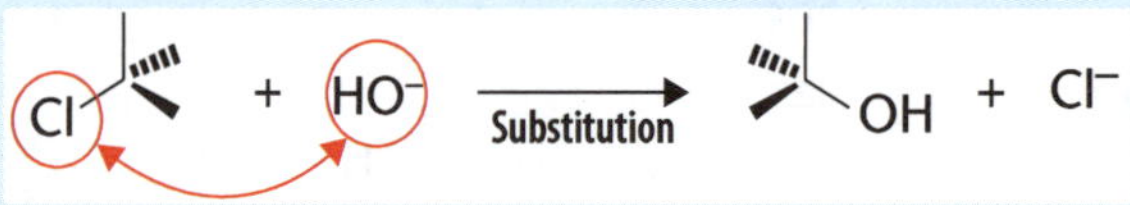

Les substituants OH^- et Cl^- sont échangés sur le substrat.

3.

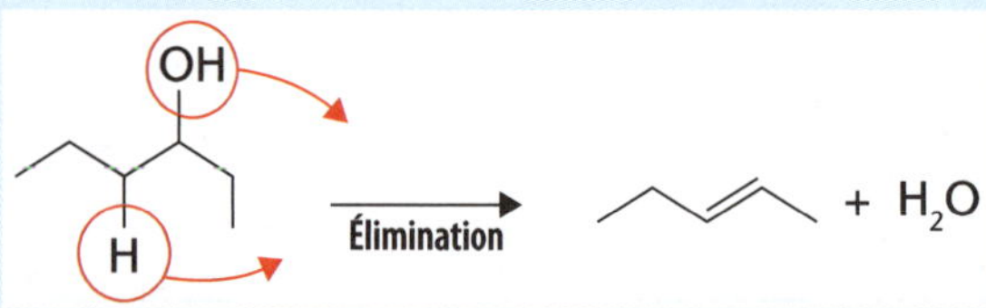

Dans cette réaction (qui a lieu uniquement si le système est chauffé), une molécule d'eau est éliminée du substrat de départ.

Piège à éviter

Dans les formules topologiques, les atomes d'hydrogène ne sont pas représentés, il faut donc faire attention à identifier si certains atomes d'hydrogène ne sont pas mis en jeu dans la réaction.

5 Protection de fonction

1. Une représentation de la **molécule de phénol** est la suivante.

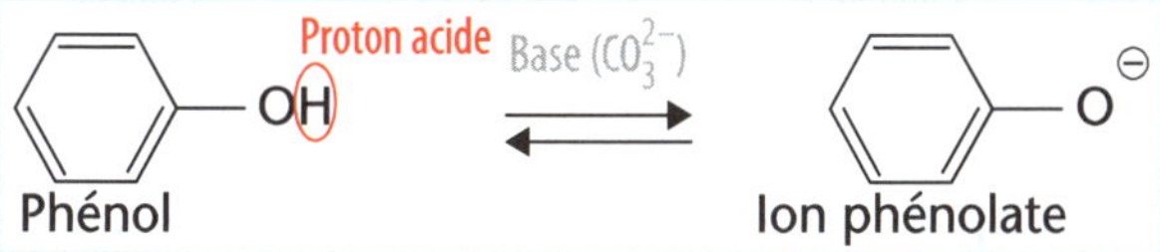

2. Le proton acide, c'est-à-dire l'ion hydrogène, est celui **porté par l'oxygène.**

3. La réaction est une **substitution** où l'ion iodure I^- est substitué par le phénolate sur le substrat CH_3I.

4. Le proton acide n'existe plus sur le phénol car l'oxygène est maintenant lié à un groupement méthyle. Les transformations sur le cycle carboné insaturé peuvent donc être réalisées sans craindre une réaction « parasite » avec le proton acide du phénol de départ.

5. Le rendement de cette réaction n'est **pas optimal pour une étape de protection**. Afin d'améliorer ce rendement, il est possible d'**augmenter la concentration de l'iodométhane** initial ou bien d'**éliminer les ions iodures du milieu réactionnel** au cours de la réaction.

Exercices de type bac

PRÉPARER L'ÉPREUVE ÉCRITE

6 Synthèse multi-étapes de l'aspartame

1. Les groupes caractéristiques de l'aspartame, représenté page suivante, sont les groupes **amide**, **ester**, **amine** et **carboxyle**.

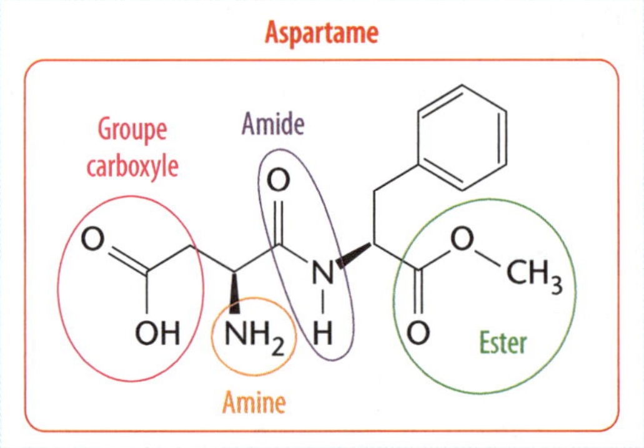

2. L'amine qui, par réaction avec l'acide aspartique, peut produire l'aspartame, est représentée ci-contre.

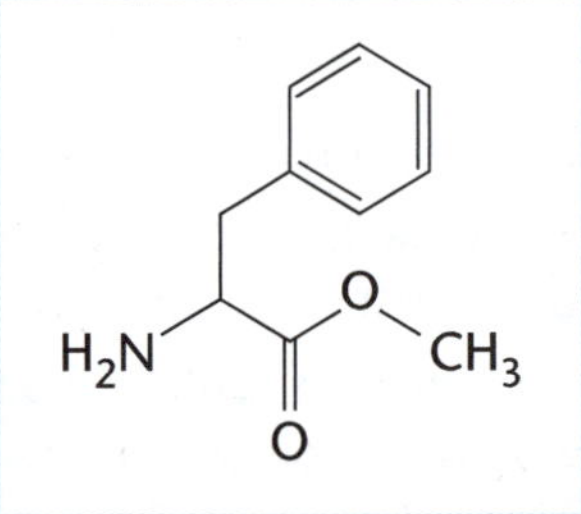

3. Pour obtenir l'aspartame, la réaction de l'amine proposée doit être sélective sur le groupe carboxyle souhaité de l'acide aspartique. Il faut donc **protéger l'autre groupe carboxyle** ainsi que **le groupe amine** de l'acide aspartique qui pourrait réagir avec le groupe ester de l'amine proposée ou bien sur elle-même (avec un groupe carboxyle d'une autre molécule d'acide aspartique par exemple).

4. L'étape 1 correspond à la **protection** du groupe amine de l'acide aspartique tandis que **l'étape 2** correspond à la **protection** des deux groupes carboxyles de cet acide. **L'étape 3** correspond quant à elle à la **déprotection** d'un des deux groupes carboxyles (qui ont été protégés lors de l'étape 2).

Gagnez des points !
Ne perdez pas de temps à justifier la réponse lorsque cela n'est pas demandé.

5. L'étape 1 est **sélective** car elle protège uniquement le groupe amine. **L'étape 2** n'est **pas sélective** car elle protège les deux groupes carboxyles. Il est donc nécessaire de réaliser une **étape 3 sélective** pour déprotéger un seul des deux groupes carboxyles.

6. La réaction en présence de palladium sur charbon est la plus optimale car le rendement de la réaction est de 98 %, ce qui est plus adéquat pour une étape de déprotection.

Le palladium sur charbon joue en effet le rôle de **catalyseur** : en sa présence, la vitesse de la réaction est augmentée et, pour une même

Remarque
Cette réaction de déprotection est une réaction d'oxydo-réduction où le réducteur H_2 permet la déprotection de tous les groupes caractéristiques et l'obtention de la molécule d'aspartame.

durée de réaction, la quantité de produit obtenu est plus importante (rendement supérieur).

7. La masse théorique d'aspartame synthétisé (en considérant que toutes les étapes ont un rendement de 100 %) dépend des quantités de matière initialement introduites des réactifs :

$$n_i(\text{ac.asp.}) = \frac{m(\text{ac.asp.})}{M(\text{ac.asp.})} = \frac{0{,}665}{(4\times 12 + 7\times 1 + 14 + 4\times 16)} = 5{,}00\times 10^{-3}\ \text{mol}.$$

De plus, d'après la séquence réactionnelle donnée, les réactifs (acide aspartique et amine) sont introduits dans les proportions stœchiométriques de 1 pour 1 et l'équation bilan indique qu'une mole consommée des réactifs crée une mole de produit. Dans ces conditions, la quantité de matière théorique obtenue d'aspartame (de formule brute $C_{14}H_{18}N_2O_5$) est égale à :

À savoir

La masse molaire de l'acide aspartique est calculée à partir de sa formule brute $C_4H_7NO_4$, obtenue en comptant les atomes sur la formule topologique de la molécule et des masses molaires des atomes fournies.

$\boldsymbol{n_{max}}$**(aspartame) =** $\boldsymbol{n_i}$**(ac.asp.) = 5,00 × 10**$^{-3}$ **mol**, soit une masse de :

$m_{max}(\text{aspartame}) = n_{max}(\text{aspartame}) \times M(\text{aspartame})$

$m_{max}(\text{aspartame}) = 5{,}00 \times 10^{-3} \times (14 \times 12 + 18 \times 1 + 2 \times 14 + 5 \times 16)$

$\boldsymbol{m_{max}}$**(aspartame) = 1,47 g.**

En réalité, chaque étape possède un rendement inférieur à 100 %. La séquence réactionnelle donne l'ensemble des rendements de chaque étape. Pour connaître la masse finale d'aspartame réellement obtenue à partir de 665 mg d'acide aspartique, il faut tenir compte de chacun de ces rendements :

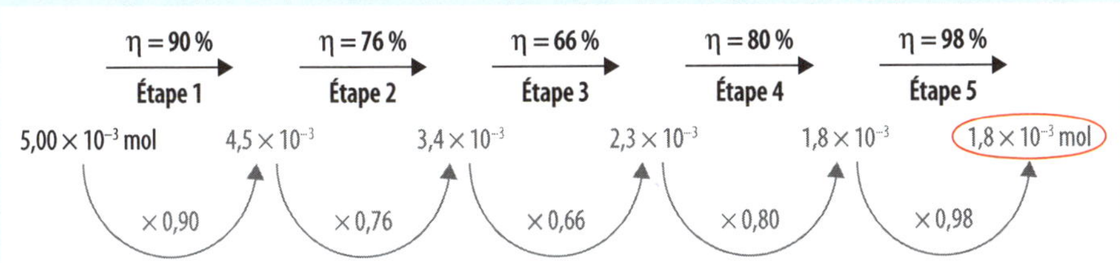

Ainsi, la masse finale d'aspartame est égale à :

$m_f(\text{aspartame}) = n_f(\text{aspartame}) \times M(\text{aspartame})$
$= 1{,}8 \times 10^{-3} \times 294$

$\boldsymbol{m_f}$**(aspartame) = 0,52 g.**

Gagnez des points !

Le résultat « $m_f = 0{,}52$ g » est trouvé en utilisant la valeur exacte de n_f calculée ($1{,}7696448 \times 10^{-3}$ mol) et pas sa valeur approchée ($1{,}8 \times 10^{-3}$ mol).

Le rendement global est égal à :

$$\mu = \frac{m_f\,(\text{aspartame})}{m_{max}\,(\text{aspartame})} = 0{,}35 = 35\ \%.$$

Étant donné le nombre d'étapes important de cette synthèse, le rendement global est intéressant.

À savoir

Lors d'une synthèse multi-étapes, plus le nombre d'étapes est important, plus le rendement global de la synthèse a des chances de diminuer.

PRÉPARER L'ECE

7 Analyse d'un protocole de synthèse d'ester

1. Le montage Dean-Stark permet **l'élimination de l'eau du milieu réactionnel, un produit de la réaction d'estérification.** Ainsi, la quantité d'eau dans le milieu réactionnel diminue. Afin de respecter le quotient réactionnel à l'équilibre, la quantité du deuxième produit de la réaction, l'ester, augmente et les concentrations des réactifs diminuent, ce qui **augmente le rendement**.

2. Le **fonctionnement du montage Dean-Stark** est le suivant :

• au cours du chauffage, du cyclohexane et de l'eau sont évaporés du milieu réactionnel ;

• les vapeurs sont recondensées dans le réfrigérant à boules, l'eau et le cyclohexane liquide sont recueillis dans le tube à droite du schéma qui contient déjà du cyclohexane liquide ;

• l'eau étant plus dense que le cyclohexane, elle tombe au fond de ce tube et fait alors déborder du cyclohexane en haut qui retombe dans le ballon où se déroule la réaction ;

• ainsi, il y a toujours du solvant (du cyclohexane) dans le ballon mais l'eau formée est éliminée du milieu réactionnel.

3. Afin de rendre cette synthèse plus éco-responsable, il faudrait :

• utiliser un autre **solvant moins toxique** que le cyclohexane ou utiliser le cyclohexane dans des quantités limitées ;

• utiliser un **acide moins corrosif** que l'acide sulfurique concentré ;

• **limiter la durée de l'expérience** et **les hautes températures de chauffage** pour **ne pas utiliser trop d'énergie.**

Remarque

L'APTS (acide paratoluène sulfonique) pourrait remplacer l'acide sulfurique concentré.

PRÉPARER LE GRAND ORAL

8 Question en chimie organique

Une question portant sur la chimie organique pourrait être :

Comment optimiser une étape de synthèse organique ?

La réponse à cette question devra notamment donner des informations sur l'intérêt d'une telle optimisation, en donnant des exemples, ainsi que sur les modifications à apporter aux paramètres expérimentaux pour augmenter le rendement de l'étape.

Gagnez des points !
Prenez absolument en considération les aspects environnementaux : économie d'énergie, revalorisation des déchets, toxicité des réactifs et des solvants…

Pour aller plus loin

9 Aspect environnemental

L'écoresponsabilité et la **synthèse/revalorisation des plastiques** sont des thèmes très importants aujourd'hui. Ces polymères sont en effet **très utilisés** car ils possèdent notamment des **propriétés mécaniques et optiques remarquables**. De plus, leur synthèse et/ou recyclage peut être facile.

Cependant les informations fournies dans les documents montrent aussi les limites et les inconvénients de ces matériaux. Il apparaît que les plastiques intéressants pour leurs propriétés mécaniques sont **difficiles à revaloriser**, alors que les plastiques facilement recyclables, eux, possèdent des propriétés mécaniques peu utiles.

Grâce à la chimie, il émerge aujourd'hui heureusement un **nouveau type de plastiques** qui semble réunir les deux avantages cités précédemment : les **vitrimères.**

Plus concrètement, l'utilisation de ces matériaux présente une multitude d'avantages comme :

- la réduction de nos déchets plastiques ;
- le contrôle de nos déchets, puisque la quantité de plastiques microscopiques créés serait moindre lors des opérations de traitement ;
- une baisse de la dépense énergétique lors de la revalorisation par chauffage car la température nécessaire est bien inférieure à celle des autres plastiques ;

CORRIGÉS

- le remplacement des composés issus du pétrole par des composés issus de la biomasse, qui sont valorisables dans la construction, l'isolation, l'agro-industrie…

Ces vitrimères semblent être une **solution très intéressante aux problèmes de revalorisation des plastiques.**

Mais l'exploitation de la biomasse plutôt que l'utilisation du pétrole n'engendra-t-elle pas l'apparition de nouveaux problèmes écologiques à très long terme ? Il semblerait toutefois que cette ressource soit suffisamment abondante et facilement valorisable pour envisager une réelle solution à la surexploitation des ressources d'énergie fossiles de la planète.

À savoir

Les ressources d'énergie fossiles sont le gaz naturel, le pétrole et le charbon. Ces ressources sont non renouvelables, c'est-à-dire que leurs stocks sont limités à l'échelle humaine.

Conseils

L'analyse et la synthèse de documents sont un exercice difficile. Il faut donc s'y entraîner. Pour y arriver :

- lisez l'ensemble des documents et surlignez-les, ou mettez en évidence les phrases, schémas ou autres éléments pouvant être en relation avec la problématique posée ;
- classez ces éléments selon les arguments que vous souhaitez avancer pour répondre à la problématique ;
- apportez vos connaissances personnelles pour compléter votre argumentation ;
- écrivez un texte argumenté précis et aéré sans vous perdre dans des phrases longues et redondantes ;
- concluez en faisant une ouverture sur une autre problématique par exemple.

La Prépa attitude

Le mécanisme réactionnel est l'interprétation au niveau moléculaire du passage des produits aux réactifs. On définira ainsi la notion d'« acte élémentaire » avant d'étudier le profil énergétique d'une réaction et d'aborder les approximations des états quasi-stationnaires et de l'étape cinétiquement déterminante d'un mécanisme réactionnel.

Prolongements aux cours de Terminale

1 Acte élémentaire et molécularité

Au niveau microscopique, on interprète une transformation chimique comme des chocs efficaces entre entités chimiques (atomes, ions, molécules…). La réaction chimique et l'équation chimique décrivent à notre échelle un bilan global, mais ne rendent pas compte des différentes étapes mises en jeu au niveau microscopique.

Le mécanisme réactionnel est ainsi le plus souvent composé de **plusieurs actes élémentaires**, chacun d'entre eux mettant en jeu un nombre réduit de molécules ou d'entités.

La **molécularité d'un acte élémentaire** est le nombre d'entités réactives qui interviennent dans cet acte élémentaire.

Exemple : $CH_3Br + HO^- \rightarrow CH_3OH + Br^-$.

Les deux entités réactives sont la molécule CH_3Br et l'ion HO^-, et la molécularité est 2. On dit alors que la réaction est bimoléculaire (on aurait dit monomoléculaire pour une molécularité de 1).

2 Loi de Van't Hoff

Dans un acte élémentaire, l'ordre partiel d'une entité est égal au nombre stœchiométrique de cette espèce dans l'acte élémentaire.

Attention
Cette loi n'est valable en général que pour un acte élémentaire.

Exemple : dans l'exemple précédent, les ordres partiels de CH_3Br et de HO^- sont égaux à 1.

Remarques :

• Les ordres partiels des réactifs de l'acte élémentaire sont nécessairement entiers (l'acte élémentaire décrit le niveau microscopique, donc un nombre d'ions, de molécules…).

• La somme des ordres partiels, l'ordre global d'un acte élémentaire, est égale à la somme des nombres stœchiométriques des réactifs, donc à sa molécularité.

❸ Énergie d'activation

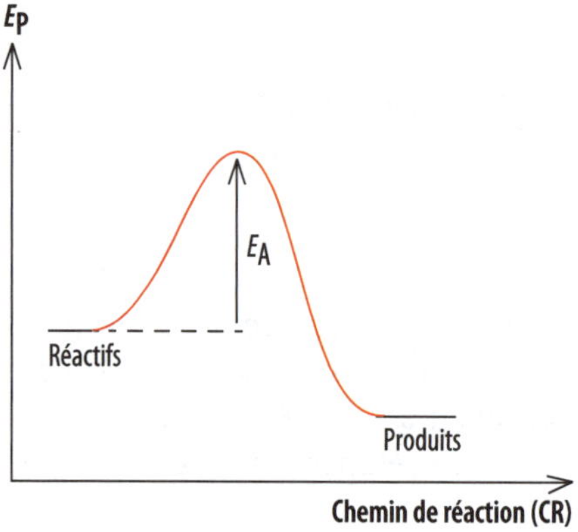

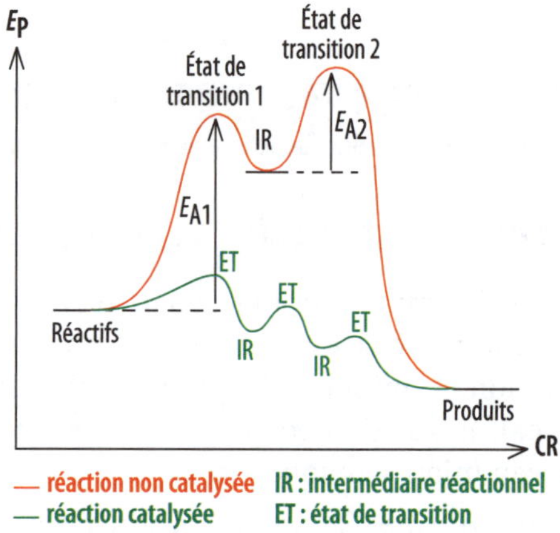

L'état de transition ou les états de transition correspondent à des maxima d'énergie potentielle, à des **espèces non isolables**, tandis que les **intermédiaires réactionnels** correspondent à des minima locaux de l'énergie potentielle, à des **espèces isolables**.

L'utilisation de **catalyseur** modifie le profil énergétique de la réaction, et également les actes élémentaires **en diminuant l'énergie d'activation.**

> **Remarque**
> L'énergie potentielle du mélange réactionnel est souvent représentée en fonction du « chemin de réaction » ou « coordonnée de réaction ».

❹ Cinétique des étapes réactionnelles

Dans le mécanisme réactionnel, si un acte élémentaire est caractérisé par une vitesse significativement plus faible que celle des autres actes élémentaires, on dit que cette étape est **cinétiquement déterminante** : c'est elle qui limite la vitesse globale d'une réaction.

Dans la plupart des cas (mais pas dans tous), après une phase transitoire assez courte, la concentration des intermédiaires réactionnels reste constante et assez faible. On considérera alors que pour cet intermédiaire réactionnel IR : $\frac{\mathbf{d[IR]}}{\mathbf{d}t} = \mathbf{0}$ durant toute la transformation.

Cette approximation est l'**approximation des états quasi-stationnaires**, on la note **AÉQS.**

EXERCICES

➲ Corrigés p. 211

1 Actes élémentaires

a) La molécularité d'un acte élémentaire peut-elle être égale à 5/2 ? Justifier.

b) Un acte élémentaire d'ordre global 5 est-il probable ?

c) Expliquer comment un catalyseur peut augmenter la vitesse d'une réaction en utilisant le profil énergétique de cette réaction.

d) On considère un intermédiaire réactionnel I_1 pour lequel l'AÉQS est possible. Que peut-on en déduire pour la concentration en I_1 ?

e) On considère l'acte élémentaire suivant :

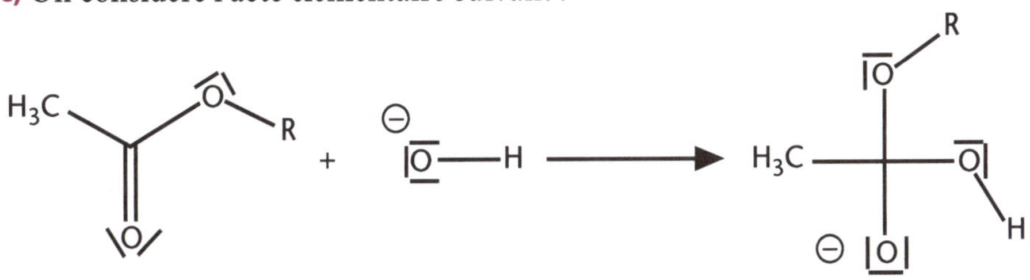

Quelles sont les molécularités des deux réactifs ?

2 Loi de Van't Hoff

On considère l'acte élémentaire de l'exercice **1** question **e)** ci-dessus.

a) Déterminer, en justifiant votre démarche, les ordres partiels de chacun des réactifs et l'ordre global de cet acte élémentaire.

b) Déduire de la question **a)** l'expression de la vitesse de cet acte élémentaire en fonction des concentrations des réactifs. On notera k la constante de vitesse de cet acte élémentaire.

c) Reproduire l'équation chimique de l'acte élémentaire et la compléter en représentant les flèches modélisant le déplacement des doublets électroniques.

3 Mécanisme de la saponification d'un ester

La réaction de saponification est l'hydrolyse basique des esters d'acides carboxyliques. On peut envisager quatre mécanismes réactionnels pour interpréter cette réaction. Le premier mécanisme possible fait intervenir une coupure acyle $CH_3CO–O$. On supposera que **la première étape est l'étape cinétiquement déterminante** et on notera *k* la constante de vitesse de cette étape. On donne ci-dessous le mécanisme 1 :

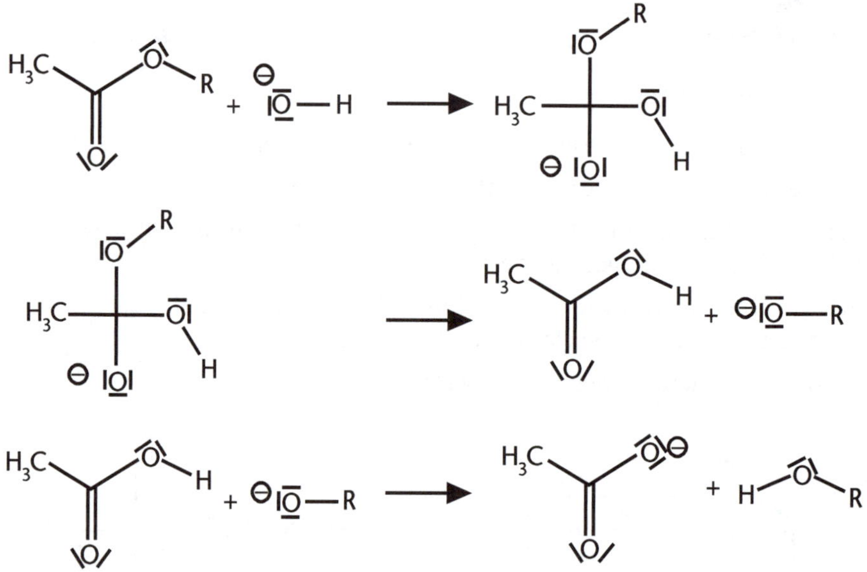

Données :

La bibliographie donne les constatations expérimentales suivantes :

- L'utilisation de $^{18}OH^-$ conduit à retrouver l'oxygène marqué (^{18}O) dans l'anion éthanoate et non dans l'alcool.
- L'ordre global de la réaction est 2 (1 pour l'ester, 1 pour la base).

a) Écrire l'équation bilan de la réaction commune à ces quatre mécanismes.

b) Que signifie la phrase en gras dans l'énoncé de cet exercice ?

c) Le premier mécanisme est-il en accord avec la première constatation expérimentale ? Argumenter brièvement.

d) Qu'est-ce que l'ordre global d'une réaction ?

e) Le premier mécanisme est-il en accord avec la deuxième constatation expérimentale ?

CORRIGÉS

1 **a) La molécularité d'un acte élémentaire ne peut être égale à 5/2**, car elle représente un nombre d'entités (molécule, atomes, ions…) et doit donc être un nombre entier.

> **À savoir**
> Dans la plupart des cas, la molécularité d'un acte élémentaire est de 1 ou 2, rarement 3.

b) Un acte élémentaire d'ordre global 5 est très improbable (voire impossible), car un acte élémentaire met rarement en jeu plus de 2 réactifs et probablement quasiment jamais 5.

c) Le catalyseur va permettre de diminuer l'énergie d'activation de la réaction, en remplaçant le plus souvent un acte élémentaire d'énergie d'activation élevée par plusieurs actes élémentaires d'énergie d'activation bien plus faibles.

d) Si l'intermédiaire réactionnel respecte l'AÉQS, sa concentration est faible et quasiment constante dans le temps (après une étape transitoire courte). On aura ainsi : $\mathbf{\dfrac{d[I_1]}{d\mathit{t}} = 0}$.

e) Pour l'acte élémentaire proposé, chaque réactif a pour nombre stœchiométrique 1, donc **sa molécularité est également de 1**.

2 **a) L'ordre partiel de chacun des réactifs est 1**, il correspond à sa molécularité d'après la loi de Van't Hoff. **L'ordre global est donc 2.**

> **Piège à éviter**
> Dans une réaction chimique, les ordres partiels ne sont en général pas égaux aux nombres stœchiométriques.

b) On déduit de la question **a)** l'expression de la vitesse de cet acte élémentaire :

$$\begin{aligned} v &= k \cdot [CH_3 - CO - OR]^1 \cdot [HO^-]^1 \\ &= k \cdot [CH_3 - CO - OR] \cdot [HO^-] \end{aligned}$$

c)

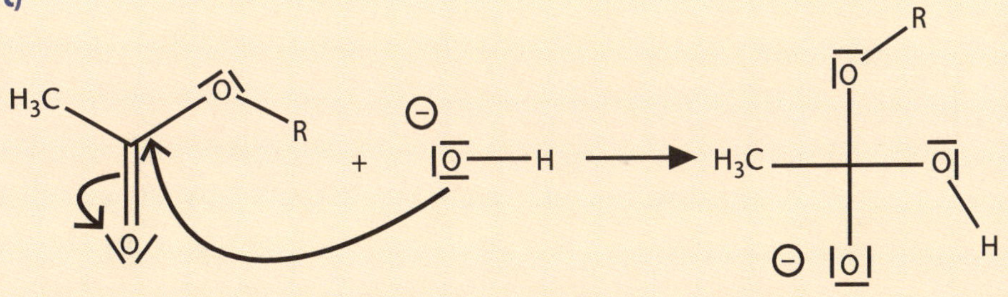

3 **a)** $CH_3 - CO - OR + HO^- \rightarrow CH_3 - CO - O^- + R - OH$

b) La première étape des mécanismes est l'étape cinétiquement déterminante : ces premiers actes élémentaires des quatre mécanismes possibles sont toujours **ceux dont la vitesse est la plus faible** ; ils limitent donc la vitesse de la réaction de saponification résultante.

c) Dans le premier acte élémentaire, l'atome d'oxygène de l'ion hydroxyde HO^- vient se greffer sur le carbone fonctionnel. En suivant le mécanisme étape par étape, on constate que dans les autres actes élémentaires, cet atome d'oxygène reste sur le carbone fonctionnel et sera donc présent dans l'anion éthanoate et non dans l'alcool à la fin de la transformation, **conformément à la première constatation expérimentale.**

Astuce

C'est le marquage isotopique d'un atome d'oxygène qui permet de savoir quel atome d'oxygène reste sur le carbone fonctionnel.

d) L'ordre global d'une réaction est la **somme de ses ordres partiels.**

e) En considérant les différents actes élémentaires et la loi de Van't Hoff, les ordres partiels de l'ester et de la base, HO^-, sont bien 1, et donc l'ordre global de la réaction sera 2. Le premier mécanisme est **bien en accord** avec la deuxième constatation expérimentale.

CHAPITRE 9

Forces et mouvements

Capacités exigibles du chapitre disponibles sur **Nathan Live**

1 Evolution temporelle des systèmes mécaniques

L'étude du temps, de la cinématique et de la dynamique newtoniennes permet de prévoir l'évolution d'un système mécanique, une fois connues les caractéristiques et les conditions initiales du système.

1 Définitions générales

> **Remarque**
> Si la vitesse s'approche de la célérité de la lumière dans le vide, la mécanique classique ne s'applique plus.

- La mécanique classique s'intéresse à l'**étude des corps en mouvement ayant une masse et une dimension à notre échelle** et ayant **une vitesse faible devant la célérité de la lumière dans le vide**. De plus, pour étudier l'évolution temporelle d'un corps, on modélise souvent cet objet par un point (le centre de masse) auquel on attribue la masse de l'objet. Ce point est alors appelé point matériel et on parle de mécanique classique du point.

- Le **centre de masse** d'un corps, appelé aussi centre d'inertie du corps, est le point situé à la **position moyenne de la répartition de la masse de ce corps**. Si le corps est symétrique et homogène, c'est-à-dire de masse volumique constante, le centre de masse de ce corps est situé en son centre.

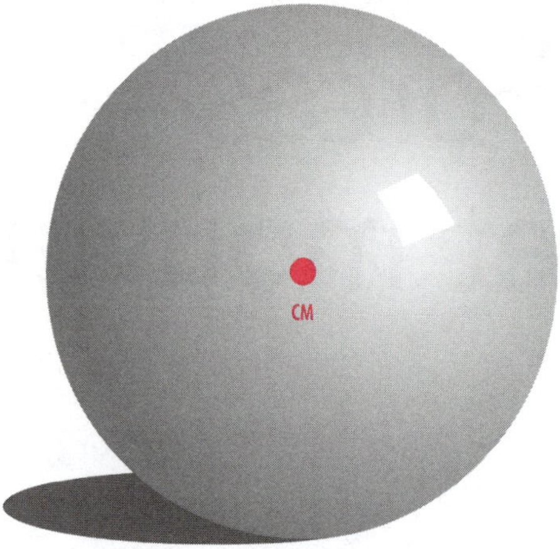

Position du centre de masse (CM) d'une boule homogène

> **Bien comprendre**
> Les différents points d'une boule qui roule dans le référentiel terrestre avancent en tournant autour du centre de masse de la boule, tandis que le centre de masse de la boule est animé d'un mouvement rectiligne.

- La **cinématique** est la partie de la mécanique qui **étudie les mouvements des corps en fonction du temps**, abstraction faite des forces, et la **dynamique étudie les relations entre les forces et les mouvements.**

2 Relativité du mouvement

- Un mouvement est relatif, il dépend de l'observateur. Pour décrire un mouvement, il est indispensable de définir un **référentiel**, constitué d'un repère d'espace et d'un repère de temps.

- Par exemple, si on s'intéresse à une voiture se déplaçant de Paris à Marseille, il est équivalent de dire que :
– **dans le référentiel terrestre** (qui définit tout référentiel immobile par rapport à la surface de la Terre), le conducteur de la voiture et son passager sont **en mouvement** ;
– **dans le référentiel de la voiture** (dont le repère d'espace est fixe par rapport à la voiture), le conducteur de la voiture et son passager sont **immobiles**.

Piège à éviter

Ne confondez pas le référentiel terrestre, dans lequel la Terre est immobile, et le référentiel géocentrique, dans lequel la Terre tourne sur elle-même.

Histoire des sciences

Galilée (1564-1642) est l'un des premiers à avoir considéré la relativité du mouvement comme une notion fondamentale en mécanique.

3 Position, vitesse et accélération d'un point matériel

- En mécanique classique du point, la représentation du mouvement d'un objet est basée sur la position, la vitesse et l'accélération du centre de masse de cet objet à un instant donné. Ce ne sont pas des propriétés intrinsèques du centre de masse. Elles sont toujours définies par rapport à un référentiel donné.

- Si on appelle M le point modélisant l'objet et O l'origine du repère d'espace du référentiel, le vecteur $\overrightarrow{OM}$ est appelé **vecteur position** de M à l'instant t (la norme OM du vecteur position est en mètre).

- La vitesse et l'accélération sont des grandeurs vectorielles. **Le vecteur vitesse** $\vec{v}$ est défini comme la dérivée du vecteur position par rapport au temps :

$\vec{v} = \dfrac{\mathrm{d}\overrightarrow{OM}}{\mathrm{d}t}$ (la norme v du vecteur vitesse est en mètre par seconde, $m{\cdot}s^{-1}$).

- Le **vecteur accélération** $\vec{a}$ est défini comme la dérivée du vecteur vitesse par rapport au temps : $\vec{a} = \dfrac{\mathrm{d}\vec{v}}{\mathrm{d}t}$ (la norme a du vecteur accélération est en mètre par seconde au carré, $m{\cdot}s^{-2}$).

- Certains mouvements particuliers sont à connaître.

– Si la trajectoire du point M est une **droite** et si la valeur de sa vitesse augmente ou diminue de manière constante, **le vecteur accélération est constant** (et non nul) : le point M décrit un **mouvement rectiligne uniformément accéléré**.

– Si la trajectoire du point M est une **droite** et si la valeur de sa vitesse est constante (schéma a), **le vecteur accélération est nul** et le vecteur vitesse est constant : le point M décrit un **mouvement rectiligne uniforme**.

– Si la trajectoire d'un point M est une **droite** et si la **valeur de la vitesse** n'est **pas constante**, le point M décrit un **mouvement rectiligne non uniforme**.

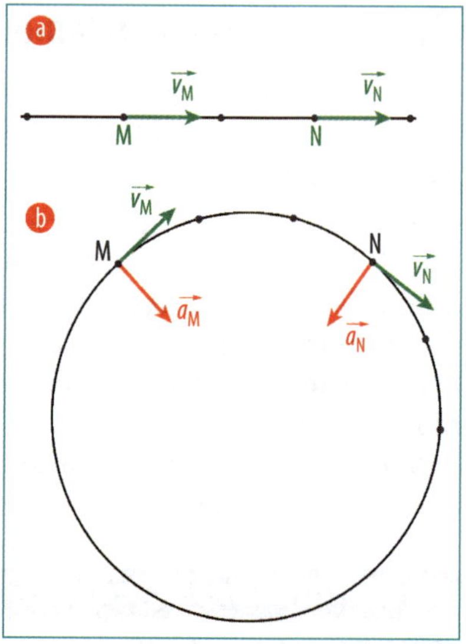

Doc. 1 a. Mouvement rectiligne uniforme
b. Mouvement circulaire uniforme

– Si la trajectoire d'un point M est un **cercle** et si la **norme du vecteur vitesse** est **constante** (schéma b), **le vecteur accélération** est **centripète** (vers le centre du cercle) : le point M décrit un **mouvement circulaire uniforme**.

– Si la trajectoire d'un point M est un **cercle** et si la **norme du vecteur vitesse** n'est **pas constante**, le vecteur accélération est constitué de deux composantes centripète et tangentielle, le point M décrit un **mouvement circulaire non uniforme**.

Bien comprendre

Le terme « uniforme » signifie que la norme du vecteur vitesse est constante, mais cela ne signifie pas que le vecteur vitesse est constant.

2 Lois du mouvement de Newton

Histoire des sciences

En inventant de nouveaux outils mathématiques comme la dérivée, Newton (1642-1727) a donné un sens plus quantitatif aux notions de cinématique (vitesse, accélération) introduites par Galilée et il a défini le temps comme une grandeur physique fondamentale de sa mécanique. Il a été le premier à définir convenablement la notion de masse d'un objet (et à la dissocier du poids de cet objet).

1 Définition d'un référentiel galiléen

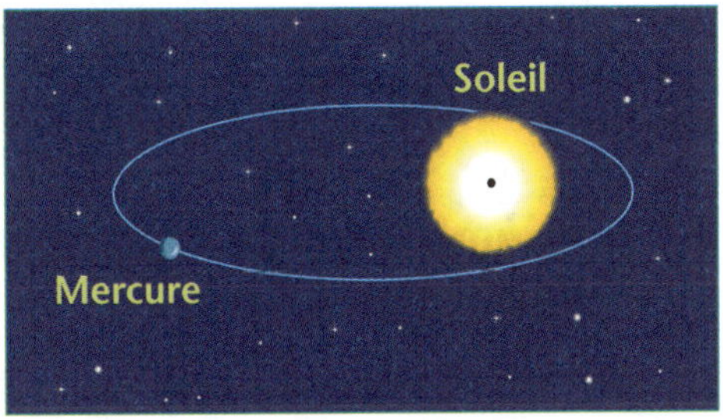

Doc. 2 Le référentiel héliocentrique peut souvent être considéré comme un référentiel galiléen

- **Le centre de masse d'un corps isolé, c'est-à-dire soumis à aucune force, ou pseudo-isolé, c'est-à-dire soumis à des forces qui se compensent, peut avoir un mouvement rectiligne uniforme ou être immobile** par rapport à certains **référentiels** privilégiés, appelés **galiléens.** Ces référentiels sont définis comme étant eux-mêmes en mouvement de translation rectiligne uniforme ou au repos par rapport à un autre référentiel galiléen.
- On peut très souvent considérer comme **galiléens** les référentiels **géocentrique et héliocentrique** ainsi que le **référentiel terrestre** si le mouvement étudié est de courte durée.
- Les deux premières lois de Newton sont valables uniquement dans les référentiels galiléens.
- La troisième loi de Newton est valable dans tous les référentiels, galiléens ou non.

2 Première loi de Newton : le principe d'inertie

- **Dans un référentiel galiléen, le centre de masse d'un corps reste immobile ou garde un mouvement rectiligne uniforme si les forces qui s'exercent sur ce corps se compensent.**

Rappel

Les forces exercées sur un même corps se compensent si la résultante, c'est-à-dire la somme vectorielle, de ces forces est nulle.

COURS

3 Deuxième loi de Newton : la relation fondamentale de la dynamique

• **Dans un référentiel galiléen, le mouvement du centre de masse d'un corps de masse m sur lequel s'exercent des forces de résultante $\sum \vec{F}_{ext}$ est régi par l'équation :**

$$\sum \vec{F}_{ext} = m\vec{a} = m\frac{d\vec{v}}{dt}.$$

A savoir

Cette relation est valable uniquement si la masse du corps ne varie pas au cours de son mouvement.

Bien comprendre

Dans un système pseudo-isolé, la résultante (la somme vectorielle) des forces exercées sur ce système est nulle. D'après la deuxième loi de Newton, le vecteur accélération de son centre de masse est donc nul et son vecteur vitesse constant.

4 Troisième loi de Newton : le principe des actions réciproques

• Si un corps A agit sur un corps B, alors le corps B agit sur le corps A et dans ce cas, au même instant :

$$\vec{F}_{A/B} = -\vec{F}_{B/A}.$$

Cette loi s'applique quel que soit le type d'interaction (de contact ou à distance) et quels que soient les mouvements des corps A et B. Par exemple, lors du décollage d'une fusée, la force exercée par les gaz sur la fusée est l'opposée de la force exercée par la fusée sur les gaz : les gaz sont projetés vers le bas et la fusée vers le ciel.

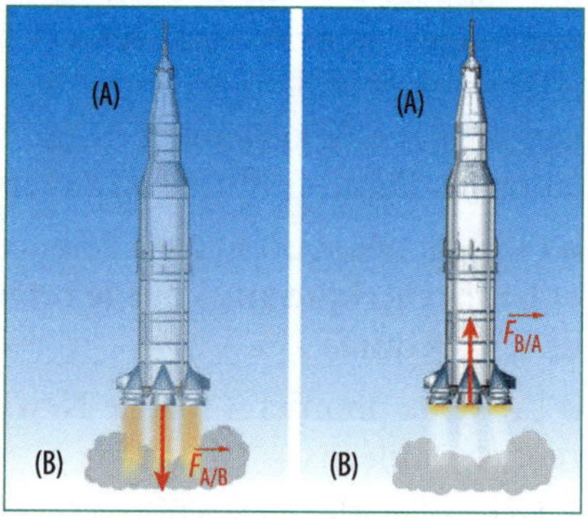

Doc. 3 Propulsion par réaction d'une fusée

Remarque

Contrairement aux deux premières lois de Newton, le principe des actions réciproques est universel. Il ne dépend ni du référentiel, ni du mouvement des différents systèmes en interaction : il est directement lié à la définition des forces modélisant des interactions.

QCM et questions courtes

1 Vrai ou faux ?

➔ Corrigé p. 227

Un enfant est installé sans bouger sur un cheval de bois dans un manège. Le manège se met en route, puis atteint au bout d'un tour une valeur de vitesse constante. On étudie le mouvement de l'enfant après un tour.

1. L'enfant est immobile. ☐ Vrai ☐ Faux

2. L'enfant a un mouvement circulaire uniforme. ☐ Vrai ☐ Faux

2 Faites votre choix !

➔ Corrigé p. 227

1. Dans un référentiel galiléen, la vitesse du centre de masse d'un corps de masse m est nulle à un instant donné.

a) ☐ Son accélération est nulle à cet instant.

b) ☐ Son accélération ne peut pas être nulle.

c) ☐ On ne peut rien conclure sur son accélération.

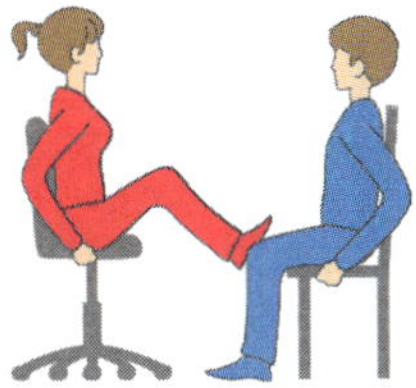

2. Dans une salle de classe, Mathias, habillé en bleu, est assis sur une chaise. Anna, habillée en rouge, est assise sur une chaise à roulettes. Elle pousse avec ses pieds sur les genoux de Mathias.

Quelles sont les forces extérieures qui sont exercées sur Anna ?

a) ☐ La force exercée par la Terre sur Anna (appelée également le poids d'Anna).

b) ☐ La force exercée par la chaise de Mathias sur Anna.

c) ☐ La force exercée par la chaise à roulettes sur Anna.

d) ☐ La force exercée par le sol sur Anna.

e) ☐ La force exercée par Mathias sur Anna.

Exercices d'entraînement

3 Centres de masse

★ 10 min ➔ Corrigé p. 228

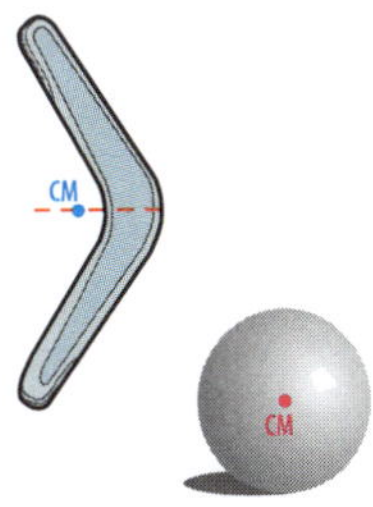

Un boomerang et une boule sont considérés comme des corps homogènes, c'est-à-dire de masse volumique constante. Les positions de leurs centres de masses (CM) sont représentées ci-contre.

Justifier qualitativement les positions des centres de masse de ces deux corps.

4 Référentiel galiléen ou non galiléen ★★ 15 min ➲ Corrigé p. 228

De nombreuses vidéos montrent des spationautes qui « flottent », immobiles, dans la Station spatiale internationale (ISS) tournant autour de la Terre dans le référentiel géocentrique.

1. Effectuer un bilan des forces exercées sur un spationaute « flottant », immobile, dans l'ISS.

2. Le référentiel lié à l'ISS peut-il être considéré comme un référentiel galiléen ? Justifier la réponse.

5 Mouvement d'une balle ★★ 20 min ➲ Corrigé p. 228

Un homme fait tourner une balle au-dessus de sa tête avec une ficelle dans le sens inverse des aiguilles d'une montre. La balle tourne avec une valeur de vitesse constante dans le référentiel terrestre considéré comme galiléen.

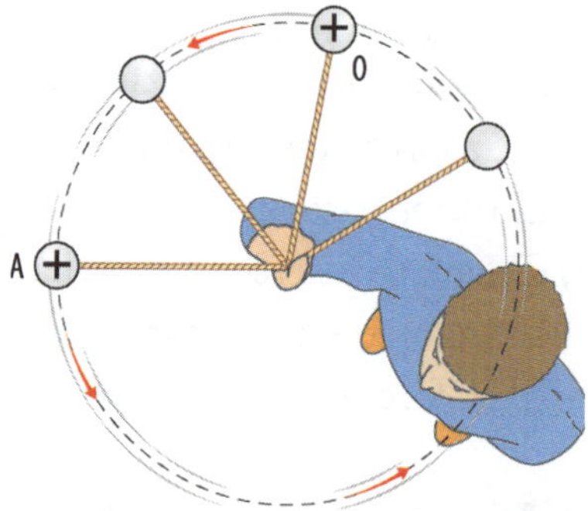

1. Effectuer un bilan des forces exercées sur la balle.

2. Tracer sur le schéma ci-contre la résultante des forces exercées sur la balle lorsqu'elle se trouve au point O.
Justifier la réponse.

3. La ficelle se casse lorsque la balle arrive au point A. Tracer sur le schéma ci-dessus la trajectoire (vue de dessus) de la balle après que la ficelle se soit cassée. Justifier la réponse.

Exercices de type bac

PRÉPARER L'ÉPREUVE ÉCRITE

6 Super héros

★★★ 55 min Corrigé p. 229

D'après un extrait du baccalauréat.

Démuni des superpouvoirs des super-héros traditionnels, le héros de bande dessinée Rocketeer utilise pour voler un réacteur placé dans son dos, appelé Jet-Pack.

Ce Jet-Pack utilise le principe de la propulsion par réaction : lorsqu'un moteur expulse vers l'arrière un jet de fluide, il apparaît par réaction une force de poussée dont la norme est égale au produit du débit massique de gaz éjecté par la vitesse d'éjection de ces gaz.

Afin de tester le potentiel de son nouveau Jet-Pack, Rocketeer réalise quelques essais de mouvements rectilignes ascensionnels verticaux.

Au cours de la première phase d'un essai d'une durée $\Delta t = 3{,}0$ s, il passe, dans le référentiel terrestre considéré comme galiléen, de l'immobilité à une vitesse de valeur v_1.

Données :

- vitesse du fluide éjecté supposée constante : $v_f = 2{,}0 \times 10^3$ m.s^{-1} ;
- masse, supposée constante, du système S {Rocketeer ; Jet-Pack et tout son équipement} : $m_S = 120$ kg ;
- débit massique de fluide éjecté, considéré constant : $D_f = \dfrac{m_f}{\Delta t}$ où m_f est la masse de fluide éjecté pendant la durée Δt ;
- intensité de la pesanteur sur Terre : $g = 10$ m.s^{-2} ;
- les forces de frottements de l'air sont supposées négligeables.

Remarque
La variation de masse due à l'éjection des gaz durant l'essai est supposée négligeable dans cet exercice.

1. Donner la direction et le sens du vecteur accélération $\vec{a}$ du système S lors de la première phase de l'essai.

2. Juste après le décollage, la force de poussée $\vec{F}$ est l'une des forces s'exerçant sur le système S. Indiquer l'autre force s'exerçant sur ce système.

3. Trois normes de force de poussée sont proposées (800 N, 1 200 N, 1 600 N). Justifier que seule la proposition de 1 600 N permet le décollage.

4. En supposant que la force de poussée a pour norme $F = 1\,600$ N, montrer que la masse m_f de fluide consommé durant la première phase de l'essai est égale à 2,4 kg.

Astuce
La valeur a de l'accélération est supposée constante durant la première phase de l'essai.

5. Déterminer la valeur a de l'accélération de Rocketeer durant la première phase de l'essai en appliquant la deuxième loi de Newton.

6. En déduire la valeur v_1 de la vitesse de Rocketeer à l'issue de la première phase de l'essai.

7. Compléter les lignes 6, 14 et 15 du code Python présenté ci-dessous pour calculer le débit massique de fluide éjecté (à la ligne 6), la masse du système au cours du temps (à la ligne 14) et la valeur de son accélération (à la ligne 15).

Gagnez des points !
Le débit massique de fluide éjecté D_f peut être calculé à partir des données de l'énoncé et de la question 4.

```
4  g=10    # valeur de l'intensité de la pesanteur en m/s²
5  F=1600  # valeur de la force de poussée en N
6  Df=     # débit massique de fluide éjecté en kg/s
7  m0=120  # masse initiale du système en kg
8
9  date=[0,1,2,3,4,5]
10 ms=[]
11 a=[]
12
13 for i in range(len(date)):
14     ms.append(......)
15     a.append(......)
16 #---------- tracé des vecteurs accélération-------------
17 for i in range(len(date)):
18     plt.quiver(0,date[i], 0, a[i],width=0.02,scale=9,units='xy',angles='xy',color='r')
19     plt.text(0.010, date[i], 't='+str(date[i])+' s ; a='+str(round(a[i],2))+' m/s²')
20 #---------- paramétrage du tracé----------------------
21 plt.xlim(-0.01, 0.06)
22 plt.ylim(-1, 6)
23 plt.xticks([], [])
24 #---------- affichage de la figure---------------------
25 plt.show()
```

Doc. **Extrait du code Python à compléter**

Code complet téléchargeable sur **Nathan Live**

7 Incertitudes au-dessus du canal de Corinthe

★★★ 55 min ➔ Corrigé p. 232

Le canal de Corinthe est situé en Grèce. Il a été creusé pour relier la mer Égée et la mer Ionienne. Les parois rocheuses sont très hautes et l'eau s'écoule à 79 m au-dessous du niveau du sol. L'Australien Robbie Maddison a réalisé l'exploit de franchir ce canal à moto en avril 2010 après avoir pris son élan sur un tremplin.

Les sites Internet ont annoncé le jour de l'exploit que le point le plus haut de son vol avait dépassé les 95 mètres au-dessus du niveau de l'eau et que la vitesse de sa moto en sortie de tremplin était de 125 km·h^{-1}.

À partir d'une vidéo de son saut, le mouvement de Maddison et de sa moto est étudié dans le référentiel terrestre à l'aide d'une chronophotographie dans le repère (O, *x*, *y*), avec O*x* l'axe horizontal orienté vers la droite de ce repère.

Vocabulaire
Une chronophotographie est une succession de photographies prises à intervalles de temps identiques.

Donnée : Maddison et sa moto sont assimilés à un point matériel de masse supposée constante.

1. Sans souci d'échelle, utiliser l'extrait ci-dessous de la chronophotographie pour montrer que le mouvement de Maddison et de sa moto suivant l'axe O*x* peut être considéré comme uniforme. Justifier la réponse en précisant les mesures réalisées.

Doc. 1 Chronophotographie

2. En tenant compte de l'échelle des distances, on mesure quelques abscisses des positions occupées par Maddison et sa moto et on calcule la vitesse v_x suivant l'horizontale pour ces positions. On obtient les valeurs ci-après.

v_x (en m·s^{-1})	28,2	29,2	28,7	29,1	27,7	29,2

Vérifier que le résultat de cette série de mesures peut s'écrire sous la forme :
$\overline{v_x} = 28{,}7$ m·s^{-1} avec une incertitude-type
$u(\overline{v_x}) = 0{,}3$ m·s^{-1}.

Astuce
Lisez ou relisez le chapitre sur les incertitudes de mesure pour bien comprendre cette question.

Donnée : $\overline{v_x}$ est la valeur moyenne des N mesures et l'incertitude-type est égale à égale à : $u(\overline{v_x}) = \dfrac{s}{\sqrt{N}}$, avec s l'écart-type des N mesures.

3. Sachant que l'inclinaison de la moto de Maddison à la sortie du tremplin est égale à $\alpha = 33°$ avec une incertitude-type $u(\alpha) = 1°$, la simulation d'un processus aléatoire à l'aide du langage de programmation Python permet de déterminer la valeur de la vitesse de la moto de Maddison en sortie de tremplin : $v_0 = 34{,}2$ m·s^{-1} avec une incertitude-type $u(v_0) = 0{,}5$ m·s^{-1}.

```
1  # coding: utf-8
2  import random as rd # importation de la bibliothèque random avec l'alias rd
3  import numpy as np  # importation de la bibliothèque numpy avec l'alias np
4  from math import sqrt, cos,sin,pi # importation des fonctions racine carrée, cos, sin et pi
5
6  def moyenne(liste):
7      return sum(liste)/len(liste)
8
9  def incertitude_type(liste):
10     m=moyenne(liste)
11     somme=[(x-m)**2 for x in liste]
12     racine_somme=sqrt(sum(somme))
13     return racine_somme/sqrt(len(liste)-1)
14
15 def aleat(moy,inc_type):
16     """ fonction renvoyant une valeur aléatoire autour de moy
17     avec une incertitude type inc_type"""
18     tirage=np.random.normal()  # tirage entre -infini et +infini (loi normale)
19     return moy+inc_type*tirage
20
21 V0x=[28.7,0.3]               # valeur moyenne et incertitude pour V0x
22 alpha=[33*pi/180,1*pi/180]   # valeur moyenne et incertitude pour alpha
23
24 N=100000                     # taille de l'échantillon
25
26 liste_V0=[] # initialisation de la liste échantillon des valeurs de V0
27
28 for i in range(N): # construction de l'échantillon de N valeurs aléatoires de V0
29     alpha_aleat=aleat(alpha[0],alpha[1])
30     V0x_aleat=aleat(V0x[0],V0x[1])
31     liste_V0.append(V0x_aleat/cos(alpha_aleat))
32
33 print("moyenne : ",round(moyenne(liste_V0),2),'m.s-1')
34 print("incertitude type : ",round(incertitude_type(liste_V0),2),'m.s-1')
```

Doc. 2 **Code Python**

Code complet téléchargeable sur **Nathan Live**

a) Expliquer le rôle de `V0x_aleat/cos(alpha_aleat)` à la ligne 31 du code Python du **doc. 2**.

b) Expliquer comment, à la ligne 15 du code Python du **doc. 2**, la fonction **`aleat`** calcule une valeur aléatoire à partir d'une valeur moyenne et d'une incertitude-type fournies.

c) Comparer la valeur de la vitesse en sortie de tremplin annoncée sur les sites Internet ($v_{0,\text{Internet}} = 125$ km·h^{-1}) avec celle déterminée précédemment.

Astuce

Basez-vous sur le point numérique Python pour répondre aux questions ci-contre.

Piège à éviter

Pensez à utiliser la même unité pour comparer les deux valeurs de vitesse.

PRÉPARER L'ECE

8 Envol d'une fusée spatiale

★★ 15 min Corrigé p. 233

Compétence expérimentale évaluée : analyser-raisonner

Dans la cour du lycée, des élèves, munis de blouses et de lunettes de protection, effectuent l'expérience suivante.

Ils remplissent à moitié une bouteille d'un mélange d'eau et de jus de citron (acide), puis ils enveloppent deux cuillères à soupe de bicarbonate de soude dans une serviette en papier. Ils mettent ensuite le bicarbonate de soude dans la bouteille posée sur le sol, placent rapidement un bouchon de liège sur le goulot et ils reculent de quelques pas.

La transformation chimique entre le bicarbonate et l'eau acide produit alors du gaz (du dioxyde de carbone) dans la bouteille et les élèves observent que le bouchon est éjecté dans les airs.

Faire le lien entre cette expérience et le décollage d'une fusée spatiale.

PRÉPARER LE GRAND ORAL

9 Explication orale

★ 10 min Corrigé p. 233

Lire l'énoncé et la réponse de l'exercice précédent sur l'envol d'une fusée spatiale, puis expliquer à l'oral, sans note, pendant deux minutes maximum, le lien entre l'expérience de l'exercice précédent et le décollage d'une fusée spatiale.

Astuce
Enregistrez-vous pour pouvoir vous réécouter et corriger vos erreurs.

Pour aller plus loin

10 Rugby

★★★ 20 min ➔ Corrigé p. 234

Le rugby est un sport d'équipe qui s'est développé dans les pays anglo-saxons à la fin du XIXe siècle.

Un joueur A de masse m_A = 115 kg et animé d'une vitesse de valeur v_A = 18 km·h^{-1} est plaqué par un joueur B de masse m_B = 110 kg et de vitesse négligeable.

Plaquage au rugby

Il y a « plaquage » lorsqu'un joueur porteur du ballon, sur ses pieds dans le champ de jeu, est simultanément tenu par un ou plusieurs adversaires, qu'il est mis au sol et/ou que le ballon touche le sol. Ce joueur est appelé « joueur plaqué ».

D'après *http://www.francerugby.fr/*

Doc. 1 Plaquage

Dans un référentiel galiléen, le mouvement du centre de masse d'un corps de masse *m*, sur lequel sont appliquées des forces de résultante $\sum \vec{F}_{ext}$, est régi par l'équation : $\sum \vec{F}_{ext} = \frac{d\vec{P}}{dt}$, $\vec{P}$ étant la quantité de mouvement du corps animé du vecteur vitesse $\vec{v}$: $\vec{P} = m\vec{v}$.

Doc. 2 Formulation générale de la deuxième loi de Newton

1. Indiquer le référentiel dans lequel les vitesses sont définies.

2. On suppose que l'ensemble des deux joueurs est un système peudo-isolé aussi bien avant qu'après le plaquage.

Exprimer puis calculer, en justifiant le raisonnement, la valeur de la vitesse des deux joueurs liés après le plaquage.

> **À savoir**
> Les forces qui s'exercent sur un système pseudo-isolé se compensent.

QCM et questions courtes

1 Vrai ou faux ?

1. Vrai → Dans le **référentiel du manège**, l'enfant est **immobile.**

2. Vrai → Dans le **référentiel terrestre**, l'enfant a un **mouvement circulaire uniforme.**

→ À savoir

La trajectoire de l'enfant dépend du référentiel choisi. Il est donc indispensable de définir un référentiel dès que l'on veut définir un mouvement.

2 Faites votre choix !

1. c) On ne peut rien conclure sur l'accélération du centre de masse du corps si on connaît sa vitesse à un seul instant donné.

Dans un référentiel galiléen, si la vitesse d'un corps de masse m est nulle à un instant donné, **on ne peut rien conclure sur son accélération**. En effet, l'accélération d'un corps est égale à la dérivée de la vitesse en fonction du temps. Il est donc **nécessaire de connaître la vitesse du corps à au moins deux instants différents** pour être en mesure de déterminer son accélération.

Piège à éviter

Le fait que la vitesse soit nulle à un instant donné ne signifie pas que la la vitesse soit nulle à chaque instant.

2. a), **c)** et **e)** Les forces extérieures exercées sur Anna sont :

– la force exercée par la Terre sur Anna (appelée également **le poids d'Anna**), car Anna se trouve dans le champ de pesanteur de la Terre ;

– **la force exercée par la chaise à roulettes sur Anna,** car Anna est en contact avec la chaise à roulettes ;

– **la force exercée par Mathias sur Anna,** car Anna est en contact avec Mathias.

La chaise de Mathias et le sol n'exercent pas de force avec Anna car ils ne sont pas en contact avec Anna.

Piège à éviter

Même si ce n'est pas Mathias qui « agit », il exerce tout de même une force sur Anna d'après la troisième loi de Newton.

Exercices d'entraînement

3 Centres de masse

Le centre de masse d'un corps est le point situé à la **position moyenne de la répartition de la masse de ce corps**. Si le corps est homogène, il se trouve sur le (ou les) axe(s) de symétrie de ce corps.

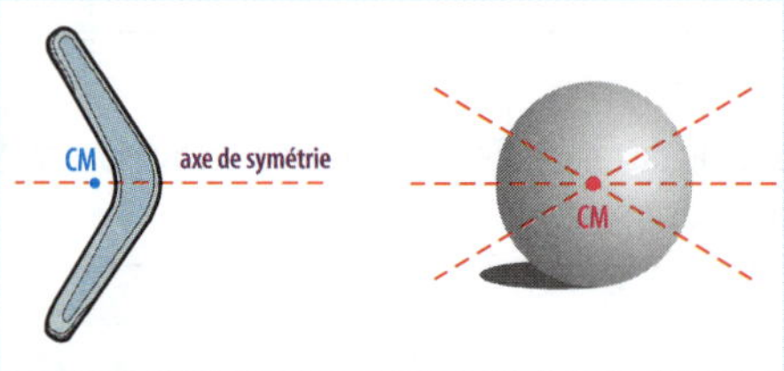

4 Référentiel galiléen ou non galiléen

1. Une seule force s'exerce sur un spationaute « flottant », immobile, dans l'ISS : **la force de gravitation exercée par la Terre sur le spationaute.**

2. Le référentiel lié à l'ISS ne peut **pas être considéré comme un référentiel galiléen**. En effet, si ce référentiel était un référentiel galiléen, le spationaute « flottant » dans l'ISS ne serait pas immobile dans ce référentiel, étant donné qu'il n'est ni isolé, ni pseudo-isolé.

> **À savoir**
> Si la Terre n'exerçait pas de force sur le spationaute, il ne tournerait pas autour de la Terre.

5 Mouvement d'une balle

1. Les forces qui s'exercent sur la balle sont : la force exercée par la Terre sur la balle (**le poids de la balle**), **la force exercée par la ficelle sur la balle** et éventuellement la force (de frottements) exercée par l'air sur la balle.

> **Piège à éviter**
> L'homme n'exerce pas de force sur la balle, car il n'y a pas de contact entre l'homme et la balle.

2. Au point O, la résultante $\vec{F}$ des forces exercées sur la balle est **centripète** comme cela est indiqué sur le schéma. En effet, le mouvement de la balle étant circulaire et uniforme, l'accélération de la balle est centripète. De plus, dans le référentiel terrestre considéré comme galiléen, on peut appliquer la deuxième loi de Newton :

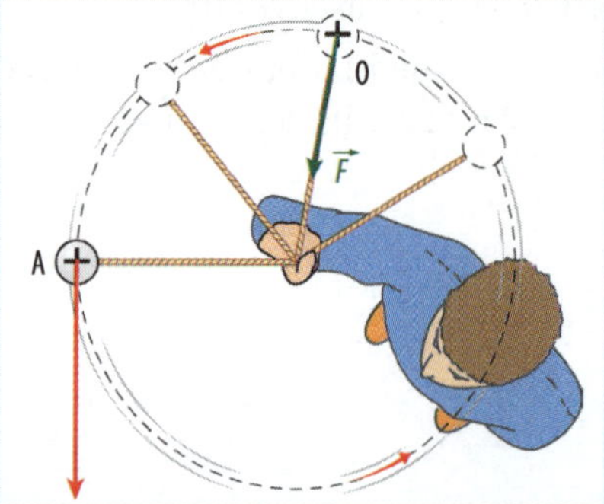

$$m\vec{a} = \sum \vec{F}_{ext} = \vec{F}.$$

3. Comme m est une constante positive, si $\vec{a}$ est centripète, $\vec{F}$ l'est également.

Après que la ficelle se soit cassée au point A, une seule force ayant une composante non nulle dans le plan du cercle de la trajectoire peut encore éventuellement être exercée sur la balle : la force (de frottements) de l'air. Cette force étant forcément dans la direction de la balle, la trajectoire de la balle (vue de dessus) est **une ligne droite** d'après la deuxième loi de Newton.

Remarque

Il ne faut pas confondre sens et direction d'une force. Par exemple, la force de frottements est dans la direction de la vitesse de la balle mais elle est de sens opposé.

Bien comprendre

Le poids de la balle s'exerce aussi sur la balle mais la direction de cette force est verticale. On n'en tient donc pas compte dans cette question étant donné qu'on s'intéresse uniquement aux forces exercées sur la balle ayant une composante horizontale (on s'intéresse à la trajectoire vue de dessus).

Exercices de type bac

PRÉPARER L'ÉPREUVE ÉCRITE

6 Super héros

1. Le vecteur accélération du système S lors de la première phase de l'essai est égal à : $\vec{a} = \dfrac{\mathrm{d}\vec{v}}{\mathrm{d}t} \approx \dfrac{\Delta\vec{v}}{\Delta t}$.

Ainsi : $\vec{a} \approx \dfrac{\vec{v_1} - \vec{v_0}}{\Delta t} \approx \dfrac{\vec{v_1}}{\Delta t}$.

Astuce

$\vec{v_0} = \vec{0}$ car le système est initialement immobile.

Comme Δt est une valeur positive non nulle, le vecteur accélération $\vec{a}$ du système S lors de son mouvement rectiligne ascensionnel vertical a le même sens et la même direction que le vecteur vitesse, c'est-à-dire **vertical vers le haut**.

2. Juste après le décollage, la force de poussée $\vec{F}$ est l'une des forces s'exerçant sur le système S. L'autre force s'exerçant sur ce système est son **poids $\vec{P}$**.

3. D'après la deuxième loi de Newton, dans le référentiel terrestre considéré comme galiléen : $\vec{P} + \vec{F} = m_S \vec{a}$.

Le mouvement du système et les forces sont verticaux, il est donc possible de projeter les vecteurs de l'équation précédente suivant un axe vertical O*y*, orienté vers le haut : $-P + F = m_S \times a$.

Le système décolle si la valeur *a* est strictement positive.

Piège à éviter

Comme le poids du système est vertical et orienté vers le bas, sa projection suivant l'axe O*y*, orienté vers le haut, est égale à $-P$.

Comme $m_S > 0$, il faut que la norme *F* de la force de poussée soit supérieure à celle du poids *P* du système : $F > P \Leftrightarrow F > m_S \times g$.

A. N. : $F > 120 \times 10$

$$\mathbf{F > 1{,}2 \times 10^3\ N.}$$

Seule la proposition de **1 600 N** permet donc le décollage.

Pour aller plus loin

L'expression mathématique de la deuxième loi de Newton $\vec{P} + \vec{F} = m_S \vec{a}$ n'est valable que parce qu'on considère la masse du système constante au cours du mouvement. Sinon, il faut introduire une nouvelle grandeur : la quantité de mouvement, définie dans l'exercice 10.

4. On suppose que la force de poussée a pour norme $F = 1\,600$ N.

$$F = D_f \times v = \frac{m_f}{\Delta t} \times v_f.$$

La masse m_f de fluide éjecté pendant la durée Δt est donc égale à :

$$m_f = \frac{F \times \Delta t}{v_f}.$$

A. N. : $m_f = \dfrac{1\,600 \times 3{,}0}{2{,}0 \times 10^3} = \mathbf{2{,}4\ kg}$.

5. D'après la deuxième loi de Newton appliquée au système S :

$\vec{P} + \vec{F} = m_S \vec{a}$. Comme le mouvement du système est uniquement vertical, on projette sur l'axe vertical O*y* orienté vers le haut :

$-P + F = m_S \times a$.

D'où : $a = \dfrac{-P + F}{m_S} = \dfrac{-m_S \times g + F}{m_S} = -g + \dfrac{F}{m_S}$.

A. N. : $a = -10 + \dfrac{1\,600}{120} = \mathbf{3{,}3\ m{\cdot}s^{-2}}$.

Unité

L'unité de la valeur d'une accélération est le mètre par seconde au carré : m.s^{-2}.

6. Comme le mouvement du système est uniquement vertical, on a, en projetant sur l'axe Oy vertical orienté vers le haut : $a = \dfrac{\mathrm{d}v}{\mathrm{d}t}$.

En primitivant, comme a est une constante, on trouve : $v = a \times t + \text{cste}$.

Or, à $t = 0$ s, $v = 0$, ce qui implique : cste = 0 et $\boldsymbol{v = a \times t}$.

La valeur v_1 de la vitesse de Rocketeer à l'issue de la première phase de l'essai, c'est-à-dire à l'instant de date $t_1 = 3{,}0$ s, est donc égale à :

$$v_1 = 3{,}3 \times 3{,}0 = \mathbf{10\ m{\cdot}s^{-1}}.$$

→ Bien comprendre l'application numérique

Le résultat de ce calcul est 10 m·s^{-1} et pas 9,9 m·s^{-1} car la valeur de a à utiliser dans le calcul est la valeur exacte déterminée dans la question précédente.

7. D'après la question 4, au cours de la première phase d'un essai d'une durée $\Delta t = 3{,}0$ s, une masse $m_f = 2{,}4$ kg de fluide est éjectée. Ainsi, le débit massique de fluide est égal à : $D_f = \dfrac{m_f}{\Delta t} = \dfrac{2{,}4}{3{,}0} = \mathbf{0{,}80\ kg{\cdot}s^{-1}}$ et la ligne 6 du code Python devient : $\boldsymbol{D_f}$ **= 0.8.**

De plus, la masse du système diminue à chaque instant car des gaz sont éjectés. À un instant de date donnée, la masse du système s'obtient donc **en soustrayant à la masse initiale** (m0 dans le script Python) **le débit massique multiplié par la durée écoulée** soit pour la ligne 14 : **m0-date[i]*Df.**

La valeur de l'accélération exprimée à la question 5 est : $a = -g + \dfrac{F}{m_S}$, la ligne 15 se complète donc par :

-g+F/ms[i] car ms[i] est la masse du système calculée à la date i.

→ Pour aller plus loin

Téléchargez le programme complet sur **Nathan Live** et exécutez-le pour mieux comprendre la correction proposée.

7 Incertitudes au-dessus du canal de Corinthe

1. Sur la chronophotographie, on mesure les distances séparant les abscisses successives du centre de masse du système.

Aux incertitudes de mesure près, on peut considérer que **le système {Maddison ; moto} parcourt une même distance horizontale pendant une même durée**. Sa vitesse horizontale v_x est donc constante et le **mouvement de Maddison et de sa moto suivant l'axe Ox** peut être considéré comme **uniforme**.

2. L'utilisation du mode « Statistiques » de la calculatrice permet d'obtenir un écart-type égal à : $s = 0{,}618\ \text{m·s}^{-1}$.

L'incertitude-type est notée avec un seul chiffre significatif. Elle vaut donc : $u(\overline{v_x}) = \dfrac{s}{\sqrt{N}} = \dfrac{0{,}618}{\sqrt{6}} = 0{,}3\ \text{m·s}^{-1}$.

> **Astuce**
> L'écart-type à prendre en compte ici est l'écart-type expérimental, noté Sx ou $x\sigma_{n-1}$ sur certaines calculatrices.

La valeur moyenne des N mesures, donnée par la calculatrice, a le même nombre de chiffres après la virgule que l'incertitude-type. Ainsi : $\overline{v_x} = 28{,}7\ \text{m·s}^{-1}$.

Le résultat de cette série de mesures s'écrit donc bien sous la forme :

$\overline{v_x} = 28{,}7\ \text{m·s}^{-1}$ avec une incertitude-type $u(\overline{v_x}) = 0{,}3\ \text{m·s}^{-1}$.

3. a) L'inclinaison de Maddison et de sa moto à la sortie du tremplin est égale à α = 33° avec une incertitude-type u(α) = 1°.

Or, d'après le schéma ci-contre, $\cos\alpha = \dfrac{v_{0x}}{v_0}$.

Ainsi : $v_0 = \dfrac{v_{0x}}{\cos\alpha}$.

De plus, comme v_x est une constante, $v_{0x} = v_x$.

D'où : $v_{0x} = \overline{v_x} = 28{,}7\ \text{m·s}^{-1}$ avec une incertitude-type $u(\overline{v_x}) = 0{,}3\ \text{m·s}^{-1}$.

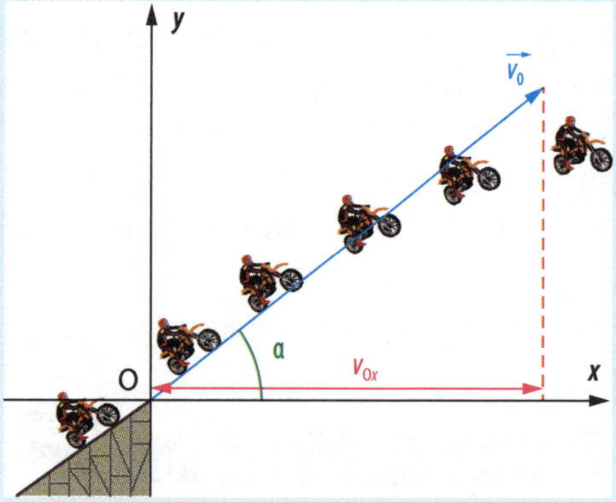

Maddison à la sortie du tremplin

L'instruction `V0x_aleat/cos(alpha_aleat)` à la ligne 31 du code Python **calcule une valeur de v_0 à partir de valeurs aléatoires de v_{0x} et de α.**

> **Pour aller plus loin**
> Téléchargez le programme complet sur **Nathan Live** et exécutez-le pour mieux comprendre la correction proposée.

b) La fonction Python `aleat` renvoie la valeur moyenne de la grandeur, augmentée du produit de son incertitude-type, par **une valeur tirée aléatoirement suivant la loi normale**. Une **valeur aléatoire de la grandeur** est ainsi **calculée**.

c) D'après l'énoncé, la simulation d'un processus aléatoire à l'aide du langage de programmation Python a permis de déterminer la valeur de la vitesse de la moto de Maddison en sortie de tremplin : $v_0 = 34{,}2\ \mathrm{m{\cdot}s^{-1}}$ avec une incertitude-type $u(v_0) = 0{,}5\ \mathrm{m{\cdot}s^{-1}}$.

De plus, la valeur de la vitesse annoncée sur les sites Internet est égale à :

$v_{0,\ \mathrm{Internet}} = 125\ \mathrm{km{\cdot}h^{-1}} = \ = 34{,}7\ \mathrm{m{\cdot}s^{-1}}$.

Ainsi, **ces deux valeurs de vitesse sont compatibles à une incertitude-type près, ce qui est satisfaisant.**

> **Unités**
>
> $1\ \mathrm{km{\cdot}h^{-1}} = \dfrac{1\times10^3\ \mathrm{m}}{3600\ \mathrm{s}}$
>
> $1\ \mathrm{km{\cdot}h^{-1}} = \dfrac{1}{3{,}6}\ \mathrm{m{\cdot}s^{-1}}$

PRÉPARER L'ECE

8 Envol d'une fusée spatiale

Dans l'expérience réalisée par les élèves, la quantité de matière du dioxyde de carbone augmente dans la bouteille, la norme de la force pressante (verticale vers le haut) exercée par les gaz présents dans la bouteille sur le bouchon augmente donc et le bouchon s'envole d'après la deuxième loi de Newton.

Dans le cas d'une fusée spatiale, le décollage de celle-ci est **aussi dû à une augmentation de la norme de la force (verticale et vers le haut) exercée par les gaz de l'atmosphère sur la fusée.** En effet, lors de la mise en route des réacteurs de la fusée, les réacteurs exercent une force sur les gaz placés sous la fusée et, d'après la troisième loi de Newton, ces gaz exercent aussi une force sur les réacteurs de la fusée.

PRÉPARER LE GRAND ORAL

9 Explication orale

L'explication à l'oral se fait sans note, pendant deux minutes maximum. Le **vocabulaire scientifique** utilisé doit être **précis** : il faut notamment **caractériser les forces**, qui sont des **vecteurs**, par leur **direction**, leur **sens** et leur **norme**.

> **Astuce**
>
> Respectez la consigne des deux minutes maximum en vous chronométrant.

Pour aller plus loin

10 Rugby

1. Les vitesses sont définies dans le **référentiel terrestre lié au terrain de rugby, supposé galiléen.**

2. D'après le formulation générale de la deuxième loi de Newton, dans le référentiel terrestre supposé galiléen, le mouvement du centre de masse du système S {joueur A ; joueur B} de masse m, sur lequel sont appliquées des forces de résultante $\sum \vec{F}_{ex}$, est régi par l'équation : $\sum \vec{F}_{ext} = \frac{d\vec{P}}{dt}$, $\vec{P}$ étant la quantité de mouvement du système animé du vecteur vitesse $\vec{v}$: $\vec{P} = m\vec{v}$.

> **Piège à éviter**
> Ne confondez pas la quantité de mouvement et le poids même s'ils se notent de la même manière.

Comme le système S est supposé pseudo-isolé, les forces qui s'exercent sur ce système se compensent aussi bien avant qu'après le plaquage : $\sum \vec{F}_{ext} = \vec{0}$.

Ainsi : $\frac{d\vec{P}}{dt} = \sum \vec{F}_{ext} = \vec{0} \Leftrightarrow \vec{P} = \overrightarrow{cste}$. La quantité de mouvement $\vec{P}$ du système S est donc conservée avant et après le plaquage : $\vec{P}_{S,avant} = \vec{P}_{S,après}$.

Avant le plaquage, le système S est composé de deux corps différents A et B. Après le plaquage, on peut considérer que ce système est composé d'un seul corps S.

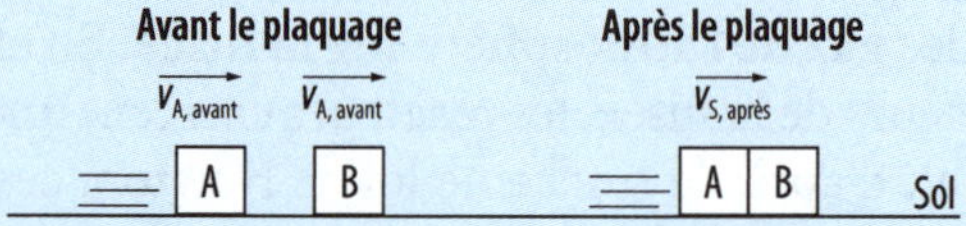

Ainsi, comme la quantité de mouvement est constante :

$\vec{P}_{A,avant} + \vec{P}_{B,avant} = \vec{P}_{S,après}$.

D'où : $m_A \vec{v}_{A,avant} + m_B \vec{v}_{B,avant} = (m_A + m_B)\vec{v}_{S,après}$.

Comme $\vec{v}_{B,avant} = \vec{0}$, $m_A \vec{v}_{A,avant} = (m_A + m_B)\ \vec{v}_{S,après}$.

Le mouvement du système est horizontal. La projection de l'équation précédente selon un axe horizontal lié au sol, orienté dans le sens du mouvement de A, donne : $m_A \times v_{A,avant} = (m_A + m_B) \times v_{S,après}$.

La valeur de la vitesse des deux joueurs liés après le plaquage est donc égale à :

$$v_{S,après} = \frac{m_A}{m_A + m_B} \times v_{A,avant}.$$

A. N. : $v_{S,après} = \frac{115}{115 + 110} \times 18 = \mathbf{9{,}2\ km{\cdot}h^{-1}}$.

> **Remarque**
> Le résultat obtenu n'est pas réaliste car le système n'est pas pseudo-isolé : les forces de frottements exercées par le terrain de rugby sur les joueurs ne peuvent pas être négligées en réalité.

La Prépa attitude

- Les systèmes de coordonnées peuvent être étendus aux coordonnées polaires, cylindriques et sphériques.
- La notion de centre de masse est reliée au barycentre.
- On utilise des exemples de forces différentes de celles étudiées en Terminale avec, en exercice, des projections vectorielles suivant différents axes.

Prolongements aux cours de Terminale

1 Coordonnées d'un point matériel

Les coordonnées cartésiennes ont été utilisées dans le cours de Terminale : soit $(O, \vec{e}_x, \vec{e}_y, \vec{e}_z)$ un repère orthonormé et ses coordonnées cartésiennes du point $M(x, y, z)$.

Les coordonnées polaires permettent de décrire avantageusement les mouvements curvilignes dans un plan.

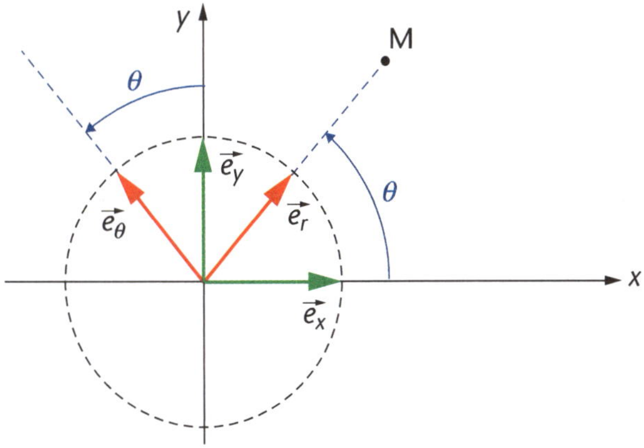

La base utilisée est la base $(\vec{e}_r, \vec{e}_\theta)$, le vecteur position s'écrit : $\overrightarrow{OM} = r \cdot \vec{e}_r$ avec $r = \|\overrightarrow{OM}\|$.

Les **coordonnées cylindriques** sont obtenues par extension des coordonnées polaires à une troisième dimension **en ajoutant un axe (O*z*)** aux coordonnées polaires, axe perpendiculaire au plan.

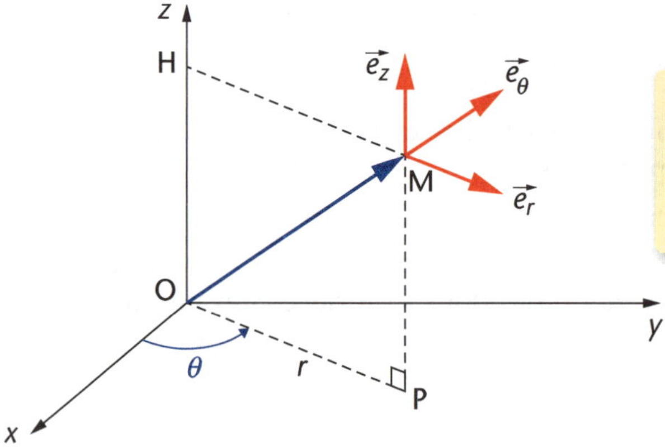

Remarque

En coordonnées cylindriques, seul le vecteur $\vec{e}_z$ conserve la même direction lorsque le mobile se déplace dans l'espace

Les coordonnées sphériques sont associées à la base $(\vec{e}_r, \vec{e}_\theta, \vec{e}_\varphi)$.

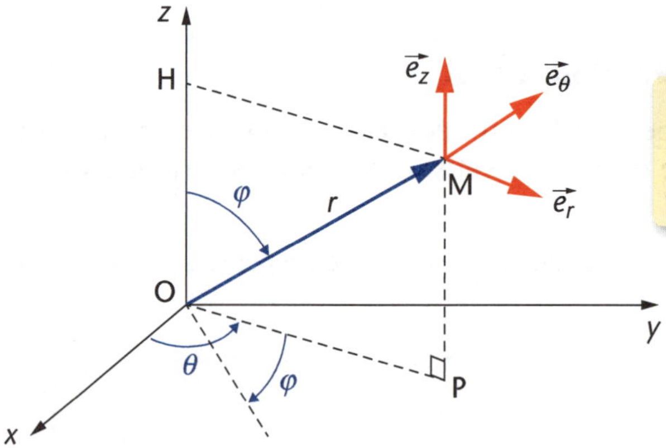

Remarque

En coordonnées sphériques, les trois vecteurs unitaires sont mobiles et varient dans le temps.

❷ Coordonnées du vecteur vitesse d'un point matériel

Pour rappel : $\vec{v} = \dfrac{\mathrm{d}\overrightarrow{\mathrm{OM}}}{\mathrm{d}t}$ et $\vec{a} = \dfrac{\mathrm{d}\vec{v}}{\mathrm{d}t} = \dfrac{\mathrm{d}^2\overrightarrow{\mathrm{OM}}}{\mathrm{d}t^2}$.

- **Dans les coordonnées cylindriques :**

$$\overrightarrow{\mathrm{OM}} = r\cdot\vec{e}_r + z\cdot\vec{e}_z$$

$\vec{e}_r = \cos\theta\vec{e}_x + \sin\theta\vec{e}_y$ et $\vec{e}_\theta = -\sin\theta\vec{e}_x + \cos\theta\vec{e}_y$ soit :

$$\frac{\mathrm{d}\vec{e}_r}{\mathrm{d}\theta} = -\sin\theta\vec{e}_x + \cos\theta\vec{e}_y = \vec{e}_\theta \text{ et } \frac{\mathrm{d}\vec{e}_\theta}{\mathrm{d}\theta} = -\cos\theta\vec{e}_x - \sin\theta\vec{e}_y = -\vec{e}_r$$

On dérive ainsi le produit $r\cdot\vec{e}_r$ (attention, le vecteur $\vec{e}_r$ n'est pas fixe, contrairement au vecteur $\vec{e}_z$, il faut le dériver aussi) :

$$\vec{v} = \frac{\mathrm{d}\overrightarrow{\mathrm{OM}}}{\mathrm{d}t} = \frac{\mathrm{d}(r\vec{e}_r + z\vec{e}_z)}{\mathrm{d}t} = \frac{\mathrm{d}r}{\mathrm{d}t}\cdot\vec{e}_r + r\frac{\mathrm{d}(\vec{e}_r)}{\mathrm{d}t} + \dot{z}\cdot\vec{e}_z$$

Or θ dépend du temps :

$$\vec{v} = \dot{r}\cdot\vec{e}_r + r\frac{\mathrm{d}\theta}{\mathrm{d}t}\cdot\frac{\mathrm{d}\vec{e}_r}{\mathrm{d}\theta} + \dot{z}\cdot\vec{e}_z = \boldsymbol{\dot{r}\cdot\vec{e}_r + r\dot{\theta}\cdot\vec{e}_\theta + \dot{z}\cdot\vec{e}_z}$$

• **Dans les coordonnées sphériques :**

La démonstration est plus complexe, on admettra que :

$$\vec{v} = \dot{r}\cdot\vec{e}_r + r\frac{\mathrm{d}\theta}{\mathrm{d}t}\vec{e}_\theta + r\sin\theta\frac{\mathrm{d}\varphi}{\mathrm{d}t}\vec{e}_\varphi = \boldsymbol{\dot{r}\vec{e}_r + r\dot{\theta}\vec{e}_\theta + r\sin\theta\dot{\varphi}\vec{e}_\varphi}$$

3 Barycentre d'un système matériel

Soit un système constitué de N points matériels M_i de masses respectives m_i telles que $m_{\mathrm{Tot}} = \sum_{i=1}^{N} m_i$, dans un repère d'origine O.

Le barycentre G du système est donné par :

$$\boldsymbol{\overrightarrow{\mathrm{OG}} = \frac{1}{m_{\mathrm{Tot}}}\sum_{i=1}^{N} m_i\overrightarrow{\mathrm{OM}}_i}.$$

On a aussi : $\boldsymbol{\sum_{i=1}^{N} m_i\overrightarrow{\mathrm{GM}}_i = \vec{0}}$.

> **Remarque**
> Si le système est un solide à répartition de masse homogène, le centre de masse est confondu avec le centre géométrique.

Le barycentre sera confondu avec le centre de masse du système.

4 Deuxième loi de Newton

La deuxième loi de Newton énoncée dans le cours de Terminale, pour un point matériel, est aussi appelée **relation fondamentale de la dynamique**.

Pour un système de points matériels, ou pour un solide dans un référentiel galiléen donné, la deuxième loi de Newton est nommée :

– **théorème de la quantité de mouvement dans son expression non simplifiée :**

$$\boldsymbol{\sum \vec{F}_{\mathrm{Ext}} = \frac{\mathrm{d}\vec{p}_G}{\mathrm{d}t}},$$ avec $\vec{p}_G$ la quantité de mouvement du système ;

– **théorème du centre d'inertie (TCI) dans sa forme simplifiée dans le cas d'une masse totale du système constante (système fermé) :**

$$\boldsymbol{\sum \vec{F}_{\mathrm{Ext}} = m_{\mathrm{Tot}}\vec{a}_G}.$$

5 Exemples de forces

• Tension (force de rappel) d'un ressort

Un ressort possède une longueur « à vide » lorsque son allongement est nul, elle sera notée L_0.

On en déduit aussi : $\vec{T} = -k(L - L_0)\vec{e}_x$, avec k la constante de raideur (ou coefficient de raideur).

Remarque

On retrouve rapidement le sens de la force de rappel, en considérant que le ressort tend toujours à « retrouver » sa position d'équilibre pour sa longueur à vide. Lorsqu'il est étiré vers la droite comme sur le deuxième schéma ci-dessous, la force est donc dirigée vers la gauche.

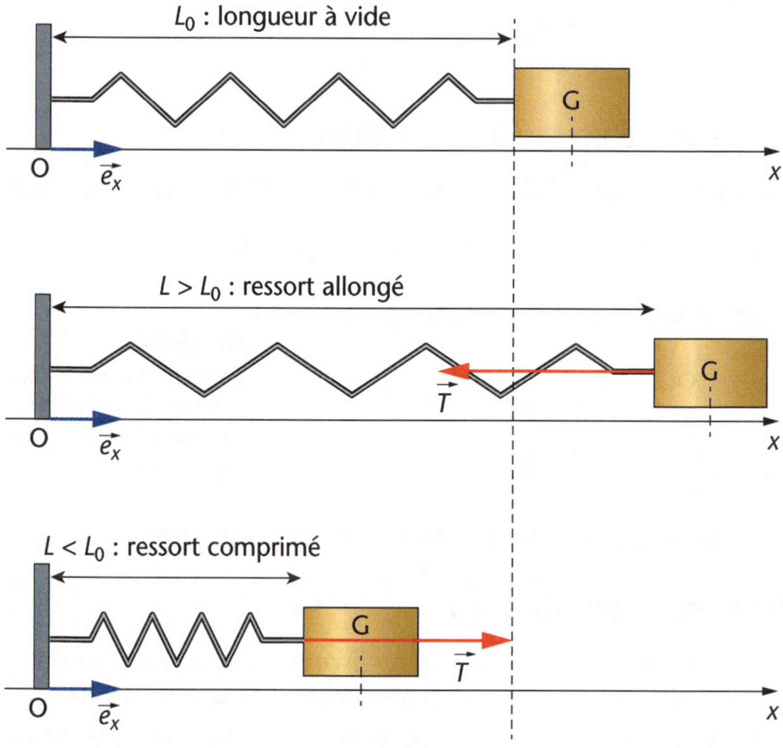

• Frottements dans un fluide

La force de frottements du fluide n'est en général pas négligée lorsque la masse volumique du fluide n'est pas très inférieure à la masse volumique du solide en mouvement.

Pour les vitesses de corps assez faibles, on modélise le plus souvent les forces de frottements par des forces de même direction que le vecteur vitesse du corps, mais de sens contraires et de normes $\|\vec{F}\| = \alpha\|\vec{v}_G\|$ avec α une constante de proportionnalité.

EXERCICES

➲ Corrigés p. 242

1 Coordonnées d'un point et vitesse

Soit un point M en mouvement dans un référentiel donné. Le point M a pour coordonnées dans un repère cartésien orthonormé $(O, \vec{e}_x, \vec{e}_y, \vec{e}_z)$:

$$\begin{cases} x(t) = \sqrt{2 - y^2} \\ y(t) = \sqrt{2 - x^2} \text{ avec } \left\| \vec{e}_x \right\| = 1{,}0 \text{ m} \\ z(t) = 0 \end{cases}$$

a) Quelle est l'allure de la trajectoire ? Justifier votre réponse.

b) Écrire la relation entre le vecteur position et le vecteur $\vec{e}_r$ des coordonnées polaires.

2 Mouvement d'une bille dans une gouttière

On considère une bille de masse $m = 100$ g, lâchée à $t = 0$ d'un angle initial $\theta_0 = 90°$, sans vitesse initiale dans une gouttière circulaire de rayon $R = 1{,}0$ m. On supposera que la bille roule sans glisser et que les frottements de la gouttière sur la bille et de l'air sont négligeables.

a) Faire un schéma de la situation pour un angle θ quelconque. Vous représenterez notamment sur le schéma les axes des coordonnées cartésiennes, le demi-cercle symbolisant la gouttière, les vecteurs unitaires de la base cylindrique au point G, centre de masse de la bille, ainsi que les forces appliquées sur la bille au même point G.

b) En appliquant le TCI à la bille en coordonnées polaires, déterminer l'expression de la valeur de la réaction de la gouttière en fonction de l'angle θ et des données du problème.

c) Déterminer la valeur de la réaction pour : $\theta_1 = 0°$ et pour $\theta_2 = 45°$.

Données :

- En l'absence de frottement, la glissière exerce une force sur la bille, la réaction $\vec{R}$, qui est en chaque instant perpendiculaire à la trajectoire.
- $g = 9{,}81 \text{ m} \cdot \text{s}^{-2}$.
- Coordonnées du vecteur accélération dans une base polaire, dans le cas où $r = R = \text{cte} : \begin{cases} a_r = r\dot{\theta}^2 \\ a_\theta = r\ddot{\theta} \end{cases}$
- L'équation $mg\sin(\theta) = mr\ddot{\theta}$ implique $\dot{\theta}^2 = \dfrac{2g}{r}(\cos(\theta_0) - \cos(\theta))$.

AMBITION PRÉPA

3 Chute dans un fluide

La viscosité désigne la capacité d'un fluide à s'écouler. Elle dépend fortement de la température.

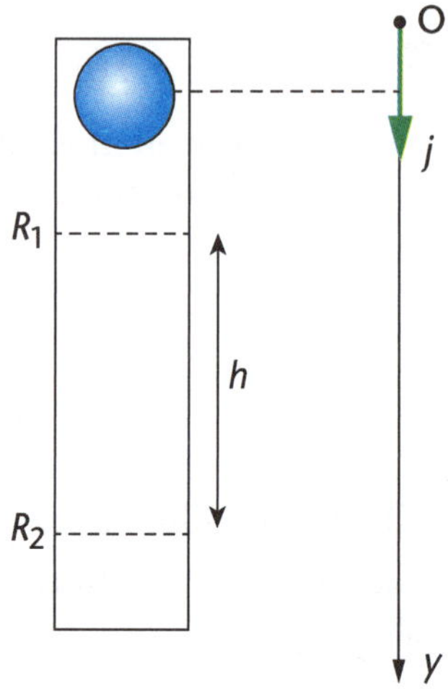

Pour mesurer la viscosité de la glycérine, on utilise un dispositif appelé viscosimètre de Hoepler. Il se compose d'un long tube de verre vertical, rempli du liquide étudié, dans lequel on laisse tomber une bille sphérique en acier de diamètre calibré.

La durée de chute $\Delta t'$ correspondant à une distance de chute h connue est mesurée à l'aide de deux capteurs reliés à un chronomètre électronique. Les deux capteurs sont repérés par les positions R_1 et R_2, comme le montre le schéma de la figure ci-contre.

On étudie le mouvement de la bille dans le référentiel terrestre (considéré comme galiléen) muni d'un repère $(O\,;\vec{j})$. O est l'origine du repère. Son vecteur unitaire $\vec{j}$ est vertical et orienté vers le bas. La bille, totalement immergée dans le liquide, est abandonnée du point O sans vitesse initiale.

a) Représenter sur un schéma, sans souci d'échelle, les forces appliquées à la bille en mouvement dans le liquide : son poids $\vec{P}$, la poussée d'Archimède $\vec{P}_A$ et la force de frottement fluide $\vec{f}$.

b) Exprimer littéralement la norme P du poids de la bille en fonction de ρ, V et g.

c) Exprimer la norme P_A de la poussée d'Archimède en fonction de ρ_0, V et g.

d) Lors de sa chute, la bille atteint rapidement sa vitesse limite v_{lim} avant son passage au niveau du repère R_1. Quel est le mouvement de la bille entre les deux repères R_1 et R_2 ? Quelle est alors la relation vectorielle liant les forces appliquées à la bille ? Justifier vos réponses.

e) À la suite d'une analyse dimensionnelle, donner l'unité de η.

f) Montrer que la viscosité η du fluide étudié s'exprime par la relation :

$$\eta = \frac{2r^2 g(\rho - \rho_0)}{9\|\vec{v}_{lim}\|}$$

g) On mesure la durée de chute de la bille en mouvement rectiligne uniforme entre les repères R_1 et R_2 distants d'une hauteur h = 40,0 cm. On obtient $\Delta t'$ = 1,66 s à la température θ = 20 °C. Calculer la vitesse limite v_{lim} de la bille.

h) En déduire la valeur expérimentale de la viscosité η de la glycérine à la température d'étude.

i) La valeur théorique de la viscosité de la glycérine à cette température est $\eta_{\text{thé}} = 1{,}49$ SI. En supposant que l'incertitude relative sur la valeur expérimentale est de 2 %, comparer la valeur trouvée expérimentalement de la viscosité η de la glycérine à sa valeur théorique supposée exacte.

j) À l'instant choisi comme origine des dates, la bille est abandonnée sans vitesse initiale au point O. Montrer que l'équation différentielle liant la vitesse du centre d'inertie de la bille et sa dérivée par rapport au temps est de la forme :

$$\frac{\mathrm{d}v}{\mathrm{d}t} + Av = B, \text{ avec } A = 34{,}4\ \mathrm{s^{-1}} \text{ et } B = 8{,}23\ \mathrm{m \cdot s^{-2}}.$$

Identifier les expressions des termes A et B dans cette équation.

k) En déduire l'expression puis la valeur de la vitesse limite atteinte par la bille. Est-elle en accord avec la valeur trouvée expérimentalement dans la question **g)** ?

Données :

- la poussée d'Archimède d'un corps totalement immergé dans un fluide est verticale, vers le haut et de norme égale à celle du poids du fluide déplacé par le corps immergé ;
- rayon de la bille : $r = 5{,}00$ mm ;
- masse volumique de la bille : $\rho = 7{,}80 \cdot 10^3\ \mathrm{kg \cdot m^{-3}}$;
- masse volumique de la glycérine : $\rho_0 = 1{,}26 \cdot 10^3\ \mathrm{kg \cdot m^{-3}}$;
- intensité de la pesanteur : $g = 9{,}81\ \mathrm{m \cdot s^{-2}}$;
- volume d'une sphère : $V = \frac{4}{3}\pi r^3$;
- dans le cas du fluide étudié, la force de frottements est proportionnelle à la vitesse de chute de la bille : $\vec{f} = -6\pi\eta r\vec{v}$ avec η, la viscosité du fluide (ici, la glycérine).

AMBITION PRÉPA

CORRIGÉS

1 **a)** On remarque que $x^2 + y^2 = 2$, la trajectoire est donc un **cercle de rayon** $\boldsymbol{R = \sqrt{2}}$.

b) En coordonnées polaires : $\overrightarrow{OM} = r\vec{e}_r$.

2 **a)**

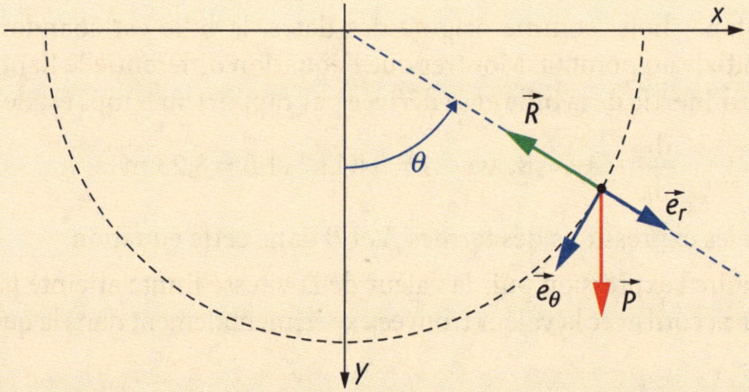

b) Dans le référentiel terrestre galiléen, la deuxième loi de Newton s'écrit : $\vec{P} + \vec{R} = m\vec{a}_G$; on projette cette relation suivant $\vec{e}_\theta$ et $\vec{e}_r$ (sachant que l'angle θ est aussi l'angle entre le poids et le vecteur $\vec{e}_r$), avec les données de l'exercice :

$$\begin{cases} a_r = r\dot{\theta}^2 \\ a_\theta = r\ddot{\theta} \end{cases}$$

suivant $\vec{e}_r$, $mg\cos(\theta) - R = ma_r = mr\dot{\theta}^2$ **(1)**

suivant $\vec{e}_\theta$, $mg\sin(\theta) = ma_\theta = mr\ddot{\theta}$.

L'équation $mg\sin(\theta) = mr\ddot{\theta}$ implique $\dot{\theta}^2 = \frac{2g}{r}(\cos(\theta_0) - \cos(\theta))$.

Soit dans l'équation **(1)**, $mr\dot{\theta}^2 = mr\frac{2g}{r}(\cos(\theta_0) - \cos(\theta))$ et :

$$mg\cos(\theta) - R = mr\,\frac{2g}{r}(\cos(\theta_0) - \cos(\theta)) = 2mg(\cos(\theta_0) - \cos(\theta))$$

$$\boldsymbol{R = 3mg\cos(\theta) - 2mg\cos(\theta_0)}$$

c) Pour $\theta_1 = 0°$: $\boldsymbol{R_1 = 3mg\cos(\theta_1) - 2mg\cos(\theta_0)}$.

A. N. : $R_1 = 3 \times 100 \times 10^{-3} \times 9{,}81 \times \cos(0) - 2\ 100 \times 10^{-3} \times 9{,}81\cos(90) = 2{,}9$ N.

Pour $\theta_2 = -45°$, $\boldsymbol{R_2 = 3mg\cos(\theta_2) - 2mg\cos(\theta_0)}$.

A. N. : $R_2 = 3 \times 100 \times 10^{-3} \times 9{,}81 \times \cos(45) - 0 = \mathbf{2{,}1}$ **N.**

3 **a)** Le schéma demandé est donné ci-contre :

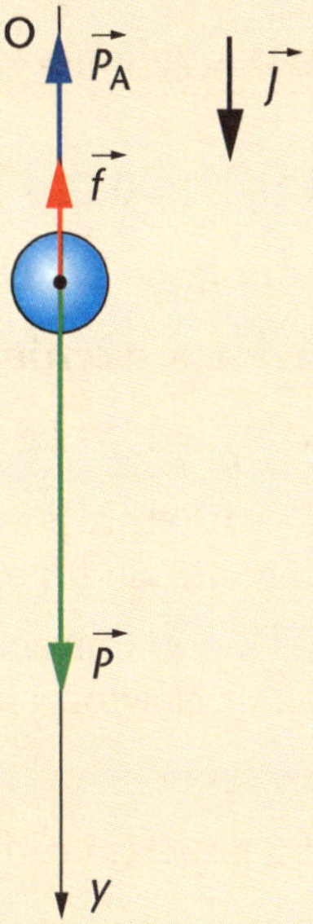

b) $P = m_{\text{Bille}} \cdot g = \rho V g$

c) $P_A = m_{\text{Fluide déplacé}} \cdot g = \rho_{\text{Fluide}} \cdot V \cdot g$

$$\boldsymbol{P_A = \rho_0 V g}$$

d) La bille a atteint la vitesse limite avant le repère R_1, elle est donc en **mouvement rectiligne uniforme** après ce repère, dans le référentiel terrestre supposé galiléen.

On applique la première loi de Newton : la bille est en mouvement rectiligne uniforme, donc elle est soumise à des forces qui se compensent :

$$\vec{P} + \vec{P}_A + \vec{f} = \vec{0}.$$

e) D'après les données, $\vec{f} = -6\pi\eta r\vec{v}$ soit $[\eta] = \dfrac{\|\vec{f}\|}{6\pi r\|\vec{v}\|}$ et donc :

$$[\eta] = \left[\frac{\|\vec{f}\|}{6\pi r\|\vec{v}\|}\right] = \left[\frac{ma}{r\|\vec{v}\|}\right] = \frac{\text{M L T}}{\text{L}^2\text{T}^2} = \mathbf{M\,L^{-1}\,T^{-1}}$$

> **Remarque**
> La dimension d'une force est celle d'une masse multipliée par une accélération.

f) D'après la question **d)** : $\vec{P} + \vec{P}_A + \vec{f} = \vec{0}$.

Projetons cette relation suivant le vecteur unitaire $\vec{j}$ (suivant l'axe vertical) :

$+P - P_A - f = 0$ et donc : $\rho V g - \rho_0 V g - (6\pi\eta r\|\vec{v}_{\text{lim}}\|) = 0$.

$\rho V g - \rho_0 V g = 6\pi\eta r\|\vec{v}_{\text{lim}}\|$, soit : $\eta = \dfrac{Vg(\rho - \rho_0)}{6\pi r\|\vec{v}_{\text{lim}}\|}$ avec $V = \dfrac{4}{3}\pi r^3$:

$$\eta = \frac{\frac{4}{3}\pi r^3 g(\rho - \rho_0)}{6\pi r\|\vec{v}_{\text{lim}}\|} = \boldsymbol{\frac{2r^2 g(\rho - \rho_0)}{9\|\vec{v}_{\text{lim}}\|}}.$$

g) D'après ce qui précède, le mouvement de la bille est rectiligne uniforme entre les deux repères, donc $v_{\text{lim}} = \dfrac{h}{\Delta t'} = \dfrac{40{,}0\cdot 10^{-2}}{1{,}66} = \mathbf{0{,}241\ m\cdot s^{-1}}$.

h) La viscosité de la glycérine est donnée par : $\eta = \dfrac{2r^2 g(\rho - \rho_0)}{9\|\vec{v}_{\text{lim}}\|}$.

A. N. : $\eta = \dfrac{2 \times (5{,}00\cdot 10^{-3})^2 \times 9{,}81 \times (7{,}80\cdot 10^3 - 1{,}26\cdot 10^3)}{9 \times 0{,}241} = \mathbf{1{,}48\ kg\cdot m^{-1}\cdot s^{-1}}$.

AMBITION PRÉPA

i) L'incertitude relative étant de 2 %, on a : $\dfrac{u(\eta_{\text{Exp}})}{\eta_{\text{Exp}}} = 0{,}02$ et donc :

$u(\eta_{\text{Exp}}) = 0{,}02 \times \eta_{\text{Exp}} = 0{,}02 \times 1{,}48 = 0{,}03\ \text{kg} \cdot \text{m}^{-1} \cdot \text{s}^{-1}$,

soit, $\boldsymbol{\eta_{\text{Exp}} = 1{,}48\ \text{kg} \cdot \text{m}^{-1} \cdot \text{s}^{-1}}$,

avec une incertitude-type $\boldsymbol{u(\eta_{\text{Exp}}) = 0{,}03\ \text{kg} \cdot \text{m}^{-1} \cdot \text{s}^{-1}}$

et $\boldsymbol{\eta_{\text{thé}} = 1{,}49\ \text{kg} \cdot \text{m}^{-1} \cdot \text{s}^{-1}}$.

> **À savoir**
> L'incertitude peut s'arrondir par excès.

L'écart entre la valeur théorique et la valeur expérimentale est inférieur à une incertitude-type, donc **la mesure semble cohérente.**

j) D'après l'inventaire des forces donné par l'énoncé, en appliquant la deuxième loi de Newton à la bille dans le référentiel terrestre supposé galiléen :

$$m_{\text{Bille}} \vec{a}_{\text{G}} = \vec{P} + \vec{P}_{\text{A}} + \vec{f}.$$

En projetant cette relation sur l'axe vertical, on obtient :

$$m_{\text{Bille}} a_y = \rho V g - \rho_0 V g - 6\pi\eta r v$$

avec $m_{\text{Bille}} = \rho V$ et $a_y = \dfrac{\text{d}v_y}{\text{d}t} = \dfrac{\text{d}v}{\text{d}t}$ car $v_y > 0$: $\rho V \dfrac{\text{d}v}{\text{d}t} = \rho V g - \rho_0 V g - 6\pi\eta r v$

$\dfrac{\text{d}v}{\text{d}t} + \dfrac{6\pi\eta r}{\rho V} v = g\left(1 - \dfrac{\rho_0}{\rho}\right)$ d'où $\dfrac{\text{d}v}{\text{d}t} + \dfrac{6\pi\eta r}{\rho \frac{4}{3}\pi r^3} v = g\left(1 - \dfrac{\rho_0}{\rho}\right)$

$$\frac{\text{d}v}{\text{d}t} + \frac{9\eta}{2\rho r^2} v = g\left(1 - \frac{\rho_0}{\rho}\right)$$

ou encore $\boldsymbol{\dfrac{\text{d}v}{\text{d}t} + Av = B}$ en posant $\dfrac{9\eta}{2\rho r^2} = A$ et $g\left(1 - \dfrac{\rho_0}{\rho}\right) = B$.

k) Lorsque $v = v_{\text{lim}}$, alors la vitesse est constante, soit $\dfrac{\text{d}v_{\text{lim}}}{\text{d}t} = 0$ et par suite, dans l'expression du **j)** : $0 + Av_{\text{lim}} = B$ et $\boldsymbol{v_{\text{lim}} = \dfrac{B}{A}}$.

A. N. : $v_{\text{lim}} = \dfrac{8{,}23}{34{,}4} = \boldsymbol{0{,}239\ \text{m} \cdot \text{s}^{-1}}$.

On avait déterminé, dans la question **g)** $v_{\text{lim}} = 0{,}241\ \text{m} \cdot \text{s}^{-1}$. L'écart entre ces deux valeurs $\delta = \dfrac{0{,}241 - 0{,}239}{0{,}239} \times 100 = \boldsymbol{0{,}9}$ % est très faible donc **les deux valeurs sont cohérentes.**

CHAPITRE 10

Mouvements et énergies dans un champ uniforme

Capacités exigibles du chapitre disponibles sur **Nathan Live**

COURS

1 Forces dans des champs de pesanteur et électrique uniformes

- Le concept central de la mécanique classique est celui **d'interaction** : tout phénomène, toute transformation peut être modélisé par **une relation entre les objets agissant les uns sur les autres**. En mécanique classique, il est d'usage de **modéliser ces interactions avec des forces**.
- Ces forces peuvent être représentées par une grandeur vectorielle : le vecteur force, dont la norme est exprimée en newton (N). Par exemple, $\vec{F}_{A/B}$ correspond au vecteur force modélisant l'action exercée par un corps A sur un corps B.

1 Champ de pesanteur uniforme

- **Dans un champ de pesanteur uniforme** $\vec{g}$, l'action d'un astre (souvent la Terre) sur un objet de masse m est modélisée par une force, notée $\vec{P}$, appelée le **poids de l'objet** à la surface de cet astre : $\vec{P} = m\vec{g}$.

Doc. 1 Champ de pesanteur uniforme : les vecteurs $\vec{g}$ sont identiques

- Cette force a :

– pour direction : la verticale du lieu ;
– pour sens : du haut vers le bas ;
– pour norme (en N) : $P = m \times g$ avec m la masse de l'objet en kg et g la norme du champ de pesanteur de l'astre, appelée aussi intensité de pesanteur, en $N \cdot kg^{-1}$.

Unité
La norme g du champ de pesanteur peut s'exprimer en $N \cdot kg^{-1}$ ou en $m \cdot s^{-2}$: ces deux unités sont équivalentes.

Remarque

À la surface de la Terre, on peut considérer que le champ de pesanteur $\vec{g}$ est uniforme, c'est-à-dire constant, jusqu'à une altitude de l'ordre du kilomètre. La norme g du champ de pesanteur est alors égale à 9,8 $N \cdot kg^{-1}$.

2 Champ électrique uniforme

Unité

La norme E du champ électrique peut s'exprimer en $N{\cdot}C^{-1}$ ou en $V{\cdot}m^{-1}$: ces deux unités sont équivalentes.

- **Dans un champ électrique uniforme** $\vec{E}$, la force électrique $\vec{F} = q\,\vec{E}$ qui s'exerce sur un corps ponctuel A portant une charge électrique q a :

– pour direction : la même que celle du champ électrique $\vec{E}$;

– pour sens : le même que $\vec{E}$ si $q > 0$, le sens opposé à $\vec{E}$ si $q < 0$;

– pour norme (en N) : $F = |q| \times E$ avec q en coulomb (C) et E en $N{\cdot}C^{-1}$.

Doc. 2 **Champ électrique uniforme : les vecteurs $\vec{E}$ sont identiques.**

- Un champ électrique uniforme peut être créé dans un **condensateur plan**, constitué de deux plaques métalliques chargées séparées par un isolant (vide, air…). Les lignes de champ sont perpendiculaires aux plaques, orientées de la plaque chargée positivement vers la plaque chargée négativement. Le champ électrique uniforme $\vec{E}$ s'écrit alors : $\vec{E} = -\dfrac{U_{AB}}{d}\vec{k}$, avec :

– U_{AB} la tension électrique appliquée entre les plaques, en volts (V) ;

– d la distance qui sépare les deux plaques, en mètres (m) ;

– l'axe $(O\,;\vec{k})$ orienté de la plaque chargée négativement vers la plaque chargée positivement.

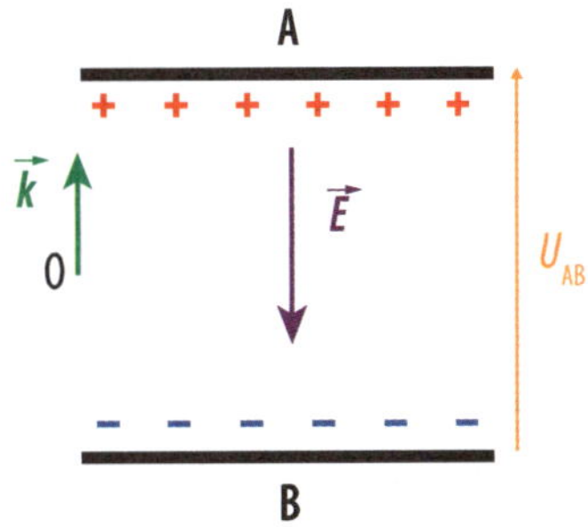

Doc. 3 **Condensateur plan**

Ainsi, la norme $E = \dfrac{U_{AB}}{d}$ du champ électrique $\vec{E}$ augmente si :

– la tension électrique U_{AB} augmente ;

– la distance d entre les plaques diminue.

COURS

2 Rappel concernant la deuxième loi de Newton

• Dans un référentiel galiléen, le mouvement du centre de masse d'un corps de masse m, sur lequel sont appliquées des forces de résultante $\sum \vec{F}_{ext}$, est régi par l'équation :

$$\sum \vec{F}_{ext} = m \times \vec{a} = m \frac{d\vec{v}}{dt}.$$

Remarque
Cet énoncé de la deuxième loi de Newton est valable uniquement si la masse du corps est constante au cours du temps.

3 Rappels concernant le travail d'une force

1 Définition du travail d'une force constante

• Le mouvement, la vitesse et l'énergie d'un système modélisé par un point matériel de masse m sur lequel s'exerce une force sont susceptibles d'être modifiés sous l'effet de cette force. Le travail de cette force, en joule (J), permet de caractériser cette modification.

• **Le travail $W_{AB}(\vec{F})$ d'une force constante $\vec{F}$** exercée sur un point matériel se déplaçant du point A au point B est égal à :

$$W_{AB}(\vec{F}) = \vec{F} \cdot \vec{AB} = F \times AB \times \cos \alpha$$

avec $W_{AB}(\vec{F})$ en joule (J), F en newton (N) et AB en mètre (m).

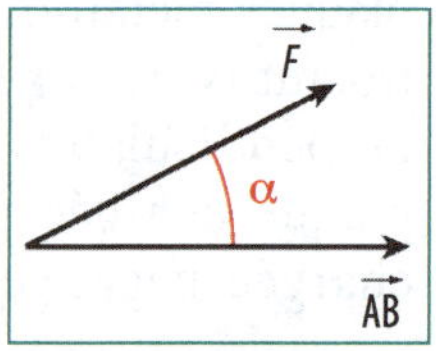

Doc. 4 Angle α entre $\vec{F}$ et $\vec{AB}$

• **Le travail d'une force constante ne dépend pas du trajet suivi pendant le déplacement du point matériel**. Il dépend uniquement du point de départ A et du point d'arrivée B. Une telle force, dont le travail ne dépend pas du trajet suivi, est appelée **force conservative**.

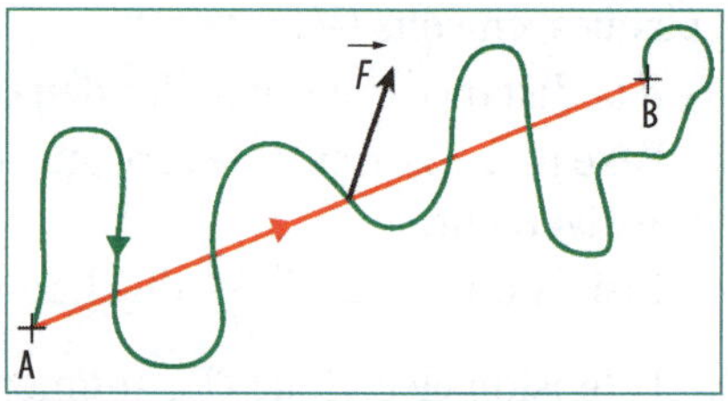

Doc. 5 $W_{AB}(\vec{F}) = W_{AB}(\vec{F})$

• Le travail d'une force est une grandeur algébrique :

– si $W_{AB}(\vec{F}) > 0$, le travail de la force est **moteur** : la force favorise le déplacement d'un point matériel entre A et B ;

–si $W_{AB}(\vec{F}) < 0$, le travail de la force est **résistant** : la force s'oppose au déplacement d'un point matériel entre A et B.

2 Travail d'une force de pesanteur constante

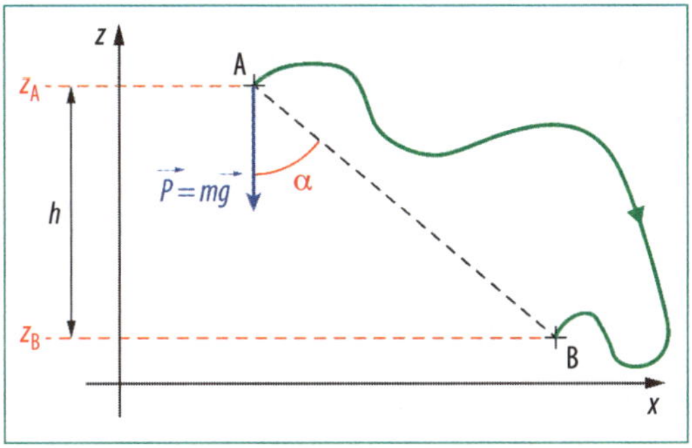

Doc. 6 Poids d'un point matériel entre A et B

- Dans un champ de pesanteur uniforme $\vec{g}$, la force de pesanteur d'un astre (souvent la Terre), qui est exercée sur un point matériel de masse m, est appelée le **poids $\vec{P}$** du point matériel. Cette force verticale est constante et elle est égale à $\vec{P} = m \times \vec{g}$.
- Le **travail du poids** d'un point matériel se déplaçant du point A au point B s'écrit alors :

$$W_{AB}(\vec{P}) = \vec{P} \cdot \overrightarrow{AB} = m \times g \times AB \times \cos \alpha.$$

Or $AB \times \cos \alpha = h = z_A - z_B$.

D'où $\boldsymbol{W_{AB}(\vec{P}) = m \times g \times (z_A - z_B)}$

avec z_A l'altitude du point de départ A et z_B l'altitude du point d'arrivée B.

Unités

La masse m du point matériel est en kg, la norme g du champ de pesanteur de l'astre est en $N \cdot kg^{-1}$, z_A et z_B sont en m.

3 Travail d'une force électrique constante

- Dans un champ électrique uniforme $\vec{E}$, la **force électrique $\vec{F}$** qui s'exerce sur un point matériel portant une charge électrique q est constante et est égale à $\vec{F} = q \times \vec{E}$.
- Le **travail de la force électrique** s'exerçant sur un point matériel se déplaçant du point A au point B s'écrit alors :

$W_{AB}(\vec{F}) = \vec{F} \cdot \overrightarrow{AB}$

$W_{AB}(\vec{F}) = q \times E \times AB \times \cos \alpha$.

Or $AB \times \cos \alpha = d$ et $E \times d = U_{AB}$.

De plus, on admet que la tension U_{AB} est égale à la différence des potentiels électriques des points A et B. D'où : $\boldsymbol{W_{AB}(\vec{F}) = q \times U_{AB} = q \times (V_A - V_B)}$ avec q en coulomb (C), U_{AB} la tension électrique entre les points A et B en volt (V), V_A et V_B les potentiels électriques aux points A et B en volt (V).

COURS

4 Aspects énergétiques

L'énergie mécanique d'un système modélisé par un point matériel est égale à la **somme de son énergie cinétique et de ses énergies potentielles.**

1 Énergie cinétique

- **L'énergie cinétique E_c** d'un point matériel est la forme d'énergie que ce point possède **du fait de la valeur de sa vitesse v** :

$\boldsymbol{E_c = \frac{1}{2} m \times v^2}$ avec E_c en J, m la masse du point matériel en kg et v en $m{\cdot}s^{-1}$.

2 Énergies potentielles

- L'énergie potentielle $\boldsymbol{E_p}$ d'un point matériel est la forme d'énergie qu'un point matériel possède **du fait de sa position lorsqu'il est soumis à une force conservative** (son poids ou une force électrique constante par exemple).
- Un point matériel **soumis à son poids** à une altitude z a une **énergie potentielle de pesanteur** E_{pp} égale à $\boldsymbol{E_{pp} = m \times g \times z}$ avec E_{pp} en J, m la masse du point matériel en kg, la valeur g du champ de pesanteur en $N{\cdot}kg^{-1}$ et z en m.
- Un point matériel **soumis à une force électrique constante** à une position X a une **énergie potentielle électrique** E_{pe} égale à $\boldsymbol{E_{pe} = q \times V_x}$ avec E_{pe} en J, q la charge du point matériel en C et V_x le potentiel électrique au point X en volt (V).

À savoir
L'énergie potentielle d'un point ne dépend pas de son mouvement ; elle dépend uniquement de sa position.

Remarque
L'origine des altitudes et des potentiels électriques peut être choisie arbitrairement. Très souvent, on prend l'origine des altitudes au niveau du sol.

3 Conservation de l'énergie mécanique

- Au cours de son mouvement, **l'énergie potentielle d'un point matériel est convertie en énergie cinétique et réciproquement**.
- Si un point matériel est **soumis uniquement à des forces conservatives** (comme son poids ou une force électrique constante), son énergie mécanique est constante au cours du temps : il y a **conservation de l'énergie mécanique**.

- Par exemple, lors d'une chute libre avec une vitesse initiale non nulle, un projectile est soumis uniquement à son poids. Au cours du temps, l'énergie mécanique E_m du projectile se conserve alors qu'il y a des conversions entre l'énergie cinétique E_c et l'énergie potentielle de pesanteur E_{pp}.

Vocabulaire
En mécanique, un projectile en chute libre est soumis uniquement à son poids.

4 Théorème de l'énergie cinétique

Dans un référentiel galiléen, la variation d'énergie cinétique ΔE_c d'un point matériel de masse m entre deux positions A et B est égale à la somme des travaux des forces $\sum W_{AB}(\vec{F}_{ext})$ appliquées au point matériel entre les positions A et B :

$$\Delta E_c = E_c(B) - E_c(A) = \sum W_{AB}(\vec{F}_{ext}).$$

5 Application dans un accélérateur linéaire de particules chargées

- Un **accélérateur linéaire** est un dispositif générant **un champ électrique uniforme** parallèle à la trajectoire de particules chargées (électrons, protons, ou ions), ce qui permet d'accélérer ces particules.
- **L'énergie cinétique importante** qui en résulte permet de produire des réactions avec la matière. En effet, dans le champ électrique uniforme, la force électrique est constante. Ainsi, en considérant le dispositif avec une particule chargée positivement soumise uniquement à la force électrique $\vec{F}$:

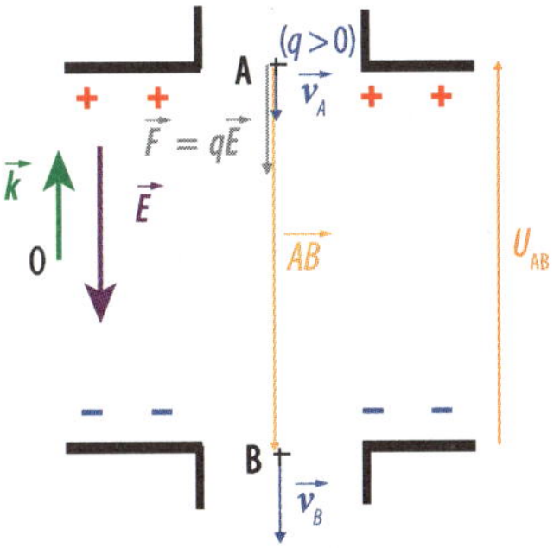

Doc. 7 Accélérateur linéaire

$$E_c(B) - E_c(A) = \vec{F} \cdot \vec{AB} = q \times E \times d > 0$$

car $\vec{F}$ et $\vec{AB}$ ont la même direction et le même sens.

Plus précisément, comme $E = \dfrac{U_{AB}}{d}$, $E_c(B) - E_c(A) = q \times U_{AB}$.

- La particule chargée est donc accélérée ($v(B) > v(A)$) et la variation de son énergie cinétique dépend uniquement de sa charge électrique q et de la tension U_{AB}.

QCM et questions courtes

1 Vrai ou faux ?

➔ Corrigé p. 260

1. La masse m d'un objet est égale à $m = P \times g$. ☐ Vrai ☐ Faux

2. La force électrique à laquelle est soumis un électron dans un champ électrique $\vec{E}$ peut s'écrire : $\vec{F} = -e \times \vec{E}$. ☐ Vrai ☐ Faux

2 Faites votre choix !

➔ Corrigé p. 260

1. Dans un condensateur plan dont les plaques A et B sont séparées d'une distance d et soumises à une tension U_{AB}, la norme E du champ électrique :

a) ☐ diminue si la valeur de la tension U_{AB} augmente.

b) ☐ augmente si la valeur de la tension U_{AB} augmente.

c) ☐ ne dépend pas de la valeur de la tension U_{AB}.

2. Dans le référentiel terrestre supposé galiléen, un homme-canon est projeté dans les airs. Lors de son saut, l'homme est considéré en chute libre. Le vecteur accélération du centre de masse de l'homme-canon :

a) ☐ est nul durant le saut.

b) ☐ est constant durant le saut.

c) ☐ a une norme qui diminue durant le saut.

d) ☐ a une norme qui augmente durant le saut.

Exercices d'entrainement

3 Mouvement d'un proton

★ 10 min ➔ Corrigé p. 260

Dans le référentiel terrestre supposé galiléen, un proton est animé d'un mouvement rectiligne uniforme. Ce proton pénètre alors dans une région de l'espace où existe un champ électrique uniforme. Le mouvement du proton peut-il rester rectiligne uniforme dans cette région de l'espace ? Justifier la réponse.

Rappel
Un proton est une particule chargé électriquement (positivement).

4 Mouvement d'un électron

★ 15 min ➲ Corrigé p. 261

Un électron (de charge électrique $-e = -1{,}6 \times 10^{-19}$ C et de masse $m = 9{,}1 \times 10^{-31}$ kg) se trouve dans un champ électrique uniforme (de norme $E = 50$ N·C^{-1}) et dans le champ de pesanteur terrestre (de norme $g = 9{,}81$ N·kg^{-1}). On néglige dans tout cet exercice l'action de l'air sur l'électron.

1. Dans le référentiel terrestre considéré comme galiléen, quelle est la valeur de l'accélération de l'électron si on néglige la force due au champ électrique ?

2. Dans le référentiel terrestre considéré comme galiléen, quelle est la valeur de l'accélération de l'électron si on néglige la force due au champ de pesanteur ?

3. Comparer ces deux accélérations et conclure.

5 Énergies d'une bille

★★ 15 min ➲ Corrigé p. 262

Une bille, de masse $m = 100$ g, est lâchée dans le champ de pesanteur terrestre uniforme, d'une hauteur de 2 m et sans vitesse initiale.

Le programme Python ci-dessous trace, à partir de données expérimentales, l'évolution au cours du temps des énergies cinétique, potentielle de pesanteur et mécanique de la bille lors de sa chute libre.

```python
## évolution des grandeurs énergétiques d'un système en mouvement dans un champ uniforme

import matplotlib.pyplot as plt

t=[0.0,0.022,0.043,0.065,0.087,0.109,0.13,0.152,0.174,0.196,0.217,0.239,0.261,
 0.283,0.304,0.326,0.348,0.37,0.391,0.413,0.435,0.457,0.478,0.5]
z=[2.0,1.998,1.991,1.979,1.963,1.942,1.917,1.886,1.852,1.812,1.768,1.72,1.666,
 1.608,1.546,1.478,1.407,1.33,1.249,1.163,1.073,0.978,0.878,0.774]
v=[0,-0.107,-0.32,-0.533,-0.746,-0.96,-1.173,-1.386,-1.599,-1.813,-2.026,-2.239,
 -2.452,-2.666,-2.879,-3.092,-3.306,-3.519,-3.732,-3.945,-4.159,-4.372,-4.585,-4.798]

g=9.81      # intensité de la pesanteur terrestre
v0=...
z0=...
m=...

def energies(T,M,V0,Z0):
    Ec=[]
    Epp=[]
    Em=[]
    for i in range(len(T)):
        Ec.append(0.5*M*v[i]**2)
        Epp.append(M*g*z[i])
        Em.append(Ec[i]+Epp[i])
    return Ec,Epp,Em

plt.plot(t,energies(t,m,v0,z0)[0],label='Ec')
plt.plot(t,energies(t,m,v0,z0)[1],label='Epp')
plt.plot(t,energies(t,m,v0,z0)[2],label='Em')
plt.title('évolutions des énergies au cours du temps')
plt.legend(loc = 'lower left')
plt.xlabel('t en s')
plt.ylabel('Energie en J')

plt.show()
```

Doc. 1 Extrait du code Python

Code complet téléchargeable sur **Nathan Live**

L'exécution du programme Python présenté dans le **doc. 1** trace la figure suivante.

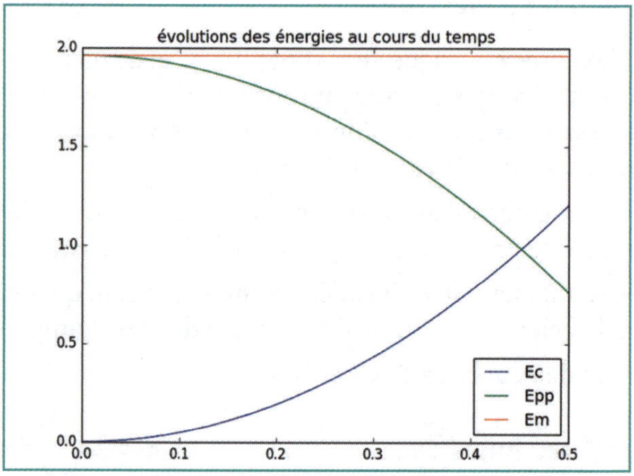

Doc. 2 Évolutions temporelles des énergies de la bille

1. Recopier et compléter les lignes n° 15, 16 et 17 du programme Python présenté dans le **doc. 1** à partir des données de l'énoncé.

2. Expliquer le rôle de la fonction **energies** définie à la ligne n° 19 du **doc. 1**.

> **Astuce**
> Basez-vous sur le point numérique Python à la fin du manuel pour répondre aux questions posées.

Exercices de type bac

PRÉPARER L'ÉPREUVE ÉCRITE

6 Saut en longueur à moto

★★★ 55 min ➔ Corrigé p. 262

Extrait du baccalauréat

Le 31 mars 2008, l'Australien Robbie Maddison, dont on a déjà relaté un exploit dans le chapitre précédent, a battu son propre record de saut en longueur à moto à Melbourne. La Honda CR 500, après une phase d'accélération, a abordé le tremplin avec une vitesse de 160 km·h^{-1} et s'est envolée pour un saut d'une portée égale à 107 m.

Dans cet exercice, on étudie deux phases du mouvement (voir le **doc. 1**) :

– la phase d'accélération du motard (de A à B) ;

– le saut (au-delà de C).

Doc. 1

Dans tout l'exercice, le système {motard + moto} est assimilé à son centre de masse G.
L'étude est faite dans le référentiel terrestre considéré comme galiléen.
On pose $h = OC = ED$.

Données : norme du champ de pesanteur terrestre : $g = 9{,}81\ \text{m}\cdot\text{s}^{-2}$;
masse du système {motard + moto} : $m = 180$ kg.

1. La phase d'accélération du motard

On considère que le motard s'élance, avec une vitesse initiale nulle, sur une piste rectiligne en maintenant une accélération constante.

L'évolution au cours du temps de la valeur v de la vitesse du motard est représentée dans le **doc. 2**.

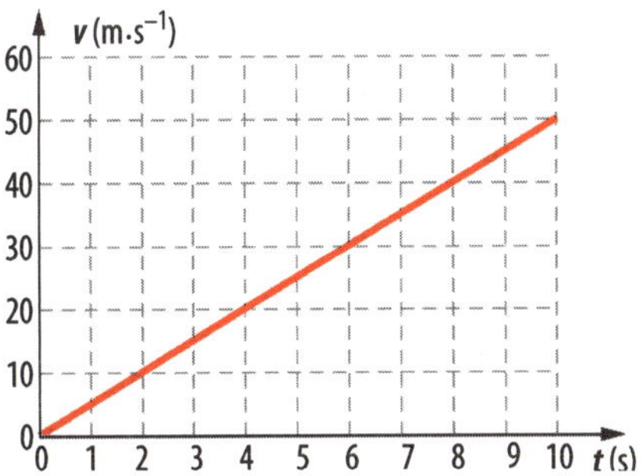

Doc. 2 Valeur *v* de la vitesse du système en fonction du temps

a) Montrer que la courbe présentée dans le **doc. 2** permet d'affirmer que la valeur de l'accélération est constante.

b) En utilisant le **doc. 2**, estimer la valeur de l'accélération du motard.

2. Le saut

Le motard quitte le tremplin en C avec une vitesse initiale $v_0 = 160\ \text{km}\cdot\text{h}^{-1}$.

Toutes les actions autres que le poids du système sont supposées négligeables. On souhaite étudier la trajectoire du centre G du système dans ces conditions.

Le repère $(O\ ;\ \vec{i}, \vec{k})$ et l'origine des dates sont choisis à l'instant où le système quitte le point C (voir le **doc. 3**).

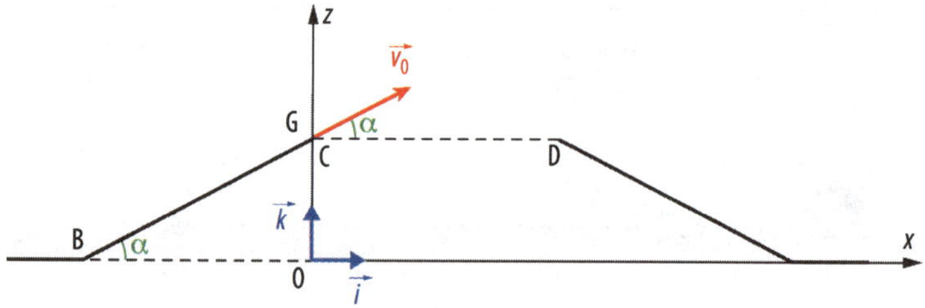

Doc. 3

La vitesse initiale $\vec{v}_0$ du centre d'inertie G du système est incliné d'un angle $\alpha = 27°$ par rapport à l'horizontale.

a) Montrer que les équations horaires du mouvement du centre de masse G du système {motard + moto} s'écrivent :

$$x(t) = (v_0 \cos\alpha)\, t$$

$$z(t) = -\frac{1}{2} g\, t^2 + (v_0 \sin\alpha)\, t + h$$

Comment résoudre cette question ?

Il faut d'abord effectuer un bilan des forces exercées sur le système, appliquer la deuxième loi de Newton dans le référentiel galiléen, projeter le vecteur accélération dans le repère $(0\,;\vec{i}, \vec{k})$, puis intégrer les résultats pour obtenir l'équation de la vitesse et les équations horaires du mouvement.

b) Montrer que l'équation de la trajectoire du système est :

$$z(x) = -\frac{g}{2v_0^2\cos^2\alpha}\, x^2 + (\tan\alpha)\, x + h.$$

c) À quelle distance maximale de C doit se trouver le point D pour que « l'atterrissage » se fasse sur le tremplin ?

d) Comparer cette valeur avec celle donnée dans l'énoncé. Comment peut-on interpréter cet écart ?

Aide

Lors de l'application numérique, il faut utiliser la valeur de la vitesse initiale en $m{\cdot}s^{-1}$:

$160\ km{\cdot}h^{-1} = \frac{160}{3{,}6}\ m{\cdot}s^{-1}$.

3. Aspects énergétiques

a) En considérant que l'énergie potentielle de pesanteur est nulle lorsque $z = 0$ m, donner l'expression de l'énergie mécanique du système {motard + moto} en fonction de la masse m, de la valeur v de la vitesse, de l'ordonnée z et de la norme g du champ de pesanteur terrestre.

b) Le point de sortie du tremplin se situe à 5,0 m au-dessus du niveau du sol. En utilisant l'expression précédente et en considérant que le système {motard + moto} est en chute libre durant le saut, déterminer la valeur de l'ordonnée z_S du point S, sommet de la trajectoire.

Astuce

La hauteur du point de sortie du tremplin correspond à la hauteur h.

7 Déviation d'électrons dans le vide

★★★ 1 h ➲ Corrigé p. 265

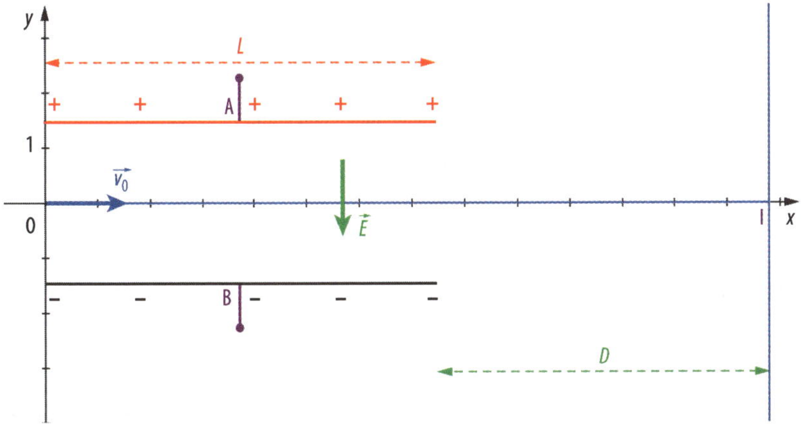

Des électrons pénètrent avec une vitesse horizontale $\vec{v_0}$ à l'intérieur d'un condensateur plan dans lequel règne le vide.

Entre les deux plaques horizontales A et B de ce condensateur de longueur L est appliqué un champ électrique uniforme $\vec{E}$.

On étudie le mouvement d'un électron de masse $m = 9{,}1 \times 10^{-31}$ kg et de charge $q = -e = -1{,}6 \times 10^{-19}$ C dans le référentiel terrestre supposé galiléen.

Ce référentiel est défini par un repère d'espace tel que :

– l'axe (Ox) est un axe horizontal de même direction et de même sens que $\vec{v_0}$;

– l'axe (Oy) est un axe vertical ascendant (le plan (xOy) contient le vecteur $\vec{v_0}$) ;

– l'axe (Oz) est perpendiculaire au plan (xOy).

On choisit comme origine des dates l'instant où l'électron pénètre dans le condensateur.

Données : $E = 5{,}0 \times 10^3$ N·C^{-1} ; $g = 9{,}81$ N·kg^{-1} ; $v_0 = 3{,}0 \times 10^7$ m·s^{-1} ;
$L = 15$ cm ; $D = 10$ cm.

1. Définir les équation horaires du mouvement de l'électron lorsqu'il se trouve dans le condensateur et qu'il est soumis au champ électrique uniforme $\vec{E}$.

2. Après la sortie du condensateur, les électrons forment un point lumineux S sur un écran fluorescent placé à la distance D du condensateur. Calculer la distance IS entre le centre de l'écran I et le point lumineux S dû à l'interaction entre les électrons et l'écran fluorescent.

> **Astuce**
> Il est possible de négliger le poids de l'électron devant la force due au champ électrique (voir l'exercice 4).

Comment résoudre cette dernière question ?

Pour résoudre cette question difficile, il faut d'abord :

– établir l'équation de la trajectoire du mouvement lorsque l'électron est soumis au champ électrique uniforme ;

– déterminer les coordonnées de l'électron à la sortie du condensateur ;

– trouver la trajectoire du mouvement de l'électron une fois sorti du condensateur en considérant que l'électron n'est alors soumis à aucune force.

PRÉPARER L'ECE

8 Étude de la chute d'une balle

★★ 15 min Corrigé p. 267

Compétence expérimentale évaluée : valider

Pour étudier le mouvement d'une balle lancée par un élève, Arthur et Djamila filment le lancer de la balle, après que la balle a quitté la main de l'élève. Ils exportent ensuite cette vidéo dans un logiciel de pointage, puis dans un logiciel permettant de tracer à partir du pointage effectué l'énergie cinétique E_c, l'énergie potentielle de pesanteur E_p et l'énergie mécanique E_m de la balle au cours du temps. Ils obtiennent le graphe ci-contre.

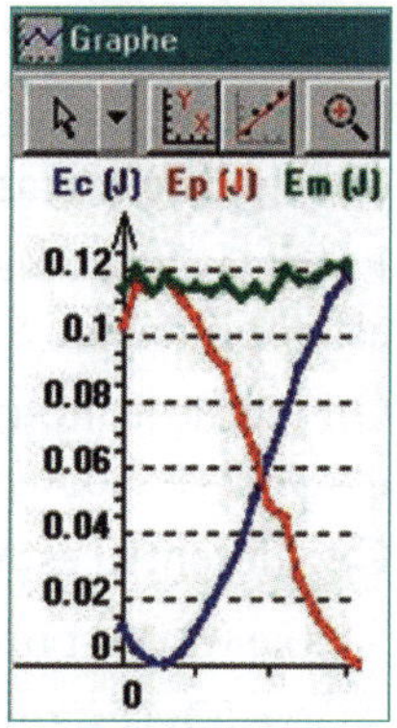

Pour Arthur : « le résultat de cette expérience prouve que l'énergie mécanique augmente lors de la chute de la balle. ».

Pour Djamila : « le résultat de cette expérience peut montrer au contraire que l'énergie mécanique est constante lors de la chute de la balle. ».

1. Avec qui êtes-vous d'accord ? Justifier la réponse.

2. Après avoir refait de nombreuses fois l'expérience, Djamila et Arthur ont déterminé une valeur de la norme du champ de pesanteur terrestre : g_{mes} = 10,3 m·s^{-2} avec une incertitude-type $u(g_{mes})$= 0,6 m·s^{-2}. Comparer ce résultat expérimental avec la valeur de référence g_{ref} = 9,8 m·s^{-2}.

PRÉPARER LE GRAND ORAL

9 Posture à l'oral

★★ 15 min Corrigé p. 268

Rechercher sur Internet une vidéo sur la posture à tenir lors d'une prise de parole en public en tapant les mots clés « posture » et « oral » et relever les points importants qu'il faudra appliquer lors de l'épreuve orale terminale du baccalauréat.

Pour aller plus loin

10 Étude de la rétrodiffusion d'un noyau d'hélium

★★★ 40 min ➔ Corrigé p. 268

Dans le référentiel terrestre supposé galiléen, une particule α (un noyau d'hélium ${}^4_2He$) est lancée dans une enceinte vide d'air avec une vitesse initiale $\vec{v_0}$ dans un champ électrique supposé uniforme $\vec{E}$, telle que :

- $\vec{v_0}$ et $\vec{E}$ sont dans la même direction ;
- $\vec{v_0}$ et $\vec{E}$ sont de sens opposé ;
- $v_0 = 1{,}0 \times 10^7$ m·s^{-1} ;
- $E = 3{,}0 \times 10^5$ V·m^{-1}.

La particule subit une rétrodiffusion de 180°, c'est-à-dire qu'elle revient sur elle-même après une certaine durée.

Données : masse d'un nucléon : $m_n = 1{,}66 \times 10^{-27}$ kg ;
charge électrique d'un proton : $e = 1{,}6 \times 10^{-19}$ C.

Astuce
Il est possible de négliger le poids du noyau devant la force due au champ électrique (voir l'exercice 4).

1. Expliquer rapidement le phénomène.

2. Trouver, avec un raisonnement énergétique, la distance parcourue par le noyau d'hélium avant qu'il n'effectue une rétrodiffusion.

➔ Méthode

Comparez les énergies mécaniques du noyau d'hélium à différents instants bien choisis et utilisez la relation entre les potentiels électriques et le champ électrique uniforme.

3. Au bout de combien de temps le noyau d'hélium effectue-t-il une rétrodiffusion ?

➔ Comment résoudre cette question ?

Définissez l'équation de la vitesse du noyau au cours du temps en appliquant la deuxième loi de Newton dans le référentiel terrestre considéré comme galiléen.

4. Quelle est la vitesse de la particule α lorsqu'elle se trouve à nouveau à sa position initiale après la rétrodiffusion ?

QCM et questions courtes

1 Vrai ou faux ?

1. Faux → Comme $P = m \times g$, la masse m d'un objet est égale à :

$$m = \frac{P}{g}.$$

2. Vrai → Étant donné que la charge électrique q d'un électron est égale à $q = -e$, la force électrique $\vec{F}$ à laquelle est soumis un électron dans un champ électrique $\vec{E}$ peut s'écrire : $\vec{F} = q \times \vec{E} = -e \times \vec{E}$.

2 Faites votre choix !

1. b) Comme la norme E du champ électrique créé par un condensateur plan dont les plaques A et B sont séparées d'une distance d et soumises à une tension U_{AB} est égale à $\boldsymbol{E = \frac{U_{AB}}{d}}$, **la norme *E* du champ électrique** créé par un condensateur plan **augmente** si la valeur de **la tension U_{AB} augmente**.

2. b) Dans le référentiel terrestre supposé galiléen, un homme-canon est projeté dans les airs. Étant donné que l'homme est considéré en chute libre lors de son saut, **le vecteur accélération $\vec{a}$ de son centre de masse est égal à $\vec{g}$**, le champ de pesanteur terrestre, qui est uniforme. Ainsi **le vecteur accélération $\vec{a}$ est constant durant le saut.**

Exercices d'entraînement

3 Mouvement d'un proton

Un proton a initialement un mouvement rectiligne uniforme dans un référentiel galiléen, ce qui signifie que les forces qui s'exercent sur lui se compensent d'après la première ou la deuxième loi de Newton.

Ensuite, lorsque le proton pénètre dans une région de l'espace où existe une champ électrique uniforme $\vec{E}$, il subit une force supplémentaire :

$$\vec{F} = q \times \vec{E} \text{ avec } q \text{ la charge, positive, du proton.}$$

Les forces qui s'exercent sur le proton dans cette région de l'espace ne se compensent donc plus. Ainsi, d'après la première ou la deuxième loi de Newton, **son mouvement n'est plus rectiligne uniforme.**

Remarque

Si le champ électrique est dans la même direction que la vitesse du proton, le proton aura un mouvement rectiligne uniformément varié dans cette région de l'espace.

Si le champ électrique est dans une autre direction, le mouvement du proton ne sera plus rectiligne.

CORRIGÉS

4 Mouvement d'un électron

1. Si l'on néglige la force due au champ électrique, la seule force exercée sur l'électron est la force due au champ de pesanteur : le poids de l'électron $\vec{P}$.

Dans le référentiel terrestre considéré comme galiléen, $m \times \vec{a} = \vec{P}$ d'après la deuxième loi de Newton.

Comme $\vec{P} = m \times \vec{g}$, on trouve que $m \times \vec{a} = m \times \vec{g}$.

Ainsi, $\vec{a} = \vec{g}$.

En projetant ces deux vecteurs suivant un axe colinéaire à $\vec{g}$, on trouve la valeur de l'accélération si on tient compte uniquement du champ de pesanteur :

$$a = g = 9{,}81\ \text{N·kg}^{-1} = \mathbf{9{,}81\ m{\cdot}s^{-2}}.$$

Remarque

On peut utiliser indifféremment comme unité le N·kg^{-1} ou le m·s^{-2}.

2. Si l'on néglige la force due au champ de pesanteur, la seule force exercée sur l'électron est la force due au champ électrique :

$$\vec{F} = q \times \vec{E}.$$

Dans le référentiel terrestre considéré comme galiléen :

$$m \times \vec{a} = \vec{F} = q \times \vec{E} \text{ d'après la deuxième loi de Newton.}$$

Ainsi, $\vec{a} = \dfrac{q \times \vec{E}}{m}$.

En projetant ces deux vecteurs suivant un axe colinéaire à $\vec{E}$, on trouve la valeur de l'accélération si on tient compte uniquement du champ électrique :

$$a = \frac{q \times E}{m} = \frac{1{,}6 \times 10^{-19} \times 50}{9{,}1 \times 10^{-31}} = \mathbf{8{,}8 \times 10^{12}\ m{\cdot}s^{-2}}.$$

Chiffres significatifs

Les données sont exprimées avec deux chiffres significatifs : le résultat doit donc être lui aussi exprimé avec deux chiffres significatifs.

3. L'accélération due au champ électrique est environ 10^{12} fois plus importante que l'accélération due au champ de pesanteur terrestre. Il est donc **possible de négliger le poids d'une particule chargée dans un champ électrique uniforme devant la force due au champ électrique uniforme.**

CORRIGÉS

5 Énergies d'une bille

1. On complète les lignes du programme Python de la façon suivante :

– ligne n° 15 : **v0=0 # vitesse initiale**

– ligne n° 16 : **z0=2 # position initiale**

– ligne n° 17 : **m=0.1 # masse de la bille**

> **Bonnes pratiques informatiques**
> En programmation, il est recommandé d'ajouter des commentaires, qui débutent en Python par le caractère #.

2. La fonction **energies** a pour rôle de **renvoyer trois listes** (Ec, Epp, Em) contenant respectivement les valeurs des énergies cinétique, potentielle de pesanteur et mécanique pour chaque date de la liste t qui lui est fournie en paramètre.

Les trois autres paramètres m, v0 et z0, désignent respectivement la masse de la bille, sa vitesse initiale et la hauteur à laquelle elle est lâchée.

> **Pour aller plus loin** live!
> Téléchargez le programme complet sur **Nathan Live** et exécutez-le pour mieux comprendre la correction proposée.

Exercices de type bac

PRÉPARER L'ÉPREUVE ÉCRITE

6 Saut en longueur à moto

1. Saut en longueur à moto

a) Le graphe $v = f(t)$ est une **droite passant par l'origine.**

La valeur de la vitesse est donc **proportionnelle au temps** : $v = k \times t$ avec k une constante positive égale au coefficient directeur de la droite : $k = \frac{\mathrm{d}v}{\mathrm{d}t}$.

Par définition l'accélération $\vec{a}(t)$ est égale à

$$\vec{a}(t) = \frac{\mathrm{d}\vec{v}(t)}{\mathrm{d}t}.$$

Ainsi, comme le mouvement est rectiligne, la valeur de l'accélération est égale à $a = \frac{\mathrm{d}v}{\mathrm{d}t} = k$ d'après le doc. 2.

> **Rappel**
> La valeur de l'accélération a est égale à $\frac{\mathrm{d}v}{\mathrm{d}t}$ uniquement si le mouvement est rectiligne.

Comme k est une constante, la valeur de l'accélération du motard est constante.

b) Pour estimer la valeur de la valeur de l'accélération a, on mesure le coefficient directeur k de la droite à partir des coordonnées du point O (0 ; 0) et du point A (50 ; 10).

$$a = k = \frac{v(\mathrm{A}) - v(\mathrm{O})}{t(\mathrm{A}) - t(\mathrm{O})} = \frac{50 - 0}{10 - 0} = \mathbf{5{,}0\ m{\cdot}s^{-2}}.$$

CORRIGÉS

2. Saut du motard

a) Dans le référentiel terrestre supposé galiléen, le système {motard + moto} n'est soumis qu'à son poids : $\vec{P} = m \times \vec{g}$ avec $\vec{g}$ le champ de pesanteur terrestre uniforme.

$$m \times \vec{a} = \sum \vec{F}_{\text{ext}} = m \times \vec{g}.$$

Ainsi, $m \times \vec{a} = m \times \vec{g}$ et $\vec{a} = \vec{g}$.

En projetant les vecteurs dans le repère (O ; $\vec{i}$, $\vec{k}$) on trouve $\vec{a} \begin{cases} a_x = 0 \\ a_z = -g \end{cases}$

Comme $\vec{a} = \dfrac{d\vec{v}}{dt}$, alors $\vec{a} \begin{cases} a_x = \dfrac{dv_x}{dt} = 0 \\ a_z = \dfrac{dv_z}{dt} = -g \end{cases}$ et $\vec{v} \begin{cases} v_x = \text{cte}_1 \\ v_z = -gt + \text{cte}_2 \end{cases}$

D'après l'énoncé, $\vec{v}(0) = \vec{v}_0$, d'où $\begin{cases} v_x(0) = v_0 \cos\alpha = \text{cte}_1 \\ v_z(0) = v_0 \sin\alpha = 0 + \text{cte}_2 \end{cases}$

Le vecteur vitesse du système s'écrit donc $\vec{v} \begin{cases} \boldsymbol{v_x = v_0 \cos\alpha} \\ \boldsymbol{v_z = -gt + v_0 \sin\alpha} \end{cases}$

De plus, comme $\vec{v} = \dfrac{d\overrightarrow{OG}}{dt}$, on trouve que $\vec{v} \begin{cases} v_x = \dfrac{dx}{dt} = v_0 \cos\alpha \\ v_z = \dfrac{dz}{dt} = -gt + v_0 \sin\alpha \end{cases}$

Ainsi, $\overrightarrow{OG} \begin{cases} x = (v_0 \cos\alpha)t + \text{cte}_3 \\ z = -\dfrac{1}{2} g t^2 + (v_0 \sin\alpha)t + \text{cte}_4 \end{cases}$

Or, d'après les conditions initiales, $\overrightarrow{OG}(0) = h\vec{k}$ soit $\begin{cases} x(0) = 0 = \text{cte}_3 \\ z(0) = h = \text{cte}_4 \end{cases}$

Ainsi, on trouve que les équations horaires du mouvement du point G s'écrivent :

$$\overrightarrow{OG} \begin{cases} \boldsymbol{x(t) = (v_0 \cos\alpha)t} \\ \boldsymbol{z(t) = -\dfrac{1}{2} g t^2 + (v_0 \sin\alpha)t + h} \end{cases}$$

b) D'après l'équation horaire $x(t)$ précédente : $\boldsymbol{t = \dfrac{x}{v_0 \cos\alpha}}$.

On remplace t par l'expression ci-dessus dans l'équation horaire $z(t)$ précédente et on trouve alors l'équation de la trajectoire demandée :

$$z(x) = -\frac{1}{2} g \left(\frac{x}{v_0 \cos\alpha}\right)^2 + (v_0 \sin\alpha) \times \left(\frac{x}{v_0 \cos\alpha}\right) + h$$

$$\boldsymbol{z(x) = -\left(\frac{g}{2 v_0^2 \cos^2\alpha}\right) x^2 + (\tan\alpha) x + h.}$$

c) « L'atterrissage » se fait sur le tremplin si $z(x_D) \geq h$; la distance maximale du point D correspond donc à $z(x_D) = h$.

Rappel mathématique

$\dfrac{\sin\alpha}{\cos\alpha} = \tan\alpha.$

D'après l'équation de la trajectoire :

$$-\frac{g}{2v_0^2\cos^2\alpha}x_D^2 + (\tan\alpha)x_D + h = h \Longleftrightarrow x_D\left(\tan\alpha - \frac{g\,x_D}{2v_0^2\cos^2\alpha}\right) = 0.$$

La solution $x_D = 0$ n'étant « physiquement » pas possible, on trouve :

$$\left(\tan\alpha - \frac{g\,x_D}{2\,v_0^2\cos^2\alpha}\right) = 0.$$

Ainsi, $x_D = \dfrac{2\,v_0^2\tan\alpha\,\cos^2\alpha}{g} = \dfrac{2\,v_0^2\dfrac{\sin\alpha}{\cos\alpha}\cos^2\alpha}{g} = \dfrac{2v_0^2\sin\alpha\,\cos\alpha}{g}$.

D'où $x_D = \dfrac{v_0^2\sin(2\alpha)}{g}$.

Rappel mathématique

$2\sin\alpha \times \cos\alpha = \sin 2\,\alpha$.

A. N. : $x_D = \dfrac{\left(\dfrac{160}{3{,}6}\right)^2 \times \sin(2\times 27)}{9{,}81} = \mathbf{1{,}6 \times 10^2\ m}$.

Chiffres significatifs

Le résultat doit être exprimé avec deux chiffres significatifs étant donné que la donnée la moins précise (l'angle initial de 27°) est exprimée avec deux chiffres significatifs.

d) Cette valeur est supérieure à la valeur donnée dans l'énoncé (107 m). En effet, **les forces de frottements n'ont pas été prises en compte** lors de l'étude du système. Si on en avait tenu compte, la portée du saut calculée aurait été plus faible.

3. Aspects énergétiques

a) En considérant que l'énergie potentielle de pesanteur E_{pp} est nulle lorsque $z = 0$ m, l'expression de l'énergie mécanique E_m du système {motard + moto} s'écrit :

$$\boldsymbol{E_m = E_c + E_{pp} = \frac{1}{2}mv^2 + mgz}.$$

b) Comme le système {motard + moto} est en chute libre durant le saut, l'énergie mécanique du système est constante :

$$E_m(C) = E_m(S).$$

$$\frac{1}{2}mv_0^2 + mgh = \frac{1}{2}mv_S^2 + mgz_S.$$

$$\frac{1}{2}mv_0^2 + mgh = \frac{1}{2}m(v_0\cos\alpha)^2 + mgz_S$$

Rappel

Le point C correspond au point de sortie du tremplin, de hauteur $h = 5{,}0$ m tandis que le point S correspond au sommet du saut.

D'où : $mgz_S = \frac{1}{2}m(v_0^2 - (v_0\cos\alpha)^2) + mgh$

$$z_s = \frac{1}{2g}(v_0^2 - (v_0\cos\alpha)^2) + h = \frac{1}{2g}v_0^2(1 - \cos^2\alpha) + h$$

$$\boldsymbol{z_s = \frac{1}{2g}v_0^2\ \sin^2\alpha + h.}$$

A.N. : $z_S = \frac{1}{2 \times 9{,}81} \times \left(\frac{160}{3{,}6}\right)^2 \times \sin^2(27) + 5{,}0 = \mathbf{26\ m.}$

> **Bien comprendre**
> Au sommet S du saut, le vecteur vitesse du système {motard + moto} est horizontal (sa composante verticale est nulle), c'est pourquoi $v_S = v_x = v_0 \cos a$.

7 Déviation d'électrons dans le vide

1. Étant donné que l'on peut négliger le poids de l'électron devant la force due au champ électrique (voir l'exercice 4), la seule force non négligeable qui s'exerce sur l'électron dans le condensateur est la force due au champ électrique uniforme :

$$\vec{F} = q \times \vec{E}.$$

Dans le référentiel terrestre considéré comme galiléen, d'après la deuxième loi de Newton :

$$m \times \vec{a} = q \times \vec{E} \quad \text{et} \quad \vec{a} = \frac{q}{m} \times \vec{E} = -\frac{e}{m} \times \vec{E}.$$

Dans le repère de l'étude, les coordonnées du vecteur accélération s'écrivent donc :

$$\vec{a}\begin{cases} a_x = 0 \\ a_y = -\dfrac{e}{m} \times (-E) = \dfrac{e \times E}{m}. \\ a_z = 0 \end{cases}$$

Comme $\vec{a} = \frac{d\vec{v}}{dt}$, alors $\vec{\boldsymbol{a}}\begin{cases} \boldsymbol{a_x = \dfrac{dv_x}{dt} = 0} \\ \boldsymbol{a_y = \dfrac{dv_y}{dt} = \dfrac{e \times E}{m}} \\ \boldsymbol{a_z = \dfrac{dv_z}{dt} = 0} \end{cases}$ et $\vec{v}\begin{cases} v_x = \text{cte}_1 \\ v_y = \dfrac{e \times E}{m}t + \text{cte}_2 \\ v_z = \text{cte}_3 \end{cases}$

D'après l'énoncé, $\vec{v}(0) = \vec{v}_0$, d'où $\vec{v}\begin{cases} v_x(0) = v_0 = \text{cte}_1 \\ v_y(0) = 0 = 0 + \text{cte}_2 \\ v_z(0) = 0 = \text{cte}_3 \end{cases}$

Le vecteur vitesse de l'électron s'écrit donc $\vec{\boldsymbol{v}}\begin{cases} \boldsymbol{v_x = v_0} \\ \boldsymbol{v_y = \dfrac{e \times E}{m}t} \\ \boldsymbol{v_z = 0} \end{cases}$

Comme $\vec{v} = \frac{d\overrightarrow{OM}}{dt}$, on trouve que $\overrightarrow{OM}\begin{cases} x = v_0 t + \text{cte}_4 \\ y = \dfrac{1}{2} \times \dfrac{e \times E}{m}t^2 + \text{cte}_5 \\ z = \text{cte}_6 \end{cases}$

Or, d'après les conditions initiales, $\overrightarrow{OM}(0) = \vec{0}$, d'où $cte_4 = cte_5 = cte_6 = 0$.
Ainsi, les équations horaires du mouvement de l'électron s'écrivent :

$$\overrightarrow{OM}\begin{cases} x = v_0 t \\ y = \dfrac{1}{2} \times \dfrac{e \times E}{m} t^2 \\ z = 0 \end{cases}$$

2. Pour calculer la distance *IS* entre le centre de l'écran I et le point lumineux S dû à l'interaction entre les électrons et l'écran fluorescent, il faut d'abord établir l'équation de la trajectoire du mouvement $y = f(x)$ lorsque l'électron est soumis au champ électrique dans le condensateur. Pour cela, on remplace t par $\dfrac{x}{v_0}$ dans l'équation horaire $y(t)$ précédente (car $x = v_0 t$) et on trouve l'équation de la trajectoire : $y(x) = \dfrac{1}{2}\dfrac{e \times E}{m} \times \left(\dfrac{x}{v_0}\right)^2$.

> **Remarque**
> Le mouvement de l'électron est plan (dans le plan (xOy)) car $z = 0$ quel que soit l'instant t.

Ainsi, les coordonnées de l'électron à la sortie du condensateur sont :

$$\begin{cases} x_{\text{conden}} = L = \mathbf{15\ cm} \\ y_{\text{conden}} = \dfrac{1}{2}\dfrac{e \times E}{m} \times \left(\dfrac{L}{v_0}\right)^2 = \dfrac{1}{2} \times \dfrac{1{,}6 \times 10^{-19} \times 5{,}0 \times 10^3}{9{,}1 \times 10^{-31}} \times \left(\dfrac{1{,}5 \times 10^{-1}}{3{,}0 \times 10^7}\right)^2 \end{cases}$$

D'où : $y_{\text{conden}} = 1{,}1 \times 10^{-2}\ \text{m} = \mathbf{1{,}1\ cm}$.

> **Chiffres significatifs**
> Le résultat doit être exprimé avec deux chiffres significatifs étant donné que toutes les données ont deux chiffres significatifs.

Une fois sorti du condensateur, on peut considérer que l'électron n'est soumis à aucune force car le champ électrique est nul en dehors du condensateur et on peut négliger l'effet du poids de l'électron sur son mouvement étant donné que sa vitesse est très grande. Ainsi, d'après la première loi de Newton dans le référentiel terrestre considéré comme galiléen, le mouvement de l'électron est rectiligne uniforme après la sortie du condensateur.

> **Remarque**
> Il n'y a pas non plus de forces de frottements exercées sur l'électron car le vide règne dans cette enceinte.

La direction du mouvement de l'électron à la sortie du condensateur est alors égale à celle de la tangente à la trajectoire de l'électron définie ci-dessus.

Dans le nouveau repère défini sur le schéma ci-contre, l'équation $y' = f(x')$ de cette tangente est égale à $y' = kx' + p$ avec :

$$k = \left(\frac{\mathrm{d}y}{\mathrm{d}x}\right)_{x=L} = \frac{e \times E}{m} \times \frac{L}{v_0^2}$$

$$p = y_{\text{conden}}.$$

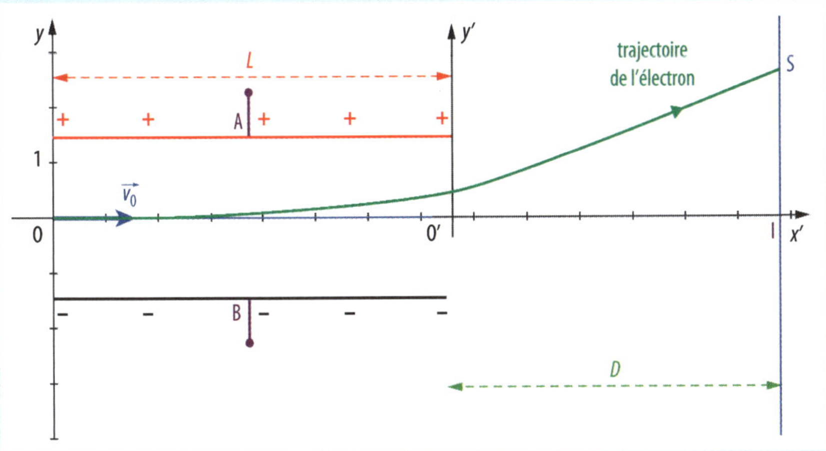

Ainsi, les coordonnées des points I et S dans ce nouveau repère sont :

$$I\begin{cases} x' = D \\ y' = 0 \end{cases} \quad \text{et} \quad S\begin{cases} x' = D \\ y' = k \times D + p = \dfrac{e \times E}{m} \times \dfrac{L}{v_0^2} \times D + y_{\text{conden}} \end{cases}$$

Finalement : $I\begin{cases} x' = 1{,}0 \times 10^{-1} \\ y' = 0 \end{cases}$

$$\text{et } S\begin{cases} x' = 1{,}0 \times 10^{-1} \\ y' = \dfrac{1{,}6 \times 10^{-19} \times 5{,}0 \times 10^{3}}{9{,}1 \times 10^{-31}} \times \dfrac{1{,}5 \times 10^{-1}}{(3{,}0 \times 10^{7})^{2}} \times 1{,}0 \times 10^{-1} + 1{,}1 \times 10^{-2} = 2{,}6 \times 10^{-2}. \end{cases}$$

La distance *IS* est alors égale à $IS = 2{,}6 \times 10^{-2}$ m = **2,6 cm.**

Ainsi, si les électrons sont soumis à un champ électrostatique uniforme égal à $5{,}0 \times 10^{3}$ N·C^{-1} dans le condensateur étudié, ils seront déviés de 2,6 cm sur l'écran fluorescent.

PRÉPARER L'ECE

8 Étude de la chute d'une balle

1. Djamila a raison. En effet, l'énergie mécanique de la balle lors du lancer ne peut pas augmenter après que la balle a quitté la main de l'élève. L'énergie mécanique pourrait uniquement diminuer si les forces de frottement de l'air sur la balle étaient non négligeables. Or, lors de ce lancer, il semble que l'on peut négliger la force de frottement de l'air devant le poids de la balle. Toutes les forces exercées sur la balle, c'est-à-dire ici uniquement le poids de la balle, sont donc conservatives et **l'énergie mécanique peut être considérée comme constante** durant le lancer de la balle.

CORRIGÉS

Les « oscillations » et « l'augmentation » de l'énergie mécanique que l'on observe sur le graphe sont faibles et elles peuvent être négligées car il existe des incertitudes liées à cette expérience (incertitudes lors de la mesure de la masse, lors du pointage, etc.).

2. Après avoir refait de nombreuses fois l'expérience, Djamila et Arthur ont déterminé une valeur de la norme du champ de pesanteur terrestre :

$g_{mes} = 10{,}3\ m{\cdot}s^{-2}$ avec une incertitude-type $u(g_{mes}) = 0{,}6\ m{\cdot}s^{-2}$.

Pour comparer ce résultat expérimental avec la valeur de référence $g_{mes} = 9{,}8\ m{\cdot}s^{-2}$, le calcul du quotient suivant est effectué :

$$\frac{|g_{mes} - g_{ref}|}{u(g_{exp})} = \frac{|10{,}3 - 9{,}8|}{0{,}6} = 0{,}8.$$

L'écart entre le résultat mesuré lors des expériences et la valeur de référence est inférieur à une incertitude-type (0,8 < 1) : ces expériences ont donc permis d'obtenir des résultats assez précis.

Aide

Au lycée, une mesure est considérée comme assez précise si l'écart entre le résultat de la mesure et la valeur de référence est inférieur à deux incertitudes-types (voir le chapitre sur les incertitudes expérimentales).

PRÉPARER LE GRAND ORAL

9 Posture à l'oral

Lors d'une prise de parole en public, et donc lors de l'épreuve orale terminale du baccalauréat, il est important notamment :

- de se tenir droit ;
- de regarder l'ensemble de l'auditoire ;
- d'être souriant ;
- de ne pas croiser les bras ;
- de ne pas mettre les mains dans les poches.

Astuce

Prenez en compte ces conseils mais tâchez de rester naturel. Un sourire forcé ou exagéré ne sera pas forcément bien perçu par le jury.

Pour aller plus loin

10 Étude de la rétrodiffusion d'un noyau d'hélium

1. Un noyau d'hélium $^{4}_{2}He$ contient deux protons et deux neutrons, ce qui lui donne une charge électrique positive q égale à $q = 2e$. La **force électrique** exercée sur ce noyau $\vec{F} = q \times \vec{E}$ est donc **opposée au déplacement de cette particule** étant donné que $\vec{v_0}$ et $\vec{E}$ sont de sens opposé.

Remarque

On néglige le poids du noyau devant la force électrique et il n'y a pas de force de frottement car la particule α se trouve dans une enceinte vide d'air.

Ainsi, cette force électrique freine le noyau, puis le renvoie dans le sens opposé.

2. Le noyau d'hélium est soumis à une seule force, la force électrique, dans un champ $\vec{E}$ uniforme. **Comme cette force est conservative, l'énergie mécanique E_m de la particule α est constante.** Ainsi, l'énergie mécanique initiale du noyau E_{m0} est égale à l'énergie mécanique du noyau E_{m1} lors de sa rétrodiffusion à 180°.

D'où $\boldsymbol{E_{m0} = E_{m1}} \Leftrightarrow E_{c0} + E_{pe0} = E_{c1} + E_{pe1}$ avec E_c l'énergie cinétique et E_{pe} l'énergie potentielle électrique du noyau.

Soit $E_c = \frac{1}{2} m \times v^2$ avec m la masse et v la vitesse de la particule et $E_{pe} = q \times V$ avec q la charge électrique du noyau et V le potentiel électrique correspondant à sa position.

On trouve que : $\frac{1}{2}\ m \times v_0^2 + q \times V_0 = \frac{1}{2}\ m \times v_1^2 + q \times V_1$.

Or, lors sa rétrodiffusion à 180°, la vitesse v_1 du noyau d'hélium est nulle. Ainsi :

$$\frac{1}{2}\ m \times v_0^2 + q \times V_0 = q \times V_1 \quad \text{et} \quad \frac{1}{2}\ m \times v_0^2 = q \times (V_1 - V_0).$$

De plus, d'après la définition du champ électrique :

$E \times d = V_1 - V_0$ avec d la distance parcourue par le noyau d'hélium avant qu'il n'effectue la rétrodiffusion.

On en déduit donc que $\frac{1}{2}\ m \times v_0^2 = q \times E \times d$.

D'où $d = \dfrac{m \times v_0^2}{2 \times q \times E} = \dfrac{4 \times m_n \times v_0^2}{2 \times 2 \times e \times E} = \dfrac{m_n \times v_0^2}{e \times E}$.

Application numérique : $d = \dfrac{1{,}66 \cdot 10^{-27} \times (1{,}0 \cdot 10^7)^2}{1{,}6 \cdot 10^{-19} \times 3{,}0 \cdot 10^5} = \mathbf{3{,}5\ m}$.

La rétrodiffusion du noyau d'hélium a lieu **3,5 m** après sa position initiale.

Chiffres significatifs

Le résultat doit être exprimé avec deux chiffres significatifs étant donné que les données les moins précises ont deux chiffres significatifs.

3. Un raisonnement énergétique ne permet pas de retrouver le temps t_1 mis par le noyau d'hélium avant d'effectuer la rétrodiffusion.

Pour cela, il faut définir l'équation de la vitesse du noyau au cours du temps en appliquant la deuxième loi de Newton dans le référentiel terrestre supposé galiléen : $m \times \vec{a} = \sum \vec{F}_{ext} = q \times \vec{E}$.

Remarque
On peut relire la correction de l'exercice 7 pour retrouver cette équation.

Ainsi $m \times \vec{a} = q \times \vec{E} \Leftrightarrow \vec{a} = \dfrac{q}{m}\vec{E} = \dfrac{2 \times e}{4 \times m_n}\vec{E} = \dfrac{e}{2 \times m_n}\vec{E}$.

En projetant les vecteurs sur un axe (Ox) orienté suivant la vitesse initiale $\overrightarrow{v_0}$, on trouve que :

$$a = -\frac{e}{2 \times m_n} E.$$

Aide

Suivant l'axe (Ox), la valeur algébrique de $\vec{E}$ est égale à $-E$.

Comme $\vec{a} = \frac{d\vec{v}}{dt}$ et comme le mouvement du noyau est linéaire suivant l'axe (Ox), on peut écrire que $a = \frac{dv}{dt}$.

D'où $v = -\frac{e}{2 \times m_n} \times E \times t + \text{cte}$.

À $t = 0$, $v = v_0$, donc cte $= v_0$ et $v = -\frac{e}{2 \times m_n} \times E \times t + v_0$.

Lors sa rétrodiffusion à 180°, la vitesse du noyau v_1 d'hélium est nulle.

Ainsi $0 = -\frac{e}{2 \times m_n} \times E \times t_1 + v_0 \Leftrightarrow \frac{e}{2 \times m_n} \times E \times t_1 = v_0$.

On en déduit finalement que le temps t_1 mis par le noyau d'hélium avant d'effectuer la rétrodiffusion est égal à :

$$t_1 = \frac{2 \times m_n \times v_0}{e \times E} = \frac{2 \times 1{,}66 \times 10^{-27} \times 1{,}0 \times 10^{7}}{1{,}6 \times 10^{-19} \times 3{,}0 \times 10^{5}} = \mathbf{6{,}9 \times 10^{-7}\ s}.$$

4. Soit la position 2 correspondant à la position du noyau d'hélium lorsqu'il se trouve à nouveau à sa position initiale après la rétrodiffusion.

Comme l'énergie mécanique se conserve :

$$\frac{1}{2} m \times v_0^2 + q \times V_0 = \frac{1}{2} m \times v_2^2 + q \times V_2.$$

De plus, la position 2 correspondant à la position initiale, on a :

$$V_0 = V_2, \text{ d'où } \frac{1}{2} m \times v_0^2 = \frac{1}{2} m \times v_2^2.$$

On en déduit que $v_0{}^2 = v_2{}^2 \Leftrightarrow |v_0| = |v_2|$.

La vitesse $\overrightarrow{v_2}$ de la particule α lorsqu'elle se trouve à nouveau à sa position initiale a donc :

- la même direction que la vitesse initiale $\overrightarrow{v_0}$;
- le sens opposé à la vitesse initiale $\overrightarrow{v_0}$;
- la même valeur v_2 que celle de la vitesse initiale v_0.

Vocabulaire

On dit que les vitesses $\overrightarrow{v_2}$ et $\overrightarrow{v_0}$ sont opposées.

La Prépa attitude

- Les expressions du travail mécanique et de la puissance mécanique peuvent être précisées en utilisant notamment la notation intégrale.
- Le théorème de l'énergie cinétique ou celui de la conversation de l'énergie permettent de résoudre souvent plus simplement certains problèmes que la deuxième loi de Newton.
- À travers l'exemple du ressort, il est possible d'établir l'équation différentielle d'un oscillateur harmonique de deux manières : en utilisant la deuxième loi de Newton ou la conservation de l'énergie mécanique.

Prolongements aux cours de Terminale

1 Travail mécanique et puissance d'une force

Dans un référentiel donné, pour un repère d'origine O fixe dans ce référentiel, on considère un corps ponctuel M soumis à une force $\vec{F}$ lors d'un déplacement d'un point A à un point B.

Le travail mécanique de la force sur cette trajectoire est :

$$W_{AB}(\vec{F}) = \int_A^B \vec{F} \cdot \mathrm{d}\overrightarrow{OM},$$

le point M balayant la trajectoire de A à B.

Soit $\vec{v}$ la vitesse de ce point M dans le référentiel, **la puissance de la force est donnée par :** $P = \vec{F} \cdot \vec{v}$.

Si la force $\vec{F}$ est constante, on retrouve l'expression donnée dans ce chapitre :

$$W_{AB}(\vec{F}) = \vec{F} \cdot \int_A^B \mathrm{d}\overrightarrow{OM} = \vec{F} \cdot \overrightarrow{AB}.$$

Les forces conservatives dérivent d'un potentiel. On peut écrire leurs travaux en fonction de la **variation de l'énergie potentielle** correspondante E_p :

$$W_{AB}(\vec{F}) = \vec{F} \cdot \overrightarrow{AB} = -\Delta E_p \text{ pour une force conservative.}$$

2 Théorème de l'énergie cinétique

Dans un référentiel galiléen, la variation de l'énergie cinétique d'un solide en translation entre deux points A et B, correspondant aux instants de dates

AMBITION PRÉPA

t_A et t_B, est égale à la somme des travaux de toutes les forces extérieures appliquées au solide entre ces deux instants :

$$\Delta E_c = \frac{1}{2}mv_f^2 - \frac{1}{2}mv_i^2 = \sum W_{AB}(\vec{F}_{Ext})$$

ou sous une autre forme $\frac{dE_C}{dt} = \sum P(\vec{F}_{Ext})$, **avec P la puissance de la force dans le référentiel d'étude.**

Dans le cas où un système n'est soumis qu'à une seule force conservative :

$$\Delta E_C = W_{AB}(\vec{F}) = \vec{F} \cdot \overrightarrow{AB} = -\Delta E_P.$$

Et ainsi, pour l'énergie mécanique totale du système soumis à une seule force conservative :

$$\Delta E_m = \Delta E_c + \Delta E_P = 0.$$

On retrouve la conservation de l'énergie mécanique pour un système soumis à des forces conservatives.

Dans le cas d'un système soumis à des forces non conservatives, dans le référentiel d'étude :

$$\frac{dE_m}{dt} = \sum P(\vec{F}_{\text{non conservatives}})$$

$$\text{ou : } \Delta E_m = \sum W_{AB}(\vec{F}_{\text{non conservatives}})$$

3 Oscillateur harmonique

Un oscillateur harmonique à une dimension est un système dont la grandeur caractéristique $u(t)$ est solution de l'équation différentielle :

$$\ddot{u} + \omega_0^2 u = 0.$$

Les solutions de cette équation différentielle sont des **fonctions sinusoïdales du temps**, traduisant des **oscillations sinusoïdales libres non amorties** : $u(t) = X_m \cos(\omega_0 t + \varphi)$, avec X_m l'amplitude des oscillations (en m), ω_0 la pulsation propre de l'oscillateur (en $rad \cdot s^{-1}$) et φ la phase à l'origine (en rad).

La pulsation propre est reliée à la période propre et à la fréquence propre de l'oscillateur par les relations :

$$\omega_0 T_0 = 2\pi \text{ et } \omega_0 = 2\pi f_0.$$

4 Conservation de l'énergie mécanique

L'énergie mécanique d'un oscillateur harmonique se conserve. L'utilisation de cette conservation de l'énergie mécanique permet d'obtenir l'équation différentielle de l'oscillateur, **par dérivation de l'énergie mécanique : $\frac{dE_m}{dt} = 0$.**

AMBITION PRÉPA

5 Exemple du pendule élastique horizontal

Le dispositif est décrit dans la figure ci-après. Initialement, le centre de masse G coïncide avec l'origine O de l'axe, le ressort n'est alors pas tendu, et il a sa longueur à vide L_0. On écarte le solide vers la droite d'une longueur a et on le lâche sans vitesse initiale : il prend un mouvement oscillatoire non amorti, si les frottements sont nuls ou négligeables, d'amplitude a.

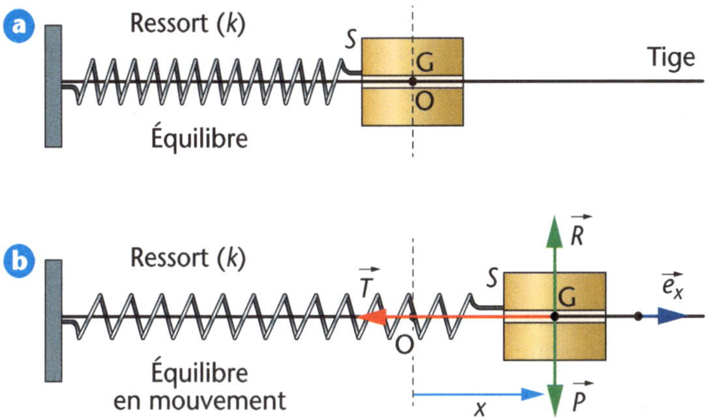

Le système est soumis à trois forces :

– la réaction de la tige, verticale et vers le haut en l'absence supposée de frottements ;

– le poids, vertical et vers le bas ;

– la force de rappel du ressort qui tend à ramener le solide vers sa position d'équilibre O.

Dans le référentiel terrestre galiléen, la deuxième loi de Newton appliquée au solide S s'écrit :

$$m\vec{a}_G = \sum \vec{F}_{Ext} = \vec{P} + \vec{R} + \vec{T}.$$

Par projection sur l'axe $(O ; \vec{e}_x)$: $ma_x = 0 + 0 + T_x = -kx$

soit : $m\ddot{x} + kx = 0$ et $\boldsymbol{\ddot{x} + \frac{k}{m}x = 0}$.

On retrouve **l'équation différentielle d'un oscillateur harmonique**, en posant $\omega_0^2 = \frac{k}{m}$, soit $\omega_0 = \sqrt{\frac{k}{m}}$ et par suite $\boldsymbol{T_0 = \frac{2\pi}{\omega_0} = 2\pi\sqrt{\frac{m}{k}}}$.

AMBITION PRÉPA

EXERCICES

➲ Corrigés p. 278

1 Énergie potentielle élastique

On considère un ressort de constante de raideur k de longueur à vide L_0. On accroche un solide de centre d'inertie G et de masse m à ce ressort. On choisit comme origine de l'axe des abscisses la position du centre d'inertie G_0 pour laquelle $L = L_0$. On allonge le ressort jusqu'à une longueur $L > L_0$ telle que l'abscisse de G soit x. Le ressort et la masse sont ensuite lâchés, et le système oscille autour de la position d'équilibre G_0.

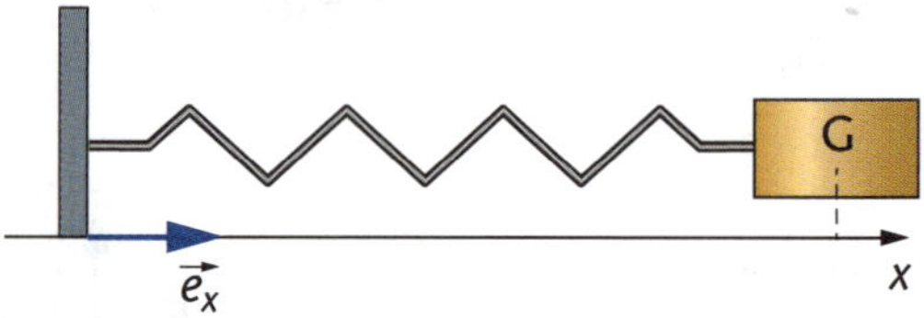

a) Reproduire le schéma du ressort et dessiner sans souci d'échelle la force de rappel du ressort lorsque $L > L_0$.

b) Donner l'expression de la force de rappel.

c) On considère l'évolution du ressort entre la longueur initiale L et la longueur L_0. Exprimer le travail mécanique de la force de rappel du ressort pour ce déplacement.

d) On suppose que la force de rappel du ressort dérive d'un potentiel. En déduire l'expression de l'énergie potentielle élastique E_{Pe}.

e) Si on suppose que le corps de masse m se déplace sans frottement sur le plan, déterminer l'expression puis la valeur de la vitesse v_{L0} lorsque le système oscillant passe par cette position d'équilibre.

Données : $k = 15\ \text{N} \cdot \text{m}^{-1}$; $m = 0{,}200\ \text{kg}$; $x = 10\ \text{cm}$.

2 Mouvements sur un plan incliné

Dans un stand de fête foraine, un solide S, de masse $m = 5{,}0\ \text{kg}$, assimilable à un point matériel, est placé sur des rails horizontaux de longueur AB. Pour « tester sa force », une personne pousse cette masse avec une force $\vec{F}$ constante, horizontale, pendant une durée $t = 3{,}0\ \text{s}$.

a) Déterminer la nature du mouvement de S, en supposant qu'il glisse sans frottement sur les rails en partant de la position de repos.

b) Sachant qu'à la fin de la phase de lancement, S a une vitesse de valeur égale à $6{,}0\ \text{m} \cdot \text{s}^{-1}$, calculer la valeur de la force $\vec{F}$ appliquée.

c) Calculer la distance de lancement AB et le travail effectué par la personne.

d) Arrivé en B, S s'élève sur un plan incliné d'un angle $\alpha = 30°$ par rapport au plan horizontal. En supposant les frottements négligeables et le plan incliné suffisamment long, quelle longueur $L = BC$ l'objet S parcourt-il sur le plan incliné jusqu'à ce que sa vitesse s'annule ?

e) En réalité, on constate que S parcourt une distance $BC' = L_1 = 3{,}0$ m le long du plan incliné. En supposant que les frottements sont équivalents à une force unique $\vec{f}$ parallèle au plan incliné et dirigée en sens contraire du vecteur vitesse $\vec{v}$, calculer la valeur de $\vec{f}$.

Donnée : $g = 9{,}81 \text{ m} \cdot \text{s}^{-2}$.

3 Pendule élastique horizontal

Un pendule élastique est constitué d'un ressort hélicoïdal à spires non jointives, de constante de raideur $k = 40 \text{ N} \cdot \text{m}^{-1}$, d'axe horizontal et de masse négligeable. L'une de ses extrémités est fixée à un support immobile. À l'autre extrémité est accroché un solide de masse $m = 100$ g pouvant osciller librement selon l'axe horizontal Ox (*cf.* **figure 1**).

En position d'équilibre, le centre de masse G de ce solide coïncide avec l'origine O de l'axe horizontal, orienté positivement vers la droite (*cf.* **figure 1**). Le solide est écarté de sa position d'équilibre de sorte que l'abscisse de son centre de masse G soit de + 5,0 cm (*cf.* **figure 2**). À l'instant $t = 0$, il est lâché sans vitesse initiale, et son mouvement est enregistré (*cf.* **figure 3**).

Figure 1

Figure 2

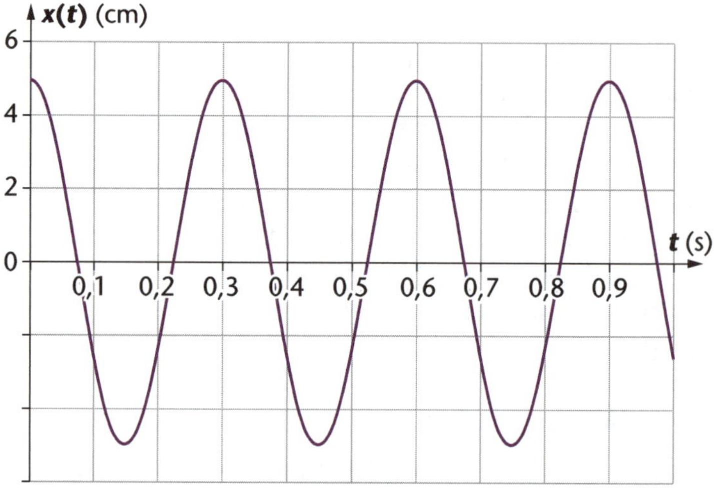

Figure 3

Les forces de frottement ainsi que l'amortissement du mouvement sont considérés comme négligeables. On désigne par T_0 la période propre des oscillations.

a) Montrer que l'équation différentielle du mouvement du solide peut se mettre sous la forme : $\ddot{x} + \dfrac{k}{m}x = 0$.

b) Montrer que $x(t) = X_m \cos\left(\dfrac{2\pi}{T_0}t\right)$ est solution de l'équation différentielle du mouvement. Exprimer T_0 en fonction de k et de m, et déterminer la valeur de X_m.

c) Déterminer la valeur de T_0 et comparer cette valeur à celle déduite de la **figure 3**. L'amplitude des oscillations est-elle cohérente avec celle déterminée dans la question **b)** ?

d) Donner l'expression de l'énergie mécanique totale E_m en fonction de l'abscisse x, de la vitesse v du centre d'inertie G, de la masse m et de la constante k. En utilisant la conservation de l'énergie mécanique, déterminer la valeur de la vitesse v lors du passage de G par la position d'équilibre.

e) À partir de la conservation de l'énergie mécanique, retrouver l'équation différentielle du mouvement.

Donnée : $g = 9{,}81\ \text{m} \cdot \text{s}^{-2}$.

AMBITION PRÉPA

4 Évolutions énergétiques d'un oscillateur harmonique

On considère l'oscillateur de l'exercice 3. Le solide est cette fois lancé dans le sens de l'axe depuis $x = 3{,}0$ cm vers O avec une vitesse initiale $\|\vec{v_0}\| = 0{,}5\ \text{m}\cdot\text{s}^{-1}$ soit $\vec{v_0} = 0{,}5\vec{e}_x\ (\text{m}\cdot\text{s}^{-1})$.

On admettra que :

$$E_m = E_c + E_{Pe}(x) = \frac{1}{2}m\dot{x}^2 + \frac{1}{2}kx^2.$$

a) L'oscillateur étant considéré comme un oscillateur harmonique, rappeler l'équation différentielle générale des oscillateurs harmoniques.

b) On donne $T_0 = 2\pi\sqrt{\frac{m}{k}}$, la période propre de l'oscillateur. En déduire les expressions puis les valeurs de sa pulsation propre ω_0, puis de sa fréquence propre f_0.

c) On admettra que les solutions de l'équation différentielle d'évolution sont du type : $x(t) = X_m\cos(\omega_0 t + \varphi)$. Déterminer φ et X_m.

d) On donne ci-après l'allure des évolutions des énergies potentielle élastique, cinétique et mécanique. Analyser les courbes obtenues.

e) En utilisant les expressions de $x(t)$ et des énergies potentielle élastique et cinétique, montrer que ces énergies sont bien périodiques de période $\frac{T_0}{2}$. Montrer que l'énergie mécanique est bien constante et évaluer sa valeur. Retrouve-t-on la valeur de l'énergie mécanique lue sur le graphe ?

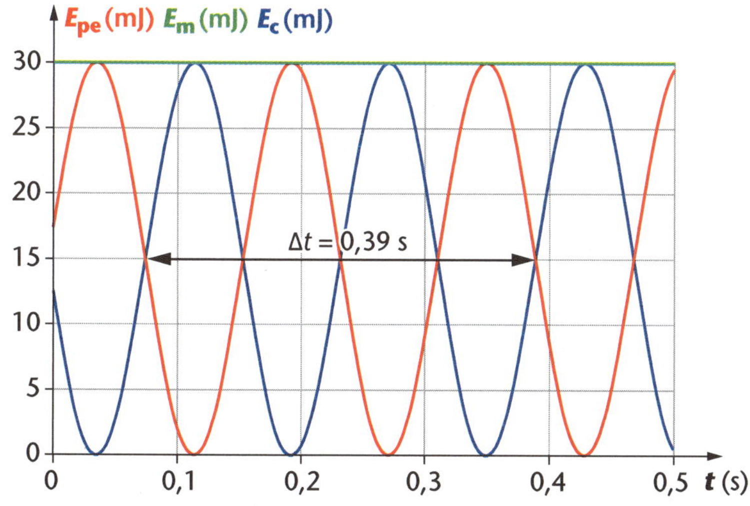

AMBITION PRÉPA

CORRIGÉS

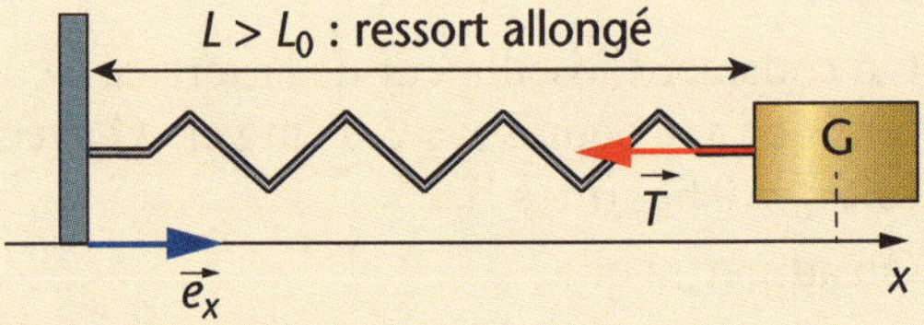

1 **a)** Le ressort étant étiré, **la force de rappel est dirigée vers l'origine du repère O** (*cf.* chapitre 9) :

b) $\vec{T} = -k(x - x_0)\vec{e}_x = -kx\vec{e}_x$ car on choisit $x_0 = 0$.

c) Le travail mécanique de la force de rappel entre L et L_0 est :

$$W_{LL_0}(\vec{T}) = \int_x^0 \vec{T} \cdot d\overrightarrow{OM} = \int_x^0 -k\,x\vec{e}_x \cdot dx \cdot \vec{e}_x$$

car $d\overrightarrow{OM} = dx \cdot \vec{e}_x$ et :

$$W_{LL_0}(\vec{T}) = -\int_x^0 kx \cdot dx = -\left[\frac{1}{2}kx^2\right]_x^0 = \frac{1}{2}kx^2.$$

d) Si la force de rappel dérive d'un potentiel (force conservative), alors :

$W_{LL_0}(\vec{T}) = -\Delta E_p$ soit $E_{Pe}(x) - E_{Pe}(0) = \frac{1}{2}kx^2$ et donc :

$$E_{Pe}(x) = \frac{1}{2}kx^2 + E_{Pe}(0).$$

Rappel
Une énergie potentielle est définie à une constante près.

En posant $E_{Pe}(x) = 0$ si $x = 0$, on obtient :

$$E_{Pe}(x) = \frac{1}{2}kx^2.$$

e) En l'absence de frottements, le solide est soumis à trois forces :

– le poids, vertical et vers le bas, constamment perpendiculaire au déplacement donc au travail mécanique nul ;

– la réaction du support, perpendiculaire au support en l'absence de frottement donc au travail mécanique également nul ;

– la force de rappel du ressort, aux propriétés données précédemment et au travail mécanique trouvé en **c)** : $W_{LL_0}(\vec{T}) = \frac{1}{2}kx^2$.

On applique le théorème de l'énergie cinétique :

$$\Delta E_c = \frac{1}{2}mv_f^2 - \frac{1}{2}mv_i^2 = \sum W_{AB}(\vec{F}_{Ext}) = W_{LL_0}(\vec{T}) = \frac{1}{2}kx^2.$$

Soit, $\frac{1}{2}mv_f^2 = \frac{1}{2}kx^2$ et $\boldsymbol{v_f = \sqrt{\frac{k}{m}}x}$.

A. N. : $v_f = \sqrt{\frac{15}{0{,}200}} \times 0{,}10 = \mathbf{0{,}87\ m \cdot s^{-1}}$.

AMBITION PRÉPA

> **À savoir**
> En l'absence de frottements, la réaction du support sur le solide est perpendiculaire au support.

2 **a)** On se place dans le référentiel terrestre supposé galiléen. Le solide S en mouvement sur le plan horizontal subit 3 forces :

– la **force de pesanteur**, verticale vers le bas, $P = mg$;

– la **réaction du plan**, verticale, perpendiculaire au plan et vers le haut (absence de frottements) ;

– la force exercée par la personne, **force $\vec{F}$** constante, horizontale, pendant une durée $t = 3{,}0$ s.

Le solide est en mouvement sur le plan horizontal, il n'a pas de mouvement suivant la verticale et, par application de la **deuxième loi de Newton** : $m\vec{a} = \vec{F}$ et par suite, **le vecteur accélération est constant, le mouvement est rectiligne uniformément accéléré.**

b) Soit un vecteur unitaire pour l'axe horizontal $\vec{e}_x = \frac{\overrightarrow{AB}}{AB}$. Par projection sur cet axe, $ma_x = F$ soit $a_x = \frac{F}{m}$ et par passage à la primitive, $v_x(t) = \frac{F}{m}t$ car $v_x(0) = 0$. On détermine ainsi la norme de la force grâce à la valeur de la vitesse au point B, à la fin de la phase de lancement :

$$\boldsymbol{F = \frac{m \cdot v_B}{t_B}}.$$

A. N. : $F = \frac{5{,}0 \times 6{,}0}{3{,}0} = \mathbf{10\ N}$.

c) On applique le **théorème de l'énergie cinétique** à S entre le point A correspondant à la position du système à l'instant initial $t = t_i = 0$ pour lequel $v_i = 0$ et le point B pour un instant final $t_B = t_F = 3{,}0$ s pour lequel $v = v_F = 6{,}0\ \text{m} \cdot \text{s}^{-1}$:

$$\boldsymbol{\Delta E_C = \frac{1}{2}mv_f^2 - \frac{1}{2}mv_i^2 = \sum W_{AB}(\vec{F}_{Ext}) = W_{AB}(\vec{P}) + W_{AB}(\vec{R}) + W_{AB}(\vec{F})}.$$

Or $\vec{P}$ et $\vec{R}$ sont perpendiculaires au vecteur déplacement à chaque instant, donc ces forces ne travaillent pas et $\boldsymbol{\Delta E_c = \frac{1}{2}mv_f^2 - 0 = W_{AB}(\vec{F})}$ d'où :

$$\boldsymbol{W_{AB}(\vec{F}) = \frac{1}{2}mv_f^2}.$$

A. N. : $W_{AB}(\vec{F}) = \frac{1}{2} \times 5{,}0 \times 6{,}0^2 = \mathbf{90\ J}$.

La force $\vec{F}$ étant constante, $W_{AB}(\vec{F}) = \frac{1}{2}mv_f^2 = \vec{F} \cdot \overrightarrow{AB} = \|\vec{F}\| \cdot \|\overrightarrow{AB}\|$, d'où :

AMBITION PRÉPA

$$\|\overrightarrow{AB}\| = \frac{\frac{1}{2}mv_f^2}{\|\vec{F}\|} = \frac{W_{AB}(\vec{F})}{\|\vec{F}\|}.$$

A. N. : $\|\overrightarrow{AB}\| = \dfrac{\frac{1}{2} \times 5{,}0 \times 6{,}0^2}{10} = \mathbf{9{,}0\ m}.$

d) Entre les points B et C, la force exercée par la personne ne s'exerce plus et la réaction est perpendiculaire au support donc elle ne travaille pas. Le poids n'est plus perpendiculaire au plan incliné, d'où :

$$\sum W_{BC}(\vec{F}) = W_{BC}(\vec{P}) = \vec{P} \cdot \overrightarrow{BC} = -mg \cdot \sin(\alpha) \cdot BC.$$

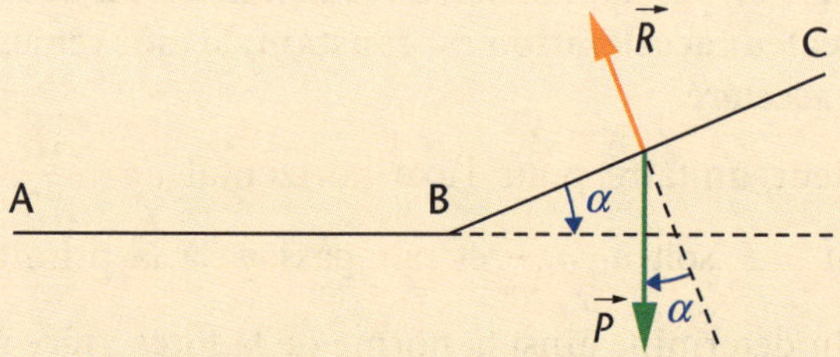

On applique à nouveau le théorème de l'énergie cinétique à S entre un état initial en B et un état final en C :

$$\Delta E_c = \frac{1}{2}mv_C^2 - \frac{1}{2}mv_B^2 = W_{BC}(\vec{P}) = mg(z_B - z_C)$$

$\Delta E_c = mg(-\sin(\alpha) \cdot BC)$ car $z_B < z_C$.

Rappel
Lorsque le système « monte », le travail du poids est résistant.

Avec $v_C = 0$, $-\frac{1}{2}mv_B^2 = -mg \cdot \sin(\alpha) \cdot BC$ et donc :

$$\boldsymbol{L = BC = \frac{v_B^2}{2g\sin(\alpha)}}.$$

A. N. : $L = BC = \dfrac{6{,}0^2}{2 \times 9{,}81 \times \sin(30)} = \mathbf{3{,}7\ m}.$

e) Une troisième force, la force de frottement $\vec{f}$, s'ajoute au bilan des forces de la question **d)** :

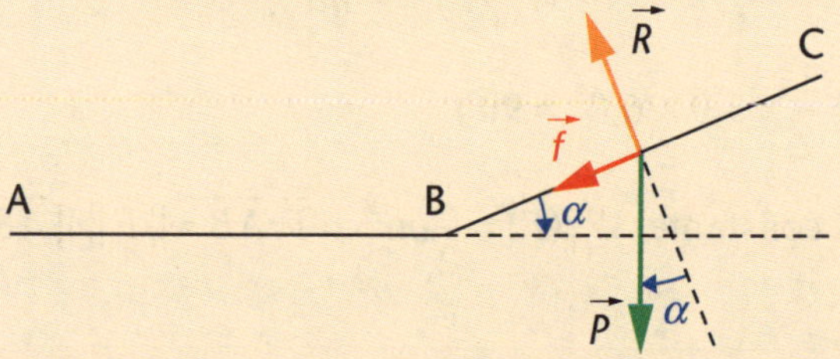

On utilise à nouveau le théorème de l'énergie cinétique :

$$\Delta E_C = \frac{1}{2}mv_{C'}^2 - \frac{1}{2}mv_B^2 = W_{BC'}(\vec{f}) + W_{BC'}(\vec{P}) = -f \cdot BC' - mg \cdot \sin(\alpha) \cdot BC'$$

avec $v_{C'} = 0$, $\boldsymbol{f = -mg \cdot \sin(\alpha) + \frac{1}{2} \cdot \frac{m \cdot v_B^2}{BC'}}$.

A. N. : $f = -5{,}0 \times 9{,}81 \times \sin(30) + \frac{1}{2} \times \frac{5{,}0 \times 6{,}0^2}{3{,}0} = \mathbf{5{,}5\ N}$.

3 **a)** On reproduit ici le raisonnement mené dans la partie cours. Le référentiel est le référentiel terrestre galiléen, les trois forces appliquées sont : la réaction de la tige, normale à la tige en l'absence de frottements, le poids, vertical et vers le bas, et la tension (force de rappel) du ressort.

Dans le référentiel terrestre galiléen, la **deuxième loi de Newton** appliquée au solide S s'écrit :

$$m\vec{a}_G = \sum \vec{F}_{Ext} = \vec{P} + \vec{R} + \vec{T}.$$

Par projection sur l'axe $(O ; \vec{e}_x)$, $ma_x = 0 + 0 + T_x = -kx$ soit :

$m\ddot{x} + kx = 0$ et $\boldsymbol{\ddot{x} + \frac{k}{m}x = 0}$.

b) Remplaçons $x(t)$ par $x(t) = X_m \cos\left(\frac{2\pi}{T_0}t\right)$ dans l'équation différentielle d'évolution de l'oscillateur harmonique obtenue en **a)** :

$$\ddot{x} = \frac{d^2}{dt^2}\left(X_m \cos\left(\frac{2\pi}{T_0}t\right)\right) = -X_m \frac{2\pi}{T_0} \cdot \frac{d}{dt}\left(\sin\left(\frac{2\pi}{T_0}t\right)\right)$$

avec $v_x = \dot{x}(t) = -X_m \cdot \frac{2\pi}{T_0} \cdot \sin\left(\frac{2\pi}{T_0}t\right)$.

$\ddot{x} = -X_m\left(\frac{2\pi}{T_0}\right)^2 \cos\left(\frac{2\pi}{T_0}t\right)$ et $\frac{k}{m}x = \frac{k}{m} \cdot X_m \cdot \cos\left(\frac{2\pi}{T_0}t\right)$, d'où :

$$-X_m \cdot \left(\frac{2\pi}{T_0}\right)^2 \cos\left(\frac{2\pi}{T_0}t\right) + \frac{k}{m} \cdot X_m \cdot \cos\left(\frac{2\pi}{T_0}t\right) = 0\ \forall t, \text{ avec } X_m \neq 0, \text{ donc } \frac{k}{m} - \left(\frac{2\pi}{T_0}\right)^2 = 0$$

et $\frac{k}{m} = \left(\frac{2\pi}{T_0}\right)^2$, $\frac{T_0}{2\pi} = \sqrt{\frac{m}{k}}$ soit $T_0 = 2\pi\sqrt{\frac{m}{k}}$.

Remarque

$x(t)$ vérifie également la condition initiale pour la vitesse $\dot{x}(0) = 0$, le ressort est étiré et lâché sans vitesse initiale.

AMBITION PRÉPA

Donc $x(t) = X_m \cdot \cos\left(\frac{2\pi}{T_0}t\right)$ est une solution de l'équation différentielle si $T_0 = 2\pi\sqrt{\frac{m}{k}}$.

$x(0) = X_m$, donc d'après les conditions initiales, X_m **= 5,0 cm.**

c) La valeur de T_0 est : $T_0 = 2\pi\sqrt{\frac{0{,}100}{40}} = \mathbf{0{,}31\ s}$.

Sur la **figure 3**, on peut lire que **l'amplitude des oscillations est bien de 5,0 cm**, ce qui est conforme avec les résultats de la question **b)**.

On mesure $3T_0 = 0{,}90$ s, soit T_0 **= 0,30 s, valeur cohérente avec celle calculée.**

d) L'évolution du système est horizontale, donc l'énergie potentielle de pesanteur est constante et choisie nulle. La seule forme d'énergie potentielle est l'énergie potentielle élastique dont l'expression est :

$$E_{Pe}(x) = \frac{1}{2}kx^2.$$

Par ailleurs, $E_c = \frac{1}{2}mv^2$ d'où : $\boldsymbol{E_m = \frac{1}{2}mv^2 + \frac{1}{2}kx^2}$. Le système n'étant soumis qu'à des forces conservatives, son énergie mécanique se conserve. On a, notamment $E_m(X_m) = E_m(0)$:

$$E_m(X_m) = \frac{1}{2}m \cdot 0^2 + \frac{1}{2}kX_m^2$$

> **Astuce**
> Lorsque le ressort est étiré au maximum, l'énergie potentielle élastique est maximale et l'énergie cinétique est minimale.

car la vitesse initiale est nulle en X_m.

$$E_m(X_m) = \frac{1}{2}kX_m^2$$

$E_m(0) = \frac{1}{2}mv^2 + 0 = \frac{1}{2}mv^2$ car $x(0) = 0$.

Soit par égalisation :

$\frac{1}{2}mv^2 = \frac{1}{2}kX_m^2$ et $\boldsymbol{v = X_m \cdot \sqrt{\frac{k}{m}}}$.

A. N. : $v = 5{,}0 \times 10^{-2}\sqrt{\frac{40}{0{,}100}} = \mathbf{1{,}0\ m \cdot s^{-1}}$.

e) L'énergie mécanique du système se conserve, donc $\frac{dE_m}{dt} = 0$.

Or $E_m = \frac{1}{2}mv^2 + \frac{1}{2}kx^2 = \frac{1}{2}m\dot{x}^2 + \frac{1}{2}kx^2$ d'où :

$$\frac{dE_m}{dt} = 0 = \frac{1}{2}m\frac{d\dot{x}^2}{dt} + \frac{1}{2}k\frac{dx^2}{dt} = \frac{1}{2}m\cdot 2\cdot\dot{x}\cdot\ddot{x} + \frac{1}{2}k\cdot 2\cdot x\cdot\dot{x},\ \forall t,$$

ce qui permet d'exclure $\dot{x} = 0, \forall t$ (vitesse nulle donc masse immobile, c'est la position d'équilibre fixe. Cette solution est possible mathématiquement, mais exclue ici dans le cadre du mouvement) et donc de simplifier par la vitesse :

$m\ddot{x} + kx = 0, \forall t$ et par suite $\ddot{x} + \frac{k}{m}x = 0$, **soit l'équation différentielle de l'oscillateur harmonique établie par le biais du TCI dans la question a).**

4 **a)** $\ddot{u} + \omega_0^2 u = 0$, avec ω_0 la pulsation propre de l'oscillateur harmonique.

b) La pulsation propre est liée à la période propre par la relation $\omega_0 T_0 = 2\pi$, soit $\omega_0 = \frac{2\pi}{T_0} = \sqrt{\frac{k}{m}}$.

> **À savoir**
> *u* représente la grandeur caractéristique, par exemple une charge électrique *q*, une tension *u* ou une coordonnée *x* comme ici.

A. N. : $\omega_0 = \sqrt{\frac{40}{0{,}100}} = \mathbf{20\ rad\cdot s^{-1}}$.

$f_0 = \frac{1}{T_0}$ d'où $f_0 = \frac{1}{2\pi\sqrt{\frac{m}{k}}} = \frac{1}{2\pi}\sqrt{\frac{k}{m}}$.

A. N. : $f_0 = \frac{1}{2\pi}\sqrt{\frac{40}{0{,}100}} = \mathbf{3{,}2\ Hz}$.

c) D'après l'énoncé, $x(0) = 3{,}0$ cm et $\dot{x}(0) = v_0 = 0{,}5\ \mathrm{m\cdot s^{-1}}$.

$x(0) = X_m\cos(\omega_0\cdot 0 + \varphi) = X_m\cos(\varphi)$ soit $X_m\cos(\varphi) = x(0)$ **(1)**

$\dot{x}(t) = -X_m\cdot\omega_0\cdot\sin(\omega_0 t + \varphi)$ donc $\dot{x}(0) = -X_m\omega_0\sin(\varphi) = v_0$ **(2)**

En faisant le rapport de la relation **(2)** par la relation **(1)** :

$-\omega_0\tan(\varphi) = \frac{v_0}{x_0}$ d'où $\varphi = \tan^{-1}\left(-\frac{v_0}{\omega_0 x_0}\right)$.

A. N. : $\varphi = \tan^{-1}\left(-\frac{0{,}5}{20\times 3{,}0\times 10^{-2}}\right) = \mathbf{-0{,}69\ rad}$.

Par suite, dans l'expression **(1)** : $X_m = \frac{x(0)}{\cos(\varphi)}$.

A. N. : $X_m = \frac{3{,}0\times 10^{-2}}{\cos(-0{,}69)} = 3{,}9\times 10^{-2}\ \mathrm{m} = \mathbf{3{,}9\ cm}$.

d) D'après le graphe donné dans l'exercice, l'oscillation du système correspond à **des transferts périodiques entre deux formes d'énergie, l'énergie potentielle élastique et l'énergie cinétique**, à **énergie mécanique totale**

AMBITION PRÉPA

constante en l'absence de forces de frottements dissipatives. À l'aide du graphique, on détermine la période T des oscillations énergétiques : $\Delta t = 2T$, soit $\mathbf{T = \frac{\Delta t}{2} = \frac{0{,}39}{2} = 0{,}20\ s.}$

e) D'après l'énoncé, $E_m = E_c + E_{Pe}(x) = \frac{1}{2}m\dot{x}^2 + \frac{1}{2}kx^2$ avec :

$x(t) = X_m\cos(\omega_0 t + \varphi)$, soit :

$$E_c = \frac{1}{2}m\dot{x}^2 = \frac{1}{2}m[-X_m\omega_0 \cdot \sin(\omega_0 t + \varphi)]^2.$$

$E_c = \frac{1}{2}mX_m^2 \cdot \omega_0^2 \cdot \sin^2(\omega_0 t + \varphi)$, **l'énergie cinétique est bien périodique de période $\frac{T_0}{2}$ puisqu'elle varie suivant le carré du sinus de $(\omega_0 t + \varphi)$.**

$E_{Pe}(x) = \frac{1}{2}kx^2 = \frac{1}{2}kX_m^2 \cdot \cos^2(\omega_0 t + \varphi)$, pour les mêmes raisons que précédemment, si $\cos(\omega_0 t + \varphi)$ est périodique de période T_0, alors $\cos^2(\omega_0 t + \varphi)$ **est périodique de période $\frac{T_0}{2}$.**

$$E_m = E_c + E_{Pe}(x)$$

$$E_m = \frac{1}{2}mX_m^2 \cdot \omega_0^2 \cdot \sin^2(\omega_0 t + \varphi) + \frac{1}{2}kX_m^2 \cdot \cos^2(\omega_0 t + \varphi)$$

avec $\omega_0 = \frac{2\pi}{T_0} = \sqrt{\frac{k}{m}}$ d'après la question **b)**, soit $\omega_0^2 = \frac{k}{m}$. Par suite :

$$E_m = \frac{1}{2}mX_m^2 \cdot \frac{k}{m} \cdot \sin^2(\omega_0 t + \varphi) + \frac{1}{2}kX_m^2 \cdot \cos^2(\omega_0 t + \varphi)$$

$$E_m = \frac{1}{2}kX_m^2 \cdot \sin^2(\omega_0 t + \varphi) + \frac{1}{2}kX_m^2 \cdot \cos^2(\omega_0 t + \varphi)$$

$$E_m = \frac{1}{2}kX_m^2 \cdot [\sin^2(\omega_0 t + \varphi) + \cos^2(\omega_0 t + \varphi)]$$

Or $\sin^2\alpha + \cos^2\alpha = 1$, donc :

$$\mathbf{E_m = \frac{1}{2}kX_m^2 = cte.}$$

A. N. : $E_m = \frac{1}{2} \times 40 \times (3{,}9 \times 10^{-2})^2 = \mathbf{30\ mJ}$.

Compte tenu des erreurs d'arrondis, on retrouve la valeur de l'énergie mécanique du graphe.

Astuce

On trouve directement ce résultat en écrivant que l'énergie mécanique est constante et qu'en X_m, le solide changeant de sens de mouvement, v_x change de signe et donc s'annule : d'où $E_m = E_{Pe}(X_m)$.

AMBITION PRÉPA

CHAPITRE 11

Mouvements des planètes et des satellites

Capacités exigibles du chapitre disponibles sur **Nathan Live**

COURS

1 Théorie de la gravitation universelle

• De façon générale, deux corps, assimilés à deux points matériels A et B, de masses m_A et m_B, s'attirent mutuellement : A exerce sur B une force $\vec{F}_{A/B}$ qui attire B ; B exerce sur A une force $\vec{F}_{B/A}$ qui attire A.

Ces forces, de portée infinie, sont :

– dirigées suivant la direction de la droite (AB) ;

– appliquées au centre de masse des corps ;

– de norme $F_{A/B} = F_{B/A} = G \times \frac{m_A \times m_B}{AB^2}$ avec G la constante de gravitation universelle ($G = 6{,}67 \times 10^{-11}$ SI), m_A et m_B les masses des corps (en kilogramme, kg), et AB la distance entre les deux corps (en mètre, m).

• Par exemple, si on étudie le mouvement d'un satellite autour de la Terre, la force de gravitation exercée par la Terre sur le satellite est égale à $\vec{F} = -G \times \frac{M_T \times m}{r^2}\vec{i}$ avec G la constante de gravitation universelle, M_T et m les masses de la Terre et du satellite en kg et r la distance (centre de masse de la Terre-centre de masse du satellite) en m.

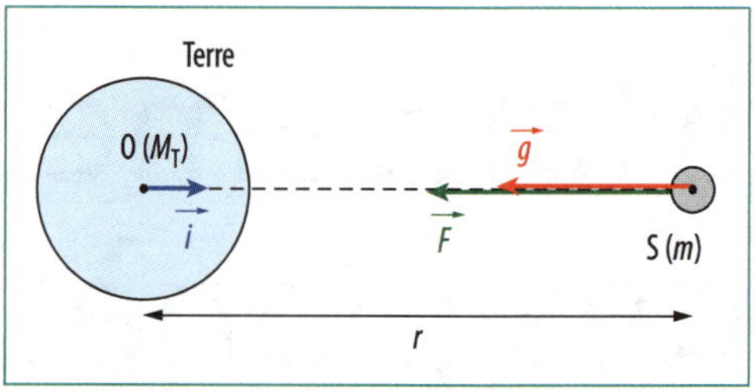

Doc. 1 Force de gravitation exercée par la Terre sur le satellite

On peut alors assimiler cette force de gravitation à la force due au champ de pesanteur terrestre $\vec{g}$:

$$\vec{F} = \overrightarrow{P_{TERRE}} = m\vec{g} \quad \text{avec } \vec{g} = -G \times \frac{M_T}{r^2}\vec{i}.$$

Remarque

Contrairement au chapitre 10, le champ de pesanteur terrestre $\vec{g}$ n'est pas constant car il dépend de r.

2 Étude des mouvements des planètes

• Le mouvement de la Terre et des planètes du système solaire autour du Soleil s'étudie dans le **référentiel héliocentrique** supposé galiléen. Le repère d'espace de ce référentiel a pour origine le centre du Soleil et il est constitué de trois axes dirigés vers trois étoiles lointaines « fixes ».

Ces mouvements sont régis par des relations mathématiques : les **lois de Kepler**.

Histoire des sciences

Kepler (1571-1630) a découvert trois relations mathématiques qui régissent les mouvements des planètes sur leur orbite. Ces relations sont fondamentales car elles furent utilisées par Newton (1642-1727) pour construire la théorie de la gravitation universelle.

1 Première loi de Kepler

- Dans le référentiel héliocentrique, la trajectoire du centre d'une planète est une **ellipse dont le centre du Soleil est l'un des foyers**.

Remarque
Si on assimile l'ellipse à un cercle, les deux foyers de l'ellipse sont confondus avec le centre du cercle qui correspond alors au centre du Soleil.

2 Deuxième loi de Kepler

- Le rayon vecteur $\overrightarrow{SP}$ qui relie le centre du Soleil S au centre de la planète P balaie **des aires égales pendant des durées égales**.
- Sur le schéma ci-contre, $\Delta t = t_2 - t_1 = t_4 - t_3$, les aires colorées sont donc égales.
- Si on assimile l'ellipse à un cercle, on en déduit que le mouvement de la planète est circulaire uniforme (la valeur de la vitesse de la planète est constante dans ce cas).

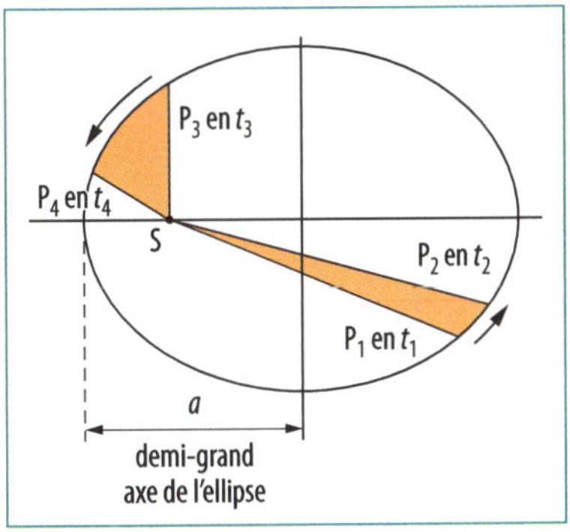

Doc. 2 Deuxième loi de Kepler : loi des aires

3 Troisième loi de Kepler

- Le quotient entre le carré de la période de révolution T d'une planète autour du Soleil et le cube du demi-grand axe a de son orbite elliptique est constant :

$$\frac{T^2}{a^3} = k.$$

- La constante k est la même pour toutes les planètes du système solaire. Ainsi, pour deux planètes différentes du système solaire, on peut écrire :

$$\frac{T^2}{a^3} = \frac{T'^2}{a'^3} = k.$$

3 Étude des mouvements circulaires des planètes ou des satellites

• On s'intéresse maintenant aux **satellites ayant un mouvement circulaire** autour de leur astre attracteur dans le référentiel supposé galiléen de l'astre et aux **planètes** pour lesquelles il est **possible d'assimiler le mouvement elliptique à un mouvement circulaire** dans le référentiel héliocentrique.

Remarque
Le mouvement d'un satellite autour de la Terre s'étudie dans le référentiel géocentrique supposé galiléen.

1 Éléments de cinématique pour les mouvements circulaires

• Les vecteurs vitesse et accélération d'un point matériel Sanimé d'un mouvement circulaire peuvent être définis suivant le **repère de Frenet** (S(t) ; $\vec{u}$, $\vec{n}$) ci-contre. Ce repère suit le point S durant son mouvement.

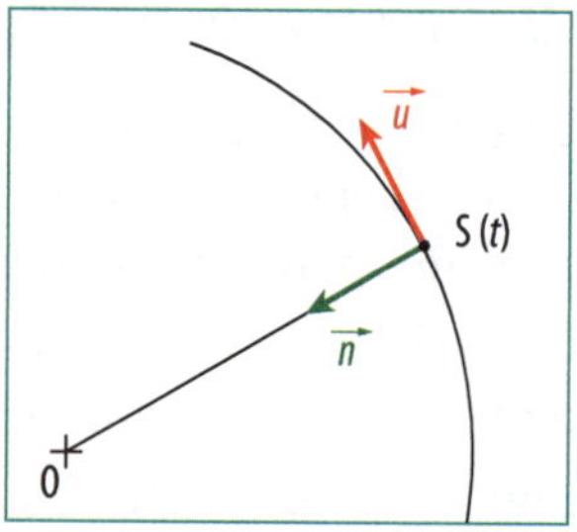

Doc. 3 Repère de Frenet

• Le vecteur vitesse $\vec{v}$ d'un point matériel animé d'un mouvement circulaire a alors une seule composante tangentielle suivant le vecteur $\vec{u}$: $v_u = v$.

• Son vecteur accélération $\vec{a}$ a deux composantes :

– une composante tangentielle suivant le vecteur $\vec{u}$:

$a_u = \dfrac{dv}{dt}$;

– une composante normale suivant le vecteur $\vec{n}$:

$a_n = \dfrac{v^2}{r}$ avec v la valeur du vecteur vitesse (en m·s^{-1}) et r le rayon du cercle en m.

Notation
$\dfrac{dv}{dt}$ correspond à la dérivée de la valeur de la vitesse par rapport au temps.

2 Nature du mouvement circulaire des satellites et des planètes

• Une planète ou un satellite S attiré par un astre attracteur de masse M ne subit qu'une force : la force de gravitation $\vec{F} = G \times \dfrac{M \times m}{r^2}\vec{n}$.

Dans le référentiel de l'astre attracteur supposé galiléen, on applique la deuxième loi de Newton : $m\vec{a} = \vec{F} = G \times \dfrac{M \times m}{r^2}\vec{n}$.

Ainsi, on trouve que $\vec{a} = G \times \dfrac{M}{r^2}\vec{n}$, ce qui signifie que la composante tangentielle de l'accélération est nulle : $a_u = \dfrac{\mathrm{d}v}{\mathrm{d}t} = 0$.

Si $\dfrac{\mathrm{d}v}{\mathrm{d}t} = 0$, la valeur de la vitesse du satellite est constante.

On en déduit qu'une planète ou un satellite à trajectoire circulaire a un mouvement **uniforme**.

3 Vitesse des satellites et des planètes

- D'après la deuxième loi de Newton : $\vec{a} = G \times \dfrac{M}{r^2}\vec{n}$.

L'accélération a donc uniquement une composante normale : $a_n = G \times \dfrac{M}{r^2}$.

Comme $a_n = \dfrac{v^2}{r}$, on trouve :

$\dfrac{v^2}{r} = G \times \dfrac{M}{r^2}$, soit $v^2 = G \times \dfrac{M}{r}$ et $v = \sqrt{G \times \dfrac{M}{r}}$.

Remarque
La distance r entre les centres de l'astre attracteur et du satellite est égale à $r = R + h$ avec R le rayon de l'astre attracteur et h l'altitude du satellite.

- La valeur de la vitesse d'un satellite ou d'une planète ayant un mouvement circulaire **ne dépend pas de leur masse *m***. Elle dépend uniquement de la masse M de l'astre attracteur et de la distance séparant le satellite ou la planète du centre de masse de cet astre : quand cette distance r augmente, la valeur de la vitesse v diminue.

4 Période de révolution des satellites et des planètes

- La période de révolution T est la **durée mise par le satellite ou la planète pour faire un tour de l'astre attracteur**, soit $T = \dfrac{2\pi \times r}{v} = 2\pi \times r \times \sqrt{\dfrac{r}{G \times M}} = 2\pi\sqrt{\dfrac{r^3}{G \times M}}$.

- En mettant au carré l'équation précédente, on retrouve la troisième loi de Kepler :

$$\frac{T^2}{r^3} = \frac{4\pi^2}{G \times M} = k$$

pour un même astre attracteur de masse M.

Remarque
Dans le cas de la troisième loi de Kepler, l'astre attracteur est le Soleil.

- Comme pour la valeur de la vitesse, la période de révolution d'un satellite ou d'une planète ayant un mouvement circulaire dépend uniquement de M et de r : tous les satellites évoluant à la même altitude autour d'un même astre ont donc la même période de révolution, quelle que soit leur masse m.

QCM et questions courtes

1 Vrai ou faux ?

➔ Corrigé p. 297

1. Référentiels

a) Le mouvement circulaire d'un satellite autour de la Terre s'étudie dans le référentiel héliocentrique. ☐ Vrai ☐ Faux

b) Dans le référentiel géocentrique, la Terre tourne sur elle-même.
☐ Vrai ☐ Faux

2. Forces de gravitation

a) Dans l'espace, la Terre n'est soumise à aucune force. ☐ Vrai ☐ Faux

b) Un homme assis sur un banc à la surface de la Terre exerce une force sur la Terre. ☐ Vrai ☐ Faux

Exercices d'entraînement

2 Satellites géostationnaires

★ 20 min ➔ Corrigé p. 297

Les satellites géostationnaires sont des satellites de télécommunication fixes dans le référentiel terrestre.

À quelle altitude doivent-ils être lancés pour être fixes dans le référentiel terrestre ?

Données : rayon de la Terre : $R_T = 6{,}4 \times 10^3$ km ; masse de la Terre : $M_T = 6{,}0 \times 10^{24}$ kg ; constante de gravitation universelle : $G = 6{,}67 \times 10^{-11}$ SI ; durée d'un jour sidéral : 23 h 56 min 4 s = 86 164 s.

➔ Méthode

Pour répondre à cette question, il faut déterminer les caractéristiques de la période de révolution d'un satellite géostationnaire dans le référentiel géocentrique.

3 Mesure de la masse de Saturne

★★ 20 min ➔ Corrigé p. 298

Retrouver la masse M_S de Saturne en utilisant les données ci-dessous.

Données : orbite de Titan, un satellite de Saturne, considérée comme circulaire ; période de révolution de Titan autour de Saturne : T = 16 jours ; distance entre le centre de Titan et la surface de Saturne : $h = 1{,}16 \times 10^6$ km ; rayon de Saturne : $R_S = 6{,}0 \times 10^4$ km ; constante de gravitation universelle : $G = 6{,}67 \times 10^{-11}$ SI.

Exercices de type bac

PRÉPARER L'ÉPREUVE ÉCRITE

4 Mise à l'épreuve de la deuxième et de la troisième loi de Kepler

★★ 20 min ➔ Corrigé p. 299

Les positions de la planète Mercure au cours du temps dans le référentiel héliocentrique sont données ci-dessous avec :

- r, la distance entre la planète Mercure (P) et le Soleil (S) ;
- la grandeur « angle », l'angle par rapport au grand axe de l'ellipse modélisant la trajectoire de Mercure.

Vocabulaire

Une unité astronomique (ua) est égale à la distance moyenne entre la Terre et le Soleil, soit environ 150 millions de kilomètres : 1 ua = $1{,}50 \times 10^{11}$ m.

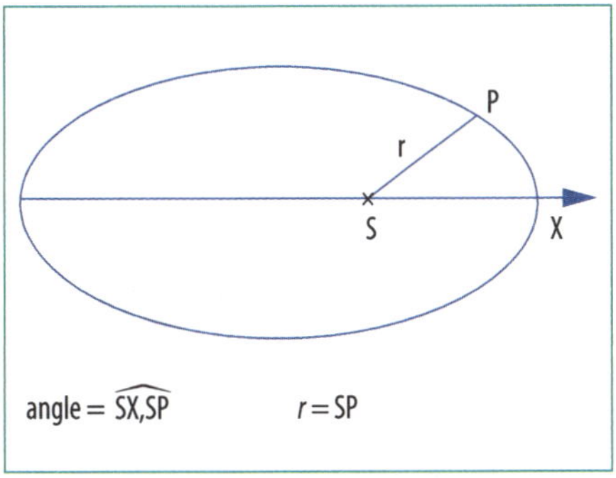

Doc. 1 Schéma modélisant le mouvement de la planète Mercure (P) autour du Soleil (S)

Date	Angle (en degrés)	$r = SP$ (en ua)
20/07/15	0	0,3075
25/07/15	31	0,315
30/07/15	60	0,336
04/08/15	85	0,363
09/08/15	106	0,392
14/08/15	124	0,418
19/08/15	140	0,440
24/08/15	155	0,455

Doc. 2 Quelques positions de la planète Mercure au cours du temps

1. Deuxième loi de Kepler

Un programme Python permet de calculer l'aire de la surface balayée par le rayon vecteur $\overrightarrow{SM}$ décrit dans le **doc. 1** entre deux dates successives.

```
# -------------- Deuxiéme loi de Kepler : loi des aires
from math import pi
angle=[0,31,60]
r=[0.3075,0.315,0.336]
for i in range(1,len(angle)):
    aire=(angle[i]-angle[i-1])*(pi/180)*((r[i]+r[i-1])/2)**2
    print('aire =',round(aire,2),'ua²')
```

Doc. 3 Extrait du code Python calculant les aires

Code complet téléchargeable sur **Nathan Live**

a) À partir du **doc. 3** ci-dessus, compléter les données des variables angle et r des lignes n° 5 et n° 6 du programme Python présenté dans le **doc. 3** pour introduire les valeurs de trois dates supplémentaires.

b) L'exécution du programme Python permet d'obtenir les résultats ci-contre :

Indiquer si les résultats affichés permettent de valider la deuxième loi de Kepler. Justifier la réponse.

> **Astuce**
> Basez-vous sur le point numérique n° 1 pour répondre à la question **a)**.

```
aire :  0.05  ua²
aire :  0.05  ua²
aire :  0.05  ua²
aire :  0.05  ua²
aire :  0.05  ua²
```

Doc. 4 **Résultats affichés par le programme Python.**

2. Troisième loi de Kepler

Le programme Python suivant permet de calculer des quotients $\frac{T^2}{a^3}$ avec T la période de révolution d'une planète autour du Soleil et a la valeur du demi-grand axe de l'ellipse modélisant la trajectoire de la planète autour du Soleil dans le référentiel héliocentrique.

```
3  nom=['Mercure','Venus','Terre','Mars','Jupiter','Saturne']  # les noms des planètes
4  T=[0.2408,0.6152,1,1.881,11.862,29.457]                     # les périodes de révolution en années
5  a=[0.387,0.723,1,1.524,5.203,9.555]                         # les valeurs des demi grand axes en ua
6  ua=1.495978707E11                                           # valeur de  l'unité astronomique en m
7
8  for i in range(len(T)):
9      calcul=................
10     print( nom[i] ,' : T²/a^3 = ',round(calcul,2),'année².ua^(-3)')
```

Doc. 5 **Extrait du code Python calculant** $\frac{T^2}{a^3}$

Code complet téléchargeable sur **Nathan Live**

a) Recopier et compléter la ligne n° 9 du programme Python présenté dans le **doc. 5**.

b) Quand on ajoute les données de la comète de Halley (T=76,09 ans ; a =17,9 ua) dans les listes T et a, l'exécution du programme Python permet d'obtenir les résultats ci-contre.
Peut-on en conclure que la comète de Halley appartient au système solaire ?

```
Mercure  : T²/a^3 =  1.0
Venus  : T²/a^3 =  1.0
Terre  : T²/a^3 =  1.0
Mars  : T²/a^3 =  1.0
Jupiter  : T²/a^3 =  1.0
Saturne  : T²/a^3 =  0.99
comète de Halley  : T²/a^3 =  1.01
```

Doc. 6 **Résultats affichés par le programme Python.**

5 Des lois de Kepler à l'étude d'un astéroïde

★★★ 50 min ➔ Corrigé p. 299

Extrait du baccalauréat

L'objectif de cet exercice est d'étudier le mouvement de quelques planètes du système solaire et de déterminer la masse de l'astéroïde Rhea Sylvia. Celui-ci a la forme d'une grosse pomme de terre mesurant quelques centaines de kilomètres.

Par souci de simplification, dans tout l'exercice, les astres étudiés sont considérés à répartition sphérique de masse.

Les représentations vectorielles demandées sont à effectuer sans souci d'échelle.

1. Planètes en orbite elliptique

Le **doc. 1** ci-dessous représente la trajectoire elliptique du centre de masse M d'une planète du système solaire de masse m dans le référentiel héliocentrique considéré galiléen. Les deux foyers F_1 et F_2 de l'ellipse et son centre O sont indiqués.

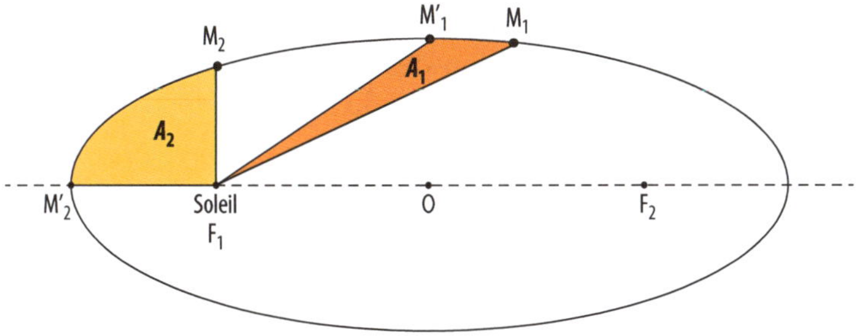

Doc. 1

a) En utilisant une des lois de Kepler, justifier la position du Soleil indiquée sur le **doc. 1**.

b) On suppose que les durées de parcours entre les points M_1 et M'_1 puis M_2 et M'_2 sont égales. En utilisant une des lois de Kepler, trouver la relation entre les aires hachurées A_1 et A_2 sur le **doc. 1**.

c) La valeur de la vitesse moyenne entre les points M_1 et M'_1 est-elle inférieure, égale ou supérieure à celle entre les points M_2 et M'_2 ?

Justifier la réponse.

2. Planètes en orbite circulaire

Dans cette partie, pour simplifier, on modélise les trajectoires des planètes du système solaire dans le référentiel héliocentrique par des cercles de rayon r dont le centre O est le Soleil de masse M_S.

a) Représenter sur le **doc. 2** ci-contre la force de gravitation $\vec{F_3}$ exercée par le Soleil sur une planète quelconque du système solaire de masse m dont le centre de masse est situé au point M_3.

b) Donner l'expression vectorielle de cette force au point M_3, en utilisant le vecteur unitaire $\vec{u_r}$.

Pour la suite, on considère que les normes des autres forces de gravitation s'exerçant sur la planète sont négligeables par rapport à la norme de $\vec{F_3}$.

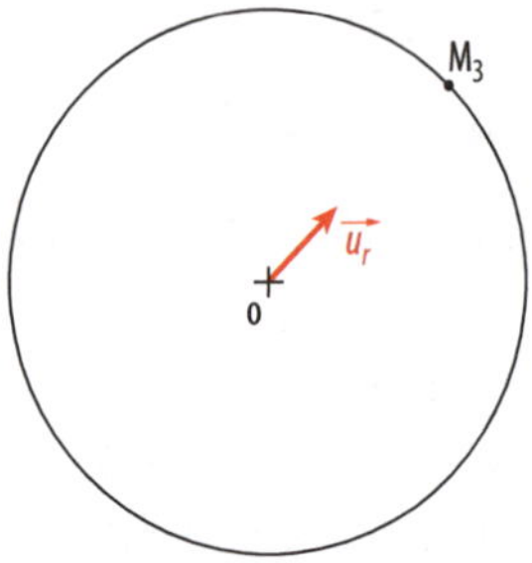

Doc. 2

c) En citant la loi de Newton utilisée, déterminer l'expression du vecteur accélération $\vec{a_3}$ du centre de masse d'une planète quelconque de masse m du système solaire dont le centre de masse est situé au point M_3.

d) En déduire la nature du mouvement du centre de masse d'une planète quelconque de masse m du système solaire.

e) Le graphe du **doc. 3** ci-après représente l'évolution du carré de la période de révolution des planètes Terre, Mars et Jupiter en fonction du cube du rayon de leur orbite.

Rappel
La résolution de cette question doit se faire sans calculatrice.

Ce graphe est-il en accord avec la troisième loi de Kepler ?

f) En utilisant le graphe du **doc. 3**, montrer que :

$$\frac{T^2}{r^3} = 3 \times 10^{-19} \text{ SI} = 3 \times 10^{-34} \text{ an}^2\cdot\text{m}^{-3}.$$

Aide au calcul
$$\frac{1}{(3{,}65 \times 3{,}6 \times 2{,}4)^2} = 1{,}0 \times 10^{-3}$$

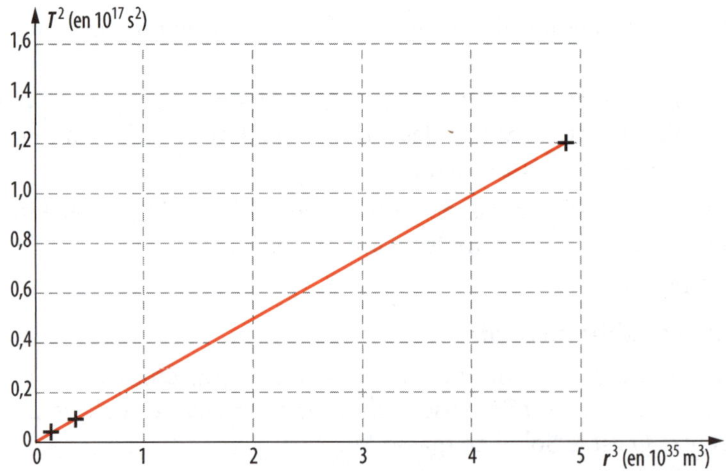

Doc. 3 : $T^2 = f(r^3)$

PRÉPARER LE GRAND ORAL

6 Vecteurs vitesse et accélération dans le repère de Frenet

★★ 15 min ➲ Corrigé p. 301

Réaliser un support visuel permettant de présenter oralement en deux minutes maximum les expressions des coordonnées des vecteurs vitesse et accélération dans le repère de Frenet, dans le cas d'un mouvement circulaire.

> **Astuce**
> Le support visuel doit être une simple feuille de papier pour le Grand Oral.

Pour aller plus loin

7 Le cercle des planètes disparues

★★★ 40 min ➲ Corrigé p. 302

La planète Pluton, découverte par l'américain Clyde Tombaugh en 1930, était considérée comme la neuvième planète de notre système solaire. Le 5 janvier 2005, une équipe d'astronomes a découvert sur des photographies prises le 21 octobre 2003 un nouveau corps gravitant autour du Soleil. Provisoirement nommé 2003 UB313, cet astre porte maintenant le nom d'Éris du nom de la déesse grecque de la discorde. La découverte d'Éris et d'autres astres similaires (2003 EL. 61, 2005 FY9...) a été le début de nombreuses discussions et controverses acharnées entre scientifiques sur la définition même du mot « planète ».

Au cours d'une assemblée générale, le 24 août 2006 à Prague, 2 500 astronomes de l'Union Astronomique Internationale (UAI) ont décidé à main levée de déclasser Pluton comme planète pour lui donner le rang de « planète naine » en compagnie d'Éris et de Cérès (gros astéroïde situé entre Mars et Jupiter).

1. Orbite d'Éris

Éris parcourt une orbite elliptique autour du Soleil avec une période de révolution T_E valant environ 557 années terrestres (alors que celle T_P de Pluton est égale à 248 ans).

Par rapport au Soleil, l'orbite d'Éris se situe-t-elle au-delà ou en-deçà de celle de Pluton ? Justifier la réponse.

2. Découverte de Dysnomia

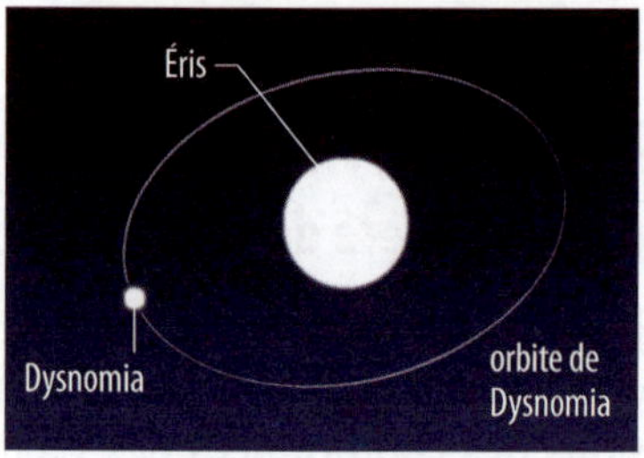

Les astronomes ont découvert ensuite qu'Éris possède un satellite naturel nommé Dysnomia.

Six nuits d'observation depuis la Terre ont permis de reconstituer l'orbite de Dysnomia, supposée circulaire et uniforme dans le référentiel « ériscentrique ».

Données : M_E et M_D sont les masses respectives d'Éris et de Dysnomia ;
masse de Pluton : $M_P = 1{,}31 \times 10^{22}$ kg ;
rayon de l'orbite circulaire de Dysnomia : $R_D = 3{,}60 \times 10^7$ m ;
période de révolution de Dysnomia : $T_D = 15{,}0$ jours $= 1{,}30 \times 10^6$ s ;
constante de gravitation universelle : $G = 6{,}67 \times 10^{-11}$ SI.

Le référentiel « ériscentrique », dont le centre est confondu avec le centre de masse d'Éris et dont les axes sont dirigés vers trois étoiles « fixes » lointaines, est supposé galiléen.

a) Déduire des données la masse M_E d'Éris.

→ Méthode

Pour déterminer la masse d'Éris, appliquez la deuxième loi de Newton à Dysnomia.

b) Expliquer pourquoi la découverte d'Éris a remis en cause le statut de planète pour Pluton.

CORRIGÉS

QCM et questions courtes

1 Vrai ou faux ?

1. a) Faux → Le mouvement circulaire d'un satellite autour de la Terre s'étudie dans le **référentiel géocentrique**. Dans le référentiel héliocentrique, le mouvement du satellite n'est pas circulaire.

b) Vrai → **Dans le référentiel géocentrique, la Terre tourne sur elle-même** car le repère d'espace de ce référentiel a pour origine le centre de la Terre et il est constitué de trois axes dirigés vers trois étoiles lointaines « fixes ».

> **Piège à éviter**
> La Terre est immobile dans le référentiel terrestre.

2. a) Faux → Dans l'espace, **la Terre est notamment soumise aux forces de gravitation exercées par les différents astres du système solaire** car les forces de gravitation ont une portée infinie. La Terre tourne autour du Soleil car la force de gravitation exercée par le Soleil est prépondérante par rapport aux autres forces de gravitation.

b) Vrai → Comme la Terre exerce une force de gravitation (le poids de l'homme) sur un homme assis sur un banc, **l'homme exerce aussi une force sur la Terre** d'après la troisième loi de Newton. Cette force exercée sur la Terre est toutefois négligeable devant d'autres forces comme la force de gravitation exercée par le Soleil sur la Terre.

> **Remarque**
> La norme de la force exercée par la Terre sur l'homme est égale à celle exercée par l'homme sur la Terre. Cependant, les effets de ces deux forces sont différents car l'effet d'une force est d'autant plus grand que la masse de l'objet sur lequel s'exerce cette force est petite.

Exercices d'entraînement

2 Satellites géostationnaires

Les satellites géostationnaires sont des satellites de télécommunication fixes dans le référentiel terrestre.

Dans le référentiel géocentrique, leur période de révolution T est donc égale à la période de rotation propre de la Terre sur elle-même T_0.

> **Rappel**
> La période de rotation propre de la Terre sur elle-même T_0 est égale à un jour sidéral : 23 h 56 min 4 s = 86 164 s.

Or, dans la partie **3.4** du cours, on a trouvé que :

$$T = 2\pi \times \sqrt{\frac{r^3}{G \times M_T}}.$$

D'où $T = 2\pi \times \sqrt{\frac{r^3}{G \times M_T}} = 2\pi \times \sqrt{\frac{(R_T + h)^3}{G \times M_T}}$.

On met l'équation précédente au carré et on obtient alors :

Astuce

Pour trouver l'altitude h, il faut se rappeler que $r = R_T + h$ avec R_T le rayon de la Terre.

$$T_0^2 = 4\pi^2 \times \frac{(R_T + h)^3}{G \times M_T}.$$

$$(R_T + h)^3 = \frac{T_0^2 \times G \times M_T}{4\pi^2} \Leftrightarrow R_T + h = \left(\frac{T_0^2 \times G \times M_T}{4\pi^2}\right)^{\frac{1}{3}}$$

D'où $h = \left(\frac{T_0^2 \times G \times M_T}{4\pi^2}\right)^{\frac{1}{3}} - R_T$.

Rappel

Dans le système international (SI), la période de rotation propre T_0 est en s, la masse M_T est en kg et le rayon de la Terre R_T est en m.

Application numérique :

$$h = \left(\frac{86\,164^2 \times 6{,}67 \times 10^{-11} \times 6{,}0 \times 10^{24}}{4\pi^2}\right)^{\frac{1}{3}} - 6{,}4 \times 10^6 = \mathbf{3{,}6 \times 10^7\ m.}$$

On doit lancer un satellite à une altitude de **$3{,}6 \times 10^4$ km** pour que ce satellite soit géostationnaire (il faut aussi que sa trajectoire se trouve dans le plan équatorial de la Terre).

→ Chiffres significatifs

L'altitude est donnée avec une précision de deux chiffres significatifs car les données les moins précises ont deux chiffres significatifs.

3 Mesure de la masse de Saturne

Si on suppose que le satellite de Saturne, Titan, a un mouvement circulaire uniforme dans le référentiel saturno-centrique considéré comme galiléen, on peut retrouver la troisième loi de Kepler (partie **3.4** du cours) :

$$\frac{T^2}{r^3} = \frac{4\pi^2}{G \times M_S}.$$

La masse de Saturne est donc égale à $M_S = \frac{4\pi^2 \times r^3}{G \times T^2}$.

Cependant, les données de cet exercice ne précisent pas la distance r entre le centre de Saturne et le centre de Titan. Il faut donc trouver le lien entre cette grandeur et les données de l'énoncé non utilisées : la distance h entre le centre de masse de Titan et la surface de Saturne et le rayon R_S de Saturne : $r = R_S + h$.

Remarque

La distance h entre le centre de masse de Titan et la surface de Saturne correspond à l'altitude de Titan.

Ainsi $M_S = \frac{4\pi^2 \times (R_S + h)^3}{G \times T^2}$.

Application numérique : $M_S = \dfrac{4\pi^2 \times (6{,}0 \times 10^7 + 1{,}16 \times 10^9)^3}{6{,}67 \times 10^{-11} \times (16 \times 24 \times 3\,600)^2} = \mathbf{5{,}6 \times 10^{26}\,kg.}$

La masse de la planète Saturne est égale à $\mathbf{5{,}6 \times 10^{26}}$ **kg.**

CORRIGÉS

Exercices de type bac

PRÉPARER L'ÉPREUVE ÉCRITE

4 Mise à l'épreuve de la deuxième et de la troisième loi de Kepler

1. a) Dans le programme Python présenté dans le **doc. 3**, les valeurs suivantes peuvent être ajoutées :

- à la ligne n° 5 (correspondant aux valeurs d'angle) : **85 ; 106 ; 124 ;**
- à la ligne n° 6 (correspondant aux valeurs de distance) : **0.363 ; 0.392 ; 0.418.**

> **Pour aller plus loin** live!
> Téléchargez le programme complet sur **Nathan Live** et exécutez-le pour mieux comprendre la correction proposée.

b) La deuxième loi de Kepler est vérifiée car les **aires** balayées par le rayon vecteur pendant des **durées égales** sont **égales**.

2. a) On complète la ligne n° 9 du programme Python présenté dans le **doc. 5** ainsi : **calcul=T[i]**2/a[i]**3.**

> **Pour aller plus loin** live!
> Téléchargez le programme complet Python sur **Nathan Live** et exécutez-le pour mieux comprendre la correction proposée.

b) Le **quotient** $\dfrac{T^2}{a^3}$ calculé par le programme Python pour la comète de Halley est **similaire aux quotients calculés pour les différentes planètes** du système solaire, on peut donc en conclure d'après la troisième loi de Kepler que la comète de Halley appartient au système solaire.

5 Des lois de Kepler à l'étude d'un astéroïde

1. a) D'après la première loi de Kepler, la trajectoire du centre d'une planète dans le référentiel héliocentrique est une ellipse dont le centre du Soleil est l'un des foyers. Sur le **doc.1**, le **Soleil se trouve sur le foyer F_1 de l'ellipse.**

b) D'après la deuxième loi de Kepler, le rayon vecteur $\overrightarrow{SM}$ balaye dans le référentiel héliocentrique des aires égales pendant des durées égales. **L'aire A_1 est donc égale à l'aire A_2** étant donné que les durées de parcours Δt entre les points M_1 et M'_1 puis entre les points M_2 et M'_2 sont égales.

c) La valeur de la vitesse moyenne entre les points M_1 et M'_1 est égale à $v_1 = \frac{M_1M'_1}{\Delta t}$ et celle entre M_2 et M'_2 est égale à $v_2 = \frac{M_2M'_2}{\Delta t}$ avec la même durée Δt.

D'après le **doc.1**, la distance $M_1M'_1$ est plus petite que la distance $M_2M'_2$. Ainsi, la vitesse moyenne v_1 entre les points M_1 et M'_1 est **inférieure** à la vitesse moyenne v_2 entre les points M_2 et M'_2.

À savoir

De façon plus générale, la vitesse moyenne d'une planète est d'autant plus grande qu'elle est proche du Soleil.

2. a) La force de gravitation $\vec{F_3}$ exercée par le Soleil sur une planète quelconque du système solaire de masse m dont le centre de masse est situé au point M_3 est représentée ci-contre.

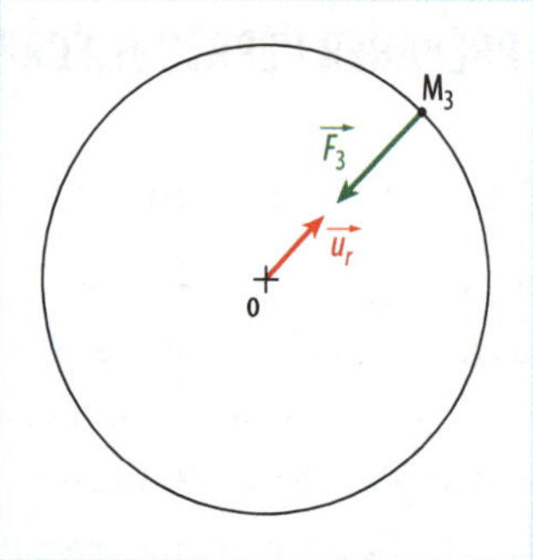

b) Son expression vectorielle s'écrit :

$$\vec{F_3} = -G \times \frac{m \times M_S}{r^2} \vec{u_r}.$$

c) Dans le référentiel héliocentrique supposé galiléen, on applique à la planète la deuxième loi de Newton. Comme la seule force exercée sur la planète est la force de gravitation $\vec{F_3}$ et comme la masse de la planète est constante, on trouve que $m\vec{a_3} = \vec{F_3} = -G \times \frac{m \times M_S}{r^2} \vec{u_r}$ d'où $\vec{a_3} = -G \times \frac{M_S}{r^2} \vec{u_r}$.

d) Le vecteur accélération est normal ou radial (il est porté par le rayon r), ce qui signifie que sa composante tangentielle est nulle. Étant donné que la composante tangentielle du vecteur accélération est égale à $\frac{dv}{dt}$ (avec v la valeur de la vitesse de la planète), $\frac{dv}{dt} = 0$: la valeur de la vitesse v du satellite est constante. Ainsi, le centre de masse d'une planète quelconque de masse m du système solaire ayant une orbite circulaire a un mouvement **uniforme**.

e) Le graphe $T^2 = f(r^3)$ est une droite passant par l'origine. Cela signifie que T^2 est proportionnelle à r^3, ce qui est bien en accord avec la troisième loi de Kepler pour laquelle $\frac{T^2}{r^3} = k$ avec k une constante.

f) On prend par exemple sur la droite le point de coordonnées ($r^3 = 2{,}0 \times 10^{35}$ m³ ; $T^2 = 0{,}6 \times 10^{17}$ s²).

$$\frac{T^2}{r^3} = \frac{0{,}6 \times 10^{17}}{2{,}0 \times 10^{35}} = \frac{6}{2{,}0} \times \frac{10^{16}}{10^{35}} = \mathbf{3 \times 10^{-19}\ s^2{\cdot}m^{-3}}.$$

> **Remarque**
> L'unité SI est équivalente à $s^2{\cdot}m^{-3}$ car la seconde et le mètre sont les unités légales du temps et de la longueur.

Pour convertir le résultat en $an^2{\cdot}m^{-3}$, on multiplie le résultat précédent par :

$$\frac{1}{(365 \times 24 \times 3\,600)^2} = \frac{1}{(3{,}65 \times 2{,}4 \times 3{,}600 \times 10^6)^2} = \frac{1}{(3{,}65 \times 2{,}4 \times 3{,}600)^2 \times 10^{12}}$$

$$= \frac{10^{-12}}{(3{,}65 \times 2{,}4 \times 3{,}600)^2} = 1{,}0 \times 10^{-3} \times 10^{-12} = 1{,}0 \times 10^{-15}.$$

Ainsi, $\frac{T^2}{r^3} = \mathbf{3 \times 10^{-34}\ an^2{\cdot}m^{-3}}$.

Ce résultat est bien en accord avec les valeurs données dans la question.

PRÉPARER LE GRAND ORAL

6 Vecteurs vitesse et accélération dans le repère de Frenet

Le support visuel doit comporter un schéma du repère de Frenet (S(t), $\vec{u}$, $\vec{n}$) ainsi que les expressions des coordonnées des vecteurs vitesse et accélération d'un point matériel dans ce repère, dans le cas d'un mouvement circulaire :

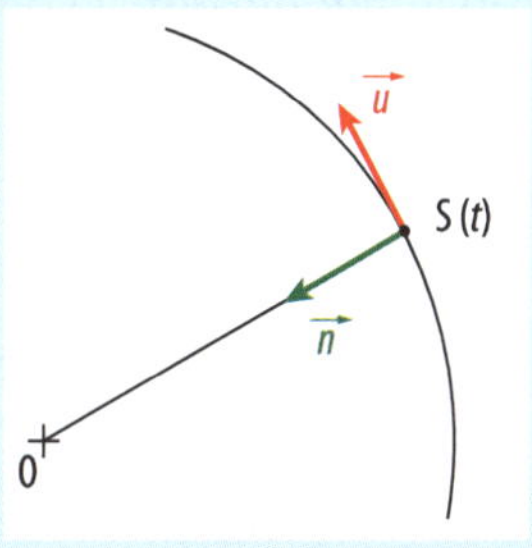

Schéma du repère de Frenet

- le vecteur vitesse $\vec{v}$ a une seule composante tangentielle suivant le vecteur $\vec{u}$: $v_u = v$;
- le vecteur accélération $\vec{a}$ a deux composantes :

– une composante tangentielle suivant le vecteur $\vec{u}$:
$a_u = \frac{dv}{dt}$;

– une composante normale suivant le vecteur $\vec{n}$: $a_n = \frac{v^2}{r}$ avec v la valeur du vecteur vitesse et r le rayon du cercle.

CORRIGÉS

CORRIGÉS

Pour aller plus loin

7 Le cercle des planètes disparues

1. D'après la troisième loi de Kepler, le rapport entre le carré de la période de révolution T d'une planète autour du Soleil et le cube du demi-grand axe a de son orbite elliptique est constant : $\frac{T^2}{a^3} = \text{Cte}$. Si on applique cette loi à Pluton et Éris qui évoluent toutes les deux autour du Soleil, on trouve que :

$$\frac{T_E^2}{a_E^3} = \text{Cte} = \frac{T_P^2}{a_P^3}, \text{ soit } \frac{a_E^3}{a_P^3} = \frac{T_E^2}{T_P^2}.$$

Or, d'après l'énoncé, $T_E > T_P$ donc $\frac{T_E^2}{T_P^2} > 1$.

Ainsi $\frac{a_E^3}{a_P^3} > 1$, $a_E^3 > a_P^3$ et finalement $\boldsymbol{a_E > a_P}$.

L'orbite d'Éris se situe donc **au-delà** de celle de Pluton.

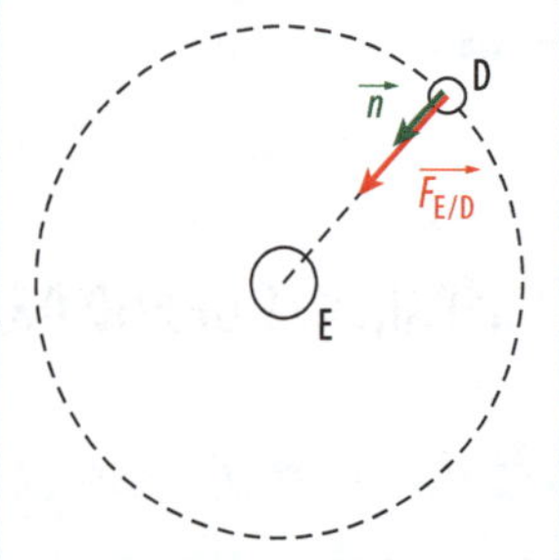

2. a) Dans le référentiel « ériscentrique » supposé galiléen, Dysnomia est soumis à la seule force de gravitation exercée par Éris : $\overrightarrow{F_{E/D}}$.

On applique alors la deuxième loi de Newton :

$$M_D \vec{a} = G\frac{M_D \times M_E}{R_D^2}\vec{n} \Leftrightarrow \vec{a} = G\frac{M_E}{R_D^2}\vec{n}.$$

Comme la composante normale de l'accélération est égale à $a_n = \frac{v^2}{R_D}$, on a finalement $\frac{v^2}{R_D} = G \times \frac{M_E}{R_D^2}$.

Ainsi $M_E = \frac{v^2 \times R_D}{G} = \frac{4\pi^2 \times R_D^3}{GT_D^2}$.

> **Astuce**
> La valeur de la vitesse de Dysnomia est égale à :
> $$v = \frac{2\pi \times R_D}{T_D}.$$

Application numérique :

$$M_E = \frac{4\pi^2 \times (3{,}60 \times 10^7)^3}{6{,}67 \times 10^{-11} \times (1{,}30 \times 10^6)^2} = \mathbf{1{,}63 \times 10^{22}\ kg}.$$

La masse d'Éris est égale à **1,63 × 10²² kg**.

b) Éris tourne autour du Soleil comme Pluton et a une masse plus grande. Ainsi, si Pluton est considéré comme une planète du système solaire, Éris doit l'être également. Comme les moyens modernes de détection se développent sans cesse, on observe de plus en plus d'astres ayant des caractéristiques similaires à celles de Pluton ou d'Éris. Il faudrait donc sans cesse rallonger la liste des planètes du système solaire. Pour éviter cela, **il a été décidé de déclasser Pluton et de lui donner le nom de « planète naine »** comme pour Éris et d'autres astres.

> **À savoir**
> Les huit planètes du système solaire sont : Mercure, Vénus, Terre, Mars, Jupiter, Saturne, Uranus, Neptune.

La Prépa attitude

- Avoir de bonnes notions d'histoire des sciences est important en prépa scientifique. Il est recommandé, par exemple, de connaître l'évolution de la définition de la seconde au cours du temps.

Prolongements aux cours de Terminale

1 La définition de la seconde

L'origine du système actuel (heures, minutes, secondes) remonte aux XIVe-XVe siècles et aux travaux d'astronomes européens. Ils ont utilisé un système de *base 60* (remontant aux Babyloniens) et des travaux hindous et arabes pour définir l'heure comme étant constituée de 60 minutes ou 3 600 s.

Remarque
En latin, *secundus* signifie qui suit immédiatement. La seconde est donc « l'instant qui suit immédiatement » dans le sens étymologique.

Dès 1875, le Bureau des poids et des mesures (fondé le 20 mai 1875 par la *convention* du mètre) définit la seconde comme étant la 86 400e partie d'un jour solaire moyen. En 1911, cette définition donne naissance au temps universel, l'heure au méridien de Greenwich à laquelle on a ajouté 12 h pour faire coïncider le début du jour à minuit.

L'existence de marées sur Terre entraîne cependant une grande irrégularité sur la durée de ce jour moyen. Les marées entraînent une dissipation de l'énergie mécanique de la Terre et un ralentissement de sa rotation.

Remarque
Pour pallier cette variabilité du jour solaire moyen, on introduit depuis 1972 quelques « secondes intercalaires » qui sont « ajoutées » au temps universel.

Des effets internes (manteau terrestre notamment) induisent également des dissipations et des variations du jour solaire moyen. Ces phénomènes sont toutefois plus imprévisibles et leurs conséquences moins importantes.

La définition de la seconde est modifiée en 1956. Cette fois, le Comité International des Poids et Mesures décida que la révolution de la Terre autour du Soleil servirait de base à la défini-

Rappels
- La période de rotation propre de la Terre, mise en jeu dans la première définition (« jour solaire »), est la durée nécessaire à la Terre pour accomplir une rotation autour de son axe.
- La période de révolution de la Terre autour du Soleil est la durée nécessaire à la Terre pour accomplir une orbite complète autour du Soleil.

AMBITION PRÉPA

tion. L'année *tropique* (*cf.* figure ci-dessous) correspond à une orbite terrestre, c'est-à-dire à la durée entre deux équinoxes. La seconde correspond alors à ***1/31556925,9747 de l'année tropique 1900***, ce qui permet au mouvement de la Terre de régler la durée du jour et de l'année.

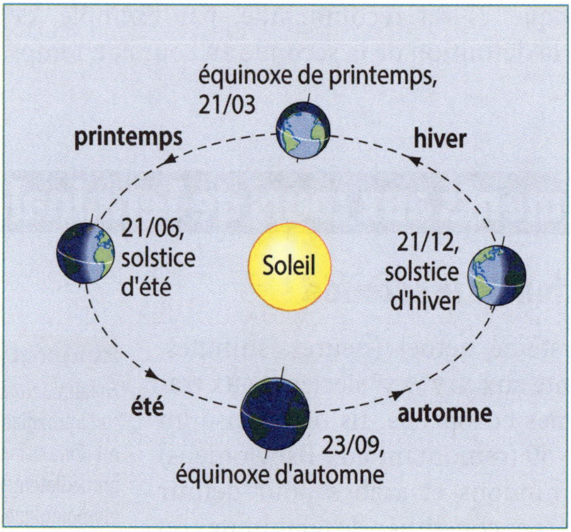

La seconde ainsi définie était plutôt stable (dérive d'une seconde tous les dix ans) mais délicate à déterminer avec précision.

Avec l'avancée technologique et la mise au point des horloges atomiques, il fut décidé en 1967 d'une nouvelle définition.

La seconde est la durée de 9 192 631 770 périodes de la radiation correspondant à la transition entre les deux niveaux hyperfins de l'état fondamental de l'atome de césium 133 (dérive de l'ordre d'une seconde en trois milliards d'années).

Rappels

- Pour une onde électromagnétique :

$$c = \frac{\lambda}{T} \text{ soit } T = \frac{\lambda}{c}$$

avec c la célérité de la lumière en m·s^{-1}, λ la longueur d'onde en m et T la période en s.

- L'énergie d'un atome est quantifiée. Une transition d'un niveau d'énergie plus élevé vers un niveau d'énergie plus bas s'accompagne de l'émission de photons d'énergie $E = h\nu = \frac{hc}{\lambda}$.

Ces notions sont approfondies dans le chapitre 18.

AMBITION PRÉPA

2 Des dispositifs anciens pour mesurer le temps

Des dispositifs basés sur l'utilisation d'une ombre portée (le gnomon, piquet planté verticalement dans le sol ; le cadran solaire, version plus élaborée) permettaient de mesurer l'écoulement du temps en plein jour.

D'autres, comme la clepsydre, pouvaient être utilisés la nuit, en mesurant l'écoulement régulier d'un liquide dans un récipient.

Doc. Un gnomon lunaire : le gnomon, simple tige verticale, a été utilisé par des astronautes pour aligner leurs instruments de mesure.

3 Des dispositifs « plus récents » basés sur des oscillateurs

L'introduction de pendules pesants et d'oscillateurs mécaniques dans les horloges permit d'améliorer la précision (par exemple, le pendule cycloïdal d'Huygens construit en 1673).

Plusieurs facteurs nuisaient toutefois à la précision de ces appareils :

– si l'horloge n'est pas fixe (par exemple dans un navire), l'amplitude des oscillations augmente et la période n'est plus constante (l'isochronisme n'est plus vérifié) ;

– la présence de frottements entraîne un amortissement des oscillations : il faut adjoindre à l'horloge un dispositif d'entretien des oscillations qui peut modifier la période des oscillations ;

Définition

Un pendule pesant est constitué d'un objet de masse m accroché à l'extrémité d'un fil de longueur L constante. Il peut être modélisé par un pendule simple : dans ce cas, on considère que l'objet de masse m est un point et que la masse du fil est nulle.

Rappels

Dans les oscillations libres non amorties, l'énergie mécanique du système se conserve. Il y a échanges périodiques entre deux formes d'énergie, l'énergie cinétique et l'énergie potentielle. Les oscillations mécaniques sont alors sinusoïdales. En présence de frottements, l'amplitude des oscillations diminue. L'énergie mécanique ne se conserve plus, les frottements entraînent une dissipation de l'énergie par transfert thermique.

– la sensibilité du balancier aux variations de température (dilatation ou contraction de la longueur de la tige) pose aussi problème : une même horloge, à l'heure par 15 °C, pouvait retarder de plus de dix minutes après deux mois d'été à plus de 30 °C ;

– l'intensité de la pesanteur influe également sur la période propre de l'oscillateur : une même horloge à l'heure au pôle nord ($g_{\text{pôle}} = 9{,}832\,2$ m·s^{-2}) retarderait de près de 4 minutes à l'équateur ($g_{\text{éq}} = 9{,}780\,2$ m·s^{-2}).

Remarque

La période T d'un pendule simple est égale à :

$$T = 2\pi\sqrt{\frac{L}{g}}$$

Si on passe du pôle à l'équateur, g diminue, donc T augmente et l'horloge retarde, car le nombre d'oscillations en un temps donné diminue.

4 Les horloges atomiques

Les horloges atomiques corrigent les dérives des oscillations d'un cristal de quartz en utilisant les transitions d'énergie entre deux niveaux d'énergie de l'atome de césium 133.

EXERCICES

➔ Corrigés p. 310

1 L'horloge comtoise

L'horloge comtoise est une grande horloge à balancier, posée sur le sol, avec entraînement par la chute d'un poids. La tige du balancier porte à son extrémité une masse de plomb que l'on peut faire coulisser le long de la tige à l'aide d'un écrou.

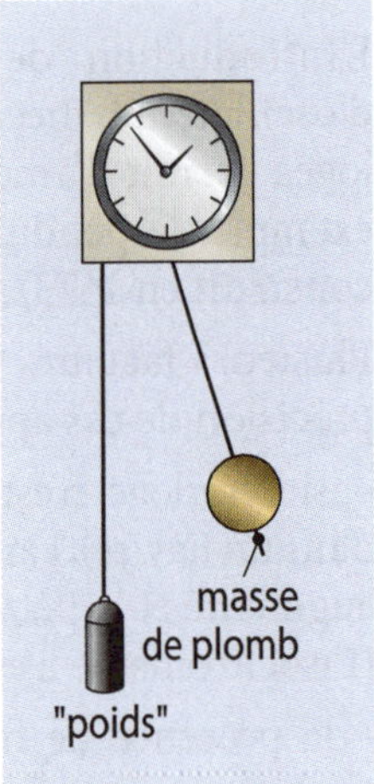

1. Dans ce texte, il y a un mot impropre qu'il faut modifier. Réécrire la phrase en question en corrigeant ce terme.

2. Le texte parle d'un « entraînement par la chute d'un poids ». Que se passerait-il en l'absence de ce dispositif ? Quelle en serait la conséquence sur l'heure indiquée par l'horloge ?

3. Le balancier de l'horloge doit effectuer $N = 52$ battements pour que l'aiguille avance d'une minute. Un battement correspond à une demi-oscillation.

Calculer la longueur L du pendule simple équivalent en supposant que l'horloge est parfaitement réglée.

4. On constate que, au bout d'une semaine, l'horloge a $\Delta t = 4$ min 30 s de retard. Exprimer sa précision sous forme d'un rapport.

5. Comment faudrait-il faire coulisser la masse de plomb pour régler cette horloge ?

2 Les définitions de la seconde

Quelle est la définition de l'unité de temps « seconde » ?

À l'origine définie comme une fraction du jour solaire moyen, la définition de la seconde a pris son temps et fait son chemin...

La seconde, unité de temps, fut définie à l'origine comme la fraction 1/86 400 du jour solaire moyen. Pour donner plus de précision à la définition de l'unité de temps, la 11e CGPM (Conférence Générale des Poids et Mesures) sanctionna une définition, donnée par l'Union astronomique internationale, qui était fondée sur l'année tropique.

Considérant qu'une définition de haute précision de l'unité de temps du Système International était indispensable, la 13e CGPM a remplacé la définition de la seconde par la suivante :

« La seconde est la durée de 9 192 631 770 périodes de la radiation correspondant à la transition entre les deux niveaux hyperfins de l'état fondamental de l'atome de césium 133 ».

D'après *BVI - AFNOR.*

1. Dans la première définition de la seconde, le texte mentionne « un jour solaire moyen ». Pourquoi cette précision est-elle nécessaire ?

2. Le texte mentionne « pour donner plus de précision à la définition de l'unité de temps ».

Pourquoi fut-il nécessaire de faire évoluer cette première définition ?

Quels phénomènes rendaient problématique cette définition initiale ?

3. Qu'est-ce qu'une année tropique ?

4. Comment nomme-t-on une horloge dont la technologie repose sur la définition la plus récente de la seconde ?

3 Le temps et la longitude

Dès le xve siècle, les enjeux économiques et commerciaux liés au trafic maritime nécessitaient des cartes précises et des instruments permettant de se repérer sur le globe. La détermination de la latitude ne posait pas de problème ; en revanche, après de grosses erreurs de navigation et plusieurs naufrages tragiques, les grandes puissances recherchèrent une méthode fiable pour mesurer la longitude d'un lieu.

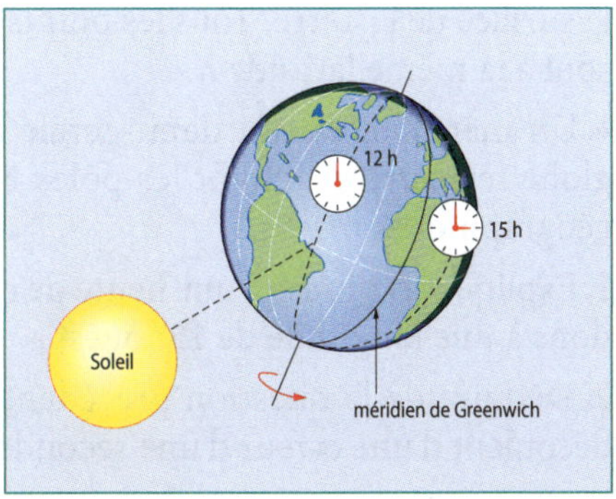

Pour les Britanniques, les longitudes étaient mesurées à partir de Greenwich, près de Londres.

Un concours, le *Longitude Act*, fut organisé par le Parlement anglais en 1714 : 20 000 livres (plusieurs millions d'euros) étaient promises à celui qui saurait mesurer une longitude à moins d'un demi-degré près.

La détermination de la longitude était inévitablement liée à une mesure de temps. En effet, la Terre effectue un tour (360°) sur elle-même d'est en ouest en 24 heures : une heure de retard sur l'heure de Greenwich correspond donc à une longitude de 15° ouest. Pour déterminer la longitude d'un lieu, il suffisait par conséquent de connaître le décalage entre l'heure locale et l'heure de Greenwich. Sur un bateau, l'heure locale était déterminée à midi, quand le Soleil passait au méridien.

Pour comparer cette heure à celle de Greenwich, deux voies de recherches furent explorées :

– l'embarquement d'un « garde-temps » (*time-keeper*), c'est-à-dire d'une horloge insensible aux mouvements du bateau et aux écarts de température et de pression, qui conservait l'heure de Greenwich ;

– l'établissement d'éphémérides précisant la position de la Lune par rapport aux étoiles à l'heure de Greenwich.

La voie astronomique donnait de bons résultats sur Terre mais s'avérait difficile à mettre en œuvre sur un bateau toujours en mouvement. La voie de l'horloge mécanique de référence, longtemps moins considérée, finit par donner satisfaction (John Harrison en 1759).

Données :

• Rayon de la Terre, $R_T = 6{,}38 \cdot 10^3$ km ; un degré contient 60 minutes, 1° = 60'.

• La latitude λ d'un point P est l'angle entre le plan de l'équateur et la droite joignant P au centre de la Terre. Un parallèle est un cercle de rayon r à la surface de la Terre. Tous les points de ce cercle sont à la même latitude λ.

• Un méridien est un demi-cercle tracé sur le globe terrestre et reliant les pôles Nord et Sud géographiques.

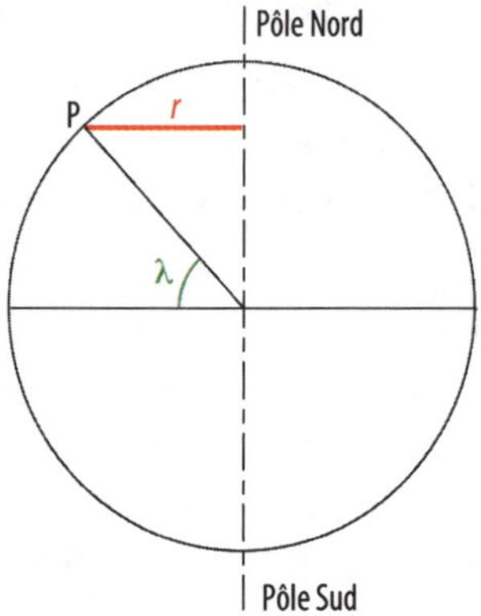

1. Expliquer la phrase « une heure de retard sur l'heure de Greenwich correspond donc à une longitude de 15° ouest ».

2. Déduire de la question précédente l'erreur de détermination de longitude découlant d'une erreur d'une seconde dans la mesure du temps.

3. On donne la latitude de Greenwich, $\lambda \approx 51°$ nord. Montrer que $r = 4{,}0 \cdot 10^6$ m.

4. Le début du texte fait référence à des naufrages tragiques. Le dernier d'entre eux, celui qui précipita le lancement du concours, eût lieu en 1707 sur les rochers des îles Scilly à moins de 80 km des côtes anglaises.

a) Montrer que cette erreur de 80 km correspond à une erreur $\Delta\alpha = 1{,}1°$ dans la détermination de la longitude.

b) En déduire la valeur Δt de l'erreur de mesure de temps à l'origine du naufrage.

5. L'horloge fabriquée par John Harrison n'accusait que cinq secondes de retard, soit 1,25 minute de longitude.

Avec une telle horloge, le naufrage aurait-il eu lieu ? Justifier.

4 Une montre à quartz dans une horloge atomique ?

Développées dans les années 1930, les montres à quartz dominent le marché car elles sont stables et peu coûteuses. Dans une montre à quartz, un circuit électrique oscille à la fréquence propre d'un cristal de quartz intégré au circuit. Cette fréquence est stable mais trop élevée pour que ses oscillations puissent être communiquées au moteur de la montre. Un circuit électrique diviseur de fréquence transforme ce signal haute fréquence en un signal basse fréquence (typiquement une fréquence de 1 Hz).

Soumis à ce signal démultiplié, le moteur actionne la trotteuse. La précision d'une montre à quartz est liée à la très grande fréquence d'oscillations du quartz. Une erreur de comptage d'une oscillation sur plusieurs milliers est en effet négligeable devant une erreur sur la durée d'une oscillation d'un balancier d'horloge mécanique.

Les meilleures montres à quartz dévient d'une seconde en 10 ans.

Une horloge atomique fonctionne comme une montre à quartz. Seulement, pour gagner en précision, la fréquence du quartz est elle-même contrôlée par un dispositif de régulation. Le quartz doit osciller à la fréquence de la radiation d'une transition entre des sous-niveaux d'énergie particuliers de l'état fondamental de l'isotope 133 du césium. Une telle fréquence est universelle car elle est la même pour tous les atomes de césium. Les horloges atomiques les plus performantes ont une précision approchant 10^{-16}.

1. Si le cristal d'une montre à quartz a une fréquence propre $f_0 = 32$ kHz, combien d'oscillations du cristal vont se dérouler en une seconde ?

2. En vous appuyant sur la question précédente, justifier la présence d'un circuit électrique « diviseur de fréquence » dans la montre à quartz.

3. Une montre mécanique a une fréquence propre $f'_0 = 2{,}5$ Hz. Quelle serait l'erreur induite après 100 s de fonctionnement par une erreur de comptage d'une oscillation mécanique toutes les 100 oscillations ? En déduire la précision de cette montre mécanique.

> **Indication**
> La précision est le quotient de l'erreur de mesure de temps par la durée totale considérée.

4. Le texte mentionne une déviation d'une seconde en 10 ans pour la montre à quartz. Exprimer sa précision et la comparer avec celle de la montre mécanique de la question **3**. Comment expliquer cette différence ?

5. On estime l'âge de la Terre à 4,5 milliards d'années. Quelle serait la déviation de l'horloge atomique mentionnée dans le texte pour une telle durée de fonctionnement ?

CORRIGÉS

1 L'horloge comtoise

1. « L'horloge comtoise est une grande horloge à balancier, posée sur le sol, avec entraînement par la chute **d'un objet de masse *m*** ».

2. En l'absence du dispositif d'entraînement, on peut supposer que les oscillations de la tige **seraient amorties**. Si l'amortissement est élevé, l'horloge ne pourrait fonctionner que pour un temps très court et l'heure indiquée **risquerait de s'éloigner de « l'heure réelle »**.

> **Rappel**
> Ne confondez pas poids et masse. En physique classique, la masse est invariante, c'est-à-dire qu'un objet a même une masse dans tout l'Univers, contrairement à son poids (qui correspond en première approximation à la force gravitationnelle exercée par la Terre sur l'objet).

3. Un battement correspond à une demi-oscillation, donc N battements correspondent à $\frac{N}{2}$ oscillations, soit $\frac{N}{2}$ périodes. On en déduit :

$\frac{N}{2} \times T = 60$ soit $T = \frac{60 \times 2}{N}$ avec T en secondes.

Pour un pendule simple, $T = 2\pi\sqrt{\frac{L}{g}}$.

D'où $T^2 = 4\pi^2 \times \frac{L}{g}$.

$T^2 \times g = 4\pi^2 \times L$, soit $L = \frac{T^2 \times g}{4\pi^2}$

$$\boldsymbol{L} = \frac{g}{4\pi^2} \times \left(\frac{60 \times 2}{N}\right)^2 = \frac{9{,}81}{4\pi^2} \times \left(\frac{60 \times 2}{52}\right)^2 = \mathbf{1{,}3\ m}.$$

> **Astuce**
> L se trouve « sous » une racine carrée. Pour exprimer L, on élèvera chaque membre de l'égalité au carré pour « faire disparaître » la racine carrée.

> **Remarque**
> La longueur obtenue paraît réaliste pour une horloge comtoise.

4. Notons t_{tot} = 1 semaine.

$t_{tot} = 1 \times 7 \times 24 \times 3\,600$ s.

Or, Δt = 4 min 30 s = 4 × 60 + 30 s = 270 s.

La précision de l'horloge pourra s'écrire

$$\frac{\Delta t}{t_{tot}} = \frac{270}{7 \times 24 \times 3600} = \mathbf{4{,}5{\cdot}10^{-4}}.$$

Astuce

Utilisez la même unité de temps pour toutes les durées afin d'éviter les erreurs d'unités.

Remarque

La précision est en fait un rapport de deux durées. Il s'agit d'un nombre sans unité, sans « dimension » pour utiliser un vocabulaire de physicien.

5. 52 battements correspondent à une minute. Si l'horloge retarde, c'est qu'il « manque » des battements. Il faudrait donc diminuer la période propre pour obtenir plus de battements.

Comme $T = 2\pi\sqrt{\frac{L}{g}}$, diminuer T revient à **diminuer** L. Il faudrait donc **faire « remonter » la masse** de plomb pour que l'horloge ne retarde plus.

2 Les définitions de la seconde

1. Il est indispensable de préciser « un jour solaire moyen », car **la durée du jour varie considérablement** suivant le point du globe considéré et suivant la saison.

2. Cette première définition était trop imprécise car **la durée d'un jour moyen n'est pas constante.** Des **phénomènes dissipatifs** d'énergie, comme les marées océaniques (interaction gravitationnelle entre les océans et la Lune), finissent par ralentir la rotation terrestre autour de son axe propre et donc allonge la durée d'un jour moyen.

Remarque

Un autre effet de ces phénomènes dissipatifs est l'éloignement de la Lune de la Terre, à raison de 1 à 3 cm par an.

3. L'année tropique correspond à la **période de révolution** de la Terre autour du Soleil, c'est la durée d'une orbite terrestre complète.

4. La définition la plus récente de la seconde fait appel à des transitions entre niveaux d'énergie (d'atomes césium). Cette définition est mise en jeu dans les **horloges atomiques.**

3 Le temps et la longitude

1. En 24 h, le point P (voir schéma) balaie un angle de 360° (une rotation propre), donc en une heure, l'angle balayé sera de **360/24 = 15°**. D'après le sens de rotation de la Terre, on retrouvera les 15° ouest.

2. Si une heure entraîne une erreur de 15°, une seconde entraînera une erreur de $\frac{15}{3\,600°} = \mathbf{4{,}2{\cdot}10^{-3}\,°}$.

Remarque

On dit aussi 15″ (15 secondes d'arc) 1° = 60′ = 3 600″.

3. $r = R_T \times \cos(\lambda) = 6{,}38{\cdot}10^6 \times \cos(51) = \mathbf{4{,}0{\cdot}10^6\ m}$.

AMBITION PRÉPA

4. a) Si on se place le long du parallèle passant par le point P, $2\pi r$ correspond au périmètre du cercle de rayon r, donc à la « longueur » de ce parallèle et à une longitude de 360°. L'erreur cherchée sera donc :

$$\Delta\alpha = 360 \times \frac{80 \cdot 10^3}{2\pi \times r} = 360 \times \frac{80 \cdot 10^3}{2\pi \times 4{,}0 \cdot 10^6} = \mathbf{1{,}1°}.$$

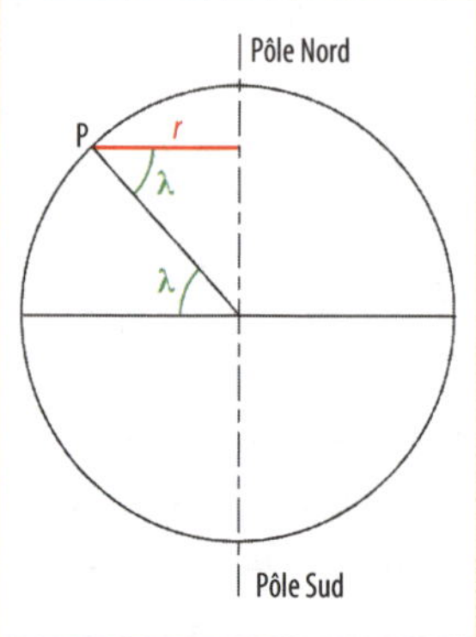

b) Il est ici possible de reprendre la proportionnalité une heure pour 15° ou le calcul de la question 2.

Si une seconde entraîne une erreur de $4{,}2{\cdot}10^{-3}$ °, l'erreur induite par $\Delta\alpha$ sera de $\frac{\Delta\alpha}{4{,}2 \cdot 10^{-3}}$ secondes, soit $\mathbf{2{,}6{\cdot}10^2}$ **s** (environ 4 min 20 s).

5. L'horloge fabriquée par John Harrison entraîne une erreur de 1,25' de longitude, soit $\frac{1{,}25}{60°}$ et donc $2{,}1{\cdot}10^{-2}$ °.

L'erreur induite sur la mesure de longitude (le long d'un parallèle) sera :

$$\frac{2{,}1 \cdot 10^{-2}}{360} \times 2\pi \times r = \frac{2{,}1 \cdot 10^{-2}}{360} \times 2\pi \times 4{,}0 \cdot 10^6 = 1{,}5 \cdot 10^3 \text{m} = 1{,}5 \text{ km}.$$

A priori, par temps clair, **le naufrage n'aurait sans doute pas eu lieu**. En revanche, par temps de très faible visibilité, il est difficile de répondre !

4 **1.** Si f_0 = 32 kHz, alors, par définition de la fréquence, il y a 32×10^3 oscillations par seconde.

Rappel
La fréquence est le nombre d'oscillations en une seconde, d'où $f = \frac{1}{T}$ avec T en secondes.

2. Dans une montre à quartz, le nombre d'oscillations en une seconde (32×10^3) est bien trop grand pour qu'un moteur puisse transmettre un tel signal à des aiguilles mécaniques. C'est pourquoi un circuit électrique « diviseur de fréquence » est présent dans une montre à quartz.

3. Si f'_0 = 2,5 Hz, alors il y a 2,5 oscillations par seconde, soit $T_0 = \frac{1}{2{,}5}$ s $= \frac{10}{25}$ s.

T_0 est la période propre, la durée d'une oscillation.

Une erreur de comptage d'une oscillation correspond donc à une erreur de temps T_0, soit $\frac{10}{25}$ s pour 100 oscillations.

Il y a 2,5 oscillations par seconde, donc 100 oscillations correspondent à une durée de $\frac{100}{2{,}5}$ s, soit 40 s.

L'erreur est donc de $\frac{10}{25}$ s pour une durée de fonctionnement de 40 s. Pour une durée de 100 s, soit pour une durée 2,5 fois plus grande, l'erreur sera 2,5 fois plus grande, et donc elle vaudra $\frac{10 \times 2{,}5}{25} = 1{,}0$ s.

Si l'erreur est d'une seconde pour 100 secondes, **la précision est de 10^{-2}** (1/100).

4. La précision de la montre à quartz sera : $\frac{1}{10 \times 365 \times 24 \times 3\,600} = \mathbf{3 \times 10^{-9}}$.

$\frac{10^{-2}}{3 \times 10^{-9}} = \mathbf{3 \times 10^{6}}$, **la montre à quartz est plus d'un million (10^6) de fois plus précise que la montre mécanique** évoquée dans la question **3**.

Le texte précise que cette différence provient de la **grande fréquence d'oscillation** du quartz, bien plus grande que celle de la montre mécanique. Une erreur de comptage aura bien moins d'effets sur la durée comptée pour le quartz que pour la montre mécanique.

5. Les horloges atomiques les plus performantes ont une précision approchant 10^{-16}.

Ainsi, $10^{-16} = \frac{\Delta t}{t_{tot}}$ avec Δt la déviation de l'horloge durant la durée totale t_{tot}, égale à 4,5 milliards d'années.

D'où $\Delta t = t_{tot} \times 10^{-16} = 4{,}5 \times 10^9 \times 365 \times 24 \times 3\,600 \times 10^{-16} = \mathbf{14\ s}$.

AMBITION PRÉPA

CHAPITRE 12

Mouvements d'un fluide

Capacités exigibles du chapitre disponibles sur **Nathan Live**

Ce chapitre est uniquement exigible pour le Grand Oral.

Aucune des capacités de ce chapitre n'est exigible pour l'épreuve écrite et pour l'ECE du baccalauréat.

1 Poussée d'Archimède

1 Origine qualitative

- Imaginons un cube d'eau immergé au milieu d'un piscine olympique dont l'eau est immobile dans le référentiel terrestre. D'après le **principe d'inertie**, ce cube d'eau étant immobile, les forces qui s'exercent sur lui se compensent.

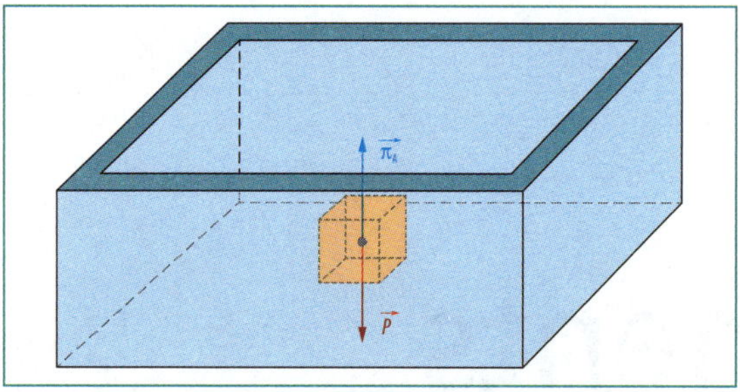

Doc. 1 Cube immergé dans une piscine

> **Rappel**
> D'après le principe d'inertie, si les forces qui s'exercent sur un système se compensent, alors le centre de masse du système perdure dans son état de repos ou de mouvement rectiligne uniforme, dans le référentiel terrestre supposé galiléen.

- Sur ce volume d'eau s'exerce son **poids** $\vec{P}$. Cette force est compensée par une autre force, la **poussée d'Archimède**, notée $\overrightarrow{\pi_A}$: $\overrightarrow{\pi_A} + \vec{P} = \vec{0}$.
- La poussée d'Archimède est exercée par l'eau qui entoure ce cube et le « soutient ». Cette force s'exerce aussi, de la même manière, sur tout objet que l'on dispose à la place de ce cube d'eau.
- Par exemple, si l'on place dans cette piscine un cube de granit, ce cube a un poids dont la norme est supérieure à celle du cube d'eau dont il a pris la place car la masse volumique du granit est supérieure à celle de l'eau. En conséquence, la poussée d'Archimède exercée sur le cube de granit ne compense pas le poids de ce cube car la norme de la poussée d'Archimède est inférieure à celle du poids du cube. Le cube de granit coule donc.
- En revanche, si l'on place dans cette piscine un cube de polystyrène, ce cube a un poids dont la norme est inférieure à celle du cube d'eau dont il a pris la place car la masse volumique du polystyrène est inférieure à celle de l'eau. En conséquence, la poussée d'Archimède exercée sur le cube de granit ne compense pas le poids de ce cube car la norme de la poussée d'Archimède est supérieure à celle du poids du cube. Le cube de polystyrène remonte donc à la surface.

À savoir

- Si la masse volumique d'un corps immergé dans un fluide est supérieure à celle du fluide, le corps coule car la norme de son poids est supérieure à celle de la poussée d'Archimède exercée par le fluide.
- Si la masse volumique d'un corps immergé dans un fluide est inférieure à celle du fluide, le corps remonte car la norme de son poids est inférieure à celle de la poussée d'Archimède exercée par le fluide.

- La poussée d'Archimède s'exerce **dans tous les fluides** et pas seulement dans l'eau. Ainsi, pour calculer la norme du poids du fluide déplacé et donc la norme de la poussée d'Archimède, **la masse volumique à prendre en compte dans le calcul est celle du fluide concerné**.
- Par exemple, une montgolfière est maintenue en vol dans l'air sous l'effet de la poussée d'Archimède due au fluide que constitue l'air dans lequel elle se meut.

Définition

Les fluides sont des substances capables de s'écouler et de prendre la forme du récipient qui les contient ; ils n'ont pas de forme propre. Il existe deux grandes catégories de fluides : les liquides et les gaz.

Pour aller plus loin

La poussée d'Archimède est la résultante, c'est-à-dire la somme vectorielle, des forces de pression qui s'exercent sur la surface de l'objet plongé dans le fluide. La pression variant dans le fluide avec la profondeur, cette résultante n'est pas nulle.

2 Expression vectorielle

- **La poussée d'Archimède $\overrightarrow{\pi_A}$ est l'opposée du poids $\vec{P}_{\text{fluide}}$ du fluide déplacé.** Elle a pour direction la direction du poids du fluide déplacé, un sens opposé à ce poids et une norme égale à celle de ce poids.
- Les caractéristiques de la poussée d'Archimède $\overrightarrow{\pi_A}$ sont :

– direction : **verticale** ;

– sens : **vers le haut** ;

– norme $\pi_A = m_{\text{fluide déplacé}} \times g = \rho_{\text{fluide}} \times V_{\text{objet immergé}} \times g$

avec π_A en newton (N), $m_{\text{fluide déplacé}}$ la masse du fluide déplacé en kilogramme (kg), g l'intensité de la pesanteur en newton par kilogramme ($N \cdot kg^{-1}$), ρ_{fluide} la masse volumique du fluide déplacé en kilogramme par mètre cube ($kg \cdot m^{-3}$) et $V_{\text{objet immergé}}$ le volume de l'objet immergé en mètre cube (m^3).

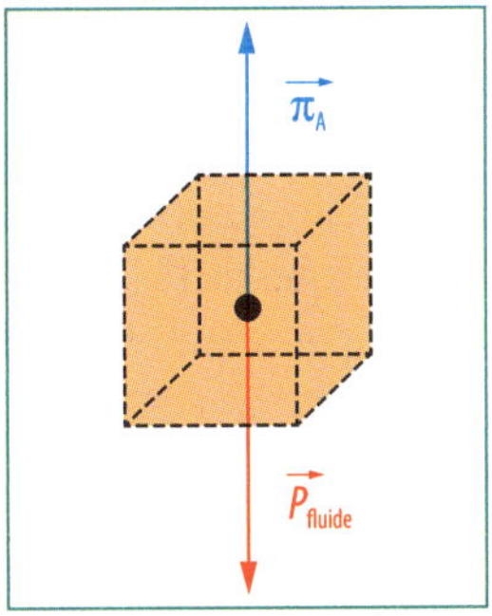

Doc. 2 Forces s'exerçant sur un volume cubique de fluide

Piège à éviter

La norme de la poussée d'Archimède est égale à celle du poids du fluide déplacé et pas à celle du poids de l'objet placé dans le fluide.

- Par exemple, pour être cohérent avec les points de la page précédente l'expression vectorielle de la poussée d'Archimède exercée sur un ballon (**doc. 3**) de volume $V = 5{,}0$ L totalement immergé dans un récipient rempli d'eau de masse volumique $\rho_{eau} = 1{,}0\ kg{\cdot}L^{-1}$ est : $\overrightarrow{\pi_A} = \rho_{eau} \times V \times g\overrightarrow{u_z}$.
La norme π_A de la poussée d'Archimède s'exerçant sur le ballon est alors égale à :
$\pi_A = \rho_{eau} \times V \times g = 5{,}0 \times 1{,}0 \times 9{,}8 = 49$ N.

- Dans le cas d'un volume partiellement immergé, le volume à prendre en compte est le **volume effectivement plongé dans le fluide**. Par exemple, pour calculer la norme de la poussée d'Archimède exercée par l'eau sur un bateau, le volume à prendre en compte est le volume du bateau subissant cette force, soit la partie de la coque qui se trouve sous la surface de l'eau.

- Il est à noter que la partie du navire qui se trouve dans l'air subit aussi une poussée d'Archimède due à l'air déplacé. Cette force est négligeable devant les autres forces s'exerçant sur le bateau compte tenu de la très faible masse volumique de l'air devant les masses volumiques des autres éléments constituant le navire.

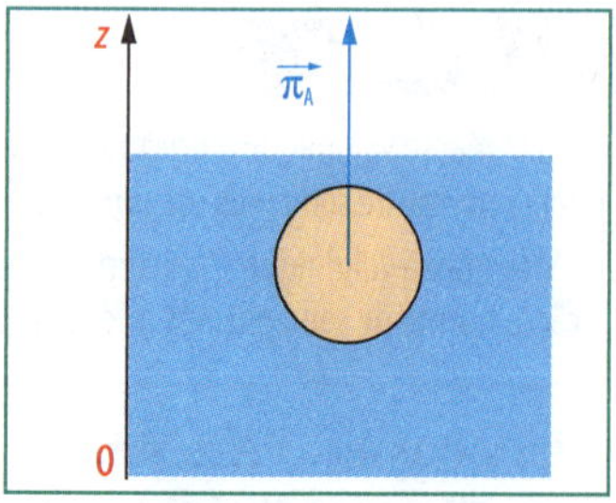

Doc. 3 Ballon subissant la poussée d'Archimède

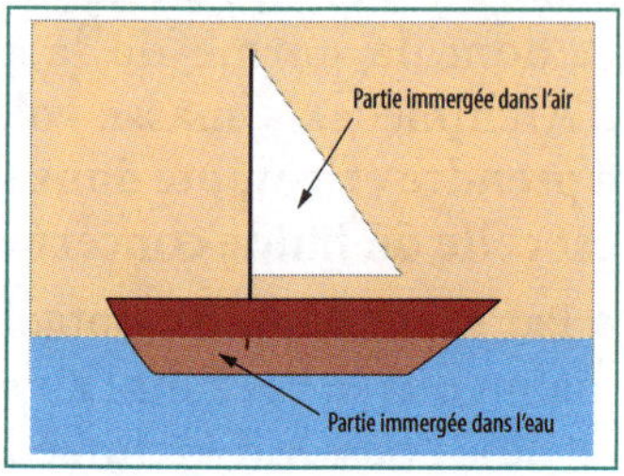

Doc. 4 Poussée d'Archimède sur un bateau

Unités

Si la masse volumique est donnée en $kg{\cdot}L^{-1}$, il est possible d'effectuer directement l'application numérique en utilisant la valeur du volume en L, sans le convertir en m^3.

2 Vitesse d'écoulement d'un fluide

1 Débit volumique

- Le **débit volumique** ou débit en volume noté D_v est la grandeur physique qui caractérise le volume d'un fluide qui traverse une surface S donnée pendant une unité de temps. Son unité dans le Système international est le mètre cube par seconde ($m^3{\cdot}s^{-1}$).

- Autrement dit, c'est le volume en m^3 de fluide qui traverse la surface S pendant une seconde.

2 Vitesse du fluide et débit volumique

• Si l'on se place dans le cas d'un fluide s'écoulant à la vitesse v dans un tube cylindrique de section d'aire S, le volume de fluide traversant la section S_1 pendant la durée Δt est égal au volume de fluide traversant la section S_2 pendant la même durée Δt.

• Ce volume correspond au volume compris entre les sections S_1 et S_2 d'aires S, séparées par la distance $d = v \times \Delta t$. Ce volume est donc égal à $S \times v \times \Delta t$.

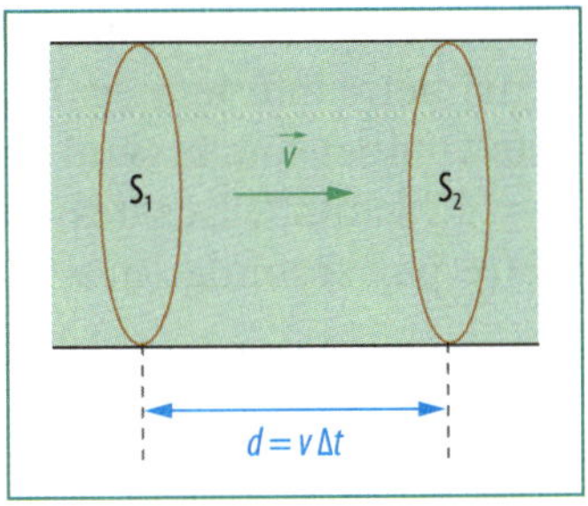

Doc. 5 **Fluide s'écoulant dans un tube cylindrique**

• Le **débit volumique D_v** en mètre cube par seconde ($m^3 \cdot s^{-1}$) correspond au **volume de fluide traversant la surface S pendant une seconde (Δt = 1 s) : $D_v = S \times v$** avec S l'aire de la surface traversée, en mètre carré (m^2) et v la vitesse d'écoulement du fluide en mètre par seconde ($m. s^{-1}$).

• Si l'écoulement est en **régime permanent et le fluide s'écoulant incompressible**, alors le **débit volumique est constant**. Dans ce cas, la connaissance des valeurs du débit volumique et de l'aire de la section en un point du tube dans lequel le fluide est en mouvement permet de déterminer la vitesse d'écoulement du fluide en ce point.

Point mathématique

Le volume d'un cylindre est égal au produit de sa hauteur par l'aire de sa base.

Vocabulaire

Un écoulement est dit en régime permanent lorsque la vitesse d'écoulement du fluide est constante au cours du temps.

• On peut déduire de cette expression que pour un débit volumique D_v constant, si l'aire S de la section diminue, alors la vitesse d'écoulement du fluide augmente et réciproquement : c'est l'effet Venturi.

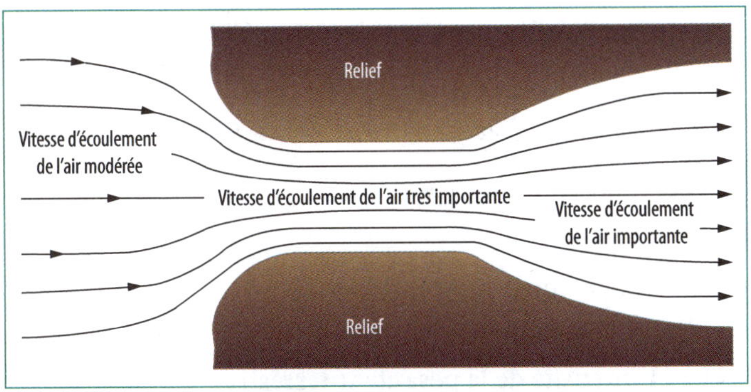

Doc. 6 **Illustration de l'effet Venturi pour le passage du vent entre des reliefs**

COURS

- Par exemple, un tuyau d'arrosage cylindrique de diamètre intérieur égal à d = 15 mm est relié à un robinet fournissant un débit volumique D_v = 12 L·min^{-1}. La vitesse d'écoulement v, en mètre par seconde (m·s^{-1}), de l'eau circulant dans ce tuyau est égale à : $v = \frac{D_v}{S}$ avec S l'aire de la section du tuyau en mètre carré (m^2). Ainsi : $v = \frac{\frac{12 \times 10^{-3}}{60}}{\pi \times (15 \times 10^{-3})^2} = 2{,}8 \times 10^{-1}$ m·s^{-1}.

Piège à éviter

Pensez à convertir les données dans les unités du système international (SI).

3 Relation de Bernoulli

1 Définition

- On considère l'écoulement permanent d'un fluide incompressible parfait (écoulement sans frottements et non tourbillonnaire, irrotationnel) de masse volumique ρ_{fluide}, entre les sections S_1 et S_2, entre lesquelles il n'y a aucune machine hydraulique (pas de pompe, ni de turbine).

Soit m la masse et V le volume du fluide qui passe à travers la section S_1 entre les instants t et $t + dt$. Le fluide étant incompressible et l'écoulement permanent, une quantité de fluide de masse m et de volume V passe à travers la section S_2 pendant ce temps. Tout se passe comme si ce fluide était passé de la position ① à la position ②.

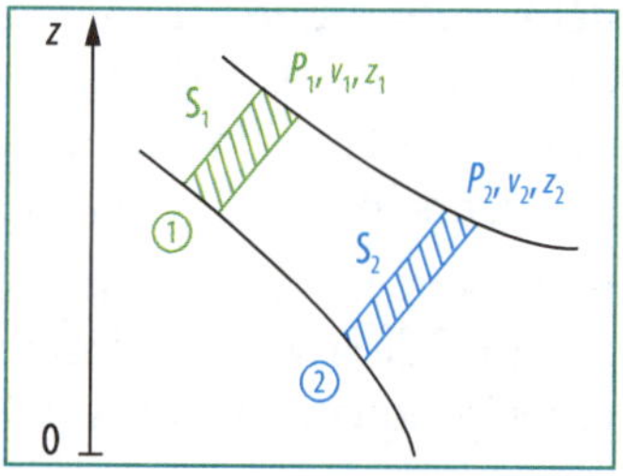

Doc. 7 **Écoulement à travers un tube de section quelconque**

- La **relation de Bernoulli** peut ainsi s'exprimer :

$$P_1 + \rho_{fluide}\, g\, z_1 + \frac{1}{2}\rho_{fluide} v_1^2 = P_2 + \rho_{fluide}\, g\, z_2 + \frac{1}{2}\rho v_2^2 \text{ avec :}$$

– P_1 et P_2 les pressions en pascal (Pa) ;
– la densité ρ_{fluide} en kg·m^{-3} ;
– les altitudes z_1 et z_2 en mètre (m) ;
– les vitesses d'écoulement du fluide v_1 et v_2 en m·s^{-1} ;
– g = 9,81 N·kg^{-1} l'intensité de la pesanteur terrestre.

Astuce

Bernoulli n'est pas une nouille donc son nom ne comporte pas de i avant la lettre l !

- La relation de Bernoulli, dans le cas d'un écoulement parfait, stationnaire, incompressible, homogène et sans turbulences, peut aussi s'exprimer sous la forme : $\frac{v^2}{2} + \frac{P}{\rho_{\text{fluide}}} + g \times z =$ **constante** où la constante prend la même valeur en tout point du fluide.

> **Remarque**
>
> La relation de Bernoulli peut également s'écrire : $\frac{v_1^2}{2} + \frac{P_1}{\rho_{\text{fluide}}} + g \times z_1 = \frac{v_2^2}{2} + \frac{P_2}{\rho_{\text{fluide}}} + g \times z_2$.

2 Applications

- Si une des grandeurs P, v ou z diminue, alors une (ou les deux) autre(s) grandeur(s) doit(vent) augmenter pour que l'expression de la relation de Bernoulli en gras ci-dessus reste constante.
- Ainsi, pour diminuer la pression afin de vaporiser la peinture dans un pistolet à peinture par exemple, on rétrécit la largeur du tube par lequel on fait passer l'air sous pression pour augmenter sa vitesse d'écoulement par **effet Venturi**.

> **Piège à éviter**
>
> Pour une hauteur constante, si la vitesse d'écoulement du fluide augmente, alors la pression n'augmente pas mais diminue !

- Si on cherche à obtenir des informations (pression, vitesse d'écoulement, hauteur) sur un fluide en un point donné et que le problème posé fournit des informations (pression, vitesse, hauteur) en un autre point, il faut choisir les deux points suivants pour appliquer la relation de Bernoulli :
  - le point auquel se trouve une variable que l'on cherche ;
  - le point où l'on a le plus d'informations sur le fluide.
- Par exemple, un point intéressant peut être un point où le fluide est exposé à l'air libre, là où la pression est égale à la pression atmosphérique : $P_{\text{atm}} = 1{,}0 \times 10^5$ Pa.

COURS

QCM et questions courtes

1 Vrai ou Faux ?

Corrigé p. 329

1. Un solide dont la masse volumique est supérieure à celle du fluide dans lequel il est plongé coule. ☐ Vrai ☐ Faux

2. Le débit volumique d'un fluide s'exprime en $m \cdot s^{-1}$. ☐ Vrai ☐ Faux

3. Pour augmenter la vitesse d'écoulement d'un fluide dans une canalisation, il faut augmenter l'aire de la section de cette canalisation. ☐ Vrai ☐ Faux

4. La relation de Bernoulli permet de calculer la pression en un point d'un fluide en mouvement. ☐ Vrai ☐ Faux

2 Faites votre choix !

Corrigé p. 329

1. La relation de Bernoulli peut s'écrire :

a) ☐ $\dfrac{(v_1 - v_2)^2}{2} + \dfrac{P_1 - P_2}{\rho_{\text{fluide}}} + g \cdot (z_1 - z_2) = 0$

b) ☐ $v_2 = \sqrt{v_1^2 + 2 \times \dfrac{P_1 - P_2}{\rho_{\text{fluide}}} + 2g \cdot (z_1 - z_2)}$

c) ☐ $P_2 = \dfrac{(v_1^2 + v_2^2)}{2} + \dfrac{P_1}{\rho_{\text{fluide}}} + g \cdot (z_1 + z_2) = 0$

d) ☐ $\dfrac{(v_1^2 - v_2^2)}{2} + \dfrac{P_1 - P_2}{g} + \rho_{\text{fluide}} \cdot (z_1 - z_2) = 0$

2. Un objet de volume V_{objet} et de masse volumique ρ_{objet} est plongé dans un fluide de volume V_{fluide} et de masse volumique ρ_{fluide} ; la norme de la poussée d'Archimède subie par cet objet est :

a) ☐ $\pi_A = \rho_{\text{objet}} \cdot V_{\text{objet}} \cdot g$

b) ☐ $\pi_A = \rho_{\text{fluide}} \cdot V_{\text{objet}} \cdot g$

c) ☐ $\pi_A = \rho_{\text{fluide}} \cdot V_{\text{fluide}} \cdot g$

d) ☐ $\overrightarrow{\pi_A} = \rho_{\text{fluide}} \cdot V_{\text{objet}} \cdot g \cdot \overrightarrow{u_z}$

Exercices d'entraînement

3 Vidange d'un réservoir

★ 20 min Corrigé p. 330

On considère un réservoir ouvert en haut rempli d'eau jusqu'à une hauteur $H = 3{,}0$ m et muni à sa base d'une ouverture circulaire de diamètre $d = 10$ mm.

Données :

- masse volumique de l'eau : $\rho_{eau} = 1,00 \times 10^3$ kg·m^{-3} ;
- intensité de la pesanteur terrestre : $g = 9,8$ m·s^{-2} ;
- pression atmosphérique : $P_{atm} = 1,0 \times 10^5$ Pa.

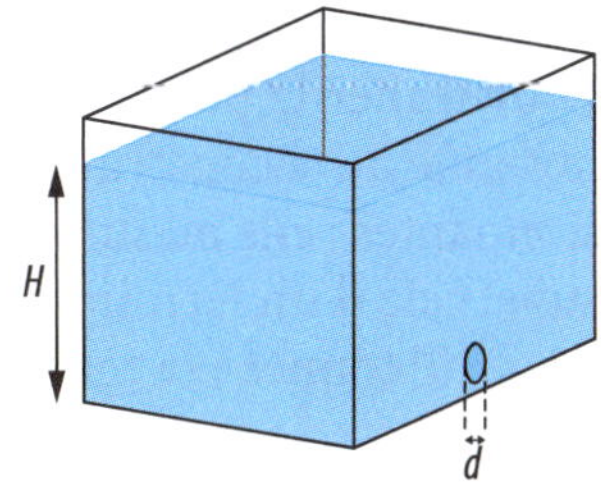

1. Choisir, en justifiant votre choix, les positions ① et ② qui, en appliquant la relation de Bernoulli, permettront de calculer la vitesse d'écoulement du fluide en sortie de réservoir.

2. Appliquer la relation de Bernoulli entre les positions ① et ② pour calculer la valeur de la vitesse v_2 d'écoulement d'eau à la sortie du réservoir.

3. En déduire le débit volumique D_v en sortie de réservoir, en m^3·s^{-1} puis en L·min^{-1}.

Unité

g peut s'exprimer en newton par kg (N·kg^{-1}) ou en mètre par seconde au carré (m·s^{-2}).

4 Parties immergée et émergée d'un iceberg

★★ 30 min ➔ Corrigé p. 331

Un iceberg de masse $m_{iceberg} = 1,0 \times 10^3$ tonnes flotte à la surface de l'océan.

Données :

- masses volumiques de la glace et de l'eau de mer : $\rho_{glace} = 917$ kg·m^{-3}, $\rho_{eau} = 1\,025$ kg·m^{-3} ;
- intensité de la pesanteur terrestre : $g = 9,8$ m·s^{-2}.

1. Représenter sur un schéma les forces s'exerçant sur cet iceberg.

2. Calculer la norme de la poussée d'Archimède qui s'exerce sur cet iceberg.

3. En déduire le volume d'eau de mer déplacé.

4. Calculer la proportion du volume de l'iceberg se trouvant sous la surface.

5. Conclure sur l'augmentation du niveau des océans quand cet iceberg aura fondu.

Remarque

Ce chapitre contient beaucoup d'exercices d'entraînement, de niveau plus élevé que dans les autres chapitres. En effet, les capacités travaillées dans ce chapitre sont exigibles uniquement pour le Grand Oral, ce qui explique qu'il n'y a pas dans ce chapitre d'exercices de type bac pour préparer l'épreuve écrite et l'ECE du baccalauréat.

5 Une barge de béton en pleine mer

★★ 30 min ➔ Corrigé p. 332

Pour traiter le pétrole extrait d'un gisement à N'Kossa, au Congo, une usine flottante a été construite sur une barge en béton. Ses dimensions sont impressionnantes : elle mesure 220 mètres de long sur 46 mètres de large (deux fois la superficie d'un terrain de football !) et 16 m de hauteur. Sa masse à vide est de $7{,}1 \times 10^4$ tonnes ; sa masse totale en charge de $1{,}1 \times 10^5$ tonnes.

Données :
- densité de l'eau de mer $d_{\text{eau\_mer}} = 1{,}03$;
- masse volumique de l'eau douce : $\rho_{\text{eau}} = 1{,}0 \times 10^3 \text{ kg·m}^{-3}$.

1. La densité du béton utilisée pour construire cette barge étant $d_{\text{béton}} = 3$, expliquer, en vous aidant d'un schéma, pourquoi cette barge flotte.

2. Calculer la profondeur h_1 à laquelle s'enfonce cette barge lorsqu'elle est à vide.

3. Calculer la hauteur h_2 dépassant de la surface lorsque la barge est chargée.

Unité
La densité d'un solide est égale au quotient de la masse volumique de ce solide par la masse volumique de l'eau. La densité n'a pas d'unité.

6 Trompe à vide

★★ 50 min ➔ Corrigé p. 333

Une trompe à vide, ou trompe à eau, est un dispositif utilisé en chimie pour favoriser la filtration. Il produit une dépression dans un réservoir relié à l'entrée d'air.

La trompe est fixée à un robinet. Lorsque celui-ci est ouvert, l'eau qui coule du robinet passe dans une zone d'étranglement, qui augmente sa vitesse d'écoulement et diminue la pression. Le tuyau d'air relié à cette zone d'étranglement provoque une aspiration due à la faible pression.

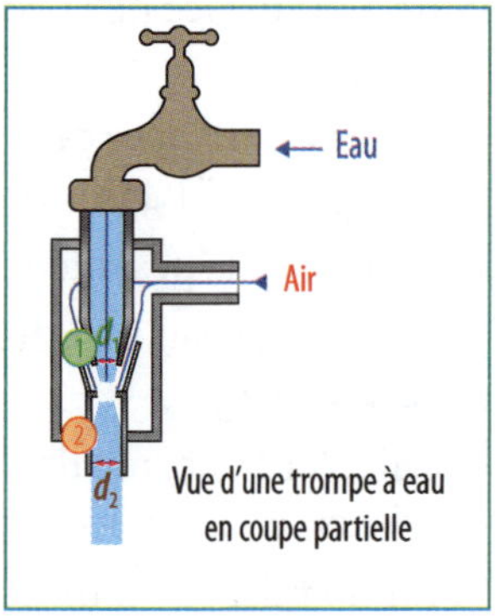

Doc. 1 Schéma d'une trompe à vide

Partie A. Étude du fonctionnement de ce dispositif

1. Le diamètre de la section du tube d'écoulement à la position ② valant $d_2 = 8$ mm, en déduire la vitesse d'écoulement v_2 de l'eau en sortie du dispositif, ainsi que la vitesse d'écoulement v_1 à la position ① qui correspond au passage dans l'étranglement de diamètre $d_1 = 4$ mm.

2. Nommer le phénomène responsable de l'augmentation de la vitesse du fluide au passage de l'étranglement.

3. Expliquer, en utilisant la relation de Bernoulli $\frac{v^2}{2} + \frac{P}{\rho_{\text{fluide}}} + g \times z = \text{constante}$, pourquoi l'augmentation de la vitesse d'écoulement du fluide dans l'étranglement diminue la pression, permettant ainsi l'aspiration.

4. En négligeant la variation de hauteur entre le bas du dispositif et la zone d'étranglement, calculer la pression P_1 du fluide au niveau de la zone d'étranglement.

5. Expliquer en une phrase pourquoi le dispositif permet l'aspiration de l'air.

Partie B. Application à un appareil de mesures

Une trompe à vide ou un dispositif similaire est utilisé dans certains débitmètres. Pour traiter des séries de mesures, un programme Python peut être utilisé.

> **Vocabulaire**
> Un débitmètre est un appareil destiné à mesurer le débit volumique d'un fluide, liquide ou gazeux.

Le programme Python, dont le code est présenté dans le **doc. 2**, permet par exemple de traiter une série de mesures, obtenues préalablement à intervalles de temps réguliers par un débitmètre, et enregistrées dans un fichier nommé *mesures.txt*.

```
# coding: utf-8
from math import sqrt # importation de la fonction racine carrée
import matplotlib.pyplot as plt

Dv=[]
with open("mesures.txt","r") as mesures:
    for m in mesures:
        Dv.append(float(mesures.readline().rstrip('\n')))

def moyenne(liste):
    return sum(liste)/len(liste)

def incertitude_type(liste):
    m=moyenne(liste)
    somme=[(x-m)**2 for x in liste]
    racine_somme=sqrt(sum(somme))
    return racine_somme/sqrt(len(liste)-1)

m=round(moyenne(Dv),3)
it=round(incertitude_type(Dv),3)

plt.hist(Dv, range = (int(min(Dv)), int(max(Dv))), bins = int(max(Dv))-int(min(Dv))//5, color = 'b')
plt.xlabel("débit volumique (L/min)")
plt.ylabel("nombre de mesures")
plt.title("Histogramme des mesures de débit volumique")
plt.annotate('moyenne = '+str(m)+' L/min', (10.2, 12),color='grey')
plt.annotate('incertitude type = '+str(it)+' L/min', (10.2, 11),color='grey')
plt.show()
```

Doc. 2 Code Python

Code complet téléchargeable sur **Nathan Live**

L'exécution de ce programme Python permet de tracer l'histogramme des mesures et de calculer la moyenne ainsi que l'incertitude-type de la série de mesures.

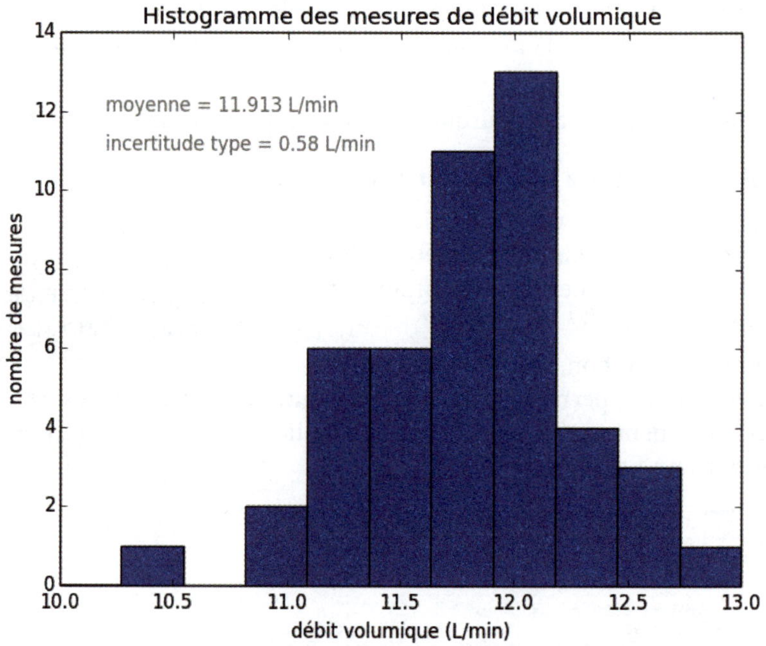

Doc. 3 **Tracé de l'histogramme des mesures et affichage de la moyenne et de l'incertitude-type**

1. Indiquer la ligne du code Python présenté dans le **doc. 2** qui permet d'afficher l'histogramme des mesures.

2. Les lignes 6 à 8 du code python enregistrent les valeurs des mesures stockées dans un fichier externe *mesures.txt*. Quel est le type de la variable Dv à la ligne 5 ?

Astuce
Basez-vous sur le point numérique n° 1 à la fin du manuel pour répondre aux questions ci-contre.

Exercices de type bac

PRÉPARER LE GRAND ORAL

7 Fusion de glaçons

★★ 60 min Corrigé p. 334

Après avoir réalisé l'expérience décrite ci-dessous, préparer une présentation orale de cinq minutes maximum expliquant le résultat, qui peut paraître surprenant, obtenu quant à l'évolution du niveau de l'eau avant et à la fin de l'expérience, avec comme seuls supports les deux photographies prises lors de l'expérience.

Expérience

- Verser de l'eau tiède dans un grand verre et y ajouter quelques glaçons.
- Repérer précisément le niveau de la surface de l'eau en réalisant une photographie.
- Lorsque les glaçons ont totalement fondu, repérer à nouveau précisément le niveau de la surface de l'eau en réalisant une nouvelle photographie.

Pour aller plus loin

8 Le dirigeable de *La Casa de papel*

★★★ 20 min Corrigé p. 335

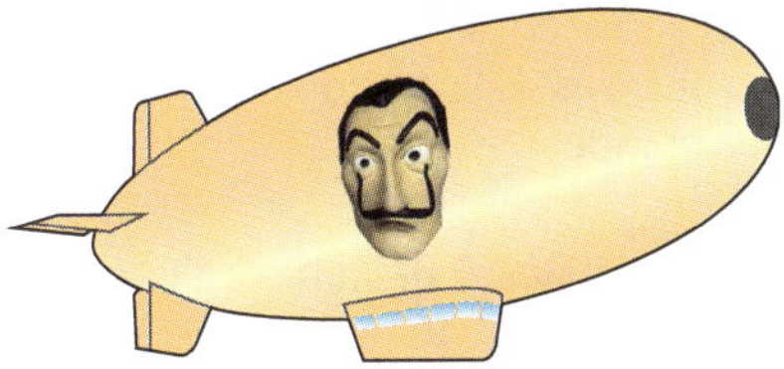

Dans la saison 3 de la série *La Casa de papel*, un dirigeable a pour mission de lâcher au-dessus de Madrid 12 millions d'euros en coupures de 50 € soit une masse « monétaire » $m_{\text{billets}} = 240$ kg. On estime la masse du dirigeable à vide {structure + gaz contenu dans cette enceinte + propulseur et batteries} à $m_{\text{dirigeable}} = 300$ kg.

Données :

- masse volumique de l'air au-dessus de Madrid : $\rho_{\text{air}} = 1{,}20\ \text{g}\cdot\text{L}^{-1}$;
- masse volumique de l'hélium au-dessus de Madrid : $\rho_{\text{hélium}} = 0{,}18\ \text{g}\cdot\text{L}^{-1}$.

1. Calculer le volume d'hélium contenu dans ce ballon dirigeable pour que son altitude reste constante lorsqu'il est en vol stationnaire au-dessus de son objectif (on considère que le volume du dirigeable correspond au volume de l'enceinte contenant l'hélium).

2. Expliquer ce qui se passera pour le dirigeable quand les billets seront largués sur la ville.

9 Dimensions et unités

★★★ 15 min ➲ Corrigé p. 336

La relation de Bernoulli peut s'écrire : $\frac{V^2}{2} + \frac{P}{\rho_{\text{fluide}}} + g\,z = \text{constante}$. Or, une expression doit être cohérente du point de vue de la dimension des termes qui la composent, ce qui impose ici que les termes $\frac{V^2}{2}$, $\frac{P}{\rho_{\text{fluide}}}$ et $g\,z$ aient la même dimension.

La **dimension** caractérise la nature de la grandeur et définit les unités utilisables.

On peut ramener la dimension de grandeurs physiques, chimiques ou biologiques à une combinaison de sept grandeurs fondamentales.

Longueur (L)	Masse (M)	Temps (T)	Intensité électrique (I)
Température (θ)	Quantité de matière (N)		Intensité lumineuse (J)

Par exemple, la dimension d'une valeur de vitesse est celle d'une distance divisée par une durée car la valeur d'une vitesse est égale au quotient d'une distance par une durée.

La dimension d'une vitesse est donc : $L/T = L{\cdot}T^{-1}$.

L'unité est l'expression de la dimension qui permet de quantifier la grandeur.

Doc. 1 **Définitions d'une dimension et d'une unité**

Piège à éviter
Ne confondez pas dimension et unité.

Astuce
La dimension d'une grandeur peut être retrouvée grâce à son unité.

Vérifier que les trois termes de la relation de Bernoulli ont bien la même dimension.

QCM et questions courtes

1 Vrai ou Faux ?

1. Vrai → La norme du poids de ce solide est **supérieure** à celle de la poussée d'Archimède, qui est égale à celle du poids du fluide déplacé, lequel est moins dense.

2. Faux → Le débit volumique correspond à un **volume de fluide s'écoulant pendant une unité de temps** ; le volume s'exprime en m^3, l'unité du débit volumique est donc $m^3{\cdot}s^{-1}$.

3. Faux → Le débit volumique $D_v = S \times v$ est constant dans une canalisation, donc, pour garder le produit de S par v constant, si on souhaite augmenter v, il faut **diminuer la valeur de S.**

4. Vrai → Connaissant les caractéristiques (vitesse d'écoulement, pression et hauteur) du fluide en un point, **la relation de Bernoulli permet de calculer la pression du fluide** en un second point pour lequel valeurs de vitesse d'écoulement et de hauteur sont connues.

2 Faites votre choix !

1. b) La proposition **a)** est incorrecte car le développement de $(v_1 - v_2)^2$ conduit au terme $2 \times v_1 \times v_2$ qui ne figure pas dans la relation de Bernoulli.

En revanche, dans **la proposition b), l'expression peut être obtenue en isolant à gauche de l'égalité le terme en** v_2^2 puis en prenant la racine carrée du membre de droite de l'égalité. La proposition **b)** est donc correcte.

La proposition **c)** est incorrecte car, dans la relation de Bernoulli, les termes $g z_1$ et $g z_2$ sont de part et d'autre de l'égalité ; rassemblés dans le même membre de l'égalité, on aboutit à une soustraction entre ces deux termes.

La proposition **d)** est aussi incorrecte car il apparaît dans cette expression le terme $\rho(z_1 - z_2)$; or, dans la relation de Bernoulli, la hauteur z est multipliée par g l'intensité de la pesanteur, et non par ρ_{fluide} la masse volumique du fluide.

2. b) La proposition **a)** est incorrecte car c'est la masse volumique ρ_{fluide} du fluide qui doit être prise en compte pour calculer la masse du fluide déplacé.

La proposition **b)** est correcte car l**a norme de la poussée d'Archimède est égale à la norme du poids du fluide déplacé**, qui est bien égale au produit du volume de l'objet immergé par la masse volumique du fluide multiplié par l'intensité de la pesanteur.

CORRIGÉS

La proposition **c)** est incorrecte car c'est le volume de l'objet V_{objet} placé dans le fluide qui doit être pris en compte pour calculer la masse du volume de fluide déplacé.

La proposition **d)** est incorrecte car on demande la **norme de la poussée d'Archimède** et non son expression vectorielle.

Rappel
Un vecteur est caractérisé par sa norme, sa direction et son sens.

Exercices d'entraînement

3 Vidange d'un réservoir

1. Les positions ① et ② qui, en appliquant la relation de Bernoulli, permettront de calculer la vitesse d'écoulement du fluide en sortie de réservoir, sont les suivantes :

Position ① : le sommet du réservoir, car en ce point sont connues :

- la **hauteur** : z_1 **= 3,0 m** (l'origine de l'axe Oz étant placée au niveau du fond du réservoir) ;
- la **pression** : $P_1 = P_{atm}$;
- la **vitesse d'écoulement** du fluide : $v_1 = 0\ \mathrm{m{\cdot}s^{-1}}$.

Position ② : le fond du réservoir au niveau de la sortie, qui est le point où la valeur de la vitesse v_2 est recherchée. De surcroît, en ce point sont connues :

- la **pression** : $P_2 = P_{atm}$ (car le réservoir est ouvert au niveau de la sortie) ;
- la **hauteur** : z_2 **= 0 m** (l'origine de l'axe Oz étant placée au niveau du fond du réservoir).

Bien comprendre
Le réservoir étant très large, le niveau de l'eau descend avec une vitesse très faible devant la vitesse d'écoulement du fluide v_2 en sortie.

2. La relation de Bernoulli peut s'écrire :

$$\frac{v_1^2}{2} + \frac{P_1}{\rho_{\text{fluide}}} + g \times z_1 = \frac{v_2^2}{2} + \frac{P_2}{\rho_{\text{fluide}}} + g \times z_2.$$

On isole la vitesse d'écoulement du fluide recherchée v_2 :

$$v_2 = \sqrt{v_1^2 + 2 \times \frac{P_1 - P_2}{\rho} + 2 \times g \times (z_1 - z_2)}.$$

Comme $z_1 - z_2 = H$, $P_1 - P_2 = 0$ (car $P_1 = P_2 = P_{atm}$) et $v_1 = 0\ \mathrm{m{\cdot}s^{-1}}$, on trouve :

$$\boldsymbol{v_2 = \sqrt{2 \times g \times H} = \sqrt{2 \times 9{,}8 \times 3{,}0} = 7{,}7\ \mathrm{m \cdot s^{-1}}}.$$

3. Le débit volumique en sortie est $D_v = S \times v_2$ avec S l'aire de la surface de l'orifice de sortie. Cet orifice étant circulaire de diamètre d, sa surface S vaut :

$$S = \pi \times \left(\frac{d}{2}\right)^2, \text{ soit } \boldsymbol{D_v} = \boldsymbol{\pi \times \left(\frac{d}{2}\right)^2 \times v_2}.$$

$$A.N. : D_v = \pi \times \left(\frac{10 \times 10^{-3}}{2}\right)^2 \times 7{,}7 = 6{,}0 \times 10^{-4}\ \text{m}^3 \cdot \text{s}^{-1}$$

soit : $\boldsymbol{D_v} = 6{,}0 \times 10^{-4} \times 1 \times 10^3 \times 60 = \mathbf{36\ L{\cdot}min^{-1}}$.

Aide au calcul

Un mètre cube (m^3) contient 1 000 litres (L) et une minute est composée de 60 secondes.

4 Parties immergée et émergée d'un iceberg

1. Les **forces qui s'exercent sur l'iceberg** sont représentées sur le schéma ci-contre.

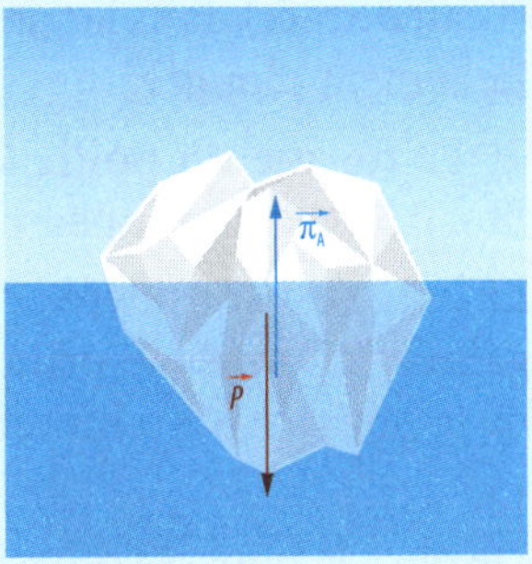

2. La norme π_A de la poussée d'Archimède est égale à la norme du poids de l'iceberg. En effet, d'après le principe d'inertie, pour que l'iceberg soit immobile, les forces qui s'exercent sur lui doivent se compenser dans le référentiel terrestre. Ainsi :

$\pi_A = m \times g = 1{,}0 \times 10^3 \times 10^3 \times 9{,}8 = 9{,}8 \times 10^6$ N.

3. La norme de la poussée d'Archimède est égale à celle du poids du fluide déplacé, le volume d'eau de mer déplacé est donc celui celui d'un volume d'eau de masse :

Astuce

Pensez à convertir la masse en kg.

$m_{eau} = m_{iceberg}$ soit $\rho_{eau} \times V_{eau} = m_{iceberg}$

$$\Rightarrow \boldsymbol{V_{eau}} = \boldsymbol{\frac{m_{iceberg}}{\rho_{eau}}}.$$

Rappel

$\rho = \frac{m}{V}$ avec m la masse en kg et V le volume en L.

$$A.N. : \boldsymbol{V_{eau}} = \frac{1{,}0 \times 10^6}{1\,025} = \mathbf{9{,}8 \times 10^3\ m^3}.$$

4. Le volume de l'iceberg est égal à :

$$V_{iceberg} = \frac{m_{iceberg}}{\rho_{glace}} = \frac{1{,}0 \times 10^6}{917} = 1{,}1 \times 10^3\ \text{m}^3.$$

Le volume immergé de l'iceberg correspond au volume d'eau déplacé V_{eau} et le volume total de l'iceberg est $V_{iceberg}$, la proportion immergée est donc :

$$\boldsymbol{\frac{V_{eau}}{V_{iceberg}}} = \mathbf{0{,}89\ soit\ 89\ \%}.$$

5. Le volume de l'eau déplacée par l'iceberg est égal au volume de la partie immergée de l'iceberg, **le niveau de l'océan ne sera pas modifié après la fonte de l'iceberg.**

> **Bien comprendre**
> C'est la fonte de la glace de la banquise et non la fonte des icebergs qui est en partie responsable de la montée du niveau des océans.

5 Une barge de béton en pleine mer

1. Pour flotter, **la barge doit être creuse,** afin que la partie immergée contienne de l'air dont la densité est bien inférieure à celle de l'eau. L'équilibre de flottabilité est atteint lorsque **la densité moyenne de la partie immergée est égale à celle du fluide** (l'eau de mer) dans laquelle la barge est partiellement plongée.

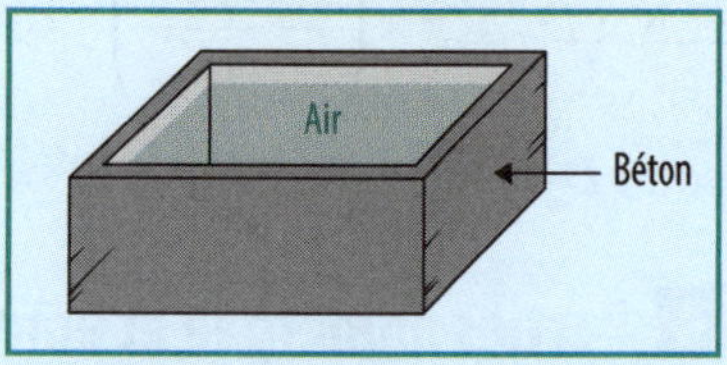

Schéma de la barge en béton

2. La **norme du poids à vide de la barge** est égale à : $\boldsymbol{P_{\text{vide}} = m_{\text{vide}} \times g}$ avec $m_{\text{vide}} = 7{,}1 \times 10^4$ tonnes $= 7{,}1 \times 10^7$ kg.

La barge est considérée comme immobile dans le référentiel terrestre supposé galiléen. D'après le principe d'inertie appliqué au système {barge}, la norme de la poussée d'Archimède π_A est égale à la norme du poids P_{vide} de la barge :

$$\boldsymbol{\pi_A = P_{\text{vide}}}.$$

De plus, la poussée d'Archimède a pour norme celle du poids du fluide déplacé, ici de l'eau de mer :

$$\boldsymbol{\pi_A = \rho_{\text{eau\_mer}} \times V_{\text{immergé}} \times g}.$$

On note $V_{\text{immergé}}$ le volume de la barge sous la surface.

> **Rappel**
> La densité d'un liquide est le quotient de la masse volumique de ce liquide par la masse volumique de l'eau.

On obtient donc : $\pi_A = \rho_{\text{eau}} \times d_{\text{eau\_mer}} \times V_{\text{immergé}} \times g$.

$$\pi_A = \rho_{\text{eau}} \times d_{\text{eau\_mer}} \times V_{\text{immergé}} \times g = m_{vide} \times g$$

$$\Rightarrow \boldsymbol{V_{\text{immergé}}} = \frac{m_{\text{vide}}}{\rho_{\text{eau}} \times d_{\text{eau de mer}}}.$$

La barge étant parallélépipédique, son volume immergé est :

$V_{\text{immergé}} = L \times l \times h_1$ avec L la longueur de la barge, l sa largeur et h_1 la profondeur à laquelle elle s'enfonce lorsqu'elle est à vide.

On en déduit la profondeur h_1 à laquelle s'enfonce cette barge lorsqu'elle est à vide :

$$h_1 = \frac{V_{\text{immergé}}}{L \times l} \Rightarrow \boldsymbol{h_1} = \frac{\boldsymbol{m_{\text{vide}}}}{\boldsymbol{\rho_{\text{eau}} \times d_{\text{eau de mer}} \times L \times l}}.$$

$$A.N. : \boldsymbol{h_1} = \frac{7{,}1 \times 10^7}{220 \times 46 \times 1{,}0 \times 10 \times 1{,}03} = \boldsymbol{6{,}8\ \text{m}}.$$

3. Par un calcul similaire au calcul mené à la question **2.**, avec la masse de la barge en charge $m_{\text{charge}} = 1{,}1 \times 10^5$ tonnes $= 1{,}1 \times 10^8$ kg, on trouve que la **profondeur *h*** de la barge immergée lorsqu'elle est chargée est égale à :

$$h = \frac{1{,}1 \times 10^8}{220 \times 46 \times 1{,}0 \times 10^3 \times 1{,}03} = \mathbf{10\ m.}$$

La hauteur h_2 dépassant de la surface lorsque la barge est chargée vaut donc :

$$h_2 = 16 - 10 = 6{,}0 \text{ m.}$$

> **Gagnez des points**
> Ne confondez pas la profondeur h d'immersion de la barge avec la hauteur h_2 de la barge dépassant de la surface.

6 Trompe à vide

Partie A. Étude du fonctionnement de ce dispositif

1. La relation $D_v = S \times v$ avec S l'aire de la section du tube et v la vitesse d'écoulement du fluide permet d'obtenir : $v = \frac{D_v}{S}$ avec $S = \pi \times \left(\frac{d}{2}\right)^2$.

En sortie, le diamètre vaut $d_2 = 8$ mm, soit une vitesse d'écoulement v_2 de l'eau en sortie du dispositif égale à : $v_2 = \dfrac{1{,}7 \times 10^{-4}}{\pi \times \left(\dfrac{8 \times 10^{-3}}{2}\right)^2} = 3 \text{ m}\cdot\text{s}^{-1}$.

Au niveau de l'étranglement, le diamètre est $d_1 = 4$ mm, soit une vitesse d'écoulement v_1 à la position ① qui correspond au passage dans l'étranglement égale à :

$$v_1 = \frac{1{,}7 \times 10^{-4}}{\pi \times \left(\dfrac{4 \times 10^{-3}}{2}\right)^2} = 1 \times 10^1 \text{ m}\cdot\text{s}^{-1}.$$

2. Le phénomène responsable de l'augmentation de la vitesse du fluide au passage de l'étranglement est appelé **effet Venturi**.

3. L'expression $\dfrac{v^2}{2} + \dfrac{P}{\rho_{\text{fluide}}} + g \times z$ étant constante, si on considère la hauteur z constante, alors si la vitesse V augmente, la pression P doit diminuer.

4. D'après l'énoncé, $z_1 = z_2$. La relation de Bernoulli peut donc s'écrire :

$P_1 = \rho_{\text{eau}} \times \dfrac{v_2^2 - v_1^2}{2} + P_2$ avec P_1 la pression recherchée, $P_2 = P_{\text{atm}} = 1 \times 10^5$ Pa, $v_1 = 1{,}3 \times 10^1$ m·s^{-1} et $v_2 = 3{,}3$ m·s^{-1} (valeurs de la question 2).

A.N. : $P_1 = \dfrac{1 \times 10^3 \times 3{,}3^2 - (1{,}3 \times 10^1)^2}{2} + 1 \times 10^5 = \mathbf{2{,}1 \times 10^4\ Pa.}$

5. La pression au niveau de l'étranglement est inférieure à la pression atmosphérique : **l'air est donc aspiré au niveau de l'entrée d'air du dispositif.**

Partie B. Application à un appareil de mesures

1. La ligne 22 du code Python permet d'afficher l'histogramme des mesures.

2. La variable Dv déclarée par l'instruction Dv = [] à la ligne 5 est **une liste (type Python List).**

Pour aller plus loin

Téléchargez le programme complet et le fichier de mesures sur **Nathan Live** et exécutez-le pour mieux comprendre la correction proposée.

Exercices de type bac

PRÉPARER LE GRAND ORAL

7 Fusion de glaçons

L'expérience montre que **le niveau de l'eau ne varie pas entre le début et la fin de la fonte des glaçons.**

Après avoir rappelé l'expérience réalisée, la présentation doit permettre d'expliquer à l'oral pourquoi le niveau de l'eau ne varie pas alors que l'on pourrait penser qu'il augmenterait lors de la fonte des glaçons.

Pour cela, plusieurs explications sont possibles.

Astuce

Rappelez les termes de la question posée au début de votre présentation orale. Cela vous permet de maintenir l'attention du jury, de garder votre cap, de montrer que vous savez où vous allez et que vous êtes bien dans le sujet posé.

• La poussée d'Archimède maintient le glaçon en équilibre à la surface, donc la norme de cette force est égale à celle du poids du glaçon. Or, d'après l'expression de la poussée d'Archimède, la norme de cette force est égale à celle du poids du fluide (ici l'eau liquide) déplacé ; le volume d'eau liquide déplacé correspond donc à une quantité d'eau égale à celle contenue dans le glaçon. Le glaçon fondu comble donc exactement l'eau déplacée, sans variation de niveau.

• **La masse, donc la quantité de matière, d'eau contenue dans le verre ne change pas au cours de l'expérience**, et la substance contenue dans le verre non plus, c'est toujours de l'eau. Il est donc logique que le volume d'eau ne change pas.

• D'après l'expression de la poussée d'Archimède, la norme du poids du glaçon $P_{glaçon}$ est égale à la norme du poids de l'eau déplacée noté P_{eau}. Ainsi, avec g l'intensité de la pesanteur :

$$P_{eau} = P_{glaçon} \Rightarrow m_{eau} \times g = m_{glaçon} \times g \Rightarrow m_{eau} = m_{glaçon}.$$

Si la **masse de l'eau déplacée est égale à celle du glaçon**, alors **le glaçon, lorsqu'il aura fondu, occupera le même volume que celui de l'eau déplacée car il a la même masse**. On n'observe donc aucune modification du niveau dans le verre.

> **Gagnez des points !**
> Faites des pauses durant votre présentation orale. Elles vous permettent de reprendre votre respiration, de marquer le début ou la fin d'une sous-partie, de réfléchir avant de répondre, et d'attirer l'attention sur ce que vous allez dire ensuite.

CORRIGÉS

Pour aller plus loin

8 Le dirigeable de *La casa de papel*

1. D'après le principe d'inertie appliqué au système {dirigeable} dans le référentiel terrestre supposé galiléen, la norme de la poussée d'Archimède π_A est égale à la norme du poids total P du dirigeable : $\boldsymbol{\pi_A = P}$.

La masse totale du dirigeable est : $m_{\text{totale}} = m_{\text{dirigeable}} + m_{\text{billets}} + m_{\text{hélium}}$.

Le poids total du dirigeable a donc pour norme :

$P = m_{\text{totale}} \times g = (m_{\text{dirigeable}} + m_{\text{billets}} + m_{\text{Hélium}}) \times g.$

Si on note $V_{\text{dirigeable}}$ le volume du dirigeable, la masse d'hélium est :

$$\boldsymbol{m_{\text{Hélium}} = \rho_{\text{hélium}} \times V_{\text{dirigeable}}}.$$

> **Piège à éviter**
> N'oubliez pas la masse du gaz hélium emprisonné dans l'enveloppe.

La poussée d'Archimède a pour norme celle du poids du fluide déplacé, ici de l'air, soit : $\pi_A = \rho_{\text{air}} \times V_{\text{dirigeable}} \times g.$

Le principe d'inertie implique donc l'égalité suivante :

$(m_{\text{dirigeable}} + m_{\text{billets}} + m_{\text{Hélium}}) \times g = \rho_{\text{air}} \times V_{\text{dirigeable}} \times g$

$(m_{\text{dirigeable}} + m_{\text{billets}} + \rho_{\text{hélium}} \times V_{\text{dirigeable}}) \times g = \rho_{\text{air}} \times V_{\text{dirigeable}} \times g$

$(m_{\text{dirigeable}} + m_{\text{billets}} + \rho_{\text{hélium}} \times V_{\text{dirigeable}}) = \rho_{\text{air}} \times V_{\text{dirigeable}}$

$V_{\text{dirigeable}} \times (\rho_{\text{hélium}} - \rho_{\text{air}}) = m_{\text{dirigeable}} + m_{\text{billets}}$

Ainsi, le volume d'hélium contenu dans ce ballon dirigeable pour que son altitude reste constante lorsqu'il est en vol stationnaire est égal à :

$$\boldsymbol{V_{\text{dirigeable}} = \frac{m_{\text{dirigeable}} + m_{\text{billets}}}{\rho_{\text{hélium}} - \rho_{\text{air}}}}.$$

$$A.N. : \boldsymbol{V_{\text{dirigeable}}} = \frac{300 + 240}{1{,}20 - 0{,}18} = \boldsymbol{5{,}3 \times 10^2\ \text{m}^3}.$$

CORRIGÉS

2. Quand les billets seront largués, la masse du dirigeable diminuera, mais son volume ne changera pas : la poussée d'Archimède conservera donc la même norme. **La norme du poids sera donc inférieure à celle de la poussée d'Archimède et le dirigeable s'élèvera dans le ciel.**

9 Dimensions et unités

La pression P a la dimension de la norme F d'une force divisée par l'aire S d'une surface : $P = F/S$.

L'aire d'une surface a pour dimension le carré d'une longueur soit $\mathbf{L^2}$.

On obtient donc pour la **dimension de la pression** : $\mathbf{M{\cdot}L{\cdot}T^{-2}/L^2 = M{\cdot}L^{-1}{\cdot}T^{-2}}$.

La masse volumique est la masse d'une unité de volume, soit une masse divisée par une longueur au cube.

Ainsi, la dimension de la masse volumique est : $\mathbf{M/L^3 = M{\cdot}L^{-3}}$.

La dimension du terme $\frac{v^2}{2}$ est la dimension d'une vitesse au carré (2 n'a pas de dimension), soit $\mathbf{(L{\cdot}T^{-1})^2 = L^2{\cdot}T^{-2}}$.

La dimension du terme $\frac{P}{\rho_{\text{fluide}}}$ est la dimension d'une pression divisée par la dimension d'une masse volumique, soit $\mathbf{M{\cdot}L^{-1}{\cdot}T^{-2}/M{\cdot}L^{-3} = L^2{\cdot}T^{-2}}$.

La dimension de $g\,z$ est le produit de la dimension d'une accélération par une longueur soit : $\mathbf{L{\cdot}T^{-2}{\cdot}L = L^2{\cdot}T^{-2}}$.

On constate donc que les trois termes de l'expression de la relation de Bernoulli ont bien la même dimension.

CHAPITRE 13

Modèle du gaz parfait

Capacités exigibles du chapitre disponibles sur **Nathan Live**

COURS

1 Grandeurs macroscopiques et propriétés microscopiques d'un gaz

• À l'état gazeux, **à l'échelle microscopique, les particules** (molécules ou atomes) sont, en général, déformables, très faiblement liées entre elles et séparées par de grands espaces vides.

• La **température** d'un gaz est une grandeur macroscopique : elle peut être mesurée par un instrument, comme un thermomètre. La température d'un gaz peut être considérée comme une mesure du degré de l'**agitation des particules**. Ainsi, l'énergie cinétique des particules constituant un gaz augmente lorsque la température du gaz augmente. L'unité de température du système international (SI) est le kelvin (K).

Rappel
La pression P correspond au quotient de la norme F de la force pressante par l'aire S de la surface sur laquelle cette force s'exerce : $P = \frac{F}{S}$ avec P en pascal, F en newton et S en m^2.

• La **pression** d'un gaz est aussi une grandeur macroscopique, elle peut être mesurée par un baromètre. La **pression** qu'un gaz exerce sur les parois du récipient est due aux **chocs des particules** sur ces parois. Le nombre de collisions entre particules et sur les parois augmente lorsque la pression augmente. L'unité de pression du système international (SI) est le pascal (Pa).

• La température et la pression d'un gaz sont des grandeurs statistiques. Elles sont déterminées ou mesurées à **l'équilibre thermodynamique**.

Définition
Un système est à l'équilibre thermodynamique lorsqu'il n'y a ni mouvement macroscopique ni flux d'aucune sorte.

• Le **libre parcours moyen** d'une particule de gaz est la distance moyenne que peut parcourir une particule entre deux chocs.

À savoir

• Il existe des gaz monoatomiques comme Hélium (He), l'Argon (Ar) ou encore le Néon (Ne) et il existe des gaz diatomiques comme le dihydrogène (H_2), le dioxygène (O_2) ou encore le diazote (N_2).

• Le libre parcours moyen d'une particule de gaz à pression atmosphérique et à température ambiante est de l'ordre de 1 µm = 10^{-6} m.

2 Équation d'état du gaz parfait

• Le gaz parfait est un **modèle simplifié** d'un gaz dans lequel les **particules** sont considérées comme des **points matériels**, c'est-à-dire qu'on néglige leur volume propre devant le volume occupé par le gaz.

• Le modèle du gaz parfait précise que les particules sont rigides, totalement indépendantes les unes des autres. Les seules interactions qu'elles subissent sont les **chocs élastiques** entre elles ou avec les parois du récipient contenant le gaz. Le modèle du gaz parfait permet de comprendre le comportement des gaz réels.

• L'équation d'état des gaz parfaits s'écrit :

$$\boldsymbol{P \times V = n \times R \times T}, \text{ avec :}$$

– P la pression du gaz, en pascal (Pa) ;

– V le volume du récipient contenant le gaz, en mètre cube (m^3) ;

– n la quantité de matière des particules constituant le gaz, en mole (mol), quotient du nombre N de particules de gaz par le nombre d'Avogadro N_A :

$$n = \frac{N}{N_A} = \frac{N}{6{,}02 \times 10^{23}} \text{ ;}$$

– T la température du gaz, en kelvin (K) ;

– $R = 8{,}314\,462\,1\ J{\cdot}K^{-1}{\cdot}mol^{-1}$ la constante des gaz parfaits.

• Les grandeurs macroscopiques ***P, V, n* et *T***, qui permettent de décrire l'état d'un gaz sont appelées les **variables d'état.**

> **Unité**
> La conversion entre degré Celsius (°C) et kelvin (K) est la suivante :
> T (en K) = 273 + θ (en °C).

3 Limites du modèle du gaz parfait

• Le comportement d'un gaz dit réel dépend de sa nature :

– à **haute pression**, les particules constituant un gaz sont très proches les unes des autres et l'espace libre entre les particules se réduit, **le gaz réel** finit par occuper **un volume plus important** que le volume prédit par le modèle du gaz parfait ;

– à **basse température**, l'effet des forces d'interactions entre les particules est notable. Il en résulte que le **volume** occupé par le **gaz réel** est **réduit** par rapport au volume prédit par le modèle du gaz parfait, à pression égale.

QCM et questions courtes

1 Vrai ou Faux ?

Corrigé p. 344

On considère un gaz contenu dans un cylindre fermé et de volume constant.

1. Plus la température du gaz augmente, plus la vitesse des particules qui le constituent augmente. ☑ Vrai ☐ Faux

2. Plus la pression du gaz augmente, plus il y a de particules de gaz dans le cylindre. ☐ Vrai ☑ Faux

2 Faites votre choix !

Corrigé p. 344

1. Deux récipients de même volume V contiennent chacun une mole d'un gaz monoatomique différent à la même température. On peut donc affirmer que :

a) ☑ la pression des deux gaz est la même.
b) ☐ la masse volumique est identique.
c) ☑ le volume molaire des deux gaz est le même.
d) ☐ le nombre de particules des deux gaz est le même.

Définition
Le volume molaire est le volume qu'occupe une mole de gaz dans des conditions définies de température et de pression.

2. Si on comprime un volume de gaz à température constante, il y a :

a) ☐ augmentation de volume seulement.
b) ☐ diminution de pression seulement.
c) ☑ augmentation de pression et diminution de volume.
d) ☐ augmentation de pression et de volume.

Exercices d'entraînement

3 Attention aux unités

★ 15 min Corrigé p. 344

Un récipient, de volume V constant, contient une quantité de matière constante de gaz égale à n moles. La pression initiale est de 1,1 bar et la température de 50 °C. Le gaz est alors refroidi jusqu'à la température de 10 °C.

Donnée
Constante des gaz parfaits $R = 8{,}31\ \text{J·mol}^{-1}\text{·K}^{-1}$.

1. Convertir les valeurs des grandeurs données dans les unités du système international (SI). Démontrer que le quotient de la pression P par la température T est constant.

2. Calculer la pression du gaz refroidi.

3. Calculer la quantité de matière du gaz si son volume est de 1,0 L puis 2,0 L.

4 C'est gonflé !

★★ 20 min Corrigé p. 345

Un pneu de voiture est gonflé à la température de 20,0 °C sous la pression de 2,10 bar, mesurée avec un manomètre. Son volume intérieur, supposé constant, est de 30 L.

> **Données**
> Constante des gaz parfaits $R = 8{,}31\ \text{J·mol}^{-1}\text{·K}^{-1}$.
> 1 bar = 1×10^5 Pa.

1. Calculer la quantité de matière de particules constituant l'air présent dans le pneu de voiture.

2. Après avoir roulé un certain temps, une vérification de la pression est effectuée. La pression est alors de 2,30 bar. Quelle est alors la température de l'air enfermé dans le pneu ? Exprimer le résultat dans l'échelle de température usuelle.

3. Indiquer si les valeurs de pression conseillées par les constructeurs pour un gonflage avec de l'air seraient différentes pour un gonflage au diazote. Justifier la réponse.

Exercices de type bac

PRÉPARER L'ÉPREUVE ÉCRITE

5 Cycle de transformations

★★★ 30 min Corrigé p. 346

On réalise l'expérience suivante, appelée cycle de transformations.

Dans un cylindre muni d'un piston, on enferme 0,10 mole de particules constituant l'air sous la pression $P_0 = 1{,}0$ bar $= 1{,}0 \times 10^5$ Pa et à la température $T_0 = 273$ K. C'est le point de départ du cycle, le point A.

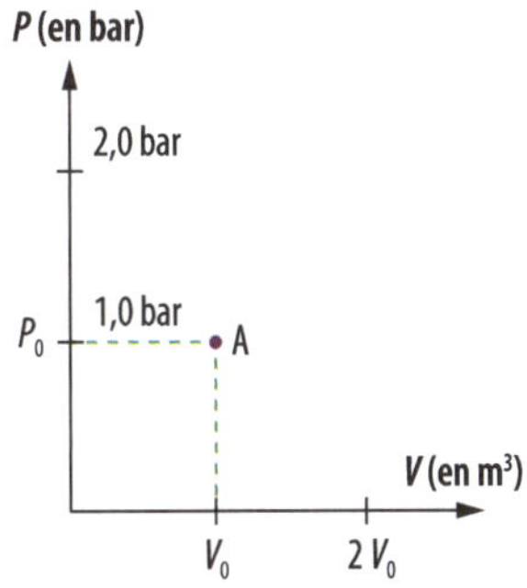

On effectue alors une suite de quatre transformations.

- On chauffe le gaz en maintenant son volume de départ constant jusqu'à une pression $P_1 = 2{,}0$ bars. C'est le point B.
- L'état du gaz étant la pression P_1 et le volume de départ V_0, on double alors le volume en maintenant la pression P_1 constante. C'est le point C.

• On diminue ensuite la pression du gaz en maintenant son volume constant, on est alors au point D.

• On revient à l'état initial en réduisant son volume à pression constante. On est de nouveau au point A.

Donnée
Constante des gaz parfaits $R = 8{,}31\ J \cdot mol^{-1} \cdot K^{-1}$.

1. Calculer le volume V_0 de l'air dans le cylindre.

2. Calculer la température T_1 de l'air correspondant au point B.

3. Calculer la nouvelle température T_2 correspondant au point C.

4. Calculer la température T_3 correspondant au point D.

5. Comment caractériser la transformation de D à A ? Tracer alors le cycle de transformations sur le graphe de la page précédente.

PRÉPARER L'ECE

6 Incertitudes de mesure

★★★ 20 min Corrigé p. 347

Compétences expérimentales évaluées : Réaliser, Valider

La pression P d'un gaz, se comportant comme un gaz parfait, peut être calculée à partir des mesures de sa température T, de son volume V et de sa quantité de matière n grâce à la relation suivante : $P \times V = n \times R \times T$ où R est la constante des gaz parfaits.

Supposons que le volume d'une mole de gaz soit la grandeur que l'on désire quantifier à l'aide de mesures expérimentales. Les résultats des mesures sont présentés dans le tableau ci-dessous.

Grandeur mesurée	Incertitude-type notée sur l'appareil de mesure	Valeur lue sur l'appareil de mesure
Température T	0,5 K	298,15 K
Pression P	1 kPa	1 000 hPa

Les incertitudes-types sur la quantité de matière et sur la valeur de la constante des gaz parfaits sont supposées nulles ($n = 1{,}000$ mol et $R = 8{,}314\ J \cdot mol^{-1} \cdot K^{-1}$).

1. Déterminer la grandeur physique mesurée avec la plus grande précision. Justifier la réponse.

2. Déterminer la valeur V du volume du gaz.

3. Calculer l'incertitude-type $u(V)$ puis noter le résultat de la mesure du volume V du gaz.

→ Méthode pour calculer une incertitude-type composée

Si $Y = \frac{X_1}{X_2}$ ou $Y = X_1 \times X_2$, l'incertitude-type $u(Y)$ est calculée avec la relation :

$$\frac{u(Y)}{Y} = \sqrt{\left(\frac{u(X_1)}{X_1}\right)^2 + \left(\frac{u(X_2)}{X_2}\right)^2}.$$

PRÉPARER LE GRAND ORAL

7 Constante d'Avogadro

★★ 20 min ➔ Corrigé p. 348

Rechercher et visionner une vidéo sur la démarche expérimentale suivie par Jean Perrin (prix Nobel de Physique en 1926 pour ses travaux sur la discontinuité de la matière) pour déterminer une valeur de la constante d'Avogadro, en tapant sur Internet les mots clés : Jean Perrin ; mouvement brownien.

Proposer une synthèse à l'oral de deux minutes maximum de cette vidéo.

Jean Perrin (1870-1942)

Pour aller plus loin

8 Équilibre statistique au sein d'un gaz

★★★ 15 min ➔ Corrigé p. 348

Le libre parcours moyen d'une particule dans un gaz est de l'ordre de $l = 10^{-6}$ m tandis que la vitesse moyenne d'une particule de gaz à température et pression ambiantes est de l'ordre de $v = 500 \text{ m·s}^{-1}$.

Par analyse dimensionnelle, estimer le nombre de chocs par seconde pour une particule de gaz puis en tirer une conséquence quant à la rapidité d'établissement de l'équilibre statistique ou thermodynamique au sein d'un gaz.

QCM et questions courtes

1 Vrai ou Faux ?

1. Vrai → La température peut être définie cinétiquement en considérant que **l'énergie cinétique** d'une molécule est **proportionnelle à la température du gaz.**

2. Faux → Le système est fermé et **aucun échange de molécule** ne peut avoir lieu.

2 Faites votre choix !

1. a) et c). La pression *P* dans chacun des récipients est la même car le volume *V*, la température *T* et la quantité de matière *n* sont les mêmes.

À savoir
D'après l'équation d'état des gaz parfaits : $P = \frac{n \times R \times T}{V}$ avec *R* une constante.

De plus, le volume molaire est le quotient du volume *V* par la quantité de matière *n*. Ces deux grandeurs sont égales dans chacun des récipients, les **volumes molaires des deux gaz** sont donc **égaux.**

2. c) La **compression** est le fait de **réduire le volume** qu'occupe un gaz. Si le gaz est parfait, sa **pression augmente** car elle est inversement proportionnelle au volume, à température et à quantité de matière constantes.

Exercices d'entraînement

3 Attention aux unités

1. Dans le système international (SI) :

- la pression s'exprime en pascal : $\boldsymbol{P = 1{,}1 \times 10^5}$ **Pa** ;
- les températures s'expriment en kelvin : $\boldsymbol{T_1 = 323}$ **K** et $\boldsymbol{T_2 = 283}$ **K** ;
- les volumes s'expriment en m^3 :

$$\boldsymbol{V_1 = 1{,}0 \times 10^{-3}\ \text{m}^3 \text{ et } V_2 = 2{,}0 \times 10^{-3}\ \text{m}^3.}$$

D'après la loi d'état des gaz parfaits : $P_1 \times V = n \times R \times T_1$ soit $\frac{P_1}{T_1} = \frac{n \times R}{V}$ avant le refroidissement et $P_2 \times V = n \times R \times T_2$ soit $\frac{P_2}{T_2} = \frac{n \times R}{V}$ après le refroidissement. Ainsi, on montre que : $\frac{P_1}{T_1} = \frac{n \times R}{V} = \frac{P_2}{T_2}$. Le **quotient de la pression par la température** est donc **constant.**

2. La pression du gaz refroidi est égale à :

$P_2 = \frac{T_2}{T_1} \times P_1 = 0,83 \times 10^5$ Pa.

Gagnez des points
N'oubliez pas de convertir les températures en kelvin !

3. La quantité de matière du gaz est égale à :

$$n = \frac{P_1 \times V}{R \times T_1} = \frac{1,1 \times 10^5 \times 1,0 \times 10^{-3}}{8,31 \times 323} = \mathbf{4,1 \times 10^{-2}\ mol.}$$

Si on double le volume V à pression et température constantes, alors **la quantité de matière double** également : $\boldsymbol{n = 8,2 \times 10^{-2}}$ **mol.**

4 C'est gonflé !

1. On utilise la loi d'état des gaz parfaits : $P \times V = n \times R \times T$ et on en déduit que la quantité de matière n des particules constituant l'air présent dans le pneu de voiture est égale à : $\boldsymbol{n = \frac{P \times V}{R \times T}}$.

A.N. : $\boldsymbol{n} = \frac{(2,10 + 1,0) \times 10^5 \times 30 \times 10^{-3}}{8,31 \times (20,0 + 273,15)} = \mathbf{3,8\ mol.}$

À savoir
La pression des pneus se mesure avec un manomètre. Cet appareil mesure une pression relative à la pression atmosphérique. Il faut donc rajouter 1 bar à la valeur mesurée.

2. La quantité de matière et le volume du pneu restent inchangés. Ainsi, le quotient $\frac{V}{n \times R}$ est également inchangé. On peut donc écrire :

$$\frac{T_{\text{final}}}{P_{\text{final}}} = \frac{T_{\text{initial}}}{P_{\text{initial}}} \text{ soit } \boldsymbol{T_{\text{final}} = T_{\text{initial}} \times \frac{P_{\text{final}}}{P_{\text{initial}}}}.$$

A.N. : $\boldsymbol{T_{\text{final}}}$ **= 321 K.**

D'où : $\boldsymbol{T_{\text{final}}}$ **= 321 – 273 = 48 °C.**

Unité
θ (en °C) = T (en K) – 273.

3. À ces valeurs de température et de pression, les gaz courants, comme le diazote ou le dioxygène peuvent être **assimilés à des gaz parfaits**. La pression ne dépend pas de la nature du gaz. Il est donc **possible d'utiliser les valeurs du constructeur avec du diazote.**

CORRIGÉS

Exercices de type bac

PRÉPARER L'ÉPREUVE ÉCRITE

5 Cycle de transformations

1. On utilise la loi d'état des gaz parfaits : $V_0 = \dfrac{n \times R \times T_0}{P_0}$.

A.N. : $V_0 = \dfrac{0{,}10 \times 8{,}31 \times 273}{1{,}0 \times 10^5} = 2{,}3 \times 10^{-3}\ \text{m}^3 = \mathbf{2{,}3\ L}$.

2. La quantité de matière et le volume sont constants, donc $\dfrac{V}{n \times R} = \dfrac{T}{P}$ est une constante. On en déduit que $\dfrac{T_0}{P_0} = \dfrac{T_1}{P_1}$ et donc $T_1 = T_0 \times \dfrac{P_1}{P_0}$.

A.N. : $T_1 = 273 \times \dfrac{2}{1} = \mathbf{546\ K}$.

> **Remarque**
> Le quotient de deux grandeurs de même dimension est indépendant de l'unité choisie.

3. La quantité de matière et la pression sont constantes entre B et C, le quotient $\dfrac{P}{n \times R} = \dfrac{T}{V}$ est donc constant. On en déduit que $\dfrac{T_1}{V_0} = \dfrac{T_2}{2 \times V_0}$ et donc $T_2 = 2 \times T_1$.

A.N. : $T_2 = 2 \times 546 = \mathbf{1092\ K}$.

4. La quantité de matière et le volume sont constants entre C et D donc le quotient $\dfrac{V}{n \times R} = \dfrac{T}{P}$ est de nouveau constant. On en déduit que $\dfrac{T_2}{P_1} = \dfrac{T_3}{P_0}$ soit $T_3 = \dfrac{T_2}{2}$ car $P_1 = 2 \times P_0$.

A.N. : $T_3 = \mathbf{546\ K}$.

5. La transformation de D à A est un **refroidissement à pression constante**. Le graphe complété ci-contre montre le cycle complet de transformations.

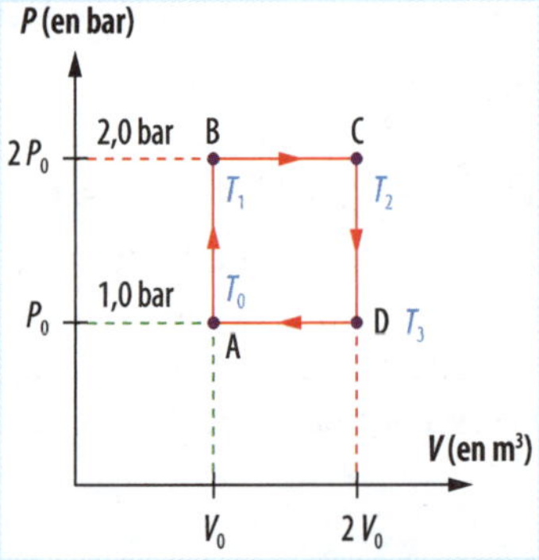

PRÉPARER L'ECE

6 Incertitudes de mesure

1. Il faut calculer **l'incertitude relative** $\frac{u(X)}{X}$ pour chaque mesure. On calcule $\frac{0{,}5}{298{,}15} = 2 \times 10^{-3}$ = **0,2 % pour la température** et on calcule encore $\frac{1 \times 10^{1}}{1000} = 1 \times 10^{-2}$ = **1 % pour la pression.**

> **Unité**
> 1 kPa = 1×10^{1} hPa

C'est donc la température qui est mesurée de la façon la plus précise.

2. On utilise la loi d'état des gaz parfaits :

$P \times V = n \times R \times T$ soit $\boldsymbol{V = \frac{n \times R \times T}{P}}$.

En faisant attention aux unités, on trouve :

$V = \frac{1{,}000 \times 8{,}314 \times 298{,}15}{1{,}000 \times 10^{15}} = 2{,}479 \times 10^{-2}\ \text{m}^3$ = **247,9 L.**

3. Le volume V du gaz est égal à : $V = \frac{n \times R \times T}{P}$.

Comme $u(n) = u(R) = 0$, $\frac{u(V)}{V} = \sqrt{\left(\frac{u(T)}{T}\right)^2 + \left(\frac{u(P)}{P}\right)^2}$.

Ainsi, l'incertitude-type associée à la mesure du volume V du gaz est égale à :

$$\boldsymbol{u(V) = V \times \sqrt{\left(\frac{u(T)}{T}\right)^2 + \left(\frac{u(P)}{P}\right)^2}}.$$

Application numérique : $u(V) = 247{,}9 \times \sqrt{\left(\frac{0{,}5}{298{,}15}\right)^2 + \left(\frac{1 \times 10^{1}}{1000}\right)^2} = 3$ L.

Le résultat de la mesure du volume V du gaz s'écrit donc :

$\boldsymbol{V}$ = **248 L** avec une incertitude-type $\boldsymbol{u(V)}$ **= 3 L.**

> **À savoir**
> L'incertitude-type est donnée le plus souvent avec un seul chiffre significatif.

PRÉPARER LE GRAND ORAL

7 Constante d'Avogadro

Astuce
Entraînez-vous à parler sans note car c'est ce qui sera demandé au Grand Oral.

La synthèse à l'oral doit expliquer que Jean Perrin a mis en œuvre deux expériences pour déduire **une valeur approchée de la constante d'Avogadro.**

Dans une première expérience, il fabrique une solution de billes sphériques de rayon identique et utilise la **théorie d'Einstein** (1905) du mouvement brownien pour déduire de ses mesures de l'activité brownienne, un ordre de grandeur de N_A. En faisant varier les paramètres expérimentaux comme le rayon des billes ou la viscosité de la solution, il obtient des valeurs comprises entre **5×10^{23} et 8×10^{23} mol^{-1}**.

Dans une seconde expérience, il s'appuie sur la **théorie atmosphérique de Laplace** pour étudier la densité de ces billes en fonction de l'altitude dans la solution. Cela fonctionne encore mieux puisque Jean Perrin détermine des valeurs proches de **$6{,}8 \times 10^{23}$ mol^{-1}**.

Pour aller plus loin

8 Équilibre statistique au sein d'un gaz

Le nombre N de chocs par seconde pour une particule de gaz est une grandeur de dimension **T^{-1}**.

Par conséquent : $N = \dfrac{v}{l} = 500 \times 10^6 = \mathbf{5 \times 10^8}$ **chocs par seconde.**

Cette valeur N est **très grande**, ce qui permet de comprendre pourquoi **l'équilibre d'un gaz** s'établit **aussi rapidement**.

CHAPITRE 14

Transferts thermiques et bilans d'énergie

Capacités exigibles du chapitre disponibles sur **Nathan Live**

COURS

1 Transferts d'énergie

1 Énergie interne d'un système

- L'énergie interne d'un système est une grandeur **macroscopique.** Elle mesure l'énergie stockée par un système, autrement que sous forme d'énergie cinétique ou d'énergie potentielle.

Vocabulaire

L'énergie interne est associée à l'état d'un système. On la note *U*.

- L'énergie interne d'un système, grandeur macroscopique, est la somme des énergies des particules qui constituent ce système au **niveau microscopique**.

→ Méthodologie

L'origine microscopique de l'énergie interne est à connaître. En revanche, il faut éviter de mêler dans une même explication des points de vue macroscopique et microscopique. Ces « pêle-mêle » nuisent souvent à l'argumentation et entraînent des confusions. On se place soit dans le domaine macroscopique, soit dans le domaine microscopique.

2 Variations de l'énergie interne

- Si le système étudié est un corps **dans un état condensé**, c'est-à-dire **un solide ou un liquide**, la variation de son énergie interne dépend de sa variation de température.

Remarque

Dans les états condensés, les corps subissent des variations de volume relativement faibles, ce qui permet de simplifier les expressions. Ces corps sont dits incompressibles.

- Supposons qu'un corps incompressible de masse m et de capacité thermique massique c passe d'une température initiale T_i à une température finale T_f, la variation de l'énergie interne de ce corps ΔU est égale à :

$$\Delta U = m \times c \times (T_f - T_i)$$

avec ΔU en joule (J) ; m en kg ; T_f et T_i en kelvin (K) (ou en °C) et c en $J \cdot kg^{-1} \cdot K^{-1}$ (ou en $J \cdot kg^{-1} \cdot °C^{-1}$).

→ Rappel

La variation d'une grandeur s'exprime toujours par une relation du type « état final – état initial ». On écrit ainsi parfois $\Delta U = m \times c \times \Delta T$.

❸ Transferts thermiques

• Si le système étudié est en contact matériel avec un corps de température différente, il s'effectuera un transfert d'énergie, appelé **transfert thermique Q (en joule)**, du fait de cette seule différence de température.

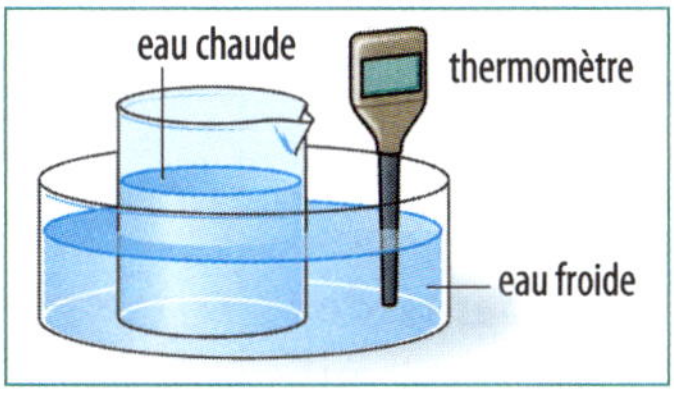

Doc. 1 La température de l'eau froide augmente, celle de l'eau chaude diminue. Il se produit un transfert thermique de l'eau chaude vers l'eau froide jusqu'à ce que l'équilibre thermique soit atteint.

→ Ne pas confondre transfert thermique et température

Le terme de transfert thermique est préféré à « chaleur ». Dans la vie courante, « la chaleur » est souvent confondue avec un état de température ; un transfert thermique est un échange d'énergie entre deux systèmes et ne peut être assimilé à la température d'un système.

• Un transfert thermique entre deux corps se produit toujours **du corps le plus chaud vers le corps le plus froid**. Si les deux corps sont à la même température, le transfert thermique cesse, on parle d'**équilibre thermique**.

→ Comment interpréter la capacité thermique massique *c* d'un corps à l'aide des transferts thermiques ?

c correspond au transfert thermique nécessaire pour faire varier de 1 °C une masse de 1 kg d'un corps. Pour l'eau, $c_{eau} = 4{,}18\ kJ\cdot kg^{-1}\cdot °C^{-1}$: il faut fournir une énergie de 4,18 kJ à une masse d'eau de 1 kg pour élever sa température d'un degré Celsius.

• La température d'un corps est une grandeur macroscopique. Au niveau microscopique, elle mesure l'agitation des atomes ou des molécules qui constituent le corps.

On peut ainsi expliquer le transfert thermique, notion macroscopique, au niveau microscopique : **les particules du corps qui possède la température la plus élevée** sont celles qui possèdent la **plus grande agitation**, c'est-à-dire la plus **grande énergie cinétique**.

• Au voisinage de la surface de contact entre deux corps, les particules du corps le plus chaud vont **transférer une part de leur énergie** aux particules du corps de température la plus basse. Ce gain d'énergie cinétique des particules va impliquer, au niveau macroscopique, une élevation de la température du corps. Par opposition, le corps de température initiale plus élevée va voir sa température baisser, puisque ses particules perdent de l'énergie cinétique en transférant une part de cette énergie cinétique. L'équilibre macroscopique des températures correspondra ainsi à un équilibre énergetique au niveau microscopique.

- Le transfert thermique par **conduction** se fait de proche en proche, il n'y a pas de déplacement de matière.
- Le transfert thermique par **convection** se fait par des mouvements de matière (courants de convection) au sein d'un gaz ou d'un liquide. Ce mode de transfert ne concerne pas les solides.
- Un transfert thermique peut également se faire par **rayonnement**. Dans ce cas, le transfert thermique s'effectue par l'intermédiaire d'une onde électromagnétique.

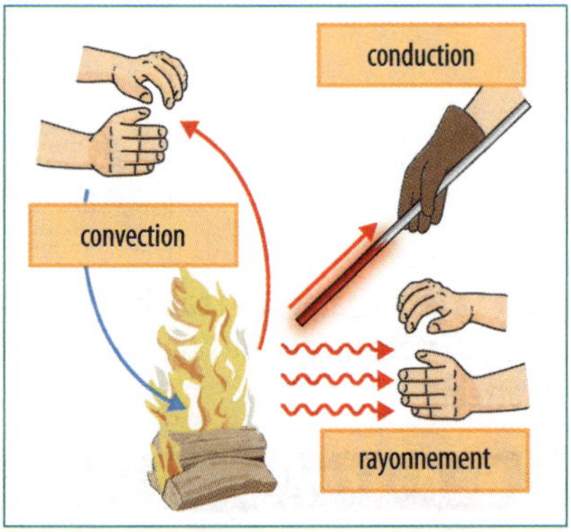

Doc. 2 Les différents transferts thermiques

Remarque

Une onde électromagnétique peut se propager dans le vide. Les transferts d'énergie par rayonnement sont donc les seuls qui ne nécessitent pas de milieu matériel pour se dérouler. C'est le cas des transferts d'énergie entre le Soleil et la Terre.

4 Flux thermiques

- Pour caractériser la vitesse à laquelle un transfert thermique Q s'effectue, on définit le flux thermique, noté Φ, comme le quotient de la variation d'énergie interne du système étudié par la durée du transfert thermique :

$$\Phi = \frac{Q}{\Delta t}$$

avec Q en joule (J), Δt en seconde (s) et Φ en watt (W).

- La résistance thermique d'une paroi mesure la capacité de cette paroi à s'opposer à un transfert thermique. Elle se note souvent R_{th} **et s'exprime en kelvin par watt (K·W⁻¹).**

Remarque
Un watt (W) correspond au transfert d'un joule en une seconde.

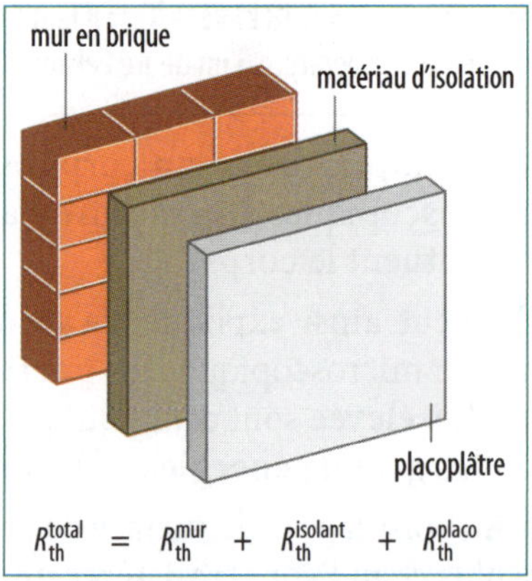

Doc. 3 La résistance thermique d'une paroi

La résistance thermique dépend de la surface, de l'épaisseur de la paroi et du matériau qui la constitue : $R_{th} = \dfrac{e}{\lambda \times S}$

avec R_{th} en $K{\cdot}W^{-1}$, λ la conductivité thermique du matériau constituant la paroi en $W{\cdot}m^{-1}{\cdot}K^{-1}$, S la surface de la paroi en m^2 et e l'épaisseur de la paroi en m.

De plus, les résistances thermiques s'additionnent.

- Le flux thermique traversant une paroi par conduction obéit à la loi :

$$\Phi = \frac{(T_{chaude} - T_{froide})}{R_{th}}$$

avec Φ le flux thermique en watt (W), R_{th} la résistance thermique de la paroi en $K{\cdot}W^{-1}$, $T_{chaude} - T_{froide}$ la différence de température entre la pièce chaude et la pièce froide en kelvin ou en degré Celsius (K ou °C, $T_{chaude} - T_{froide} > 0$).

Remarque

La relation fait intervenir une différence de températures. Comme θ, la température, en degré Celsius, est reliée à la température absolue T, en kelvin, par :

$$\theta = T + 273{,}15.$$

On a : $T_{chaude} - T_{froide} = \theta_{chaude} - \theta_{froide}$.

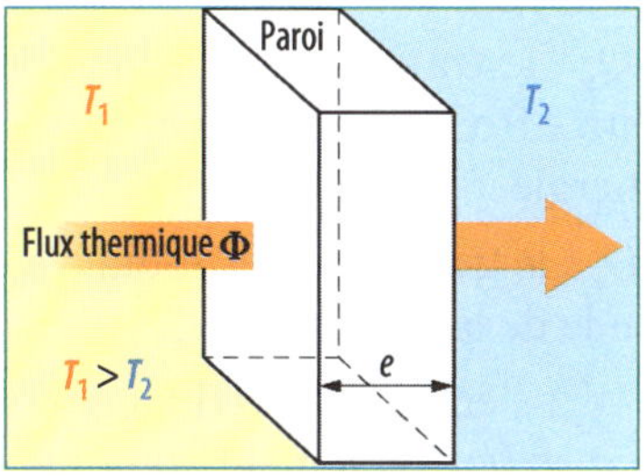

Doc. 4 L'énergie est transférée de la pièce chaude vers la pièce froide

- Le **transfert thermique** se fait toujours **de la pièce chaude à la pièce froide** à travers cette paroi, le transfert thermique est **irréversible**.

5 Bilans d'énergie

- L'énergie totale d'un système E est donnée par la relation:

$$E = E_c + E_p + U = E_m + U$$

avec E_c l'énergie cinétique du système, E_p la somme des énergies potentielles du système, U l'énergie interne du système et E_m l'énergie mécanique du système ($E_m = E_c + E_p$).

- D'après le **premier principe de la thermodynamique**, si l'énergie totale d'un système varie, c'est que ce système a reçu ou cédé de l'énergie, par travail W ou par transfert thermique Q (en joule). La variation de son énergie totale ΔE est égale à :

$$\Delta E = \Delta U + \Delta E_c + \Delta E_p = W + Q$$

avec ΔE, ΔU, ΔE_c, ΔE_p, W et Q en joule (J).

- Si **un système n'échange pas de travail W et de transfert thermique Q** avec l'extérieur, alors l'énergie totale de ce système est conservée : on dit que ce système est **isolé**.

COURS

6 Exemple de bilan d'énergie

• Une **pompe à chaleur (PAC)** permet de chauffer une piscine ; cette PAC fonctionne suivant un **cycle** : au terme d'un cycle, le fluide frigorigène de la PAC se retrouve dans le même état qu'au début du cycle : **la variation d'énergie interne ΔU du système {fluide} est donc nulle.**

> **Remarque**
> De nombreuses machines fonctionnent suivant des cycles thermodynamiques : moteurs, réfrigérateurs, etc.

• Les **transferts énergétiques mis en jeu au cours d'un cycle** sont :

– Q_F , le transfert thermique de l'air extérieur, la source froide dans ce dispositif, au fluide de la PAC (énergie « gratuite ») ;

– Q_C , le transfert thermique de l'eau de la piscine au fluide de la PAC ;

– W_e , l'énergie électrique consommée par la PAC (transférée totalement au fluide de la PAC).

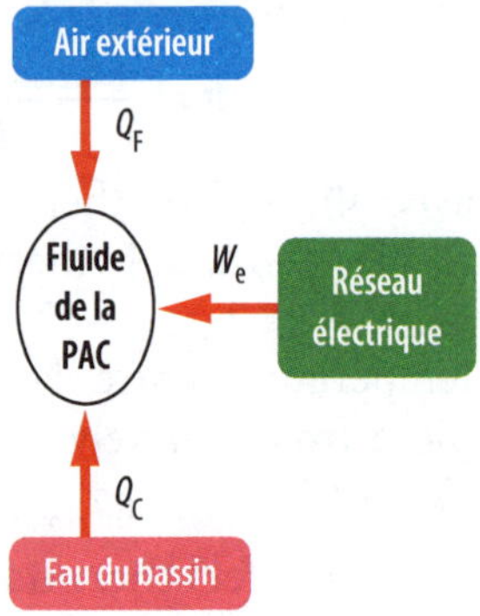

• Les signes des transferts énergétiques sont les suivants :

– $\boldsymbol{W_e > 0}$ car la PAC consomme de l'électricité ;

– $\boldsymbol{Q_F > 0}$ car la PAC reçoit de l'énergie au contact de l'air ;

– $\boldsymbol{Q_C < 0}$ car la PAC cède de l'énergie à l'eau de la piscine pour la chauffer.

• D'après le premier principe de la thermodynamique appliqué au système {fluide} : $\boldsymbol{\Delta U + \Delta E_m = W_e + Q_F + Q_C = 0}$. Comme l'énergie mécanique du système est constante et que l'on étudie un cycle :

$\Delta E_m = \Delta U = 0$, d'où : $W_e + Q_F + Q_C = 0$.

Ainsi $Q_F = - Q_C - W_e$, avec l'eau qui constitue un système condensé, ce qui permet d'écrire :

$\Delta U_{eau} = m_{eau} \times c_{eau} \times \Delta T = \rho_{eau} \times V_{eau} \times c_{eau} \times \Delta T$.

L'énergie cédée par le système {fluide} et transférée à l'eau de la piscine est donc égale à : $Q_C = - \Delta U_{eau} = - \rho_{eau} \times V_{eau} \times c_{eau} \times \Delta T$.

2 Évolution temporelle de la température d'un système

1 Transformation élémentaire

- Soit une **grandeur** X et une transformation de **durée Δt**. La variation de cette grandeur pendant une durée Δt se note **ΔX**.
- La durée Δt peut être décomposée **en variations infinitésimales du temps notées dt** : la transformation de durée Δt est décomposée **en une suite de transformations élémentaires de durées dt**.
- Les relations écrites précédemment pour une transformation de durée Δt peuvent être **interprétées pour des transformations élémentaires**.

Éviter les erreurs
dt est une notation mathématique qui correspond à une variation infinitésimale du temps, ce n'est pas une valeur numérique.

	Notation élémentaire
Variation d'énergie interne d'un système incompressible	$\mathrm{d}U = m \times c\mathrm{d}T$
Premier principe de la thermodynamique	$\mathrm{d}U = \delta Q + \delta W$
Flux thermique	$\Phi\, \mathrm{d}t = Q$

2 Loi phénoménologique de Newton

- **Hypothèses** : le système Σ est :

– **incompressible** de masse m, de capacité thermique massique c, de température initiale T_0 ;

– en contact sur une **surface d'aire S** avec un fluide de température $T_{ext} < T_0$.

– caractérisé par **un transfert thermique Q** qui s'effectue par conduction/convection **du système étudié au fluide**.

- Le flux thermique **$\Phi(t)$** à la date t est modélisé par la **loi phénoménologique de Newton** :

$$\Phi(t) = h \times S \times (T(t) - T_{ext})$$

avec T la température du système Σ et h un coefficient d'échange.

Vocabulaire
Le terme phénoménologique désigne une loi qui relie de nombreuses observations entre elles mais n'est pas strictement établie par une théorie.

- **Méthode d'établissement de l'évolution temporelle de la température du système : $T(t)$**

– choix du système : Σ.

– Bilan d'énergie avec schématisation des transferts :

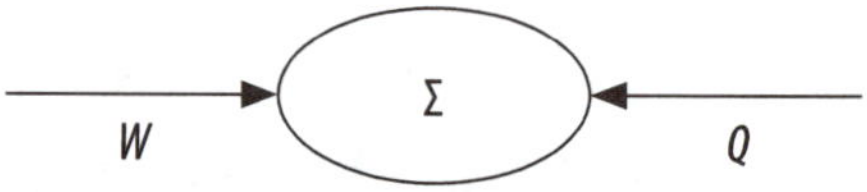

– **Premier principe de la thermodynamique** pour une transformation élémentaire de durée dt : dU = $\delta Q + \delta W$.

– Le système **étant incompressible**, on admet que $\delta W = 0$ et donc : **dU = δQ (1).**

– **Variation de l'énergie interne** du système lors de la transformation élémentaire : **dU = $m \times c$ dT (2).**

– **Signe du flux thermique :** le transfert s'effectue du système vers l'extérieur, **le flux est négatif :**
$\delta Q = -\Phi \, dt = -h \times S \times (T - T_{ext}) \, dt$ (3).

– Combinaison des relations (1), (2) et (3) :

$m \times c \, dT = -h \times S \times (T - T_{ext}) \, dt$ soit :

$$\frac{dT}{dt} + \frac{1}{\tau}T = \frac{T_{ext}}{\tau} \text{ avec } \tau = \frac{mc}{hS}.$$

Cette équation est une **équation différentielle linéaire du premier ordre à coefficients constants avec un second membre constant** de solution :

$$T(t) = (T_0 - T_{ext})\,e^{-\frac{t}{\tau}} + T_{ext} \text{ avec } \tau = \frac{mc}{hS}.$$

Remarque

L'expression obtenue pour $T(t)$ présente des similitudes avec la loi de décroissance radioactive (chapitre 4) obtenue pour l'évolution temporelle de la population $N(t)$ de noyaux radioactifs isolés et du même type, ainsi qu'avec la charge d'un condensateur étudiée dans le chapitre 19.

Pour mieux comprendre, consultez également le point maths sur la résolution d'équations à la fin de ce manuel.

3 Bilan thermique du système {Terre ; atmosphère}

1 Loi de Stefan-Boltzmann

• Tout corps de température T, en kelvin (K), émet un rayonnement électromagnétique, de flux thermique surfacique φ_E, en watt par mètre carré ($W \cdot m^{-2}$), vérifiant la loi de Stefan-Boltzmann :

$$\varphi_E = k \times T^4$$

avec k, en $W \cdot m^{-2} \cdot K^{-4}$, dépendant du corps considéré.

Remarque

Cette loi sera rappelée en exercice, il n'est pas nécessaire de la connaître mais il faut savoir l'appliquer.

2 Application au système {Terre ; atmosphère}

- **Système** : {Terre ; atmosphère} **à l'équilibre radiatif.**
- Une étude simplifiée permet d'écrire :

$$\varphi_E = \frac{2(1-A)}{(1+\alpha)}\varphi_S \text{ avec}$$

– φ_E le flux thermique surfacique rayonné par la surface terrestre, en watt par mètre carré ($W \cdot m^{-2}$) ;

– φ_S le flux thermique surfacique reçu du Soleil par le système {Terre ; atmosphère}, en watt par mètre carré ($W \cdot m^{-2}$) ;

– A l'albédo du système {Terre ; atmosphère}, sans unité ;

– α la proportion du flux thermique surfacique rayonné par la Terre et absorbé par l'atmosphère, sans unité.

> **Valeurs à connaître**
> L'albédo terrestre moyen est de l'ordre de 0,3 (il est de l'ordre de 0,1 pour la surface de la mer et pour la forêt mais il peut monter jusqu'à 0,8 pour les nuages ou la neige fraîche).
> La proportion α du flux thermique surfacique rayonné par la Terre et absorbé par l'atmosphère est environ égale à 0,75 (environ 75 %).

- Par application de **la loi de Stefan-Boltzmann**, la température **moyenne de la surface terrestre T_T** s'exprime suivant la relation :

$$T_T = \left(\frac{2(1-A)}{(2-\alpha)k}\varphi_S\right)^{1/4}.$$

- Conséquences :

– **Influence de l'effet de serre** : si la proportion α du flux thermique surfacique rayonnée par la surface terrestre et absorbée par l'atmosphère augmente, alors les concentrations dans l'atmosphère des gaz à effet de serre augmentent et la température moyenne T_T de la surface terrestre augmente.

> **A savoir**
> La température moyenne actuelle de la surface terrestre est égale à 15 °C.

– **Influence de l'albédo** : si l'albédo du système {Terre ; atmosphère} A diminue, la température moyenne T_T de la surface terrestre augmente.

QCM et questions courtes

1 QCM

➲ Corrigé p. 365

1. La température moyenne de la surface terrestre peut diminuer si :

a) ☐ l'albédo du système {Terre ; atmosphère} diminue.

b) ☐ l'albédo du système {Terre ; atmosphère} augmente.

c) ☐ les concentrations des gaz à effet de serre dans l'atmosphère augmentent.

d) ☐ les concentrations des gaz à effet de serre dans l'atmosphère restent constantes.

2. La variation de l'énergie interne d'un système :

a) ☐ est toujours positive.

b) ☐ est toujours négative.

c) ☐ peut être positive ou négative.

3. Dans la relation $\Delta U = m \times c \times (T_f - T_i)$, c s'exprime en :

a) ☐ $J \cdot kg^{-1}$.

b) ☐ $J \cdot kg^{-1} \cdot °C^{-1}$.

c) ☐ $J \cdot kg^{-1} \cdot K^{-1}$.

4. Le flux thermique traversant une paroi :

a) ☐ est indépendant de l'épaisseur de la paroi.

b) ☐ est indépendant de la matière constituant la paroi.

c) ☐ dépend de la différence de température entre les deux milieux situés de part et d'autre de cette paroi.

5. Un mur de résistance thermique $R_{th} = 6,3 \times 10^{-2}\ K{\cdot}W^{-1}$ sépare deux espaces de températures $\theta_1 = 5,0\ °C$ et $\theta_2 = 20\ °C$. Le flux thermique Φ traversant ce mur vaut :

a) ☐ $2,4 \times 10^2$ W.

b) ☐ $2,4 \times 10^2$ J.

c) ☐ $2,4 \times 10^2$ K.

Exercices d'entraînement

2 Variations de température

★ 10 min ➲ Corrigé p. 365

1. On coupe un radiateur contenant de l'eau à la température θ = 45 °C dans une pièce à température supposée constante (en première approximation) θ' = 20 °C.

a) Dans quel sens se font les échanges thermiques entre l'eau et la pièce ?

b) Quelle sera la température de l'eau dans le radiateur lorsque l'équilibre thermique sera atteint ?

2. L'eau d'un chauffe-eau passe de la température $\theta_1 = 18$ °C à la température $\theta_2 = 60$ °C.

Données : masse volumique de l'eau $\rho_{eau} = 1{,}0 \times 10^3$ kg·m^{-3} ;

capacité thermique massique de l'eau $c_{eau} = 4{,}18$ kJ·kg^{-1}·°C^{-1}.

Déterminer la variation de l'énergie interne d'un volume $V = 600$ L d'eau.

3 Flux et transferts thermiques

★ 15 min ➲ Corrigé p. 366

Une cloison est en contact avec deux fluides différents : la surface S_1 est en contact avec un fluide de température $\theta_1 = 25$ °C, la surface S_2 est en contact avec un fluide de température $\theta_2 = 5$ °C.

Donnée : résistance thermique de la paroi $R_{th} = 10{,}0$ K·W^{-1}.

1. Déterminer le sens du transfert thermique dans la paroi.

2. Exprimer puis calculer le flux thermique à travers cette paroi.

3. Déduire de la question **2.** la valeur du transfert thermique effectué pendant une durée $\Delta t = 2{,}0$ h.

4 Effet de serre dans le système solaire

★ 20 min ➲ Corrigé p. 366

Vénus et Mercure possèdent des températures moyennes de surface assez différentes.

Données :

- Les planètes sont considérées en équilibre radiatif et rayonnant comme des corps noirs.
- Loi de Stefan-Boltzmann pour un corps noir : $\varphi = \sigma T^4$, avec φ le flux thermique surfacique rayonné et $\sigma = 5{,}67 \times 10^{-8}\ \text{W} \cdot \text{m}^{-2} \cdot \text{K}^{-4}$.

Vocabulaire
Un corps noir est un objet théorique qui absorbe intégralement le rayonnement électromagnétique qu'il reçoit.

- Caractéristiques de Mercure et Vénus :

Planète	Mercure	Vénus
Distance au Soleil (en km)	$5{,}8 \times 10^7$	$1{,}1 \times 10^8$
Flux thermique surfacique φ_S reçu du Soleil (en $\text{W} \cdot \text{m}^{-2}$)	2367	657
Température moyenne de surface (en K)	442	735
Albédo	0,12	0,75

1. Montrer que dans l'hypothèse où les effets des éventuelles atmosphères de ces planètes sont négligés, les températures moyennes de surface ont pour expression :

$$T = \left(\varphi_S \times \frac{(1-A)}{\sigma}\right)^{1/4}.$$

2. Calculer les deux températures moyennes de surface de ces deux planètes dans l'hypothèse où les effets des éventuelles atmosphères sont négligés.

3. Comparer les températures calculées dans la question **2.** aux températures moyennes de surface relevées. Conclure en revenant sur les hypothèses du modèle proposé dans cet exercice.

5 Bilans énergétiques

★★ 20 min ➲ Corrigé p. 367

On plonge un verre contenant une masse m_1 de cent grammes d'éthanol de température initiale $\theta_1 = 50$ °C dans un récipient contenant une masse m_2 de cinq cent grammes d'eau de température initiale $\theta_2 = 15$ °C.

On suppose que le système {verre – eau - éthanol– récipient} est isolé. On négligera l'énergie interne des parois de verre des deux récipients.

Données : capacités thermiques massiques de l'eau et de l'éthanol :

$c_{\text{eau}} = 4{,}18\ \text{kJ} \cdot \text{kg}^{-1} \cdot {}^\circ\text{C}^{-1}$; $c_{\text{éthanol}} = 2{,}46\ \text{kJ} \cdot \text{kg}^{-1} \cdot {}^\circ\text{C}^{-1}$.

1. Quelle approximation réalise-t-on en supposant ce système isolé ?

2. Exprimer la variation de l'énergie interne du système ΔU.

3. Déduire de la question **2.** une relation entre la variation de l'énergie interne de l'éthanol du verre ($\Delta U_{\text{éthanol}}$) et la variation de l'énergie interne de l'eau (ΔU_{eau}).

4. Que peut-on dire des températures finales de l'eau et de l'éthanol ?

5. En déduire l'expression puis la valeur de cette température finale θ_F.

Exercices de type bac

PRÉPARER L'ÉPREUVE ÉCRITE

6 Bilans thermiques dans la salle de classe ★★★ 35 min Corrigé p. 368

Considérons une salle de classe de longueur L = 15 m, de largeur l = 10 m et de hauteur h = 2,80 m (voir le schéma ci-contre). Sa température est θ_{int} = 20 °C. Trois des quatre murs de la salle sont au contact avec d'autres salles à la même température, le quatrième est au contact de l'extérieur (« mur extérieur »). La température extérieure est θ_{ext} = 5,0 °C.

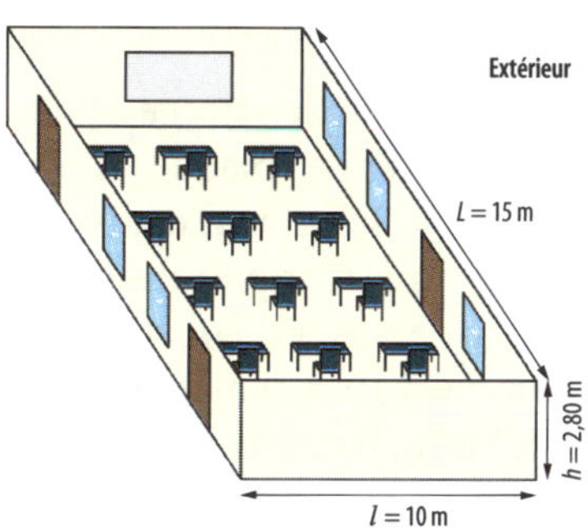

On négligera dans la suite les transferts thermiques autres que les transferts par conduction. La salle de classe possède trois portes identiques de surface unitaire S_{porte} = 2,0 m² et cinq fenêtres de simple vitrage de surface unitaire S_{fen} = 1,5 m². Elle dispose de neufs radiateurs de même puissance thermique P_1. On admet que la puissance thermique des radiateurs est égale au flux thermique.

Données :

Nature de la paroi	Fenêtre	Mur extérieur	Plafond	Porte	Sol
R_{th} (en $K \cdot W^{-1}$)	$2{,}2 \times 10^{-3}$	$5{,}6 \times 10^{-2}$	$2{,}3 \times 10^{-2}$	$5{,}0 \times 10^{-1}$	$1{,}0 \times 10^{-2}$

Partie A – Bilan thermique de la salle de classe

1. Calculer les surfaces du sol et du plafond. Déterminer le flux thermique total Φ_1 pour l'ensemble de ces deux parois.

2. Quelle est la surface du mur en contact avec l'extérieur S_{ext} ? Calculer le flux thermique Φ_2 pour ce mur.

3. Parmi les cinq fenêtres et les trois portes, lesquels de ces éléments échangent un transfert thermique ? Calculer le flux thermique total Φ_3 associé à ces différents éléments.

4. En déduire le flux thermique perdu par la salle de classe, Φ_{pertes}.

5. D'où proviennent principalement les pertes ? Comment l'expliquer ?

6. Quelle doit être la puissance fournie par chaque radiateur pour que la température de la salle demeure constante ?

Partie B – Quelles fenêtres pour la salle ?

Les fenêtres de la salle sont en simple vitrage. On cherche à évaluer l'intérêt du remplacement de ces fenêtres par des fenêtres triples vitrages.

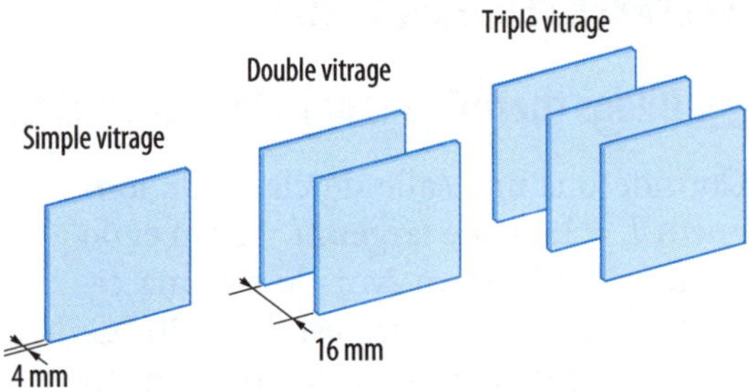

Une fenêtre simple vitrage est constituée d'une plaque de verre de e = 4,0 mm d'épaisseur. Une fenêtre triple vitrage (figure ci-dessus) est constituée d'une plaque de verre d'épaisseur e = 4,0 mm, d'une lame d'air d'épaisseur e' = 16 mm, d'une seconde plaque de verre d'épaisseur 4,0 mm, d'une lame d'air d'épaisseur 16 mm et d'une dernière plaque de verre d'épaisseur 4,0 mm (on parle d'un vitrage 4–16–4–16–4).

On donne les conductivités thermiques de l'air $\lambda_{air} = 2{,}5 \times 10^{-2}$ W·m^{-1}·K^{-1}, et du verre $\lambda_{verre} = 1{,}2$ W·m^{-1}·K^{-1}. La résistance thermique d'un matériau est liée à sa conductivité thermique λ, à l'aire S de sa surface et à son épaisseur e : $R_{th} = \dfrac{e}{S\lambda}$.

1. Calculer la résistance thermique d'une fenêtre de la salle, pour un simple vitrage et pour un triple vitrage.
Retrouvez-vous la valeur indiquée dans le tableau de la partie **A** ?

2. Calculer le flux thermique par conduction pour la fenêtre simple vitrage Φ_{simple}, puis pour la fenêtre triple vitrage Φ_{triple}.

3. Déduire de la question **2.** lequel de ces deux vitrages offre la meilleure isolation thermique.

4. Quelle puissance thermique des radiateurs « économiserait-on » si on remplaçait les trois fenêtres simples vitrages donnant sur l'extérieur par des fenêtres triples vitrages ?

7 Capacité thermique massique du fer

★★ 30 min ➲ Corrigé p. 370

Compétences expérimentales évaluées : réaliser, valider

L'objectif de cette épreuve est de déterminer la capacité thermique massique du fer.

Protocole expérimental

- Dans un calorimètre de capacité thermique $C = 226\ \text{J}\cdot\text{K}^{-1}$, ajouter une masse $m = 100$ g d'eau, un échantillon de fer de masse $m_f = 140$ g et une résistance chauffante de masse négligeable.
- Noter la température initiale θ_0 de l'ensemble à l'équilibre thermique.
- Alimenter la résistance chauffante pendant une durée $\Delta t = 30$ s avec une puissance électrique $P = 350$ W.
- Mesurer la température finale θ_f.

Exemples de résultats expérimentaux :

- température initiale : $\theta_i = 20{,}0$ °C ;
- température finale : $\theta_f = 34{,}8$ °C.

La répétition de cette expérience permet d'obtenir la série de mesures indépendantes de la capacité thermique massique du fer c_{fer} (en $\text{J}\cdot\text{K}^{-1}\cdot\text{Kg}^{-1}$) suivantes :

460	458	472	443	457	443	468	472
460	452	467	454	429	470	455	463

Donnée : capacité thermique massique de l'eau $c_{eau} = 4\,180\ \text{J}\cdot\text{K}^{-1}\cdot\text{kg}^{-1}$.

1. Exprimer la capacité thermique massique du fer en fonction des mesures réalisées et des données. Justifier soigneusement la démarche suivie.

Astuce

Ne confondez pas capacité thermique (en $\text{J}\,.\,\text{K}^{-1}$) et capacité thermique massique (en $\text{J}\,.\,\text{K}^{-1}\,.\,\text{kg}^{-1}$).

2. Calculer la capacité thermique massique du fer déduite des exemples de résultats expérimentaux $\theta_i = 20{,}0$ °C et $\theta_f = 34{,}8$ °C.

3. À partir de la série de mesures effectuées, déterminer la valeur moyenne de la capacité massique du fer ainsi que son incertitude-type.

4. Comparer la capacité massique du fer déterminée dans cette expérience à la valeur de référence : $c_{fer,\ référence} = 460\ \text{J}\cdot\text{K}^{-1}\cdot\text{kg}^{-1}$.

PRÉPARER LE GRAND ORAL

8 Albédo

★★ 30 min Corrigé p. 371

Préparer, à l'aide du document ci-dessous et de vos connaissances, une présentation orale sans note, de deux minutes maximum, permettant de montrer l'influence de la diminution des surfaces des glaciers et de neige sur l'augmentation de la température moyenne de la surface terrestre.

Albédo

Considérons un système qui reçoit un rayonnement électromagnétique bien déterminé, par exemple le rayonnement solaire. Une partie du rayonnement solaire reçu est réfléchi et diffusé, et une autre partie est absorbée par le système.

L'albédo A est le quotient du flux thermique surfacique φ_D réfléchi et diffusé par ce système par le flux thermique surfacique φ_S incident :

$$A = \frac{\varphi_D}{\varphi_S}.$$

Le flux thermique surfacique moyen émis par le Soleil et reçu par le système {Terre ; atmosphère} est quant à lui égal à : $\varphi_S = 350\ \text{W}\cdot\text{m}^{-2}$.

Les albédos de différentes surfaces sont donnés dans le tableau ci-dessous.

Type de surface	Albédo
Mer	0,1
Forêt	0,1
Nuage	0,5 à 0,8
Glace	0,5 à 0,7
Neige fraîche	0,8

Le système {Terre ; atmosphère} présente un albédo moyen de l'ordre de 0,3 auquel les continents, le sable et la neige apportent une contribution très importante.

D'après meteofrance.fr

Pour aller plus loin

9 Maison passive

★★★ 1 h Corrigé p. 371

Qu'est-ce qu'une maison passive ?

Rechercher des informations pertinentes sur ce sujet, puis répondre à cette question dans un langage scientifique adapté en utilisant les termes de transfert thermique, de conductivité thermique, etc.

QCM et questions courtes

1 QCM

1. b) D'après la relation $T_T = \left(\dfrac{2(1-A)}{(2-\alpha)k}\varphi_S\right)^{1/4}$, la température T_T peut diminuer si l'albédo du système {Terre ; atmosphère} A augmente (les autres paramètres étant maintenus constants).

2. c) L'énergie interne du système peut **augmenter** (variation positive) ou **diminuer** (variation négative).

> **Remarque**
>
> Δgrandeur = grandeur(état final) – grandeur(état initial).
>
> Si Δgrandeur > 0, alors grandeur(état final) > grandeur(état initial), la valeur de la grandeur augmente.

3. c) et **d)** On peut établir $c = \dfrac{\Delta U}{m(T_f - T_i)}$ avec ΔU en joule (J), m en kg et T en °C ou en K. On en déduit que c a pour unité J/[kg·°C] ou J/[kg·K] soit **J·kg^{-1}·°C^{-1}** ou J·kg^{-1}·K^{-1}.

4. c) D'après la formule du **flux thermique**, ce flux **dépend des températures** citées. La réponse **b)** est évidemment fausse car la résistance thermique dépend **de la matière constituant la paroi**.

> **Piège à éviter**
>
> La résistance thermique dépend également de l'épaisseur de la paroi. Pour un matériau donné, la résistance thermique sera d'autant plus grande que la paroi sera épaisse (voir l'exercice 6).

5. a) $\Phi = \dfrac{(T_{\text{chaude}} - T_{\text{froide}})}{R_{\text{th}}} = \dfrac{\theta_2 - \theta_1}{R_{\text{th}}} = \dfrac{(20 - 5{,}0)}{6{,}3 \times 10^{-2}} = \mathbf{2{,}4 \times 10^2\ W}$.

Exercices d'entraînement

2 Variations de température

1. a) Le transfert thermique s'effectue toujours du système de température la plus grande vers le système de température la plus basse, ici **de l'eau du radiateur vers la pièce**.

b) Si la température de la pièce demeure constante, l'équilibre thermique sera atteint lorsque **les températures des deux systèmes seront égales**, soit lorsque la température de l'eau du radiateur sera de **20 °C**.

2. La variation ΔU de l'énergie interne d'un volume $V = 600$ L d'eau est égale à :
$\Delta U = m \times c\,(\theta_f - \theta_i)$; si $\mu_{eau} = 1{,}0 \times 10^3$ kg·m^{-3} alors $m = \mu_{eau} V$.
$\Delta U = \mu_{eau} \times V \times c\,(\theta_2 - \theta_1) = 1{,}0 \times 600 \times 4{,}18\,(60 - 18)$
$\mathbf{\Delta U = 1{,}1 \times 10^5\ J = 1{,}1 \times 10^2\ kJ.}$

Remarque
$1{,}0 \times 10^3$ kg·m^{-3} = 1,0 kg·L^{-1}.

3 Flux et transferts thermiques

1. Un **transfert thermique** s'effectue **toujours** de la source **de température la plus grande vers la source de température la plus basse**, donc ici **de la surface S_1 vers la surface S_2**.

2. Par définition de la résistance thermique : $R_{th} = \dfrac{T_1 - T_2}{\Phi}$ donc $\mathbf{\Phi = \dfrac{T_1 - T_2}{R_{th}}}$.

A. N. : $\Phi = \dfrac{(25 + 273) - (5 + 273)}{10{,}0} = \mathbf{2{,}0\ W.}$

3. Le flux thermique représente la vitesse du transfert thermique : $\Phi = \dfrac{Q}{\Delta t}$
donc $\mathbf{Q = \Phi \times \Delta t}$.
A. N. : $\mathbf{Q} = 2{,}0 \times 3\,600 \times 2{,}0 = \mathbf{1{,}4 \times 10^4\ J}$.

Astuce
La différence de deux températures peut s'effectuer en conservant les températures en degré Celsius.

4 Effet de serre dans le système solaire

1. Les planètes sont considérées en équilibre radiatif et on néglige les effets d'éventuelles atmosphères :

$$\varphi_s = A\varphi_s + \varphi_{Planète}.$$

La planète étant considérée comme un corps noir : $\varphi_{Planète} = \sigma \times T^4$.
D'où : $\varphi_s = A\varphi_s + \sigma \times T^4$ et $\varphi_s(1 - A) = \sigma \times T^4$.
Par suite : $T^4 = \dfrac{\varphi_s(1 - A)}{\sigma}$, soit : $\mathbf{T = \left(\dfrac{\varphi_s\,(1 - A)}{\sigma}\right)^{1/4}}$.

Remarque
Avec ces hypothèses, le coefficient atmosphérique α, c'est-à-dire la proportion du flux thermique surfacique rayonné par la surface terrestre et absorbé par l'atmosphère, est nul.

2. Dans l'hypothèse où les effets des éventuelles atmosphères sont négligés, les températures moyennes de surface de Mercure et Vénus sont :

$$T_{Mercure} = \left(\frac{2\,367 \times (1 - 0{,}12)}{5{,}67 \times 10^{-8}}\right)^{1/4} = \mathbf{438\ K}$$

$$T_{Vénus} = \left(\frac{657 \times (1 - 0{,}75)}{5{,}67 \times 10^{-8}}\right)^{1/4} = \mathbf{232\ K}$$

3. La **température de surface moyenne** déterminée pour **Mercure** est très proche de celle indiquée dans les données : **438 K ≈ 442 K**. On peut en conclure que **Mercure ne possède pas d'atmosphère** ou que **son atmosphère ne perturbe que faiblement le flux thermique surfacique** rayonné par Mercure.

Par contre, **la température moyenne de surface de Vénus est bien plus élevée que celle déterminée dans la question 2 : 735 K >> 232 K**. On peut en déduire, au contraire de Mercure, que **Vénus possède une atmosphère qui joue un rôle important dans l'équilibre global**, avec un effet de serre très conséquent.

Remarque

Mercure est en effet dépourvue d'atmosphère alors que Vénus subit un très important effet de serre.

5 Bilans énergétiques

1. En supposant le système isolé, on néglige les transferts thermiques vers l'extérieur (vers les systèmes en contact avec une partie du système étudié). On **néglige surtout les transferts thermiques entre l'air et le système.**

Remarque

Cette approximation est plus ou moins réaliste suivant la température de l'air. Si on compare la température finale calculée avec cette hypothèse avec la température de l'air, on pourra conclure sur la validité de l'hypothèse. Si ces deux températures sont très différentes, l'hypothèse est irréaliste, et dans le cas contraire l'équilibre thermique obtenu entre l'atmosphère et le système valide l'hypothèse.

2. Si le système est isolé, son énergie totale est conservée.

De plus, ce système étant immobile, son énergie mécanique est constante.

On en déduit donc que son **énergie interne est conservée** : $\Delta U = 0$.

3. $\Delta U = \Delta U_{\text{eau}} + \Delta U_{\text{éthanol}}$; on néglige les énergies internes des parois de verre.

D'où $0 = \Delta U_{\text{eau}} + \Delta U_{\text{éthanol}}$ et finalement, $\boldsymbol{\Delta U_{\text{eau}} = -\Delta U_{\text{éthanol}}}$.

4. Lorsque l'équilibre thermique est obtenu, les températures de l'eau et de l'éthanol sont **égales** et valent θ_F.

5. $\Delta U_{\text{eau}} = -\Delta U_{\text{éthanol}}$ soit $m_1 \times c_{\text{eau}} \times (\theta_F - \theta_2) = -m_2 \times c_{\text{éthanol}} \times (\theta_F - \theta_1)$

$m_1 \times c_{\text{eau}} \times \theta_F - m_1 \times c_{\text{eau}} \times \theta_2 = -m_2 \times c_{\text{éthanol}} \times \theta_F + m_2 \times c_{\text{éthanol}} \times \theta_1$

$m_1 \times c_{\text{eau}} \times \theta_F + m_2 \times c_{\text{éthanol}} \times \theta_F = m_2 \times c_{\text{éthanol}} \times \theta_1 + m_1 \times c_{\text{eau}} \times \theta_2$

$\theta_F (m_1 \times c_{\text{eau}} + m_2 \times c_{\text{éthanol}}) = m_2 \times c_{\text{éthanol}} \times \theta_1 + m_1 \times c_{\text{eau}} \times \theta_2$

$$\boldsymbol{\theta_F = \frac{m_2 \times c_{\text{éthanol}} \times \theta_1 + m_1 \times c_{\text{eau}} \times \theta_2}{m_1 \times c_{\text{eau}} + m_2 \times c_{\text{éthanol}}}}$$

$$\theta_F = \frac{100 \times 10^{-3} \times 2{,}46 \times 10^3 \times 50 + 500 \times 10^3 \times 4{,}18 \times 10^3 \times 15}{100 \times 10^{-3} \times 4{,}18 \times 10^3 + 100 \;\; 10^{-3} \times 2{,}46 \times 10^3}$$

$\boldsymbol{\theta_F = 19\ °\text{C}}$.

Astuce

On fait passer les termes en θ_F dans le premier terme.

CORRIGÉS

→ Unités

Le calcul ci-avant est présenté dans les unités du Système International, masses en kg et capacités thermiques massiques en $J \cdot kg^{-1} \cdot K^{-1}$. Si on exprime les masses en gramme et les capacités thermiques massiques en $kJ \cdot kg^{-1} \cdot K^{-1}$, les facteurs 10^3 et 10^{-3} se simplifient et les unités restent cohérentes.

Exercices de type bac

PRÉPARER L'ÉPREUVE ÉCRITE

6 Bilans thermiques dans la salle de classe

A. 1. $S_{sol} = S_{plafond} = L \times l = 15 \times 10 = 1{,}5 \times 10^2\ m^2$.

$$\Phi_1 = \Phi_{sol} + \Phi_{plafond} = \frac{(\theta_{int} - \theta_{ext})}{R_{th-sol}} + \frac{(\theta_{int} - \theta_{ext})}{R_{th-plafond}}$$

$$\Phi_1 = (\theta_{int} - \theta_{ext}) \cdot \left(\frac{1}{R_{th-sol}} + \frac{1}{R_{th-plafond}}\right)$$

$$\Phi_1 = (20 - 5{,}0) \times \left(\frac{1}{1{,}0 \times 10^{-2}} + \frac{1}{2{,}3 \times 10^{-2}}\right) = 2{,}2 \times 10^{-2}\ W = \mathbf{2{,}2\ kW.}$$

À savoir

Le flux thermique total est la somme des flux thermiques à travers chaque paroi.

2. $S_{ext} = L \times h - S_{porte} - 3 \times S_{fen}$.

→ Astuce

Le mur extérieur est percé d'une porte et de trois fenêtres. Il faut donc soustraire les surfaces de ces éléments de la surface calculée.

$S_{ext} = 15 \times 2{,}80 - 2{,}0 - 3 \times 1{,}5 = \mathbf{36\ m^2}$.

$$\Phi_2 = \frac{(\theta_{int} - \theta_{ext})}{R_{th-mur}} = \frac{(19 - 5{,}0)}{5{,}6 \times 10^{-2}} = \mathbf{2{,}7 \times 10^2\ W = 0{,}27\ kW.}$$

3. Une porte et trois fenêtres sont en contact avec l'extérieur.

$$\Phi_3 = \frac{(\theta_{int} - \theta_{ext})}{R_{th-porte}} + 3 \times \frac{(\theta_{int} - \theta_{ext})}{R_{th-fen}} = \frac{19 - 5{,}0}{5{,}0 \times 10^{-1}} + 3 \times \frac{19 - 5{,}0}{2{,}2 \times 10^{-3}} = \mathbf{2{,}0 \times 10^4\ W}$$

$\mathbf{\Phi_3 = 20\ kW.}$

4. $\Phi_{pertes} = \Phi_1 + \Phi_2 + \Phi_3 = 2{,}2 + 0{,}27 + 20 = \mathbf{22\ kW}$.

5. Les **fenêtres** constituent ici la **principale source de pertes thermiques** (90 % des pertes).

Remarque

Le bilan est ici effectué en kW, unité plus adaptée à l'étude. Il peut toutefois être effectué en watt.

6. Pour maintenir une température de la salle constante, il est nécessaire de compenser le flux thermique perdu par l'apport des radiateurs :

$$\Phi_{\text{pertes}} = \Phi_{\text{radiateurs}} = 9P_1 \text{ et } P_1 = \frac{\Phi_{\text{pertes}}}{9} = \mathbf{2{,}4\ kW.}$$

B. 1. Pour un simple vitrage, $R_{\text{th-simple}} = \dfrac{e}{S\,\lambda_{\text{verre}}} = \dfrac{4{,}0 \times 10^{-3}}{1{,}2 \times 1{,}5}$.

$R_{\text{th-simple}} = 2{,}2 \times 10^{-3}\ \mathrm{K{\cdot}W^{-1}}$, on retrouve la valeur du tableau.

Pour un triple vitrage, $R_{\text{th-triple}} = R_{\text{th-verre}} + R_{\text{th-air}} = \dfrac{3 \times e}{S_{\text{fen}} \times \lambda_{\text{verrre}}} + \dfrac{2 \times e'}{S_{\text{fen}} \times \lambda_{\text{air}}}$.

$$R_{\text{th-triple}} = \frac{3 \times 4{,}0 \times 10^{-3}}{1{,}5 \times 1{,}2} + \frac{2 \times 16 \times 10^{-3}}{1{,}5 \times 2{,}5 \times 10^{-2}} = \mathbf{0{,}86\ K{\cdot}W^{-1}}.$$

→ Bien comprendre la correction

Pour une fenêtre triple vitrage, la résistance thermique totale est la somme des résistances thermiques des différentes parties du vitrage. On dénombre ainsi trois parois de verre d'épaisseur *e* et deux couches d'air d'épaisseur *e'*. Toutes ces parois ont la même surface S_{fen}.

2. $\Phi_{\text{simple}} = \dfrac{\theta_{\text{int}} - \theta_{\text{ext}}}{R_{\text{th-simple}}} = \dfrac{19 - 5{,}0}{2{,}2 \times 10^{-3}} = \mathbf{6{,}8 \times 10^3\ W = 6{,}8\ kW.}$

$\Phi_{\text{triple}} = \dfrac{\theta_{\text{int}} - \theta_{\text{ext}}}{R_{\text{th-triple}}} = \dfrac{19 - 5{,}0}{5{,}6 \times 10^{-1}} = \mathbf{1{,}7 \times 10^1\ W = 1{,}7 \times 10^{-2}\ kW.}$

3. Le triple vitrage offre une isolation thermique bien meilleure. On évalue le rapport des deux pertes : $\dfrac{\theta_{\text{simple}}}{\theta_{\text{triple}}} = 3{,}9 \times 10^2 \approx 10^2$ (ordre de grandeur).

Le **triple vitrage** offre, dans la situation de cette étude, des **pertes thermiques par conduction 100 fois moins importantes que le simple vitrage.**

4. Pour trois fenêtres simples vitrages, $\Phi_{\text{simple - total}} = 3 \times \Phi_{\text{simple}} = 20$ kW.

Pour trois fenêtres triples vitrages, $\Phi_{\text{triple - total}} = 3 \times \Phi_{\text{triple}} = 5{,}1 \times 10^{-2}$ kW.

Le remplacement proposé permettrait d'économiser une puissance thermique :

$$P_{\text{économisée}} = \Phi_{\text{simple - total}} - \Phi_{\text{triple - total}} = \mathbf{20\ kW.}$$

→ Remarque

Avec la précision de nos valeurs, tout se passe comme si le passage à trois fenêtres triples vitrages éliminait totalement les pertes thermiques. Certains termes ont été simplifiés dans l'étude. Ils minimisent les pertes du simple vitrage en situation réelle.

PRÉPARER L'ECE

7 Capacité thermique massique du fer

1. Le **système étudié** est l'ensemble {calorimètre ; eau ; fer ; résistance chauffante}.

D'après le **premier principe de la thermodynamique**, pour la transformation de durée Δt : $\Delta U = Q = [C + m \times c_{eau} + m_f \times c_{fer}] \times (\theta_f - \theta_0)$.

De plus, l'énergie électrique correspondante vaut $P \times \Delta t$, soit :

$$P \times \Delta t = [c + m \times c_{eau} + m_f \times c_{fer}] \times (\theta_f - \theta_0)$$

$$\frac{P \times \Delta t}{\theta_f - \theta_0} = c + m \times c_{eau} + m_f \times c_{fer}$$

$$\frac{P \times \Delta t}{\theta_f - \theta_0} - c - m \times c_{eau} = m_f \times c_{fer.}$$

$$\left[\frac{P \times \Delta t}{\theta_f - \theta_0} - c - m \times c_{eau}\right] \times \frac{1}{m} = c_{fer}.$$

Astuce

La différence de deux températures peut s'effectuer en conservant les températures en degré Celsius.

2. D'après l'énoncé, $\theta_i = 20{,}0$ °C et $\theta_f = 34{,}8$ °C, soit :

$$c_{fer} = \left[\frac{350 \times 30}{34{,}8 - 20} - 226 - 0{,}100 \times 4\,180\right] \times \frac{1}{0{,}140} = 468\ \text{J} \cdot \text{K}^{-1} \cdot \text{kg}^{-1}.$$

3. La valeur moyenne $\overline{c_{fer}}$ et l'incertitude type $u(\overline{c_{fer}})$ peuvent être déterminées à l'aide d'une calculatrice ou d'un tableur :

$\overline{c_{fer}}$ **= 458 J · K⁻¹ · kg⁻¹ avec une incertitude-type** $u(\overline{c_{fer}})$ **= 3 J · K⁻¹ · kg⁻¹.**

Bien comprendre

Lisez ou relisez le chapitre sur la mesure et les incertitudes à la fin du manuel pour calculer l'incertitude-type.

En effet, une calculatrice ne donne pas directement l'incertitude-type. Elle donne l'écart-type s ($s = 12{,}2\ \text{J} \cdot \text{K}^{-1} \cdot \text{kg}^{-1}$ dans le cadre de cette série de mesures) et il faut diviser l'écart-type par la racine carrée du nombre de mesures pour trouver l'incertitude-type.

L'incertitude-type, déterminée avec un seul chiffre significatif, permet de connaître le nombre de chiffres significatifs de la valeur moyenne. Par exemple, dans le cadre de cette série de mesures, comme l'incertitude-type est donnée au $\text{J} \cdot \text{K}^{-1} \cdot \text{kg}^{-1}$ près, la valeur moyenne doit elle aussi être notée au $\text{J} \cdot \text{K}^{-1} \cdot \text{kg}^{-1}$ près.

4. La capacité massique du fer déterminée dans l'expérience, $\overline{c_{fer}} = 458\ \text{J} \cdot \text{K}^{-1} \cdot \text{kg}^{-1}$, compte tenu de son incertitude type, $3\ \text{J} \cdot \text{K}^{-1} \cdot \text{kg}^{-1}$, est **compatible avec la valeur de référence,** $c_{fer,\ référence} = 460\ \text{J} \cdot \text{K}^{-1} \cdot \text{kg}^{-1}$.

PRÉPARER LE GRAND ORAL

8 Albédo

La présentation orale doit permettre d'insister sur les éléments de réponse suivants.

> **Astuce**
> Si vous le pouvez, réalisez cette présentation orale devant une « audience ». C'est toujours très utile, surtout si vos amis ou votre famille sont bienveillants et vous critiquent de manière constructive.

• La température moyenne de la surface terrestre s'exprime par la relation :

$$T_T = \left(\frac{2(1-A)}{(2-\alpha)k}\varphi_S\right)^{1/4}.$$

• La température moyenne de la surface terrestre exprimée par la relation précédente va **augmenter si l'albédo diminue.**

• D'après le tableau du document proposé, **la glace et la neige ont une contribution très importante à l'albédo terrestre moyen.** Une diminution des surfaces des glaciers et/ou des surfaces enneigées conduirait donc à **une diminution de l'albédo terrestre moyen** et par suite à une **augmentation de la température de surface moyenne de la Terre.**

Pour aller plus loin

9 Maison passive

Le concept de la maison passive est d'origine allemand. L'objectif final est d'obtenir une maison pour laquelle le chauffage est « quasiment » inutile. D'un point de vue technique, le « PassivHausInstitut » impose trois critères impératifs, trois standards qui peuvent être atteints de différentes manières.

• **L'énergie de la maison perdue** par transfert thermique ne doit **pas dépasser 54 MJ/m²/an.**

> **Remarque**
> Dans les textes, on trouve « 15kWh/m²/an de chauffage ».
> 1 kWh est une énergie, elle correspond à un flux thermique Φ de 15 kW pendant une heure, soit pendant $\Delta t = 1\ \text{h} = 3\,600\ \text{s}$. On obtient ainsi pour l'énergie interne perdue, $Q = \Phi \times \Delta t = 15 \times 10^3 \times 3\,600 = 5{,}4 \times 10^7\ \text{J} = 54\ \text{MJ}$ pour un m².

• **La consommation totale en énergie primaire**, comprenant le chauffage, l'eau chaude, l'électroménager, ne doit **pas dépasser une énergie de 430 MJ/m²/an** (120 kWh/m²/an).

• Pour limiter au maximum les transferts thermiques vers l'extérieur en hiver (et vers l'intérieur en été), la maison doit avoir une **très bonne étanchéité à l'air**.

Pour obtenir de tels résultats, il est nécessaire d'**optimiser le mode d'isolation**, en choisissant des matériaux de fortes résistances thermiques (ou de faibles conductivités thermiques avec une épaisseur assez importante), et en utilisant un vitrage particulièrement performant (souvent du triple vitrage avec parfois de l'argon à la place de l'air pour augmenter encore la résistance thermique et diminuer encore le flux thermique).

La bonne étanchéité couplée à une exigence de renouvellement de l'air amène souvent à l'utilisation d'une VMC double flux dans laquelle l'air intérieur et l'air extérieur échangent une partie de leur énergie interne par transferts thermiques.

Enfin, d'autres aménagements sont encore utilisés pour respecter les critères fixés (chauffe-eau solaire par exemple, puits canadien…).

La Prépa attitude

- L'étude des transferts thermiques doit être complétée par quelques définitions concernant les systèmes et les transformations.
- Le premier principe de la thermodynamique permet d'évaluer dans certains cas les transferts thermiques et le travail.

Prolongements aux cours de Terminale

1 Quelques définitions

Un système **ouvert** est un système qui échange de la matière et de l'énergie avec l'extérieur.

Un système **fermé** échange de l'énergie, mais pas de matière avec l'extérieur.

Un système **isolé** n'échange ni énergie ni matière avec l'extérieur.

À l'échelle macroscopique, il est possible de définir l'état de la plupart des sytèmes étudiés à partir de quatre **grandeurs d'état** :

– la **pression** *P* en pascals (Pa) ;

– le **volume** *V* en mètres cubes (m^3) ;

– la **quantité de matière** *n* en moles (mol) ;

– la **température** *T* en kelvins (K).

> **Remarque**
> Il est également possible de décrire des systèmes à l'échelle microscopique en utilisant des grandeurs de la physique statistique.

La pression et la température sont qualifiées de **grandeurs intensives** : elles sont définies localement en des points donnés et **ne dépendent pas de la quantité de matière**.

La quantité de matière et le volume sont des **grandeurs extensives** : elles sont définies pour l'ensemble du système et **s'additionnent** si on réunit des systèmes différents.

Les grandeurs d'état nécessaires et suffisantes pour **décrire l'état** d'un corps sont appelées les **variables d'état**. La relation qui lie les variables d'état constitue l'**équation d'état**.

Exemple : un gaz parfait est un gaz dans lequel les différentes particules n'ont pas d'interaction entre elles. L'équation d'état du gaz parfait est : $PV = nRT$ avec $R = 8{,}314\ J \cdot K^{-1} \cdot mol^{-1}$ la constante des gaz parfaits.

On définit parfois pour un gaz le **volume molaire**, V_m, volume occupé par une mole de gaz.

Exemple : pour le gaz parfait, $\boldsymbol{V_m = \frac{R \cdot T}{P}}$ (en posant $n = 1$ mol dans l'équation d'état du gaz parfait).

2 Premier principe de la thermodynamique

On a vu que l'énergie totale E d'un système isolé se conserve. Comme cela a été indiqué dans le cours de ce chapitre, le premier principe de la thermodynamique permet de compléter et de préciser cette propriété :

Dans un système fermé, l'énergie totale E est une fonction d'état extensive qui ne peut être qu'échangée sous forme de transfert thermique Q ou de travail W avec l'extérieur : $\Delta E = W + Q$.

Un transfert thermique ou un travail seront comptés **positifs si le système reçoit de l'énergie et négatifs si le système perd** de l'énergie.

> **Remarque**
> On retrouve le cas particulier du **système isolé**, car, en l'absence d'échanges avec l'extérieur, il n'y a ni travail ni transfert thermique, donc $\boldsymbol{\Delta E = 0}$ d'où $\boldsymbol{E = \text{cte}}$.

3 Quelques cas particuliers de transformations

Dans une **transformation quasi-statique**, on passe par des états successifs si proches les uns des autres que l'on peut considérer que le système est à chaque instant très proche de l'état d'équilibre. En conséquence, on peut définir à chaque instant les grandeurs d'état.

Une **transformation est réversible** si elle est **quasi-statique** et si le système est à chaque instant **en équilibre** avec l'extérieur. Dans le cas contraire, la transformation sera **irréversible**.

Dans une **transformation adiabatique**, $Q = 0$: il n'y a pas de transferts thermiques vers ou depuis l'extérieur. On a alors $\boldsymbol{\Delta E = W}$.

4 Travail des forces de pression

On considère une **transformation réversible** pour un système doté d'une paroi mobile passant d'un volume V_1 à un volume V_2, avec $P_{\text{Extérieur}}$ la pression à l'extérieur du système. L'équilibre du système avec l'extérieur impose $\boldsymbol{P = P_{\text{Extérieur}}}$. Le travail mécanique des forces de pression est donné par :

$$W_{1 \to 2} = -\int_{V_1}^{V_2} P \, \mathrm{d}V.$$

EXERCICES

➲ Corrigés p. 376

1 Gaz parfaits et premier principe

On considère une enceinte fermée de volume $V = 10$ L = cte, contenant de l'hélium à l'état gazeux, sous une pression initiale $P_1 = 1{,}0 \cdot 10^5$ Pa. La transformation thermodynamique de la température $\theta_1 = 20$ °C à la température $\theta_2 = 100$ °C sera considérée comme réversible. On assimilera l'hélium à un gaz parfait monoatomique.

a) Déterminer la quantité de matière n d'hélium dans l'enceinte.

b) Déterminer la pression P_2 à la fin de la transformation.

c) Déterminer le transfert thermique Q. Ce transfert est-il réalisé du système vers l'extérieur ou de l'extérieur vers le système ? Justifier.

d) On suppose que cette enceinte est en contact exclusif avec un fluide, liquide, indilatable, incompressible tel que : $\Delta U_{\text{Fluide}} = C_V \cdot \Delta T$, avec C_V la capacité thermique à volume constant du fluide. En supposant ce fluide en contact exclusif avec l'enceinte et en supposant les parois diathermanes (qui permettent les transferts thermiques), évaluer la variation de température du fluide et commenter sa valeur et son signe.

Données :
- Énergie interne d'un gaz parfait monoatomique : $U = \dfrac{3}{2} n \cdot \text{R} \cdot T$.
- $C_V = 4{,}6$ kJ · K^{-1} pour le fluide (1 kg d'ammoniaque).
- R = 8,314 J · K^{-1} · mol^{-1} la constante des gaz parfaits.

2 Travail des forces de pression pour un gaz parfait

On s'intéresse ici à quelques transformations réversibles particulières d'un système fermé constitué d'un gaz parfait. Pour chacune des transformations réversibles listées ci-dessous, exprimer puis déterminer la valeur du travail des forces de pression. Préciser ensuite si ce travail est transféré vers ou depuis l'extérieur, en justifiant.

a) Transformation isochore : à volume constant.

b) Transformation monobare : à pression $P = 1{,}0 \cdot 10^5$ Pa = cte ; le volume de l'enceinte varie de $V_1 = 100$ L à $V_2 = 50$ L.

c) Transformation adiabatique d'un gaz parfait monoatomique d'une température $T_1 = 100$ °C à une température $T_2 = 10$ °C avec $P_1 = 1{,}0 \cdot 10^3$ Pa et $V_1 = 20$ L.

d) Transformation isotherme : température constante, $T_1 = T_2 = 100$ °C de ($P_1 = 5{,}0 \cdot 10^4$ Pa, $V_1 = 50$ L) à ($P_2 = 1{,}0 \cdot 10^5$ Pa, $V_2 = 25$ L).

Données :

- Énergie interne d'un gaz parfait monoatomique : $U = \frac{3}{2} n \cdot \mathrm{R} \cdot T$.
- $\mathrm{R} = 8{,}314\ \mathrm{J \cdot K^{-1} \cdot mol^{-1}}$ la constante des gaz parfaits.

3 Calcul d'un travail mécanique

Le diagramme ci-contre est le diagramme de Clapeyron simplifié de l'eau. On s'intéresse à la transformation réversible d'un système fermé constitué d'eau pure, de (P_0 = 80 bar, V_1 = 0,90 L) à (P_0 = 80 bar, V_2 = 0,50 L) suivant l'isotherme représentée sur le diagramme (T = cte = 560 K).

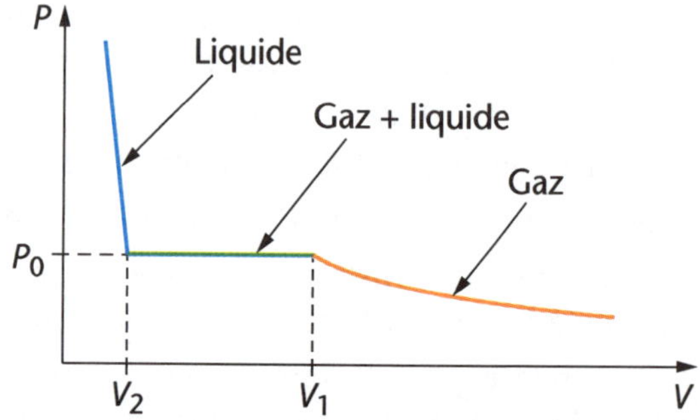

a) Expliquer en quoi ce diagramme permet de retrouver qu'un liquide est beaucoup moins facilement compressible qu'un gaz (à température constante pour un système fermé).

b) Exprimer le travail des forces de pression durant la transformation considérée. Évaluer ce travail en utilisant une méthode graphique.

Donnée : 1 bar = $1{,}0 \cdot 10^5$ Pa.

CORRIGÉS

1 a) On utilise l'équation d'état du gaz parfait $P \cdot V = n \cdot \mathrm{R} \cdot T$ soit :

$$\boldsymbol{n_1 = \frac{P_1 \cdot V_1}{\mathrm{R} \cdot T_1}}.$$

A. N. : $n_1 = \frac{1{,}0 \cdot 10^5 \times 10 \cdot 10^{-3}}{8{,}314 \times (273{,}15 + 20)} = \mathbf{4{,}1 \cdot 10^{-1}\ mol}$.

> **Remarque**
> N'oubliez pas de convertir le volume en mètres cubes et la température en kelvins.

b) En utilisant ici encore l'équation d'état du gaz parfait dans l'état (2) :

$$\boldsymbol{P_2 = \frac{n \cdot \mathrm{R} \cdot T_2}{V_2}}.$$

A. N. : $P_2 = \frac{4{,}1 \cdot 10^{-1} \times 8{,}314 \times (273{,}15 + 100)}{10 \cdot 10^{-3}} = \mathbf{1{,}3 \cdot 10^5\ Pa}$ car $V_2 = V_1$ = cte.

c) Dans la transformation étudiée, le volume est constant, donc le travail des forces de pression est nul, et par suite $\Delta U = \Delta E = Q$ d'après le premier principe. D'après l'énoncé, pour le gaz monoatomique :

$$U = \frac{3}{2}nRT \text{ donc } Q = \Delta U = \frac{3}{2}n_1 R\Delta T \text{ soit } \boldsymbol{Q = \frac{3}{2}n_1 R(T_2 - T_1)}.$$

A. N. : $Q = \frac{3}{2} \times 4{,}1 \cdot 10^{-1} \times 8{,}314 \times (100 - 20) = \mathbf{4{,}1 \cdot 10^2\ J} > 0$, donc le système reçoit de l'énergie, **le transfert thermique est effectué de l'extérieur vers le système.**

d) On change de système : le système thermodynamique étudié est le fluide, supposé n'échanger de l'énergie qu'avec l'enceinte. On aura donc pour le fluide : $\Delta U_{\text{Fluide}} = \Delta E_{\text{Fluide}} = -Q$, car Q est le transfert thermique du fluide vers le gaz.

D'après l'énoncé, $\Delta U_{\text{Fluide}} = C_V \Delta T$ et donc $Q = -C_V \Delta T$, soit $\Delta T = -\frac{Q}{C_V}$.

A. N. : $\Delta T = -\frac{4{,}1 \cdot 10^2}{4{,}6 \cdot 10^3} = \mathbf{-8{,}9 \cdot 10^{-2}\ K}$.

> **Remarque**
> Dans $(T_2 - T_1)$, on peut laisser les températures en °C, car la différence de deux températures a même valeur, que les températures soient exprimées en K ou en °C.

Le transfert thermique s'effectue du fluide vers l'enceinte, la température du fluide diminue. Cependant, la variation de température du fluide reste très faible (en ordre de grandeur -10^{-1} K), et serait même négligeable avec une masse de fluide un peu plus grande.

2 **a)** La transformation réversible se fait à volume constant, or pour une telle transformation, $W_{1\to2} = -\int_{V_1}^{V_2} P\mathrm{d}V = \mathbf{0}$, car $V_1 = V_2 = \text{cte}$.

b) La transformation réversible se fait à pression constante, soit :

$$W_{1\to2} = -\int_{V_1}^{V_2} P\mathrm{d}V = -P\int_{V_1}^{V_2}\mathrm{d}V = -P\cdot(V_2 - V_1) = -P\cdot\Delta V.$$

A. N. : $W_{1\to2} = -1{,}0 \cdot 10^5 \times (50 - 100) \cdot 10^{-3} = 5{,}0 \cdot 10^3$ J

$$\mathbf{W_{1\to2} = 5{,}0\ kJ}.$$

> **Remarque**
> $W_{1\to2} > 0$, le système doit recevoir de l'énergie pour passer du volume V_1 au volume V_2 avec $V_2 < V_1$.

c) La transformation est adiabatique pour le système fermé, donc $Q = 0$ et d'après le premier principe, $\Delta E = \Delta U = W_{1\to2}$. Pour le gaz parfait monoatomique, $W_{1\to2} = \frac{3}{2}n\cdot \mathrm{R}\cdot\Delta T$ et d'après $P_1 \cdot V_1 = n\cdot \mathrm{R}\cdot T_1$, $n\cdot\mathrm{R} = \frac{P_1\cdot V_1}{T_1}$, d'où :

$$\boldsymbol{W_{1\to2} = \frac{3}{2}n\cdot\mathrm{R}\cdot\Delta T = \frac{3}{2}\frac{P_1\cdot V_1}{T_1}\cdot(T_2 - T_1)}.$$

AMBITION PRÉPA

$$\text{A. N. : } W_{1\to2} = \frac{3}{2} \times \frac{1{,}0 \cdot 10^3 \times 20 \cdot 10^{-3}}{373{,}15} \times (10 - 100) = \mathbf{-7{,}2\ J.}$$

Le travail est ici transféré **du système vers l'extérieur**, car $W_{1\to2} < 0$.

d) La transformation est isotherme et réversible :

$$W_{1\to2} = -\int_{V_1}^{V_2} P\mathrm{d}V = -\int_{V_1}^{V_2} \frac{n\cdot \mathrm{R}\cdot T}{V}\mathrm{d}V.$$

Le système étant fermé, n = cte et la transformation isotherme, on peut donc « sortir » $n \cdot \mathrm{R} \cdot T$ de l'intégrale :

$$W_{1\to2} = -n\cdot\mathrm{R}\cdot T\cdot \int_{V_1}^{V_2} \frac{\mathrm{d}V}{V} = -n\cdot\mathrm{R}\cdot T\cdot[\ln(V)]_{V_1}^{V_2} \text{ car } \ln V \text{ est une primitive de } \frac{\mathrm{d}V}{V}$$

$$W_{1\to2} = -n\cdot\mathrm{R}\cdot T\cdot(\ln V_2 - \ln V_1) = -n\cdot\mathrm{R}\cdot T\cdot\ln\left(\frac{V_2}{V_1}\right)$$

On exprime ensuite $n \cdot \mathrm{R}$ grâce à l'équation d'état du gaz parfait (*cf.* question **c**) : .

$$n\cdot\mathrm{R} = \frac{P_1\cdot V_1}{T_1}.$$

Par suite, $W_{1\to2} = -\frac{P_1\cdot V_1}{T_1}\cdot T\cdot\ln\left(\frac{V_2}{V_1}\right) = \boldsymbol{-P_1\cdot V_1\cdot\ln\left(\frac{V_2}{V_1}\right)}$ car $T_1 = T$ = cte.

A. N. : $W_{1\to2} = -5{,}0\cdot10^4 \times 50\cdot10^{-3} \times \ln\left(\frac{25}{50}\right) = \mathbf{1{,}7\cdot10^3\ J} > 0$, donc **ce travail est reçu par le système.**

3 **a)** Pour l'eau à l'état de gaz (partie 1 de la courbe), une assez forte variation de volume induit une faible variation de pression, le gaz est facilement compressible.

Pour l'eau à l'état liquide (partie 3), une petite variation de volume induit une très grande variation de pression, le liquide est difficilement compressible.

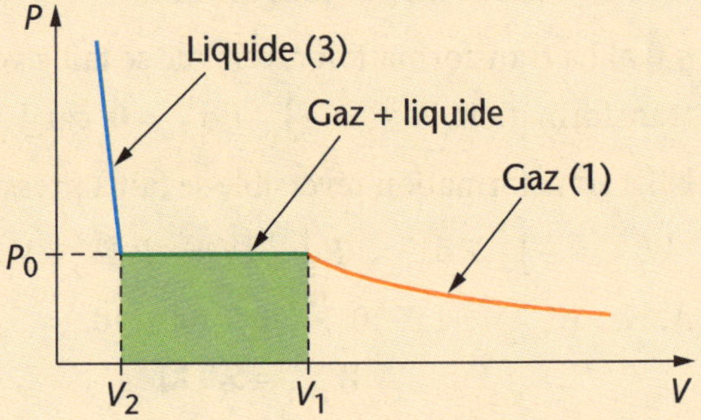

b) $W_{1\to2} = -\int_{V_1}^{V_2} P_0\,\mathrm{d}V = -P_0\int_{V_1}^{V_2}\mathrm{d}V = -P_0(V_2 - V_1)$

Graphiquement, ce travail est la surface hachurée sous la courbe :

$$\boldsymbol{W_{1\to2} = P_0\cdot(V_1 - V_2).}$$

A. N. : $W_{1\to2} = 80 \times 1{,}0\cdot10^5 \times (0{,}90 - 0{,}50)\cdot10^{-3} = \mathbf{3{,}2\ kJ.}$

CHAPITRE 15

Niveau d'intensité sonore et effet Doppler

Capacités exigibles du chapitre disponibles sur **Nathan Live**

1 Onde sonore

1 Définition

- Une onde sonore est une **onde mécanique**, c'est-à-dire une **propagation d'une perturbation dans un milieu matériel**. Cette perturbation est une succession de compressions et de dilatations du milieu matériel (le plus souvent l'air).
- La propagation de cette perturbation s'effectue avec **transfert d'énergie**, mais **sans transport de matière**.

Vocabulaire
L'acoustique est le domaine de la physique qui étudie les ondes sonores.

2 Intensité sonore

- Les sons sont perçus de manière plus ou moins intense en fonction de la puissance transportée par l'onde sonore. **L'intensité sonore *I*** caractérise l'intensité du signal sonore reçu.
- L'**intensité sonore *I*** est liée à la puissance P du transfert de l'énergie reçue au voisinage d'un point par un récepteur de surface Σ d'aire S par la relation :

$$\boldsymbol{I = \frac{P}{S}} \text{ avec } P \text{ en watt (W), } S \text{ en m}^2 \text{ et } I \text{ en W}\cdot\text{m}^{-2}.$$

- L'oreille humaine perçoit des sons à partir d'une intensité sonore $\boldsymbol{I_0 = 1{,}0 \times 10^{-12}\ \mathrm{W \cdot m^{-2}}}$ **(seuil d'audibilité)** jusqu'à des intensités sonores supérieures à la centaine de watts par mètre carré ($\mathrm{W{\cdot}m^{-2}}$). La grande amplitude de cette plage de perception est sans commune mesure avec l'amplitude de la sensation auditive, ce qui explique que la sensation auditive n'est pas proportionnelle à l'intensité sonore. En effet, si on place à proximité l'une de l'autre deux sources qui génèrent chacune une intensité sonore I, l'intensité sonore résultante est égale à $2 \times I$, mais l'auditeur ne perçoit pas un doublement du niveau sonore.

3 Niveau d'intensité sonore

- Le **niveau d'intensité sonore *L*** (pour *Level* en anglais), ou simplement **niveau sonore**, est lié à l'intensité sonore I, par la relation :

$\boldsymbol{L = 10 \log \frac{I}{I_0}}$ avec I en $\mathrm{W{\cdot}m^{-2}}$, $I_0 = 10^{-12}\ \mathrm{W{\cdot}m^2}$ l'intensité sonore de référence et L en décibel (dB).

- Lorsque l'intensité sonore I varie entre $1{,}0 \times 10^{-12}\ \mathrm{W{\cdot}m^{-2}}$ et $1{,}0 \times 10^{2}\ \mathrm{W{\cdot}m^{-2}}$, le niveau d'intensité sonore L varie lui entre 0 et 140 dB.

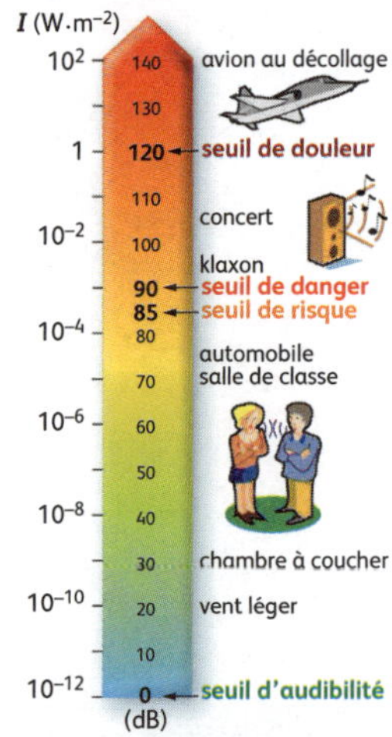

Doc. 1 Échelle d'intensité et de niveau sonore

- Chaque augmentation de 10 dB du niveau d'intensité sonore L correspond à une multiplication par un facteur 10 de l'intensité sonore I. Par exemple, un son de niveau d'intensité sonore 40 dB a une intensité 10 fois plus grande qu'un son de niveau d'intensité sonore 30 dB et 100 fois plus grande qu'un son de niveau d'intensité sonore 20 dB.

Point mathématique
Le logarithme décimal est la fonction réciproque de la fonction $f(x) = 10^x$.

Démonstration mathématique

$$10 \times \log\left(\frac{10 \times I}{I_0}\right) = 10 \times \left[\log(10) + \log\left(\frac{I}{I_0}\right)\right] = 10 \times \log(10) + 10 \times \log\left(\frac{I}{I_0}\right)$$

$$10 \times \log\left(\frac{10 \times I}{I_0}\right) = 10 \times 1 + 10 \times \log\left(\frac{I}{I_0}\right) = 10 + 10 \times \log\left(\frac{I}{I_0}\right).$$

4 Atténuation géométrique

- Dans un milieu, en un point donné, l'intensité de l'onde sonore perçue dépend de la **distance à la source de l'onde** (atténuation géométrique). Une autre cause d'atténuation est la nature des milieux traversés, on parle dans ce cas d'atténuation par absorption.

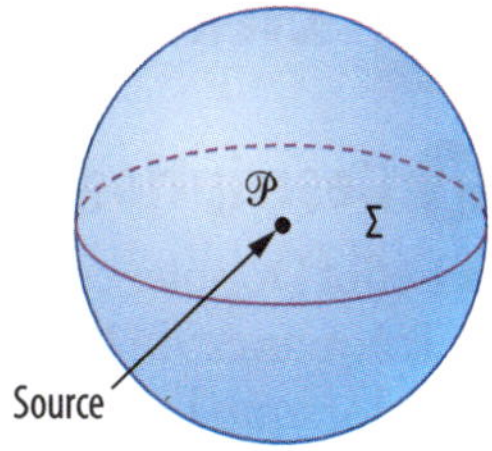

- La **puissance** de l'onde sonore, dans le cas où cette onde est émise dans toutes les directions par une source de puissance $\mathcal{P}$, est **répartie sur une sphère** de surface Σ d'aire S.

Point mathématique
L'aire S d'une sphère de surface Σ de rayon r est : $S = 4\pi r^2$.

- L'intensité sonore est définie par $\boldsymbol{I = \frac{P}{S} = \frac{I}{4\pi r^2}}$.

- Si la distance à la source est doublée, le rayon de cette sphère est multiplié par 2, son aire est alors multipliée par 4, et l'intensité sonore est dans ce cas divisée par 4.

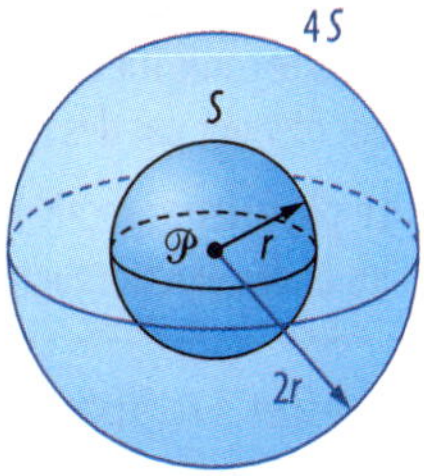

Le niveau d'intensité sonore diminue quant à lui de 6 dB :

$$L = 10 \times \log\left(\frac{\frac{1}{4} \times I}{I_0}\right) = 10 \times \log\left(\frac{1}{4}\right) + 10 \times \log\left(\frac{I}{I_0}\right)$$

$$L = -10 \times \log(4) + 10 \times \log\left(\frac{I}{I_0}\right) = -6 + 10 \times \log\left(\frac{I}{I_0}\right).$$

5 Atténuation par absorption

- **Lorsqu'une onde sonore rencontre un matériau, une partie de sa puissance est absorbée par ce matériau** : la valeur de la puissance absorbée à cette occasion dépend des caractéristiques physiques du matériau.

Remarque
Lorsqu'une onde rencontre un matériau, une partie est aussi réfléchie. Ce phénomène est à l'origine de l'écho.

→ Pour aller plus loin

Un milieu homogène est aussi le siège d'une absorption par absorption : on parle dans ce cas d'absorption par dissipation.

Cette dissipation est due aux « chocs » inélastiques entre les molécules dont l'énergie cinétique se dissipe sous forme de transfert thermique.

2 Effet Doppler

1 Description

- L'effet Doppler correspond au **décalage entre la fréquence d'une onde émise et la fréquence de l'onde reçue** par un récepteur lorsque l'émetteur et le récepteur sont **en mouvement l'un par rapport à l'autre**. Cet effet est appelé effet Doppler-Fizeau s'il s'observe pour une onde électromagnétique.

À savoir
La hauteur d'un son correspond à la fréquence de l'onde sonore. Plus la fréquence est élevée, plus le son est aigu ; plus elle est basse, plus il est grave.

→ Histoire des sciences

Cet effet fut d'abord décrit par le physicien autrichien Christian Doppler (1803-1853) en 1842. Il fut ensuite confirmé pour les ondes sonores par le physicien néerlandais Christoph Buys Ballot (1817-1890) qui fit jouer par des musiciens une note sur un train de la ligne Utrecht-Amsterdam.

Le physicien français Hippolyte Fizeau (1819-1896) a également étudié en 1848 ce phénomène pour les ondes électromagnétiques.

- L'effet Doppler se manifeste pour les ondes sonores dans la perception de la hauteur du son d'un moteur de voiture, ou de la sirène d'un véhicule d'urgence. Le son est différent selon que l'on est dans le véhicule (l'émetteur est immobile par rapport au récepteur), que **le véhicule se rapproche du récepteur** (le **son** est **plus aigu**) ou qu'il **s'éloigne** (le **son** est **plus grave**).

Doc. 2 Son perçu par un piéton au passage d'une voiture roulant à vive allure

COURS

2 Interprétation

- Pour un observateur, tout se passe comme si la fréquence de la source sonore était modifiée lorsque le véhicule passe à son niveau. Dans les faits, le véhicule roule à vitesse constante, son régime moteur n'est pas modifié, la fréquence de l'onde sonore émise ne l'est donc pas. **Ce phénomène (l'effet Doppler) ne se manifeste pas si le véhicule et l'observateur sont immobiles l'un par rapport à l'autre : il résulte donc du mouvement du véhicule par rapport à l'observateur ou du mouvement de l'observateur par rapport au véhicule**.

3 Expression du décalage Doppler

- Pour établir l'expression du décalage Doppler, on se place dans le cas d'un **émetteur s'éloignant à une vitesse v d'un récepteur immobile**, et émettant avec une période T_E des « top » sonores. On note **c la célérité du son**. On suppose que $v << c$.

> **Vocabulaire**
>
> On nomme décalage Doppler noté Δf en hertz (Hz), la différence entre la fréquence de l'onde perçue par le récepteur f_R en hertz (Hz) et la fréquence de l'onde émise par l'émetteur f_E en hertz (Hz) : $\Delta f = f_R - f_E$.

- On cherche à déterminer la durée qui s'écoule entre la réception de deux « tops » successifs par le récepteur.
- Le premier « top », « top 1 » envoyé par l'émetteur à la date $t = 0$ est reçu par le récepteur à la date t_1. Le second « top », « top 2 » émis à la date $t = T_E$ est reçu à la date t_2.
- Entre l'émission de « top 1 » et de « top 2 », l'émetteur s'est éloigné du récepteur d'une distance d.

Événement	date	Distance parcourue par l'émetteur
L'émetteur émet « top1 »	$t=0$	0
Le récepteur reçoit « top 1 »	$t=t_1$	
L'émetteur émet « top 2 »	$t=T_E$	$d=v\times T_E$
Le récepteur reçoit reçoit « top 2 »	$t=t_2$	

Ce « top 2 » a donc mis plus de temps pour parvenir au récepteur que « top 1 ». La distance supplémentaire parcourue par « top 2 » pour atteindre le récepteur est : $d = v \times T_E$, soit une durée de parcours supplémentaire $\frac{d}{c}$.

- Le récepteur reçoit « top 2 » à la date $t_2 = t_1 + T_E + \frac{d}{c}$, soit : $t_2 = t_1 + T_E + \frac{v \times T_E}{c}$.

> **Attention !**
>
> N'oubliez pas dans l'expression de t_2, d'ajouter T_E car le second « top » a été émis T_E plus tard que le premier.

- La durée séparant la réception de ces deux « top » consécutifs est donc :

$$t_2 - t_1 = t_1 + T_E + \frac{v \times T_E}{c} - t_1 = T_E + \frac{v \times T_E}{c} = T_E \times \left(1 + \frac{v}{c}\right) = T_E \times \left(\frac{c+v}{c}\right).$$

- Cette durée $t_2 - t_1$ correspond à la **période T_R de réception** des « top » par le récepteur.

On obtient $T_R = t_2 - t_1 = T_E \times \left(\frac{c+v}{c}\right)$, soit pour f_R la fréquence de réception des « top » :

$$f_R = \frac{1}{T_R} = \frac{1}{T_E \times \left(\frac{c+v}{c}\right)} = \frac{1}{T_E} \times \frac{1}{\left(\frac{c+v}{c}\right)} = f_E \times \frac{c}{c+v}.$$

Rappel

La fréquence f en hertz (Hz) est l'inverse de la période T en seconde (s) : $f = \frac{1}{T}$.

- Ainsi, la fréquence f_R perçue par l'observateur est $\boldsymbol{f_R = f_E \times \frac{c}{c+v}}$.

L'analyse de cette expression montre que, $c + v$ étant supérieur à v, la fraction $\frac{c}{c+v}$ est inférieure à 1 ; la fréquence de l'onde perçue par le récepteur f_R est bien inférieure à celle émise par l'émetteur. De même si $v = 0$ (émetteur fixe par rapport au récepteur), on obtient $f_R = f_E$.

- Finalement, on obtient pour le décalage Doppler :

$$\Delta f = f_R - f_E = f_E \times \frac{c}{c+v} - f_E = f_E \times \left(\frac{c}{c+v} - 1\right) = f_E \times \left(\frac{c-c-v}{c+v}\right)$$

$$\boldsymbol{\Delta f = f_E \times \left(\frac{-v}{c+v}\right)}.$$

Pour aller plus loin

Si l'émetteur se rapproche du récepteur, le décalage Doppler s'obtient à partir de la même expression mais en affectant une valeur négative à la vitesse v de l'émetteur.
Un raisonnement similaire peut être mené dans le cas où le récepteur est en mouvement et l'émetteur immobile ; il conduit au même résultat.

4 Exploitation

- **L'effet Doppler s'applique à toutes les ondes dans tous les milieux.** Dans tous les cas, le décalage Doppler Δf dépend de la vitesse de la source par rapport à celle du récepteur, ainsi que de la célérité de l'onde.

- Dans le domaine des ondes ultrasonores, l'examen Doppler par **échographie** permet, par exemple, de mesurer la vitesse d'écoulement sanguin.
- Les **radars routiers** utilisent, quant à eux, l'effet Doppler appliqué aux ondes électromagnétiques pour déterminer la vitesse des véhicules.
- Dans le cas d'une source lumineuse en mouvement, le décalage Δf se traduit par un **déplacement des raies dans le spectre de la lumière** par rapport au spectre de la même source immobile.
- Appliqué à l'**astrophysique**, l'effet Doppler est particulièrement précieux car il renseigne à la fois sur le mouvement des astres et sur les mouvements de matière à l'intérieur de ces astres.

L'effet Doppler permet ainsi de déterminer directement la vitesse d'une étoile en étudiant son spectre. En effet, on constate que les raies spectrales sont décalées en longueur d'onde par rapport aux mêmes raies observées en laboratoire. Le décalage d'une raie visible se produit soit vers le rouge (« redshift »), ce qui indique que l'étoile s'éloigne, soit vers le bleu (« blueshift ») si elle se rapproche.

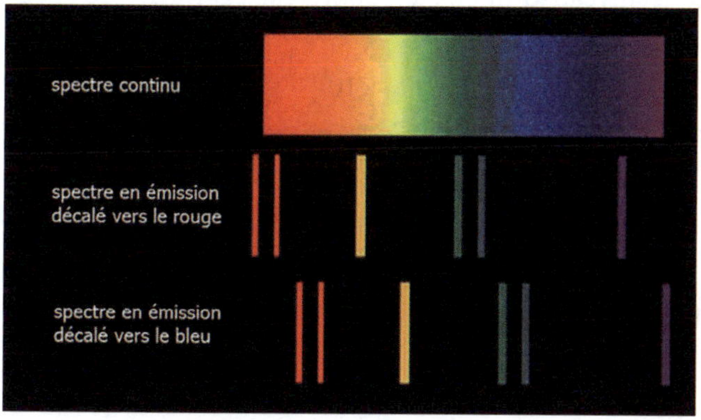

Doc. 3 Spectres d'étoiles en mouvement

→ Pour aller plus loin

La mesure de la vitesse des étoiles ou des nuages de gaz interstellaire a permis de préciser les mouvements de matière à l'intérieur de la Voie lactée et d'en déterminer sa structure en spirale.

QCM et questions courtes

1 Vrai ou faux ?

Corrigé p. 391

1. L'effet Doppler se manifeste uniquement pour les ondes sonores. ☐ Vrai ☐ Faux
2. L'effet Doppler est perceptible dans la vie quotidienne. ☐ Vrai ☐ Faux
3. L'effet Doppler permet de mesurer la célérité d'une onde. ☐ Vrai ☐ Faux
4. L'effet Doppler permet de mesurer la vitesse d'une étoile par rapport à la Terre. ☐ Vrai ☐ Faux
5. L'effet Doppler se manifeste seulement quand l'émetteur est en mouvement. ☐ Vrai ☐ Faux

2 Faites votre choix !

Corrigé p. 391

Sachant que le niveau d'intensité sonore est égal à $L = 10 \times \log\left(\frac{I}{I_0}\right)$, on en déduit que :

a) ☐ $I = I_0 \times 10^{(L-10)}$ b) ☐ $I = I_0 \times 10^{\left(\frac{L}{10}\right)}$

c) ☐ $I = \frac{10^{\left(\frac{L}{10}\right)}}{I_0}$ d) ☐ $I = 10 \times \log\left(\frac{L}{I_0}\right)$

Exercices d'entraînement

3 Les oiseaux

★ 15 min Corrigé p. 391

Dans une scène du film *Les Oiseaux* d'Alfred Hitchcock (en 1963), les personnages sont terrorisés par le comportement agressif d'un grand nombre d'étourneaux.

Le cri d'un étourneau a pour intensité sonore $I_1 = 3{,}2 \times 10^{-6}$ W·m^{-2}.

1. Calculer le niveau d'intensité sonore produit par le rassemblement de 500 oiseaux volant au-dessus des personnages.

Les étourneaux du film d'Alfred Hitchcock *Les oiseaux*

2. Pour fuir, les personnages s'éloignent en courant. Calculer le niveau d'intensité sonore auquel ils restent soumis lorsqu'ils ont doublé la distance les séparant des oiseaux.

> **Astuce**
> Les intensités sonores émises par plusieurs sources s'ajoutent, mais pas leurs niveaux d'intensité sonore.

4 L'effet Doppler sur un court de tennis

★★ 15 min ➲ Corrigé p. 392

Installé sur les courts de tennis, un pistolet radar détermine la vitesse v de la balle au service. Pointé sur la ligne centrale, il est activé lorsqu'un joueur se prépare à servir.

Il envoie une onde de fréquence f = 34,7 GHz qui est réfléchie par la balle lorsque celle-ci est à un mètre de la raquette. La fréquence f' de l'onde réfléchie diffère de celle de l'onde incidente telle que : $f' = f + \Delta f$. Si la direction de propagation de l'onde radar est confondue avec celle de la balle, alors :

$$\Delta f = -\frac{2v}{c} f$$

où $c = 3{,}00 \times 10^8\ \text{m·s}^{-1}$ et $v \ll c$.

a) Comment expliquer ce décalage de fréquence ?

b) Quelle est la vitesse de la balle en km·h^{-1} si le décalage de fréquence est de −13,0 kHz ?

c) Pourquoi Δf est-il négatif ?

Exercices de type bac

PRÉPARER L'ÉPREUVE ÉCRITE

5 Capteur de vitesse Doppler

★★ 20 min ➲ Corrigé p. 392

La fiche technique d'un capteur de vitesse Doppler indique les éléments suivants :

Doc. 1 Capteur de référence : AMG049 002

- Mesure de vitesse
- Détection de contresens
- Détection de mouvement

Doc. 2 Applications du capteur

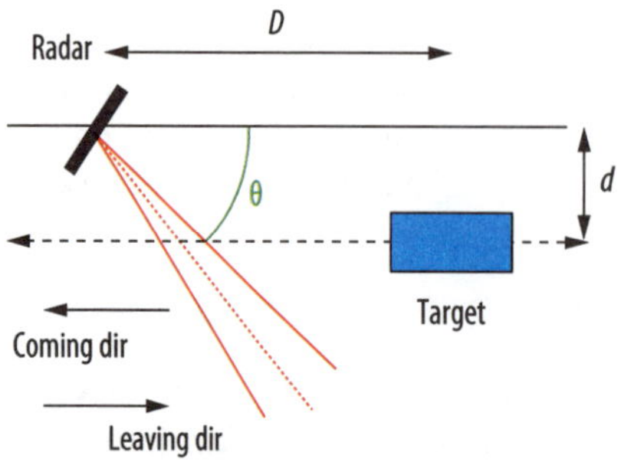

The speed is obtained by the difference of the radar radiated frequency and the target reflected frequency.
Velocity = $F_{Doppler}\,\lambda$ / (2 cos θ)

Doc. 3 Principe de la mesure

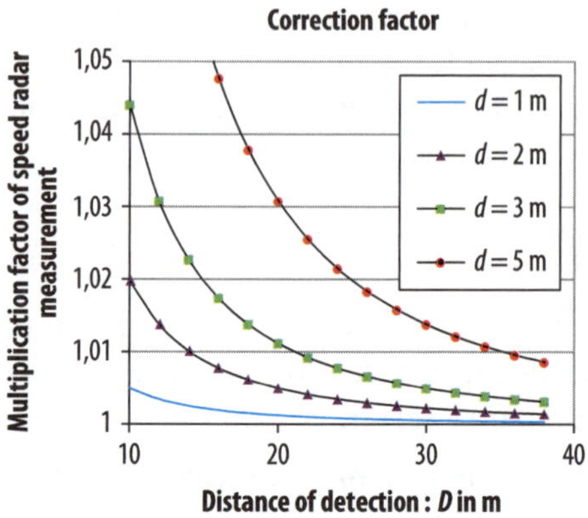

Doc. 4 Facteur de correction de la mesure

1. Un capteur de vitesse Doppler peut être utilisé pour détecter un véhicule circulant à contresens. Expliquer comment la mesure d'une vitesse par effet Doppler permet de détecter ce type de mouvement.

> **In English**
> Certains documents peuvent être en anglais lors de l'épreuve écrite du baccalauréat.

2. Le **doc. 3** fait intervenir un angle θ dans la formule fournissant la valeur de la vitesse. En exploitant le schéma figurant sur ce document, justifier la nécessité de prendre en compte cet angle dans la mesure de la vitesse.

3. Pourquoi la mesure faite par le capteur doit-elle être corrigée à partir des grandeurs de *D* et *d* (données dans le **doc. 3**) et à partir des courbes du **doc. 4** ?

PRÉPARER L'ECE

6 Expérience historique

★★ 15 min ➔ Corrigé p. 393

Compétences expérimentales évaluées : analyser-raisonner, communiquer

En 1845, Christoph Buys Ballot engage un groupe de musiciens pour jouer une note bien précise sur le train Utrecht-Amsterdam.

D'autres musiciens postés le long de la voie ferrée identifient la note entendue lors de l'approche du train.

> **Histoire des sciences**
> Christoph Buys Ballot (1817-1890), scientifique néerlandais, est, entre autres, l'un des fondateurs de la météorologie moderne.

Expliquer comment Christoph Buys Ballot a pu confirmer les équations de Christian Doppler, à partir des indications fournies par les musiciens au bord de la voie.

Préparer le Grand Oral

7 Le contrevenant physicien

★★ 05 min Corrigé p. 393

Répondre à l'oral en 3 minutes maximum, sans note et sans préparation préalable, aux questions suivantes.

Interactions avec le jury

Lors du Grand Oral, le jury interagit avec le candidat en lui posant des questions, en lien ou non avec la question présentée.

Un automobiliste contrôlé en excès de vitesse tente de faire annuler sa suspension de permis en invoquant une mauvaise installation du radar qui l'a verbalisé.

- Pourquoi l'angle formé entre la direction du véhicule et l'axe du radar doit-il être rigoureusement établi avant de procéder à un contrôle ?
- Comment la distance séparant le véhicule du radar, au moment du contrôle, influe-t-elle sur la valeur de la vitesse mesurée ?

Pour aller plus loin

8 L'effet Doppler en astrophysique

★★★ 35 min Corrigé p. 394

Les raies spectrales nous permettent d'obtenir des informations sur la composition du milieu traversé par le rayonnement. Ainsi, le spectre de la lumière solaire met en évidence deux raies d'absorption appelées « doublet du sodium », dues à la présence de l'élément sodium dans l'atmosphère du soleil.

Le document de la page suivante juxtapose les spectres de la lumière issue du centre du Soleil pour le haut du spectre, de l'un des bords du Soleil pour le bas du spectre. Le décalage entre les raies nous indique un mouvement de rotation du Soleil. La lumière provenant du centre (qui est sans vitesse suivant l'axe de visée) ne subit pas de décalage dû à l'effet Doppler, ce qui n'est pas le cas de celle provenant du bord, qui s'éloigne de nous à la vitesse v.

Le décalage $\Delta\lambda$, subi par une longueur d'onde λ, suit la relation :

$$\frac{\Delta\lambda}{\lambda} = \frac{v}{c}$$

où c est la célérité de la lumière dans le vide.

1. Exprimer la longueur d'onde λ d'un rayonnement issu du centre du disque solaire (vitesse nulle suivant la direction de visée) en fonction de la célérité c de l'onde et de la période T de vibration de la source.

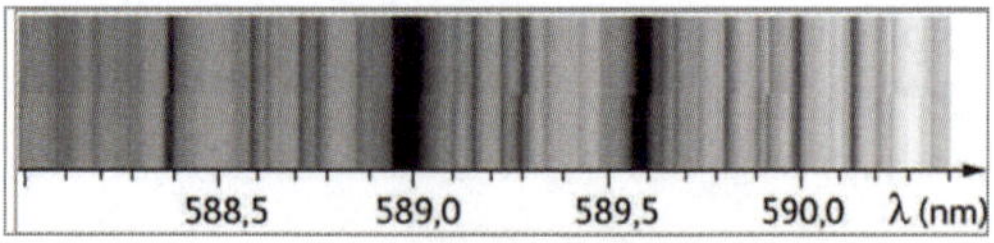

Spectre de la lumière issue du Soleil

2. Si la source s'éloigne dans la direction de visée à la vitesse v, quelle distance aura-t-elle parcourue pendant une période T ?

Quelle sera donc, en fonction de c, v et T, l'expression de la longueur d'onde λ' du rayonnement perçu par l'observateur ?

> **Conseils**
> Pensez à la définition de la longueur d'onde comme étant la distance parcourue par l'onde pendant une période de la source. Appliquez cette définition au rayonnement perçu par l'observateur, en tenant compte du déplacement de la source.

3. Le Soleil effectue une rotation équatoriale en $\Delta t = 25$ jours.

Sachant que le diamètre du Soleil est $D = 1{,}4 \times 10^6$ km, déduire le décalage $\Delta\lambda$ subi par une des raies du sodium de longueur d'onde 589,0 nm.

9 Détermination d'une vitesse

★★★ 35 min ➔ Corrigé p. 394

Un observateur souhaite déterminer, grâce à l'effet Doppler, la valeur de la vitesse d'un véhicule qui passe devant lui, sans connaître la fréquence de l'onde sonore émise par ce véhicule.

Pour mesurer les fréquences reçues lors de l'approche et de l'éloignement du véhicule, il utilise une application installée sur son smartphone

Donnée : célérité de l'onde sonore dans l'air $c = 340\ \text{m·s}^{-1}$.

> **Astuce**
> L'application *Phyphox* présentée dans les points numériques à la fin du manuel permet de mesurer la fréquence d'une onde sonore. N'hésitez pas à l'installer sur votre smartphone !

1. En notant f_E la fréquence de l'onde émise par le véhicule, f_{R2} la fréquence perçue par l'observateur lorsque le véhicule s'approche de lui, c la célérité de l'onde sonore et v la vitesse du véhicule, exprimer f_{R2} en fonction des autres grandeurs.

2. Donner, en utilisant les mêmes grandeurs qu'à la question précédente, l'expression de la fréquence f_{R1} perçue par l'observateur lorsque le véhicule s'éloigne.

3. Le smartphone de l'observateur indique qu'à l'approche, la fréquence perçue est $f_{R1} = 110$ Hz et que, quand le véhicule s'éloigne, $f_{R2} = 92$ Hz.

Calculer la valeur v de la vitesse du véhicule.

CORRIGÉS

QCM et questions courtes

1 Vrai ou faux ?

1. Faux → L'effet Doppler se manifeste **pour tous les types d'ondes.**

2. Vrai → L'effet Doppler est perceptible dans la vie quotidienne. Par exemple, la perception de la hauteur du **son produit par la sirène d'une ambulance** qui s'approche puis qui s'éloigne est modifiée.

3. Vrai → Si la fréquence f_E de la source et la célérité c de l'onde sont connues, l'expression $f_R = \frac{f_E \times c}{c + v}$ permet, à partir de la mesure de f_R, de **déduire la célérité c de l'onde.**

4. Vrai → L'exploitation du spectre de la lumière d'une étoile permet de mesurer le décalage Doppler et d'en déduire sa vitesse.

5. Faux → Quand **le récepteur est en mouvement et l'émetteur fixe**, un **décalage Doppler** est **aussi observé.**

2 Faites votre choix !

b) Le niveau d'intensité sonore est égal à $L = 10 \times \log\left(\frac{I}{I_0}\right)$.

Ainsi, on en déduit que : $\boldsymbol{I = I_0 \times 10^{\left(\frac{L}{10}\right)}}$. En effet :

$$L = 10 \times \log\left(\frac{I}{I_0}\right) \Rightarrow \log\left(\frac{I}{I_0}\right) = \frac{L}{10} \Rightarrow \frac{I}{I_0} = 10^{\left(\frac{L}{10}\right)} \Rightarrow I = I_0 \times 10^{\left(\frac{L}{10}\right)}.$$

Exercices d'entraînement

3 Les oiseaux

1. L'intensité sonore pour un étourneau est :

$I_1 = 3{,}2 \times 10^{-6}\ \text{W·m}^{-2}$, soit pour 500 étourneaux :

$I_{500} = 500 \times 3{,}2 \times 10^{-6} = 5 \times 10^2 \times 3{,}2 \times 10^{-6} = \mathbf{1{,}6 \times 10^{-3}\ W{\cdot}m^{-2}}$.

Le niveau d'intensité sonore est donc égal à : $\boldsymbol{L = 10 \times \log\left(\frac{I}{I_0}\right)}$.

$$A.N.: L = 10 \times \log\left(\frac{1{,}6 \times 10^{-3}}{1{,}0 \times 10^{-12}}\right) = 10 \times \log(1{,}6 \times 10^{9}) = \mathbf{92\ dB}.$$

À savoir

$I_0 = 1{,}0 \times 10^{-12}\ \text{W·m}^{-2}$.

CORRIGÉS

2. D'après le **1.d** du cours, **si le rayon de la sphère sur laquelle se répartit l'intensité sonore double, alors l'intensité sonore en un point de cette sphère est divisée par 4.**

Astuce mathématique
Lorsque l'intensité sonore est divisée par deux, le niveau d'intensité sonore diminue de 3 dB.

Ici, la distance à la source est doublée ; l'intensité sonore perçue est donc égale à $I'_{500} = \left(\dfrac{1{,}6\times10^{-3}}{4}\right) = 4{,}0\times10^{-4}\ \text{W·m}^{-2}$, soit un niveau d'intensité sonore :

$$L' = 10\times\log\left(\frac{I'}{I_0}\right) = 10\times\log\left(\frac{4{,}0\times10^{-4}}{1{,}0\times10^{-12}}\right) = 10\times\log(4{,}0\times10^{8}) = \mathbf{86\ dB}.$$

4 L'effet Doppler sur un court de tennis

a) Ce décalage de fréquence s'explique par l'**effet Doppler** : l'émetteur et le récepteur se déplaçant l'un par rapport à l'autre, la fréquence de l'onde dans le référentiel de la source est différente de celle de l'onde détectée dans le référentiel du récepteur :

$$f_{\text{récepteur}} \neq f_{\text{source}}.$$

b) La vitesse de la balle est égale à :

Unité
$1\ \text{m·s}^{-1} = 3{,}6\ \text{km·h}^{-1}$.

$$v = \frac{c\Delta f}{2f} = -\frac{3{,}00\times10^{8}\times(-13{,}0\times10^{3})}{2\times34{,}7\times10^{9}} = 52{,}3\ \text{m·s}^{-1} = 56{,}2\times3{,}6 = \mathbf{202\ km·h^{-1}}.$$

c) $f_{\text{récepteur}} = f_{\text{source}} + \Delta f$ et $\Delta f < 0$ impliquent que $f_{\text{récepteur}} < f_{\text{source}}$ et donc que **la balle s'éloigne du pistolet radar.**

Exercices de type bac

PRÉPARER L'ÉPREUVE ÉCRITE

5 Capteur de vitesse Doppler

1. Le **décalage Doppler** $\Delta f = f_R - f_E$ est **positif** quand $f_R > f_E$, c'est-à-dire **quand la source s'approche du détecteur**, et le décalage est **négatif quand elle s'éloigne.** Il est ainsi possible de détecter le sens du mouvement.

2. Le capteur n'étant **pas orienté selon la direction de déplacement du véhicule**, la vitesse mesurée par ce capteur doit être corrigée.

3. L'orientation du capteur étant fixée à l'installation, **l'orientation de l'axe de déplacement du véhicule par rapport à l'axe du capteur dépend de la position du véhicule par rapport au capteur au moment de la mesure**, c'est pourquoi il faut corriger la mesure réalisée avec le capteur en fonction de la distance entre le véhicule et le capteur.

PRÉPARER L'ECE

6 Expérience historique

Les musiciens placés au bord de la voie sont capables d'indiquer précisément la note qu'ils perçoivent. Il est donc possible d'en déduire la **fréquence de l'onde sonore reçue par l'observateur.**

Vocabulaire
La fréquence d'une onde sonore musicale est appelée la hauteur.

De plus, la connaissance de la note jouée par les musiciens à bord du train permet de déterminer la **fréquence de la source.**

L'exploitation de la formule du **décalage Doppler** permet alors de calculer, à partir de ces deux fréquences et de la célérité de l'onde sonore (de valeur connue à l'époque), la **valeur de la vitesse du train.**

La vitesse du train pouvant être mesurée par une autre méthode, la **comparaison** de ces deux mesures de vitesse permet de **vérifier la formule du décalage Doppler.**

PRÉPARER LE GRAND ORAL

7 Le contrevenant physicien

La valeur $v_{\text{mesurée}}$ de la vitesse mesurée par le radar ne correspond pas à la valeur v de la vitesse réelle du véhicule si le véhicule n'est pas exactement face au radar. En effet, $\boldsymbol{v_{\text{mesurée}} = V \times \cos(\theta) \neq V}$ avec θ l'angle formé entre la direction du véhicule et l'axe du radar. Pour que le radar puisse correctement mesurer la valeur v de la vitesse du véhicule, il doit être rigoureusement orienté avant tout contrôle afin de **paramétrer correctement la valeur de cos (θ).**

Bon matériel pour une bonne note
N'oubliez pas votre montre lors du Grand Oral. Le téléphone est interdit !

De plus, **l'angle θ formé par l'axe du radar et la direction du véhicule varie en fonction de la position du véhicule au moment du contrôle.** Le radar doit donc être préalablement réglé pour effectuer la mesure de vitesse pour une position du véhicule précisément repérée.

Pour aller plus loin

8 L'effet Doppler en astrophysique

1. $\lambda = cT$.

2. La distance d parcourue pendant T est $d = vT$.

La source s'éloignant du récepteur, la longueur d'onde du rayonnement détecté est : $\lambda' = \lambda + d$ soit $\lambda' = (c + v)T$.

3. $v = \dfrac{\pi D}{\Delta t}$ et $\Delta\lambda = \dfrac{v}{c}\lambda \Rightarrow \Delta\lambda = \dfrac{\pi D}{c\Delta t}\lambda$.

Piège à éviter
Ne confondez pas la valeur v de la vitesse de la source avec la célérité c de la lumière.

A.N. : $\Delta\lambda = \dfrac{\pi \times 1{,}4 \times 10^9}{3{,}00 \times 10^8 \times 25 \times 24 \times 3\,600} \times 589{,}0 \times 10^{-9} = 4{,}0 \times 10^{-12}\ \text{m} = \mathbf{4{,}0\ pm}$.

9 Détermination d'une vitesse

1. D'après le 2.3. du cours : $f_{R2} = f_E \times \dfrac{c}{c + v}$.

2. Lorsque l'émetteur s'approche du récepteur, l'expression de la fréquence reçue s'obtient en changeant le signe de la vitesse de l'émetteur. On en déduit que : $f_{R1} = f_E \times \dfrac{c}{c - v}$.

3. D'après la réponse à la question 1 : $f_E = f_{R2} \times \dfrac{c + v}{c}$.

En injectant cette expression dans le résultat de la question 2, on trouve :

$$f_{R1} \times (c - v) = f_{R2} \times (c + v) \Rightarrow f_{R1} \times c - f_{R1} \times v = f_{R2} \times c + f_{R2} \times v$$

$$\Rightarrow v \times (f_{R1} + f_{R2}) = c \times (f_{R1} - f_{R2})$$

$$\Rightarrow v = c \times \dfrac{f_{R1} - f_{R2}}{f_{R1} + f_{R2}}.$$

L'application numérique permet de trouver le résultat suivant :

$$v = \dfrac{340 \times (110 - 92)}{110 + 92} = \dfrac{340 \times 18}{202} = \mathbf{30\ m \cdot s^{-1}}.$$

Gagnez des points !
Vérifiez toujours si le résultat trouvé est cohérent. Ici $v = 30 \times 3{,}6 = 1{,}1 \times 10^2$ km.h^{-1} est un résultat possible pour la vitesse d'une voiture.

La Prépa attitude

- On donnera les expressions des ondes progressives sinusoïdales unidimensionnelles et du vecteur d'onde.
- L'exemple de la corde permet d'étudier l'instauration d'un régime d'ondes stationnaires dans un milieu confiné.

Prolongements aux cours de Terminale

1 Onde progressive mécanique unidimensionnelle

La perturbation, le signal, est ici une déformation qui se propage sans transport de matière mais avec un transport d'énergie.

Pour l'onde unidimensionnelle, la propagation se déroule suivant un axe que nous noterons (Ox). On choisit le vecteur unitaire $\vec{e}_x$ sur cet axe.

La déformation u dépend du temps t et de la position sur l'axe x : on la notera $u(x, t)$.

- **Si la perturbation se déplace dans le sens de l'axe, à la célérité** c, on a :

$\boldsymbol{u(x, t) = f\left(t - \frac{x}{c}\right)}$ avec f une fonction de x et de t.

Remarque
Cette expression signifie que la perturbation en un point M(x) à une date t a la même valeur qu'en $x = 0$ avec un retard de $\frac{x}{c}$.

- **Si la perturbation se déplace dans le sens contraire à celui de l'axe, à la célérité** c, on a :

$\boldsymbol{u(x, t) = f\left(t + \frac{x}{c}\right)}$ avec f une fonction de x et de t.

Remarque
Cette expression signifie que la perturbation en un point M(x) à une date t a la même valeur qu'en $x = 0$ avec une avance de $\frac{x}{c}$.

2 Onde progressive mécanique sinusoïdale

Les ondes sinusoïdales ont une grande importance en physique, elles permettent d'écrire par décomposition toutes les ondes périodiques (théorème de Fourier), mais elles peuvent aussi tout simplement décrire des oscillations.

On retrouve ici encore les deux cas précédents :

– propagation dans le sens de l'axe :

$$u(x, t) = A\cos\left(\frac{2\pi}{T}t - \frac{2\pi}{\lambda}x + \varphi\right)$$

AMBITION PRÉPA

$$u(x, t) = A\cos(\omega t - kx + \varphi)$$

avec $T = \dfrac{2\pi}{\omega}$ **et** $k = \dfrac{2\pi}{\lambda}$;

– propagation dans le sens contraire :

$$u(x, t) = A\cos\left(\frac{2\pi}{T}t + \frac{2\pi}{\lambda}x + \varphi\right)$$

$$u(x, t) = A\cos(\omega t + kx + \varphi)$$

avec ω la pulsation (temporelle) et φ la phase à l'origine.

On définit aussi le vecteur d'onde $\vec{k}$:

– pour une propagation dans le **sens de l'axe,** $\vec{k} = k\vec{e_x}$;

– pour une propagation dans le **sens contraire,** $\vec{k} = -k\vec{e_x}$;

– dans les deux cas, $k = \|\vec{k}\| = \dfrac{\omega}{c}$.

Avec ces nouvelles notations, T est la période temporelle et ω la pulsation temporelle ; λ est la période spatiale (longueur d'onde) et k, **la norme du vecteur d'onde, est parfois aussi appelée la pulsation spatiale**.

Remarque
Une onde sinusoïdale possède une double périodicité (spatiale et temporelle).

3 Ondes stationnaires

Lorsqu'un milieu de propagation est **limité**, dans certains cas peuvent apparaître **des ondes stationnaires, ondes qui ne se propagent pas**, contrairement aux ondes progressives.

Certains points possèdent alors une **élongation maximale** (ce sont des **ventres** de vibration), tandis que d'autres points ont une **élongation constamment nulle** (ce sont des **nœuds** de vibration).

Les conditions aux limites conditionnent, suivant la valeur de la longueur d'onde, l'apparition d'ondes stationnaires et de modes de vibration.

Exemple : corde vibrante de longueur L fixée aux points A(0) et B(L)

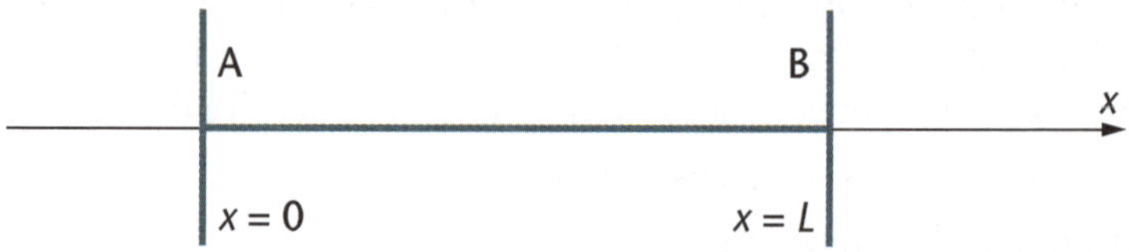

Les conditions aux limites s'écrivent : $\begin{cases} u(0,t) = 0, \forall\ t \\ u(L,t) = 0, \forall\ t \end{cases}$

Lorsqu'une onde progressive se propage sur la corde, **elle subit des réflexions** sur les deux extrémités : l'onde résultante est la superposition d'une onde se propageant dans le sens de l'axe ($u_1(x, t)$) et d'une onde se propageant dans le sens contraire ($u_2(x, t)$) d'où $u(x, t) = u_1(x, t) + u_2(x, t)$.

On montre alors que $u(x, t)$ peut s'écrire comme le produit de deux termes, l'un ne dépendant que de x et l'autre que de t :

$$\boldsymbol{u(x, t) = A\cos(\omega t + \phi)\cos(kx + \psi)}$$

Il y a alors **découplage des dépendances temporelle et spatiale de l'onde**. Ce découplage a des conséquences importantes :

– il existe des points de la corde tels que $\boldsymbol{\cos(kx + \psi) = 0}$; ces points constituent des **nœuds** de vibration, **l'amplitude de vibration est nulle** quel que soit le temps ;

– il existe des points de la corde tels que $\boldsymbol{\cos(kx + \psi) = \pm 1}$: ces points, d'amplitude de **vibration maximale**, constituent des **ventres** de vibration.

La **distance entre deux nœuds successifs ou entre deux ventres successifs** est alors $\frac{\lambda}{2}$.

L'onde n'est plus une onde mécanique progressive, mais une onde mécanique stationnaire, caractérisée par **différents modes de vibration possible**, suivant la relation entre la longueur d'onde et la longueur de la corde.

Les conditions aux limites imposent que les points A et B sont des nœuds de vibration, soit $\boldsymbol{L = \frac{n\lambda}{2}}$ **avec n un entier naturel non nul**. Par suite, les longueurs d'onde sont **quantifiées** et ne peuvent prendre que certaines valeurs du type :

$$\lambda_n = \frac{2L}{n} \text{ soit } k_n = \frac{2\pi}{\lambda_n} = \frac{n\pi}{L}$$

$$\omega_n = k_n c = \frac{n\pi c}{L} \text{ et } f_n = \frac{1}{T} = \frac{\omega_n}{2\pi} = \frac{nc}{2L}.$$

Remarque

Le cas d'une particule confinée dans un espace limité par analogie avec ce cas particulier de l'établissement d'ondes stationnaires dans une corde sera étudié dans le chapitre 18.

Dans le cas d'une corde de guitare, par exemple, un son produit correspondra à une superposition des différents harmoniques (modes) de vibration révélée par l'analyse spectrale du son.

Mode fondamental, $n = 1$:

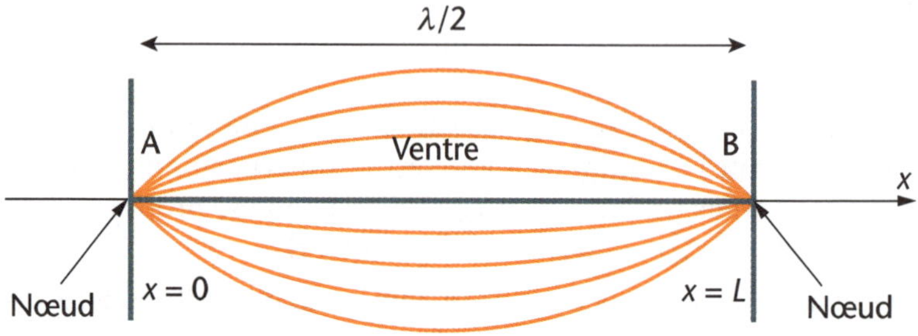

Harmonique $n = 2$:

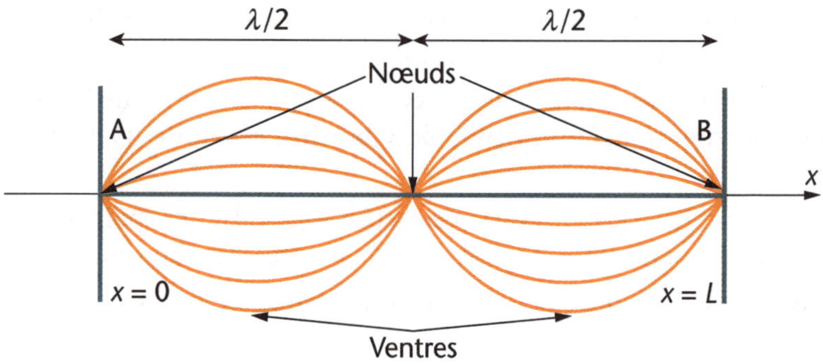

EXERCICES

➲ Corrigés p. 402

1 Onde progressive sur une corde

Une onde progressive à une dimension se propage sans atténuation sur une corde tendue schématisée ci-dessous à la date $t_1 = 0{,}50$ s. On choisira comme origine des dates la création de la perturbation à la source O.

On définit le vecteur unitaire de l'axe horizontal (Ox) $\overrightarrow{e_x} = \dfrac{\overrightarrow{OM}}{||\overrightarrow{OM}||}$ et on considère que $ON = 3{,}0$ m.

On choisit de mesurer les déformations y suivant un axe perpendiculaire à la direction de propagation et orienté vers le haut de la figure.

a) Donner l'expression de la perturbation y au point M en fonction du temps, de la position x sur la corde et de la célérité (supposée constante) de l'onde c.

b) Reprendre la question **a)** pour le point N. Comparer les expressions des élongations en N et en M, et expliquer les différences éventuelles de ces expressions.

c) Déterminer la célérité de l'onde c.

d) On considère désormais une onde mécanique progressive sinusoïdale de période $T = 0{,}25$ s se propageant sans atténuation à la même célérité c que précédemment. On supposera que $y_{Max} = 5{,}0$ cm ; à $t = 0$, $y(0) = \frac{y_{max}}{2}$.

Donner l'expression de la déformation en fonction de t, x, c et T.

e) Déduire de la question **d)** la valeur de l'élongation $y(A, t_2)$ au point A tel que : $\overrightarrow{OA} = 0{,}50\,\vec{e}_x$, à la date $t_2 = 0{,}50$ s.

f) Déterminer les valeurs de la fréquence f, de la pulsation ω, de la norme du vecteur d'onde k, de la longueur d'onde λ de l'onde considérée en **d)**.

2 Battements

On superpose, en un point M de l'espace fixé, deux ondes mécaniques progressives sinusoïdales de même amplitude A et de fréquences f_1 et f_2 très proches :

$$\frac{|f_2 - f_1|}{f_2 + f_1} \ll 1.$$

En ce point M, les deux élongations produites par les deux ondes varient sinusoïdalement dans le temps suivant les expressions :

$$\begin{cases} y_1(t) = A\cos(\omega_1 t + \varphi_1) \\ y_2(t) = A\cos(\omega_2 t + \varphi_2) \end{cases}$$

a) Donner l'expression de l'élongation résultant de la superposition des deux ondes en M : $y(t)$, en fonction des pulsations ω_1 et ω_2, de t et de φ_1 et φ_2.

b) On suppose pour simplifier que $\varphi_1 = \varphi_2 = 0$. Montrer que $y(t)$ peut s'écrire comme le produit d'un terme $X(t)$ par $y_1(t)$:

$$y(t) \approx 2y_1(t)X(t)$$

c) On considère le cas particulier du la_3 : $f_1 = 440$ Hz et $f_2 = 441$ Hz.

On enregistre le son produit par la superposition de ces deux ondes et on visualise $y(t)$ à l'aide d'un tableur. On obtient la courbe ci-après.

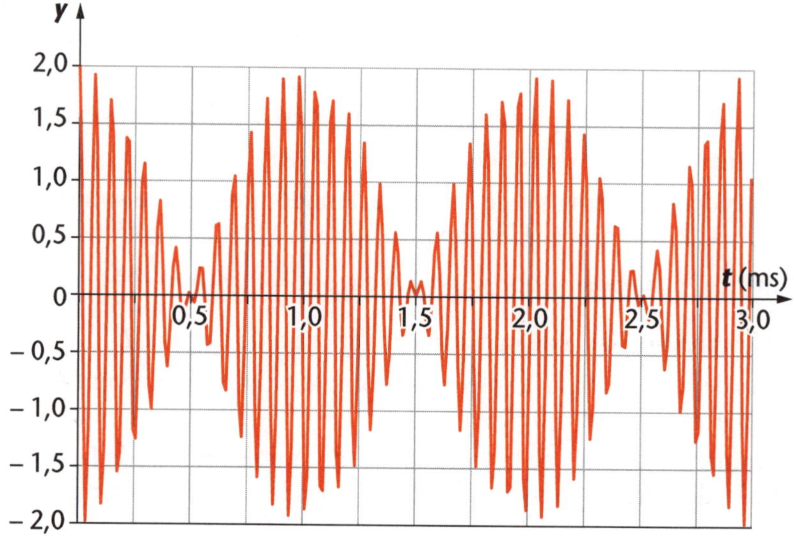

On donne les représentations de $y_1(t)$ et de $x(t)$ ci-après.

Interpréter ce phénomène physique et expliquer quelle sera la sensation auditive pour un expérimentateur.

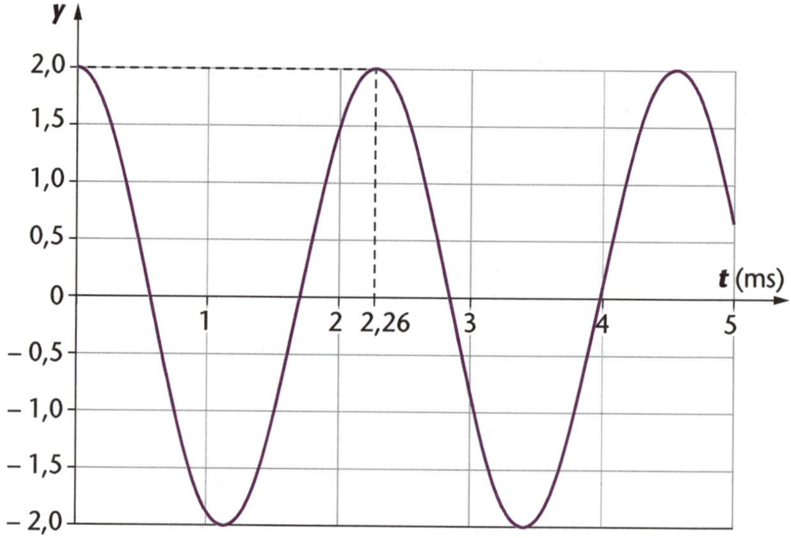

AMBITION PRÉPA

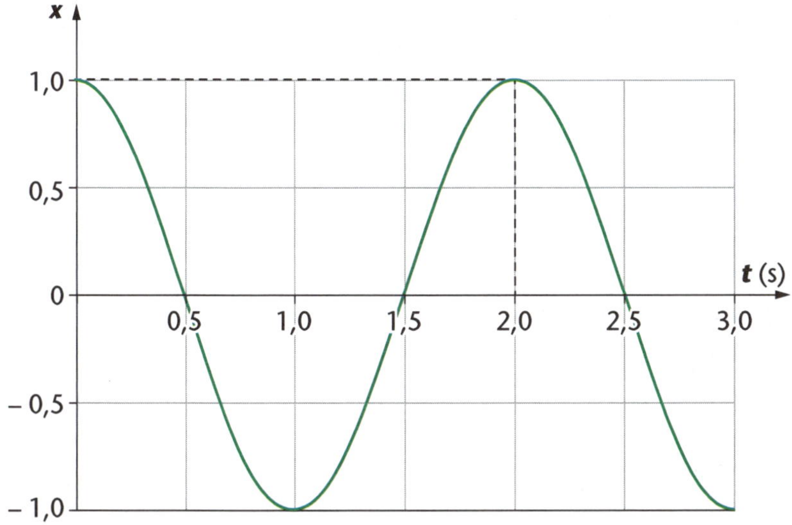

3 Ondes stationnaires dans un tuyau d'orgue

À une extrémité ouverte d'un tuyau sonore, est toujours situé un ventre de vibration noté V. À une extrémité fermée, est toujours situé un nœud de vibration noté N. Soit un tuyau à embouchure de flûte de longueur L_0, mais fermé à l'autre extrémité. Ce tuyau est représenté ci-dessous dans le mode fondamental :

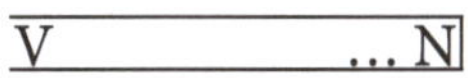

a) Par analogie avec une corde tendue entre deux points fixes, exprimer la fréquence f_0 du mode fondamental émis par ce tuyau en fonction de v et L_0.

b) Un élève affirme : « Un tuyau ouvert aux deux extrémités sonne avec une fréquence double de celle d'un tuyau de même longueur, fermé à une extrémité ». Est-ce vrai ou faux ? Justifier la réponse.

4 Distance entre deux nœuds

On considère une corde fixée en A et en B.

L'expression de l'élongation d'un point M de la corde à la date t est :

$$y(x,t) = A\cos(\omega t + \phi)\cos(kx + \psi).$$

a) Écrire les conditions aux limites.

b) Montrer que la distance entre nœuds successifs est égale à $\frac{\lambda}{2}$.

CORRIGÉS

1 **a)** La perturbation se déplace dans le sens positif de l'axe, donc :

$\boldsymbol{y(x_M, t) = f\left(t - \frac{x_M}{c}\right)}$ avec f une fonction.

b) $y(x_N, t) = f\left(t - \frac{x_N}{c}\right) = f\left(t - \frac{x_M + MN}{c}\right)$ d'où $\boldsymbol{y(x_N, t) = f\left(t - \frac{x_M}{c} - \frac{MN}{c}\right)}$:

c'est la perturbation en M avec un retard $\frac{MN}{c}$ qui correspond à la durée de propagation de l'onde entre M et N.

c) La perturbation a été créée en O et elle atteint le point N en $t = t_1 = 0{,}50$ s, soit : $\boldsymbol{c = \frac{ON}{t_1}}$.

A. N. : $c = \frac{3{,}0}{0{,}50} = \mathbf{6{,}0 \cdot ms^{-1}}$.

d) L'onde mécanique progressive sinusoïdale a pour expression :

$y(x,t) = y_{Max}\cos(\omega t - kx + \varphi)$ avec $\omega = \frac{2\pi}{T}$; $k = \frac{2\pi}{\lambda} = \frac{2\pi}{cT}$.

> **Remarque**
> La pulsation, la norme du vecteur d'onde sont ici exprimées en fonction de c et de T qui sont les données du problème.

En $t = 0$ et en $x = 0$, on a $y = \frac{y_{Max}}{2}$ donc :

$y_{Max}\cos(0 + \varphi) = y_{Max}\cos(\varphi) = \frac{y_{Max}}{2}$ et par suite $\cos(\varphi) = \frac{1}{2}$ et $\varphi = \frac{\pi}{3}$;

$$\boldsymbol{y(x,t) = y_{Max}\cos\left(\frac{2\pi}{T}t - \frac{2\pi}{cT}x + \frac{\pi}{3}\right)}.$$

e) Si $\overrightarrow{OA} = 0{,}50\,\overrightarrow{e_x}$ alors $x_A = 0{,}50$ m en $t_2 = 0{,}50$ s, soit dans l'expression de la question **d)** :

$$\boldsymbol{y(x_A, t_2) = y_{Max}\cos\left(\frac{2\pi}{T}t_2 - \frac{2\pi}{cT}x_A + \frac{\pi}{3}\right)}.$$

A. N. : $y(x_A, t_2) = 5{,}0 \times \cos\left(\frac{2\pi}{0{,}25} \times 0{,}50 - \frac{2\pi}{4{,}0 \times 0{,}25} \times 0{,}50 + \frac{\pi}{3}\right)$.

$$y(x_A, t_2) = 5{,}0 \times \cos\left(4\pi - \pi + \frac{\pi}{3}\right) = 5{,}0 \times \cos\left(3\pi + \frac{\pi}{3}\right) = 5{,}0 \times \cos\left(\frac{10\pi}{3}\right)$$

$$\boldsymbol{y(x_A, t_2) = -2{,}5 \text{ cm}} = -\frac{y_{Max}}{2}.$$

f) $\boldsymbol{f = \frac{1}{T}}$ d'où $f = \frac{1}{0{,}25} = \mathbf{4{,}0\ Hz}$.

$\boldsymbol{\omega = \frac{2\pi}{T}}$ d'où $\omega = \frac{2\pi}{0{,}25} = \mathbf{25\ rad \cdot s^{-1}}$.

$\boldsymbol{k = \frac{2\pi}{cT}}$ d'où $k = \frac{2\pi}{4{,}0 \times 0{,}25} = 2\pi = \mathbf{6{,}3\ m^{-1}}$.

$\boldsymbol{\lambda = cT}$ d'où $\lambda = 4{,}0 \times 0{,}25 = \mathbf{1{,}0\ m}$.

> **Rappel**
> La longueur d'onde est la distance parcourue par l'onde pendant une période temporelle T.

2 **a)** $y(t) = y_1(t) + y_2(t) = A\cos(\omega_1 t + \varphi_1) + A\cos(\omega_2 t + \varphi_2)$

$\cos\alpha + \cos\beta = 2\cos\frac{1}{2}(\alpha + \beta)\cos\frac{1}{2}(\alpha - \beta)$, d'où :

$$y(t) = 2A\left[\cos\frac{1}{2}((\omega_1 + \omega_2)t + \varphi_1 + \varphi_2)\cos\frac{1}{2}((\omega_1 - \omega_2)t + \varphi_1 - \varphi_2)\right].$$

b) $\omega = 2\pi f$ et $\varphi_1 = \varphi_2 = 0$, soit dans l'expression de $y(t)$ de la question **a)** :

$$y(t) = 2A\left[\cos\left(2\pi\frac{f_1 + f_2}{2}t\right)\cos\left(2\pi\frac{f_1 - f_2}{2}t\right)\right].$$

Avec $f_1 + f_2 \approx 2f_1 \approx 2f_2$ car f_1 et f_2 sont très proches : $\frac{|f_2 - f_1|}{f_2 + f_1} \ll 1$.

D'où : $y(t) \approx 2A\left[\cos(2\pi f_1 t)\cos\left(2\pi\frac{f_1 - f_2}{2}t\right)\right] = \mathbf{2\, y_1(t) X(t)}$ en posant :

$X(t) = \cos\left(2\pi\frac{f_1 - f_2}{2}t\right)$.

c) $y(t)$ est le produit d'un terme de fréquence $f_1 = 440$ Hz et de période $T_1 = \frac{1}{f_1}$ soit $T_1 = \frac{1}{440} = 2{,}3$ ms par un terme de fréquence $\frac{f_2 - f_1}{2} = \frac{441 - 440}{2} = 0{,}50$ Hz et de période $T_x = \frac{1}{f_x} = \frac{1}{0{,}50} = 2{,}0$ s.

AMBITION PRÉPA

Les deux dernières courbes permettent de vérifier ces valeurs de période.

En conclusion, l'onde résultant de la superposition d'un son pur de 440 Hz et d'un son pur de 441 Hz est un son de fréquence proche de 440 Hz, mais à l'intensité qui varie lentement, beaucoup plus lentement que le son entre un minima et un maxima, d'où l'allure de la première courbe qui présente ce phénomène de « battements ».

Remarque

La fluctuation est 1 000 fois plus lente (période de 2,0 s rapportée à une période de 2,3 ms).

3 **a)** Pour la corde, la distance entre deux nœuds successifs est de $\frac{\lambda}{2}$ et donc la distance entre un nœud et le ventre suivant sera de $\frac{\lambda}{4}$.

On a ainsi, dans le mode fondamental $\frac{\lambda}{4} = L_0$ avec $\lambda = \frac{v}{f_0}$ soit $\frac{v}{4f_0} = L_0$ et donc :

$$f_0 = \frac{v}{4L_0}.$$

b) Si le tuyau est ouvert à ses deux extrémités, les deux extrémités constituent des ventres et donc, dans le mode fondamental : $\frac{\lambda'}{2} = L_0$ (distance entre deux ventres successifs).

Soit, en reproduisant le même raisonnement qu'en **a)**, $f_0' = \frac{v}{2L_0} = 2f_0$ donc **l'affirmation de l'élève est vraie.**

4 **a)** La corde étant fixée en ses extrémités, ces dernières constituent des nœuds de vibration et les conditions aux limites s'écrivent :

$$y(0,t) = y(L,t) = 0, \forall\, t$$

b) Si un point M de la corde est un nœud, alors :

$$y_M(x,t) = A\cos(\omega t + \phi)\cos(kx_M + \psi) = 0, \forall\, t$$

soit $\cos(kx_M + \psi) = 0, \forall\, t$ et donc $kx_M + \psi = (2p+1)\frac{\pi}{2}$ avec p entier naturel.

$$kx_M = (2p+1)\frac{\pi}{2} - \psi \text{ et } x_M = \frac{1}{k}\left((2p+1)\frac{\pi}{2} - \psi\right) = \frac{\lambda}{2\pi}\left((2p+1)\frac{\pi}{2} - \psi\right).$$

La distance avec le nœud suivant M + 1 sera donc :

$$x_{M+1} - x_M = \frac{\lambda}{2\pi}\left((2(p+1)+1)\frac{\pi}{2} - \psi\right) - \frac{\lambda}{2\pi}\left((2p+1)\frac{\pi}{2} - \psi\right)$$

$x_{M+1} - x_M = \frac{\lambda}{2\pi}\cdot\frac{2\pi}{2} = \frac{\lambda}{2}$; **la distance entre deux nœuds successifs est bien** $\frac{\lambda}{2}$.

À savoir

La distance entre deux ventres successifs est également de $\frac{\lambda}{2}$.

AMBITION PRÉPA

CHAPITRE 16

Diffraction des ondes et interférences

Capacités exigibles du chapitre disponibles sur **Nathan Live**

1 Diffraction

1 Caractérisation

- Le phénomène de **diffraction** est caractéristique des ondes. Il se manifeste souvent lorsque la **dimension *a* d'une ouverture ou d'un obstacle** rencontré par une onde est **inférieure ou de l'ordre de grandeur de la longueur d'onde** λ de l'onde.
- La diffraction est observable pour les ondes mécaniques (le son par exemple), comme pour les ondes électromagnétiques (la lumière visible par exemple).

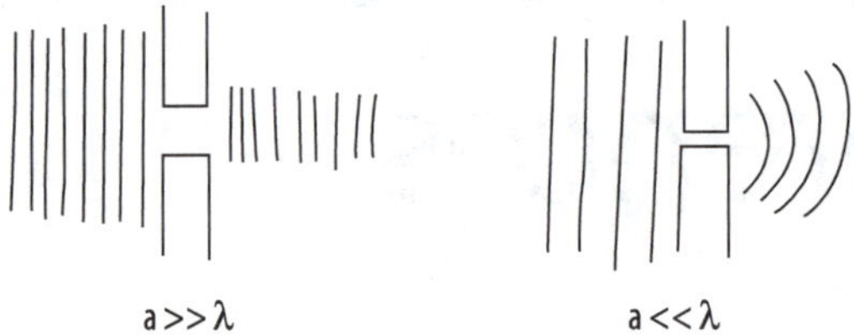

Doc. 1 Cas des ondes à la surface de l'eau

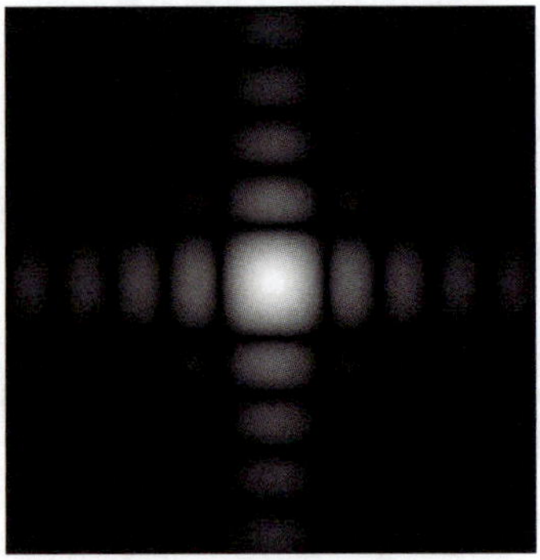

Doc. 2 Figure de diffraction à travers un trou carré

- L'onde diffractée a la **même fréquence** f et la **même longueur d'onde** λ que l'onde incidente.
- Lors de la rencontre avec l'obstacle ou du passage dans l'ouverture, la structure de l'onde est modifiée : elle peut passer d'une structure plane à une structure sphérique. La **figure de diffraction** observée est donc **caractéristique de l'ouverture ou de l'obstacle**.

2 Paramètres

- L'expérience montre que **plus la largeur *a* de l'ouverture ou de l'obstacle est petite devant la longueur d'onde** λ**, plus le phénomène de diffraction est marqué**. Ainsi, pour une même ouverture ou taille d'obstacle, la diffraction est d'autant plus accentuée que la longueur d'onde de l'onde diffractée est grande.

Remarque

Le phénomène de diffraction est aussi accentué lorsque la taille *a* de l'ouverture ou de l'obstacle est de plus en plus petite devant la longueur d'onde λ.

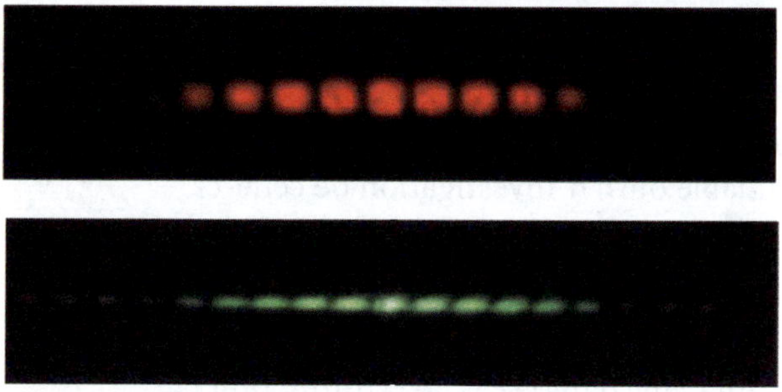

Doc. 3 Phénomène de diffraction plus marqué lorsque la longueur d'onde λ augmente ($\lambda_{vert} < \lambda_{rouge}$)

- Le quotient $\frac{\lambda}{a}$ caractérise **l'importance de la diffraction** : plus ce quotient est grand, plus la diffraction est importante.

> **Unités**
> Les angles s'expriment en radian (rad), les longueurs d'onde et les dimensions d'obstacle ou de trou en mètre (m).

3 Conséquences et applications

- La diffraction contribue à la **limitation des pouvoirs de résolution des appareils d'optique**. Il est indispensable de l'étudier pour optimiser ces appareils.

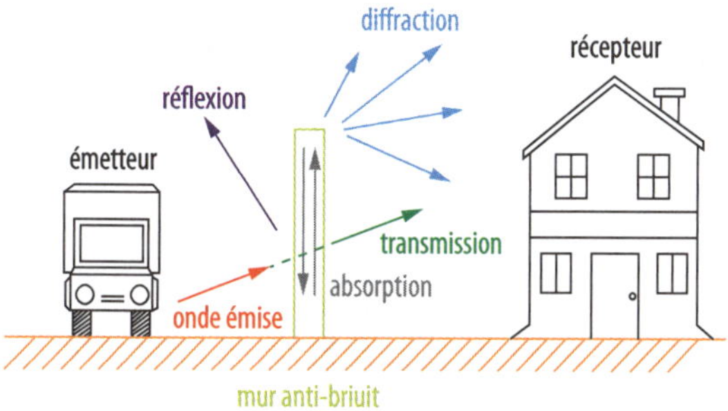

Doc. 4 Prise en compte de la diffraction du son par un mur anti-bruit

- La **diffraction acoustique** est utilisée pour étudier la **structure des fonds** et elle doit aussi être étudiée lors de la construction de murs anti-bruit (**doc. 4**).
- La **diffraction par les neutrons**, sur monocristal ou sur poudre, est une technique très largement utilisée, en science des matériaux comme en biologie, lorsque

> **À savoir**
> Le neutron est une particule neutre constitutive des noyaux atomiques et ayant une masse proche de celle du proton :
> $m = 1{,}67493 \times 10^{-27}$ kg.

l'on souhaite déterminer la **structure cristalline d'un composé ou d'une molécule**.

• La **diffraction des rayons X par la matière** est également un formidable outil d'investigation de celle-ci.

Ordre de grandeur
La longueur d'onde des rayons X est comprise entre 10^{-12} et 10^{-8} m.

4 Cas des ondes lumineuses

• Pour un rayonnement monochromatique de longueur d'onde λ, on admet que dans le cas de la diffraction par une fente ou un fil d'épaisseur a, l'angle caractéristique de diffraction, en radian, est égal à $\theta = \dfrac{\lambda}{a}$.

À savoir
λ et a doivent avoir la même unité.

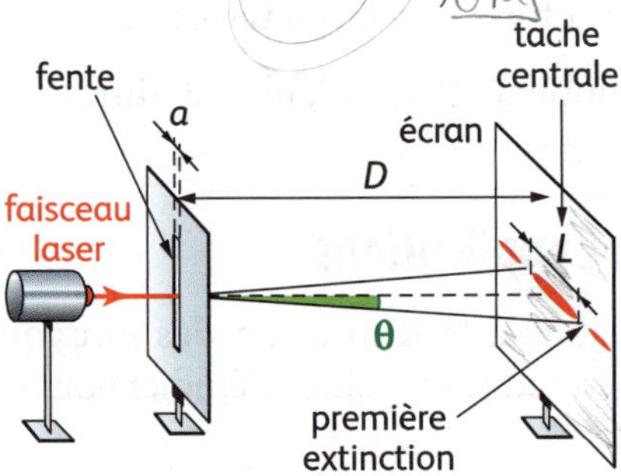

Doc. 5 **Diffraction d'un rayonnement monochromatique par un fil**

• L'angle caractéristique de diffraction θ peut aussi être déterminé par les paramètres du montage expérimental :

$$\tan(\theta) = \frac{\frac{L}{2}}{D} = \frac{L}{2 \times D}.$$

Or, pour les petits angles, on peut considérer que $\tan(\theta) = \theta$, d'où :

$$\boldsymbol{\theta = \frac{L}{2 \times D} = \frac{\lambda}{a}}$$

avec L la largeur de la tâche centrale, D la distance entre la fente ou le fil et l'écran, λ la longueur d'onde du rayonnement monochromatique et a l'épaisseur du fil ou de la fente.

Remarque
Le théorème de Babinet, qui n'est pas à connaître, prévoit que les figures de diffraction d'une fente ou de son complémentaire, le fil, sont identiques.

2 Interférences

1 Caractérisation

Rappel
La célérité v d'une onde est le produit de sa longueur d'onde λ par sa fréquence f : $v = \lambda \times f$.

• Le phénomène d'**interférences** est caractérisé par la **superposition de deux ou plusieurs ondes de même fréquence *f*.** Il est observable uniquement si les ondes sont émises par des **sources cohérentes,** c'est-à-dire émettant des ondes sinusoïdales de même fréquence et dont le retard de l'une par rapport à l'autre ne varie pas au cours du temps (déphasage constant).

• Le phénomène d'interférences se rencontre dans de très nombreux domaines : ondes sonores, ondes radio, ondes à la surface de l'eau, ondes lumineuses…

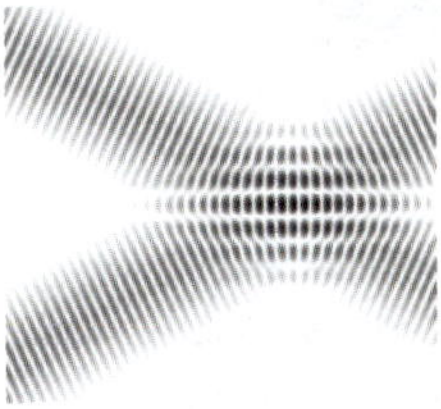

Doc. 6 **Représentation des interférences de deux ondes planes. Le champ d'interférences est à l'intersection des deux cheminements des ondes.**

2 Conditions d'observation et paramètres

Vocabulaire
Des ondes émises par des sources cohérentes peuvent être appelées synchrones.

• L'expérience montre qu'il est impossible d'observer des interférences avec deux sources indépendantes non cohérentes. Pour observer par exemple des **interférences lumineuses**, il est indispensable de faire interférer **deux sources issues de la même source primaire** afin qu'elles soient **cohérentes**.

• Les ondes interfèrent différemment suivant le point M de l'espace où elles se trouvent :

– les **interférences** sont **constructives** lorsque deux ondes arrivent **en phase** en ce point, c'est-à-dire lorsque la différence des retards des deux ondes est telle que $\boldsymbol{\Delta\tau = \tau_2 - \tau_1 = k \times T}$, avec $k \in \mathbb{Z}$: l'**amplitude** résultante en ce point est alors **maximale** ;

– les **interférences** sont **destructives** lorsque deux ondes arrivent en opposition de phase en ce point, c'est-à-dire lorsque la différence des retards des deux ondes est telle que $\Delta\tau = \tau_2 - \tau_1 = \boldsymbol{(2k + 1) \times \frac{T}{2}}$, avec $k \in \mathbb{Z}$: l'**amplitude** résultante est alors **minimale ou nulle**.

• Dans l'air, on peut appeler **différence de marche** δ en un point M la différence entre les deux distances d_1 et d_2, distances entre chacune des sources et le point M : $\boldsymbol{\delta = d_2 - d_1 = S_2M - S_1M}$. Les interférences sont :

– **constructives** si $\boldsymbol{\delta = k \times \lambda}$ avec $k \in \mathbb{Z}$;

– **destructives** si $\boldsymbol{\delta = (2k + 1) \times \frac{\lambda}{2}}$, avec $k \in \mathbb{Z}$.

Doc. 7 Interférences en lumière blanche à la surface d'un film de savon sphérique

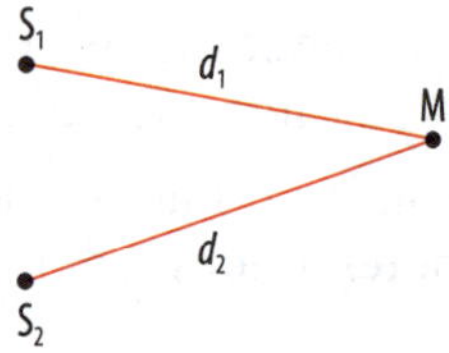

Doc. 8 Différence de marche

→ Raisonnement mathématique à connaître

Si v est la célérité des ondes dans le milieu de propagation :

$d_2 = v\tau_2$ et $d_1 = v\tau_1 \Rightarrow \delta = d_2 - d_1 = v(\tau_2 - \tau_1)$

Il y a donc interférences constructives si $\tau_2 - \tau_1 = kT \Rightarrow d_2 - d_1 = kvT = k\lambda$.

3 Conséquences et applications

• **L'interférométrie spatiale**, qui permet de combiner les signaux reçus d'un même astre par deux télescopes distincts, séparés d'une distance qui varie entre 10 et 190 m, permet d'étudier par exemple, dans le visible et dans le proche infrarouge, des diamètres stellaires, des orbites d'étoiles multiples, la surface des étoiles…

• **L'interférométrie radio** peut servir à repérer, avec une grande précision, la position d'un satellite à tout instant.

• Des interférences peuvent aussi être observées à la **surface de l'eau**, par exemple dans une cuve à ondes, dans laquelle deux sources S_1 et S_2 cohérentes reproduisent les vibrations d'une même source S : les franges grises correspondent à des points à la surface de l'eau au repos (interférences destructives) tandis que les franges claires correspondent à des points vibrant avec la plus grande amplitude (interférences constructives).

Remarque

En astronomie et, surtout, en radioastronomie, les interféromètres (dits à grande base et à très grande base) sont constitués d'un ensemble d'antennes éloignées de quelques centaines de mètres, voire de plusieurs milliers de kilomètres, ce qui leur confère un pouvoir séparateur considérable.

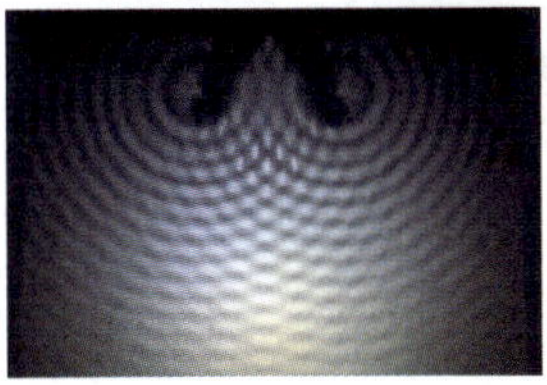

Doc. 9 **Interférences dans une cuve à ondes**

4 Cas des ondes lumineuses

- Les **fentes d'Young** sont un dispositif permettant d'observer des interférences lumineuses : une source S ponctuelle de lumière monochromatique éclaire une plaque où sont percées deux fentes, ce qui permet aux deux sources S_1 et S_2, distantes d'une longueur *a*, d'être cohérentes. Un écran situé à une distance *D* permet d'observer les interférences.

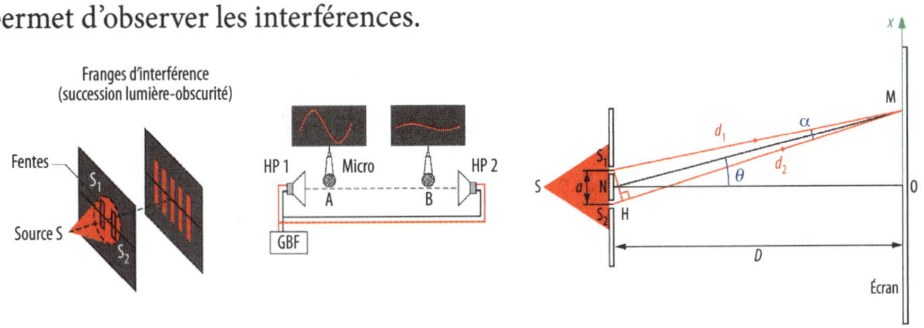

Doc. 10 **Interférences lumineuses dans le dispositif des fentes d'Young**

- Dans le dispositif des fentes d'Young, les ondes issues de S_2 parcourent des trajets plus longs pour atteindre le point M d'abscisse *x* que celles issues de S_1. La différence de marche $\delta = d_2 - d_1$ peut alors se déterminer géométriquement :

$$\delta = a \times \frac{x}{D}.$$

- L'**interfrange** *i* est la **distance qui sépare deux franges d'intensité lumineuse extrémale successives** sur l'écran. Or, une frange d'intensité lumineuse maximale est associée à des interférences constructives : $\delta = k \times \lambda$ avec $k \in \mathbb{Z}$ et λ la longueur d'onde de l'onde. Ainsi, les franges d'intensité lumineuse maximale ont pour abscisse $x = k \times \frac{\lambda \times D}{a}$ et deux franges d'intensité lumineuse maximale successives sont séparées de l'interfrange : $\boldsymbol{i} = \frac{\lambda \times \boldsymbol{D}}{\boldsymbol{a}}$.

> **Remarque**
> On obtient le même résultat pour *i* en faisant le calcul avec les franges sombres, associées à des interférences destructives.

- Le quotient $\boldsymbol{p} = \frac{\delta}{\lambda}$ porte le nom d'ordre d'interférences. Si ***p*** est un **entier**, les interférences sont **constructives**, si ***p*** est un **demi-entier**, elles sont **destructives**.

QCM et questions courtes

1 Vrai ou faux ?

Corrigé p. 417

1. Les sons graves sont plus diffractés que les sons aigus par une même ouverture. ☐ Vrai ☐ Faux

2. La diffraction d'ondes ultrasonores de fréquence $f = 40$ kHz peut être observée avec des ouvertures de 3,0 mm. ☐ Vrai ☐ Faux

3. On peut observer la diffraction d'un rayonnement de longueur d'onde $\lambda = 650$ nm par un fil d'épaisseur $a = 0{,}065$ mm. ☐ Vrai ☐ Faux

4. Dans l'expérience des fentes d'Young, les franges lumineuses sont plus écartées quand on augmente la fréquence de la source. ☐ Vrai ☐ Faux

5. Deux ondes issues de deux sources émettant des ondes de fréquences différentes peuvent interférer. ☐ Vrai ☐ Faux

6. L'interfrange dans un système interférentiel est indépendant de la longueur d'onde des ondes émises. ☐ Vrai ☐ Faux

2 Figure d'interférences

Corrigé p. 417

Expliquer pourquoi la frange centrale d'une figure d'interférences en lumière blanche est blanche.

Exercices d'entrainement

3 Diffraction par un cheveu

★ 05 min Corrigé p. 417

À quelle distance d'un cheveu de 0,16 mm d'épaisseur faut-il placer un écran pour observer une tâche centrale de diffraction de largeur 22 mm lorsqu'on utilise une lumière émise par un laser de longueur d'onde égale à 630 nm ?

4 Différence de marche

★ 05 min ➔ Corrigé p. 418

Dans un champ d'interférences, un point M, distant de deux sources cohérentes S_1 et S_2 émettant un rayonnement monochromatique de longueur d'onde $\lambda = 600$ nm, est tel que $S_2M\text{-}S_1M = 2{,}7 \times 10^{-6}$ m.

Y-a-t 'il en ce point des interférences constructives ou destructives ?

5 Somme de signaux sinusoïdaux

★ 10 min ➔ Corrigé p. 418

Le programme Python suivant permet de représenter la somme de deux signaux sinusoïdaux périodiques synchrones en faisant varier la phase à l'origine de l'un des deux.

```
5  T=1 # initialisation de la période
6  Y1max=2
7  Y2max=2
8  # ------------------enregistrement de la valeur du déphasage saisie par l'utilisateur
   -----------------#
9  phi=float(input("valeur de la phase à l'origine du second signal en radian :"))
10
11 #------------- création de la liste des dates ---------------#
12 t=[i/100 for i in range(400)] # génération d'une liste de 400 valeurs comprises entre 0 et 4
13
14 #------------- calcul des amplitudes  ----------------------#
15 y1=[Y1max*cos(2*pi*i/T) for i in t] # génération de la liste des ordonnées de cos(2*pi*t/T)
16 y2=[Y2max*cos(2*pi*i/T+phi) for i in t]
17 y=[Y1max*cos(2*pi*i/T)+Y2max*cos(2*pi*i/T+phi)for i in t]
18 plt.plot(t,y1,label='cos(2*'+r"$\pi$ "+'*t/T)') # génération du tracé de cos(2*pi*t/T) et
   définition de la légende cos(2*pi*t/T)
19 plt.plot(t,y2,label='cos(2*'+r"$\pi$ "+'*t/T +'+r"$\varphi$ "+')') #idem pour cos(2*pi*t/T+phi)
20 plt.plot(t,y,label='cos(2*'+r"$\pi$ "+'*t/T)'+'cos(2*'+r"$\pi$ "+'*t/T +'+r"$\varphi$ "+')')
21 plt.legend(loc='lower right') # affichage des légendes
22 plt.title('déphasage '+r"$\varphi$ "+'=' +str(phi)+' rad') # affichage du titre du graphique
23 plt.show() # affichage de la figure
```

Code Python Code complet téléchargeable sur **Nathan Live**

1. Indiquer les lignes du code Python présenté ci-dessus qui définissent l'amplitude des deux signaux qui sont ajoutés.

2. Expliquer le rôle de la ligne 17 du code Python présenté ci-dessus.

> **Astuce**
> Lisez ou relisez le point numérique sur Python à la fin du manuel pour bien comprendre l'extrait du code présenté.

6 Longueur d'onde inconnue

★★ 20 min ➔ Corrigé p. 418

On réalise l'expérience des fentes d'Young distantes de 800 µm et éclairées par un rayonnement monochromatique de longueur d'onde λ inconnue. La mesure de la distance de dix interfranges donne 4,0 mm. Cette mesure de la distance de dix interfranges passe à 6,8 mm quand on éloigne l'écran de 40 cm.

1. Faire un schéma du dispositif des fentes d'Young et mettre en évidence la différence de marche δ en représentant le chemin de deux rayons lumineux.

2. Rappeler l'expression de l'interfrange *i* dans le dispositif des fentes d'Young puis déterminer la valeur λ de la longueur d'onde recherchée.

Exercices de type bac

PRÉPARER L'ÉPREUVE ÉCRITE

7 Détermination de la distance entre deux fentes

★★★ 10 min ➔ Corrigé p. 419

Afin de déterminer la distance entre deux objets très proches, on se propose d'utiliser une méthode interférentielle. On propose le montage expérimental suivant, qui consiste à éclairer l'objet constitué de deux fentes très fines et très proches dont on ne connait pas l'écart *a*.

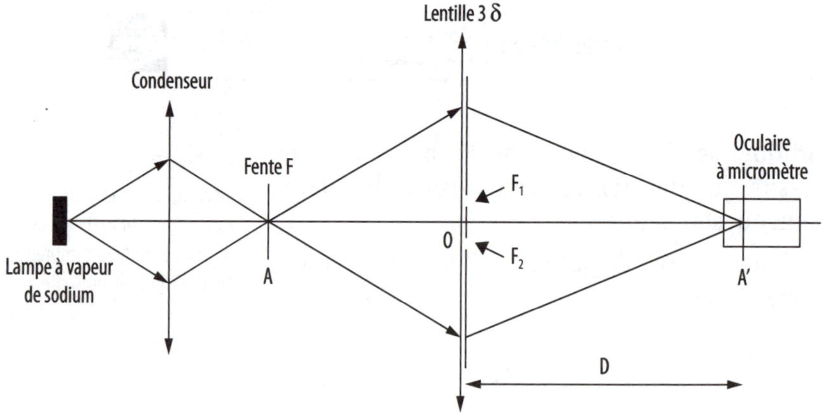

La source lumineuse S est une lampe émettant un rayonnement monochromatique de longueur d'onde λ = 589,6 nm, dont on forme l'image à travers un condenseur C sur la fente F. La double fente se trouve sur une plaquette métallique que l'on accole derrière la lentille L.

On observe le résultat de l'expérience à travers un micromètre oculaire gradué au 1/10 mm. On réalise une série de mesures de l'interfrange *i* pour différentes valeurs de la distance *D* entre les fentes d'Young et l'écran.

Les valeurs obtenues sont reportées dans le tableau suivant.

Astuce
Les lentilles minces convergentes ont été étudiées en Seconde et en Première et elles sont revues dans le chapitre 17 de ce manuel.

D (en m)	0,8	0,9	1,1	1,2	1,3	1,5	1,7	1,8	2,0
i (en mm)	0,81	0,88	1,05	1,20	1,25	1,48	1,76	1,80	1,97

1. À quoi sert le condenseur ?

2. Quel type de figure obtient-on dans l'oculaire ?

3. Tracer le graphe $i = f(D)$ représentant l'évolution de l'interfrange en fonction de la distance entre les fentes d'Young et l'écran.

4. Le graphe précédent peut être modélisé par une droite de coefficient directeur k. Déterminer la valeur de k.

5. Sachant que l'interfrange i entre deux franges brillantes est donnée par la relation suivante : $i = \dfrac{\lambda \times D}{a}$, calculer l'écart a entre les deux fentes de l'objet.

6. Une étude plus poussée permet de trouver un écart $a = 588{,}8$ µm et une incertitude-type $u(a) = 2$ µm. Écrire ce résultat avec un nombre de chiffres significatifs adapté.

7. Qu'observerait-on dans cette expérience si on remplaçait la lampe émettant un rayonnement monochromatique par une lampe à lumière blanche ?

PRÉPARER L'ECE

8 Ondes à la surface de l'eau

★★ 10 min ➲ Corrigé p. 420

Compétence expérimentale évaluée : Analyser-raisonner

Indiquer le nom du matériel à utiliser pour visualiser des ondes à la surface de l'eau en salle de Travaux pratiques au lycée puis expliquer pourquoi les zones brillantes sur l'écran de ce matériel correspondent aux crêtes des vaguelettes à la surface de l'eau.

PRÉPARER LE GRAND ORAL

9 Bulles de savon

★★★ 30 min ➔ Corrigé p. 421

Décrire la photo ci-dessous et expliquer à l'oral en trois minutes maximum les couleurs interférentielles observées.

Astuce
Enregistrez-vous pour pouvoir vous réécouter et corriger vos erreurs.

Pour aller plus loin

10 Casque anti-bruit

★★★ 30 min ➔ Corrigé p. 422

Rechercher des informations sur le fonctionnement d'un casque audio « à réduction active de bruit » utilisant des interférences destructives puis rédiger une synthèse expliquant le fonctionnement de ce casque.

QCM et questions courtes

1 Vrai ou faux ?

À savoir
La célérité des ondes sonores dans l'air est $v = 340\ \text{m·s}^{-1}$.

Astuce
La relation entre la longueur d'onde λ, la célérité v et la fréquence f d'une onde est $\lambda = \frac{v}{f}$.

1. Vrai. → Pour une même ouverture de dimension a, le **quotient** $\frac{\lambda}{a}$ est **plus grand pour les sons graves** que pour les sons aigus car leur longueur d'onde est plus grande : $\lambda_{grave} > \lambda_{aigu}$

2. Vrai. → Pour les ultrasons de fréquence $f = 40$ kHz, la longueur d'onde dans l'air vaut :

$$\lambda = \frac{v}{f} = \frac{340}{40 \times 10^3} = 8{,}5 \times 10^{-3}\ \text{m} = 8{,}5\ \text{mm}.$$

Comme $\boldsymbol{a < \lambda}$, la **diffraction** est **observable**.

3. Vrai. → $a = 100\,\lambda$: pour des ondes lumineuses, cette **condition** est **suffisante pour observer le phénomène de diffraction**.

4. Faux. → L'interfrange $\boldsymbol{i} = \frac{\lambda \times D}{a} = \frac{v \times D}{f \times a}$ dépend inversement de la fréquence. **Plus la fréquence f de la source lumineuse augmente**, plus l'interfrange i diminue et **plus les franges lumineuses se rapprochent**.

5. Faux. → Les sources doivent être **cohérentes**, donc de même fréquence.

6. Faux. → L'interfrange $\boldsymbol{i} = \frac{\lambda \times D}{a}$ dépend de la longueur d'onde λ.

2 Figure d'interférences

Dans une figure d'interférences en lumière blanche, **tous les rayonnements se superposent au centre**, au niveau de la tâche centrale. Leur superposition correspond à de la lumière blanche.

Bien comprendre
Pour un rayonnement monochromatique, l'abscisse d'une frange d'intensité lumineuse maximale sur un écran est telle que : $x = k \times \frac{\lambda \times D}{a}$.
Pour $k = 0$, $x = 0$ quel que soit λ.

3 Diffraction par un cheveu

Dans ce dispositif, $\theta = \frac{L}{2 \times D} = \frac{\lambda}{a}$, avec θ l'angle caractéristique de diffraction, L la largeur de la tache centrale de diffraction, D la distance entre le cheveu et l'écran et a l'épaisseur du cheveu.

La distance entre le cheveu et l'écran est donc égale à :

$$D = \frac{L \times a}{2 \times \lambda} = \frac{22 \times 10^{-3} \times 0{,}16 \times 10^{-3}}{2 \times 630 \times 10^{-9}} = \mathbf{2{,}8\ m}.$$

4 Différence de marche

Selon que la différence de marche $\delta = S_2M - S_1M$ soit un multiple entier ou demi-entier de λ, les interférences en M sont constructives ou destructives. Il faut donc calculer l'ordre d'interférences $p = \frac{\delta}{\lambda}$, ce qui donne $p = \frac{2,7 \times 10^{-6}}{600 \times 10^{-9}} = 4,5$.

Ainsi comme **$\delta = 4,5\,\lambda$**, il y a des **interférences destructives** au point M.

5 Somme de signaux sinusoïdaux

1. Les lignes 6 et 7 définissent les amplitudes des deux signaux (ici les amplitudes ont pour valeur 2).

2. La ligne 17 du code Python permet de **créer la liste y contenant la somme des amplitudes des deux signaux pour chaque valeur de t** contenue dans la liste t.

Pour aller plus loin

Téléchargez le programme Python complet sur **Nathan Live** et exécutez-le pour mieux comprendre la correction proposée.

6 Longueur d'onde inconnue

1. Le dispositif des fentes d'Young vu de dessus est schématisé ci-contre.

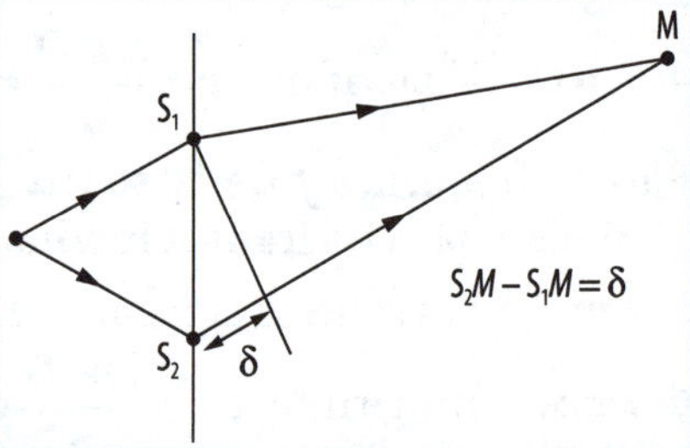

2. On utilise l'expression de l'interfrange pour l'expérience des fentes d'Young : $i = \frac{\lambda \times D}{a}$.

Soit D_1, la distance à l'écran mesurée initialement et associée à la mesure de 10 interfranges valant 4,0 mm, et D_2, la mesure de la distance à l'écran lorsque celui-ci est reculé de 40 cm. La mesure de 10 interfranges vaut alors 6,8 mm.

Astuce expérimentale

Pour minimiser les incertitudes de mesure, il faut mesurer 10 interfranges consécutives et diviser par 10 le résultat obtenu.

Ainsi : $D_2 - D_1 = 40 \times 10^{-2}$ m ;

$$i_1 = \frac{4,0 \times 10^{-3}}{10} = 4,0 \times 10^{-4} \text{ m}$$

$$\text{et } i_2 = \frac{6,8 \times 10^{-3}}{10} = 6,8 \times 10^{-4} \text{ m.}$$

On peut donc calculer :

$$i_2 - i_1 = \lambda \times \frac{D_2}{a} - \lambda \times \frac{D_1}{a} = \lambda \times \frac{D_2 - D_1}{a}.$$

La différence entre ces deux valeurs d'interfrange permet d'exprimer la longueur d'onde : $\lambda = \frac{i_2 - i_1}{D_2 - D_1} \times a$.

$$A.N. : \lambda = \frac{6{,}8 \times 10^{-4} - 4{,}0 \times 10^{-4}}{40 \times 10^{-2}} \times 800 \times 10^{-6} = \mathbf{5{,}6 \times 10^{-7}\ m.}$$

Exercices de type bac

PRÉPARER L'ÉPREUVE ÉCRITE

7 Détermination de la distance entre deux fentes.

1. Le condenseur permet de **capter un maximum de lumière de la source.**

2. On obtient dans l'oculaire **une figure d'interférences**, avec une alternance de franges sombres et brillantes.

3. Le graphe suivant, $i = f(D)$, représente **l'évolution de l'interfrange en fonction de la distance entre les fentes d'Young et l'écran.**

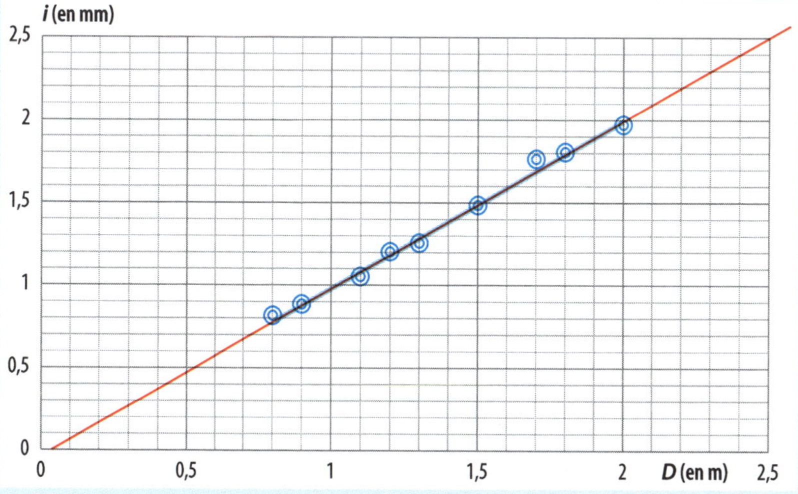

4. Le coefficient directeur k de la droite ci-dessus est tel que :

$$\boldsymbol{k} = \frac{\boldsymbol{\Delta i}}{\boldsymbol{\Delta D}} = \frac{1{,}5 \times 10^{-3} - 1{,}0 \times 10^{-3}}{1{,}5 - 1{,}0} = \frac{0{,}5 \times 10^{-3}}{0{,}5} = \mathbf{1 \times 10^{-3}}.$$

Rappel mathématique

Le coefficient directeur d'une droite correspond à la dérivée par rapport à l'abscisse de la fonction affine associée.

5. D'après la formule de l'interfrange : $i = \dfrac{\lambda \times D}{a}$, on trouve :

$$a = \frac{\lambda \times D}{i} = \lambda \times \frac{D}{i} = \frac{\lambda}{k}.$$

A. N. : $a = \dfrac{589{,}6 \times 10^{-9}}{1 \times 10^{-3}} \approx 6 \times 10^{-4}$ **m.**

6. Le résultat de l'étude plus poussée doit s'écrire :
a = 589 µm avec une incertitude-type $u(a)$ = 2 µm.

7. La lumière blanche est constituée d'une infinité de rayonnements monochromatiques. La **frange centrale** serait **blanche** et **les autres** seraient **irisées** car l'interfrange dépend de la longueur d'onde de chaque rayonnement.

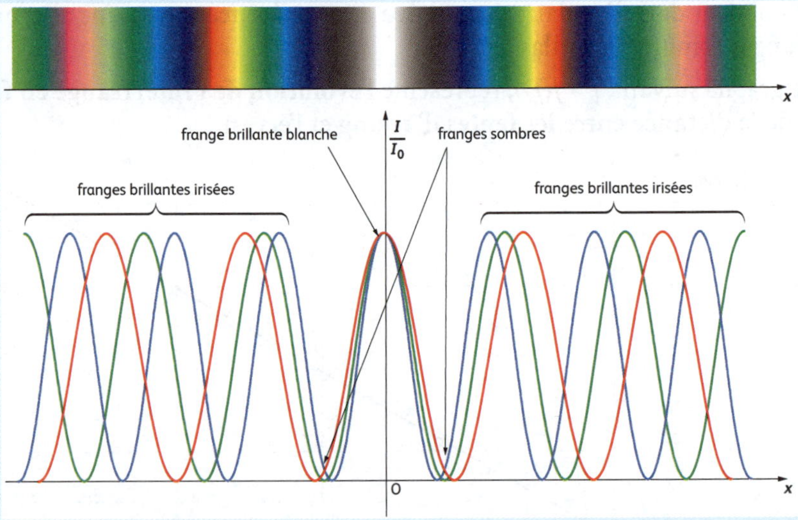

8 Ondes à la surface de l'eau

Il faut utiliser **une cuve à ondes** pour visualiser des ondes à la surface de l'eau en salle de Travaux Pratiques au lycée.

Dans celle-ci, **les crêtes des vaguelettes à la surface de l'eau** agissent comme des **lentilles convergentes** et concentrent la lumière sur l'écran, ce qui crée des zones brillantes.

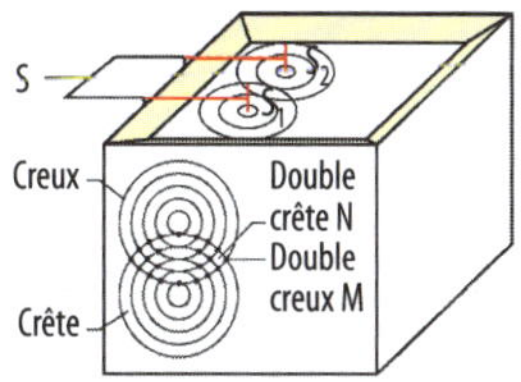

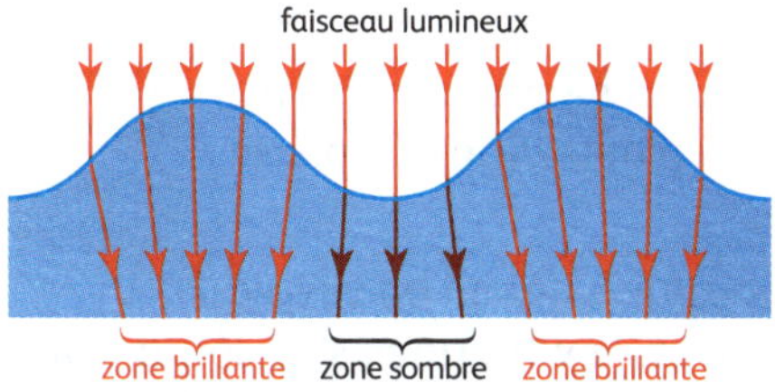

9 Bulles de savon

Le texte suivant concernant les couleurs des bulles de savon peut être prononcé à l'oral :

« Pour comprendre d'où elles proviennent, il faut d'abord préciser que la paroi d'une bulle de cette mousse est constituée d'un film d'eau emprisonné entre deux couches de molécules de savon. Les ondes lumineuses résultant de la réflexion de la lumière sur la face externe et sur la face interne du film interfèrent les unes avec les autres. Ce mécanisme produit des couleurs qualifiées de **couleurs interférentielles**. Un film d'huile sur l'eau donne lieu au même phénomène.

Une couche mince d'eau a une épaisseur de l'ordre de grandeur des longueurs d'onde de la lumière (la centaine de nanomètres). En arrivant à sa surface, **un faisceau de lumière blanche se divise en deux parties** : l'une est réfléchie, l'autre pénètre à l'intérieur du film. Or, ce second faisceau lumineux subit lui aussi une réflexion sur la face arrière du film, de sorte qu'après avoir retraversé l'eau en sens inverse, il rejoint avec un léger retard la première partie qui avait été réfléchie. Les deux ondes lumineuses provenant d'une même onde initiale et ayant des intensités similaires interfèrent alors, c'est-à-dire qu'elles sont susceptibles de se renforcer ou de s'annihiler : elles se renforcent si leurs maxima se confondent (on parle d'**interférences constructives**) ou au contraire s'annihilent si un maximum de l'une correspond au minimum de l'autre (**interférences destructives**). »

Pour aller plus loin

10 Casque anti-bruit

Avec un casque audio « à réduction active de bruit », le bruit d'une machine (marteau piqueur, tronçonneuse…) est masqué, mais une personne qui parle à côté reste audible. Pour cela, un casque audio « à réduction active de bruit » intègre un circuit électronique, un haut-parleur et un micro qui émet un son en opposition de phase avec le son à réduire.

À savoir

Le spectre audible de l'homme est de 20 Hz à 20 000 Hz (20 kHz). Il évolue avec l'âge et le comportement acoustique de chacun.

En effet, à l'échelle atomique, quand on envoie deux sons simultanément, la vibration est la somme des deux sons. Si les deux vibrations vont dans le même sens, alors le son devient plus fort (**interférences constructives**). Mais, si les deux vibrations vont exactement en sens inverse, alors le son devient nul (**interférences destructives**).

C'est ce principe qui est utilisé dans les casques anti-bruit actifs : un micro capte le son ambiant et un haut-parleur (ou une oreillette) produit le même son, mais en opposition de phase. Le circuit électronique est là pour calculer l'opposition de phase et le bon niveau de son à émettre.

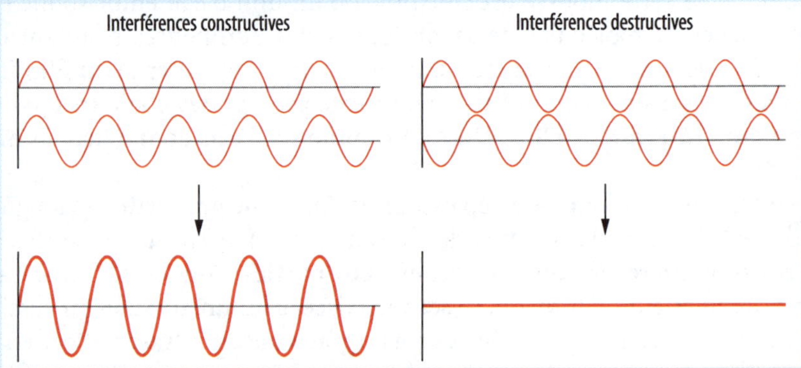

La Prépa attitude

- Les ondes lumineuses sont décrites comme des ondes électromagnétiques, avec le champ électrique et le champ magnétique correspondants.
- Le modèle de l'onde plane monochromatique permet d'aborder de manière plus analytique le phénomène d'interférences.
- La polarisation de la lumière est définie puis étudiée grâce à la loi de Malus.

Prolongements aux cours de Terminale

1 Ondes planes monochromatiques

Les ondes lumineuses sont des ondes **électromagnétiques.** Dans la propagation d'une onde électromagnétique, **un champ électrique $\vec{E}$ et un champ magnétique $\vec{B}$** oscillent au cours du temps.

On utilise parfois le modèle de l'**onde plane** pour décrire la propagation d'une onde lumineuse suivant un axe (Oz) de vecteur unitaire $\vec{e}_z$:

– **les fronts d'onde, points de phases égales, sont des plans infinis, perpendiculaires à la direction de propagation de l'onde** ;

– les oscillations des champs électrique et magnétique **ne dépendent que de z et de t.**

Remarque
L'onde plane sera monochromatique si elle ne possède qu'une seule pulsation (ou fréquence ou période).

2 Polarisation de la lumière

Pour une onde électromagnétique quelconque, **les directions des champs électrique et magnétique varient de manière aléatoire dans le temps.** La lumière naturelle est ainsi considérée comme **non polarisée.**

Les **directions particulières** du champ électrique et du champ magnétique sont nommées **polarisation de la lumière.** On considérera souvent, pour simplifier, que la polarisation de la lumière est l'**évolution de la direction du vecteur champ électrique.**

③ Onde plane monochromatique polarisée rectilignement

Pour une **onde lumineuse monochromatique polarisée rectilignement, la direction du champ électrique et la direction du champ magnétique sont fixes** au cours du temps.

> **Remarque**
> On parle aussi de champ électromagnétique polarisé rectilignement.

Pour une onde plane se propageant dans le vide, dans la direction de l'axe (Oz), polarisée rectilignement suivant l'axe (Ox), les expressions des vecteurs champ électrique et champ magnétique en un point M de l'espace, tel que $\overrightarrow{OM} = \vec{r}$ (vecteur position, $\vec{r}(x,y,z)$), sont :

$$\begin{cases} \vec{E}(z,t) = E_m\cos(\omega t - \vec{k}\cdot\vec{r} + \varphi)\vec{e}_x \\ \vec{B}(z,t) = B_m\cos(\omega t - \vec{k}\cdot\vec{r} + \varphi)\vec{e}_y \end{cases} \text{ avec } \vec{k} = \frac{2\pi}{\lambda}\vec{e}_z\text{, le vecteur d'onde.}$$

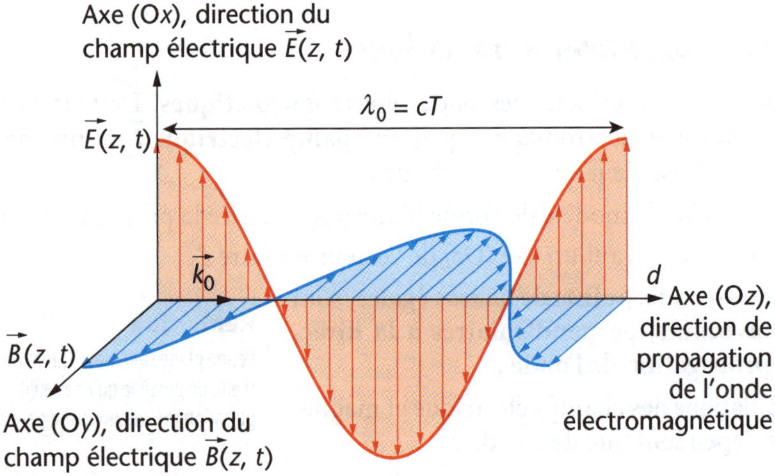

④ Polariseur et loi de Malus

Les **polariseurs** sont des dispositifs qui permettent de transformer une onde (polarisée ou non) en une **onde polarisée rectilignement dans une direction particulière : l'axe du polariseur.**

Soit une onde polarisée rectilignement suivant une direction donnée. La **loi de Malus** permet de quantifier l'intensité I de cette onde polarisée rectilignement à la sortie du polariseur, en fonction de l'intensité de l'onde incidente I_0 et de l'angle θ entre la direction initiale de polarisation et l'axe du polariseur :

$$I = I_0\cos^2(\theta).$$

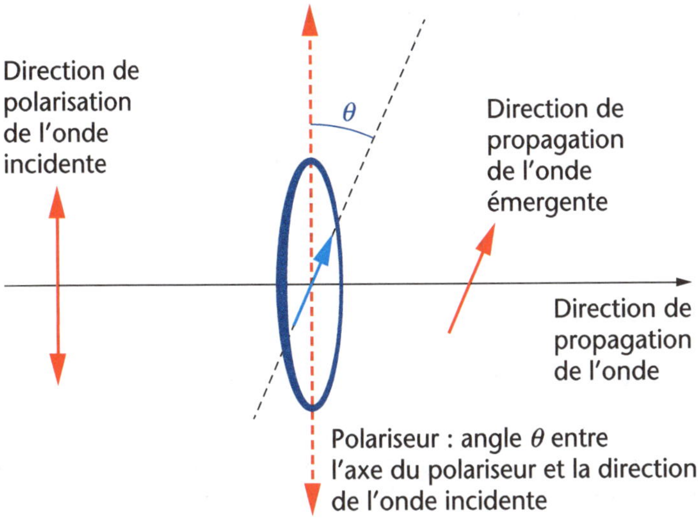

5 Interférences

Soit deux ondes progressives périodiques, initialement en phase dans le plan contenant les deux sources secondaires O_1 et O_2, dont les perturbations en un point M de l'espace ont pour expressions :

$$\begin{cases} u_1(x_1, t) = A\cos(\omega t - kx_1) = A\cos(\omega t + \varphi_1) \\ u_2(x_2, t) = A\cos(\omega t - kx_2) = A\cos(\omega t + \varphi_2) \end{cases} \text{avec} \begin{cases} \varphi_1 = -kx_1 = -kO_1M \\ \varphi_2 = -kx_2 = -kO_2M \end{cases}$$

L'amplitude résultant de la superposition des deux ondes au point M :

– est maximale si $\varphi_1 - \varphi_2 = 2\pi p$ avec p un entier relatif ;

– est nulle si $\varphi_1 - \varphi_2 = (2p + 1)\pi$ avec p un entier relatif.

EXERCICES

➲ Corrigés p. 427

1 Interférences lumineuses

On considère le dispositif des fentes d'Young schématisé dans le paragraphe 4 du cours de ce chapitre. Au point M de l'écran, les ondes issues de S_1 et S_2 vérifient :

$$\begin{cases} u_1(x, t) = A\cos(\omega t - kd_1) = A\cos(\omega t + \varphi_1) \\ u_2(x, t) = A\cos(\omega t - kd_2) = A\cos(\omega t + \varphi_2) \end{cases} \text{avec} \begin{cases} d_1 = x_1 = S_1M \\ d_2 = x_2 = S_2M \end{cases}$$

a) Déterminer l'expression de l'onde résultante $u(x, t)$ à la superposition de u_1 et u_2 en M.

b) Exprimer les conditions d'interférences destructives et constructives en fonction du déphasage $\Delta\varphi = \varphi_1 - \varphi_2$ entre u_1 et u_2 en M.

c) Retrouver les conditions d'interférences constructives et destructives sur la différence de marche δ à partir des conditions écrites en **b)**.

d) Déterminer l'expression puis la valeur de l'interfrange.

Données :
$D = 1{,}50$ m ; $\lambda = 633$ nm ; $a = 1{,}0$ cm.

2 Intensité d'une onde polarisée

Une onde lumineuse monochromatique d'intensité I_0, polarisée rectilignement suivant l'axe (Oy) se propage dans le vide, dans la direction de l'axe (Oz). On positionne un polariseur dans la direction de propagation de l'onde et on note θ l'angle entre l'axe du polariseur et l'axe (Oy). On analyse la lumière émergente en représentant le rapport I/I_0 en fonction de l'angle θ, avec I l'intensité lumineuse de l'onde traversant le polariseur.

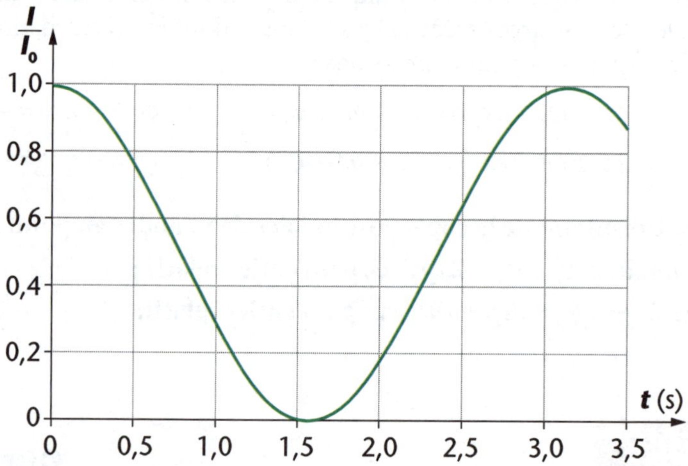

a) Donner l'expression du champ électrique de cette onde électromagnétique de fréquence f.

b) Pour quelle(s) direction(s) du polariseur a-t-on $I = I_0$? Commenter.

c) Déterminer, à l'aide du graphique ci-dessus, la valeur de la direction du polariseur pour laquelle l'intensité de l'onde émergente est de 85 % de celle de l'onde incidente.

d) Retrouver ce résultat par le calcul.

CORRIGÉS

1 **a)** $u(x,t) = u_1(x,t) + u_2(x,t) = A[\cos(\omega t + \varphi_1) + \cos(\omega t + \varphi_2)]$

$$\cos\alpha + \cos\beta = 2\cos\frac{1}{2}(\alpha+\beta)\cos\frac{1}{2}(\alpha-\beta)$$

$$u(x,t) = 2A\cos\frac{1}{2}(\omega t + \varphi_1 + \omega t + \varphi_2)\cos\frac{1}{2}(\omega t + \varphi_1 - \omega t - \varphi_2)$$

$$\mathbf{u(x,t) = 2A\cos\left(\omega t + \frac{\varphi_1 + \varphi_2}{2}\right)\cos\left(\frac{\varphi_1 - \varphi_2}{2}\right)}$$

b) En ce point M de l'écran, l'amplitude de l'onde résultante est nulle à chaque instant si $\cos\left(\frac{\varphi_1 - \varphi_2}{2}\right) = 0$, soit si :

$$\frac{\varphi_1 - \varphi_2}{2} = (2p+1)\cdot\frac{\pi}{2} \text{ avec } p \text{ un entier relatif.}$$

$\Delta\varphi = \varphi_1 - \varphi_2 = (2p+1)\cdot\pi$, les interférences sont alors destructives.

En ce point M de l'écran, l'amplitude de l'onde résultante est maximale (ou minimale) à chaque instant si $\cos\left(\frac{\varphi_1 - \varphi_2}{2}\right) = \pm 1$, soit si :

$$\frac{\varphi_1 - \varphi_2}{2} = p\pi \text{ avec } p \text{ un entier relatif.}$$

> **Remarque**
> Que l'amplitude soit minimale ou maximale, l'intensité lumineuse sera la même, car elle correspond au carré de l'amplitude de l'onde.

$\Delta\varphi = \varphi_1 - \varphi_2 = 2p\pi$, les interférences sont alors constructives.

c) Pour les interférences destructives :

$$\begin{cases} \Delta\varphi = \varphi_1 - \varphi_2 = (2p+1)\cdot\pi \\ \Delta\varphi = \varphi_1 - \varphi_2 = -kd_1 + kd_2 = k(d_2 - d_1) = k\delta \end{cases} \text{ soit } k\delta = (2p+1)\cdot\pi$$

$\frac{2\pi}{\lambda}\delta = (2p+1)\cdot\pi$ et $\boldsymbol{\delta = (2p+1)\cdot\frac{\lambda}{2}}$.

Pour les interférences constructives :

On pose donc directement $\varphi_1 - \varphi_2 = k\delta$ dans les conditions d'interférences constructives pour le déphasage, soit : $k\delta = 2p\pi$ et $\frac{2\pi}{\lambda}\cdot\delta = 2p\pi$, $\boldsymbol{\delta = p\lambda}$.

d)

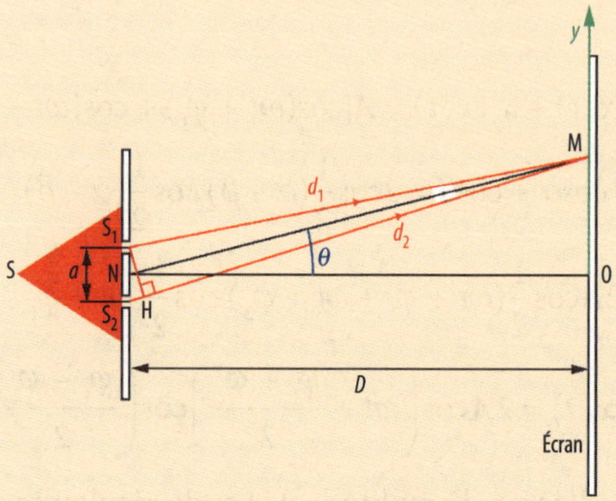

Dans le triangle NMO, avec l'approximation des petits angles et θ exprimé en radians, $\tan\theta \approx \theta \approx \frac{y_M}{D}$ mais aussi $\theta = \widehat{S_2S_1H}$ et donc : $\sin\theta \approx \theta \approx \frac{\delta}{a}$.

En égalisant les deux expressions, on obtient : $\frac{\delta}{a} = \frac{y_M}{D}$.

D'après la condition d'interférences constructives (on obtiendrait le même résultat pour des franges sombres et les interférences destructives), si $y_M = i$, alors $\delta = \lambda$ car $\delta = p\lambda$ donc i est obtenue pour $p = 1$. On en déduit : $\frac{\lambda}{a} = \frac{i}{D}$ soit $\boldsymbol{i = \frac{\lambda D}{a}}$.

A. N. : $i = \frac{633 \cdot 10^{-9} \times 1{,}50}{1{,}0 \cdot 10^{-2}} = \mathbf{9{,}5 \cdot 10^{-5}\ m}$.

2 **a)** L'onde est polarisée rectilignement dans la direction (Oy) donc les oscillations du champ électrique se déroulent dans cette direction :

$$\vec{E}(z, t) = E_m \cos(\omega t - \vec{k} \cdot \vec{r} + \varphi)\vec{e}_y$$

avec $\vec{k} = \frac{2\pi}{\lambda}\vec{e}_z$ le vecteur d'onde et $\vec{r}$ le vecteur position.

b) On trouve graphiquement que $I = I_0$ pour $\theta = 0$ rad et $\theta = 3{,}15$ rad $\approx \pi$.

> **Remarque**
> On pouvait s'attendre à ces résultats, car pour ces angles, la direction du polariseur est la même que celle de l'onde incidente.

c) Graphiquement, $I = 0{,}85 I_0$ pour $\boldsymbol{\theta = 0{,}40}$ **rad**.

d) D'après la loi de Malus, $I = I_0 \cos^2(\theta)$, soit $\cos^2(\theta) = \frac{I}{I_0}$ et $\cos(\theta) = \sqrt{\frac{I}{I_0}}$ d'où : $\boldsymbol{\theta = \cos^{-1}\sqrt{\frac{I}{I_0}}}$.

A. N. : $\theta = \cos^{-1}\sqrt{0{,}85} = \mathbf{0{,}40\ rad}$. On retrouve la même valeur que par la méthode graphique.

CHAPITRE 17

Lunette astronomique

Capacités exigibles du chapitre disponibles sur **Nathan Live**

COURS

1 Lentilles minces convergentes

1 Vocabulaire

- La trajectoire de la lumière est modélisée en physique par le tracé d'un **rayon lumineux**.
- **La déviation de la lumière** par une lentille s'explique par la réfraction de la lumière qui traverse des milieux dont les indices de réfraction sont différents.
- **Une grandeur algébrique** est une grandeur qui peut être positive, négative ou nulle. Son signe dépendra de l'orientation choisie.
- **L'axe optique** de la lentille est l'axe de **symétrie de la lentille**. Il est orienté dans le sens de la propagation de la lumière, généralement de gauche à droite.
- **Le centre optique** O de la lentille coïncide avec l'origine de l'axe optique.

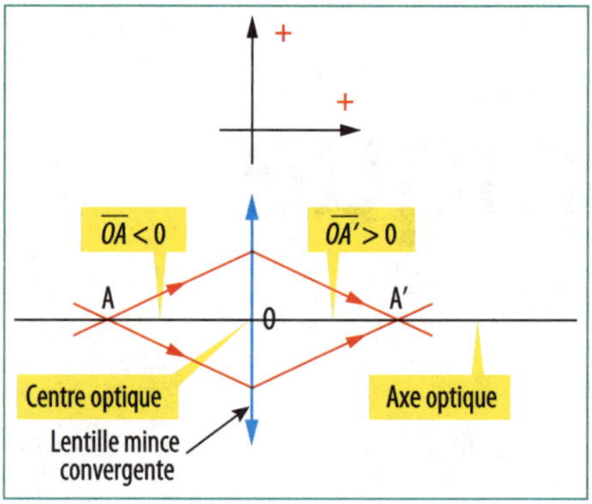

À noter
Les grandeurs algébriques sont essentielles en optique. Le signe de la grandeur dépendra de l'orientation choisie.

2 Modèle de la lentille mince convergente

- Une **lentille mince convergente** est constituée d'un matériau transparent délimité par deux surfaces sphériques.
- La distance focale d'une lentille, notée f', caractérise l'aptitude d'une lentille à plus ou moins dévier les rayons de la lumière : $f' = \overline{OF'}$. Son unité dans le Système international est le mètre (m).

Rappel
F′ est le foyer image de la lentille et F est le foyer objet de la lentille.

- Dans le cas d'une **lentille mince convergente**, la **distance focale** est **toujours positive**. Plus f' est petite, plus la lentille est convergente.

3 Détermination graphique de l'image

- Pour déterminer graphiquement l'image A′B′ d'un objet AB formée par une lentille mince convergente, il suffit de tracer deux des trois rayons caractéristiques suivants :

– le rayon lumineux ❶ **issu de B passe par O sans être dévié** ;

– le rayon lumineux ❷ **issu de B, parallèle à l'axe optique émerge de la lentille en passant par F′** ;

– le rayon lumineux ❸ **issu de B, passant par F, émerge de la lentille parallèlement à l'axe optique.**

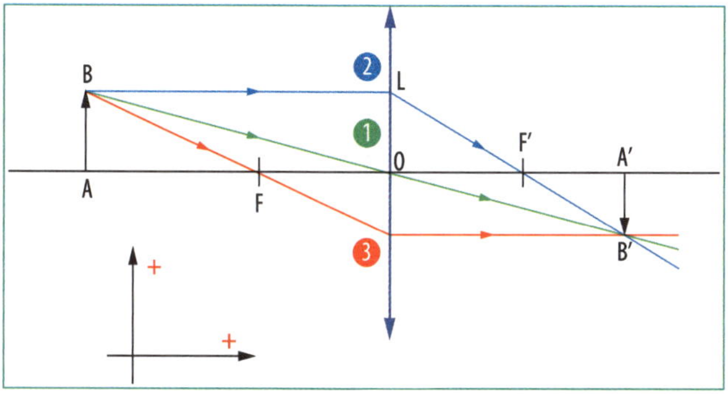

À noter

Deux des trois rayons tracés suffisent à la détermination de la position de B′ mais tracer le troisième rayon permet de s'assurer que l'image est bien placée.

4 Détermination analytique : la relation de conjugaison

- La **relation de conjugaison** établit un lien entre les positions de l'objet AB et de son image A′B′ obtenue par une lentille mince convergente de distance focale $\overline{OF'}$, de centre optique O :

$$\frac{1}{\overline{OF'}} = \frac{1}{\overline{OA'}} - \frac{1}{\overline{OA}}.$$

À savoir

Les grandeurs doivent toujours être exprimées dans la même unité (mètre ou centimètre par exemple) pour éviter des erreurs de calcul.

5 Caractérisation de l'image

- Le **grandissement**, noté γ, est une **grandeur algébrique sans unité** qui permet de comparer la taille et l'orientation de l'image par rapport à l'objet :

$$\gamma = \frac{\overline{A'B'}}{\overline{AB}}.$$

● L'image formée par une lentille mince convergente peut se trouver classiquement dans les trois situations exposées dans le tableau ci-dessous.

Image réelle : $\overline{OA'} > 0$ peut être vue sur un écran		**Image virtuelle : $\overline{OA'} < 0$** ne peut pas être vue sur un écran
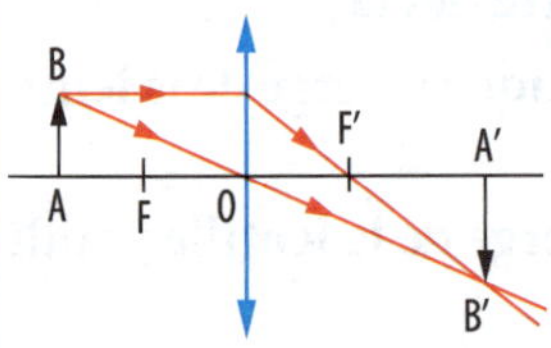	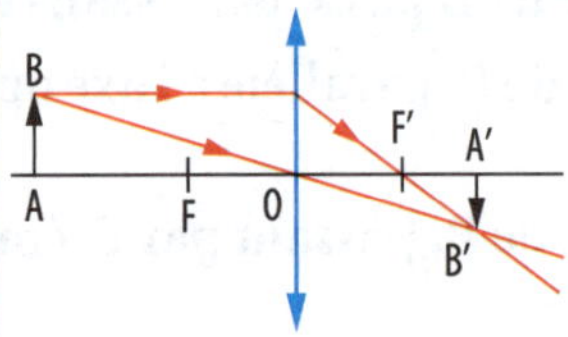	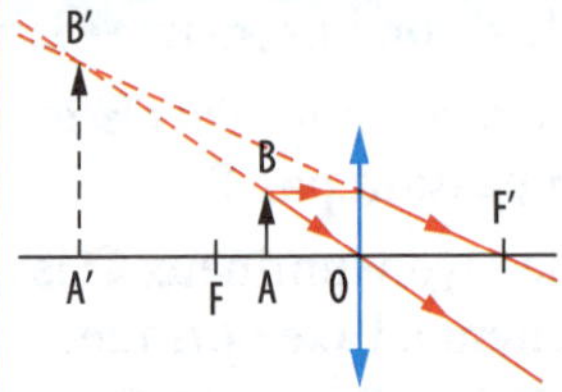
Image plus grande : $\lvert\gamma\rvert > 1$	Image plus petite : $\lvert\gamma\rvert < 1$	Image plus grande : $\lvert\gamma\rvert > 1$
Image renversée : $\gamma < 0$	Image renversée : $\gamma < 0$	Image droite : $\gamma > 0$

→ Vocabulaire

L'image est droite si $\gamma > 0$ ou renversée si $\gamma < 0$.

L'image est agrandie si $|\gamma| > 1$ ou réduite si $|\gamma| < 1$.

2 Lunette astronomique

1 Constitution

● Une **lunette astronomique** est un instrument qui permet d'observer les astres. Elle permet d'obtenir une **image agrandie mais renversée** de l'astre observé. Elle est constituée de **deux systèmes optiques** coaxiaux :

– **un objectif de grande distance focale** qui permet de placer l'image de l'astre à la distance souhaitée ;

– **un oculaire de petite distance focale** qui joue le rôle d'une loupe qui permettra d'agrandir l'image finale tout en la projetant à l'infini pour garantir un confort de visualisation pour l'observateur.

À savoir

La mise au point d'une lunette astronomique s'effectue en déplaçant l'oculaire par rapport à l'objectif à l'aide d'un système de crémaillère.

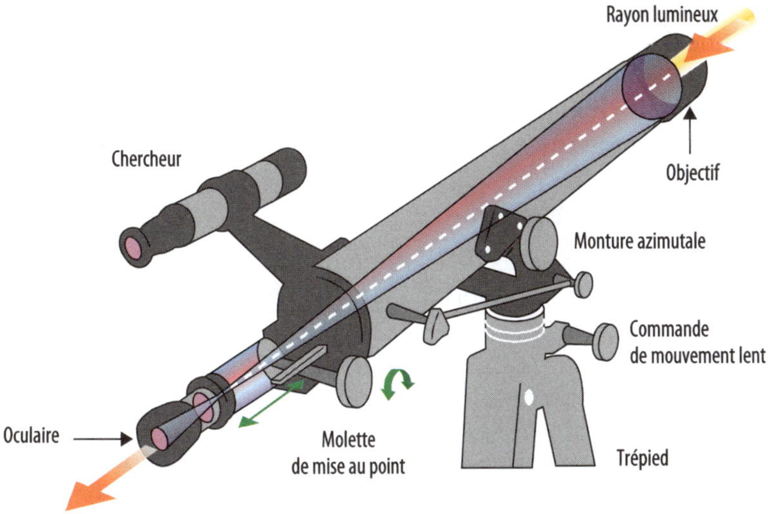

Doc 1 Schéma d'une lunette astronomique

Remarque

Le chercheur est une petite lunette latérale qui permet un premier repérage de l'astre à observer.

2 Modélisation

- Une lunette astronomique peut être **modélisée par deux lentilles minces convergentes avec un axe optique commun** :

– **l'objectif est une lentille convergente** de très grande distance focale et de grand diamètre ;

– **l'oculaire est une lentille convergente** de petite distance focale.

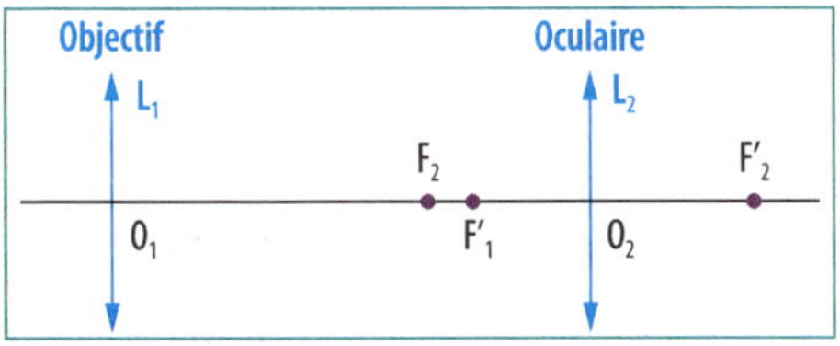

Histoire des sciences

Une lunette astronomique composée de deux lentilles convergentes porte le nom de lunette de Kepler puisqu'il a été le premier à utiliser ce type de lunette. Galilée avait utilisé quant à lui une lunette constituée d'une lentille convergente et d'une lentille divergente.

• Une lunette astronomique est dite **afocale** si elle donne d'un objet à l'infini une image à l'infini. Cette condition impose que le **foyer image de l'oculaire F_1'** et le **foyer objet de l'oculaire F_2** soient **confondus**.

À noter
Avec une image formée à l'infini, l'observation est réalisée sans fatiguer un œil normal, appelé emmétrope (aucune accommodation nécessaire).

3 Formation des images

• Les rayons lumineux issus de l'astre modélisé par un objet AB à l'infini arrivent sur l'objectif sous la forme d'un faisceau parallèle dont la direction est donnée par BO_1.

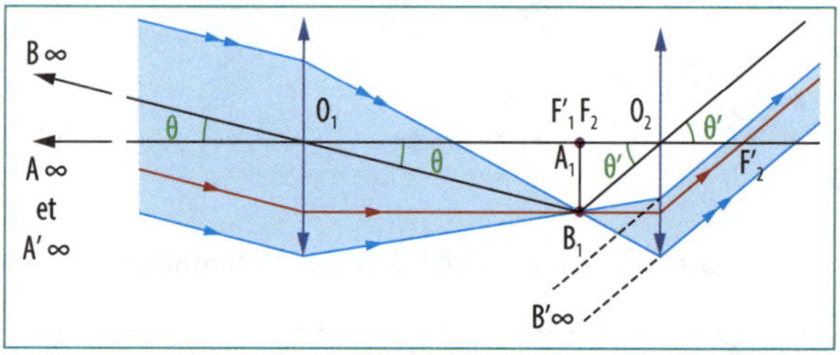

• Le faisceau pénétrant dans la lunette est **limité par le diamètre de l'objectif**.

• L'image intermédiaire A_1B_1 formée par l'objectif se situe dans le **plan focal image** de l'objectif (F_1').

• L'image finale doit être projetée à l'infini (lunette afocale) : l'objet de l'oculaire doit donc être placé dans son **plan focal objet** (F_2).

Vocabulaire
Le diamètre apparent θ est l'angle sous lequel on voit l'astre. Il s'exprime en radian.

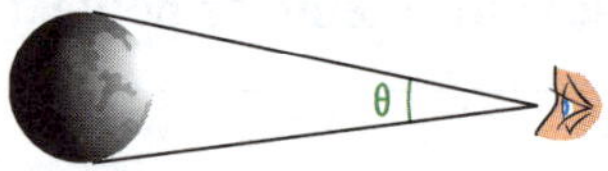

4 Grossissement de la lunette astronomique

• Le **grossissement *G*** d'une lunette astronomique est défini par le **quotient de l'angle sous lequel l'astre est observé** avec la lunette astronomique **par l'angle sous lequel l'astre est observé à l'œil nu** (diamètre apparent) :

$$G = \frac{\theta'}{\theta} = \frac{f'_{\text{objectif}}}{f'_{\text{oculaire}}}.$$

À noter
Le grossissement est toujours positif et ne tient pas compte du fait que l'image finale soit renversée ou non.

QCM et questions courtes

1 Vrai ou Faux ?

➔ Corrigé p. 440

1. Une loupe est constituée d'une lentille convergente. ☐ Vrai ☐ Faux

2. L'image formée par une lentille astronomique afocale est renversée. ☐ Vrai ☐ Faux

3. La lunette astronomique afocale est longue car la distance focale de l'oculaire doit être très grande. ☐ Vrai ☐ Faux

2 Faites votre choix !

➔ Corrigé p. 440

1. Sachant que la distance Terre-Lune est $D = 3{,}67 \times 10^5$ km et que le diamètre de la lune est $d = 1{,}72 \times 10^3$ km. La valeur du diamètre apparent sous lequel on voit la Lune vaut :

a) ☐ $1{,}49 \times 10^{-3}$ rad

b) ☐ $1{,}49 \times 10^{-3}$ degré

c) ☐ $4{,}69 \times 10^{-3}$ rad

d) ☐ $4{,}69 \times 10^{-3}$ degré

> **Astuce**
> Pour obtenir la valeur du diamètre apparent avec une calculatrice, soyez attentif au mode de calcul présélectionné par défaut dans les paramètres de la calculatrice.

2. Une lunette astronomique a un objectif de distance focale égale à 100 cm.

Cette lunette est livrée avec deux oculaires de distances focales 20,0 mm et 5,00 mm. Le plus gros grossissement possible est :

a) ☐ 5,0

b) ☐ 20,0

c) ☐ 50,0

d) ☐ 200

Exercices d'entraînement

3 Lunette astronomique dans le commerce

★ 10 min Corrigé p. 440

La notice d'une lunette astronomique comporte les informations suivantes :

– tube optique avec un objectif de 70 mm de diamètre et de 900 mm de distance focale ;

– monture équatoriale ;

– chercheur : 6 × 30 ;

– oculaires : 25 mm et 9 mm.

Astuce

Les informations du chercheur indiquent respectivement le grossissement puis le diamètre de la lentille. Dans ce cas, le chercheur permet d'obtenir un grossissement de 6 et il dispose d'une lentille d'un diamètre de 30 mm.

1. Expliquer pourquoi il est pertinent de disposer de plusieurs oculaires.

2. Rappeler la relation qui donne le grossissement d'une lunette astronomique en fonction des distances focales de l'objectif et de l'oculaire.

3. Calculer les grossissements possibles avec cette lunette.

4 Analyse d'un oculaire

★ 15 min Corrigé p. 441

Luc souhaite vérifier les informations portées sur un oculaire d'une lunette astronomique où il est indiqué 25,0 mm. Pour cela, il procède à plusieurs mesures de la distance focale et reporte les valeurs dans le tableau ci-dessous :

f' (en mm)	25,0	24,0	24,5	24,5	25,0
	24,5	24,0	24,5	26,0	26,0
	25,5	25,5	25,5	26,0	25,0

1. Préciser si la lentille de l'oculaire est une lentille convergente ou divergente.

2. Présenter le résultat de la mesure $\overline{f'}$ avec son incertitude-type associée $u(\overline{f'})$. Comparer le résultat de la mesure avec la valeur de référence.

Exercices de type bac

PRÉPARER L'ÉPREUVE ÉCRITE

5 Saturne et ses anneaux

★★ 20 min Corrigé p. 441

Saturne est une planète gazeuse de diamètre $d = 120\,536$ km. La distance entre la Terre et Saturne est $D = 1{,}2$ milliard de kilomètres.

Titan, un des satellites de Saturne, a un diamètre $d_T = 5{,}1 \times 10^3$ km et il est en orbite à une distance $r = 1{,}2 \times 10^6$ km en moyenne autour de Saturne.

Un passionné d'astronomie souhaite observer Saturne et son satellite avec sa lunette astronomique dont les caractéristiques sont les suivantes :

– objectif : 50 cm ;

– oculaires : 50 et 25 mm.

1. Après l'avoir défini, exprimer puis calculer le diamètre apparent de Saturne vu depuis la Terre.

2. Sachant que l'œil ne peut voir distinctement deux points que si leur distance angulaire est supérieure à $3{,}0 \times 10^{-4}$ rad, est-il possible de distinguer Saturne de Titan à l'œil nu ?

3. La lunette utilisée est afocale. Préciser la signification de ce terme.

4. Indiquer si le discernement de ces deux astres est possible avec la lunette astronomique proposée.

PRÉPARER L'ECE

6 Modélisation d'une lunette astronomique

★★ 30 min Corrigé p. 442

Compétences expérimentales évaluées : Analyser-raisonner ; Réaliser

Au cours d'une séance de travaux pratiques, des élèves modélisent une lunette astronomique afocale à l'aide de deux lentilles minces convergentes L_1 et L_2 de distances focales respectives $f_1' = 50{,}0$ cm et $f_2' = 50{,}0$ mm.

Gagnez des points
Soyez attentifs aux unités !

1. Indiquer la lentille que les élèves doivent utiliser comme oculaire. On désignera par la suite cette lentille comme la lentille L_2.

2. Indiquer la distance qui sépare les deux lentilles.

3. Réaliser un schéma de la situation à l'échelle 1/5 horizontalement et à l'échelle 1/1 verticalement. Les lentilles seront clairement identifiées avec le foyer image de l'objectif F_1' et les foyers objet F_2 et image F_2' de l'oculaire.

4. Représenter l'image intermédiaire A_1B_1 d'une taille de 1,0 cm sachant qu'elle représente l'image d'un objet AB situé à l'infini par l'objectif et que le point A_1 se trouve sur l'axe optique. Préciser si l'image A_1B_1 est droite ou renversée. Indiquer comment visualiser expérimentalement l'image intermédiaire.

5. Tracer l'image définitive A'B'.

6. Indiquer sur le schéma l'angle θ' sous lequel l'objet A_1B_1 est observé au niveau de l'oculaire. Exprimer cet angle en fonction de A_1B_1 et f_2' puis exprimer l'angle θ sous lequel l'objet est observé à partir de A_1B_1 et f_1'.

7. Exprimer puis calculer le grossissement de cette lunette.

Astuce
Les angles ne seront pas directement mesurables sur le schéma car les échelles verticales et horizontales sont différentes.

PRÉPARER LE GRAND ORAL

7 Questions en optique

★★ 10 min Corrigé p. 443

Deux questions portant sur les enseignements de spécialité doivent être préparées pour le Grand Oral.

Proposer au moins une question mettant en lumière un des grands enjeux du programme de Terminale en optique.

Pour aller plus loin

8 Adaptation d'une lunette astronomique ★★★ 50 min Corrigé p. 443

On dispose d'un système de deux lentilles convergentes L_1 et L_2 pour modéliser une lentille astronomique dont les distances focales respectives sont $f_1' = 500{,}0$ mm et $f_2' = 50{,}0$ mm. On souhaite dans un premier temps réaliser un cliché de la Lune sur capteur CCD.

1. La lunette astronomique

On effectue les réglages de sorte que la lunette constitue une lunette afocale.

a) Indiquer quelle est la lentille qu'il faut utiliser pour faire fonction d'objectif puis préciser la distance *D* qu'il doit y avoir entre les deux lentilles.

b) Réaliser un schéma de la situation à l'échelle 1/5 selon l'axe horizontal. Dessiner sur ce schéma la propagation d'un faisceau lumineux, non parallèle à l'axe optique qui provient de la Lune et qui traverse la lunette.

c) Indiquer où doit être placé le capteur CCD pour photographier la lune.

d) Exprimer puis calculer le grossissement de la lunette étudiée avant de caractériser l'image obtenue par cette lunette astronomique.

2. La lunette astronomique modifiée

On veut agrandir et redresser l'image en intercalant une troisième lentille convergente L_3 de distance focale $f_3' = 25$ mm selon les conditions suivantes :

– l'objet reste à l'infini ;

– l'oculaire est déplacé pour avoir une image à l'infini de la Lune à travers le nouveau système optique formé par $L_1 - L_3$;

– le grandissement vaut $\gamma_3 = -2{,}0$.

a) Quel couple de points doit conjuguer L_3 pour que les conditions soient respectées ?

b) Établir la relation de conjugaison pour la lentille L_3 en appelant A′B′ l'objet de L_3 et A″B″ l'image obtenue par cette même lentille.

c) Prouver que $\overline{O_3F_1'} = -37{,}5$ mm et que $\overline{O_3F_2} = 75{,}0$ mm.

d) Réaliser le schéma de la lunette astronomique modifié.

e) Exprimer le nouveau grossissement. Commenter.

f) En déduire la nouvelle distance *D′* qu'il doit y avoir entre les lentilles L_1 et L_3.

QCM et questions courtes

1 Vrai ou Faux ?

1. Vrai → Une loupe permet d'obtenir une image virtuelle, agrandie et dans le même sens que l'objet. C'est une **lentille convergente** qui permet d'obtenir cette situation en plaçant l'objet dans le plan focal objet de la lentille convergente.

2. Vrai → L'image est effectivement **renversée**. Cela n'a pas beaucoup d'importance que l'image soit droite ou renversée lorsqu'on observe un astre dans le ciel.

3. Faux → C'est la distance focale de l'objectif qui doit être grande pour permettre d'obtenir une image intermédiaire qui soit la plus grande possible. Par contre, la **distance focale de l'oculaire doit être petite.**

2 Faites votre choix !

1. c) Le diamètre apparent de la Lune est l'angle sous lequel on voit la Lune à l'œil nu. Dans la situation exposée, on peut établir l'expression :

$$\tan\theta = \frac{d}{D} = \frac{1{,}72 \times 10^3}{3{,}67 \times 10^5} = 4{,}69 \times 10^{-3}$$

soit $\theta = \mathbf{4{,}69 \times 10^{-3}}$ **rad.**

> **À savoir**
> Lorsque l'angle est très petit, $\tan\theta = \theta$.

2. d) Le grossissement est le **quotient de la distance focale de l'objectif par celui de l'oculaire**. Il faut donc prendre l'oculaire le plus petit pour obtenir le grossissement le plus grand.

$$G = \frac{f'_{\text{objectif}}}{f'_{\text{oculaire}}} = \frac{100}{0{,}500} = 200.$$

Exercices d'entraînement

3 Lunette astronomique dans le commerce

1. Les lunettes astronomiques comportent **plusieurs oculaires** pour **adapter le grossissement de la lunette** à l'observation souhaitée.

2. Le **grossissement** est donné par la relation : $G = \dfrac{f'_{\text{objectif}}}{f'_{\text{oculaire}}}$.

3.

Distance focale de l'objectif	Distance focale de l'oculaire	Grossissement
900 mm	25,0 mm	36
900 mm	9,0 mm	100

Le grossissement le plus élevé sera toujours obtenu pour la distance focale de l'oculaire la plus faible.

Remarque
Le diamètre de la lentille de l'objectif est très important dans la qualité de l'observation d'un astre avec une lunette astronomique. C'est pour cette raison qu'il est toujours indiqué dans le descriptif d'une lunette astronomique.

4 Analyse d'un oculaire

1. L'oculaire est la lentille qui doit être placée devant l'œil pour l'observer l'astre. C'est la lentille qui remplit **la fonction de loupe** : elle agrandit l'objet en projetant son image à l'infini pour assurer une observation sans fatigue de l'œil : c'est donc **une lentille convergente.**

Astuce
Comme $f' > 0$, la lentille est forcément une lentille convergente.

2. En s'aidant éventuellement de la fiche méthode n° 5, on obtient une valeur moyenne $\overline{f'}$ **= 24,9 mm** avec une incertitude-type associée $u(\overline{f'})$ **= 0,2 mm.**

Le calcul du quotient suivant permet de comparer la valeur obtenue avec la valeur de référence :

$$\frac{|\overline{f'} - f'_{\text{réf}}|}{u(\overline{f'})} = \frac{|24{,}9 - 25{,}0|}{0{,}2} = 0{,}5.$$

L'écart entre le résultat mesuré et la valeur de référence est inférieur à deux incertitudes-types. La démarche est donc satisfaisante.

Mesure et incertitudes
Ce calcul permet de tenir compte de :
– la valeur de référence de cette lentille indiquée par le fabricant ;
– la précision des mesures $u(\overline{f'})$.

Exercices de type bac

PRÉPARER L'ÉPREUVE ÉCRITE

5 Saturne et ses anneaux

1. Le **diamètre apparent** θ est **l'angle sous lequel on voit un astre à l'œil nu.**

L'expression du diamètre apparent dans le cas de l'observation de Saturne s'écrit : $\tan\theta = \frac{d}{D}$ soit θ **= 1,0 × 10⁻⁵ rad.**

Remarque
De la Terre, Saturne correspond à un point lumineux visible à l'œil nu.

CORRIGÉS

2. On effectue la même démarche en prenant le rayon de l'orbite de Titan par rapport à Saturne :

$$\tan \theta' = \frac{r}{D} \text{ soit } \theta' = \mathbf{1{,}0 \times 10^{-4}\ rad < 3{,}0 \times 10^{-4}\ rad.}$$

La distinction entre Titan et Saturne n'est donc **pas possible à l'œil nu.**

3. Une lunette est dite **afocale** lorsqu'elle **donne une image à l'infini d'un objet situé à l'infini.** Cette condition impose donc que le **foyer image de l'oculaire** et le **foyer objet de l'oculaire** soient **confondus.**

4. Pour que le discernement de ces deux astres soit possible, il faut que l'angle sous lequel l'observation est réalisée soit supérieur à $\alpha = 3{,}0 \times 10^{-4}$ rad. Cette condition impose donc un **grossissement minimal :** $G = \frac{\alpha}{\theta'} = 3{,}0$.

Sachant que le grossissement d'une lentille est donné par la relation $G = \frac{f'_{\text{objectif}}}{f'_{\text{oculaire}}}$ et que les grossissements disponibles sont 10 et 20, l'**observation** sera **possible pour les deux oculaires.**

PRÉPARER L'ECE

6 Modélisation d'une lunette astronomique

1. La **lentille** qu'il faut utiliser comme **oculaire** sera celle qui aura **la plus courte distance focale**, soit L_2 de distance focale f'_2.

2. Puisque la lunette astronomique est afocale, le **foyer image de la lentille L_1 est confondu avec le foyer objet de l'oculaire**. Il faut donc placer ces lentilles à une distance $d = f'_1 + f'_2 = 55{,}0$ cm.

3. et **5.** Le schéma à réaliser est le suivant.

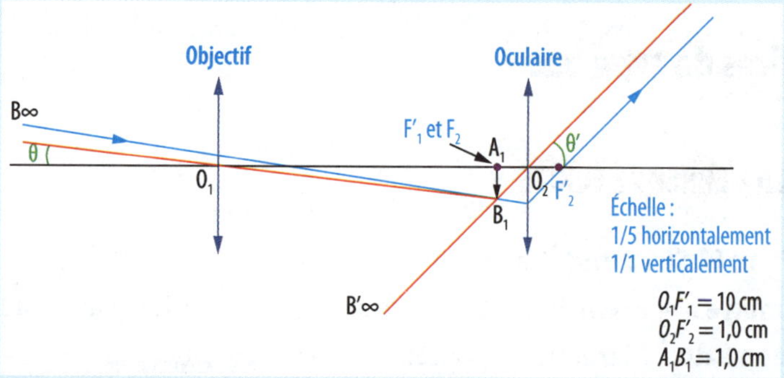

4. L'image intermédiaire A_1B_1 est **renversée.** Pour visualiser facilement l'image intermédiaire, il est possible de placer un **écran translucide** en F_1'.

6. et **7.** D'après le schéma précédent, $\tan \theta' = \frac{A_1B_1}{f_2'}$ et $\tan \theta = \frac{A_1B_1}{f_1'}$.

Le **grossissement** est donc égal à : $G = \frac{\theta'}{\theta} = \frac{f_1'}{f_2'} = \frac{50{,}0}{5{,}00} = 10{,}0$.

PRÉPARER LE GRAND ORAL

7 Questions en optique

Une question mettant en lumière un des grands enjeux du programme de Terminale en optique pourrait être : **Comment observer toujours plus loin l'Univers ?**

> **À savoir**
> Toutes les informations sur le Grand Oral se trouvent dans le cahier Bac à la fin du manuel.

Cette question générale pourrait alors amener à répondre à différents questionnements, par exemple :

– pourquoi est-il nécessaire d'utiliser au moins deux lentilles convergentes pour observer les astres ?

– comment améliorer le grossissement d'une lunette astronomique ?

Pour aller plus loin

8 Adaptation d'une lunette astronomique

1. a) La lentille à utiliser pour faire fonction **d'objectif** est celle qui a la **plus grande distance focale** afin d'obtenir une image intermédiaire qui soit la plus grande possible.

La distance entre les deux lentilles est imposée par le fait que cette lunette soit afocale : $\boldsymbol{D = O_1O_2 = f_1' + f_2' = 550\ \mathrm{mm}}$.

b) Le schéma à réaliser est le suivant.

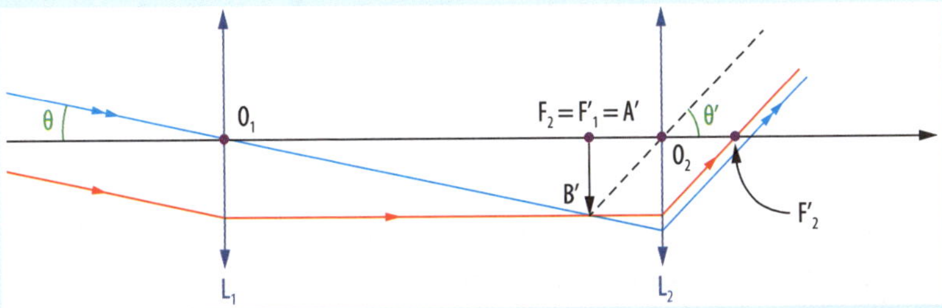

c) Pour photographier l'image de la Lune, le capteur CCD doit être **placé sur le plan focal image F_1' de l'objectif.**

d) Le **grossissement** égal à : $G = \frac{\theta'}{\theta} = \frac{f_1'}{f_2'} = \frac{500{,}0}{50{,}0} = 10{,}0$.

L'image est **renversée et agrandie.**

2. a) L'image de l'objectif se forme dans le plan focal image de l'objectif. De la même façon, l'objet de l'oculaire doit être placé dans le plan focal objet de l'oculaire. La lentille L_3 **conjugue donc le foyer image de l'objectif et le foyer objet de l'oculaire.**

b) La relation de conjugaison s'écrit : $\frac{1}{\overline{O_3F_3'}} = \frac{1}{\overline{O_3F_2}} - \frac{1}{\overline{O_3F_1'}}$.

c) Le grandissement est tel que $\gamma_3 = \frac{\overline{A''B''}}{\overline{A'B'}} = \frac{\overline{O_3F_2}}{\overline{O_3F_1'}} = -2{,}0$.

Or, d'après ce qui précède, $\overline{O_3F_2} = -2 \times \overline{O_3F_1'}$.

$\frac{1}{\overline{O_3F_3'}} = \frac{1}{-2\overline{O_3F_1'}} - \frac{1}{\overline{O_3F_1'}} = -\frac{3}{2\,\overline{O_3F_1'}}$ soit $\overline{O_3F_1'} = -\frac{3\overline{O_3F_3'}}{2} = -37{,}5$ **mm.**

De plus, $\overline{O_3F_2} = \gamma_3 \times \overline{O_3F_1'} = 75$ mm.

> **Bien comprendre**
> $\overline{O_3F_1'} < 0$ car F_1' se trouve avant la lentille L_3.

d) Le schéma de la lunette astronomique modifié est le suivant.

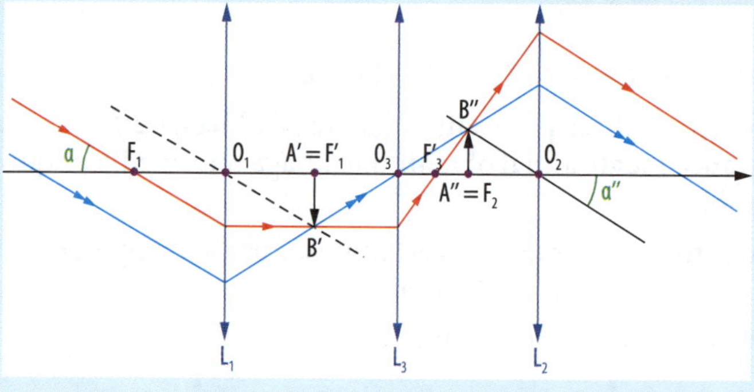

e) Le nouvel angle sous lequel on observe la Lune est noté θ''.

$$\tan\theta'' = \frac{A''B''}{f_2'} = \frac{2 \times A'B'}{f_2'} \text{ donc } \boldsymbol{G' = \gamma_3 \times G}.$$

L'image est bien agrandie et renversée par rapport à la situation précédente.

f) La nouvelle distance entre l'objectif et l'oculaire devient :

$D' = \overline{O_1F_1'} + \overline{F_1'O_3} + \overline{O_3F_2} + \overline{O_3F_2} + \overline{F_2O_2}$

$\boldsymbol{D'} = 500{,}0 + 37{,}5 + 75{,}0 + 50{,}0 = \mathbf{662{,}5}$ **mm.**

CHAPITRE **18**

Description de la lumière par un flux de photons

Capacités exigibles du chapitre disponibles sur **Nathan Live**

Ce chapitre est uniquement exigible pour le Grand Oral.

Aucune des capacités de ce chapitre n'est exigible pour l'épreuve écrite et pour l'ECE du baccalauréat.

1 Dualité onde-corpuscule de la lumière

• En physique, **la lumière** peut être modélisée par une **onde électromagnétique** mais également par une **particule de masse nulle : le photon**. Réciproquement, cette dualité peut s'étendre aux particules de masse connue qui se comportent également comme des ondes.

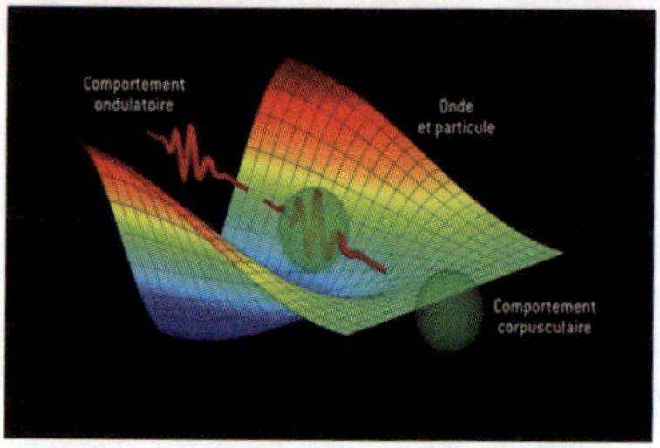

Doc. 1 Vue d'artiste de la dualité onde-corpuscule

Définition

La dualité onde-corpuscule est une formulation qui s'applique aux manifestations du photon, qui se comporte soit comme une onde, soit comme une particule, selon le contexte expérimental considéré. Elle ne décrit pas la nature intrinsèque du photon lui-même, qui n'est ni une onde, ni une particule, mais l'archétype d'un objet quantique, appelé parfois « quanton » par les scientifiques.

2 Modèle particulaire de la lumière

1 Effet photoélectrique

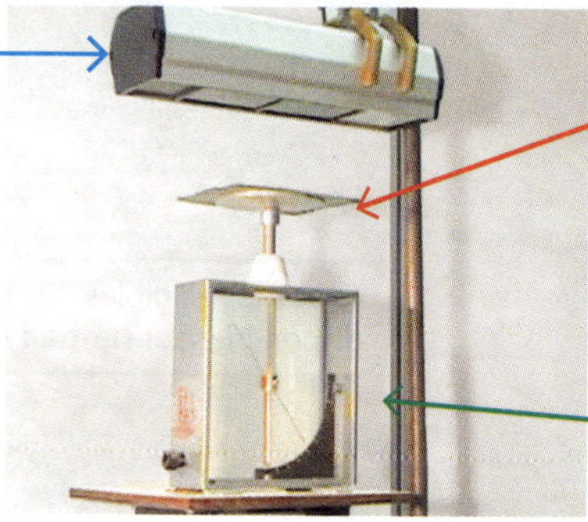

• L'**effet photoélectrique** est **l'émission d'électrons par un matériau**, généralement métallique, lorsque celui-ci est **exposé à la lumière ou à un rayonnement électromagnétique de fréquence suffisante et dépendante du matériau.**

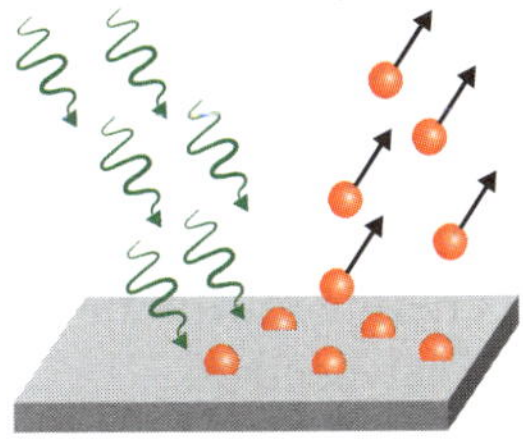

Doc. 2 Schéma modélisant l'effet photoélectrique lors d'une interaction entre la lumière et un métal

• Par exemple, si on éclaire une plaque métallique, celle-ci peut émettre des électrons. Cependant, un faisceau ultraviolet, même peu intense, peut arracher des électrons à une plaque de zinc chargée négativement, alors qu'un faisceau de lumière visible, beaucoup plus intense, ne le peut pas. Cet effet ne peut pas être expliqué de manière satisfaisante si l'on considère que la lumière est une onde. Il faut faire appel à **un modèle particulaire de la lumière.**

Histoire des sciences

En 1839, Antoine Becquerel (1788-1878) et son fils Alexandre (1820-1891) observent les mouvements d'électrodes lors de modifications de leur éclairement. En 1888, Heinrich Hertz (1857-1894) étudie l'effet photoélectrique avec Wilhelm Hallwachs (1859-1922) et montre que la fréquence de la lumière est déterminante. Cependant, les électrons ne seront découverts qu'en 1897 par Sir Joseph John Thomson (1856-1940).

2 Interprétation qualitative de l'effet photoélectrique

• Albert Einstein (1879-1955) quantifie la lumière elle-même : il la considère comme formée de corpuscules, de **quanta de lumière** qui seront appelés **photons** en 1920.

• Chaque photon possède une énergie, en joule (J) : $\boldsymbol{E = h \times \nu}$, où $h = 6{,}6 \times 10^{-34}$ J.s est la constante de Planck et ν la fréquence du rayonnement lumineux associé, en hertz (Hz).

• Comme $\nu = \dfrac{c}{\lambda}$ avec c la célérité de la lumière dans le vide ($c = 3{,}00 \times 10^{8}$ m·s^{-1}) et λ la longueur d'onde, en mètre (m), du rayonnement lumineux associé, l'énergie d'un photon peut aussi s'écrire :

$$E = \frac{h \times c}{\lambda}.$$

Unité

L'énergie d'un photon peut aussi s'exprimer en électronvolt (eV) : 1 eV = $1{,}6 \times 10^{-19}$ J.

Histoire des sciences

Le 14 décembre 1900, Max Planck (1858-1947), professeur de physique à l'université de Berlin, présente lors d'une séance de la Société allemande de physique une vision radicalement nouvelle du rayonnement des corps portés à haute température. Ce sont les quanta d'énergie. Dans cette hypothèse il y a déjà la notion de « dualité onde - corpuscule » car E est l'énergie du corpuscule photon et est liée à la fréquence ν de l'onde.

• Einstein interprète **l'effet photoélectrique** comme une **collision entre un photon et un électron du métal**. Comme il y a **conservation de l'énergie** lors de la collision, le photon apporte l'énergie $E = h \times \nu$ qui sert à extraire l'électron et à donner de l'énergie cinétique à l'électron : $\boldsymbol{h \times \nu = E_{extr} + E_c}$ où E_{extr} est l'énergie minimale nécessaire pour extraire l'électron et E_c l'énergie cinétique de cet électron.

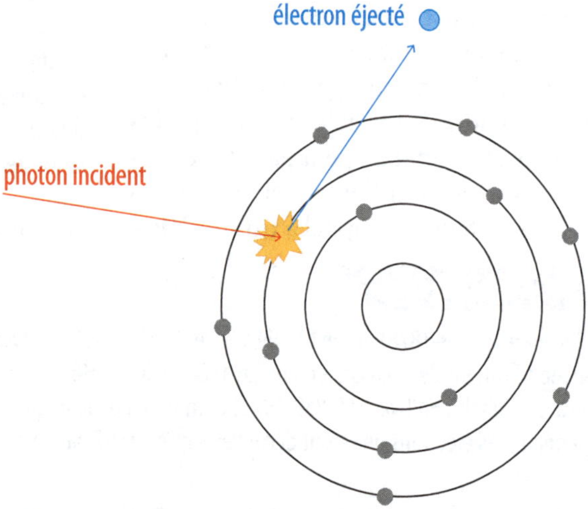

Doc. 3 Schéma simplifié d'un choc photon-électron

• Dans cette interprétation, l'absorption d'un photon permet **d'expliquer toutes les caractéristiques de l'effet photoélectrique car l'augmentation de l'intensité d'une source lumineuse ne change pas l'énergie des photons mais seulement leur nombre**. En effet, les photons de la source lumineuse possèdent une énergie caractéristique $h \times \nu$. Lorsqu'un électron du matériau absorbe un photon et que son énergie est supérieure à l'énergie E_{extr} d'extraction de l'électron, l'électron est éjecté ; sinon il ne peut pas s'échapper du matériau.

Albert Einstein

Histoire des sciences

L'année 1905 est une année mémorable pour Albert Einstein et pour la physique. Âgé de 26 ans, il est employé du Bureau des brevets à Berne (Suisse) ; il passe sa thèse et publie quatre articles, l'un d'eux portant sur l'effet photoélectrique (les trois autres sur la dimension des atomes, le mouvement brownien et la relativité restreinte).

3 Cellule photovoltaïque

1 Description

• Une cellule photovoltaïque utilise l'effet **photoélectrique pour produire de l'électricité**, sous forme de courant électrique continu. Elle n'est en réalité qu'un simple composant électronique, **constitué de semi-conducteurs associés sous la forme d'une jonction P-N**, principalement **à base de silicium et de germanium**.

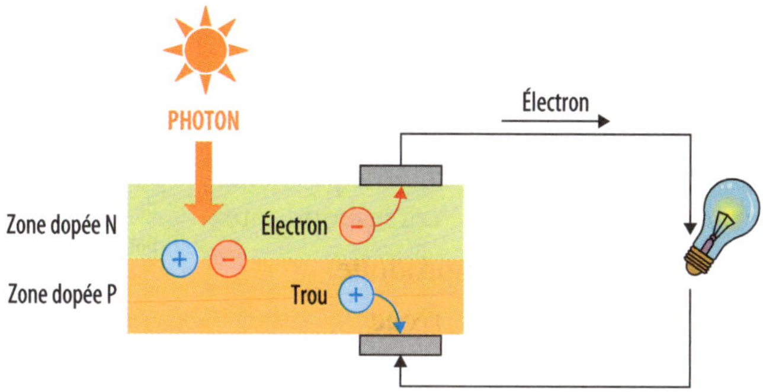

Doc. 4 Schéma d'une cellule photovoltaïque

Définitions

• Les semi-conducteurs ont une conductivité intermédiaire entre les conducteurs et les isolants. La bande de valence et la bande de conduction ne se chevauchent pas puisqu'il existe une bande interdite. Cependant, il faut noter que cette bande interdite est d'une étendue très étroite, puisqu'elle est de l'ordre de 1,1 eV pour le silicium et de l'ordre de 0,7 eV pour le germanium, le germanium et le silicium étant les semi-conducteurs les plus anciens et les plus connus.

• La jonction P-N est la mise en contact d'un semi-conducteur dopé « N », avec des impuretés négatives, et un semi-conducteur dopé « P », avec des impuretés positives.

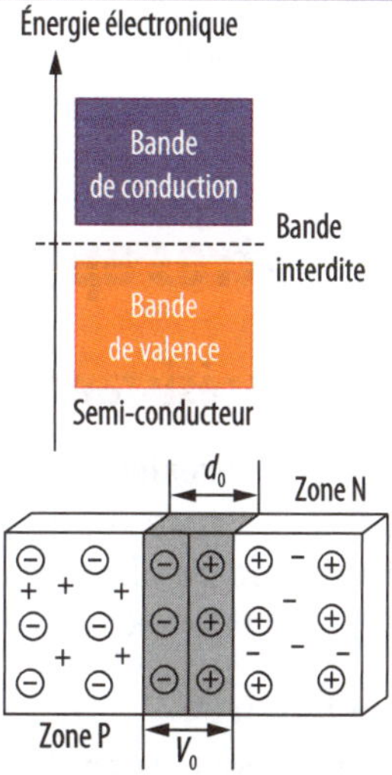

2 Fonctionnement

- Quand les semi-conducteurs constituant une cellule photovoltaïque sont exposés à la lumière, **un photon avec suffisamment d'énergie « arrache » un électron**, créant un trou. Normalement, l'électron trouve rapidement un trou pour se replacer, et l'énergie apportée par le photon disparaît.
- Le principe d'une cellule photovoltaïque est de forcer les électrons et les trous à se diriger chacun vers une face opposée du matériau photovoltaïque au lieu de se replacer simplement dans la même position qu'avant. Ainsi apparaît une différence de potentiel, c'est-à-dire **une tension** entre les deux faces, comme dans une pile.

3 Rendement

- Le **rendement** d'une cellule photovoltaïque est le quotient de l'énergie électrique produite par l'énergie radiative reçue sur la surface correspondante :

$$\eta = \frac{\textbf{énergie électrique produite}}{\textbf{énergie radiative reçue}}.$$

- Le rendement dépend très fortement de **l'éclairement de la cellule photovoltaïque** et de **la température** de fonctionnement de la jonction P-N. La localisation géographique et l'orientation de la cellule sont également très importantes.

À savoir

Le rendement se calcule également en faisant le quotient de la puissance électrique produite par la puissance radiative reçue.

Exemple

Le rendement classique d'un panneau solaire constitué de dizaine de cellules photovoltaïques est de 0,1 = 10 %.
Il peut toutefois atteindre plus de 20 % dans certains cas.

4 Autres applications

1 Photorésistance

- Une **photorésistance** est un **capteur de lumière,** c'est un dipôle électrique dont la résistance *R*, en ohm (Ω), varie en fonction du flux radiatif reçu.

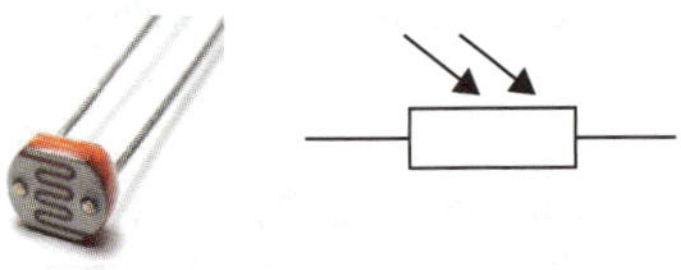

Doc. 5 Photo et symbole d'une photorésistance

Vocabulaire

Une photorésistance peut aussi être nommée « résistance photo-dépendante » (*light-dependent resistor* (LDR)) ou « photoconducteur ».

2 Diode électroluminescente

- Une **diode électroluminescente** (DEL ou LED en anglais) **émet de la lumière** quand elle polarisée en direct, c'est-à-dire lorsqu'elle est alimentée d'une certaine manière en énergie électrique.
- Les **diodes électroluminescentes** sont utilisées depuis 1975 comme voyants lumineux dans les appareils électroniques et elles sont présentes maintenant quasiment partout pour l'éclairage des habitations.

Doc. 6 Photo et schéma d'une DEL

> **Prix Nobel**
> Le prix Nobel de physique a été attribué, en 2014, aux Japonais Isamu Akasaki et Hiroshi Amano, et à l'Américain Shuji Nakamura, inventeurs de la diode électroluminescente bleue.

5 Spectroscopies

1 Spectroscopie UV-visible

- La spectroscopie UV-visible permet **d'identifier des espèces chimiques**. Elle permet également de **déterminer quantitativement la concentration** d'espèces chimiques absorbant dans ce domaine spectral.

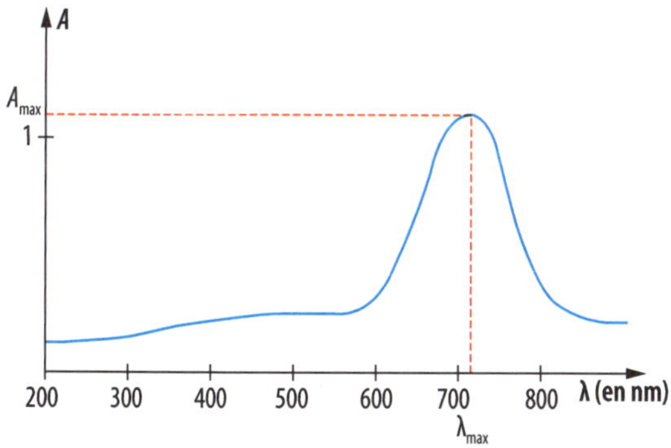

Doc. 7 Spectre UV-visible : absorbance A en fonction de la longueur d'onde λ

- **Non destructive et rapide**, la spectroscopie UV-visible est largement répandue en travaux pratiques de chimie ainsi qu'en analyse chimique ou biochimique.
- La détermination des longueurs d'onde des rayonnements électromagnétiques absorbés se fait grâce à l'utilisation d'un **spectrophotomètre**.

> **Vocabulaire**
> UV est l'abréviation de « ultraviolet ».

2 Spectroscopie IR

• La spectroscopie infrarouge (IR) permet **d'identifier des espèces chimiques** en analysant la présence de groupements fonctionnels dans les molécules organiques, ainsi que leurs structures dans certaines molécules simples.

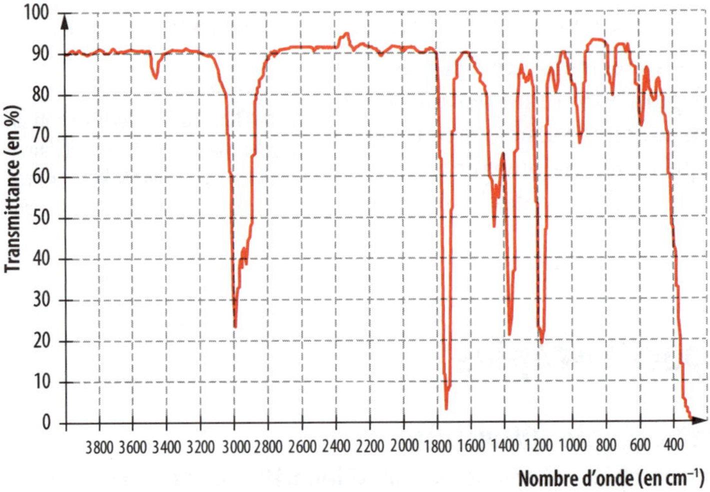

Doc. 8 **Spectre IR : transmittance en fonction du nombre d'onde**

• La spectroscopie IR est une méthode d'emploi courant qui renseigne sur la **présence et la nature de certaines liaisons dans une molécule**.

• Pour avoir plus d'informations sur la structure de la chaîne carbonée, les chimistes utilisent également couramment, depuis les années 1960, la spectroscopie RMN.

Vocabulaire
Le nombre d'onde est l'inverse de la longueur d'onde.

Vocabulaire
RMN est l'abréviation de « résonance magnétique nucléaire »

QCM et questions courtes

1 Vrai ou Faux ?

Corrigé p. 458

1. En comparant la figure d'interférences obtenue avec une lumière et une figure d'interférences obtenue avec des électrons, on montre que la lumière a un comportement particulaire. ☐ Vrai ☐ Faux

2. L'effet photoélectrique consiste en l'émission d'électrons par des métaux convenablement éclairés. Cette expérience démontre l'aspect corpusculaire de la lumière. ☐ Vrai ☐ Faux

3. Sachant que la constante de Planck est égale à $h = 6{,}63 \times 10^{-34}$ J. s, un photon d'énergie $E = 3{,}30 \times 10^{-19}$ J est associé à un rayonnement qui appartient au domaine visible. ☐ Vrai ☐ Faux

Exercices d'entraînement

Gagnez des points !
La valeur de la célérité de la lumière dans le vide est à connaître : $c = 3{,}00 \times 10^8$ m·s^{-1}.

2 Vitesses d'émission des électrons

★ 15 min Corrigé p. 458

On éclaire une cellule photoélectrique avec une lumière monochromatique, de longueur d'onde $\lambda = 0{,}600$ µm. L'énergie d'extraction d'un électron du métal est égale à $E_{extr} = 3{,}00 \times 10^{-19}$ J.

Données : constante de Planck : $h = 6{,}63 \times 10^{-34}$ J·s ;
masse de l'électron $m_e = 9{,}1 \times 10^{-31}$ kg.

1. Calculer l'énergie cinétique maximale E_c d'un électron émis.

2. En déduire la valeur maximale de la vitesse d'un électron émis.

3 Cellules photovoltaïques

★★ 20 min Corrigé p. 459

Les cellules photovoltaïques actuelles ne fonctionnent pas avec tout le spectre visible de la lumière. Elles emploient principalement les rayonnements autour du vert et du bleu.

1. Déterminer les fréquences des photons associés aux rayonnements de longueurs d'onde suivantes : $\lambda_1 = 440$ nm (bleu) et $\lambda_2 = 510$ nm (vert).

2. Calculer les énergies, en joule et en électron-volt, associées à ces photons.

3. Expliquer pourquoi certaines cellules photovoltaïques ne fonctionnent pas avec le rouge.

Unité
1 eV = $1,6 \times 10^{-19}$ J.

4 Effet photoélectrique

★★ 20 min Corrigé p. 459

L'effet photoélectrique correspond à l'émission d'électrons par un matériau soumis à l'action d'un rayonnement électromagnétique. Ce phénomène a été interprété par Hertz en 1887. Cet effet ne peut être expliqué qu'en prenant en compte le caractère corpusculaire du rayonnement.

Donnée : constante de Planck : $h = 6,63 \times 10^{-34}$ J·s.

1. Donner la définition de l'effet photoélectrique.

2. Rappeler l'hypothèse qui peut expliquer l'effet photoélectrique.

3. L'énergie d'extraction d'un électron d'une plaque de sodium est $E_{extr} = 2,18$ eV. On éclaire successivement cette plaque par les rayonnements suivants :

- rayonnement de longueur d'onde $\lambda = 0,662$ µm ;
- rayonnement de fréquence $\nu = 5,00 \times 10^{14}$ Hz ;
- rayonnement de période $T = 1,3 \times 10^{-15}$ s.

Indiquer, dans chaque cas, s'il y a émission d'électrons. Justifier la réponse.

4. Dans le cas où il y a effet photoélectrique, calculer la valeur v de la vitesse maximale des électrons émis de la plaque.

5 Bronzage photovoltaïque

★★ 25 min Corrigé p. 460

La surface métallique d'une cellule photoémissive est éclairée par un rayonnement ultraviolet de fréquence $\nu = 1,5 \times 10^{15}$ Hz. L'énergie d'extraction d'un électron de la cellule est $E_{extr} = 7,2 \times 10^{-19}$ J.

Donnée : constante de Planck : $h = 6,63 \times 10^{-34}$ J·s

1. Sachant que 1 eV = $1,6 \times 10^{-19}$ J, calculer, en électron volt (eV), l'énergie d'extraction E_{extr} d'un électron de la cellule.

2. Calculer l'énergie E_{ray} transportée par un photon incident.

3. Expliquer le phénomène d'effet photoélectrique dans le cas d'une cellule photoémissive.

4. Calculer, en joule, l'énergie cinétique maximale E_{cin} d'un électron à la sortie du métal.

5. En déduire la valeur maximale v de la vitesse d'un électron à la sortie du métal.

6 Capteur de luminosité

★★ 30 min ➲ Corrigé p. 461

Dans le cadre de la « domotisation » d'une maison et de son extérieur, une famille souhaite automatiser l'ouverture de ces volets roulants et de ses stores. Dans cet objectif, elle décide de mettre en place des capteurs de luminosité, permettant de descendre ou monter les stores en fonction du temps qu'il fera. Ces capteurs de lumière sont des photorésistances.

DIFFÉRENTS MODÈLES

Types NORP 12 - NSL 19-M51

- **Photorésistances au sulfure de cadmium (CdS), dont la réponse spectrale est similaire à celle de l'œil humain.**
- **Encapsulées dans un boîtier plastique rempli d'époxy résistant à l'humidité, avec une fenêtre plastique transparente.**

Type	NORP-12	NSL19-M51
Pointe de réponse spectrale (nm) :	530	550
Résistance de la cellule – à 10 lux : – à 1 000 lux :	 9 kΩ 400 Ω	 20-100 kΩ 5 kΩ
Résistance d'obscurité (min) :	1 MΩ	20 MΩ

Doc. 1 Notice de description d'une photorésistance.

Les documents présentent une photorésistance dont la résistance est fonction de la lumière reçue, et sa documentation technique. Le nom technique est « LDR » pour *Light Dependant Resistor.*

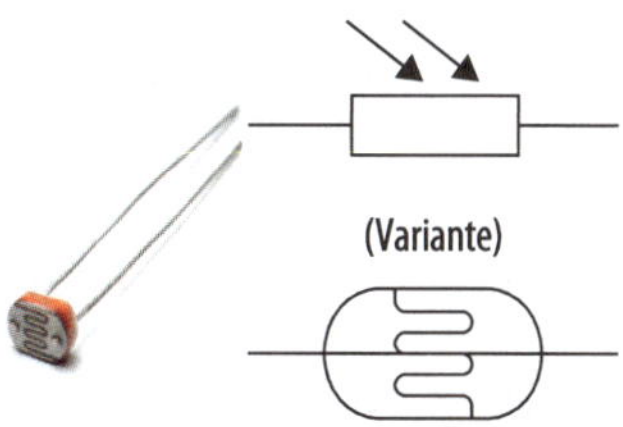

Doc. 2 Photo d'une photorésistance et représentations associées

1. Expliquer en quelques mots le fonctionnement d'un capteur de luminosité.

2. Quel est le semi-conducteur utilisé dans ce type de photorésistance ?

3. Donner la nature des porteurs libres dans la matière du capteur.

4. Donner le nom des particules qui apportent l'énergie lumineuse.

5. En utilisant le **doc. 1**, déterminer l'intervalle de sensibilité de ce capteur. Justifier son utilisation pour la domotique.

6. Expliquer la représentation schématique en haut à droite du **doc. 2**.

Définition

Un capteur est un dispositif transformant l'état d'une grandeur physique observée en une grandeur utilisable, comme une tension électrique par exemple.

Exercice de type bac

Remarque
Il n'y a pas d'exercices de type bac pour préparer l'épreuve écrite et l'ECE du baccalauréat car les capacités travaillées dans ce chapitre sont exigibles uniquement pour le Grand Oral.

PRÉPARER LE GRAND ORAL

7 Entre physique classique et physique moderne

★★★ 40 min Corrigé p. 461

En se basant sur l'extrait de texte suivant, présenter à l'oral une comparaison entre onde et corpuscule. Évoquer ce que le concept d'Einstein a eu de contradictoire à son époque. Enrichir cette comparaison d'informations trouvées dans d'autres sources (Internet, livres et enseignants…).

Naissance d'une idée

Tout commence avec Einstein. Reprenant, en 1905, une idée avancée par Planck, Einstein émet l'hypothèse des quanta ; hypothèse selon laquelle la lumière, et plus généralement toute onde électromagnétique, est constituée par un jet de photons, grains d'énergie, porteurs individuels d'un quantum d'énergie dont la valeur E est liée à la fréquence ν de l'onde par la relation.

$$E = h\nu$$

En quoi cette hypothèse, nécessaire pour expliquer l'effet photo-électrique nouvellement découvert, est-elle révolutionnaire ? C'est que, pour la physique classique (entendons par là, la physique d'avant 1905), tout système physique peut se comprendre et s'analyser par le jeu combiné de deux notions fondamentales et antithétiques, celle d'onde (ou champ) et celle de particule (ou corpuscule).

Pour la physique classique, les particules sont des entités discrètes, individualisées (on peut les compter, les dénombrer) et localisées (leur extension spatiale est nulle, qu'il s'agisse d'ailleurs d'un grain de poussière ou d'une planète en révolution) chaque particule occupe, à chaque instant, une position ponctuelle dans l'espace et, au cours du temps, son mouvement se fait le long d'une trajectoire ; c'est un mouvement cursif. Les ondes elles sont conçues comme possédant des propriétés radicalement opposées aux précédentes ; un champ est une entité continue, définie en tout point de l'espace, dont l'extension est infinie (sème si le champ ne prend de valeurs non nulles que dans une zone de dimension finie) ; au cours du temps, une onde se propage ; son mouvement est de type frontal (on parle de « front d'onde » et de « surface d'onde »).

Extrait de F. Balibar, « La dualité onde corpuscule. Une idée rétrospective », dans *Séminaire de Philosophie et Mathématiques*, 1979

Pour aller plus loin

8 Rendement d'une cellule photovoltaïque

➲ Corrigé p. 462

Un groupe d'élève est parvenu à déterminer les éléments nécessaires au calcul du rendement maximum d'un panneau photovoltaïque :

- intensité lumineuse : $Lu = 27\,000$ Lux ;
- aire de la surface de la cellule : $S = 0{,}0112\ \text{m}^2$;
- $1\ \text{Lux} = 1{,}5 \times 10^{-3}\ \text{W·m}^{-2}$;
- puissance maximale fournie par le panneau : $P_f = 0{,}02497$ W.

1. Calculer la puissance radiative P_r éclairant le panneau. Donner la dimension de l'intensité lumineuse dans le système international (SI).

2. Calculer le rendement du panneau photovoltaïque. Commenter le résultat.

3. La puissance maximale fournie P_f est une puissance électrique. Elle peut donc s'écrire $P_f = U \times I$.

a) Donner la signification physique et l'unité des grandeurs U et I.

b) Représenter un montage possible permettant de déterminer cette puissance maximale.

4. Proposer des sources d'incertitudes associées à cette expérience.

5. En considérant qu'un panneau photovoltaïque, constitué de dizaines de cellules photovoltaïques, est orienté à 90° lorsqu'il est perpendiculaire au sol et à 0° lorsqu'il est à plat, expliquer le fait que son rendement soit optimal pour un angle de 62° en été et de 16° en hiver.

QCM et questions courtes

1 Vrai ou Faux ?

1. Faux → Le phénomène d'interférences s'explique par le **comportement ondulatoire** de la lumière.

2. Vrai → La lumière peut être considérée comme composée de **grains de lumière**, appelés photons, ce qui permet d'expliquer l'effet photoélectrique.

3. Vrai → Comme l'énergie d'un photon peut s'écrire $\boldsymbol{E = \frac{h \times c}{\lambda}}$, l'application numérique conduit à une valeur de longueur d'onde du rayonnement associé égale à : $\boldsymbol{\lambda = 6{,}60 \times 10^{-7}}$ **m = 660 nm**, ce qui correspond à un rayonnement visible.

> **À savoir**
> Les longueurs d'onde des rayonnements visibles sont comprises entre 400 et 750 nm.

Exercices d'entraînement

2 Vitesses d'émission des électrons

1. Le bilan énergétique est $\boldsymbol{E_{ray} = E_{extr} + E_c}$ et l'énergie du rayonnement est égale à : $E_{ray} = \frac{h \times c}{\lambda}$. On a alors :

$$\boldsymbol{E_c = E_{ray} - E_{extr} = \frac{h \times c}{\lambda} - E_{extr}}.$$

$$A.N. : E_c = \frac{6{,}63 \times 10^{-34} \times 3{,}00 \times 10^{8}}{0{,}600 \times 10^{-6}} - 3{,}00 \times 10^{-19}$$

$E_c = 3{,}32 \times 10^{-19} - 3{,}00 \times 10^{-19} = 3{,}2 \times 10^{-20}$ J.

L'énergie cinétique maximale d'un électron émis est donc égale à : $\boldsymbol{E_c = 3{,}2 \times 10^{-20}}$ **J.**

2. L'énergie cinétique d'un électron est égale à $E_c = \frac{1}{2} \times m \times v^2$, d'où : $\boldsymbol{v = \sqrt{\frac{2 \times E_c}{m}}}$.

$$A.N. : v = \sqrt{\frac{2 \times 3{,}2 \times 10^{-20}}{9{,}1 \times 10^{-31}}} = 2{,}7 \times 10^{5}\ \text{m} \cdot \text{s}^{-1}.$$

La **valeur maximale de la vitesse d'un électron** émis lors de cet effet photoélectrique est de $\boldsymbol{2{,}7 \times 10^{5}}$ **m·s⁻¹**.

3 Cellules photovoltaïques

1. La fréquence se calcule à partir de la longueur d'onde : $\nu = \frac{c}{\lambda}$.

Les fréquences v_1 du « bleu » et v_2 du « vert » valent donc :

$$\nu_1 = \frac{3{,}0 \times 10^8}{440 \times 10^{-9}} = \mathbf{6{,}8 \times 10^{14}\ Hz} \text{ et } \nu_2 = \frac{3{,}0 \times 10^8}{510 \times 10^{-9}} = \mathbf{5{,}9 \times 10^{14}\ Hz}.$$

2. On peut alors calculer les énergies associées E_1 du « bleu » et E_2 du « vert » :

$$E_1 = h \times v_1 = 6{,}63 \times 10^{-34} \times 6{,}8 \times 10^{14}$$

$$= 4{,}5 \times 10^{-19}\ \text{J} = \frac{4{,}5 \times 10^{-19}}{1{,}60 \times 10^{-19}} = \mathbf{2{,}8\ eV}$$

$$E_2 = h \times v_2 = 6{,}63.10^{-34} \times 5{,}9 \times 10^{14} = 3{,}9 \times 10^{-19}\ \text{J}$$

$$= \frac{3{,}9 \times 10^{-19}}{1{,}60 \times 10^{-19}} = \mathbf{2{,}4\ eV}.$$

3. La longueur d'onde du « rouge » est supérieure à celle du « bleu » et du « vert ». **L'énergie du rayonnement associé est donc plus faible** et certainement pas suffisante pour générer l'effet photoélectrique ($E_{\lambda(\text{rouge})} < E_{\text{extr}}$) qui permet de faire fonctionner les cellules photovoltaïques.

> **Bien comprendre**
> L'énergie d'un rayonnement électromagnétique est inversement proportionnelle à sa longueur d'onde :
> $$E = \frac{h \times c}{\lambda}.$$

4 Effet photoélectrique

1. L'effet photoélectrique est **l'émission d'électrons par un matériau métallique lorsque celui-ci est exposé à la lumière.**

2. Pour expliquer l'effet photoélectrique, il faut faire **l'hypothèse du caractère corpusculaire de la lumière**, ce qu'a fait Einstein.

3. Le bilan énergétique associé à l'effet photoélectrique est : $E_{\text{ray}} = E_{\text{extr}} + E_c$ avec E_{ray} l'énergie du rayonnement et E_c l'énergie cinétique de l'électron extrait.

> **Unité**
> $$1\ \text{J} = \frac{1}{1{,}60 \times 10^{-19}}\ \text{eV}.$$

- *Cas 1* : $\lambda = 0{,}662\ \mu\text{m}$, d'où :

$$E_{\text{ray}} = \frac{h \times c}{\lambda} = \frac{6{,}63 \times 10^{-34} \times 3{,}00 \times 10^8}{0{,}662 \times 10^{-6}} = 3{,}00 \times 10^{-19}\ \text{J}$$

$$\mathbf{E_{ray} = \frac{3{,}00 \times 10^{-19}}{1{,}60 \times 10^{-19}} = 1{,}88\ eV.}$$

Comme $E_{\text{ray}} < E_{\text{extr}}$, il n'y a pas d'extraction possible et donc pas d'émission d'électrons.

CORRIGÉS

• *Cas 2* : $\nu = 5{,}00 \times 10^{14}$ Hz, d'où :

$$E_{ray} = h \times \nu = 6{,}63 \times 10^{-34} \times 5{,}00 \times 10^{14}$$

$$E_{ray} = 3{,}32 \times 10^{-19}\ \text{J} = \frac{3{,}32 \times 10^{-19}}{1{,}60 \times 10^{-19}} = \mathbf{2{,}08\ eV}.$$

Comme $E_{ray} < E_{extr}$, il n'y a toujours pas d'extraction possible et donc pas d'émission d'électrons.

• *Cas 3* : $T = 1{,}3 \times 10^{-15}$ s, alors $\nu = \dfrac{1}{T} = \dfrac{1}{1{,}3 \times 10^{-15}} = 7{,}7 \times 10^{14}$ Hz

et $E_{ray} = h \times \nu = 6{,}63 \times 10^{-34} \times 7{,}7 \times 10^{14} = 5{,}1 \times 10^{-19}$ J.

$$\boldsymbol{E_{ray} = \frac{5{,}1 \times 10^{-19}}{1{,}60 \times 10^{-19}} = 3{,}2\ \text{eV} > E_{extr}}.$$

L'extraction est donc possible : des électrons sont émis. L'énergie cinétique E_c d'un électron émis avec une valeur de vitesse v dans le cas 3, est telle que :

$E_c = \dfrac{1}{2} \times m \times v^2$, d'où :

$v = \sqrt{\dfrac{2 \times E_c}{m}}$, avec :

$E_c = E_{ray} - E_{extr} = 5{,}1 \times 10^{-19} - 2{,}18 \times 1{,}60 \times 10^{-19} = 1{,}6 \times 10^{-19}$ J.

Ainsi, la valeur v de la vitesse des électrons extraits est égale à :

$$v = \sqrt{\frac{2 \times (E_{ray} - E_{extr})}{m}} = \sqrt{\frac{2 \times 1{,}6 \times 10^{-19}}{9{,}1 \times 10^{-31}}} = \mathbf{5{,}9 \times 10^5\ m \cdot s^{-1}}.$$

5 Bronzage photovoltaïque

1. L'énergie d'extraction vaut $E_{extr} = 7{,}2 \times 10^{-19}$ J, ce qui correspond à $E_{extr} = \dfrac{7{,}2 \times 10^{-19}}{1{,}6 \times 10^{-19}} = \mathbf{4{,}5\ eV}$.

2. L'énergie transportée par un photon incident est calculée à partir de la formule de Planck : $E_{ray} = h \times \nu = 6{,}63 \times 10^{-34} \times 1{,}5 \times 10^{14} = \mathbf{1{,}0 \times 10^{-18}\ J}$.

3. Le bilan énergétique se traduit par $E_{ray} = E_{extr} + E_c$. Ici, l'énergie du rayonnement, $E_{ray} = 1{,}0 \times 10^{-18}$ J est supérieure à celle d'extraction, $E_{extr} = 7{,}2 \times 10^{-19}$ J. Des électrons peuvent donc être émis.

4. L'énergie cinétique se calcule comme la différence entre l'énergie apportée par le rayonnement et l'énergie nécessaire pour extraire l'électron :

$$E_c = E_{ray} - E_{extr} = 1{,}0 \times 10^{-18} - 7{,}2 \times 10^{-19} = \mathbf{2{,}8 \times 10^{-19}\ J}.$$

5. La valeur maximale v de la vitesse d'un électron à la sortie du métal se calcule comme dans l'exercice précédent :

$$v = \sqrt{\frac{2(E_{ray} - E_{extr})}{m}} = \sqrt{\frac{2 \times 2{,}8 \times 10^{-19}}{9{,}1 \times 10^{-31}}} = \mathbf{7{,}8 \times 10^5\,m \cdot s^{-1}}.$$

La vitesse des électrons extraits est de $7{,}8 \times 10^5$ m·s^{-1}.

6 Capteur de luminosité

1. Un capteur de luminosité est un dipôle électrique dont **une grandeur, ici la résistance, varie en fonction de l'intensité lumineuse reçue.**

2. D'après le **doc. 1**, le semi-conducteur est le **sulfure de cadmium.**

Remarque
Le sulfure de cadmium est un composé chimique inorganique de soufre et de cadmium de formule CdS.

3. Les porteurs libres sont les **électrons.**

4. Les **photons** apportent l'énergie lumineuse.

5. On peut lire dans l'extrait de la documentation (**doc. 1**) : 530 nm-550 nm. Ces valeurs de longueur d'onde correspondent **à des rayonnements visibles.** C'est donc un **capteur utile en plein jour.**

6. Le **rectangle** est la schématisation du **dipôle résistif** ; les **3 flèches** schématisent les **rayons lumineux** porteurs de l'énergie lumineuse.

Exercice de type bac

PRÉPARER LE GRAND ORAL

7 Entre physique classique et physique moderne

Une comparaison entre onde et corpuscule peut être la suivante :

Onde	Corpuscule
continu	discret
infinie	localisé
propagation	trajectoire
frontal	cursif

Il semble contradictoire d'envisager un objet physique répondant aux propriétés des deux listes à la fois. C'est le principe du concept de dualité…

L'idée de cette dualité est un concept fondateur de la mécanique quantique, aux origines de la physique moderne.

La **dualité onde-corpuscule** doit être **distinguée du « dualisme »**. Ce concept est développé par René Descartes (1596-1650). Il affirme que le corps et l'esprit sont deux substances que l'on peut parfaitement distinguer mais qui cependant coopèrent. Ce n'est pas le cas du **photon**, objet quantique, **puisque ses caractères corpusculaires et ondulatoires doivent être conçus ensemble**.

8 Rendement d'une cellule photovoltaïque

1. La puissance lumineuse reçue est : $P_r = Lu \times S$.

A.N. : $\mathbf{P_r} = 27\,000 \times 1{,}12 \times 10^{-2} \times 1{,}5 \cdot 10^{-3} = \mathbf{4{,}5 \times 10^{-1}\ W}$.

La dimension de l'intensité lumineuse Lu est :

$$[Lu] = \frac{[P]}{[S]} = [P] \times \mathrm{L}^{-2} = [E] \times \mathrm{T}^{-1} \times \mathrm{L}^{-2} = \mathrm{M} \times \mathrm{L}^2 \times \mathrm{T}^{-2} \times \mathrm{T}^{-1} \times \mathrm{L}^{-2}$$
$$= \mathbf{M \times T^{-3}}.$$

C'est une dimension un peu originale qui conduit à des unités telles que $kg \cdot s^{-3}$. **Le Lumen semble plus adapté au langage pratique.**

2. Le rendement du panneau photovoltaïque vaut :

$\eta = \frac{P_f}{P_r} = \frac{0{,}02597}{0{,}45} = \mathbf{5{,}8 \times 10^{-2}}$, soit un rendement égal à **5,8 %**. Cette valeur est compatible avec celle de 10 % annoncée par la plupart des constructeurs.

> **À savoir**
> Le rendement, en %, se calcule simplement en multipliant par 100 le rendement obtenu.

3. a) ***U* est la tension**, en volt (V), aux bornes du « dipôle » panneau photovoltaïque. *I* est l'intensité, en ampère (A), du courant électrique délivré par ce dipôle.

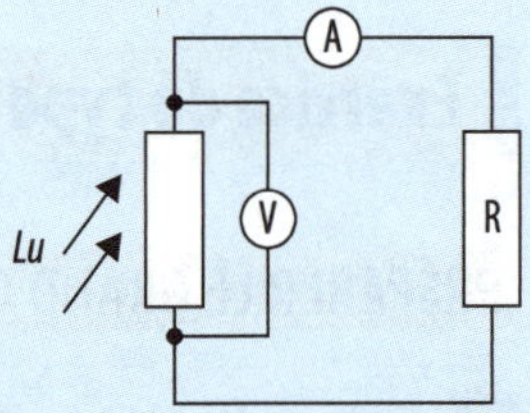

b) Le schéma de montage possible est visible ci-contre. Le **voltmètre, branché en dérivation**, permet de mesurer la tension *U*. **L'ampèremètre, branché en série**, permet de mesurer l'intensité *I*.

4. Les **incertitudes de mesures** sont **dues aux différents appareils de mesure** : fluxmètre, voltmètre, ampèremètre, règle (pour la mesure de l'aire de la surface éclairée).

5. L'orientation du panneau est un paramètre d'optimisation du rendement important. Le **rendement** d'un panneau photovoltaïque est **maximal** lorsque les **rayons lumineux arrivent perpendiculairement au plan du panneau.**

En hiver, les rayons lumineux sont moins inclinés par rapport à l'horizontale que l'été. L'orientation des panneaux doit donc changer pour garder un angle d'incidence des rayons proche de 90°.

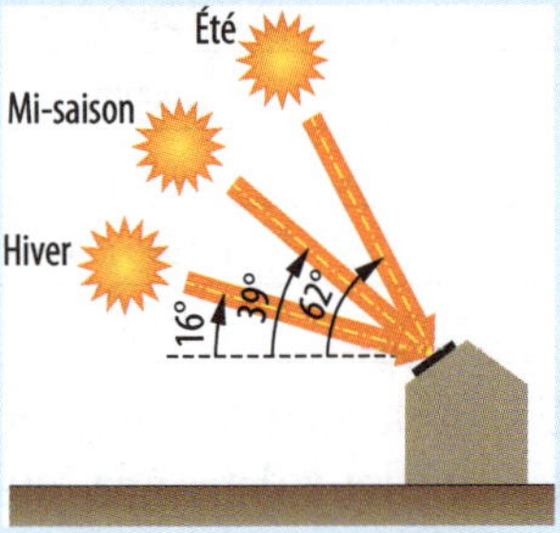

Différentes inclinaisons du Soleil au cours de l'année

La Prépa attitude

- L'inégalité d'Heisenberg permet d'introduire la notion d'indétermination quantique et d'expliquer la nature de la fonction d'onde, densité de probabilité de présence.
- Le cas particulier du confinement d'une particule quantique est à rapprocher de l'étude des ondes stationnaires (chapitre 15) et de l'apparition de modes propres découlant des conditions aux limites.

Prolongements aux cours de Terminale

1 Inégalité d'Heisenberg

Pour une particule se déplaçant sur un axe $x'x$, la position x étant donnée à Δx près (dispersion autour de la valeur la plus probable x) et la valeur de la quantité de mouvement p_x à Δp_x près (dispersion autour de la valeur la plus probable p_x), $\boldsymbol{\Delta x \cdot \Delta p_x \geq \frac{h}{4\pi}}$ ou encore :

$$\Delta x \cdot \Delta p_x \geq \frac{\hbar}{2}$$

avec $\boldsymbol{\hbar = \frac{h}{2\pi}}$, la constante de Planck réduite.

Définition

La quantité de mouvement $\vec{P}$ d'une particule de masse m se déplaçant à une vitesse $\vec{v}$ est : $\vec{P} = m\vec{v}$

Cette indétermination est encore une fois la marque d'une différence profonde avec la mécanique classique : un objet quantique doit être, par essence, décrit en termes d'**amplitude de probabilité de présence, $\Psi(x, y, z, t)$, ou fonction d'onde** associée à l'objet quantique.

La fonction d'onde est un nombre complexe. Le carré de la norme de la fonction d'onde est relié à la densité volumique de probabilité de présence :

$$|\Psi|^2 = \frac{d^3P}{dV} = \frac{d^3P}{dxdydz}$$

$\frac{d^3P}{dV}$ représente au point considéré la densité volumique de probabilité de présence. Sur l'ensemble de l'espace considéré, on peut ainsi écrire :

$\iiint_{\text{ensemble de l'espace}} d^3P = 1$ soit :

$$\iiint_{\text{ensemble de l'espace}} |\Psi|^2 \, dx\,dy\,dz = 1.$$

Vocabulaire

On dit que la fonction d'onde est normée.

Remarque : $\iiint$ représente une intégration suivant les 3 coordonnées, une intégrale de volume donc. La relation signifie simplement que la probabilité de trouver la particule dans l'ensemble de l'espace est évidemment égale à 1.

2 Confinement spatial d'une particule

Prenons l'exemple simple d'une particule confinée dans un puits de potentiel infini, de largeur L : la particule est piégée entre $x = 0$ et $x = L$.

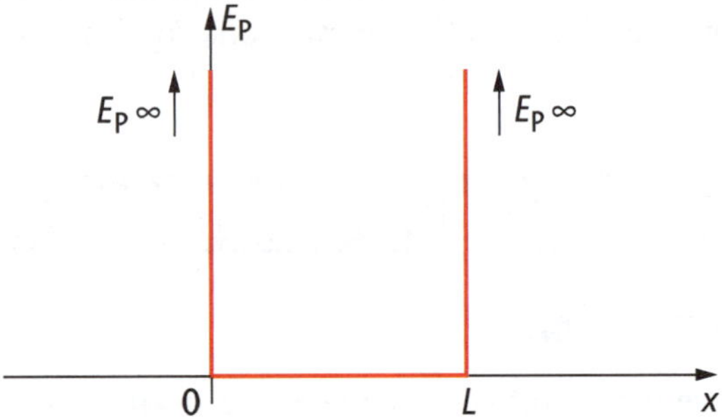

L'amplitude de probabilité de présence $\Psi(x, t)$ (qui est une fonction continue) s'annule aux bords du puits à chaque instant : $\Psi(0, t) = \Psi(L, t) = 0$.

Par analogie avec les ondes stationnaires (*cf.* chapitre 15) sur une corde vibrante, on admet que la fonction d'onde peut s'écrire :

$$\Psi(x, t) = \phi(x) \cdot \phi(t)$$

avec :

- $\phi(x) = 0$ si $x \leq 0$ ou si $x \geq L$;
- $\phi(x) = \phi_M \sin\left(\frac{2\pi}{\lambda}x\right)$ si $0 < x < L$.

L'apparition d'ondes stationnaires, toujours par analogie avec la corde vibrante, entraîne $L = n \cdot \frac{\lambda}{2}$ avec $n \in \mathbb{N}^*$ soit $\lambda = \lambda_n = \frac{2L}{n}$.

L'énergie mécanique de la particule piégée s'écrit : $E_M = E_C + E_P = E_C$ puisque $E_P = 0$ dans le puits.

$$E_M = E_C = \frac{1}{2}mv^2 = \frac{p^2}{2m} \text{ avec } p = \frac{h}{\lambda} \text{ (relation de De Broglie)}$$

$$E = E_n = \frac{h^2}{2m\lambda^2} = \frac{h^2}{2m\left(\frac{2L}{n}\right)^2} = n^2 \cdot \frac{h^2}{8mL^2} \text{ avec } n \in \mathbb{N}^*.$$

L'énergie de la particule ne peut prendre que certaines valeurs discrètes, elle est quantifiée.

Remarque
Le confinement spatial de la particule induit une quantification de son énergie.

EXERCICES

➲ Corrigés p. 466

1 Énergie minimale d'un oscillateur harmonique quantique

On considère une particule confinée dans un puits de potentiel de largeur spatiale L. L'énergie potentielle de la particule est celle d'un oscillateur harmonique quantique à une dimension :

$$E_{\mathrm{P}} = \frac{1}{2}kx^2 = \frac{1}{2}m\omega^2x^2$$

avec $\omega = \sqrt{\frac{m}{k}} = \frac{2\pi}{T}$, la pulsation propre de l'oscillateur harmonique.

a) En utilisant l'inégalité d'Heisenberg, déterminer la quantité de mouvement minimale pour la particule, Δp.

b) En déduire l'énergie cinétique minimale, E_{cMin}.

c) Montrer que l'énergie totale minimale de la particule peut se mettre sous la forme $E_{\mathrm{Min}}^{\mathrm{Tot}} = \frac{A}{L^2} + BL^2$ où A et B sont des constantes que l'on explicitera.

d) Pour quelle valeur de L l'énergie est-elle minimale ? Quelle est alors l'expression de l'énergie minimale ? En déduire que la valeur approchée de l'énergie minimale de la particule respectant l'inégalité d'Heisenberg est $\hbar\omega$.

2 Particule encagée dans un puits de potentiel infini (d'après un sujet de concours commun Polytechnique – MP 2016)

Nous allons étudier dans cette partie une particule, autre que le photon dans une cavité, dans le cadre de la mécanique quantique. Cette particule de masse m se déplace sur l'axe des x dans un potentiel $U(x)$ tel que $U(x) = 0$ pour $a > x > -a$ et $U(x) \to \infty$ pour $x > a$ et $x < -a$ avec $a > 0$. On note $\phi(x)$ une fonction d'onde stationnaire de la particule (fonction d'onde pour t fixé) et E son énergie associée.

La fonction d'onde stationnaire de la particule vérifie l'équation de Schrödinger stationnaire : $-\frac{\hbar^2}{2m}\left(\frac{\mathrm{d}^2\phi}{\mathrm{d}x^2}\right) = E\phi$.

a) Justifier que pour les domaines $x < -a$ et $x > a$, la seule solution possible est $\phi(x) = 0$. Quel sens physique donner à ce résultat ?

b) Montrer que $\phi(x) = A \cdot \sin\frac{n\pi x}{a}$ est solution de l'équation de Schrödinger avec A une constante et n un entier naturel.

En déduire l'expression des niveaux d'énergie E_n. Pourquoi dit-on que le confinement de la particule implique une quantification de son énergie ?

c) Représenter les allures de la fonction d'onde pour $n = 1$ et pour $n = 2$.

AMBITION PRÉPA

CORRIGÉS

1 **a)** D'après l'inégalité d'Heisenberg, $\Delta x \cdot \Delta p_x \geq \frac{\hbar}{2}$ et ici $\Delta x = L$ donc $\Delta p_x \geq \frac{\hbar}{2L}$; la quantité de mouvement minimale pour la particule est donc $\frac{\hbar}{2L}$.

b) $E_C = \frac{1}{2}mv^2 = \frac{1}{2}\frac{p^2}{m} = \frac{p^2}{2m}$ donc $E_{\text{CMin}} = \frac{\left(\frac{\hbar}{2L}\right)^2}{2m} = \frac{\hbar^2}{8mL^2}$.

c) $E_{\text{Min}}^{\text{Tot}} = E_{\text{CMin}} + E_P = \frac{\hbar^2}{8mL^2} + \frac{1}{2}m\omega^2L^2 = \frac{A}{L^2} + BL^2$, et par identification :

$A = \frac{\hbar^2}{8m}$ et $B = \frac{1}{2}m\omega^2$.

d) $E^{\text{Tot}} = E_{\text{Min}}^{\text{Tot}}$ si $\frac{\mathrm{d}E_{\text{Min}}^{\text{Tot}}}{\mathrm{d}L} = 0$ soit si $-\frac{A}{L^3} + 2BL = 0$.

$2B \cdot L = \frac{A}{L^3}$ et donc $L^4 = \frac{A}{2B}$ avec $L > 0$, d'où :

$L^2 = \sqrt{\frac{A}{2B}} = \sqrt{\frac{\frac{\hbar^2}{8m}}{2 \times \frac{1}{2}m\omega^2}} = \sqrt{\frac{\hbar^2}{8m^2\omega^2}} = \frac{\hbar}{2\sqrt{2}m\omega}$ soit $L = \sqrt{\frac{\hbar}{2\sqrt{2}m\omega}}$.

$$E_{\text{Min}}^{\text{Tot}} = \frac{\hbar^2}{8mL^2} + \frac{1}{2}m\omega^2L^2$$

$$E_{\text{Min}}^{\text{Tot}} = \frac{\hbar^2}{8m\left(\frac{\hbar}{2\sqrt{2}m\omega}\right)} + \frac{1}{2}m\omega^2\left(\frac{\hbar}{2\sqrt{2}m\omega}\right)$$

$$E_{\text{Min}}^{\text{Tot}} = \frac{\hbar\omega}{\sqrt{8}} + \frac{\hbar\omega}{2\sqrt{8}} = 3 \times \frac{\hbar\omega}{2\sqrt{8}} \approx \hbar\omega.$$

2 **a)** La probabilité de présence de la particule est nulle à l'extérieur du puits de potentiel. $\phi(x)$ représente ici la densité de probabilité de présence de cette particule, elle sera donc elle aussi nulle pour $x < -a$ et $x > a$. La particule est ainsi bien « piégée », confinée dans la région de l'espace considérée.

> **Remarque**
> La probabilité de trouver la particule dans cette région est d'ailleurs égale à 1.

b) Remplaçons la fonction d'onde par l'expression $\phi(x) = A\sin\frac{n\pi x}{a}$ dans le terme de gauche de l'équation de Schrödinger :

$$-\frac{\hbar^2}{2m}\left(\frac{d^2\phi}{dx^2}\right)=-\frac{\hbar^2}{2m}\left(\frac{d^2\left(A\sin\frac{n\pi x}{a}\right)}{dx^2}\right)=-A\frac{\hbar^2}{2m}\left(\frac{n\pi}{a}\right)\left(\frac{d\left(A\cos\frac{n\pi x}{a}\right)}{dx}\right)$$

$$=-A\frac{\hbar^2}{2m}\left(\frac{n\pi}{a}\right)^2\left(-\sin\frac{n\pi x}{a}\right)=\frac{\hbar^2}{2m}\left(\frac{n\pi}{a}\right)^2\left(A\sin\frac{n\pi x}{a}\right)=E\phi \text{ en posant } E=\frac{\hbar^2}{2m}\left(\frac{n\pi}{a}\right)^2;$$

E est bien quantifiée puisqu'elle prend des valeurs discrètes en fonction de n : $E_n=\dfrac{n^2\pi^2\hbar^2}{2ma^2}$.

> **Remarque**
> Cette quantification de l'énergie est une conséquence du confinement de la particule.

c) Pour $n = 1$, on obtient : $\phi_1(x)=A\sin\dfrac{\pi x}{a}$, soit graphiquement :

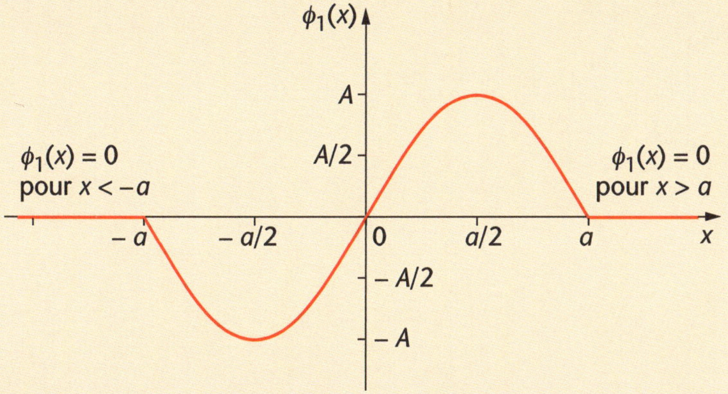

En effet, $\phi_1(a)=\phi_1(-a)=0$ et $\phi_1\left(\dfrac{a}{2}\right)=-\phi_1\left(-\dfrac{a}{2}\right)=A$.

Pour $n = 2$, on obtient : $\phi_2(x)=A\sin\dfrac{2\pi x}{a}$, soit graphiquement :

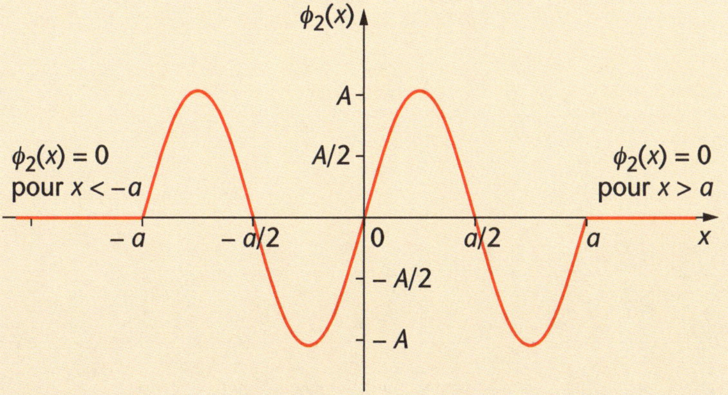

AMBITION PRÉPA

En effet, $\phi_2(a) = \phi_2(-a) = 0$ et $\begin{cases} \phi_2\left(\dfrac{a}{2}\right) = \sin(\pi) = 0 \\ \phi_2\left(-\dfrac{a}{2}\right) = \sin(-\pi) = 0 \end{cases}$

De plus, $\begin{cases} \phi_2\left(\dfrac{a}{4}\right) = \sin\left(\dfrac{\pi}{2}\right) = 1 \\ \phi_2\left(-\dfrac{a}{4}\right) = \sin\left(-\dfrac{\pi}{2}\right) = -1 \end{cases}$

Remarque
sin(x) étant une fonction impaire, ce résultat était prévisible.

De même, $\begin{cases} \phi_2\left(\dfrac{3a}{4}\right) = \sin\left(\dfrac{3\pi}{2}\right) = -1 \\ \phi_2\left(-\dfrac{3a}{4}\right) = \sin\left(-\dfrac{3\pi}{2}\right) = 1 \end{cases}$

CHAPITRE 19

Systèmes électriques

Capacités exigibles du chapitre disponibles sur **Nathan Live**

COURS

1 Courant électrique

1 Description

• **Un courant électrique est un mouvement d'ensemble de porteurs de charges électriques.** Ces porteurs de charges sont des électrons dans un conducteur métallique ou des ions dans une solution ionique.

Histoire des sciences

La découverte de l'électricité ne peut être précisément datée. La formalisation de cette notion résulte d'un long cheminement, depuis les premières observations, qui remontent à l'Antiquité, jusqu'aux premières théories élaborées au XIXe siècle notamment par André Marie Ampère (1755-1836), Michael Faraday (1791-1867) et Siméon Denis Poisson (1781-1840).

• Un courant électrique apparaît dans un conducteur si les deux points que relie ce conducteur sont dans des « états électriques » différents. **L'état électrique d'un point est nommé** potentiel électrique et se mesure en **volt (V)**.

2 Intensité

• Le courant électrique est caractérisé par son **intensité** qui correspond à **un débit de charges électriques**.

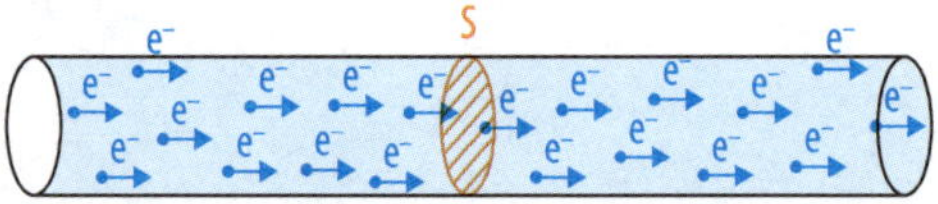

Doc. 1 Électrons circulant dans un conducteur métallique

• L'intensité I d'un courant électrique circulant dans un conducteur est égale à la charge électrique Q traversant la section S, pendant une durée Δt :

$$I = \frac{Q}{\Delta t}.$$

• La charge électrique Q est égale au nombre n d'électrons traversant cette section S pendant la durée Δt, multipliée par la charge q_e transportée par un électron :

Unité

L'unité de charge électrique est le coulomb (C).

$$I = \frac{n \times q_e}{\Delta t}.$$

• Par exemple, un conducteur traversé par $1{,}0 \times 10^{18}$ électrons par seconde est parcouru par un courant d'intensité $I = \frac{1{,}0 \times 10^{18} \times 1{,}6 \times 10^{-19}}{1} = 0{,}16$ A.

À savoir

La charge électrique d'un électron est négative, et est égale à $-e$, avec $e = 1{,}6 \times 10^{-19}$ C, la charge élémentaire.

- **L'intensité, en ampère (A), d'un courant électrique parcourant un conducteur est égale à la charge électrique, en coulomb (C), traversant une section du conducteur pendant une unité de temps.**
- Une charge électrique dq traversant le conducteur pendant un intervalle de temps dt crée un courant d'intensité i telle que :

$$i = \frac{dq}{dt}.$$

Unité

L'unité d'une intensité électrique est l'ampère (A). Un ampère correspond à un débit de charge d'un coulomb par seconde.

Remarque

- L'intensité du courant peut être constante ou variable au cours du temps.
- L'intensité du courant électrique peut être positive ou négative en fonction du choix d'orientation du courant.
- Le sens conventionnel du courant correspond au sens de déplacement des charges positives. Dans un conducteur métallique où les charges mobiles sont des électrons chargés négativement, le sens du courant est opposé au sens de déplacement des électrons.

2 Accumulation de charges électriques

1 Expérience historique : la bouteille de Leyde

- En 1746, Pieter Van Musschenbroek (1692-1761), professeur de physique à Leyde, aux Pays-Bas, tente d'électriser l'eau contenue dans une bouteille **en tenant la bouteille à la main**.
- Une tige métallique, reliée à une machine électrique, plonge dans l'eau. Mais lorsqu'il approche son autre main de cette tige pour la retirer de l'eau, « **il ressent une secousse formidable** ».
- Ce dispositif fut ensuite perfectionné en remplaçant l'eau par des feuilles d'or et en recouvrant la partie extérieure de la bouteille d'une feuille métallique (**doc. 2**).

Doc. 2 **Bouteille de Leyde**

Histoire des sciences

Le choix d'une bouteille n'est pas surprenant, car à cette époque, on croyait que l'électricité était un fluide invisible coulant d'un endroit à un autre. Une bouteille était donc un moyen approprié pour sauvegarder ce « fluide ».

- Les charges électriques accumulées sur les surfaces internes et externes de la bouteille sont mises en mouvement au moment du contact de la main sur la tige : ce courant électrique est à l'origine de la secousse que ressentit Pieter Van Musschenbroek.

Doc. 3 Condensateur d'Aepinus avec armatures métalliques mobiles et plaque de verre amovible.

2 Différentes situations

- En 1756, Aepinus propose un modèle constitué de deux plaques en regard : c'est le « condensateur d'Aepinus », qui est l'ancêtre des condensateurs modernes.
- Le globe terrestre et l'électrosphère (couche atmosphérique ionisée) peuvent aussi constituer des surfaces sur lesquelles s'accumulent des charges électriques.

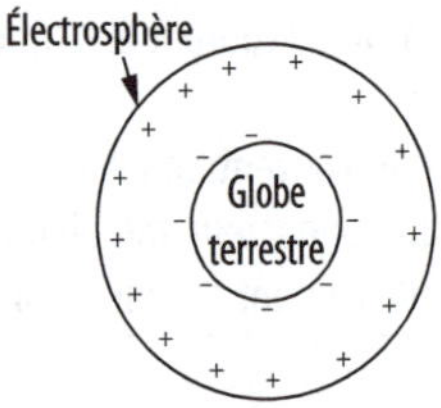

Doc. 4 Accumulation de charges sur la Terre et sur une couche de l'atmosphère

3 Condensateur

1 Description et caractéristiques

- **Les condensateurs sont des dispositifs qui permettent d'accumuler des charges électriques** et donc de l'énergie électrique. Un condensateur est constitué de deux conducteurs placés à proximité l'un de l'autre, mais sans qu'il y ait contact entre eux.
- Ces deux conducteurs sont séparés par un diélectrique (isolant polarisable). Les deux conducteurs en regard sont les armatures du condensateur.

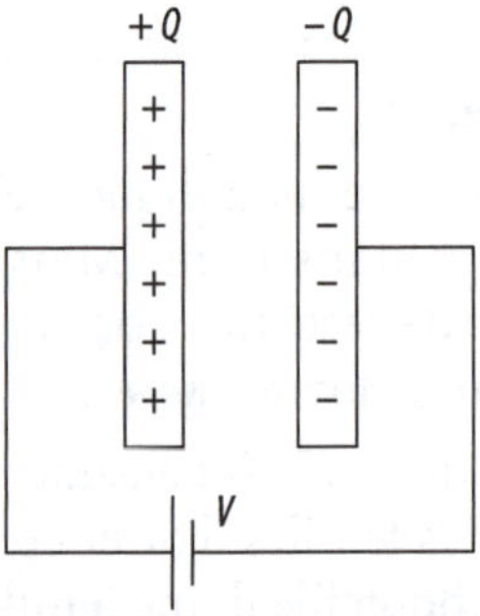

Doc. 5 Schéma d'un condensateur

- Lorsque le condensateur est chargé, des charges négatives sont accumulées sur l'une de ses armatures et des charges positives sur l'autre.
- **L'ensemble du condensateur est électriquement neutre** : la charge résultant de la somme des charges négatives et positives portées par les deux armatures est nulle.

Vocabulaire

Un milieu est dit « diélectrique » s'il ne contient pas de charges électriques susceptibles de se déplacer de façon macroscopique. Ce milieu est un isolant électrique. Par extension, on nomme diélectrique un matériau possédant cette propriété.

- Il existe différents types de condensateurs qui se distinguent par leur géométrie et par le type de diélectrique placé entre les armatures.

On peut citer les condensateurs polarisés, les condensateurs non polarisés, les supercondensateurs, les condensateurs à capacité variable.

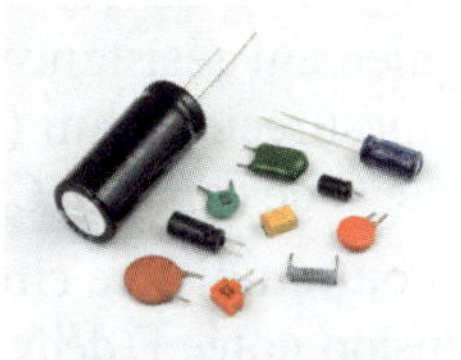

Doc. 6 Différents types de condensateur

Pour aller plus loin

Les condensateurs polarisés possèdent une borne positive et une borne négative. Le diélectrique est dans ce cas un électrolyte.

2 Capacité d'un condensateur

- On constate que pour un condensateur donné, la charge Q portée par ses armatures est proportionnelle à la tension U mesurée à ses bornes. La constante de proportionnalité de cette relation est appelée la **capacité C du condensateur** :

$$Q = C \times U$$ avec C en farad (F), Q en coulomb (C) et V en volt (V).

- La capacité des condensateurs s'étend de quelques fractions de picofarad jusqu'à la centaine de farads pour les supercondensateurs.
- Quand la charge électrique Q du condensateur varie au cours du temps, elle est habituellement notée $q(t)$.

Unités

1 picofarad (pF) = 1×10^{-12} F.
1 nanofarad (nF) = 1×10^{-9} F.
1 microfarad (µF) = 1×10^{-6} F.
1 millifarad (mF) = 1×10^{-3} F.

Pour aller plus loin

Les supercondensateurs constituent une technologie qui fait actuellement l'objet de recherches importantes dans le domaine du stockage de l'énergie.

4 Étude d'un circuit comportant un condensateur

1 Circuit RC série

- Un circuit RC est un circuit électrique, composé d'un conducteur ohmique, appelé également résistance et noté R, de résistance R mesurée en ohm (Ω) et d'un condensateur noté C de capacité C, associés en série.
- Pour étudier ce circuit, une source idéale de tension notée E délivre une tension E mesurée en volt (V). Un interrupteur noté K est aussi placé en série dans le circuit.

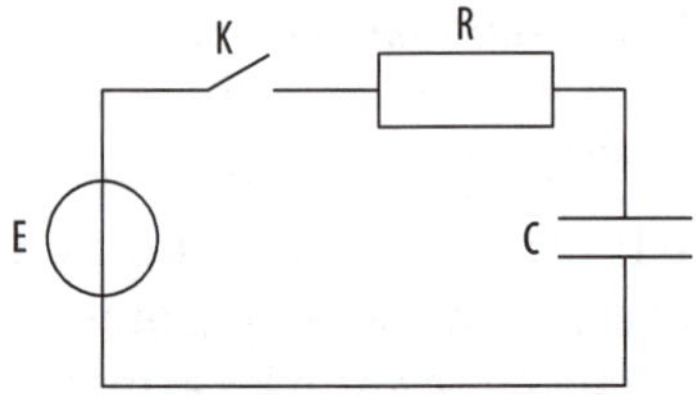

Doc. 7 Schéma d'un montage comportant un circuit RC série

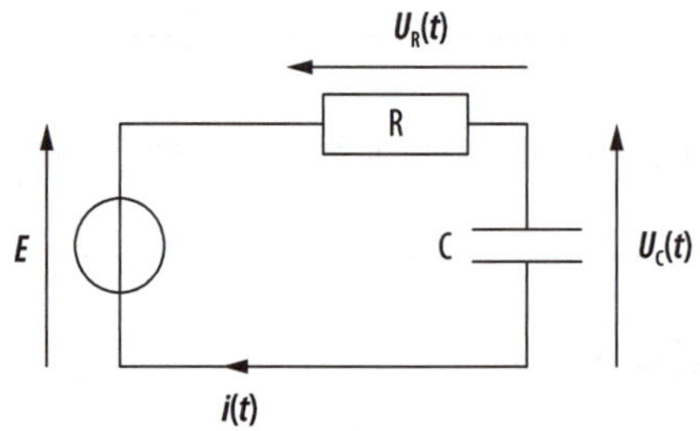

Doc. 8 Circuit RC alimenté par une tension continue E

Vocabulaire
Une source idéale de tension est un générateur fournissant à ses bornes une tension constante indépendamment de l'intensité du courant électrique circulant dans le circuit aux bornes duquel il est branché.

→ Pour aller plus loin
En électronique, les circuits RC série sont très couramment utilisés ; ils servent notamment à filtrer certaines fréquences.

2 Charge du condensateur

- À l'instant initial de date $t = 0$, le condensateur est déchargé, on ferme l'interrupteur K.
- L'intensité $i(t)$ du courant électrique circulant dans ce circuit correspond au déplacement de charges par unité de temps, soit $i(t) = \dfrac{\mathrm{d}q(t)}{\mathrm{d}t}$.
- On obtient en remplaçant $i(t)$ dans l'expression de $U_R(t)$:

$$U_R(t) = R \times \frac{\mathrm{d}q(t)}{\mathrm{d}t}.$$

Rappel
D'après la loi d'Ohm, la tension $U_R(t)$ aux bornes d'une résistance de résistance R parcourue par un courant d'intensité $i(t)$ est égale à : $U_R(t) = R \times i(t)$.

COURS

- Cette charge électrique s'est accumulée sur les armatures du condensateur. En reprenant l'expression reliant la charge portée par le condensateur et la tension à ses bornes, on peut écrire :

$q(t) = C \times U_C(t)$ soit $U_R(t) = R \times C \times \dfrac{d(U_C(t))}{dt}$, car C est une constante.

- En appliquant la loi des mailles, on écrit :

$$E = U_R(t) + U_C(t) \text{ soit : } E = R \times i(t) + U_C(t).$$

- Soit, en reprenant l'expression de $U_R(t)$:

$$E = R \times C \times \frac{d(U_C(t))}{dt} + U_C \Rightarrow \frac{d(U_C(t))}{dt} + \frac{U_C(t)}{R \times C} = \frac{E}{R \times C}.$$

- En posant $\boldsymbol{\tau = R \times C}$, on obtient : $\boldsymbol{\dfrac{d(U_C(t))}{dt} + \dfrac{U_C(t)}{\tau} = \dfrac{E}{\tau}}$.

Pour aller plus loin

On peut montrer que la constante τ, appelée constante de temps, est homogène à une durée : son unité est la seconde (s).

- Cette relation est une **équation différentielle du premier ordre à coefficients constants** dont la solution est de la forme :

solution générale de l'équation sans second membre : $\dfrac{d(U_C(t))}{dt} + \dfrac{U_C(t)}{\tau} = 0$

+ solution particulière de l'équation avec second membre :

$\dfrac{d(U_C(t))}{dt} + \dfrac{U_C(t)}{\tau} = \dfrac{E}{\tau}$.

Vocabulaire

Une équation différentielle est une équation dont la solution est une fonction (voir le point maths en fin de manuel).

- La solution générale de l'équation sans second membre est de la forme $U_C(t) = A \times e^{\left(\frac{-t}{\tau}\right)}$ avec A une constante.

- $U_C(t) = E$ est une solution particulière de l'équation avec second membre.

On obtient ainsi la solution : $U_C(t) = A \times e^{\left(\frac{-t}{\tau}\right)} + E$.

- La détermination de la valeur de la constante A s'effectue à partir de la condition initiale : à la date $t = 0$, le condensateur est déchargé, la tension à ses bornes est nulle. Ainsi :

$$U_C(t=0) = A \times e^{\left(\frac{0}{\tau}\right)} + E = A + E = 0 \Rightarrow A = -E,$$

soit $U_C(t) = -E \times e^{\left(\frac{-t}{\tau}\right)} + E = E \times \left(1 - e^{\left(\frac{-t}{\tau}\right)}\right)$.

Vérification

À la date $t = 0$, l'expression obtenue donne $U_C(t=0) = E \times \left(1 - e^{\left(\frac{0}{\tau}\right)}\right) = E \times (1-1) = 0$, ce qui est correct car le condensateur est initialement déchargé.

COURS

COURS

• À la fermeture du circuit, le générateur délivre un courant électrique ; ce courant correspond à un déplacement d'électrons. Ces électrons vont s'accumuler sur l'une des armatures du condensateur qui va se charger négativement, l'autre armature se chargeant, elle, positivement. **Au cours du temps, la charge du condensateur augmente**.

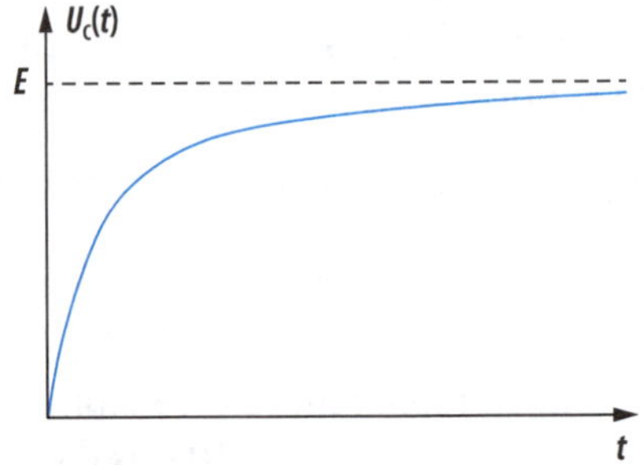

Doc. 9 **Évolution de la tension aux bornes du condensateur pendant sa charge**

• **Quand le condensateur est chargé,** l'intensité du courant électrique circulant dans le circuit **devient nulle** : $i(t) = 0$, alors $U_R(t) = 0$ et $U_C(t)= E$.

3 Décharge du condensateur

• **La décharge du condensateur s'obtient en court-circuitant le circuit RC**, le condensateur étant initialement chargé. Le raisonnement à mener pour établir l'évolution de la tension aux bornes du condensateur pendant sa décharge est analogue à celui mené pour la charge.

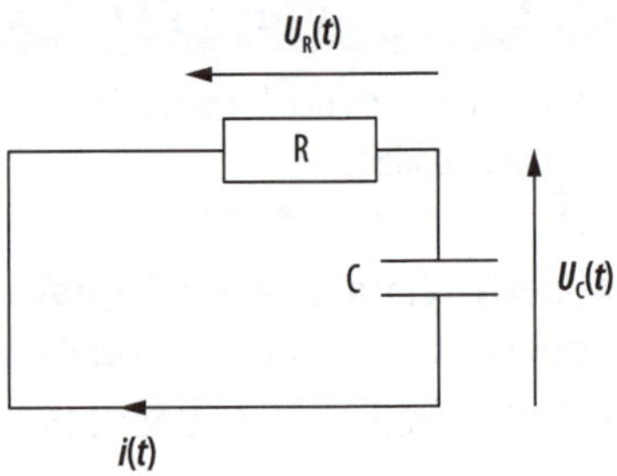

Doc. 10 **Circuit RC court-circuité**

• En appliquant la loi des mailles au circuit, on écrit : $U_R(t) + U_C(t) = 0$, soit $R \times i(t) + U_C(t) = 0$. Ainsi : $R \times C \times \dfrac{\mathrm{d}(U_C(t))}{\mathrm{d}t} + U_C = 0$.

• En posant **$\tau = R \times C$**, on obtient : $\boldsymbol{\tau \times \dfrac{\mathrm{d}(U_C(t))}{\mathrm{d}t} + U_C(t) = 0}$.

• Cette expression est une équation différentielle du premier ordre à coefficients constants dont la solution est de la forme :

$$U_C(t) = A \times e^{\left(\frac{-t}{\tau}\right)} \text{ avec } A \text{ une constante.}$$

• La détermination de la valeur de la constante A s'effectue à partir de la condition initiale : à la date $t = 0$, le condensateur est chargé, la tension à ses bornes est égale à E :

$U_C(t = 0) = A \times e^{\left(\frac{0}{\tau}\right)} = E \Rightarrow A = E$, soit :

$\boldsymbol{U_C(t) = E \times e^{\left(\frac{-t}{\tau}\right)}}$.

> **Vérification**
> À la date $t = 0$, l'expression obtenue donne $U_C(t = 0) = E \times e^{\left(\frac{0}{\tau}\right)} = E$, ce qui est correct car le condensateur est initialement chargé.

• À la fermeture du circuit, les électrons accumulés sur l'armature chargée négativement du condensateur vont rejoindre les charges positives accumulées sur l'autre armature. Au cours du temps, **la charge du condensateur diminue**.

• Quand le condensateur est déchargé, l'intensité du courant électrique circulant dans le circuit devient nulle : $i(t) = 0$, alors $U_R(t) = 0$ et $U_C(t) = 0$.

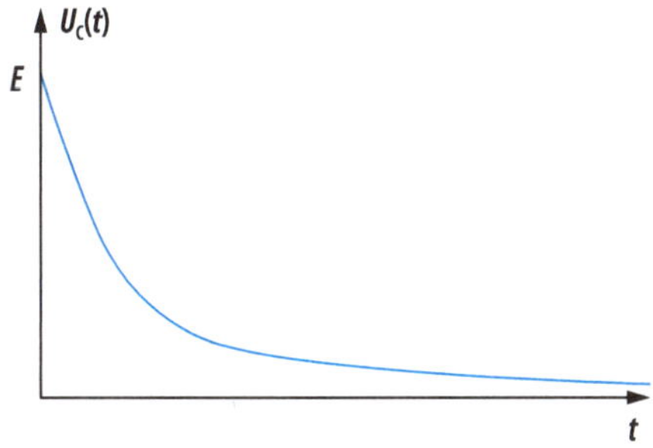

Doc. 11 Évolution de la tension aux bornes du condensateur pendant sa décharge

4 Temps caractéristique

• La durée nécessaire pour charger ou décharger le condensateur tend asymptotiquement vers l'infini.

• Pour caractériser la rapidité de la charge ou de la décharge du condensateur dans un circuit RC, on utilise un temps caractéristique appelé **constante de temps** et noté **τ**.

À savoir

Pour un circuit RC comportant un condensateur de capacité C et une résistance de résistance R : $\tau = R \times C$.

• La valeur de τ peut aussi s'obtenir graphiquement à partir de l'abscisse de l'intersection de cette tangente à l'origine ($t = 0$) de la courbe représentant l'évolution temporelle de $U_C(t)$, avec l'axe des abscisses dans le cas de la décharge, ou avec l'asymptote dans le cas de la charge.

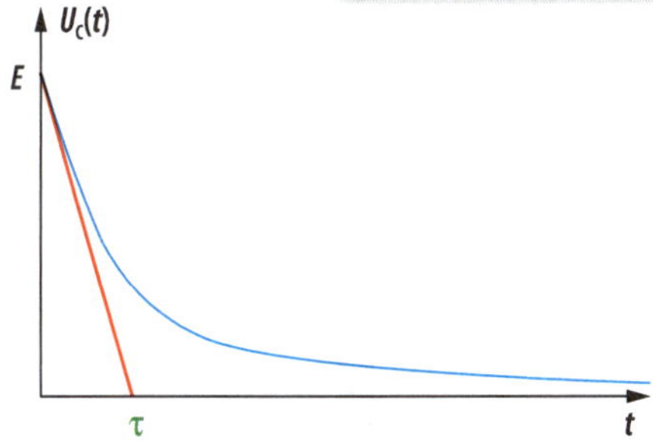

Doc. 12 Détermination graphique de la constante de temps.

→ Autre méthode de détermination de la constante de temps

• Après une durée de décharge égale à τ, la tension aux bornes du condensateur est égale à 37 % de la tension maximale aux bornes du condensateur.

• Lors de la charge du condensateur, la tension aux bornes du condensateur est égale à 63 % de la tension maximale aux bornes du condensateur après une durée de charge égale à τ.

• De plus, après une durée égale à 5τ, la tension aux bornes du condensateur atteint 99 % de sa valeur maximale.

5 Capteurs capacitifs

1 Principe

• Un capteur capacitif fonctionne sur la base d'une **variation du champ électrique**, entre les armatures d'un condensateur, ce qui **modifie sa capacité** – capacité qui, sans perturbations externes, reste stable. La perturbation générée par l'objet à détecter, le niveau de remplissage à mesurer ou même la distance à évaluer sont transformés en un signal. Ce signal est ensuite traité pour en déduire une mesure.

• En effet, la capacité d'un condensateur dépend :
- de la surface de ses armatures ;
- de la distance entre ses armatures ;
- des caractéristiques du champ électrique présent entre ses armatures.

La modification d'une de ces grandeurs modifie la capacité du condensateur.

• Il existe différents types de capteurs capacitifs :
- les capteurs à peigne, qui reposent sur la modification de la surface des armatures en regard ;
- les capteurs de pression, qui exploitent une variation de distance entre les armatures ;
- les capteurs exploitant une variation du champ électrique entre les armatures.

Pour aller plus loin
La propriété du matériau entre les armatures du condensateur, le diélectrique, qui influe sur la valeur de la capacité, est nommée la permittivité électrique : elle est notée ε et elle se mesure en farads par mètre ($F \cdot m^{-1}$).

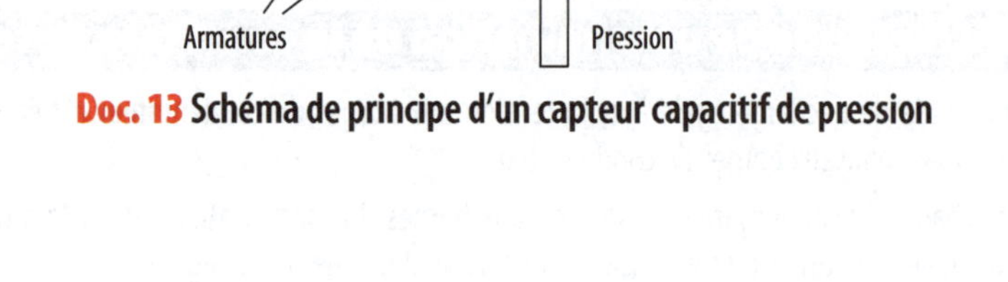

Doc. 13 Schéma de principe d'un capteur capacitif de pression

2 Utilisations

- Les **écrans tactiles des smartphones et tablettes** exploitent la perturbation électrique occasionnée par la présence du doigt à proximité de l'écran.

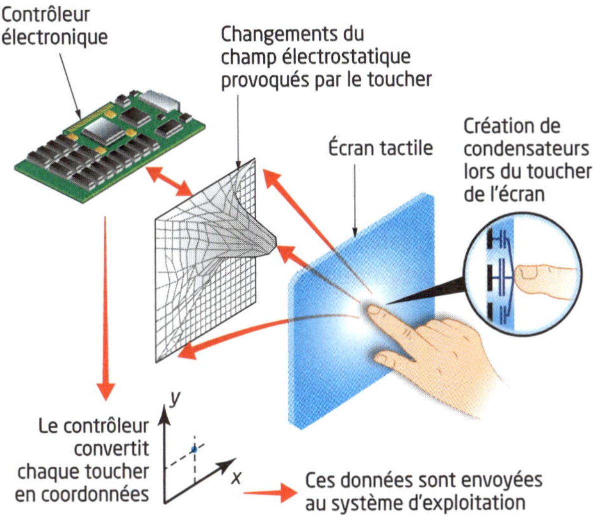

Doc. 14 Principe de fonctionnement d'un écran tactile

- Dans les **capteurs de niveau**, les propriétés électriques de la substance dont la quantité varie entre les armatures font varier la capacité d'un condensateur.
- Les **capteurs d'accélération** (accéléromètres) exploitent la modification de la géométrie du capteur sous l'effet de l'accélération qu'il subit.
- Les **capteurs de matériau** exploitent les propriétés électriques du matériau à détecter.

Remarque

Votre smartphone contient probablement plusieurs de ces capteurs. Ces capteurs peuvent être exploités par exemple grâce à l'application *Phyphox* (voir le point numérique sur les applications de récupération de signaux de capteurs d'appareils mobiles).

QCM et questions courtes

1 Vrai ou faux ?

➲ Corrigé p. 485

1. Le courant électrique correspond à un déplacement de charges électriques. ☐ Vrai ☐ Faux

2. Le courant électrique est mesuré par une intensité qui se mesure en volt (V). ☐ Vrai ☐ Faux

3. Un condensateur est caractérisé par une capacité mesurée en farad (F). ☐ Vrai ☐ Faux

4. Lorsqu'il est relié à un générateur, la tension aux bornes d'un condensateur est proportionnelle à la durée de sa charge. ☐ Vrai ☐ Faux

2 Faites votre choix !

➲ Corrigé p. 485

Indiquez la ou les réponses exactes.

1. Les armatures d'un condensateur sont :

a) ☐ en contact l'une avec l'autre.

b) ☐ séparées par un diélectrique.

c) ☐ séparées par un matériau conducteur du courant électrique.

d) ☐ portent des charges de signes opposés quand le condensateur est chargé.

2. Dans un circuit RC, le temps de charge du condensateur :

a) ☐ peut être caractérisé par la constante de temps du circuit.

b) ☐ est indépendant de la valeur R de la résistance du circuit.

c) ☐ est égal à τ, la constante de temps du circuit.

Exercices d'entraînement

3 Charge d'un condensateur

★ 15 min ➲ Corrigé p. 486

Le **doc. 1** de la page suivante représente une simulation de l'évolution au cours du temps de la tension U_C aux bornes du condensateur d'un circuit RC.

Donnée : $R = 1{,}0 \times 10^6\ \Omega$.

1. Indiquer si le tracé du **doc. 1** correspond à une charge ou à une décharge du condensateur.

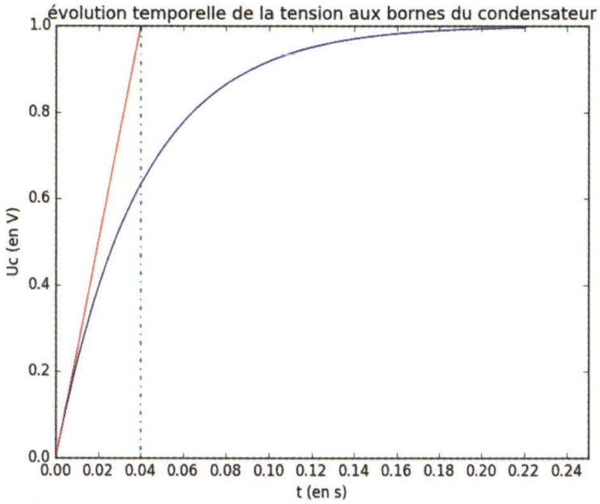

Doc. 1 Évolution de U_c pendant la charge du condensateur

2. En analysant le **doc. 1**, retrouver les valeurs caractéristiques du circuit : la constante de temps τ du dipôle RC et la valeur *E* de la tension aux bornes du générateur.

3. En déduire la valeur *C* de la capacité du condensateur placé dans le circuit.

4. Remplacer les « … » des lignes 3, 4, 6 et 11 du code Python suivant (**doc. 2**) afin que l'exécution de ce code Python permette d'obtenir le tracé du **doc. 1**.

```
1  import numpy as np
2  import matplotlib.pyplot as plt
3  E=...
4  C=...
5  R=1.0e6
6  tau=...
7  t=np.linspace(0,0.22,500)
8  plt.title('Uc(t)')
9  plt.xlabel('t(s)')
10 plt.ylabel('Uc(V)')
11 plt.plot(t,E*(1-np.exp(-t/...)))
12 plt.plot([0,0.04],[0,1],'r')
13 plt.plot([0.04,.04],[1,0],'-.')
14 plt.xticks([0.02*i for i in range(13)])
15 plt.show()
```

Doc. 2 Code Python

Astuce
Lisez ou relisez le point numérique sur Python à la fin du manuel pour bien comprendre l'extrait du code présenté.

Code complet téléchargeable sur **Nathan Live**

Exercices de type bac

PRÉPARER L'ÉPREUVE ÉCRITE

4 Étude d'un capteur capacitif de niveau ★★ 30 min ➲ Corrigé p. 487

Un capteur capacitif de niveau d'huile est réalisé en immergeant partiellement un condensateur dans une cuve d'huile.

Le condensateur est immergé dans l'huile de permittivité diélectrique ε_1 sur une hauteur h ; la partie supérieure du condensateur est plongée, elle, dans l'air de permittivité diélectrique ε_0.

Ce dispositif peut être assimilé à un condensateur dont la capacité totale est égale à la somme des capacités de deux condensateurs :

– le condensateur supérieur dont les armatures sont séparées par de l'air ;

– le condensateur inférieur dont les armatures sont séparées par de l'huile.

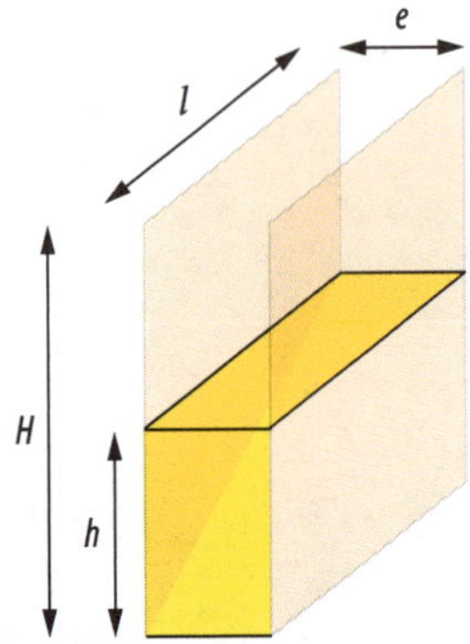

Capteur capacitif de niveau à armatures planes parallèles

Données : • La capacité C d'un condensateur plan à armatures parallèles et de même surface d'aire S séparées par une épaisseur e d'un matériau diélectrique de permittivité ε s'exprime sous la forme : $C = \varepsilon \times \dfrac{S}{e}$.

• $H = 1{,}0$ m ; $e = 1{,}0$ mm ; $l = 1{,}0$ cm ; $\varepsilon_0 = 8{,}8 \times 10^{-12}$ F·m^{-1} ; $\varepsilon_1 = 1{,}3 \times 10^{-11}$ F·m^{-1}.

1. Montrer que la capacité de ce condensateur peut s'écrire sous la forme :

$$C = \varepsilon_0 \times \frac{(H-h)\times l}{e} + \varepsilon_1 \times \frac{h \times l}{e}.$$

2. Exprimer la hauteur h sous la forme $h = A \times C + B$ avec A et B des constantes.

3. Exprimer les constantes A et B.

4. Expliquer pourquoi la mesure de la capacité C du capteur permet de déterminer le niveau d'huile h dans la cuve.

5. On mesure $C = 1{,}2 \times 10^{-1}$ nF, en déduire le niveau d'huile h dans la cuve.

PRÉPARER L'ECE

5 Mesure de la capacité d'un condensateur

★★ 20 min ➔ Corrigé p. 488

Compétences expérimentales évaluées : Analyser-Raisonner, Valider

Le code de programmation d'un microcontrôleur de type Arduino présenté à la page suivante permet de mesurer la capacité d'un condensateur branché entre les bornes analogiques A0 et A2.

```
1 const int OUT_PIN = A2;
2 const int IN_PIN = A0;
3 //Mesure de la capacité d'un condensateur branché entre A0 et A2
4 //Définition des paramétrages
5 const float capacite_max = 24.48;
6 const float capacite_min = 0.0;
7 const float plage_de_mesure = capacite_max + capacite_min;
8 const int valeur_num_max = 1023;
9
10 void setup()
11 {
12   pinMode(OUT_PIN, OUTPUT);
13   pinMode(IN_PIN, OUTPUT);
14   Serial.begin(9600);
15 }
16 void loop()
17 {
18   //initialisation de l'état des broches
19   pinMode(IN_PIN, INPUT);
20   digitalWrite(OUT_PIN, HIGH);
21   int mesure = analogRead(IN_PIN);
22   //remise à zéro des broches pour la mesure suivante
23   digitalWrite(OUT_PIN, LOW);
24   pinMode(IN_PIN, OUTPUT);
25   //Calcul de la capacité et affichage du résultat
26   float C = (float)mesure * plage_de_mesure / (float)(valeur_num_max - mesure);
27   Serial.print(F("Capacité = "));
28   Serial.print(C, 3);
29   Serial.println(F(" pF "));
30   delay(500);
31 }
```

Code du programme du microcontrôleur

Code complet téléchargeable sur **Nathan Live**

Donnée : $\overline{C}$ est la valeur moyenne des N mesures et l'incertitude-type de cette série de mesures est égale à : $u(\overline{C}) = \frac{s}{\sqrt{N}}$, avec s l'écart-type des N mesures.

1. Indiquer le numéro de la broche placée dans l'état « INPUT » à la ligne 19 du code.

2. Expliquer le rôle de la ligne 20 du code.

3. On obtient la série de 10 mesures suivante.

C (en pF)	0,340	0,364	0,340	0,340	0,364	0,340	0,340	0,364	0,340	0,340

Vérifier que le résultat de cette série de mesures peut s'écrire sous la forme :
$\overline{C} = 0{,}347$ pF avec une incertitude-type $u(\overline{C}) = 0{,}004$ pF.

Gagnez des points !
Lisez ou relisez le chapitre sur la mesure et les incertitudes pour répondre correctement à cette question.

Préparer le Grand Oral

6 Capteurs

★★ 40 min ➔ Corrigé p. 489

En se basant sur le cours et l'exercice 4 de ce chapitre, préparer deux présentations orales de 3 minutes maximum chacune, répondant aux deux questions suivantes :
Comment, avec un dispositif utilisant un condensateur, mesurer le niveau d'un liquide dans un réservoir ?
Comment sont conçus les capteurs capacitifs de mesure de pression ?

Rappel
La présentation orale d'une question le jour du Grand Oral durera 5 minutes mais entraînez-vous d'abord à parler durant des durées un peu plus courtes, sans bafouiller et en hésitant le moins possible.

Pour aller plus loin

7 Géométrie d'un condensateur

★★★ 30 min Corrigé p. 490

Le condensateur schématisé sur le document est composé de deux armatures en forme de demi-cercles de rayon *r*, séparées par une épaisseur *e* d'air de permittivité diélectrique ε_0, qui peuvent tourner l'une par rapport à l'autre autour d'un axe.

L'angle θ permet de repérer la position d'une armature par rapport à l'autre.

Données : $r = 5$ cm ; $e = 5$ mm ;
$\varepsilon_0 = 8,8 \times 10^{-12}$ F·m^{-1}.

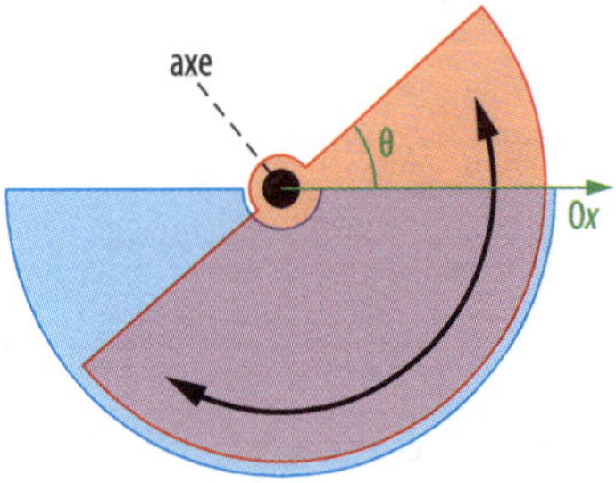

Schéma d'un condensateur ajustable

1. Donner les valeurs θ_{nul} et θ_{total} de l'angle θ qui correspondent au recouvrement nul et au recouvrement total des deux armatures.

2. La valeur de la capacité *C*, en farad (F), du condensateur dont les armatures en regard, d'aire *S* en mètre carré (m²), sont séparées d'une distance *e* en mètre (m), est : $C = \varepsilon \times \dfrac{S}{e}$ avec ε la permittivité électrique du matériau présent entre les armatures en farad par m (F·m^{-1}).

Expliquer pourquoi ce type de condensateur est qualifié de « condensateur ajustable ».

3. Exprimer la capacité *C* du condensateur en fonction de l'angle θ.

4. Expliquer brièvement pourquoi ce dispositif peut être utilisé comme capteur pour mesurer un angle.

Rappel mathématique

Aire *S* de la surface d'un secteur de disque de rayon *r* en mètre (m) défini par un secteur d'angle α en radian (rad) : $S = \pi \times r^2 \times \dfrac{\alpha}{2 \times \pi}$.

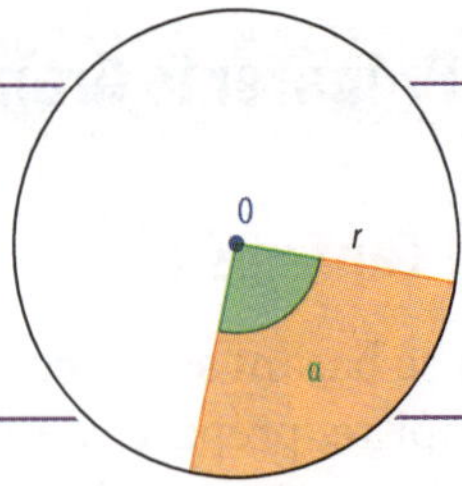

CORRIGÉS

QCM et questions courtes

1 Vrai ou faux ?

1. **Vrai** → Dans un conducteur métallique, ces charges électriques sont des **électrons** ; dans une solution ionique, ce sont des **ions**.

2. **Faux** → L'intensité du courant électrique se mesure en **ampère (A)**.

3. **Vrai** → La **capacité *C* d'un condensateur** se mesure en **farad (F)**.

4. **Faux** → la tension $U_c(t)$ aux bornes d'un condensateur varie selon l'expression : $\boldsymbol{U_C(t) = E \times (1 - e^{\left(\frac{-t}{\tau}\right)})}$, qui n'est pas proportionnelle à *t*, la durée de la charge du condensateur.

2 Faites votre choix !

1. b), d) **Les armatures d'un condensateur sont séparées par un matériau isolant,** le diélectrique. En effet, le matériau entre les armatures ne doit pas conduire le courant électrique ; sinon, le condensateur ne pourrait être chargé électriquement.

De plus, quand le condensateur est chargé, les quantités de **charges électriques de signes opposées accumulées sur les deux armatures** sont égales car l'ensemble du condensateur est électriquement neutre.

Pour aller plus loin
Un diélectrique est un matériau ne contenant pas de charges électriques susceptibles de se déplacer.

2. a) **Dans un circuit RC, le temps de charge du condensateur peut être caractérisé par la constante de temps du circuit.** En effet, la constante de temps du circuit $\tau = R \times C$ est d'autant plus faible que le condensateur se charge rapidement. De plus, plus la valeur *R* de la résistance est grande, plus la constante de temps est grande et plus le condensateur met du temps à se charger.

Enfin, **la constante de temps** donne une information sur la rapidité avec laquelle se charge le condensateur, mais elle **n'est pas égale au temps de charge.**

Pour aller plus loin
On montre mathématiquement qu'après une durée égale à τ, le condensateur est chargé à 63 % de sa charge maximale, et qu'après une durée égale à 5τ, sa charge atteint 99 % de sa valeur maximale.

Exercices d'entraînement

3 Charge d'un condensateur

1. Le tracé du doc. 1 correspond à une c**harge du condensateur** car la tension U_c aux bornes du condensateur augmente au cours du temps.

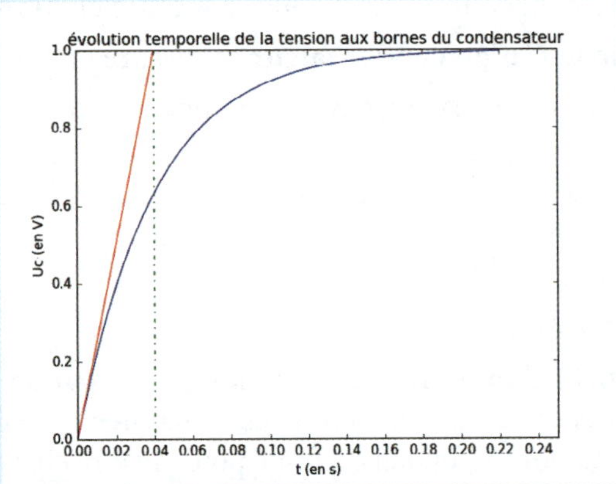

Évolution de *Uc* pendant la charge du condensateur

2. Graphiquement, on lit :

- ***E* = 1 V**, la tension correspondant à l'ordonnée de l'asymptote ;
- $\boldsymbol{\tau = 4 \times 10^{-2}}$ **s**, l'abscisse de l'intersection de la tangente à la courbe à l'origine avec l'asymptote.

3. La constante de temps τ du dipôle RC est égale à : $\tau = R \times C \Rightarrow C = \dfrac{\tau}{R}$.

Comme $R = 1{,}0 \times 10^6\ \Omega$, $C = \dfrac{4{,}0 \times 10^{-2}}{1{,}0 \times 10^{6}} = 4{,}0 \times 10^{-8}$ F = **40 nF**.

4. Le code Python est complété avec les instructions ci-contre.

```
3  E=1.0
4  C=4.0e-8
5  R=1.0e6
6  tau=R*C
```

Les **lignes 3 et 4** correspondent aux **valeurs de *E* et C**. affectées aux variables E et C tandis que la **ligne 6** donne **l'expression de la constante de temps τ**.

La ligne 11 du code Python se complète en **introduisant la variable E** :

```
11  plt.plot(t,E*(1-np.exp(-t/tau)))
```

Pour aller plus loin

Téléchargez le programme complet sur **Nathan Live** et exécutez-le pour mieux comprendre la correction proposée.

CORRIGÉS

Exercices de type bac

PRÉPARER L'ÉPREUVE ÉCRITE

4 Étude d'un capteur capacitif de niveau

1. La capacité totale du condensateur est égale à la somme des capacités :

• d'un condensateur de hauteur h plongé dans l'huile de capacité :

$$C_1 = \varepsilon_1 \times \frac{h \times l}{e} ;$$

• d'un condensateur de hauteur H-h plongé dans l'air de capacité :

$$C_0 = \varepsilon_0 \times \frac{(H-h) \times l}{e}.$$

Ainsi : $\boldsymbol{C = C_0 + C_1 = \varepsilon_0 \times \frac{(H-h) \times l}{e} + \varepsilon_1 \times \frac{h \times l}{e}}$.

2. En transformant l'expression ci-dessus, on obtient :

$$C = \varepsilon_0 \times \frac{(H-h) \times l}{e} + \varepsilon_1 \times \frac{h \times l}{e} \Rightarrow C = \varepsilon_0 \times \frac{H \times l}{e} - \varepsilon_0 \times \frac{h \times l}{e} + \varepsilon_1 \times \frac{h \times l}{e}$$

$$\Rightarrow C = \varepsilon_0 \times \frac{H \times l}{e} + h \times \left(\varepsilon_1 \times \frac{l}{e} - \varepsilon_0 \times \frac{l}{e}\right)$$

$$\Rightarrow C = \varepsilon_0 \times \frac{H \times l}{e} + h \times \frac{l}{e} \times (\varepsilon_1 - \varepsilon_0)$$

$$\Rightarrow h \times \frac{l}{e} \times (\varepsilon_1 - \varepsilon_0) = C - \varepsilon_0 \times \frac{H \times l}{e}$$

$$\Rightarrow h = \frac{e}{l \times (\varepsilon_1 - \varepsilon_0)} \times C - \frac{e}{l \times (\varepsilon_1 - \varepsilon_0)} \times \varepsilon_0 \times \frac{H \times l}{e}$$

$\Rightarrow \boldsymbol{h = \frac{e}{l \times (\varepsilon_1 - \varepsilon_0)} \times C - \varepsilon_0 \times \frac{H}{(\varepsilon_1 - \varepsilon_0)}}$, qui est bien une expression de la forme $h = A \times C + B$.

3. D'après la réponse à la question précédente :

$$\boldsymbol{A = \frac{e}{l \times (\varepsilon_1 - \varepsilon_0)}} \text{ et } \boldsymbol{B = -\varepsilon_0 \times \frac{H}{(\varepsilon_1 - \varepsilon_0)}}.$$

4. Les valeurs de H, e, l, ε_0, et ε_1 sont des données caractéristiques du capteur. Ainsi, la **mesure de la capacité *C* du capteur permet de calculer *l*e niveau d'huile *h* dans la cuve à partir de l'expression obtenue à la question 3.**

5. Si $C = 1{,}2 \times 10^{-1}$ nF, le niveau d'huile h dans la cuve est égal à :

$$h = \frac{1{,}0\times10^{-3}}{1{,}0\times10^{-2}\times(1{,}3\times10^{-11} - 8{,}8\times10^{-12})}\times1{,}2\times10^{-10}$$

$$- 8{,}8\times10^{-12}\times\frac{1{,}0}{(1{,}3\times10^{-11} - 8{,}8\times10^{-12})}$$

$h = 7{,}6 \times 10^{-1}$ m = **76 cm.**

Astuce
Pensez à convertir les longueurs en mètre et la capacité en farad (F).

PRÉPARER L'ECE

5 Mesure de la capacité d'un condensateur

1. La broche placée dans l'état « INPUT » à la ligne 19 du code est **la broche A0,** comme déclaré à la ligne 2 du code.

2. La ligne 20 du code place la broche nommée OUT_PIN, soit **la broche numérique A2** (voir la ligne 1) **dans l'état haut (HIGH).** Elle est donc à une **tension de 5 V par rapport à la masse.**

Pour aller plus loin
Téléchargez le programme complet sur **Nathan Live** et exécutez-le pour mieux comprendre la correction proposée.

3. L'utilisation du mode « Statistiques » de la calculatrice permet d'obtenir un écart-type égal à : $s = 0{,}012$ pF.

L'incertitude-type étant notée avec un seul chiffre significatif, elle vaut donc :

Astuce
L'écart-type à prendre en compte ici est l'écart-type expérimental, noté Sx ou $x\sigma_{n-1}$ sur certaines calculatrices.

$$u(\overline{C}) = \frac{s}{\sqrt{N}} = \frac{0{,}012}{\sqrt{10}} = 0{,}004 \text{ pF}.$$

La valeur moyenne des N mesures, donnée par la calculatrice, a le même nombre de chiffres après la virgule que l'incertitude-type. Ainsi :

$$\overline{C} = 0{,}347 \text{ pF}.$$

Le résultat de cette série de mesures s'écrit donc bien sous la forme :
$\overline{C}$ = 0,347 pF avec une incertitude-type $u(\overline{C})$ = 0,004 pF.

PRÉPARER LE GRAND ORAL

6 Capteurs

Le corrigé de l'exercice 4 de ce chapitre permet d'expliquer **le fonctionnement d'un capteur capacitif de niveau** et donc de répondre à la première question posée.

Pour expliquer le fonctionnement des capteurs capacitifs de mesure de pression, un support visuel avec le schéma de principe d'un de ces capteurs peut être très utile.

En public !

Une « audience » pour vous écouter quand vous vous entraînez à l'oral, que ce soit pour une minute ou jusqu'à cinq minutes, sera toujours utile, si elle est bienveillante et vous critique de manière constructive.

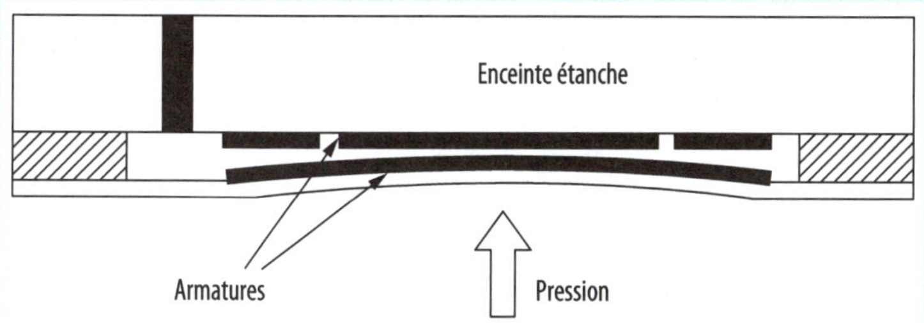

Schéma de principe d'un capteur capacitif de pression

La pression extérieure symbolisée par la flèche « pression » déforme une des membranes du condensateur. Or, **en modifiant la géométrie du condensateur**, sa **capacité** est **modifiée**. Une mesure de la capacité est alors comparée avec une **courbe d'étalonnage** fournissant la pression **en fonction de la capacité et on obtient ainsi la** valeur de la pression.

Vocabulaire

Une courbe d'étalonnage est une courbe correspondant au tracé d'une grandeur physique en fonction d'une autre. Cette courbe est établie à partir de mesures effectuées sur des grandeurs dont les valeurs sont connues par ailleurs.
Les courbes d'étalonnage sont par exemple utilisées en chimie pour effectuer des dosages par étalonnage.

→ Déclenchement des questions du jury le jour du Grand Oral

Grand classique ! Vous pouvez conclure votre présentation orale en tendant une « perche » au jury. Par exemple : « ce capteur été préalablement étalonné... », ce qui vous permet de préparer en amont une réponse à la question : « que signifie étalonner un capteur ? ».

CORRIGÉS

Pour aller plus loin

7 Géométrie d'un condensateur

1. Les valeurs θ_{nul} et θ_{total} de l'angle θ qui correspondent au recouvrement nul et au recouvrement total des deux armatures sont égales à :

$\theta_{nul} = \pi$ (pas de recouvrement entre les armatures) ;

$\theta_{total} = 0$ (recouvrement total des armatures).

2. La valeur de la capacité d'un condensateur dépend de l'aire de la surface des armatures en regard. Dans ce dispositif, seule la partie superposée des deux demi-disques constitue les armatures du condensateur. L'aire de la surface de ces parties est variable en fonction de la valeur de l'angle θ. **En faisant varier cet angle θ, il est possible de faire varier la capacité du condensateur, qui est donc ajustable.**

3. Le demi-disque correspond à un secteur d'angle égal à π. La surface en recouvrement correspond, d'après le document, à un secteur d'angle égal à (π – θ).

La capacité de ce condensateur est donc égale à :

$$C = \varepsilon_0 \times \frac{S}{e} = \varepsilon_0 \times \frac{\pi \times r^2 \times \frac{(\pi - \theta)}{2 \times \pi}}{e} = \varepsilon_0 \times \frac{r^2 \times \frac{(\pi - \theta)}{2}}{e} = \varepsilon_0 \times \frac{r^2 \times (\pi - \theta)}{2 \times e}.$$

4. L'expression précédente peut s'écrire sous la forme :

$$(\pi - \theta) = \frac{2 \times e \times C}{\varepsilon_0 \times r^2} \Rightarrow \theta = \pi - \frac{2 \times e \times C}{\varepsilon_0 \times r^2}.$$

Ainsi, **en connaissant la valeur mesurée de la capacité *C* en farad (F) de ce condensateur dans l'expression ci-dessus**, on peut calculer la valeur de l'angle θ en radian (rad).

Unité
Pensez à convertir les longueurs en mètre (m) si vous souhaitez réaliser un calcul.

Mesures et incertitudes

Capacités exigibles du chapitre disponibles sur **Nathan Live**

1 Vocabulaire

- La valeur réelle, exacte, d'une grandeur physique, appelée sa **valeur vraie**, n'est **jamais accessible**.
- La valeur accessible d'une grandeur est sa **valeur mesurée** dans le cadre d'un protocole expérimental et à l'aide d'instruments de mesure donnés.
- L'**incertitude-type** fournit alors une **estimation de l'étendue des valeurs** que l'on peut raisonnablement attribuer à la grandeur.
- Si X est la valeur mesurée d'une grandeur, le résultat de la mesure peut être noté :

X avec $u(X)$ l'incertitude-type de la mesure

ou

$X \pm u(X)$, avec $u(X)$ l'incertitude-type de la mesure.

Remarque
Dans un souci de simplification, le résultat de la mesure et la valeur mesurée sont notés avec la même lettre, X par exemple.

EXEMPLE

Le résultat de la mesure de la longueur L d'un stylo peut être noté :

$L = 14{,}60$ cm avec une incertitude-type $u(L) = 0{,}04$ cm

ou

$L = (14{,}60 \pm 0{,}04)$ cm avec une incertitude-type $u(L) = 0{,}04$ cm.

Présentation du résultat
Le résultat d'une mesure doit comporter :
– la valeur mesurée ;
– l'incertitude-type de mesure ;
– le symbole de l'unité.

- **L'incertitude relative** donne la **précision de la mesure** effectuée et s'exprime en pourcentage.

Elle s'écrit $p_X = \dfrac{u(X)}{|X|}$, avec X la valeur mesurée et $u(X)$ l'incertitude-type de la mesure.

Plus l'incertitude relative est faible, plus la mesure est précise.

EXEMPLES

- L'incertitude relative de la mesure précédente de la longueur du stylo est : $p_L = \dfrac{0{,}04 \text{ cm}}{14{,}60 \text{ cm}} \approx \dfrac{0{,}3}{100} = 0{,}3\ \%$.

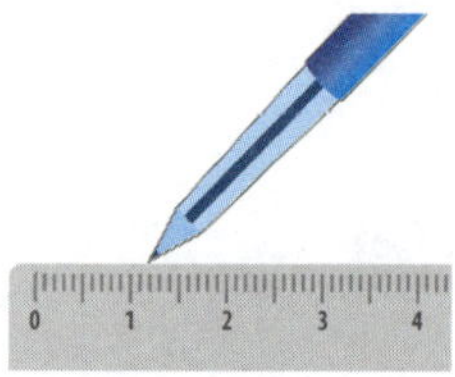

• Le résultat d'une mesure de l'épaisseur d'une gomme avec le même protocole est : e = 1,10 cm avec une incertitude-type $u(e)$ = 0,04 cm.

L'incertitude relative de cette mesure vaut :

$$p_e = \frac{0{,}04 \text{ cm}}{1{,}10 \text{ cm}} \approx \frac{4}{100} = 4\ \%.$$

Il est donc plus précis de mesurer la longueur L du stylo que l'épaisseur e de la gomme.

2 Deux approches pour évaluer une incertitude-type

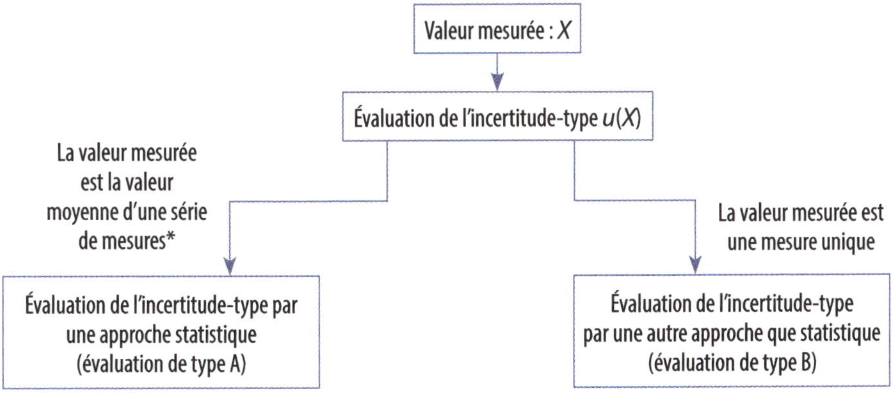

* En Terminale, l'évaluation de type B peut souvent être négligée lors de mesures multiples.

3 Incertitude-type lors d'une série de mesures

• Lorsque la **même mesure** est réalisée indépendamment **plusieurs fois** dans les mêmes conditions d'évaluation, la mesure est affectée aléatoirement dans un sens ou dans un autre par rapport à une valeur moyenne : c'est la **variabilité de la mesure** d'une grandeur physique.

• Le **meilleur estimateur de la valeur mesurée** est la valeur moyenne algébrique de la série de mesures, appelée plus simplement **valeur moyenne**.

- Pour un échantillon de n mesures indépendantes de la même grandeur X, on peut :
- représenter un histogramme ;
- calculer la valeur moyenne $\overline{X}$;
- calculer l'écart-type s ;
- calculer l'incertitude-type $u(\overline{X}) = \frac{s}{\sqrt{n}}$.

Remarque
Les calculs statistiques de la valeur moyenne, de l'écart-type et de l'incertitude-type peuvent être effectués avec un tableur, une calculatrice ou un programme Python (→ **Points numériques**).

EXEMPLE

Une série de $n = 36$ mesures indépendantes de la longueur L d'un stylo avec une règle mesurée au millimètre a été réalisée.

Longueur L_i du stylo mesurée	Nombre de mesures de cette longueur
$L_1 = 14{,}3$ cm	1
$L_2 = 14{,}4$ cm	2
$L_3 = 14{,}5$ cm	6
$L_4 = 14{,}6$ cm	11
$L_5 = 14{,}7$ cm	8
$L_6 = 14{,}8$ cm	5
$L_7 = 14{,}9$ cm	1
$L_8 = 15{,}0$ cm	2

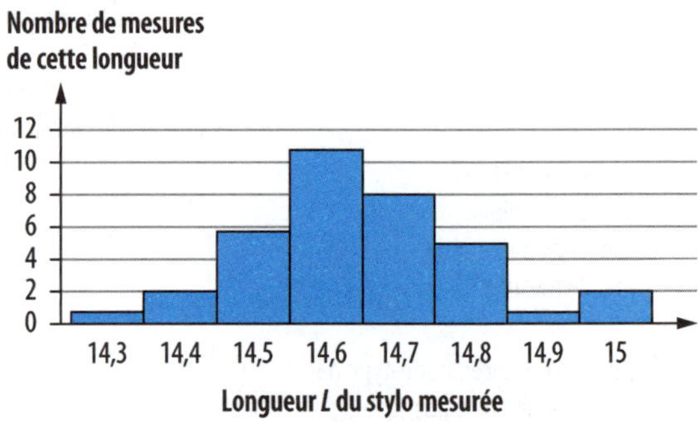

- Un tableur ou une calculatrice donne :
- la valeur moyenne de la longueur du stylo : $\overline{L} = 14{,}64$ cm ;
- l'écart-type : $s = 0{,}16$ cm ;
- l'incertitude-type : $u(\overline{L}) = \frac{0{,}16}{\sqrt{36}} = 0{,}026$ cm.

- En Terminale, **un seul chiffre significatif** est conservé en général pour l'incertitude-type, ainsi :

$$u(\overline{L}) = 0{,}03 \text{ cm.}$$

Le résultat de la mesure est donc : $\overline{L} = 14{,}64$ cm avec une incertitude-type $u(\overline{L}) = 0{,}03$ cm.

Remarque
Au lycée, on calcule de cette façon l'incertitude-type d'une série de mesures d'une même grandeur réalisée par plusieurs groupes d'élèves différents car les mesures sont considérées comme indépendantes les unes des autres. En effet, la même grandeur a été mesurée par des expérimentateurs différents utilisant des instruments de mesure différents, mais équivalents.

Point Maths

La **valeur moyenne arithmétique** $\bar{L}$, ou **valeur moyenne**, d'une série de mesures est égale au quotient de la somme de toutes les valeurs de cette série par l'effectif total. Dans le cas de la série précédente de $n = 36$ mesures indépendantes de la longueur L d'un stylo :

$$\bar{L} = \frac{\sum_{i=1}^{n} L_i}{n} = \frac{1\times14{,}3 + 2\times14{,}4 + 6\times14{,}5 + 11\times14{,}6 + 8\times14{,}7 + 5\times14{,}8 + 1\times14{,}9 + 2\times15{,}0}{36} = 14{,}64 \text{ cm}.$$

L'écart-type s d'une série de mesures, considérée comme un échantillon, est égal à :

$$s = \sqrt{\frac{\sum_{i=1}^{n}(L_i - \bar{L})^2}{n-1}}$$

En reprenant l'exemple précédent :

$$s = \sqrt{\frac{1\times(14{,}3-14{,}64)^2 + 2\times(14{,}4-14{,}64)^2 + 6\times(14{,}5-14{,}64)^2 + ... + 1\times(14{,}9-14{,}64)^2 + 2\times(15{,}0-14{,}64)^2}{36-1}} = 0{,}16 \text{ cm}.$$

En statistique, si les mesures sont indépendantes, environ 95 % des valeurs mesurées devraient se situer à moins de 2 écarts-types s de la moyenne $\bar{L}$.

4 Incertitude-type lors d'une mesure unique

L'incertitude-type d'une mesure unique est due à la **qualité de l'instrument de mesure**, au **protocole de mesure**, à **l'expérimentateur** lorsqu'il réalise la mesure, etc.

EXEMPLE

• L'incertitude-type due à un instrument de mesure vaut $u(X) = \frac{\delta}{\sqrt{3}}$, avec δ la tolérance, appelée aussi précision, de l'instrument de mesure.

Application

L'absorbance A d'une solution colorée est mesurée avec un spectrophotomètre. La valeur lue sur l'écran de l'appareil est : 0,023. La précision, appelée tolérance, de cet appareil est : $\delta = 0{,}002$.

Avec $\delta = 0{,}002$, l'incertitude-type vaut :

$u(A) = \frac{0{,}002}{\sqrt{3}} = 0{,}001.$

En Terminale, l'incertitude-type est le plus souvent donnée avec un chiffre significatif.

Le résultat de la mesure est donc : $A = 0{,}023$ avec une incertitude-type $u(A) = 0{,}001$.

5 Incertitude-type composée

- L'estimation de l'incertitude-type est plus compliquée lorsqu'il y a plusieurs sources d'erreurs.
- Pour simplifier les calculs, on cherche d'abord à prévoir s'il est possible de **négliger certaines incertitudes-types devant d'autres** afin de calculer une seule incertitude-type comme précédemment.

Utilisation d'un programme Python
La simulation d'un processus aléatoire grâce à un programme Python permet également de déterminer une incertitude-type composée.

- S'il y a plusieurs sources d'erreurs, les formules des calculs à effectuer pour déterminer une incertitude-type composée dépendent des relations qui existent entre les grandeurs.
- Si $\boldsymbol{Y = \frac{X_1}{X_2}}$ ou si $\boldsymbol{Y = X_1 \times X_2}$, l'incertitude-type $u(Y)$ est calculée avec la relation :

$$\frac{u(Y)}{Y} = \sqrt{\left(\frac{u(X_1)}{X_1}\right)^2 + \left(\frac{u(X_2)}{X_2}\right)^2}.$$

EXEMPLE

Le résultat d'un dosage par titrage acido-basique est donné par la relation : $C_A = \dfrac{C_B \times V_{B,E}}{V_A}$.

L'incertitude-type associée est calculée avec la relation suivante :

$$\frac{u(C_A)}{C_A} = \sqrt{\left(\frac{u(C_B)}{C_B}\right)^2 + \left(\frac{u(V_{B,E})}{V_{B,E}}\right)^2 + \left(\frac{u(V_A)}{V_A}\right)^2}.$$

- Si $\boldsymbol{Y = X_1 + X_2}$ **ou** $\boldsymbol{Y = X_1 - X_2}$, l'incertitude-type $u(Y)$ est calculée avec la relation :

$$u(Y) = \sqrt{u^2(X_1) + u^2(X_2)}.$$

EXEMPLE

La longueur d'un stylo est mesurée avec une règle graduée au millimètre. La valeur lue sur la règle graduée est L = 14,6 cm. La précision, ou tolérance, de cette règle vaut :

δ = 0,5 mm = 0,05 cm (précision correspondant à une demi-graduation).

L'incertitude-type est due :

– à la lecture de la valeur « 14,6 cm » : $u_1 = \dfrac{\delta}{\sqrt{3}}$;

– à la lecture de la valeur du zéro : $u_2 = \dfrac{\delta}{\sqrt{3}}$.

L'incertitude-type $u(L)$ due à ces deux erreurs systématiques est calculée avec la relation suivante :

$$u(L) = \sqrt{u_1^2 + u_2^2} = \sqrt{2\,u_1^2} = \sqrt{2}\,u_1 = \sqrt{2} \times \frac{\delta}{\sqrt{3}} \text{ (car } u_1 = u_2\text{)}$$

$$u(L) = \sqrt{2} \times \frac{0{,}5 \text{ mm}}{\sqrt{3}} = 0{,}4 \text{ mm} = 0{,}04 \text{ cm}.$$

Le résultat de la mesure est : L = 14,60 cm avec une incertitude-type $u(L)$ = 0,04 cm.

6 Comparaison à une valeur de référence

- La compatibilité ou la non compatibilité entre le résultat d'une mesure et une valeur de référence dépend de **l'incertitude-type**, qui fournit une **estimation de l'étendue des valeurs** que l'on peut raisonnablement attribuer à la grandeur physique mesurée.
- Une **comparaison quantitative** entre le résultat d'une mesure X_{mes} et une valeur de référence X_{ref} peut être effectuée en utilisant le quotient $\dfrac{|X_{mes} - X_{ref}|}{u(X)}$, où $u(X)$ est l'incertitude-type associée au résultat.

Remarque

S'il n'y a pas compatibilité entre la valeur expérimentale mesurée et la valeur de référence ou si la mesure n'est pas assez précise, il faut analyser les sources d'erreurs (un protocole ou un instrument de mesure non adapté, un mauvais choix de calibre, un nombre de mesures trop faible, etc.) pour être capable de modifier le protocole expérimental ou l'instrument de mesure en conséquence.

- Si $\dfrac{|X_{mes} - X_{ref}|}{u(X)} \leqslant 2$, c'est-à-dire si l'écart entre le résultat de la mesure X_{mes} et la valeur de référence X_{ref} est inférieur ou égal à deux incertitudes-types, on peut considérer le plus souvent en Terminale que le **résultat de la mesure** est **compatible avec la valeur de référence**.

7 Chiffres significatifs

1 Précision et écriture d'une valeur numérique

- Les valeurs numériques des données et les résultats d'un calcul sont toujours **arrondis** en tenant compte des incertitudes sur les mesures.

En l'absence d'autres indications, l'incertitude d'une valeur numérique porte sur le dernier chiffre exprimé ; elle est estimée à une demi-unité de ce chiffre.

EXEMPLE

Le résultat de la mesure de la longueur d'une feuille de papier est $L = 29{,}7$ cm.

En l'absence d'autres indications, cela signifie que la valeur de L est telle que :

$$(29{,}7 - 0{,}05)\ \text{cm} < L < (29{,}7 + 0{,}05)\ \text{cm, soit } 29{,}65\ \text{cm} < L < 29{,}75\ \text{cm}.$$

2 Quels chiffres sont significatifs ?

- Le nombre de décimales d'une valeur numérique n'est pas un critère pour apprécier sa précision : 0,042 mm, $4{,}2 \times 10^{-2}$ mm et 42 µm sont des valeurs exactement équivalentes et pourtant elles présentent un nombre de décimales différent.

Pour évaluer la précision d'un nombre, on utilise la notion de chiffres significatifs : comme l'incertitude sur une valeur numérique porte sur le dernier chiffre exprimé, **plus le nombre de chiffres significatifs est grand, plus la valeur est précise.**

> **Écriture scientifique**
>
> Le nombre de chiffres significatifs du nombre $a \times 10^n$, avec $1 \leqslant a < 10$ et n un entier positif ou négatif, est égal au nombre de chiffres de a.
>
> Par exemple, 4,2 est constitué de 2 chiffres, donc $4{,}2 \times 10^{-2}$ mm a deux chiffres significatifs.
>
> Remarquez que $4{,}2 \times 10^{-2}$ mm est l'écriture scientifique de 0,042 mm ; on retrouve le même nombre de chiffres significatifs.

- Les chiffres significatifs d'une valeur numérique sont tous les chiffres autres que les « 0 » situés à gauche du nombre, sans tenir compte de la puissance de 10.

EXEMPLES

• 0,042 mm comporte 2 chiffres significatifs : les deux « 0 » placés à gauche ne sont pas significatifs.

• $4{,}20 \times 10^{-2}$ mm comporte 3 chiffres significatifs : le « 0 » situé à droite est un chiffre significatif.

3 Donner le bon nombre de chiffres significatifs

Le plus souvent, le **résultat d'un calcul** ne peut **pas** être **plus précis que la donnée la moins précise**, c'est-à-dire celle qui comporte le plus petit nombre de chiffres significatifs.

EXEMPLE

On demande de calculer la durée Δt du trajet de la lumière du Soleil à la Terre.

Données : • distance moyenne Terre-Soleil : $D = 1{,}50 \times 10^8$ km ;
• célérité de la lumière : $c = 2{,}997\,92 \times 10^5\ \text{km} \cdot \text{s}^{-1}$.

La calculatrice donne le résultat : $5{,}003\,46... \times 10^2$.

Parmi les données, D n'a que 3 chiffres significatifs, donc $\Delta t = 5{,}00 \times 10^2$ s.

• Habituellement, les résultats demandés au lycée comportent 2 ou 3 chiffres significatifs. Donner un nombre de chiffres significatifs excessif est considéré comme une erreur.

4 Règles d'arrondis

• On observe la décimale qui suit la dernière décimale prise en compte :

– si la décimale qui suit est comprise entre 0 et 4, on ne change pas la dernière décimale prise en compte ;

– si la décimale qui suit est comprise entre 5 et 9, on ajoute 1 à la dernière décimale prise en compte.

• Cette règle permet d'arrondir une valeur à la valeur qui lui est la plus proche et qui comporte le nombre de décimales souhaité.

EXEMPLE

Le résultat d'un calcul est $X = 4{,}238$.

• **Avec 2 chiffres significatifs :** la dernière décimale prise en compte est 2 ; le résultat final est $X = 4{,}2$ car la décimale suivante est 3.

• **Avec 3 chiffres significatifs :** la dernière décimale prise en compte est 3 ; le résultat final est $X = 4{,}24$ car la décimale suivante est 8.

• **Avec 4 chiffres significatifs**, le résultat final sera $X = 4{,}238$. On ne peut pas exprimer ce résultat avec plus de 4 chiffres significatifs.

8 Écriture du résultat d'une mesure avec un nombre adapté de chiffres significatifs

Pour écrire le résultat d'une mesure avec un nombre adapté de chiffres significatifs, la méthode suivante peut être suivie :

– déterminer l'incertitude-type avec **un seul chiffre significatif** ;

– déterminer la **valeur mesurée**, correspondant à la valeur moyenne dans le cas d'une série de mesures indépendantes, de manière à ce que **sa dernière décimale corresponde à la dernière décimale de l'incertitude-type**.

EXEMPLE

Une mesure de la masse volumique ρ d'un liquide a été réalisée : $\rho = 1{,}142\ 13\ \text{kg}\cdot\text{L}^{-1}$ avec une incertitude-type calculée $u(\rho) = 0{,}003\ 24\ \text{kg}\cdot\text{L}^{-1}$.

• Avec un seul chiffre significatif, l'incertitude-type s'écrit : $u(\rho) = 0{,}003\ \text{kg}\cdot\text{L}^{-1}$.

• La valeur mesurée, avec trois chiffres après la virgule (comme l'incertitude-type), s'écrit : $\rho = 1{,}142\ \text{kg}\cdot\text{L}^{-1}$.

Remarque

D'autres choix d'écriture sont possibles, en gardant deux chiffres significatifs pour l'incertitude-type par exemple. Il peut aussi être quelquefois approprié de majorer l'incertitude-type en l'arrondissant au chiffre supérieur plutôt qu'au chiffre le plus proche.

Ainsi, le résultat de la mesure s'écrit : $\rho = 1{,}142\ \text{kg}\cdot\text{L}^{-1}$ avec une incertitude-type $u(\rho) = 0{,}003\ \text{kg}\cdot\text{L}^{-1}$.

9 Exercices et corrigés sur la mesure et les incertitudes

Les incertitudes de mesure sont travaillées dans la plupart des chapitres de ce manuel, et plus particulièrement dans les exercices suivants :

– exercice 7 du chapitre 3 ;
– exercice 7 du chapitre 7 ;
– exercice 7 du chapitre 9 ;
– exercice 8 du chapitre 10 ;
– exercice 6 du chapitre 12 ;
– exercice 6 du chapitre 13 ;
– exercice 7 du chapitre 14 ;
– exercice 7 du chapitre 16 ;
– exercice 4 du chapitre 17 ;
– exercice 5 du chapitre 19.

Points mathématiques

Point maths n° 1 : Dérivées et primitives

Point maths n° 2 : Fonctions logarithme

Point maths n° 3 : Résolutions d'équations

Point maths n° 4 : Expression littérale

Points maths n° 5 : Trigonométrie

1 DÉRIVÉES ET PRIMITIVES

1 Dérivées

Une fonction f est dérivable sur un intervalle I si, pour tout nombre réel x dans l'intervalle I, le taux de variation de f entre x et $x + h$ a pour limite un nombre réel lorsque h tend vers 0.

Rappel
Les grandeurs utilisées en physique-chimie sont toujours considérées comme dérivables.

- Ce nombre réel est appelé nombre dérivé de f en $x = a$ et est noté $f'(a)$ tandis que la fonction dérivée peut être définie par $f'(x)$.

La fonction…	définie par…	est dérivable sur…	a pour dérivée…
Constante	$f(x) = k$ avec k un nombre réel	$\mathbb{R}$	$f'(x) = 0$
Identité	$f(x) = x$	$\mathbb{R}$	$f'(x) = 1$
Carré	$f(x) = x^2$	$\mathbb{R}$	$f'(x) = 2x$

2 Primitives

- Une primitive F d'une fonction f est une fonction telle que la dérivée de F est égale à f : $\mathbf{F'(x) = \frac{dF}{dx} = f(x)}$.

Notation
$\frac{d}{dx}$ signifie « dérivée par rapport à x ».

Exemples

- Les primitives d'une fonction constante $f(x) = 10$ sont des fonctions affines de la forme : $F(x) = 10x + c$, avec c une constante.
- Les primitives d'une fonction linéaire $f(x) = 10x$ sont de la forme : $F(x) = \frac{10}{2}x^2 + c$, avec c une constante.
- De façon plus générale, les primitives d'une fonction affine $f(x) = ax + b$ (avec a et b deux constantes) sont de la forme :

$$F(x) = \frac{1}{2}ax^2 + bx + c, \text{ avec } c \text{ une constante.}$$

2 FONCTIONS LOGARITHME

1 Logarithme népérien

- La fonction **logarithme népérien**, notée **ln(*x*)**, est la primitive de la fonction $x \mapsto \frac{1}{x}$. Elle est définie sur l'intervalle $]0\ ;+\infty[$.

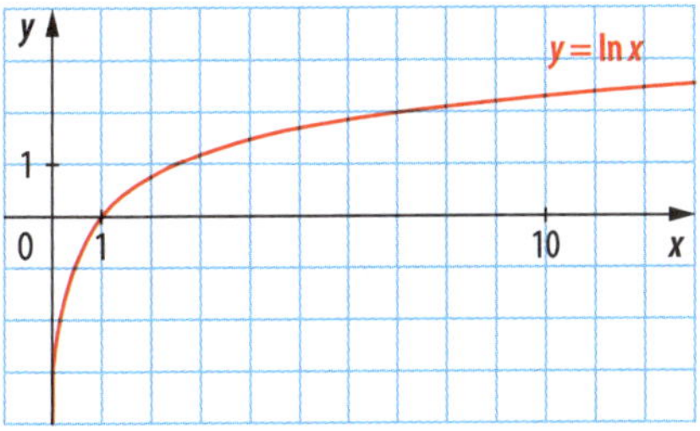

- Pour tous nombres a et b de l'intervalle $]0\ ;+\infty[$ et pour tout nombre c :

$$\ln(1) = 0\ ;\ \ln(a \times b) = \ln(a) + \ln(b)\ ;\ \ln(a^c) = c \times \ln(a)$$

$$\ln\left(\frac{a}{b}\right) = \ln(a) - \ln(b)\ ;\ \ln(a) = c \Leftrightarrow a = e^c$$

2 Logarithme décimal

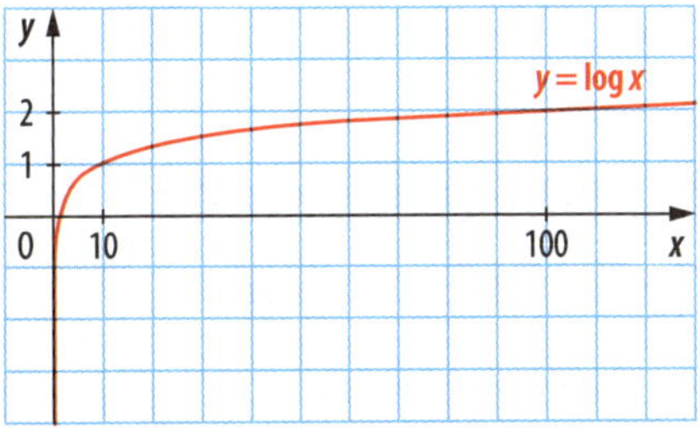

- La fonction **logarithme décimal**, notée **log(*x*)**, est définie sur l'intervalle $]0\ ;+\infty[$ par : $\log(x) = \frac{\ln(x)}{\ln(10)}$.
- Pour tous nombres a et b de l'intervalle $]0\ ;+\infty[$ et pour tout nombre c :

$$\log(1) = 0\ ;\ \log(10) = 1\ ;\ \log(10^2) = 2\ ;\ \log(10^3) = 3\ ;$$

$$\log(a \times b) = \log(a) + \log(b)\ ;\ \log(a^c) = c \times \log(a)$$

$$\log\left(\frac{a}{b}\right) = \log(a) - \log(b)\ ;\ \log(a) = c \Leftrightarrow a = 10^c$$

POINT MAHTS

3 RÉSOLUTIONS D'ÉQUATIONS

1 Équation du second degré

- Une équation du second degré peut s'écrire : $\boldsymbol{a x^2 + b x + c = 0}$ **avec** $\boldsymbol{a \neq 0}$.
- La résolution d'une équation du second degré nécessite de calculer le **discriminant** $\boldsymbol{\Delta = b^2 - 4ac}$.
- **1er cas : $\Delta > 0$**

Pour tout nombre réel x, $f(x) = a\left[\left(x + \frac{b}{2a}\right)^2 - \frac{\Delta}{4a^2}\right] = a\left(x + \frac{b}{2a} + \frac{\sqrt{\Delta}}{2a}\right)\left(x + \frac{b}{2a} - \frac{\sqrt{\Delta}}{2a}\right)$.

L'équation $f(x) = 0$ a deux solutions distinctes : $x_1 = \frac{-b - \sqrt{\Delta}}{2a}$ et $x_2 = \frac{-b + \sqrt{\Delta}}{2a}$.

- **2e cas : $\Delta = 0$**

Pour tout nombre réel x, $f(x) = a\left(x + \frac{b}{2a}\right)^2$.

L'équation $f(x) = 0$ a une seule solution : $x_0 = -\frac{b}{2a}$.

- **3e cas : $\Delta < 0$**

$-\frac{\Delta}{4a^2} > 0$ donc pour tout nombre réel x, $\left(x + \frac{b}{2a}\right)^2 - \frac{\Delta}{4a^2} > 0$.

L'équation $f(x) = 0$ n'a pas de solution.

2 Équation différentielle linéaire du premier ordre à coefficient constant

- Une équation différentielle linéaire du premier ordre à coefficient constant peut s'écrire : $\boldsymbol{f' + af = 0}$ **avec** $\boldsymbol{a \neq 0}$.
- Une solution de cette équation est la fonction définie sur $\mathbb{R}$: $\boldsymbol{f(x) = f_0 \cdot e^{-ax}}$ avec $f_0 = f(x = 0)$.

Définition

Une équation différentielle est une équation où l'inconnue est une fonction et qui comporte une ou plusieurs dérivées de cette fonction.

Notation

La variable x, utilisée en mathématiques, est très souvent remplacée par la date t en physique-chimie.

POINT MAHTS

Exemple d'équation différentielle linéaire du premier ordre à coefficient constant en physique-chimie

Dans le chapitre 19, la tension u_c aux bornes d'un condensateur lors de la décharge d'un condensateur est telle que : $\frac{du_c}{dt} + \frac{1}{RC}u_c = 0$.

La solution de cette équation est : $u_c(t) = U_0 \times e^{-\frac{t}{RC}}$ avec $u_0 = u_c(t = 0)$.

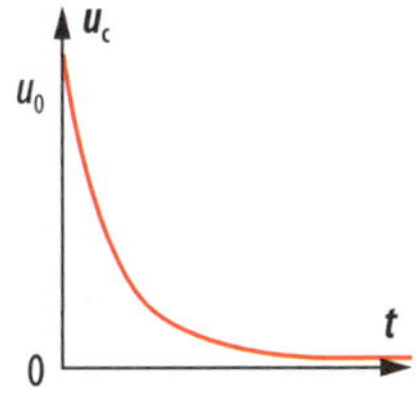

3 Équation différentielle linéaire du premier ordre à coefficient constant avec second membre constant

- Une équation différentielle linéaire du premier ordre à coefficient constant avec second membre constant peut s'écrire : $f' + af = b$ **avec** $a \neq 0$ **et** $b \neq 0$.
- Une solution de cette équation est la fonction définie sur $\mathbb{R}$:

$$f(x) = \left(f_0 - \frac{b}{a}\right)e^{-ax} + \frac{b}{a}, \text{ avec } f_0 = f(x = 0).$$

Exemple d'équation différentielle linéaire du premier ordre à coefficient constant avec second membre constant en physique-chimie

Dans le chapitre 19, la tension u_c aux bornes d'un condensateur lors de la charge d'un condensateur est telle que : $\frac{du_c}{dt} + \frac{1}{RC}u_c = \frac{E}{RC}$.

Si le condensateur est initialement déchargé ($u_c(t = 0) = 0$), la solution de cette équation est : $u_c(t) = E \times \left(1 - e^{-\frac{t}{RC}}\right)$.

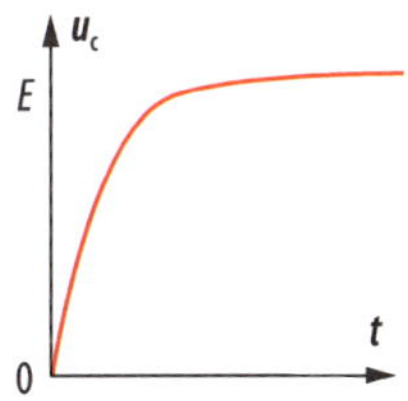

POINT MAHTS

4 EXPRESSION LITTÉRALE

1 Définition

L'**expression littérale** est une expression comportant des **lettres** et éventuellement des **nombres**. Elle est utilisée pour présenter une **propriété**, une **relation** ou un **résultat**.

→ Exemples

- **Propriété exprimée à l'aide d'une expression littérale**

Quelles que soient les valeurs de a, $b \neq 0$, c et $d \neq 0$:

$$\frac{a}{b} \times \frac{c}{d} = \frac{a \times c}{b \times d}.$$

- **Relations écrites à l'aide d'une expression littérale**

– Le périmètre P d'un rectangle de longueur L et de largeur ℓ est :

$$P = 2 \times (L + \ell).$$

– La distance d parcourue par un corps se déplaçant à la vitesse de valeur v pendant une durée Δt est : $d = v \times \Delta t$. On dit alors que d et Δt sont proportionnelles, de coefficient de proportionnalité v.

– La masse volumique ρ d'un échantillon de masse m et de volume V est $\rho = \frac{m}{V}$.

Remarque
En physique-chimie, chaque **lettre** correspond à une **grandeur**, c'est-à-dire à une caractéristique ou une propriété d'un objet ou d'un phénomène qui peut être mesurée ou calculée, et dont les différentes valeurs possibles s'expriment à l'aide d'un nombre, le plus souvent accompagné d'une unité.

2 Expression littérale d'un résultat

- Déterminer l'expression littérale d'un résultat à partir d'une relation ou d'une formule en physique-chimie correspond à **isoler le terme** recherché d'une relation ou à **résoudre une équation** en mathématiques.
- Pour déterminer l'expression littérale d'un résultat à partir d'une formule, il est nécessaire d'**utiliser les opérations réciproques** et de bien **comprendre la signification du signe égal**.

→ Exemple

D'après la formule donnée dans l'exemple précédent, la durée Δt du parcours d'un corps se déplaçant d'une distance d à la vitesse de valeur v est : $\Delta t = \frac{d}{v}$.

→ MÉTHODE

Les étapes de la détermination d'une expression littérale

L'expression littérale de la durée Δt du parcours d'un corps se déplaçant d'une distance d à la vitesse de valeur v (non nulle) peut être déterminée à partir de la relation $d = v \times \Delta t$:

$$d = v \times \Delta t \quad \Leftrightarrow \quad \frac{d}{v} = \frac{\cancel{v} \times \Delta d}{\cancel{v}} \quad \Leftrightarrow \quad \frac{d}{v} = \Delta t \quad \Leftrightarrow \quad \Delta t = \frac{d}{v}$$

Pour compenser l'opération « *multiplier par v* », réalisez l'opération réciproque « *diviser par v* ».

Le signe égal signifie « la même chose que » l'opération « *diviser par v* » est donc aussi appliquée de l'autre côté du signe égal. Puis *simplifiez par v* dans le membre de droite.

Le signe égal signifie « la même chose que » les deux membres de l'égalité peuvent être intervertis.

5 TRIGONOMÉTRIE

• Soit ABC un **triangle rectangle** en B.

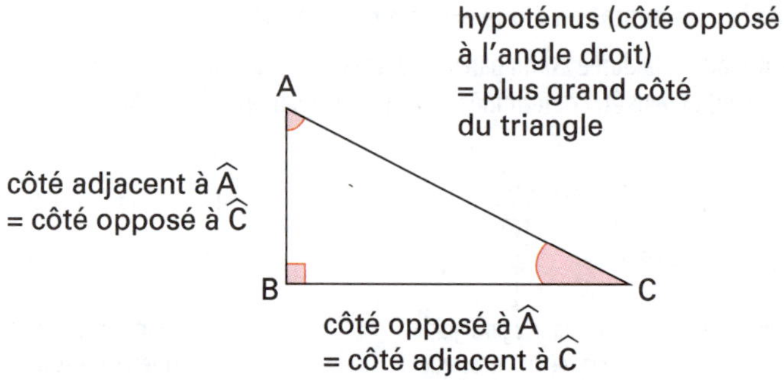

• Dans un triangle rectangle ABC où x est l'un des deux angles aigus, le cosinus (cos), le sinus (sin) et la tangente (tan) d'un angle aigu sont définis par :

$$\cos x = \frac{\text{côté adjacent à } x}{\text{hypoténuse}}$$

$$\sin x = \frac{\text{côté opposé à } x}{\text{hypoténuse}}$$

$$\tan x = \frac{\text{côté opposé à } x}{\text{côté adjacent à } x}$$

Remarque
L'hypoténuse étant le plus grand côté du triangle, le cosinus et le sinus d'un angle aigu sont des nombres inférieurs à 1.

POINT MAHTS

Points numériques

Point numérique n° 1 : Langage de programmation Python

Point numérique n° 2 : Microcontrôleurs

Point numérique n° 3 : Tableurs-grapheurs

Point numérique n° 4 : Logiciels d'enregistrement et d'analyse d'un son

Point numérique n° 5 : Applications de récupération de signaux de capteurs d'appareils mobiles

1 LANGAGE DE PROGRAMMATION PYTHON

La connaissance de plusieurs éléments de programmation Python est essentielle pour mettre en œuvre les capacités numériques exigibles du programme de Terminale.

Pour en savoir plus
Les capacités numériques exigibles du programme de Terminale sont téléchargeables sur **Nathan Live**.

1 Évolution de quantités de matière

• Un programme Python peut représenter **l'évolution des quantités de matière des espèces chimiques en fonction du volume de solution titrante versé lors d'un dosage par titrage.**

Rappel
Cette capacité numérique exigible est travaillée dans le chapitre 2 du manuel.

```
def n_chlorure(v):
    """ calcul de la quantité de matière d'ion chlorure présente
    dans la solution pour un volume v de titrant versé"""
    n=n1_init-C2*v
    if n>0:
        return n
    else:
        return 0

def n_argent(v):
    """ calcul de la quantité de matière d'ion argent présente
    dans la solution pour un volume v de titrant versé"""
    n=v*C2-V1*C1
    if n>0:
        return n
    else:
        return 0

#--- calcul des listes des quantités de matière des ions présents
N_chlorure=[n_chlorure(v) for v in V]
N_argent=[n_argent(v) for v in V]
N_nitrate=[v*C2 for v in V]
N_sodium=[C1*V1]*len(V)
#--- tracés des courbes
plt.plot(V,N_chlorure,'+',label='n(Cl-)')
plt.plot(V,N_nitrate,'+',label='n(NO3-)')
plt.plot(V,N_sodium,'+',label='n(Na+)')
plt.plot(V,N_argent,'+',label='n(Ag+)',color='y')
```

Doc. 1 Extrait du code Python de l'exercice 7 du chapitre 2

• Les éléments essentiels de l'extrait du code Python du **doc. 1** sont :
– **aux lignes 11 et 20**, les **définitions des deux fonctions** qui calculent et renvoient pour un volume v passé en paramètre, les quantités de matière des espèces chimiques Ag^+ et Cl^- ;
– **aux lignes 15 et 24,** le **test** utilisé, qui permet de ne renvoyer la valeur de n que si elle est positive. Dans le cas contraire, qui n'a chimiquement aucun sens, « 0 » est renvoyé. En effet, la valeur qui suit l'instruction « return » est renvoyée par la fonction ;
– **aux lignes 30 à 33,** pour chacune des espèces présentes dans la solution sont créées des listes de quantités de matière en mole (mol) pour chaque volume v en litre (L) d'espèce titrante introduit. **Les valeurs de v sont extraites de la liste des volumes V.**

Pour aller plus loin
La méthode de création de liste utilisée lignes 30 à 34 est très efficace dans un code Python et se nomme : création de liste en compréhension.

• Un programme Python peut aussi être utilisé dans le cas d'un dosage par **titrage d'un acide fort par une base forte**.

```
Ca,Va=1.00e-2,20.0e-3
Cb=2.00e-2
V=[i*1e-3 for i in range(0,21)] # liste des volumes de titrant introduit
#--- calcul des listes des quantités de matière des espèces présentes
na=[(Ca*Va-Cb*v) if (Ca*Va- Cb*v)>=0 else 0 for v in V  ]
nb=[(Cb*v -Ca*Va) if (Cb*v -Ca*Va)>=0 else 0 for v in V ]
```

Doc. 2 Exemple de code Python

• Dans l'extrait de code Python du **doc. 2** utilisé pour le dosage par titrage d'un acide fort par une base forte, les listes des quantités de matière sont obtenues « en compréhension » avec un **test** qui renvoie la valeur de la quantité de matière si elle est positive, et « 0 » sinon.

Pour aller plus loin
Code complet téléchargeable sur **Nathan Live**

2 Évolution d'une concentration ou d'une vitesse volumique

• Un programme Python peut **tracer l'évolution temporelle d'une concentration, d'une vitesse volumique d'apparition ou de disparition** et il peut aussi **tester une relation donnée entre la vitesse volumique de disparition et la concentration d'un réactif.**

Rappel
Cette capacité numérique exigible est travaillée dans le chapitre 3 du manuel.

```
t=[0,3,5,8,10,15,20,25,30,40,50,60,75] # dates en min
P=[0,0.38,0.58,0.82,0.96,1.20,1.38,1.50,1.56,1.64,1.66,1.68,
   1.70] # concentration du produit SO4 2-
R=[0.85,0.66,0.56,0.44,0.37,0.25,0.16,0.1,0.07,0.03,0.02,
   0.01,0.0]# concentration du réactif S2O8 2-
```

Doc. 3 Extrait du code Python de l'exercice 4 du chapitre 3

• Les lignes de l'extrait du code Python du **doc. 3** sont essentielles car elles définissent **des listes :**

– les éléments d'une liste sont séparés par des virgules, le point est le séparateur décimal ;

– le premier élément de la liste P s'obtient en écrivant P[0] où 0 est l'indice de cet élément.

À savoir

Une liste Python est une structure de données ordonnée, dont les éléments sont accessibles par leur indice. L'indice du premier élément de la liste est 0, celui du second 1, etc.

```
17 plt.subplot(2, 1, 1)
18 plt.plot(T,P,label=('produit'))
19 plt.plot(T,R,label=('réactif'))
20 plt.title("évolution des concentrations")
21 plt.gca().legend(fontsize = 8, loc = 'center right')
22 plt.ylabel("C (en mmol.L-1)")
23
24 plt.subplot(2, 1, 2)
25 plt.plot(T,V_disp,'r')
26 plt.xlabel("t(en min)")
27 plt.ylabel("v (en mmol.L-1.min-1)")
28 plt.title("vitesse de disparition du réactif")
29 plt.show()
```

Doc. 4 Extrait de code Python

• Les éléments essentiels de l'extrait du code Python du **doc. 4** sont :

– **aux lignes 17 et 24, la fonction « subplot »** qui permet de tracer plusieurs graphes distincts sur une seule figure. Par exemple, à la ligne 17, « subplot(2,1,1) » place la première figure à la première ligne d'une disposition comportant 2 lignes et une colonne, tandis qu'à la ligne 24, « subplot(2,1,2) » place la deuxième figure à la deuxième ligne ;

– **à la ligne 18, la fonction « plot »** qui trace un graphe avec les éléments de la liste T comme valeurs d'abscisses et les éléments de la liste P comme valeurs d'ordonnées. Le label permet de préciser le texte qui sera affiché comme légende.

Piège à éviter

Les deux listes utilisées dans la fonction « plot » doivent comporter exactement le même nombre d'éléments.

3 Taux d'avancement

• Un programme Python peut **déterminer le taux d'avancement final d'une transformation, modélisée par la réaction d'un acide sur l'eau.**

Rappel
Cette capacité numérique exigible est travaillée dans le chapitre 6 du manuel.

```
8  def avancement_final(pKa,n,V):
9      coefficients = [1,V*10**(-pKa),-10**(-pKa)*(n/V)*V**2]
10     solutions=np.roots(coefficients)
11     if solutions[0]>0:
12         return solutions[0]
13     else:
14         return solutions[1]
```

Doc. 5 Extrait du code Python de l'exercice 3 du chapitre 6

• Les lignes de l'extrait du code Python du **doc. 5** sont essentielles car elles permettent de définir la **fonction calculant l'avancement final.**
Cette fonction utilise trois paramètres : pKa, n et V, qui constituent les données dont elle a besoin pour effectuer le calcul pour lequel elle a été conçue (ici le calcul de l'avancement pour une valeur de pKa, une quantité de matière initiale n et un volume V).

Bien comprendre

Les fonctions sont des éléments fondamentaux en programmation. Une fonction est un « sous-programme » effectuant une tâche particulière.
L'appel de cette fonction, à chaque que fois que nécessaire dans le programme, permet entre autres d'alléger le programme.

• À la **ligne 10** de l'extrait du code Python du **doc. 5** : **la fonction « roots »** de la bibliothèque « numpy » résout une équation du second degré de la forme $ax^2 + bx + c = 0$, dont les coefficients a, b et c sont fournis en paramètres sous forme d'une liste de trois éléments. Les solutions sont ici stockées dans la variable nommée solutions.
• À la **ligne 11** de l'extrait du code Python du **doc. 5**, le test permet de renvoyer uniquement la valeur positive parmi les deux solutions (solutions[0] et solutions[1]), car c'est la seule valeur qui ait un sens chimique.

4 Diagramme de distribution

• Un programme Python peut **tracer le diagramme de distribution des espèces d'un couple acide-base de pKa donné.**

Rappel
Cette capacité numérique exigible est travaillée dans le chapitre 6 du manuel.

```
13 pH=np.linspace(0,14,50)
14 plt.xlabel('pH',position=(1,1))
15 plt.ylabel('pourcentages')
16 plt.title('Diagramme de distribution pour le couple  HIn/In- ')
17 plt.plot(pH,forme_acide(pH,pKa),'+-',color='r',label='forme acide HIn')
18 plt.plot(pH,forme_basique(pH,pKa),'+-',color='b',label='forme basique In-')
19 plt.annotate('forme acide \nprédominante', (0.2, 70),color='r')
20 plt.axvspan(0, pKa-1, facecolor='r', alpha=0.1)
21 plt.annotate('forme basique \nprédominante', (pKa+1.2, 70),color='b')
22 plt.axvspan(pKa+1, 14, facecolor='b', alpha=0.1)
23 plt.plot([pKa,pKa],[0,50],linestyle='-.',color='g')
24 plt.annotate('pKa='+str(pKa),xy=(pKa/14, 0.05), xycoords='figure fraction',color='g')
25 plt.show()
```

Doc. 6 Extrait du code Python de l'exercice 6 du chapitre 6

• Les éléments essentiels de l'extrait du code Python du **doc. 6** sont :

– **aux lignes 14 à 15**, l'indication des **noms donnés aux axes du graphe** (la ligne 14 précise aussi la position d'affichage) ;

– **à la ligne 15**, l'indication du **nom du titre du graphe** qui s'affichera au-dessus du graphe ;

– **aux lignes 17 et 18,** les définitions des **courbes à tracer** précisant le type de point, la couleur et le texte de la légende ;

– **à la ligne 25**, l'**affichage de la figure** comportant les tracés.

Remarque

La sous-bibliothèque « pyplot » de la bibliothèque « matplotlib » est riche de multiples fonctions qui permettent une grande variété de types de tracés de qualité.

• Un programme Python peut aussi **illustrer les zones de prédominance sur un diagramme de distribution.**

```
18 plt.broken_barh([(0,pKa-1)], (0,5), facecolors='blue', alpha=0.1)
19 plt.broken_barh([(pKa+1,14-pKa+1)], (0,5), facecolors='red', alpha=0.1)
20 plt.annotate('forme basique \nprédominante', (pKa+3, 6),color='r')
21 plt.annotate('forme acide \nprédominante', (2, 6),color='b')
22 plt.annotate('HIn=In-', (8.8, 50))
23 plt.arrow(8.5, 50, -1.2, 0, head_width=1.5, head_length=0.1)
```

Doc. 7 Extrait d'un code Python illustrant les zones de prédominance sur un diagramme de distribution

Pour aller plus loin

Code complet téléchargeable sur **Nathan Live**

• Les éléments essentiels de l'extrait du code Python du **doc. 7** sont :

– aux **lignes 18 et 19,** le **placement des barres horizontales** de couleur ;

– aux **lignes 20 et 21**, le **placement du texte au-dessus des barres horizontales** ;

– à la **ligne 22**, le **positionnement du texte « Hin = In⁻ »** au point de coordonnées (8.8 ; 50).

– à la **ligne 23**, le **tracé d'une flèche désignant le point de croisement des deux courbes.** Les paramètres de position de cette flèche sont les coordonnées du point de départ de la flèche suivies du déplacement pour atteindre l'extrémité de la flèche, ici « – 1 » en abscisse car la flèche est orientée vers la gauche et « 0 » en ordonnée car elle est horizontale.

Piège à éviter
Avec Python, le séparateur décimal est le point et non la virgule.

5 Vecteurs accélération

Rappel
Cette capacité numérique exigible est travaillée dans le chapitre 9 du manuel.

• Un programme Python peut **représenter des vecteurs accélération d'un point lors d'un mouvement.**

```
17 for i in range(len(date)):
18     plt.quiver(0,date[i],0,a[i],width=0.005,scale=4,
19     scale_units='xy',angles='xy',color='r')
```

Doc. 8 Extrait du code Python de l'exercice 6 du chapitre 9

Piège à éviter
La version minimale de Python à utiliser pour exploiter dans de bonnes conditions la fonction « quiver » est la version 3.5.

• Les éléments essentiels de cet extrait du code Python sont :
– **à la ligne 18**, l'utilisation de **la fonction « quiver »**, dont les coordonnées de l'origine du vecteur sont « 0, date[i] », les coordonnées du vecteur « 0, a[i] », l'épaisseur du vecteur et son échelle « width = 0.005, scale = 4 » et les échelles identiques sur les axes x et y et couleur du vecteur « scale_units = 'xy', angles = 'xy', color = 'r' ».
– **à la ligne 17, la boucle** parcourant à partir de 0 les indices des éléments présents dans la liste « date ».

• Un programme Python peut aussi **tracer des vecteurs accélération dans le cadre d'un mouvement circulaire uniforme**.

```
1  # coding: utf-8
2  import matplotlib.pyplot as plt
3  from math import pi,sin,cos
4  import numpy as np
5  #------tracé de l'accélération mouvement circulaire uniforme ---
6
7  # tracé de la trajectoire circulaire
8  plt.axis([-3,3,-3,3])
9  angles_cercle=np.linspace(0,2*pi,100)
10 x = 2*np.cos(angles_cercle)
11 y = 2*np.sin(angles_cercle)
12 plt.plot(x,y,color='black')
13 plt.axis('equal')
14
15 #tracé des vecteurs accélération
16 angles=np.linspace(0,2*pi,10)
17 for theta in angles:
18     plt.quiver(2*cos(theta),2*sin(theta),-cos(theta),-sin(theta),
19     angles='xy',scale_units='xy' ,scale=1,color='g')
20
21 # affichage de la figure
22 plt.show()
```

Doc. 9 Extrait d'un code Python traçant des vecteurs accélération pour un mouvement circulaire uniforme

> **Pour aller plus loin**
> Code complet téléchargeable sur **Nathan Live**

- Les éléments essentiels de l'extrait du code Python du **doc. 9** sont :

– **à la ligne 16**, la **création d'un tableau « numpy »** contenant 10 valeurs d'angles entre 0 et 2 π.

– **aux lignes 18 et 19**, l'utilisation de **la fonction « quiver »**, pour tracer les 10 vecteurs accélération, sachant que les origines de ces vecteurs sont réparties sur la trajectoire circulaire.

> **Piège à éviter**
> Un programme Python effectue toujours des calculs avec des angles exprimés en radian et non en degré.

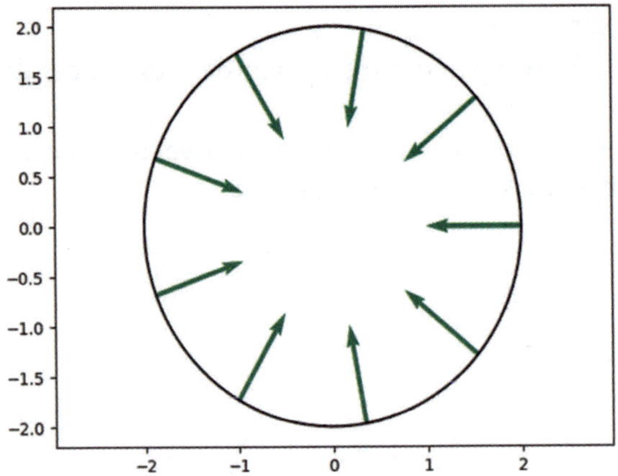

Doc. 10 Vecteurs accélération pour un mouvement circulaire uniforme

6 Grandeurs énergétiques

• Un programme Python peut **représenter, à partir de données expérimentales variées, l'évolution des grandeurs énergétiques d'un système en mouvement dans un champ uniforme.**

> **Rappel**
> Cette capacité numérique exigible est travaillée dans le chapitre 10 du manuel.

```
19 def energies(T,M,V0,Z0):
20     Ec=[]
21     Epp=[]
22     Em=[]
23     for i in range(len(T)):
24         Ec.append(0.5*M*v[i]**2)
25         Epp.append(M*g*z[i])
26         Em.append(Ec[i]+Epp[i])
27     return Ec,Epp,Em
```

Doc. 11 Extrait du code Python de l'exercice 5 du chapitre 10

• Les éléments essentiels de cet extrait du code Python sont :

– aux **lignes 20 à 22**, la **création de trois listes vides** ;

– aux **lignes 24 à 26**, la **constitution de ces listes** avec des valeurs calculées à partir des expressions de l'énergie cinétique, de l'énergie potentielle de pesanteur et de l'énergie mécanique ;

– à la **ligne 23**, la **fonction « len(T) »** qui renvoie le nombre d'éléments contenus dans la liste T.

> **Vocabulaire**
> Une méthode est une fonction associée à un type d'objet. Par exemple, sur un objet de type « list » en Python, il existe, entre autres, les méthodes « append », « remove », « sort », etc.

> **Bien comprendre**
> Une structure de variable de type « list » en Python est une liste : c'est une structure de données pour laquelle la méthode « append » permet d'ajouter un élément. Par exemple, si L est une liste, l'instruction « L.append(2.7) » ajoute la valeur 2.7 à la fin de la liste.

• Un programme Python peut **tracer simultanément l'évolution de plusieurs formes d'énergie.**

```
30 Ec=energies(t,m,v0,z0)[0]
31 Epp=energies(t,m,v0,z0)[1]
32 for i in range(len(t)):
33     plt.subplot(1,2,2)
34     plt.axis([0,0.6,0,2])
35     plt.autoscale(enable=False, axis='both')
36     plt.plot(t[i],Ec[i],'+',color='b')
37     plt.plot(t[i],Epp[i],'+',color='r')
38 
39     plt.subplot(1,2,1)
40     plt.axis([0,4,0,2])
41     plt.cla()
42     plt.autoscale(enable=False, axis='both')
43     plt.bar(1,Ec[i],width=0.5,color='b')
44     plt.bar(2,Epp[i],width=0.5,color='r')
45     plt.bar(3,Ec[i],width=0.5,color='b')
46     plt.bar(3,Epp[i],width=0.5, bottom =Ec[i],color='r')
47     plt.pause(0.05)
48 plt.show()
```

Doc. 12 Extrait d'un code Python traçant simultanément l'évolution de plusieurs formes d'énergie

Pour aller plus loin

Code complet téléchargeable sur **Nathan Live**

• Les éléments essentiels de cet extrait du code Python du **doc. 12** sont :

– **à la ligne 34**, la **fonction « axis »** qui fixe ici les axes entre xmin = 0, xmax = 0.6, ymin = 0 et ymax = 2 ;

– **à la ligne 43**, la **fonction « bar »** qui trace une barre à l'abscisse 1, de largeur 0.5 et de couleur bleue (b) ;

Astuce

La fonction « bar » permet de tracer des histogrammes.

– **à la ligne 41**, la **fonction « cla »** qui efface le tracé ;

– **à la ligne 47**, la **fonction « pause »** qui attend 0,05 s avant le tracé suivant ;

– **à la ligne 32**, une **boucle** qui répète les tracés pour chaque date de la liste t.

7 Exploitation de données astronomiques

• Un programme Python peut **exploiter des données astronomiques ou satellitaires pour tester les deuxième et troisième lois de Kepler**.

Rappel

Cette capacité numérique exigible est travaillée dans le chapitre 11 du manuel.

```
angle=[0,31,60,85,106,124]
r=[0.3075,0.315,0.336,0.363,0.392,0.418]
for i in range(1,len(angle)):
    aire=(angle[i]-angle[i-1])*(pi/180)*((r[i]+r[i-1])/2)**2
    print('aire : ',round(aire,2),' ua²')
```

Doc. 13 Premier extrait du code Python de l'exercice 4 du chapitre 11

- Les éléments essentiels de l'extrait du code Python du **doc. 13** sont :

– **à la ligne** 7, la **fonction « range »** qui par défaut débute à la valeur 0 et qui débute ici à la valeur 1 et se termine à la valeur len(angle) – 1.

– **à la ligne 9,** la **fonction « print »** qui affiche comme texte les paramètres entre apostrophes, ici 'aire' et le résultat de l'exécution de la fonction « round ».

- De plus, dans la ligne 9 de l'extrait de code suivant (**doc. 14**), la **répétition de la multiplication** « ** » calcule **l'exposant**. Par exemple, « 2**3 » donne comme résultat : « $2^3 = 8$ ».

Astuce
La fonction *round(x, n)* permet d'arrondir à *n* décimales l'affichage de la variable *x*.

```
8 for i in range(len(T)):
9     calcul=T[i]**2/a[i]**3
```

Doc. 14 Deuxième extrait du code Python de l'exercice 4 du chapitre 11

8 Somme de signaux

- Un programme Python peut représenter **la somme de deux signaux sinusoïdaux périodiques synchrones en faisant varier la phase à l'origine de l'un des deux.**

Rappel
Cette capacité numérique exigible est travaillée dans le chapitre 16 du manuel.

```
5  T=1 # initialisation de la période
6  Y1max=2
7  Y2max=2
8  # -------------------enregistrement de la valeur du déphasage saisie par l'utilisateur -----------------#
9  phi=float(input("valeur de la phase à l'origine du second signal en radian :"))
10
11 #-------------- création de la liste des dates ---------------#
12 t=[i/100 for i in range(400)] # génération d'une liste de 400 valeurs comprises entre 0 et 4
13
14 #-------------- calcul des amplitudes  -----------------------#
15 y1=[Y1max*cos(2*pi*i/T) for i in t] # génération de la liste des ordonnées de cos(2*pi*t/T)
16 y2=[Y2max*cos(2*pi*i/T+phi) for i in t]
17 y=[Y1max*cos(2*pi*i/T)+Y2max*cos(2*pi*i/T+phi)for i in t]
18 plt.plot(t,y1,label='cos(2*'+r"$\pi$ "+'*t/T)') # génération du tracé de cos(2*pi*t/T) et définition de la légende cos(2*pi*t/T)
19 plt.plot(t,y2,label='cos(2*'+r"$\pi$ "+'*t/T +'+r"$\varphi$ "+')') #idem pour cos(2*pi*t/T+phi)
20 plt.plot(t,y,label='cos(2*'+r"$\pi$ "+'*t/T)'+'cos(2*'+r"$\pi$ "+'*t/T +'+r"$\varphi$ "+')')
21 plt.legend(loc='lower right') # affichage des légendes
22 plt.title('déphasage '+r"$\varphi$ "+'=' +str(phi)+' rad') # affichage du titre du graphique
23 plt.show() # affichage de la figure
```

Doc. 15 Extrait du code Python de l'exercice 5 du chapitre 16

- L'élément essentiel de cet extrait du code Python est **la fonction « input » à la ligne 9**, qui permet de déclencher une demande à l'utilisateur dont le texte est le paramètre de la fonction : ici, le texte « valeur de la phase à l'origine du second signal en radian : ».

- Cette fonction renvoie la valeur saisie par l'utilisateur : ici, elle est enregistrée dans la variable phi.

Point de vigilance
La fonction « input » renvoie un objet de type « str », soit une chaîne de caractères.
Les fonctions « float » ou « int » permettent de changer le type d'une variable en type flottant (réel arrondi) ou entier.

9 Histogramme

• Un programme Python peut représenter **l'histogramme associé à une série de mesures.**

> **Rappel**
> Cette capacité numérique exigible est notamment travaillée dans le chapitre 12 du manuel.

```
19 m=round(moyenne(Dv),3)
20 it=round(incertitude_type(Dv),3)
21
22 plt.hist(Dv,range=(int(min(Dv)),int(max(Dv))),bins=int(max(Dv))-int(min(Dv))//5,color='b')
23 plt.xlabel("débit volumique (L/min)")
24 plt.ylabel("nombre de mesures")
25 plt.title("Histogramme des mesures de débit volumique")
26 plt.annotate('moyenne = '+str(m)+' L/min', (10.2, 12),color='grey')
27 plt.annotate('incertitude type = '+str(it)+' L/min', (10.2, 11),color='grey')
28 plt.show()
```

Doc. 16 Extrait du code Python de l'exercice 6 du chapitre 12

• Les éléments essentiels de l'extrait du code Python du **doc. 16** sont :

– **à la ligne 22, la fonction « hist »** qui, pour une série de données, trace un histogramme entre les valeurs spécifiées par le paramètre « range », ici entre la valeur minimale et la valeur maximale de la série de données, en un nombre d'intervalles spécifié par la valeur donnée au paramètre « bins » ;

– **aux lignes 23 et 24**, les textes s'affichant pour nommer les axes des abscisses et des ordonnées ;

– **à la ligne 27, la fonction « annotate »** qui affiche une chaîne de caractères à la position spécifiée, ici le point de coordonnées (10.2,11).

> **Astuce**
> La fonction « str » permet de transformer un nombre en une chaîne de caractère, chaîne qui peut être concaténée (ajoutée) à une autre chaîne de caractères, pour être ensuite affichée.

10 Simulation d'un processus aléatoire

• Un programme Python peut **simuler un processus aléatoire illustrant la détermination de la valeur d'une grandeur avec incertitudes-types composées.**

> **Rappel**
> Cette capacité numérique exigible est notamment travaillée dans le chapitre 9 du manuel ainsi que dans le chapitre « Mesure et incertitudes ».

```
def aleat(moy,inc_type):
    """ fonction renvoyant une valeur aléatoire autour de moy
    avec une incertitude type inc_type"""
    tirage=np.random.normal()   # tirage entre -infini et +infini (loi normale)
    return moy+inc_type*tirage
```

Doc. 17 Extrait du code Python de l'exercice 7 du chapitre 9

• Les éléments essentiels de l'extrait du code Python du **doc. 17** sont :

– **à la ligne 18**, la **fonction « random. normal »** de la bibliothèque numpy, qui renvoie une variable aléatoire qui suit la loi normale. Cette variable aléatoire est ici stockée dans la variable tirage ;

– **à la ligne 19, la valeur retournée par la fonction**, qui est une valeur obtenue en ajoutant à la moyenne l'incertitude-type multipliée par la variable aléatoire générée à la ligne 18.

• Un programme Python peut aussi **tracer l'histogramme de distribution d'une valeur aléatoire**.

```
1 # coding: utf-8
2 import matplotlib.pyplot as plt
3 import numpy as np
4
5 tirages=np.random.normal(5, 2, 1000)
6 plt.hist(tirages,bins=50,color="g")
7 plt.title("Histogramme avec 50 intervalles")
8 plt.ylabel("Fréquences")
9 plt.show()
```

Doc. 18 Code Python traçant l'histogramme de distribution d'une valeur aléatoire

Pour aller plus loin
Code complet téléchargeable sur **Nathan Live**

• L'élément essentiel du code Python du **doc. 18** est l'utilisation à la **ligne 5** de la **fonction « random. normal »** de la bibliothèque « numpy », générant un tableau « numpy » composé de 100 valeurs issues d'une loi normale de moyenne 5 et d'écart-type 2 dans le cas de cet exemple.

2 MICROCONTRÔLEURS

1 Présentation

• Une carte à microcontrôleur rassemble les **éléments essentiels d'un ordinateur** : processeur, mémoire, interfaces d'entrée-sortie.

• Une carte à microcontrôleur permet de :

– **traiter des signaux électriques** (tensions électriques directement mesurables ou issues de capteurs) ;

– **commander des composants électroniques**, comme une diode électroluminescente (DEL), un buzzer, un émetteur et un récepteur d'ultrasons, etc.

• Une carte à microcontrôleur est très bien adaptée à la **mesure**, au **traitement de signaux** et, *via* une **programmation relativement simple**, elle offre une remarquable possibilité d'étudier le fonctionnement interne de divers appareils de mesure par exemple.

• La carte à microcontrôleur de type Arduino™ est la plus utilisée. En effet, c'est l'environnement qui fédère la plus grande communauté, du niveau débutant au niveau confirmé, mais les activités liées notamment au chapitre 19 peuvent aussi être réalisées avec d'autres cartes à microcontrôleur, par exemple les cartes Raspberry Pi™ ou Micro : bit™, qui peuvent être programmées directement avec le langage de programmation Python.

2 Carte à microcontrôleur de type Arduino™

• Une carte à microcontrôleur de type Arduino™ est très bien protégée et elle supporte sans problème les erreurs de manipulation (courts-circuits, etc.). Son **coût** est **faible**, de l'ordre de quelques dizaines d'euros, et les **logiciels de programmation** sont **libres de droits et facilement téléchargeables.**

• L'avantage premier de l'environnement Arduino est sa **grande facilité de prise en main**, ainsi que l'importante communauté d'amateurs et de développeurs proposant des **tutoriels**, des **exemples de programmes** ou des assistances dans des **forums dédiés**.

• La programmation d'une carte à microcontrôleur de type Arduino™ se fait par le port USB d'un ordinateur, la liaison USB servant aussi d'alimentation pour la carte. La programmation peut être réalisée de diverses manières par le codage en **langage Arduino** (ce langage de programmation est proche du langage C et C++) ou en **langage de programmation Python**, suivant la carte utilisée.

• Pour coder avec le langage de programmation Arduino, **téléchargez un IDE** Arduino (*integrated development environment*, « environnement de développement » en français) **pour pouvoir écrire des programmes**, appelés *sketch*, qui seront ensuite téléversés, c'est-à-dire envoyés, vers la carte :

Téléchargement
L'environnement de développement Arduino peut être téléchargé à l'adresse : arduino.cc

– une fois l'IDE téléchargé, reliez la carte ArduinoTM Uno à l'ordinateur par le port USB, puis ouvrez l'IDE. Vérifiez alors dans le menu « Outils » que la carte est bien reconnue (cette étape peut poser problème avec certaines cartes et nécessite de télécharger des pilotes plus spécifiques) ;

– vérifiez ensuite que le port comprend bien la mention « Arduino/Genuino Uno » ;

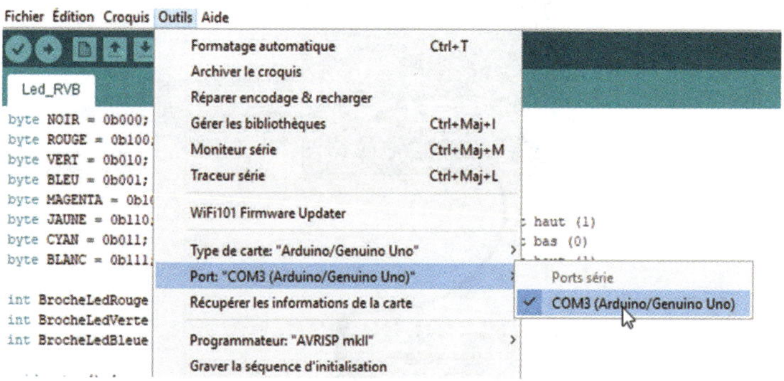

– écrivez, recopiez ou complétez un code source permettant de proposer un programme ;

– avant de téléverser un programme vers la carte Arduino™ Uno, compilez-le pour le vérifier : les résultats de la compilation s'affichent dans la partie inférieure de la fenêtre, notamment les messages d'erreur liés au codage.

Astuce
La plupart des codes sources sont disponibles sur Internet en tapant les mots-clés adéquats.

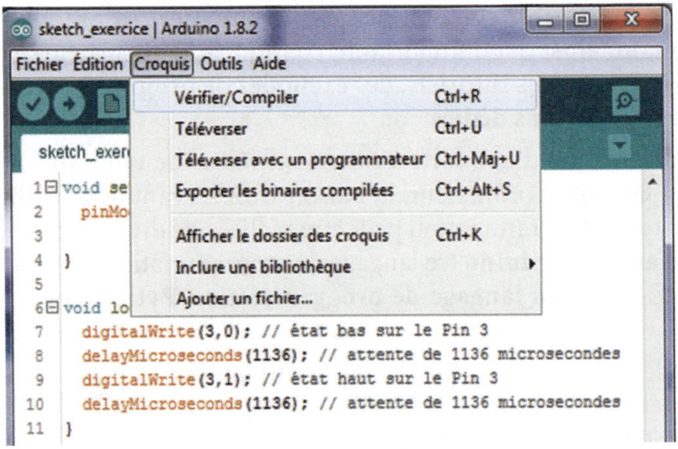

• Une fois le programme téléversé, la carte Arduino™ Uno peut être utilisée avec une plaque de prototypage, appelée *breadboard arduino*, permettant de réaliser un montage électrique avec des composants électroniques. Il faut alors relier cette plaque par des fils spécifiques (câbles pour *breadboard*) au microcontrôleur.

3 Exemples d'expériences réalisées avec des microcontrôleurs

- Montage expérimental permettant d'expliquer le modèle de la synthèse additive à l'aide d'une LED RVB et d'un microcontrôleur.

DEL_RVB

```
const byte NOIR = 0b000;          // Définit les couleurs
const byte ROUGE = 0b001;         // ce sont des valeurs binaires
const byte VERT = 0b010;          // par exemple le code :
const byte BLEU = 0b100;          // 0b101
const byte MAGENTA = 0b101;       // signifie 101 : on mettra
const byte JAUNE = 0b011;         // la première broche à l'état haut (1)
const byte CYAN = 0b110;          // la deuxième broche à l'état bas (0)
const byte BLANC = 0b111;         // la troisième broche à l'état haut (1)

```

Extrait du code Arduino utilisé.

- Montage expérimental permettant d'illustrer le principe de fonctionnement d'un écran à LED à l'aide d'une matrice 8 × 8 LED RVB et d'un microcontrôleur.

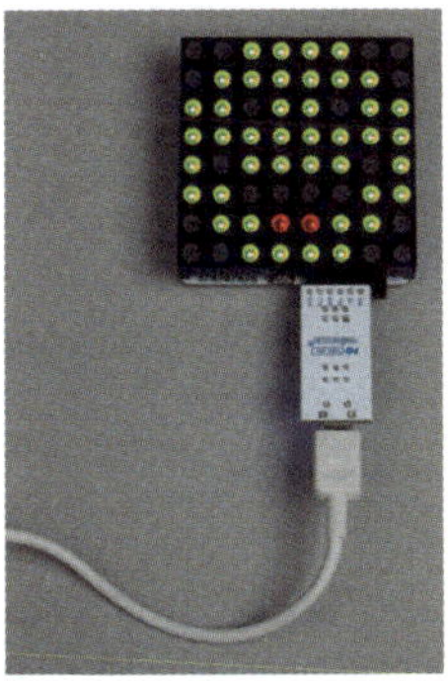

Smiley

```
// Dessin du Smiley
int dessin[8][8] = {
 {0,0,1,1,1,1,0,0},          // Le code est le suivant :
 {0,1,1,1,1,1,1,0},          // 0 : pixel éteint
 {1,1,0,1,1,0,1,1},          // 1 : pixel jaune
 {1,1,1,1,1,1,1,1},          // 2 : pixel rouge
 {1,0,1,1,1,1,0,1},
 {1,1,0,0,0,0,1,1},
 {0,1,1,2,2,1,1,0},
 {0,0,1,1,1,1,0,0}
 };
```

Extrait du code Arduino utilisé : codage du dessin du smiley.

3 TABLEURS-GRAPHEURS

1 Présentation

• Un tableau-grapheur est un logiciel qui permet de **créer** et de **manipuler des tableaux de données.**

• À l'ouverture du logiciel (**LibreOffice**, **Excel**, etc.), apparaît sur l'écran une **feuille de calculs** composée de lignes et de colonnes formant des cellules.

• Chaque cellule est repérée par sa position par rapport aux lignes et aux colonnes.

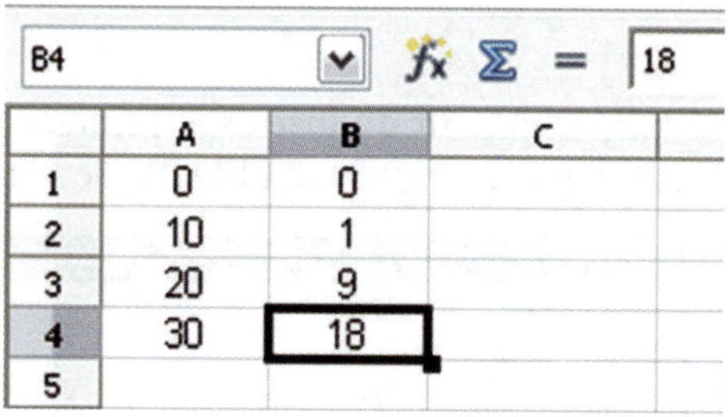

Exemple : le nombre 18 est dans la cellule B4

2 Calculs dans un tableur

• Un tableur est un logiciel de calcul qui possède de nombreuses **fonctions mathématiques préprogrammées.**

→ Exemple de calcul simple

1. Dans la cellule sélectionnée, écrire une formule qui commence toujours par le signe =.

2. Un appui sur la touche Entrée valide le calcul et le résultat de l'opération s'affiche : par exemple « = A3+B4 » est remplacé par 38.

3. Le résultat est modifié automatiquement si le contenu des cellules A3 ou B4 est modifié.

	A	B
1	0	0
2	10	1
3	20	9
4	30	18
5		=A3+B4

	A	B
1	0	0
2	10	1
3	20	9
4	30	18
5		38

3 Représentation des graphiques

Associé au tableur, le grapheur permet de **représenter sous forme graphique des données numériques**. On utilise le menu **Insertion/Diagramme** ou **Graphique.**

→ Exemple

Objectif : représenter graphiquement *d* en fonction de *t*.

1. Sélectionnez la zone à représenter.

2. Choisissez un mode de représentation.

3. Pour obtenir la droite moyenne, utilisez le menu **Graphique/Ajouter une courbe de tendance**.

Conseils

Afin d'éviter les erreurs, vérifiez que :
- toutes les valeurs ont été saisies ;
- les axes des abscisses et des ordonnées n'ont pas été inversées ;
- le graphique et les axes comportent chacun un titre ;
- les unités des axes sont précisées ;
- une légende est présente ;
- le graphique est lisible, c'est-à-dire que les données sont bien mises en évidence et les textes écrits suffisamment gros.

	A	B
1	t	d
2	0,04	0,40
3	0,08	0,80
4	0,12	1,35
5	0,16	1,75
6	0,20	2,10
7	0,24	2,55
8	0,28	3,05
9	0,32	3,40

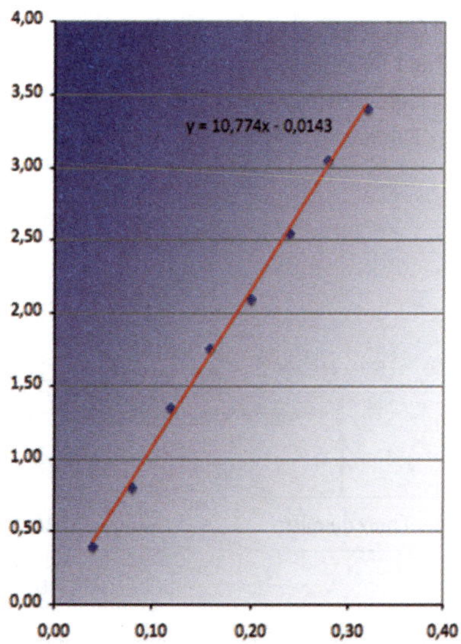

4 LOGICIELS D'ENREGISTREMENT ET D'ANALYSE D'UN SON

De nombreux logiciels existent pour enregistrer un son. L'un des plus simples d'utilisation est le logiciel libre **Audacity**. Il permet **d'enregistrer et d'analyser un son**, ainsi que d'importer et d'exporter des données en plusieurs formats (mp3, wav, etc.).

1 L'enregistrement

• Pour enregistrer un son avec Audacity, il suffit que l'ordinateur utilisé soit équipé d'une carte son avec au moins une entrée microphone.

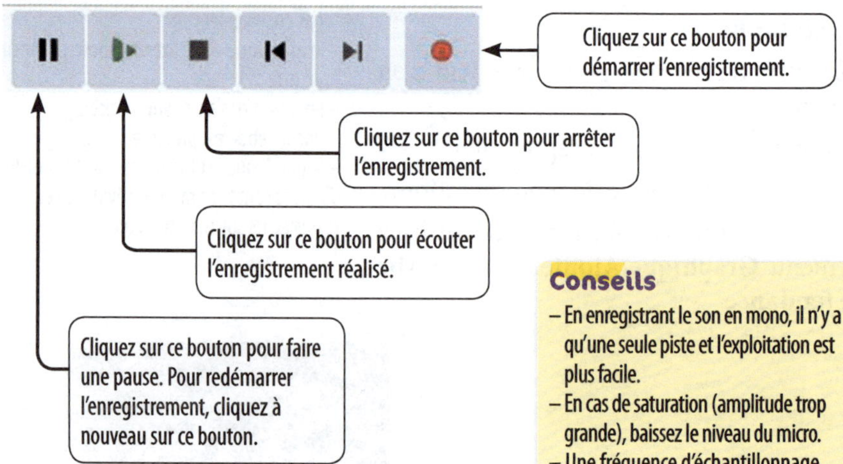

Conseils

– En enregistrant le son en mono, il n'y a qu'une seule piste et l'exploitation est plus facile.
– En cas de saturation (amplitude trop grande), baissez le niveau du micro.
– Une fréquence d'échantillonnage de 44 100 Hz est souvent adaptée.

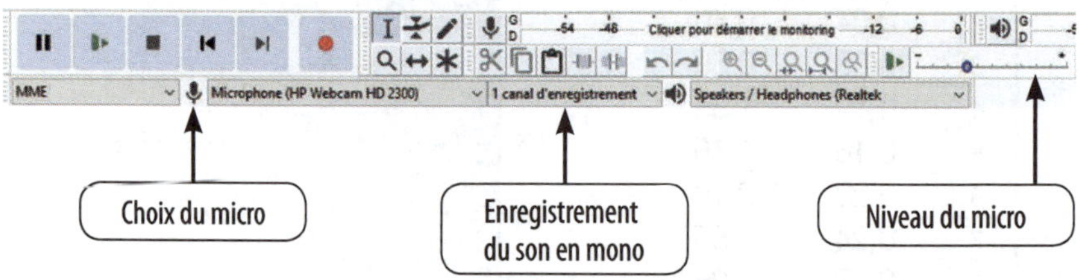

POINT NUMÉRIQUE

2 Le stockage

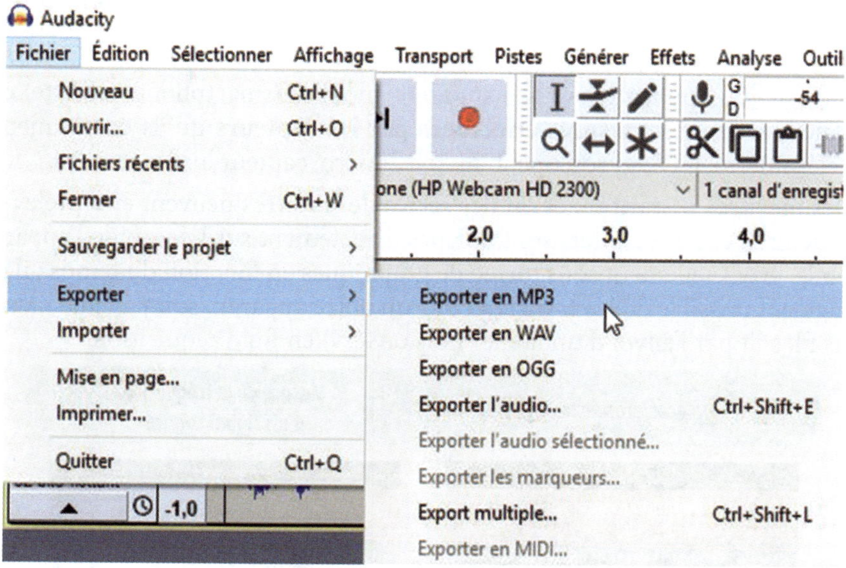

Capture d'écran du logiciel Audacity

• Le son enregistré peut être stocké, par exemple sous la forme d'un fichier .mp3 ou .wav Pour cela, aller dans le menu :

Fichier > Exporter > Exporter en MP3

Remarque : il est possible de paramétrer au niveau de déclenchement pour enregistrer un son. Cette option est activée dans le menu :

Transport > Options de Transport > Enregistrement automatique (marche/arrêt)

Le réglage du niveau de déclenchement est accessible par :

Niveau d'enregistrement automatique

5 APPLICATIONS DE RÉCUPÉRATION DE SIGNAUX DE CAPTEURS D'APPAREILS MOBILES

• Il existe des applications pour appareils mobiles (smartphone, tablette) qui donnent accès aux **mesures effectuées par les capteurs** qu'ils contiennent : accéléromètre, GPS, gyroscope, boussole, micro, capteur lumineux, etc.

• Des **mesures instantanées** ou des **séries de mesures** peuvent être prélevées à la demande. Les résultats sont affichés directement sur l'écran de l'appareil mobile, éventuellement sous forme de graphiques en fonction du temps ; il est également possible de les transférer sur un autre appareil, soit par une liaison sans fil, soit par l'envoi d'un fichier (.xls ou .csv) en fin d'acquisition.

Accéléromètre	Mesure de la fréquence d'un signal sonore
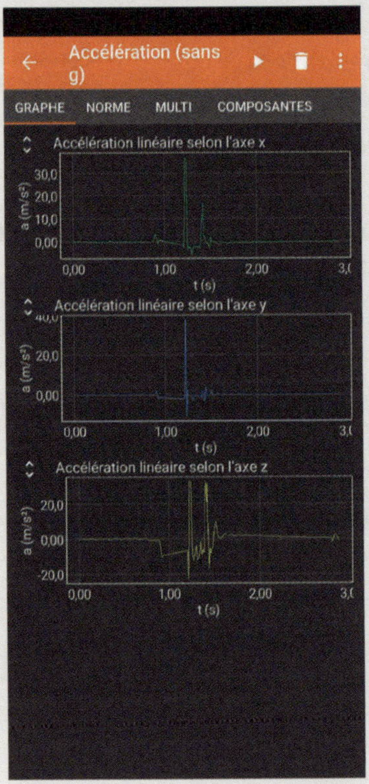	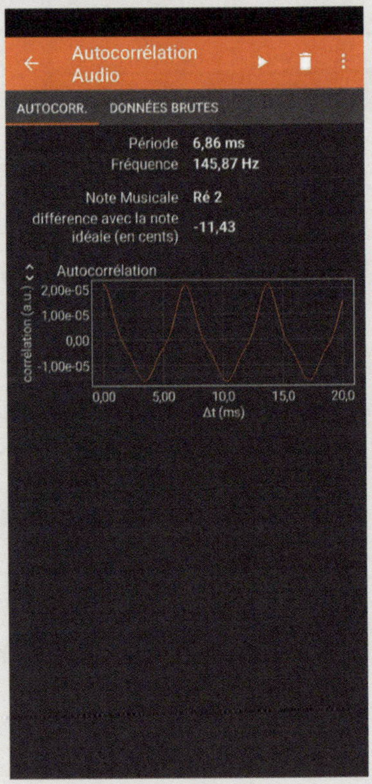

Exemples de mesures affichées par l'application Phyphox, téléchargeable à l'adresse : phyphox.org

Cahier Spécial BAC

Acquisition des bonnes méthodes de travail

1 Tout au long de l'année

À SAVOIR

Expliquer oralement la correction d'un exercice permet de vérifier qu'on l'a bien comprise soi-même.

- **Écoutez en classe** et **travaillez régulièrement tout au long de l'année** sans hésiter à demander de l'aide à vos camarades.
- **Expliquez oralement** à vos camarades la leçon que vous venez d'apprendre ou la méthode que vous avez appliquée pour résoudre une question.
- Apprenez à bien vous **servir de votre calculatrice** : choix du mode degré ou radian, calculs avec des puissances de dix, etc.
- Rédigez des **fiches de révision ou des cartes mentales**, appelées également cartes heuristiques, reprenant les **points essentiels à savoir**. Pour cela, vous pouvez vous baser sur les **cours présents dans ce manuel**.

En classe

Profitez des séances de travaux pratiques en effectif réduit pour approfondir certains sujets qui vous ont paru difficiles lorsqu'ils ont été traités en classe entière.

ASTUCE

Ne regardez surtout pas la correction avant d'avoir fini de résoudre l'intégralité d'un exercice.

- Résolvez les différents **exercices de ce manuel**, en commençant par les QCM, les questions courtes et les exercices d'entrainement, dans le calme, sans faire de pause au milieu d'un exercice, sans téléphone portable ni autre objet connecté à disposition.
- **Rédigez vos réponses** comme si elles étaient notées par votre professeur, afin de prendre dès le début de l'année de bonnes habitudes :

– **indiquez le numéro de l'exercice, le titre de la partie traitée et précisez bien le numéro de la question** (surtout si vous n'avez pas répondu aux questions dans l'ordre) ;
– **si la question nécessite uniquement l'utilisation de documents**, présentez d'abord vos observations précises qui vous serviront d'arguments et terminez par votre interprétation ;
– **si la question exige une mise en relation des documents avec des connaissances**, utilisez d'abord les documents en les décrivant précisément, puis interprétez-les à l'aide de vos connaissances ;
– **si la question est une restitution de connaissances ou nécessite un raisonnement mathématique sans s'appuyer sur des documents**, soyez le plus clair et le plus précis possible ;

– **ne récitez pas votre cours** pour étoffer votre réponse. Les réponses attendues sont parfois courtes ;

– **écrivez les démarches suivies** et vos essais même si vous n'arrivez pas à trouver la solution finale. Ils seront la plupart du temps valorisés lors de la correction, même s'ils sont non aboutis ;

– **vérifiez plusieurs fois vos calculs**, en faisant attention aux **unités** utilisées.

– **tracez** les schémas à la **règle** et **soulignez** les résultats ;

– **construisez des phrases simples** et assez courtes, et vérifiez lors de la **relecture** qu'il n'y a pas de phrase sans verbe, sans sujet, etc.

- Consacrez du temps à **la compréhension de la correction** et demandez des explications supplémentaires à votre professeur si certaines notions ne sont pas toujours comprises.

GAGNEZ DES POINTS !

Ne rédigez pas vos réponses au brouillon, vous n'en aurez pas le temps !

2 Deux mois avant l'épreuve du baccalauréat

- Établissez un **planning de révisions** le plus précis possible.

- Finissez de rédiger **les fiches de révision ou les cartes mentales** reprenant les points essentiels à savoir, si vous avez commencé à en faire pendant l'année.

- Si vous n'avez pas rédigé de fiches de révision ou de cartes mentales pendant l'année, ne commencez pas en faire maintenant, relisez plutôt plusieurs fois les cours de **ce manuel**.

REMARQUE

Un planning de révisions doit être réaliste, ne prévoyez pas de travailler tous les soirs jusque minuit car cela vous épuiserait et serait contre-productif.

- **Résolvez les exercices de type bac de ce manuel** que vous n'avez pas encore traités et relisez vos éventuelles fiches de synthèse ou cartes mentales si nécessaire.

- **Travaillez votre rapidité en résolvant les exercices en temps limité.** Utilisez un chronomètre qui sonnera à la fin de la durée affichée dans le manuel et arrêtez de rédiger à cet instant. Si vous cherchez à être rapide uniquement lors des évaluations en classe, vous ne progresserez jamais sur ce point !

- **Refaites les démonstrations difficiles**, comme celles des chapitres de mécanique par exemple.

À SAVOIR

Les cours et les exercices de ce manuel contiennent toutes les notions à connaître pour l'épreuve du baccalauréat, démonstrations comprises.

Préparation de l'épreuve écrite du baccalauréat

1 Description de l'épreuve

- La durée de l'épreuve écrite est de **3 heures 30 minutes.**

Top chrono !

Pour vous organiser efficacement, prévoyez environ :

- **5 minutes pour lire rapidement le sujet** dans son intégralité, ce qui vous permettra de commencer par traiter l'exercice qui vous paraît le plus facile ;
- **un peu moins de dix minutes par point**, c'est-à-dire que vous devez répondre à un exercice noté sur 5 points en un peu moins de 50 minutes ;
- **10 minutes pour relire l'ensemble de la copie** juste avant la fin de l'épreuve.

- L'épreuve écrite a pour objectif d'évaluer des **notions, contenus, capacités et compétences portant essentiellement sur le programme de Terminale**, en s'appuyant de manière équilibrée sur les quatre thèmes :

– Constitution et transformations de la matière.
– Mouvement et interactions.
– Énergie : conversions et transferts.
– Ondes et signaux.

GAGNEZ DES POINTS !

Les notions de Première doivent aussi être assimilées car vous pouvez avoir à les utiliser dans un exercice.

- L'épreuve écrite est constituée de **trois exercices indépendants**. Les sujets traités lors de cette épreuve portent sur des situations contextualisées, peuvent contenir des documents et inclure des questions relatives aux aspects expérimentaux et aux capacités numériques identifiées au début de chaque chapitre du manuel.

REMARQUE

Les exercices peuvent être des exercices de physique, de chimie ou mélangeant physique et chimie.

- Les **questions sont plus ou moins guidées**. Le sujet accorde une place significative à la **modélisation** et à la **résolution de questions avec prise d'initiative**, appelée également **résolution de problèmes**.

- En fonction du contenu des exercices, l'**usage d'une calculatrice** peut être **interdit ou autorisé**. Cette précision est portée sur le sujet de l'épreuve. Dans ce manuel, la résolution des exercices portant le sigle doit s'effectuer sans calculatrice.

Présentation et soin de la copie

- Traitez chacun des trois exercices sur une copie double différente. Cela permet d'arrêter et de recommencer une partie sans que cela n'ait d'influence sur l'ensemble du travail.
- Précisez bien les numéros des questions (surtout si n'avez pas répondu aux questions dans l'ordre).
- Écrivez lisiblement et soulignez à la règle les réponses ou les mots importants.
- Vérifiez que vous n'avez pas oublié les unités à la fin des calculs.

2 Résolution d'une question avec prise d'initiative

Comment aborder une question avec prise d'initiative ?

- La résolution d'une question avec prise d'initiative peut s'appuyer sur quelques **questions préliminaires**, précédées d'un énoncé précisant le problème posé. La question avec prise d'initiative est souvent accompagnée d'un ou de plusieurs documents scientifiques.

ASTUCE

Les réponses aux éventuelles questions préliminaires sont toujours une aide pour la résolution de la question avec prise d'initiative.

- Pour traiter le sujet, il est nécessaire de répondre d'abord aux questions préliminaires éventuellement posées.
- La réponse doit s'appuyer sur une **argumentation scientifique** accompagnée le plus souvent de calculs ou de schémas.

Comment résoudre une question avec prise d'initiative ?

Lire le sujet

- Commencez par lire soigneusement l'énoncé puis les questions posées. Repérer les mots-clés de la problématique.
- Étudiez les documents en repérant dans les graphiques, les schémas ou les photographies, les informations utiles à la résolution de la question avec prise d'initiative.

CONSEIL

Les mots-clés peuvent être :
– les verbes d'action utilisés (estimer, évaluer, comparer, etc.) ;
– les informations à rechercher dans les documents ;
– les données à utiliser ;
– etc.

Répondre aux questions préliminaires

- Répondez directement sur la copie aux éventuelles questions préliminaires en reliant les informations données dans les documents aux connaissances et en effectuant les calculs nécessaires.

Travailler au brouillon

- Reformulez la problématique au brouillon pour bien la comprendre.
- Notez au brouillon les informations des différents documents en rapport avec la consigne.
- Relevez les grandeurs physiques qui permettent de répondre à la problématique et associer un symbole à chaque grandeur physique.
- Reliez les informations données dans les documents aux connaissances nécessaires à la résolution de la question avec prise d'initiative.
- Identifiez les données manquantes et leur donner un ordre de grandeur si nécessaire.
- Décrivez les principales étapes de la démarche à suivre pour résoudre le problème, soit sous forme d'un schéma, soit en dressant une liste des opérations à effectuer. Chaque opération doit être décrite par une phrase commençant par un verbe à l'infinitif (calculer, évaluer, faire la moyenne, etc.), dans laquelle les grandeurs physiques nécessaires sont identifiées précisément.

ASTUCE

La valeur v de la vitesse d'un athlète en plein effort n'est pas forcément donnée, il faut être capable de déterminer un ordre de grandeur : $v = 10\ m \cdot s^{-1}$.
En effet, un athlète court 100 mètres en 10 secondes environ, soit 10 mètres par seconde.

CONSEIL

N'hésitez pas à relire plusieurs fois les documents si nécessaire.

Rédiger

- Rédigez avec soin la résolution de la question avec prise d'initiative.
- Insérez les calculs en notant les relations littérales avant d'effectuer les applications numériques.
- N'oubliez pas de critiquer et de valider le résultat trouvé même si cela n'est pas demandé.

GAGNEZ DES POINTS !

Notez sur la copie les principales étapes de la démarche de résolution même si le résultat final n'a pas été trouvé car l'évaluation tient compte de la démarche.

→ Les étapes-clés de la résolution d'une question avec prise d'initiative

1. Reformulez la problématique.
2. Repérez les informations pertinentes des différents documents ainsi que les données manquantes.
3. Établissez une démarche de résolution en reliant ses connaissances aux informations recueillies.
4. Résolvez le problème en utilisant un vocabulaire scientifique précis.

Exemple corrigé : Épreuve écrite

Décollage de la fusée Ariane 5

1 h 05 6 pts

La propulsion de la fusée Ariane 5 est assurée par :

– un étage principal cryotechnique (EPC) constitué du moteur Vulcain, de puissance transmise à la fusée de l'ordre de 10 MW en moyenne au cours des deux premières secondes du décollage ;

– deux boosters (étages d'accélération à poudre EAP) qui contribuent à environ 90 % de la puissance totale transmise à la fusée au début du décollage.

Le but de cet exercice est de vérifier certaines des caractéristiques de la fusée Ariane 5 à partir d'une chronophotographie de son décollage.

Doc. 1 Représentation d'un modèle de la fusée Ariane 5 d'après *CNES.fr*

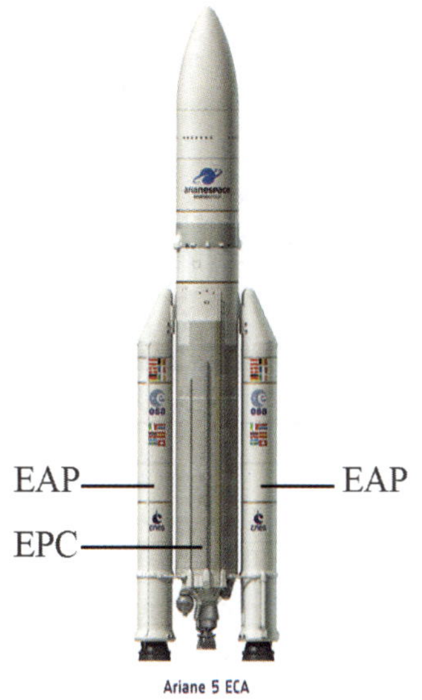

Données :

- intensité de la pesanteur : $g = 9{,}8\ m{\cdot}s^{-2}$;
- débit massique d'éjection de gaz du moteur Vulcain : $270\ kg{\cdot}s^{-1}$;
- débit massique d'éjection de gaz de chaque booster : $1{,}8 \times 10^3\ kg{\cdot}s^{-1}$;
- caractéristiques des différentes fusées Ariane :

Fusée	Ariane 1	Ariane 2	Ariane 3	Ariane 4	Ariane 5
Masse au décollage (tonnes)	210	219	234	243 à 480	750 à 780
Poussée* (kN)	2 500	2 700	2 700	2 700 à 5 400	12 000 à 13 000
Hauteur de la fusée (m)	47	49	49	59	52

* La poussée, qui s'exprime en kilonewton (kN), est une action qui s'exerce sur la fusée. C'est l'action de réaction des gaz éjectés au cours de la combustion du carburant. Au décollage, cette action est modélisée par une force verticale et orientée vers le haut.

Doc. 2 Chronophotographie du début du décollage d'Ariane 5

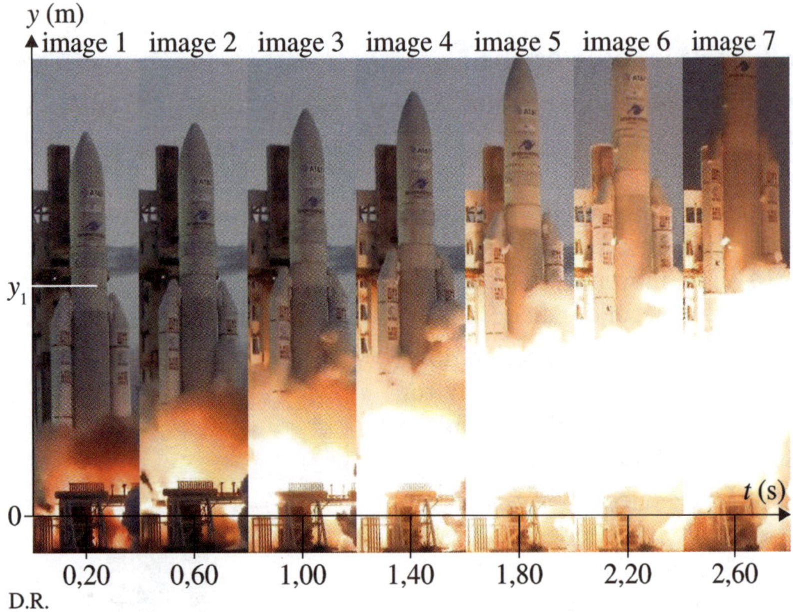

Pour faciliter les mesures, les différentes images de la fusée ont été décalées horizontalement les unes par rapport aux autres.

L'étude de cette chronophotographie donne les résultats suivants. L'axe vertical a pour origine la base de la fusée.

Doc. 3 Détermination expérimentale de la position et de la vitesse de la fusée

Image	t (s)	y (m)	v_y (m·s^{-1})
1	0,20	$y_1 = 30{,}1$	
2	0,60	31,5	v_2
3	1,00	33,3	6,8
4	1,40	36,9	9,6
5	1,80	y_5	12
6	2,20	46,5	15
7	2,60	52,9	

L'image 1 du **document 2** précise l'endroit de la fusée qui sert à repérer son mouvement vertical. Son ordonnée sur l'axe des y est notée y_1.

PARTIE I ESTIMATION DE LA POUSSÉE

1 Calculer la masse des gaz éjectés pendant la durée de l'étude, soit 2,40 s. La comparer à la masse au décollage de la fusée. Commenter.

On considère dans la suite de l'exercice que la masse totale de la fusée est constante pendant la durée de l'étude.

2 Estimer, à l'aide du **doc. 2**, la valeur de y_5. Détailler la démarche.

3 On donne sur le **doc. 4** le graphe représentant l'évolution de la vitesse de la fusée au cours du temps.

Doc. 4 Évolution de la valeur de la vitesse de la fusée au cours du temps

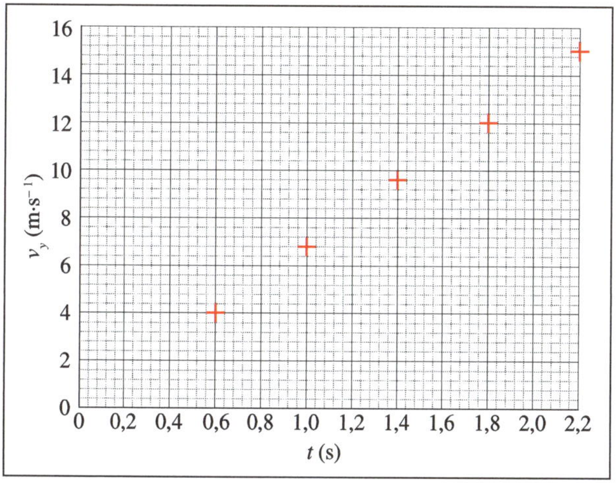

a. Estimer, à l'aide du tableau du **doc. 3**, la valeur de v_2. Détailler la démarche et vérifier que ce résultat est cohérent avec le graphe du **doc. 4**.

b. Montrer que la valeur de l'accélération de la fusée pendant la durée de l'étude est proche de 7 m·s^{-2}.

c. Préciser, en justifiant, la direction et le sens du vecteur accélération de la fusée.

4 Choisir, parmi les propositions du **doc. 5**, le schéma compatible avec le décollage de la fusée. Justifier.

Doc. 5 Propositions de représentation des forces s'appliquant sur la fusée qui vient de quitter le sol

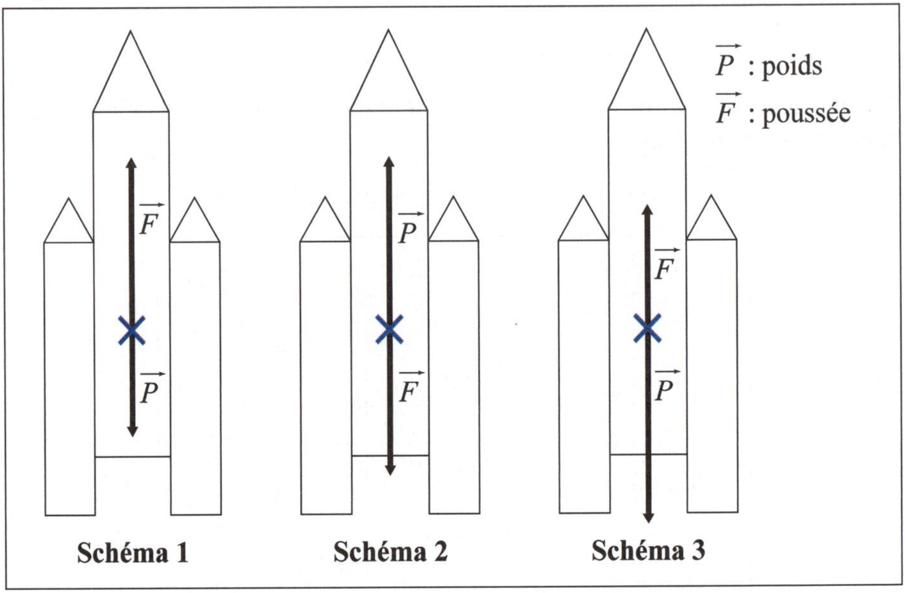

5 À partir des résultats précédents, estimer la valeur de la force de poussée. Vérifier la cohérence de ce résultat avec les données.

PARTIE II ESTIMATION DE LA PUISSANCE TOTALE DÉVELOPPÉE PAR LA FUSÉE ARIANE 5 AU DÉBUT DU DÉCOLLAGE

6 En utilisant les données sur la fusée Ariane 5 et le tableau du **doc. 3**, estimer la puissance moyenne fournie à la fusée par l'ensemble {moteur Vulcain + boosters} pendant les deux secondes de l'étude comprises entre 0,2 s et 2,2 s.

Comparer cette valeur avec les données du texte d'introduction.

Corrigé

1 La masse m_{gaz} des gaz éjectés pendant la durée Δt de l'étude est égale à : $m_{gaz} = D_{total} \times \Delta t$ avec D_{total} le débit massique total d'éjection de gaz.
Or, $D_{total} = D_{Vulcain} + 2\ D_{booster}$ avec $D_{Vulcain}$ le débit massique d'éjection de gaz du moteur Vulcain et $D_{booster}$ le débit massique d'éjection de gaz d'un booster (sachant qu'il y a deux boosters).

Ainsi : $\boldsymbol{m_{gaz} = (D_{Vulcain} + 2\ D_{booster}) \times \Delta t}$.

A.N. : $m_{gaz} = (270 + 2 \times 1{,}8 \times 10^3) \times 2{,}4 = \mathbf{9{,}3 \times 10^3\ kg = 9{,}3\ tonnes}$.

La masse m de la fusée Ariane 5 est comprise entre 750 tonnes et 780 tonnes. Si on se base sur la masse minimum de la fusée m = 750 tonnes, la masse m_{gaz} des gaz éjectés pendant la durée Δt de l'étude correspond uniquement à $\frac{9{,}3}{750} = 1{,}2 \times 10^{-2} = 1{,}2\ \%$ de la masse de la fusée, ce qui est peu. Cela explique le fait que l'on peut considérer la masse totale de la fusée comme constante pendant la durée de l'étude.

ASTUCE
Multipliez par 100 le résultat du rapport pour obtenir un pourcentage.

2 D'après le doc. 3, y_1 = 30,1 m.
De plus, l'étude du doc. 2 permet de trouver que $\boldsymbol{y_5 = \frac{4}{3} y_1}$.

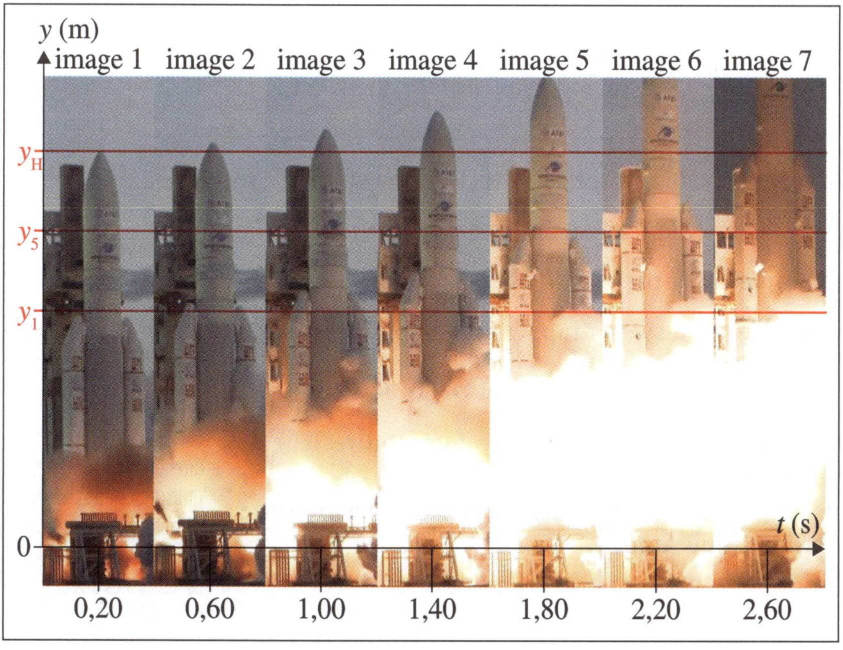

Ainsi : $y_5 = \dfrac{4 \times 30{,}1}{3} = \mathbf{4 \times 10^1\ m}$, soit **environ 40 m.**

> **GAGNEZ DES POINTS !**
> La question demande d'estimer un résultat, il n'est donc pas nécessaire de donner un résultat précis.

3 **a.** La valeur v_2 de la vitesse de la fusée est égale à : $\boldsymbol{v_2 = \dfrac{y_3 - y_1}{t_3 - t_1}}$.

A.N. : $\boldsymbol{v_2} = \dfrac{33{,}3 - 30{,}1}{1{,}00 - 0{,}20} = \mathbf{4{,}0\ m.s^{-1}}$.

Sur le **doc. 4**, à $t = t_2 = 0{,}6$ s, $\boldsymbol{v_2 = 4\ m.s^{-1}}$. Le résultat calculé précédemment est donc bien **cohérent** avec le **doc. 4**.

b. Aux incertitudes expérimentales près, les points expérimentaux du **doc. 4** sont alignés suivant **une droite passant par l'origine**.

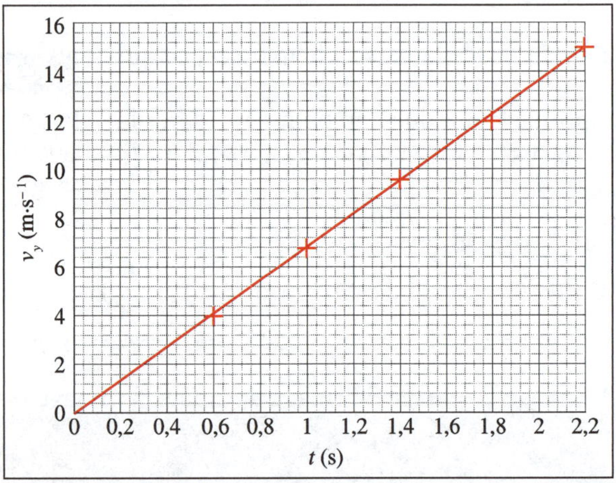

Le mouvement de la fusée étant verticale, la valeur de son accélération est égale à la dérivée par rapport au temps de la valeur de sa vitesse : $a = \dfrac{dv}{dt}$.

Or, comme la courbe $v = f(t)$ est une droite passant par l'origine, la dérivée de la valeur de la vitesse par rapport au temps $\dfrac{dv}{dt}$ est égale au coefficient directeur de la droite, ce qui signifie que la valeur a de l'accélération est constante et égale au coefficient directeur de cette droite.

Ainsi, en utilisant les deux points extrêmes de cette droite, on trouve que :

$$\boldsymbol{a} = \frac{15 - 0}{2{,}2 - 0} = \mathbf{6{,}8\ m{\cdot}s^{-2}}$$

> **ASTUCE**
> Lors du calcul du coefficient directeur d'une droite, utilisez dès que possible l'origine car le calcul sera facilité étant donné que les coordonnées de l'origine sont (0 ; 0).

La valeur de l'accélération de la fusée pendant la durée de l'étude est donc **bien constante**, avec une **valeur proche de 7 m.s^{-2}.**

c. Le mouvement de la fusée est vertical vers le haut et la valeur de sa vitesse augmente pendant la durée de l'étude. Pendant la durée de l'étude, **le vecteur accélération de la fusée a** donc :
- **une direction verticale** ;
- **un sens vers le haut.**

ÉVITEZ LES ERREURS !

Ne confondez pas sens et direction !

4 D'après la **deuxième loi de Newton** dans le référentiel terrestre supposé galiléen, la **somme vectorielle des forces** exercées sur le centre de masse d'un système est dans le **même sens** et la **même direction** que le **vecteur accélération** du centre de masse du système.

À SAVOIR

L'expression mathématique de la deuxième loi de Newton est : $\sum \vec{F} = m\vec{a}$.

Comme le vecteur accélération de la fusée est vertical et vers le haut d'après la question précédente, la **somme vectorielle des forces exercées sur la fusée** est donc elle aussi **verticale et vers le haut.**

Ainsi, le schéma du **doc. 5** compatible avec le décollage de la fusée est **le schéma 1.** En effet, sur ce schéma, la longueur du vecteur $\vec{F}$, vertical et vers le haut, est plus grande que la longueur du vecteur $\vec{P}$, vertical et vers le bas, ce qui signifie que la norme de la force de poussée, verticale et vers le haut, est plus grande que la norme du poids, vertical et vers le bas.

5 D'après la deuxième loi de Newton, dans le référentiel terrestre supposé galiléen, la somme vectorielle $\sum \vec{F}$ des forces exercées sur le centre de masse d'un système de masse m est égal à :

$\sum \vec{F} = m\vec{a}$, avec $\vec{a}$ le vecteur accélération du centre de masse du système.

Ainsi, en projetant les vecteurs selon un axe vertical orienté vers le haut :

$F - P = m \times a$.

D'où : $\boldsymbol{F} = m \times a + P = m \times a + m \times g = \boldsymbol{m \times (a + g)}$.

A.N. :

- avec m = 750 tonnes = 750×10^3 kg

$\boldsymbol{F} = 750 \times 10^3 \times (6,8 + 9,8) = \mathbf{1,2 \times 10^7}$ **N** ;

- avec m = 780 tonnes = 780×10^3 kg,

$\boldsymbol{F} = 780 \times 10^3 \times (6,8 + 9,8) = \mathbf{1,3 \times 10^7}$ **N.**

D'après les données, la **norme de la force de poussée** est **comprise entre 12 000 kN et 13 000 kN**, ce qui est bien **compatible avec les résultats ci-dessus.**

6 La puissance totale fournie à la fusée entre $t_1 = 0{,}2$ s et $t_6 = 2{,}2$ s est égale à :
$P = \dfrac{\Delta E}{t_6 - t_1}$, avec ΔE la variation d'énergie de la fusée entre t_1 et t_6, égale à la variation d'énergie ΔE_m de la fusée entre t_1 et t_6.

Or, $\Delta E_m = \Delta E_c + \Delta E_p p = ½\,(m_6\,v_6^{\,2} - m_1\,v_1^{\,2}) + g\,(m_6\,y_6 - m_1\,y_1)$, avec :

- g l'intensité de la pesanteur ;
- m_1, v_1 et y_1 la masse de la fusée, la valeur de sa vitesse et son altitude à la date t_1 ;
- m_6, v_6 et y_6 la masse de la fusée, la valeur de sa vitesse et son altitude à la date t_6.

Ainsi : $P = \dfrac{½\,(m_6 v_6^2 - m_1 v_1^2) + g\,(m_6 y_6 - m_1 y_1)}{t_6 - t_1}$.

A.N. : D'après l'énoncé, $m_1 = 780 \times 10^3$ kg et $m_6 = 750 \times 10^3$ kg.

D'après le **doc. 3**, $y_1 = 30{,}1$ m, $y_6 = 46{,}5$ m et $v_6 = 15$ m.s^{-1}.

De plus, d'après l'exploitation du doc. 4 faite dans le corrigé de la question **3 b.**, $v_1 = 1{,}4$ m.s^{-1}.

BIEN COMPRENDRE

Le choix a été fait de prendre deux valeurs de masse de fusée différentes entre le début et la fin du décollage étant donné que du gaz a été consommé mais il est tout à fait possible de prendre une valeur de masse constante comme cela a été indiqué dans la première partie de cet exercice.

D'où :

$$P = \frac{½\,(750 \times 10^3 \times 15^2 - 780 \times 10^3 \times 1{,}4^2) + 9{,}8\,(750 \times 10^3 \times 46{,}5 - 780 \times 10^3 \times 30{,}1)}{2{,}2 - 0{,}2}.$$

$\boldsymbol{P = 9{,}8 \times 10^7}$ **W.**

Pour vérifier ce résultat, l'énoncé indique que la puissance transmise par les deux boosters correspond à 90 % de la puissance totale fournie à la fusée, ce qui signifie que la puissance fournie par le moteur Vulcain, de l'ordre de 10 MW, correspond à 10 % de la puissance totale fournie à la fusée. **D'après l'énoncé**, l'ordre de grandeur de la puissance totale fournie à la fusée est donc égal à : $\boldsymbol{P} = 100/10 \times 10 = 1 \times 10^2$ MW $= \mathbf{1 \times 10^8}$ **W**, ce qui est **compatible avec le résultat précédent** ($P = 9{,}8 \times 10^7$ W).

Préparation de l'évaluation des compétences expérimentales du baccalauréat (É.C.E)

1 Description de l'épreuve

• L'**ECE** est l'**Évaluation des Compétences Expérimentales,** dans le contexte d'une salle de travaux pratiques de physique et de chimie.

• L'épreuve dure **1 heure**. Le sujet est tiré au sort parmi plusieurs sujets d'épreuves différents et porte essentiellement sur les capacités expérimentales décrites dans la quatrième partie de cette fiche méthode.

À SAVOIR

Si vos résultats expérimentaux comportent une erreur, elle ne sera pas forcément sanctionnée, à condition d'expliquer pourquoi le protocole n'a pas fonctionné.

• Lors de l'épreuve, il faut **s'approprier** une problématique de nature expérimentale, **mettre en œuvre** ou **élaborer** un protocole, **réaliser** une ou plusieurs expériences, **valider** sa démarche et **communiquer** ses résultats. L'autonomie et l'initiative sont également valorisées.

• La **démarche expérimentale** est **évaluée**, davantage que les résultats.

2 Description des compétences expérimentales

Les cinq compétences travaillées dans le cadre de la démarche scientifique en physique-chimie sont données ci-dessous, ainsi que quelques exemples de capacités associées pour chacune (*Bulletin officiel spécial*, n° 8 du 25 juillet 2019).

S'APPROPRIER

- Énoncer une problématique.
- Rechercher et organiser l'information en lien avec la problématique étudiée.
- Représenter la situation par un schéma.

VALIDER

- Faire preuve d'esprit critique, procéder à des tests de vraisemblance.
- Identifier des sources d'erreur, estimer une incertitude, comparer à une valeur de référence.
- Confronter un modèle à des résultats expérimentaux.
- Proposer d'éventuelles améliorations de la démarche ou du modèle.

ANALYSER-RAISONNER

- Formuler des hypothèses.
- Proposer une stratégie de résolution.
- Planifier des tâches.
- Évaluer des ordres de grandeur.
- Choisir un modèle ou des lois pertinentes.
- Choisir, élaborer, justifier un protocole.
- Faire des prévisions à l'aide d'un modèle.
- Procéder à des analogies.

COMMUNIQUER

À l'écrit comme à l'oral :

- Présenter une démarche de manière argumentée, synthétique et cohérente.
- Utiliser un vocabulaire adapté et choisir des modes de représentation appropriés.
- Échanger entre pairs.

RÉALISER

- Mettre en oeuvre les étapes d'une démarche.
- Utiliser un modèle.
- Effectuer des procédures courantes (calculs, représentations, collectes de données, etc.).
- Mettre en œuvre un protocole expérimental en respectant les règles de sécurité.

3 Évaluation par compétences

Comme son nom l'indique, l'évaluation des compétences expérimentales (ECE) du baccalauréat est une évaluation par compétences avec quatre niveaux de maitrise A, B, C et D.

Satisfaisant	**Niveau A** L'ensemble de la tâche est effectué de manière satisfaisante (avec éventuellement une ou deux questions posées par le professeur).	**Niveau B** L'ensemble de la tâche est effectué de manière satisfaisante grâce à une aide apportée par le professeur.
Non satisfaisant	**Niveau C** La réalisation de la tâche nécessite plusieurs aides du professeur.	**Niveau D** La tâche n'est pas menée à bien, même avec les différentes aides apportées par le professeur.

4 Capacités expérimentales à acquérir

Afin d'être prêt pour l'ECE du baccalauréat, les capacités expérimentales suivantes sont à acquérir tout au long de l'année de Terminale.

	À retravailler	Acquis

Capacités expérimentales communes à tous les thèmes

	À retravailler	Acquis
Respecter les règles de sécurité liées au travail en laboratoire.	■	■
Mettre en œuvre un dispositif d'acquisition et de traitement de données : microcontrôleur, interface d'acquisition, tableur, langage de programmation.	■	■
Utiliser un logiciel de simulation.	■	■

REMARQUE

Le thème 1 regroupe les chapitres 1 à 8.

Thème 1 : Constitution et transformations de la matière

	À retravailler	Acquis
Préparer une solution par dissolution ou par dilution en choisissant le matériel adapté.	■	■
Réaliser le spectre d'absorption UV-visible d'une espèce chimique.	■	■
Réaliser des mesures d'absorbance, de pH, de conductivité en s'aidant d'une notice.	■	■
Mettre en œuvre un test de reconnaissance pour identifier une espèce chimique.	■	■
Tracer une courbe d'étalonnage pour déterminer une concentration.	■	■
Mettre en œuvre le protocole expérimental d'un titrage.	■	■
Réaliser une pile et un circuit électrique intégrant un électrolyseur*.	■	■
Utiliser un logiciel de simulation de structures moléculaires et des modèles moléculaires.	■	■
Mettre en œuvre une extraction liquide-liquide.	■	■
Réaliser le montage des dispositifs de chauffage à reflux et de distillation fractionnée et les mettre en œuvre	■	■
Mettre en œuvre un dispositif pour estimer une température de changement d'état.	■	■
Réaliser une filtration simple ou sous pression réduite, un lavage, un séchage.	■	■
Réaliser une chromatographie sur couche mince.	■	■
Respecter le mode d'élimination d'une espèce chimique ou d'un mélange pour minimiser l'impact sur l'environnement.	■	■

Thème 2 : Mouvement et interactions

REMARQUE
Le thème 2 regroupe les chapitres 9 à 12.

Mettre en œuvre un dispositif permettant d'illustrer l'interaction électrostatique. ■ ■

Utiliser un dispositif permettant de repérer la direction du champ électrostatique. ■ ■

Collecter des données sur un mouvement (vidéo, chronophotographie, etc.). ■ ■

Utiliser un dispositif permettant d'étudier la poussée d'Archimède*. ■ ■

Mesurer une pression et une vitesse d'écoulement dans un gaz et dans un liquide*. ■ ■

Thème 3 : L'énergie : conversions et transferts

REMARQUE
Le thème 3 regroupe les chapitres 13 et 14.

Utiliser un multimètre, adapter le calibre si nécessaire. ■ ■

Réaliser un montage électrique conformément à un schéma électrique normalisé. ■ ■

Mettre en œuvre un protocole permettant d'estimer une énergie transférée électriquement ou mécaniquement. ■ ■

Mettre en œuvre un dispositif pour réaliser un bilan énergétique et suivre l'évolution de la température d'un système. ■ ■

Thème 4 : Ondes et signaux

REMARQUE
Le thème 4 regroupe les chapitres 15 à 19.

Mettre en œuvre un dispositif expérimental permettant d'illustrer la propagation d'une perturbation mécanique. ■ ■

Mettre en œuvre un dispositif expérimental permettant de collecter des données sur la propagation d'une perturbation mécanique (vidéo, chronophotographie, etc.). ■ ■

Mettre en œuvre un dispositif permettant de mesurer la période, la longueur d'onde, la célérité d'une onde périodique. ■ ■

Commander la production d'un signal grâce à un microcontrôleur. ■ ■

Mesurer un niveau d'intensité sonore. ■ ■

Utiliser un luxmètre ou une photorésistance. ■ ■

Estimer la distance focale d'une lentille mince convergente. ■ ■

Réaliser un montage optique comportant une ou deux lentilles minces. ■ ■

Mettre en œuvre un dispositif pour illustrer la synthèse additive ou la synthèse soustractive. ■ ■

Mettre en œuvre un dispositif pour illustrer que la couleur apparente d'un objet dépend de la source de lumière. ■ ■

Mettre en œuvre un protocole expérimental permettant d'obtenir un spectre d'émission. ■ ■

Mettre en œuvre des dispositifs permettant d'étudier les phénomènes de diffraction et d'interférences. ■ ■

Mettre en œuvre un dispositif permettant d'étudier l'effet Doppler en acoustique. ■ ■

Utiliser une cellule photovoltaïque*. ■ ■

Utiliser un oscilloscope. ■ ■

Réaliser un montage électrique pour étudier la charge et la décharge d'un condensateur dans un circuit RC. ■ ■

Respecter les règles de sécurité préconisées lors de l'utilisation de sources lumineuses. ■ ■

Respecter les règles de sécurité préconisées lors de l'utilisation d'appareils électriques. ■ ■

→ Pour s'entraîner

Dans chaque chapitre de ce manuel, il y a au moins un exercice permettant de travaillant une ou plusieurs des compétences ou des capacités expérimentales exigibles pour l'ECE.

* : *capacité expérimentale à travailler durant l'année de Terminale mais exclue du programme de l'ECE pour le baccalauréat.*

Exemple corrigé : Évaluation des compétences expérimentales (ECE)

Dosage de l'acide citrique dans un citron

1 h 00 20 pts

Compétences expérimentales évaluées : Analyser-raisonner ; Réaliser ; Valider

L'acide citrique est un additif alimentaire utilisé dans l'industrie comme acidifiant. Il est présent naturellement en grande quantité dans le citron.

On souhaite vérifier si un volume V = 50 mL de jus extrait d'un citron contient bien une masse m_{ref} = 3,0 g d'acide citrique.

Doc. 1 Matériel et solutions disponibles

- un flacon contenant le jus (filtré) d'un citron entier ;
- un flacon de 100 mL d'une solution d'hydroxyde de sodium de concentration en quantité de matière $C_b = 0,40$ mol·L^{-1} ;
- une pissette d'eau distillée ;
- une éprouvette graduée de 100 mL ;
- une burette graduée de 25 mL ;
- un support pour la burette graduée ;
- deux béchers de 100 mL ;
- une pipette jaugée de 5,0 mL ;
- une poire à pipeter ;
- un agitateur magnétique avec son barreau aimanté ;
- un pH-mètre déjà étalonné et du papier absorbant ;
- un support pour l'électrode de pH ;
- un ordinateur avec un tableur-grapheur.

Doc. 2 Dosage par titrage

L'acide citrique est un triacide. Chaque molécule d'acide citrique peut céder trois ions hydrogène H^+. On note cet acide H_3A.
Il est possible de titrer ce triacide dans un volume $V_a = 5,0$ mL de jus de citron avec une solution d'hydroxyde de sodium ($Na^+_{(aq)}$, $HO^-_{(aq)}$) de concentration en quantité de matière $C_b = 0,40$ mol.L^{-1} : lors de ce titrage, chaque molécule d'acide citrique réagit avec trois ions HO^-.
La courbe pH = $f(V_b)$ obtenue à l'issue de ce titrage, avec V_b le volume d'hydroxyde de sodium versé dans le mélange réactionnel, ne présente qu'un seul saut de pH.

Donnée : masse molaire de l'acide citrique : $M_{H_3A} = 192$ g.mol^{-1}.

1 À l'aide des documents, du matériel et des solutions disponibles , proposer un protocole expérimental permettant de déterminer la masse m_{exp} d'acide citrique dans un volume $V = 50$ mL de jus de citron.

2 **a.** Mettre en œuvre le protocole expérimental.

b. Écrire la réaction support de titrage entre l'acide citrique et les ions HO^-.

c. Sachant que le volume versé à l'équivalence est égal à $V_{b,E} = 12{,}5$ mL, en déduire la masse m_{exp} d'acide citrique dans un volume $V = 50$ mL de jus de citron.

3 L'incertitude-type de cette mesure est égale à : $u(m_{exp}) = 0{,}2$ g. Comparer la masse m_{exp} d'acide citrique dans un volume $V = 50$ mL de jus de citron mesurée expérimentalement avec la valeur de référence m_{ref}.

Corrigé

COMPÉTENCE

Cette première question permet d'évaluer la compétence « Analyser-raisonner ».

1 Le protocole expérimental permettant de déterminer la masse m_{exp} d'acide citrique dans un volume $V = 50$ mL de jus de citron peut être le suivant :

• **prélever** avec une pipette jaugée un échantillon de volume $V_a = 5{,}0$ mL de jus de citron ;

• **réaliser** un dosage par titrage pH-métrique de cet échantillon avec une solution d'hydroxyde de sodium comme solution titrante ;

• **tracer** la courbe $pH = f(V_b)$ et déterminer le volume de solution d'hydroxyde de sodium versé à l'équivalence ;

• **exploiter** la relation entre les quantités de réactifs titrant et titré à l'équivalence afin de déterminer la masse m_{exp} d'acide citrique dans un volume $V = 50$ mL de jus de citron.

2 **a.** Le **dosage par titrage** doit être **convenablement réalisé** :

• installation correcte du dispositif de titrage ;

• prélèvement correct de l'échantillon de jus de citron avec la pipette jaugée à disposition ;

• remplissage bien effectué de la burette graduée avec la solution d'hydroxyde de sodium : absence de bulles d'air et bon ajustement du zéro ;

• immersion correcte de la sonde pH-métrique avec ajout d'eau distillée si nécessaire ;

• agitation constante et modérée ;

• ajout progressif (mL par mL) de l'hydroxyde de sodium avant et après l'équivalence ;

• ajout de plus petits volumes d'hydroxyde de sodium à l'approche de l'équivalence (lorsqu'il y a des variations plus importantes du pH) ;

• lecture correcte du volume V_b d'hydroxyde de sodium versé et du pH ;

• tracé de la courbe $pH = f(V_b)$;

• détermination du volume équivalent $V_{b,E}$, correspondant au volume associé au maximum de la courbe $\frac{dpH}{dV_b} = f(V_b)$.

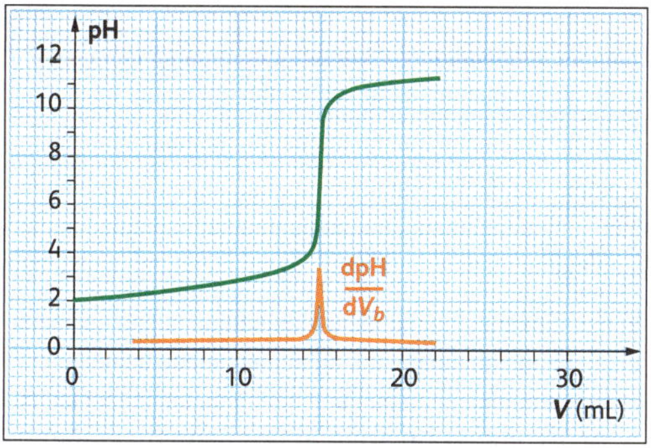

b. L'équation de la réaction support de titrage est :

$$\mathbf{H_3A_{(aq)} + 3\ HO^-_{(aq)} \rightarrow A^{3-}_{(aq)} + 3\ H_2O_{(\ell)}}.$$

c. D'après l'équation support de titrage précédente, dans l'échantillon de volume V_a = 5,0 mL de jus de citron, la quantité de matière d'acide citrique est égale à : $\boldsymbol{n}\ \mathbf{(H_3A)} = \dfrac{\mathbf{C_b \times V_{b,E}}}{\mathbf{3}}$.

Dans un volume V = 50 mL de jus de citron, la quantité de matière d'acide citrique est donc égale à : $n_{exp}\ (H_3A) = 10 \times n\ (H_3A)$.

D'où : $n_{exp}\ (H_3A) = \dfrac{10}{3} \times C_b \times V_{b,E}$.

Dans un volume V = 50 mL de jus de citron, la masse d'acide citrique est égale à : $m_{exp} = M_{H_3A} \times n_{exp}\ (H_3A)$.

Ainsi : $\boldsymbol{m_{exp} = M_{H_3A} \times \dfrac{10}{3} \times C_b \times V_{b,E}}$.

A.N. : $\boldsymbol{m_{exp}} = 192 \times \dfrac{10}{3} \times 0{,}40 \times 12{,}5 \times 10^{-3} = \mathbf{3{,}2\ g}$.

GAGNEZ DES POINTS

N'oubliez pas de diviser par 3, à cause du coefficient stœchiométrique égal à 3 devant l'ion HO^-.

COMPÉTENCE

Les questions 2.a, 2.b et 2.c permettent d'évaluer la compétence « Réaliser ».

3 L'incertitude-type de la mesure est égale à : $u(m_{exp}) = 0{,}2$ g.

Pour comparer la masse mesurée m_{exp} = 3,2 g avec la masse de référence m_{ref} = 3,0 g, on calcule le quotient suivant :

$$\frac{|m_{exp} - m_{ref}|}{u(m_{exp})} = \frac{|3{,}2 - 3{,}0|}{0{,}2} = 1.$$

L'écart entre la valeur mesurée et la valeur de référence **est inférieur à deux incertitudes-types**, on peut donc considérer que ces **deux valeurs** sont **compatibles entre elles**.

COMPÉTENCE

Cette question permet d'évaluer la compétence « Valider ». Pour plus d'informations, étudiez le chapitre « Mesure et incertitudes ».

Préparation du Grand Oral

Au cours de l'année

Préparer ses questions

Vous devez choisir deux questions portant sur les enseignements de spécialité soit pris isolément, soit abordés de manière transversale. Toute l'année, vous préparez ces questions avec les professeurs de spécialité et éventuellement d'autres élèves.

S'entraîner aux techniques de l'oral

Vous devez travailler la prise de parole en public grâce à des exercices d'élocution, de débit de la parole, de rythme à l'oral, etc. Vous pouvez également travailler votre posture : gestes expressifs, regards, sourires, etc.

Le jour J

1er temps Présentation d'une question

Vous proposez vos deux questions au jury.

Le jury en choisit une seule, que vous devrez présenter.

Jury de 2 professeurs

- Un professeur d'une spécialité
- Un professeur de l'autre spécialité ou d'un enseignement commun ou un professeur documentaliste

Temps de préparation (20 min)

Vous préparez votre présentation en fonction de la question choisie par le jury. Il est possible de préparer un support sur une feuille que vous remettrez au jury : ce support ne fait pas l'objet d'une évaluation, il est facultatif !

Présentation (5 min)

Présentation orale de votre travail, en réponse à la question choisie.

Notation
20 pts / coef. 10

Les 5 critères d'évaluation :
- Qualité de l'épreuve orale
- Qualité de la prise de parole en continu
- Qualité des connaissances
- Qualité de l'interaction
- Qualité de l'argumentation

2e temps Échange avec le candidat

10 min

Il s'agit d'approfondir votre travail.
Le jury peut vous poser des questions sur toutes les parties du programme du cycle terminal.

3e temps Échange sur le projet d'orientation

5 min

Réflexion autour de vos choix de spécialités et de votre projet d'orientation.
Il s'agit de partager l'évolution de votre cheminement, à la fois dans le cadre scolaire et dans le cadre personnel (vos activités, vos centres d'intérêt).

Exemple corrigé : Grand Oral

Comment rendre l'eau de mer potable ?

40 min 20pts

Rappel

Deux questions sont à préparer pour le Grand Oral. Elles portent sur les deux enseignements de spécialité soit pris isolément, soit abordés de manière transversale. Ces deux questions mettent en lumière un des grands enjeux du ou des programmes de Terminale et de Première de ces enseignements.

Contexte expliquant l'intérêt de la question posée

Pour faire face à la pénurie annoncée d'eau potable, de nouvelles techniques de production sont mises en place pour satisfaire les besoins des populations toujours plus nombreuses. Une des techniques prometteuses pour certains pays est le dessalement de l'eau de mer. En effet, si l'eau potable est rare, l'eau de mer, salée, est plus abondante.

Toute l'eau présente sur Terre peut tenir dans une sphère de rayon 690 km (en comparaison, le rayon de la Terre est de 6 400 km).

Ressources utiles pour préparer le Grand Oral

- Chapitres 2, 3, 10 et 14 de ce manuel.
- Sites Internet en utilisant les mots clés : osmose inverse, distillation, électrodialyse, pression, champ électrique, contrôle qualité, répartition de l'eau potable, minimum d'eau, etc.

Pour aller plus loin : informations à rechercher sur le nombre de personnes sur Terre souffrant du manque d'eau, sur le coût des différentes techniques de dessalement de l'eau, etc.

Exemple de ressource utile :

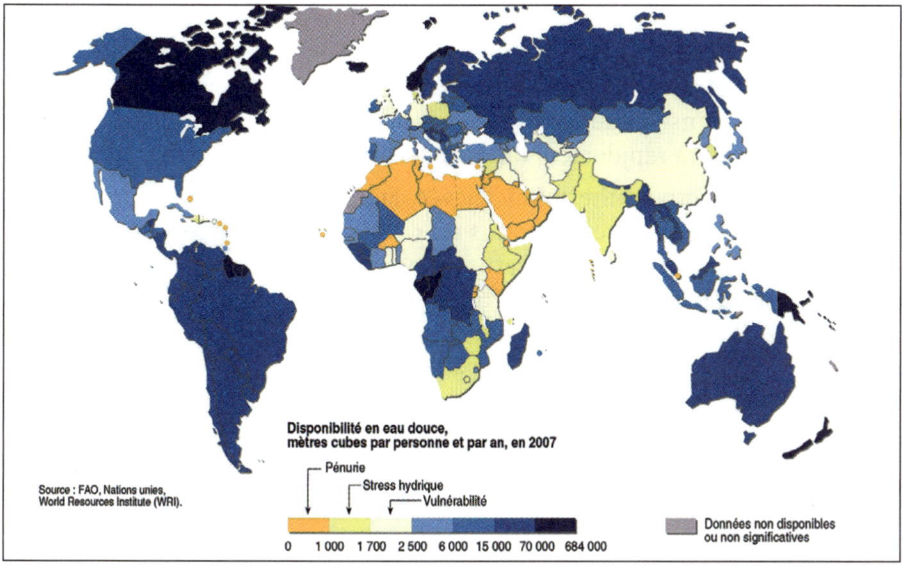

Exemple d'expérience permettant de modéliser le phénomène étudié : réalisation d'un distillateur solaire

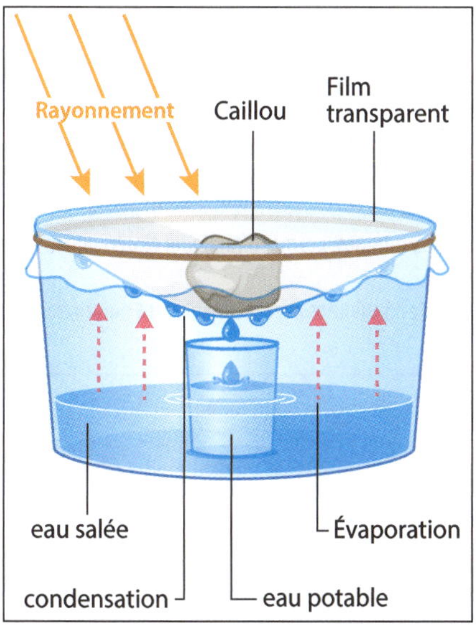

Le Soleil émet un rayonnement qui est absorbé par l'eau salée et par le fond du cristallisoir qui la contient (le fond du cristallisoir peut être recouvert d'une surface noire afin de mieux absorber les radiations solaires). L'absorption de ces radiations provoque un échauffement à l'intérieur du distillateur et l'émission d'un rayonnement infrarouge (d'après la loi de Stefan-Boltzmann). Le film transparent qui recouvre tout le dispositif et qui est situé face au Soleil joue quant à lui le même rôle que l'atmosphère dans le système {Terre-atmosphère} : cet effet de serre fait alors augmenter la température à l'intérieur du distillateur. Ainsi, à cause de la température élevée à l'intérieur du distillateur, l'eau s'évapore rapidement tandis que le sel reste au fond du cristallisoir.

Grâce à sa conductivité thermique élevée, la température du film transparent au-dessus du cristallisoir est quasiment égale à la température de l'air extérieur, c'est-à-dire qu'elle est plus froide qu'à l'intérieur du distillateur. La vapeur d'eau se liquéfie donc et retombe au niveau du caillou dans le verre dans lequel il y a maintenant de l'eau dessalée.

Autres expériences à mettre en œuvre : reminéralisation de l'eau, dosages par titrage pour réaliser des contrôles qualité de l'eau dessalée puis reminéralisée, mesures de l'albédo de différentes surfaces, etc.

À SAVOIR

L'eau dessalée est dangereuse en consommation régulière. Elle entraine progressivement avec elle les minéraux de l'organisme. Il est ainsi nécessaire de reminéraliser une eau dessalée afin de la rendre potable.

Exemple de support pour le Grand Oral

Rappel

Au début de l'épreuve du Grand Oral, vos deux questions préparées au cours de l'année de Terminale et éventuellement de Première durant les deux enseignements de Spécialité sont présentées au jury.
Le jury choisit une des deux questions puis il vous est laissé 20 minutes de préparation pour mettre en ordre vos idées et réaliser éventuellement un support remis au jury sur une feuille.
L'exposé sans note, d'une durée de 5 minutes, permet d'expliquer l'intérêt de la question posée avant de répondre à la question.
Cet exposé est suivi d'un échange de 15 minutes avec le jury portant notamment sur l'exposé réalisé et sur les choix d'orientation.

BIEN COMPRENDRE

Le support présenté n'a pas pour objectif de répondre à la totalité de la question.
Par exemple, il ne détaille ni l'osmose inverse ni l'électrodialyse. En revanche, il a pour but de présenter quelques schémas sur lesquels s'appuyer pour expliquer plus facilement la distillation.

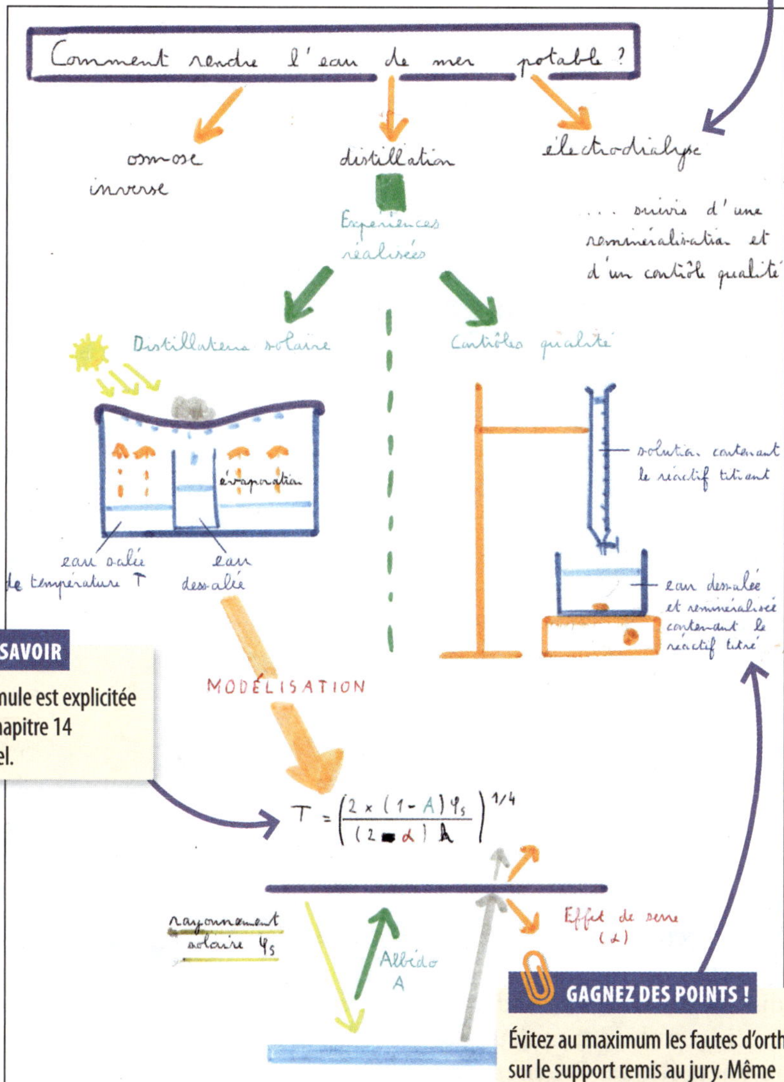

À SAVOIR

Cette formule est explicitée dans le chapitre 14 du manuel.

GAGNEZ DES POINTS !

Évitez au maximum les fautes d'orthographe sur le support remis au jury. Même si le support ne donne pas lieu à une évaluation, elles feront mauvais effet, tout particulièrement si elles portent sur des termes de Physique-Chimie.

Exemple de présentation orale

L'eau potable facilement disponible dans les lacs, les fleuves et dans certaines eaux souterraines ne représente que **0,07 % de la ressource totale en eau**, soit environ un million de km^3. De plus, la **répartition de cette eau** est **très inégale**. En effet, dix pays se partagent 60 % des réserves d'eau douce tandis qu'une trentaine d'autres, principalement en Afrique et au Moyen-Orient, sont confrontés à une pénurie chronique d'eau douce. Dans ces pays, **plus de 250 millions d'individus ne disposent pas aujourd'hui du minimum vital d'eau** défini à 1000 m^3 par habitant et par an et environ **400 millions de personnes vivent en situation de stress hydrique**, estimé entre 1000 et 1700 m^3 par habitant et par an. On estime de plus que **2,5 milliards de personnes pourraient souffrir du manque d'eau en 2050** compte tenu de l'évolution de la démographie et de l'augmentation des consommations d'eau.

> **À SAVOIR**
> Ces informations proviennent du site Culture Sciences Chimie de l'ENS Lyon. Elles peuvent donc être considérées comme fiables.

Pour faire face à cette pénurie annoncée d'eau, de nouvelles techniques de production d'eau potable doivent être mises en place pour satisfaire les besoins de la population croissante. Une des techniques prometteuses pour certains pays est le **dessalement de l'eau de mer**. En effet, plusieurs techniques sont opérationnelles depuis de nombreuses années, comme **la distillation**, **l'osmose inverse** ou **l'électrodialyse**.

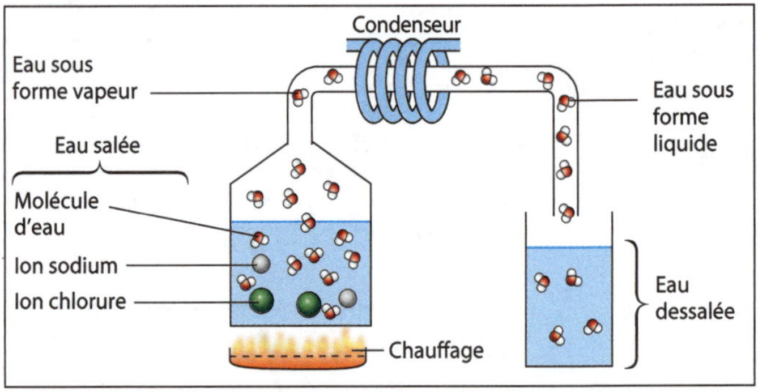

Dans les procédés de **distillation**, il s'agit de chauffer l'eau de mer pour en vaporiser une partie. La vapeur ainsi produite ne contient pas de sels, il suffit alors de liquéfier cette vapeur en la refroidissant à l'aide d'un condenseur par exemple, pour obtenir de l'eau douce liquide. L'**inconvénient majeur** des procédés de distillation est leur **consommation énergétique**. En effet, pour transformer 1 kg d'eau liquide en 1 kg d'eau vapeur à la même température, il faut environ 2 250 kilojoules (kJ). Pour éviter d'utiliser au maximum des ressources d'énergie non renouvelables, il alors possible d'**utiliser l'énergie solaire**, comme cela a été testé au cours de l'année lors de la préparation de cette question. La fabrication d'un distillateur solaire puis l'analyse des résultats expérimentaux obtenus a permis de modéliser un dispositif de distillation et de vérifier notamment que l'albédo de l'eau salée est environ égal à 0,1.

GAGNEZ DES POINTS !

Détaillez devant le jury la démarche scientifique que vous avez suivie tout au long de l'année de Terminale pour répondre à la question posée : il y sera très sensible !

L'**osmose inverse** est quant à elle un procédé de **séparation de l'eau et des sels dissous au moyen de filtres (membranes semi-perméables)**. Les membranes laissent passer les molécules d'eau et ne laissent pas passer les sels dissous. Ainsi, une station utilisant la technique d'osmose inverse peut dessaler 10 m^3 d'eau de mer par jour en utilisant uniquement 20 kJ d'énergie par kilogramme d'eau traitée.

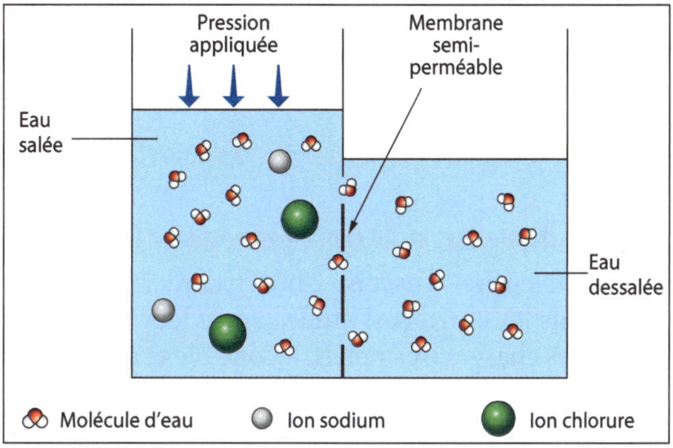

Enfin, **l'électrodialyse** est un procédé électrochimique qui permet d'extraire les ions contenus dans une solution grâce à des **membranes anioniques et cationiques**, qui, sous l'action d'un champ électrique, laissent passer respectivement uniquement des anions ou des cations. Cette technique est **intéressante au point énergétique**, notamment pour des eaux dont le taux de salinité est faible car il faut environ 15 kJ d'énergie par kilogramme d'eau traitée.

Ces différentes techniques de dessalement sont très utiles mais **leur coût élevé** (de 1 à 2 euros par m^3 d'eau traitée) **limite souvent leur utilisation aux pays riches**. En effet, après le dessalement, l'eau doit être **reminéralisée** puis des **contrôles qualité**, par l'intermédiaire de **dosages** par exemple, doivent être **réalisés**. Cependant, depuis quelques années, la capacité des usines de dessalement s'est fortement accrue et les **coûts de traitement** ont connu une **forte diminution**.

ASTUCE

Vous n'êtes pas obligé de tout expliquer pendant la présentation orale de 5 minutes. N'hésitez à tendre des « perches » au jury pour qu'il vous pose des questions ensuite sur ce qui vous intéresse, comme les dosages par exemple, qui sont étudiés dans le chapitre 2 de ce manuel.

Exemples de questions pouvant être posées par le jury

- Qu'est-ce qu'une ressource d'énergie non renouvelable ?
- Quelles difficultés avez-vous rencontrées lors de la réalisation du distillateur solaire ?
- Comment avez-vous mesuré l'albédo de l'eau salée ?
- Pouvez définir les différents termes de la formule notée sur le support que vous nous avez remis ?
- Comment fonctionne précisément l'électrodialyse ?
- Pouvez-vous nous donner des exemples de contrôle qualité que vous avez réalisés au cours de l'année lors de la préparation de cette question pour le Grand Oral ?

À SAVOIR

Le jury posera forcément des questions permettant de préciser certains points évoqués lors la présentation orale mais il peut également poser des questions sur l'ensemble des programmes des deux enseignements de Spécialité.

Exemples de métiers et de choix d'orientation liés à cette question

- **Technicien(ne) d'essais.** Un(e) technicien(ne) d'essais teste les prototypes créés dans les bureaux d'études avant leur fabrication en série. À partir d'un cahier des charges très précis, il contrôle et analyse des prototypes de moteurs, d'équipements énergétiques, etc. Pour cela, il travaille en équipe avec un ingénieur d'essais et éventuellement avec d'autres techniciens, afin d'effectuer des tests en laboratoire et de procéder à des simulations.

Après réalisation des tests et des simulations, il exploite les résultats obtenus et il rédige des comptes-rendus afin d'indiquer aux décideurs si les prototypes peuvent être fabriqués en série ou s'ils doivent encore être améliorés.

Formation : Bac + 2 pour obtenir soit un BTS « électrotechnique », « assistance technique d'ingénieur » ou « industrialisation des produits mécaniques (IPM) », soit un DUT « mesures physiques » ou « génie mécanique et productique ».

- **Ingénieur(e) en énergie solaire.** De l'abri solaire qui recharge un véhicule électrique à la centrale qui produit de l'électricité, l'ingénieur(e) en énergie solaire conçoit et pilote des projets au cœur de l'énergie « verte ».

Formation : Bac +5 pour obtenir un diplôme d'ingénieur ou un master. Quelques écoles et universités proposent une spécialisation en énergie solaire ou en énergies renouvelables.

Annexes

VERBES D'ACTIONS

Les mêmes verbes d'action sont souvent utilisés dans les capacités attendues des différents chapitres et dans les énoncés des exercices. Les définir précisément est important pour comprendre précisément ce qui est demandé.

Verbe d'action	Définition et conseils de rédaction de la réponse
Associer	Mettre en relation des connaissances et/ou des informations données dans des documents.
Calculer	Donner le résultat numérique avec son unité en mettant en évidence les différentes étapes du calcul.
Citer	Indiquer, donner la valeur d'une grandeur.
Comparer	Mettre en relation plusieurs objets : – de façon **qualitative** : identifier les points communs et les différences ; – de façon **quantitative** : calculer un rapport entre deux grandeurs et en interpréter le résultat.
Critiquer	Justifier dans quelle mesure une proposition est vraie ou fausse, expliquer en quoi elle est vraie ou fausse.
Décrire	Communiquer une information sous forme d'un texte, d'un schéma, de valeurs numériques, etc.
Déduire	Utiliser les informations ou réponses précédentes pour répondre à la question.
Définir	Restituer des connaissances en utilisant un vocabulaire scientifique.
Distinguer	Différencier des objets, des caractéristiques, des phénomènes, etc.
Donner, Indiquer	Fournir une information sans justification.
Estimer	Calculer ou mesurer un ordre de grandeur ou une valeur approchée d'un résultat.
Établir	Relier différentes informations pour construire un résultat.
Évaluer	Calculer ou mesurer une valeur numérique.
Expliquer, Interpréter	Mobiliser des connaissances et/ou utiliser des données pour justifier un résultat, un protocole, un spectre, etc.
Exploiter	Mobiliser des connaissances pour tirer des informations d'un ensemble de données (graphiques, valeurs, équations chimiques, relations mathématiques, textes, etc.).
Exprimer	Donner l'expression littérale, scalaire ou vectorielle, d'une grandeur.
Formuler (reformuler)	Proposer, **en exprimant le doute**, une explication, une valeur, une observation avant de réaliser une expérience ou de consulter les documents.
Identifier	Mobiliser des connaissances, utiliser des données ou effectuer des calculs pour extraire des informations.

Verbe d'action	Définition et conseils de rédaction de la réponse
Justifier, montrer, vérifier	Mettre en œuvre un raisonnement, **sans se contenter** de décrire, pour expliquer pourquoi la proposition énoncée est vraie.
Modéliser	Proposer un modèle (sous forme d'une relation mathématique, d'un schéma, d'une équation de réaction, etc.) permettant d'analyser des phénomènes réels et de prévoir des résultats à partir de l'application d'une théorie à un niveau d'approximation donné.
Proposer une démarche	Donner les différentes étapes à suivre **de façon ordonnée** (numéroter, mettre des tirets ou utiliser des indicateurs temporels : d'abord, ensuite, puis, enfin) ainsi que le matériel, les mesures et les calculs éventuels qui seront nécessaires pour mener à bien la démarche.
Proposer un protocole, une expérience	Donner les différentes étapes à suivre de façon ordonnée. Préciser : – les gestes opératoires par des verbes d'action (ajouter, mettre, prélever…) ; – le matériel et les instruments de mesure utilisés par des compléments circonstanciels de moyen (à l'aide de, avec…) ; – les produits chimiques et leurs quantités s'il y en a besoin dans le protocole ; – les mesures effectuées. Dans le cadre d'une démarche d'investigation, préciser les résultats attendus et l'interprétation à en donner.
Réaliser une synthèse	Résumer ce qui a été vu dans l'ensemble de l'activité ou de l'exercice, à l'écrit ou à l'oral.
Recueillir	Extraire des informations d'un ensemble de données (graphiques, valeurs, équations chimiques, relations mathématiques, textes, etc.).
Représenter	Organiser l'information sous une forme adaptée (schéma accompagné de sa légende, tableau…).
Schématiser	Représenter de façon claire et lisible une situation en suivant les codes associés (schémas légendés ou symboles normalisés en électricité par exemple).
Utiliser	Appliquer une loi, un principe, une relation.
Valider (ou invalider) une hypothèse	Revenir sur une situation initiale après avoir réalisé une expérience ou s'être documenté pour vérifier la compatibilité entre la proposition initiale et les résultats.
Pratiquer une démarche expérimentale	Proposer un protocole expérimental, le mettre en œuvre et exploiter les résultats obtenus.

Annexes

CONSTANTES ET VALEURS NUMÉRIQUES UTILES

CONSTANTES

Charge élémentaire	$e = 1{,}60 \times 10^{-19}$ C
Constante de gravitation universelle	$G = 6{,}67 \times 10^{-11}$ N·m²·kg⁻²
Constante d'Avogadro	$N_A = 6{,}02 \times 10^{23}$ mol^{-1}
Constante de la loi de Coulomb	$k = 9{,}0 \times 10^{9}$ N.m^2.C^{-2}
Intensité de la pesanteur (à Paris, altitude 0)	$g = 9{,}81$ N·kg^{-1}
Masse de l'électron	$m_e = 9{,}110 \times 10^{-31}$ kg
Masse du proton	$m_p = 1{,}673 \times 10^{-27}$ kg
Masse du neutron	$m_n = 1{,}675 \times 10^{-27}$ kg
Célérité de la lumière dans le vide	$c = 3{,}00 \times 10^{8}$ m·s^{-1}
Valeur de l'électronvolt (eV)	1 eV= $1{,}60 \times 10^{-19}$ J
Unité de masse atomique (u)	1 u = $1{,}66 \times 10^{-27}$ kg
Contante de Planck	$h = 6{,}62 \times 10^{-34}$ J·s
Capacité thermique massique de l'eau	$c_{eau} = 4{,}18 \times 10^{3}$ J.kg^{-1}.K^{-1}

SOUS-MULTIPLES D'UNE UNITÉ

Rapport	10^{-18}	10^{-15}	10^{-12}	10^{-9}	10^{-6}	10^{-3}
Préfixe	atto (a)	femto (f)	pico (p)	nano (n)	micro (µ)	milli (m)
Exemple	aJ (attojoule) 10^{-18}	fm (femtomètre) 10^{-15} m	pJ (picojoule) 10^{-12}	ns (nanoseconde) 10^{-9}	µm (micromètre) 10^{-6} m	mA (milliampère) 10^{-3} A

MULTIPLES D'UNE UNITÉ

Rapport	10^{3}	10^{6}	10^{9}	10^{12}	10^{15}	10^{18}
Préfixe	kilo (k)	méga (M)	giga (G)	téra (T)	peta (P)	exa (E)
Exemple	kA (kiloampère) 10^{3} A	MV (mégavolt) 10^{6} V	GW (gigawatt) 10^{9} W	TJ (térajoule) 10^{12} J	Pm (petamètre) 10^{15} m	Em (examètre) 10^{18} m

QUELQUES GRANDEURS ASTRONOMIQUES

Masse du Soleil	$M_S = 1{,}98 \times 10^{30}$ kg
Masse de la Terre	$M_T = 5{,}98 \times 10^{24}$ kg
Masse de la Lune	$M_L = 7{,}35 \times 10^{22}$ kg
Distance moyenne Terre-Lune	$d_{TL} = 3{,}85 \times 10^{8}$ m
Distance moyenne Terre-Soleil	1 u.a. = $1{,}50 \times 10^{11}$ m

SYSTÈME SOLAIRE

Soleil, planètes et satellites					Mouvement orbital	
nom	**masse ($\times 10^{24}$ kg)**	**rayon ** ($\times 10^{6}$ m)**	***g* (N·kg^{-1})**	**nombre de satellites**	***a**** ($\times 10^{9}$ m)**	**période (j ou an)**
Soleil	**$1,99 \times 10^{6}$**	**696**	**273**	**–**	**–**	**–**
Mercure	0,330	2,44	3,7	0	57,91	88,0 j
Vénus	4,87	6,05	8,8	0	108,2	225 j
Terre	**5,97**	**6,38**	**9,8**	**1**	**149,6**	**1,00 an**
Lune	**0,0735**	**1,74**	**1,6**	**0**	**0,383**	**27,3 j**
Mars	0,642	3,40	3,7	2	227,9	1,88 ans
Jupiter	$1,90 \times 10^{3}$	71,5 *	25	63	778,3	11,9 ans
Saturne	568	60,3 *	10	31	1429	29,5 ans
Uranus	86,8	25,6 *	8,8	27	2875	84,0 ans
Neptune	102	24,8 *	11	13	4504	165 ans

(*) Les rayons correspondent à une surface où la pression est égale à 1 bar (10^{5} Pa).

(**) Le rayon des planètes est le rayon équatorial.

(***) *a* représente le demi-grand axe de la trajectoire de la planète *P* :

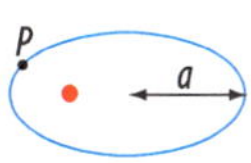

Compléments pour la Terre

- Jour solaire moyen : 86 400 s = 24 h 00 min 00 s
- Jour sidéral : 86 164 s = 23 h 56 min 04 s
- Rayon polaire : $6,357 \times 10^{6}$ m

SYMBOLES NORMALISÉS EN ÉLECTRICITÉ

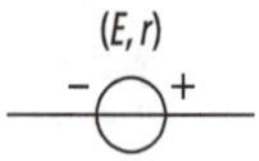 générateur de tension	 générateur basse fréquence	 pile ou accumulateur	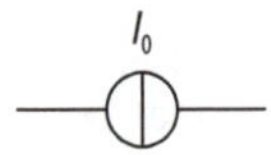 générateur d'intensité
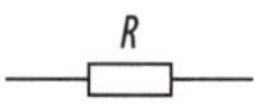 conducteur ohmique	 conducteur ohmique ajustable	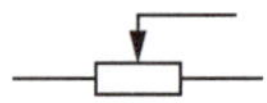 rhéostat	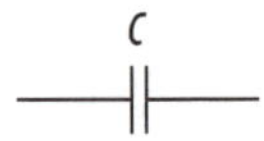 condensateur
 lampe	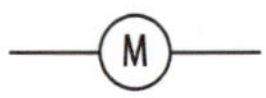 moteur	 électrolyseur	 masse
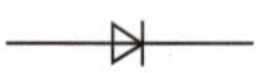 diode	 diode électro-luminescente DEL	 photodiode	 mise à la terre
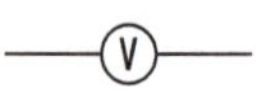 voltmètre	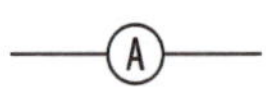 ampèremètre	 interrupteur ouvert	interrupteur fermé

TABLEAU PÉRIODIQUE DES ÉLÉMENTS

Légende : Numéro atomique de l'élément → Z ; Symbole de l'élément → X ; nom ; Masse molaire atomique de l'élément (g·mol⁻¹) → M

Colonnes → / Lignes ↓	1	2	3	4	5	6	7	8	9	10	11	12	13	14	15	16	17	18
1	1 H hydrogène 1,0																	2 He hélium 4,0
2	3 Li lithium 7,0	4 Be béryllium 9,0											5 B bore 10,8	6 C carbone 12,0	7 N azote 14,0	8 O oxygène 16,0	9 F fluor 19,0	10 Ne néon 20,2
3	11 Na sodium 23,0	12 Mg magnésium 24,3											13 Al aluminium 27,0	14 Si silicium 28,1	15 P phosphore 31,0	16 S soufre 32,1	17 Cl chlore 35,5	18 Ar argon 40,0
4	19 K potassium 39,1	20 Ca calcium 40,1	21 Sc scandium 45,0	22 Ti titane 47,9	23 V vanadium 50,9	24 Cr chrome 52,0	25 Mn manganèse 54,9	26 Fe fer 55,9	27 Co cobalt 58,9	28 Ni nickel 58,7	29 Cu cuivre 63,6	30 Zn zinc 65,4	31 Ga gallium 69,7	32 Ge germanium 72,6	33 As arsenic 74,9	34 Se sélénium 79,0	35 Br brome 79,9	36 Kr krypton 83,8
5	37 Rb rubidium 85,5	38 Sr strontium 87,6	39 Y yttrium 88,9	40 Zr zirconium 91,2	41 Nb niobium 92,9	42 Mo molybdène 96,0	43 Tc technétium	44 Ru ruthénium 101,1	45 Rh rhodium 102,9	46 Pd palladium 106,4	47 Ag argent 107,9	48 Cd cadmium 112,4	49 In indium 114,8	50 Sn étain 118,7	51 Sb antimoine 121,8	52 Te tellure 127,6	53 I iode 126,9	54 Xe xénon 131,3
6	55 Cs césium 132,9	56 Ba baryum 137,3	L	72 Hf hafnium 178,5	73 Ta tantale 180,9	74 W tungstène 183,8	75 Re rhénium 186,2	76 Os osmium 190,2	77 Ir iridium 192,2	78 Pt platine 195,1	79 Au or 197,0	80 Hg mercure 200,6	81 Tl thallium 204,4	82 Pb plomb 207,2	83 Bi bismuth 209,0	84 Po polonium	85 At astate	86 Rn radon
7	87 Fr francium	88 Ra radium	A	104 Rf rutherfordium	105 Db dubnium	106 Sg seaborgium	107 Bh bohrium	108 Hs hassium	109 Mt meitnerium	110 Ds darmstadtium	111 Rg roentgénium	112 Cn copernicium	113 Nh nihonium	114 Fl flérovium	115 Mc moscovium	116 Lv livermorium	117 Ts tennessine	118 Og oganesson

D'après www.iupac.org

L = Lanthanides : 57 à 71

A = Actinides : 89 à 103

LEXIQUE

A

Acide de Brönsted : espèce chimique susceptible de céder un ion hydrogène H^+.

Addition : transformation chimique au cours de laquelle un atome ou groupe d'atomes est ajouté à la molécule initiale.

Albédo : proportion de rayonnement renvoyée par un corps éclairé.

Atome : élément constitutif de la matière. Il est constitué d'un noyau chargé positivement, entouré d'électrons chargés négativement.

B-C

Base de Brönsted : espèce chimique susceptible de capter un ion hydrogène H^+.

Capacité thermique : énergie, en joule par kelvin ($J \cdot K^{-1}$), qu'il faut apporter à un corps pour augmenter sa température de 1 kelvin (K).

Catalyse enzymatique : catalyse d'une réaction chimique en utilisant un catalyseur qui est une enzyme.

Catalyse hétérogène : catalyse d'une réaction chimique en utilisant un catalyseur qui est dans une phase différente de celle des réactifs et des produits.

Catalyse homogène : catalyse d'une réaction chimique en utilisant un catalyseur qui est dans la même phase que les réactifs et les produits.

Catalyseur : espèce chimique susceptible d'accélérer une réaction chimique sans participer à son bilan.

Cinétique chimique : étude de l'ensemble des phénomènes associés à la vitesse d'une réaction chimique.

D-E

Domaine de prédominance : domaine de pH pour lequel la concentration en acide ou en base est supérieure à celle de la base ou l'acide conjugué.

Effet de serre : phénomène naturel de rétention partielle de l'énergie par l'atmosphère.

Électron : particule de charge négative que l'on trouve dans les atomes, autour des noyaux atomiques.

Électronégativité : tendance d'un élément chimique à attirer à lui les électrons d'une liaison dans laquelle il est engagé.

Élimination : réaction au cours de laquelle un atome ou groupe d'atomes est enlevé à la molécule initiale.

Équivalence (titrage) : à l'équivalence d'un dosage par titrage, le réactif titrant et le réactif titré ont réagi dans les proportions stœchiométriques. Les réactifs titrant et titré sont alors entièrement consommés.

Étalonnage : technique de dosage permettant de déterminer la concentration d'une espèce chimique par comparaison.

F-N

Flux thermique surfacique : quantité d'énergie dissipée par unité de temps et de surface, en watt par mètre carré ($W \cdot m^{-2}$).

Force conservative : force exercée sur un système, dont le travail est indépendant du chemin suivi par le centre de masse de ce système.

Neutron : particule neutre que l'on trouve dans les noyaux atomiques.

O-P

Onde : propagation d'une perturbation sans transport de matière mais avec transfert d'énergie.

Ordre de grandeur : puissance de dix la plus proche de la valeur considérée.

Proton : particule de charge positive que l'on trouve dans les noyaux atomiques.

R

Radioactivité : désintégration d'un noyau atomique instable en un autre noyau appelé noyau fils, avec émission de particule et de rayonnement électromagnétique.

Référentiel galiléen : solide de référence, auquel sont associés des repères d'espace et de temps, dans lequel le centre de masse d'un système isolé (sur lequel ne s'exerce aucune force) ou pseudo-isolé (sur lequel la somme vectorielle des forces est nulle) est en mouvement rectiligne uniforme.

Référentiel géocentrique : solide de référence formé par le centre de la Terre et des étoiles lointaines considérées comme fixes, auquel sont associés des repères d'espace et de temps.

Référentiel héliocentrique : solide de référence formé par le centre du Soleil et des étoiles lointaines considérées comme fixes, auquel sont associés des repères d'espace et de temps.

Référentiel terrestre : solide de référence dont le repère d'espace est centré en un point de la Terre, et dont les axes sont liés à la Terre. Le référentiel terrestre peut être supposé galiléen pour des expériences de courte durée par rapport à la durée d'un jour (période de rotation propre de la Terre).

Révolution : mouvement d'un objet tournant autour d'un astre.

Rotation : mouvement d'un objet tournant sur lui-même, autour d'un axe de rotation qui le traverse.

S-T

Substitution : réaction chimique au cours de laquelle un atome ou groupe d'atomes est échangé avec un autre.

Système solaire : système composé du Soleil et d'astres tournant autour de cette étoile, dont les 8 planètes (Mercure, Vénus, Terre, Mars, Jupiter, Saturne, Uranus et Neptune).

Température d'ébullition : température à laquelle un corps passe de l'état liquide à l'état gazeux.

Température de fusion : température à laquelle un corps passe de l'état solide à l'état liquide.

Temps de demi-réaction : durée au bout de laquelle la quantité de matière de réactif limitant a été divisée par deux.

Temps de demi-vie : durée au bout de laquelle la moitié des noyaux radioactifs initialement présents dans un échantillon s'est désintégrée.

Titrage : technique de dosage permettant de déterminer la concentration d'une espèce chimique en solution en la faisant réagir avec une autre espèce chimique de concentration connue.

Trajectoire : ligne décrite par un objet au cours du temps lors de son déplacement.

INDEX

■ Les différentes parties de ce manuel vous permettent de **travailler l'ensemble des épreuves de Physique-Chimie du baccalauréat** afin de vous aider à réussir brillamment.

■ Le **rappel des capacités exigibles** au début de chaque chapitre, sur Nathan live !, vous permet de savoir exactement ce qu'il y a à connaître pour chacune des épreuves du baccalauréat.

À savoir
Certaines capacités, assez peu nombreuses, sont exigibles uniquement pour le Grand Oral mais pas pour l'épreuve écrite ni pour l'ECE du baccalauréat.

■ Le **résumé de cours** vous permet d'apprendre le cours et de le réviser.

■ Les **exercices** sont **classés par niveaux de difficulté**.

– Les **QCM** et les **questions courtes** vous aident à déterminer si le cours est bien su. Ainsi, si vous n'arrivez pas à y répondre rapidement, c'est que votre cours n'est pas assez bien mémorisé. Effectuez donc toujours ce travail, sans utiliser le cours, pour prendre conscience des notions encore éventuellement à revoir avant de commencer à résoudre les exercices plus difficiles.

– Les **exercices d'entraînement** vous permettent de travailler de façon assez simple une ou deux notions, pas plus, à la fois.

– Les **exercices de type bac** vous permettent de vous préparer de façon extrêmement efficace aux différentes épreuves du baccalauréat, à savoir l'**épreuve écrite** mais aussi l'évaluation des compétences expérimentales **(ECE)** et le **Grand Oral**.

– Les exercices « **Pour aller plus loin** » et « **Ambition Prépa** » vous permettent de viser l'excellence au baccalauréat et d'être prêt pour des études supérieures en Physique-Chimie.

– Les **corrections** des exercices sont **extrêmement détaillées** afin que vous compreniez chaque étape de la démarche de résolution suivie. De nombreuses **astuces** sont également données pour éviter les erreurs.

– **Les fiches à la fin du manuel** vous permettent d'acquérir les bonnes méthodes de travail, de comprendre de façon la plus précise possible les attendus des différentes épreuves du baccalauréat et de **consolider vos connaissances mathématiques et informatiques.** Elles donnent aussi les bases pour savoir déterminer les **incertitudes de mesure**.

Crédits photographiques

22 : Nicolas Coppens ; **117h :** Raland/Adobe Stock Photo ; **120 :** DR ; **159bd :** Frédéric Hanoteau ; **159bg :** BIS/Ph. © Musée d'Art et d'Histoire – Archives Larbor ; **159bm :** Frédéric Hanoteau ; **169 :** akg-images/Science Photo Library ; **173 :** Adobe Stock Photo ; **198 :** DR ; **220 :** ABACA Press ; **221m :** Les Aventures de Rocketeer, Rocketeer, The Rocketeer, 1991, Real. Joe Johnston, Billy Campbell, Jennifer Connelly, Alan Arkin, Collection Christophe L © Walt Disney Pictures ; **225 :** NASA ; **226 :** vectorfusionart/Adobe Stock Photo ; **252 :** Shutterstock ; **343 :** BIS/Ph. Coll. Archives Bordas ; **359 :** Shutterstock/Nicole Gordine ; **385 :** Sergio Ilovaisky ; **386 :** Les oiseaux – The Birds – 1963 Real. Alfred Hitchcock, Collection Christophe L © Alfred J Hitchcock Productions ; **387 :** AMG Microwave ; **390 :** Rondi Sylvain ; **406 :** Christophe Finot ; **407 :** DR ; **409 :** DR ; **410 :** Queserasera99/Istock ; **411 :** Pierron – ASCO é CELDA ; **412 :** DR ; **416 :** shige/Adobe Stock Photo ; **420 :** DR ; **435m :** Adobe Stock Photo ; **437 :** BIS/NASA Jet Propulsion Laboratory (NASA–JPL)/Coll. Archives Sejer ; **440 :** AlxeyPnferov/Istock ; **446b :** DR ; **446h :** F. Kaiser, S. Tanzilli, CNRS, université Côte d'Azur ; **448 :** BIS/Ph. Coll. Archives Larbor ; **450 :** cristianstorto/Adobe Stock Photo ; **451 :** Kelly Marken/Shutterstock ; **455h :** Philippe Langrognet ; **455b :** cristianstorto/Adobe Stock Photo ; **471 :** extrait du Manuel écoles primaires supérieures de jeunes filles. Nouvelle physique, entièrement conforme aux programmes de 1909. 1re, 2e et 3e années. Par C. Haraucourt DR ; **472 :** Musée des arts et métiers, CNAM/Sylvain Pelly ; **473 :** yurazaga/Istock ; **495 :** DR ; **522 :** Sergey Privalov/Adobe Stock Photo ; **524 :** DR ; **525 :** DR ; **538 :** DR ; **541 :** DR ; **550 :** Dionisvera/Shutterstock ; **552 :** DR ; **556 :** Negro Elkha/Adobe Stock Photo ; **557 :** FAO (Nations unies)/World Resources Institute (WRI).

FSC www.fsc.org MIXTE Papier issu de sources responsables FSC® C022030

Nathan est un éditeur qui s'engage pour la préservation
de son environnement et qui utilise du papier composé
de fibres naturelles, renouvelables, fabriquées à partir de bois
provenant de forêts gérées de manière responsable et contrôlée.

IMPRIM'VERT 2021

Dépôt légal: juin 2021 - N° de projet: 10268635
Achevé d'imprimer en mai 2021 par Vincenzo Bona S.p.A. à Turin en Italie